A MÁQUINA DE URIEL

AS ANTIGAS ORIGENS DA CIÊNCIA

Christopher Knight
e Robert Lomas

A MÁQUINA DE URIEL

AS ANTIGAS ORIGENS DA CIÊNCIA

Tradução:
Fulvio Lubisco

MADRAS®

Publicado originalmente em inglês sob o título *Uriel's Machine – The Ancient Origins of Science*, por Arrow Books Ltd. The Random House Group Ltd., 20 Vauxhall Bridge Road, London SW1V 2SA.
© 1999, Christopher Knight e Robert Lomas.
Direitos de edição e tradução para o Brasil.
Tradução autorizada do inglês.
© 2006, Madras Editora Ltda.

Editor:
Wagner Veneziani Costa

Editoração:
✱ Protype Criações Digitais
Rua Friedrich von Voith, 542 – Pq. Nações Unidas
CEP 02995-000 – São Paulo/SP
Tel./Fax: (11) 3947-7126

Capa:
Equipe Técnica Madras

Tradução:
Fulvio Lubisco

Revisão:
Vera Lucia Quintanilha
Wilson Ryoji Imoto
Sérgio Scuotto de Souza
Tânia Hernandes

DADOS INTERNACIONAIS DE CATALOGAÇÃO NA PUBLICAÇÃO (CIP) (CÂMARA BRASILEIRA DO LIVRO, SP, BRASIL)
Knight, Christopher
A máquina de Uriel: as antigas origens da ciência/Christopher Knight, Robert Lomas; [tradução Fulvio Lubisco]. – São Paulo: Madras, 2006.
Título original: Uriel's machine – the ancient origins of science.
Bibliografia.
ISBN 85-3700-077-9
1. Apócrifos (Novo Testamento) – Comentários 2. Ciência – História 3. Civilização antiga 4. Dilúvio 5. Maçonaria – Aspectos religiosos – Cristianismo I. Lomas, Robert. II. Título.
06-0820   CDD-366.109

Índices para catálogo sistemático:
1. Maçonaria: Sociedades secretas: História
366.109

Proibida a reprodução total ou parcial desta obra, de qualquer forma ou por qualquer meio eletrônico, mecânico, inclusive por meio de processos xerográficos, incluindo ainda o uso da internet, sem a permissão expressa da Madras Editora, na pessoa de seu editor (Lei nº 9.610, de 19.2.98).

Todos os direitos desta edição, em língua portuguesa, reservados pela

MADRAS EDITORA LTDA.
Rua Paulo Gonçalves, 88 — Santana
CEP: 02403-020 — São Paulo/SP
Caixa Postal: 12299 — CEP: 02013-970 — SP
Tel.: (11) 6281-5555/6959-1127 — Fax: (11) 6959-3090
www.madras.com.br

*Dedicado à memória de
dois grandes arqueólogos:*

*Professor Alexander Thom,
cuja paciente análise comprovou a existência
do sítio megalítico.*

*Professor Michael O'Kelly,
que tão brilhantemente fez ressurgir Newgrange,
a primeira maravilha do mundo.*

Nota do Editor

A Madras Editora não participa, endossa ou tem qualquer autoridade ou responsabilidade no que diz respeito a transações particulares de negócio entre o autor e o público.

Quaisquer referências de internet contidas neste livro são as atuais, no momento de sua publicação, mas o editor não pode garantir que a localização específica será mantida.

Relação de Figuras

Figura 1	Os sete sítios de impacto do cometa datado de 7640 a.C., conforme Tollmann.	p. 75
Figura 2	O gráfico da análise de radiocarbono no registro dendrocronológico de cerca de 9.500 A.P.	p. 76
Figura 3	Picos de ácido nítrico apresentados nas amostras mundiais de núcleos de gelo, cujo maior pico data de 7640 a.C.	p. 77
Figura 4	Como a Arca de Noé pode ter sido levada para o Monte Ararat.	p. 89
Figura 5	Quadro maçônico mostrando o cometa, Vênus, o arco-íris e detalhes da caverna.	p. 91
Figura 6	Desenho medieval de um cometa.	p. 93
Figura 7	Hieróglifos egípcios que incorporam a estrela de cinco pontas para demonstrar o conhecimento.	p. 111
Figura 8	Como a estrela de Vênus se delineia sobre o formato de uma rosa. O centro da rosa representa o Sol.	p. 112
Figura 9	Caminhos migratórios sugeridos para a povoação da América a partir da Europa e da Ásia.	p. 121
Figura 10	A rota costeira para a América de Fred Olsen.	p. 123
Figura 11	Enoch descreve a duração de 16 horas no dia do solstício. O gráfico confirma sua veracidade na latitude de Stonehenge.	p. 154
Figura 12	Distribuição de alguns dos maiores observatórios megalíticos.	p. 160
Figura 13	Como o alvorecer e o crepúsculo se alinham na latitude de Stonehenge.	p. 162

Figura 14	Planta de Skara Brae, cortesia da Historic Scotland.	p. 169
Figura 15	A inscrição ao lado da cama em Skara Brae.	p. 172
Figura 16	O emblema de Skara Brae.	p. 172
Figura 17	Como a forma do losango, criado pelo alvorecer e pelo crepúsculo durante o ano, muda com a latitude.	p. 178
Figura 18	Como os fossos afetam o ponto de visão dos observadores.	p. 180
Figura 19	Inscrições elamitas.	p. 200
Figura 20	Símbolos da cultura vinca (nos Bálcãs).	p. 202
Figura 21	Os principais símbolos na Cerâmica Canelada, conforme Brennan.	p. 204
Figura 22	Exemplos de combinação de símbolos na Cerâmica Canelada, representando temas.	p. 205
Figura 23	Histograma de alinhamentos de círculos de pedras, segundo Thom.	p. 209
Figura 24	O uso de um sextante rudimentar para medir a altura de uma estrela.	p. 215
Figura 25	Onde o feixe da luz do Sol bate durante dias especiais em Bryn Celli Ddu.	p. 228
Figura 26	O caminho traçado pela sombra do Sol no período de um ano, segundo Ross.	p. 229
Figura 27	O trajeto que Vênus percorre ao redor do círculo do zodíaco.	p. 231
Figura 28	As janelas e os portais descritos por Enoch.	p. 240
Figura 29	Uma máquina de Uriel completa. As estacas maiores representam os portais numerados e as menores, as janelas.	p. 241
Figura 30	Como o horizonte pode ser usado para marcar a posição do Sol.	p. 242
Figura 31	Como a duração do dia muda com as estações.	p. 243
Figura 32	O Sol aumenta e diminui de velocidade em seu movimento aparente ao longo do horizonte. Isso se assemelha ao movimento de um pêndulo.	p. 244
Figura 33	O plano de uma máquina de Uriel na latitude do Anel de Brodgar.	p. 245
Figura 34	O plano de uma máquina de Uriel na latitude de Nabta, ao sul do Egito.	p. 246

Figura 35	Como a declinação e a correta ascensão são calculadas.	p. 247
Figura 36	Órbita da Terra ao redor do Sol.	p. 249
Figura 37	Como o declinômetro do horizonte consegue uma alta precisão.	p. 250
Figura 38	O Complexo do Vale do Boyne.	p. 271
Figura 39	A trilha de luz de Vênus em Newgrange, uma vez a cada oito anos.	p. 281
Figura 40	Gravura acima da clarabóia em Newgrange.	p. 282
Figura 41	A cruz do transcurso do ano.	p. 283
Figura 42	O símbolo de tripla espiral de Newgrange, possivelmente representando o período de gestação de uma mulher.	p. 289
Figura 43	O padrão em forma de losango bordado nos tecidos de Cherchen, segundo a dra. E. Wayland Barber.	p. 305
Figura 44	O Gigante de Wilmington ao sul da Inglaterra. Essa figura de 70 metros de altura segura um *asherá* em cada mão.	p. 311
Figura 45	O calendário e os principais pontos do ano solar.	p. 320
Figura 46	A cruz celta de Santo Illtud.	p. 372
Figura 47	O alinhamento astronômico do Templo de Salomão.	p. 383
Figura 48	O alinhamento astronômico do Templo de Salomão.	p. 384
Figura 49	A disposição astronômica de um Templo Maçônico.	p. 386
Figura 50	O símbolo maçônico do zodíaco entre duas estacas de observação.	p. 388
Figura 51	A disposição maçônica estilizada da câmara de Enoch.	p. 430

AGRADECIMENTOS

Dr. Jack Miller, que nos colocou no caminho correto.
Professor Philip Davies, por seus valiosos comentários.
Tony Batters, por seu incansável entusiasmo.
Alan Butler, por suas informações astronômicas, suas especulações matemáticas e seu senso de estética.
Ian Sinclair, do Niven Sinclair Study Centre e da Biblioteca de Noss Head Lighthouse, em Caithness, por seu incentivo e sua hospitalidade na noite em que permaneceu conosco observando o Sol da meia-noite desaparece no horizonte, no castelo de St. Clair Girnigo.
Dr. Julian Thomas, da Universidade de Southampton, por sua assistência na datação de Bryn Celli Ddu.
Alan Wilson, por sua ajuda com respeito à sobrevivência de uma tradição druida ao sul do País de Gales.
Fred Olsen, por compartilhar seu conhecimento a respeito das primeiras viagens transatlânticas.
Bill Hamilton, da empresa A. M. Heath, por ser um ótimo agente.
Mark Booth, Liz Rowlinson e Hannah Black, da empresa Century, por sua orientação profissional.
Roderick Brown, por sua judiciosa edição.
O pessoal de Newgrange, Skara Brae e Maes Howe, por sua amizade e assistência.
Nossos Irmãos maçônicos da Loja de Ryburn por seu suporte e compreensão.
A Editora da Universidade de Oxford que autorizou a reprodução do diagrama do Professor Thom que consta de seu livro *Megalithic Sites in Britain* (Sítios Megalíticos na Inglaterra).
O *Catholic Herald*, por suas humorísticas revistas que nos mantêm sorrindo.

Agradecimentos pelas Ilustrações

Planta de Skara Brae, com autorização de Historic Scotland.
Gravura 3, com autorização de Historic Scotland.
Gravuras 4, 8, 10, 18 e 19 GRJ Lomas.
Gravura 5, com a permissão da administração do National Museum of Scotland.
Gravura 6, com a permissão do Inverness Museum.
Gravura 21, direitos autorais de 1994 Jeffery Newbury, com a permissão da revista *Discover*.
Outras fotografias da coleção pessoal dos autores.

ÍNDICE

Prólogo – Superstição, Fraude e Ciência 21

Capítulo I – O Problema da Pré-história 27
    O Colapso do Primeiro Paradigma 27
    A Relação com os Macacos 29
    O Mito do Homem das Cavernas 31
    A Formação das Primeiras Sociedades 35
    Embalando o Berço da Civilização 39
    Revendo as Datas dos Sítios Megalíticos da Europa 41
    O Poder da Linguagem 42
    As Histórias Antigas 47
    Conclusão 51

Capítulo II – A História Antiga de Enoch 53
    Quem Foi Enoch? 53
    Enoch na Bíblia 54
    Enoch Maçônico 56
    O Livro de Enoch 58
    Conclusão 62

Capítulo III – A Vulnerabilidade da Terra 63
    A Nossa Bombardeada Vizinha 63
    Cometas e Meteoritos 65
    Uma História de Impactos na Terra 67
    Um Desastre Vizinho 69
    O Impacto em Terra 71
    Os Efeitos de um Impacto no Mar 72
    A Evidência para os Impactos de Enoch 74
    Areia, Sal e Conchas Marinhas 78
    O Poder dos Magnetos 79

Efeitos de Longo Prazo no Ambiente 83
Conclusão 86

CAPÍTULO IV – MEMÓRIAS ANTIGAS 87
O Relato de Noé sobre o Dilúvio 87
A Mensagem do Arco-íris 90
O Dilúvio de Gilgamesh 92
Descrição do Dilúvio nos Manuscritos do Mar Morto 96
De Gigantes e Animais Novos 98
Enoch Descreve o Impacto de Sete Fragmentos do Cometa com a Terra 101
Judaísmo Enochiano 104
A Maçonaria Enochiana 107
O Metrônomo do Sistema Solar 110
O Anjo Suspenso 113
Conclusão 114

CAPÍTULO V – UM DIVISOR DE ÁGUAS PARA A HUMANIDADE 115
A Onda Americana 115
América Antiga 118
Uma Conexão Japonesa? 123
Um Desastre Americano 127
Mares Internos Salgados 132
O Desastre que Formou um Novo Mundo 134
Conclusão 142

CAPÍTULO VI – ENOCH E OS ANJOS 143
Os Seres na História de Enoch 143
O Gigante de Basã 147
Onde Foi Escrito *O Livro de Enoch*? 148
A Evidência da Duração do Dia 153
Revisando a Nossa Opinião 157
Conclusão 158

CAPÍTULO VII – A REGIÃO DE ENOCH 159
A Geometria de Stonehenge 159
Latitude 59° Norte 164
Skara Brae 166
Objetos de Pedra 173
O Anel de Brodgar 176
Stenness e Barnhouse 177
Maes Howe 181
O Enigma de Orkney 185
Conclusão 187

CAPÍTULO VIII – A CIÊNCIA DA PRÉ-HISTÓRIA 189
  Armazenando Conhecimento 189
    1. Observação e Registro 191
    2. Previsão de Eventos Futuros 192
    3. Controle 193
  O Desenvolvimento da Escrita 195
    Primeira Escrita? 195
  Onde Foram Originados os Primeiros Símbolos da Escrita? 199
  A Cultura Megalítica 206
  A Jarda Megalítica 207
  Matemática Megalítica 211
  Conclusão 215

CAPÍTULO IX – A LUZ DE VÊNUS 217
  Bryn Celli Ddu (A Colina do Bosque Negro) 217
  Escrita Solar 220
  O Efeito Vênus 223
  O Solstício de Inverno 226
  A Alvorada do Solstício 229
  Um Instrumento Científico 230
  Lendas dos Sítios 233
  A Conexão de Jerusalém 235
  Conclusão 237

CAPÍTULO X – RECONSTRUINDO A MÁQUINA DE URIEL 239
  Os Ensinamentos de Enoch 239
  As Instruções 252
  Ressuscitando a Máquina de Uriel 255
  Um Padrão Megalítico 257
  Conclusão 261

CAPÍTULO XI – A CÂMARA DE VÊNUS 263
  The White Wall (O Muro Branco) 263
  A Estrutura 265
  Uma Obra-prima de Engenharia 267
  Knowth e Dowth 270
  A Economia dos Construtores Megalíticos 272
  A Clarabóia 276
  Lendo o Lintel de Uriel 279
  A Escrita no Muro 283
  A Casa de Deus 290
  Conclusão 293

Capítulo XII – A Expansão do Conhecimento Antigo 295
    O Observatório Egípcio 295
    O Advento Sumeriano 299
    Os Gigantes que Foram para o Oriente 301
    A Herança dos Judeus 308
    Os Sacerdotes de Enoch 313
    Ascensão e Queda do Judaísmo Enochiano 317
    O Calendário de Qumran 318
    Os Filhos da Luz 321
    Conclusão 327

Capítulo XIII – O Conhecimento dos Druidas 329
    A Sobrevivência da Alma 329
    A Lenda de Tara 330
    A Pedra Lia Fail 333
    Angus de Newgrange 336
    Os Druidas 339
    A Destruição dos Druidas 344
    A Primeira Cadeira de Eisteddfod 351
    A Pedra Branca e Sagrada 353
    Uma Charada Maçônica 358
    Conclusão 363

Capítulo XIV – A Religião Única 365
    O Último Filho da Estrela 365
    O Cristianismo Celta 367
    A Ascensão dos Filhos da Luz 376
    O Conhecimento dos Bruce e dos Saint Clair 378
    O Templo Enochiano da Maçonaria 383
    O Fim do Começo 390

Tabela Cronológica 395

Apêndice 1 – Uma Mensagem para a Maçonaria Inglesa 399
    Um Novo Paradigma de Maçonaria 399
    O Nosso Ponto de Partida 401
    O Futuro 403

Apêndice 2 – Reflexões a Respeito de Maes Howe 407

Apêndice 3 – Como o Povo da Cerâmica Canelada Desenvolveu uma Civilização Avançada? 411
    As Características da Comunidade do Vale do Boyne 411
    A Economia da Agricultura 415

APÊNDICE 4 – A CAPELA DE ROSSLYN 423

APÊNDICE 5 – A TRADIÇÃO MAÇÔNICA DE ENOCH 427

APÊNDICE 6 – UM ANTIGO TEXTO REDESCOBERTO 433

APÊNDICE 7 – O LIVRO DOS GIGANTES 437

ÍNDICE REMISSIVO 441

BIBLIOGRAFIA 469

Prólogo

Superstição, Fraude e Ciência

À medida que os relógios registravam o primeiro "segundo" do dia 1º de janeiro de 2000, as pessoas na pequena ilha de Kiribati recepcionavam a alvorada do terceiro milênio. Nas 24 horas seguintes, as pessoas de todo o planeta celebrariam esse momento especial com a maior festa da História.

A Ponte do Porto de Sidney transformou-se no palco brilhante de fogos de artifício; a Muralha da China ficou iluminada em toda a sua extensão, e em Jerusalém foram soltas 2 mil pombas.

No entanto, havia um pequeno problema: o segundo milênio ainda tinha 366 dias pela frente.

Como o nosso calendário não aceita o ano 0 a.C., conseqüentemente passaram-se 1.999 anos desde o presumido nascimento de Jesus Cristo, e o terceiro milênio somente se iniciaria em janeiro de 2001.

Mas os poderes estabelecidos haviam decidido que não deixariam esse inconveniente fato matemático impedir de, oficialmente, designar o ano 2000 como o início do novo milênio.

Esse é um exemplo comum da forma como as idéias são consideradas verdades quando nada mais são que convenções populares, sem nenhuma conexão com os fatos reais. E aqueles que apresentem informação contradizendo essas convenções tribais, com freqüência, nem são considerados.

Quando cópias antecipadas de *A Máquina de Uriel* tornaram-se disponíveis para a imprensa inglesa, muitos periódicos, como o *Daily Express* e particularmente o *Daily Mail*, relataram elementos de nossos achados de forma objetiva. Até o freqüentemente cético *Sunday Times* descreveu *A Máquina de Uriel* como "uma explicação plausível da forma como as sociedades pré-históricas poderiam ter desenvolvido observatórios astronômicos, tal como Stonehenge, por motivos práticos".

O *Guardian* fez apenas o comentário de algumas poucas frases, assumindo que o livro não passava de futilidade por basear-se em material que o jornalista em questão considerava "obviamente" irrelevante.

Mas foi o *Daily Telegraph* que apresentou a resposta mais interessante. O pequeno homem ficou sentado à nossa frente durante duas horas e meia, afirmando ter lido *A Máquina de Uriel* e que havia feito uma série de declarações no sentido de que o livro que estávamos por publicar estava "totalmente" equivocado.

"Não é assim que se faz ciência", ele gritava repetidamente; suas pequenas mãos puxando o cabelo dos lados da cabeça.

"Por quê?", perguntamos.

"Porque não podem. Tudo deve ser feito apropriadamente. Se este livro fosse apresentado como uma tese de PhD, com certeza fracassaria."

"Quero dizer que nós dois nos dedicamos inteiramente a pesquisas e, em meu caso particular, também a lecionar metodologia de pesquisa. Formei-me com honra ao mérito, sou PhD no campo da Física e examino teses de PhD o ano inteiro por conta da universidade para a qual trabalho. Posso assegurar que boa ciência é simplesmente aquilo que se assume e que possa ser testado a fim de demonstrar se é verdadeiro ou falso", disse Robert. Mas isso pouco adiantou.

Damien Thompson, um correspondente de assuntos religiosos, havia sido contratado para escrever um artigo sobre arqueologia "alternativa". Passamos a maior parte daquela manhã esforçando-nos por encontrar palavras cada vez mais simples para explicar as várias e principais reivindicações contidas no livro. E sempre recebíamos aquele mesmo olhar vazio e o célebre mantra: "Mas não é assim que se faz ciência".

Nem mesmo eram os achados em nosso livro que pareciam aborrecê-lo, mas a forma heterodoxa pela qual abordamos os problemas.

"Parece que você está confundindo processo com resultados", sugeriu Chris. "Certamente existem diversas metodologias válidas, mas um resultado deve absolutamente ter condição de ser repetido."

Finalmente, o sr. Thompson admitiu que nada entendia de Astronomia, assim como de qualquer um dos cálculos matemáticos usados no livro. Ele parecia ter orgulho de nada entender de Estatística; certamente não sabia o que era um histograma e até a palavra "heterodoxia" parecia não fazer parte de seu vocabulário.

Infelizmente, esse tipo de atitude pela qual o mérito de novas idéias não é medido pelo resultado, mas pela aderência às convenções, é muito comum. Começamos a pensar se esse estranho ponto de vista "thompsonita" estaria tão propagado em nível mundial, mas foi então que recebemos um convite para apresentar uma palestra no "1999 John D. Mackie Memorial" durante o Festival de Ciência de Orkney. Tal convite era realmente uma grande honra, especialmente considerando que no ano anterior a palestra fora apresentada pelo professor lorde Renfew.

Ao contrário, o diretor do Festival de Ciência de Orkney, o antropólogo Howie Firth, foi muito mais gentil a respeito de *A Máquina de Uriel* do que o sr. Thompson. Ele comentou: "O livro é maravilhoso. O argumento está muito bem apoiado e a percepção levantada em uma série de campos variados, e seu relacionamento lógico é muito lúcido".

Quando finalmente o artigo apareceu no *Daily Telegraph*, ele assumira uma certa forma de ataque ao nosso livro, levemente disfarçado em uma análise séria em uma gama de opiniões "alternativas" sobre o passado. O fato de não conter nenhuma referência a respeito das nossas principais descobertas não foi surpresa.

O ataque era apaixonado, com um fervor de proporções religiosas. O problema de investir contra as nossas bem colocadas reivindicações foi superado ignorando a ciência que apresentávamos e justapondo comentários a respeito do nosso trabalho com base em alguns dos mais absurdos livros disponíveis, dando a impressão de que havíamos compilado ou apoiado uma série de loucas teorias. A manchete dizia:

> *Os minoanos construíram Stonehenge, a Atlântida* encontra-se na Antártica, Jesus Cristo foi sepultado na França: bem-vindos ao mais inédito mundo da falsa arqueologia.*

Material absurdo que nunca apoiaríamos. De fato, acreditamos que essa investida partiu de certos elementos do estabelecimento cristão. O artigo continha muitas declarações incorretas, mas fora engendrado com o objetivo de fazer um trabalho sério, uma obra irresponsável.

O artigo mencionava aleatória e incorretamente alguns elementos da obra antes de fazer referência ao nosso primeiro livro, *The Hiram Key*. Thompson dizia aos seus leitores que o livro havia sido "rejeitado" pelos historiadores e pelos críticos, citando uma única e agressiva manchete como evidência dessa afirmação. Essa manchete era: "A Falsa Aventura de Chris e Bob".

Isso não aconteceu com os periódicos mais responsáveis que apresentaram uma cobertura equilibrada a respeito de nossas reivindicações. Entretanto, a investida veio do *Catholic Herald* – um jornal que repetidamente procurou nos desacreditar por termos publicado a nossa crença de que alguns acontecimentos, aparentemente sobrenaturais, descritos no Novo Testamento, poderiam ter um significado mais prosaico para os judeus do século I a.C.

O artigo de página inteira de Thompson no *Telegraph* criou a impressão de que o nosso trabalho havia sido uma pesquisa de alguns meses para fazer fortuna com o livro ao sugerir que havíamos vendido mais de 1,5

---

* N. E.: Sugerimos a leitura de *Lendas de Atlântida e Lemúria* de W. Scott-Eliott, e *Locais Sagrados dos Cavaleiros Templários* de John K. Young, ambos da Madras Editora.

milhão de exemplares do *The Hiram Key*. Na verdade, o número foi bem menor do que isso e as nossas obras se baseiam em pesquisas feitas em um período de 20 anos.

Os leitores, concordando ou não com nossas descobertas, deverão admitir que não há nada que não se baseie na lógica. Não acreditamos em alienígenas, discos voadores, anjos, milagres, cadáveres ressuscitados ou qualquer outro tipo de ficção. Nosso enfoque é o de confrontar a enraizada crença tribal.

O mundo todo celebrou a chegada do terceiro milênio ao final de 1999, em vez de fazê-lo no final do ano 2000, porque era o que as pessoas queriam acreditar. O correspondente religioso Damien Thompson comparou nossa afirmação de que um homem do Oriente Médio viajou para a Europa Ocidental há 5.150 anos em um barco revestido de pele com a teoria de Erich von Daniken, pela qual a civilização moderna surgiu de visitações alienígenas em naves espaciais. Certamente isso demonstra uma ausência de qualquer sentido de semelhança digno de comparação!

O que tratamos aqui é seguramente uma predisposição a aceitar uma opinião mundial e anatematizar – e fazemos uso da palavra com consciência – todas as outras como não sendo investigações sérias. Aparentemente é inaceitável acreditar que o homem da Idade da Pedra desenvolveu uma astronomia observacional avançada, mas é possível crer (apesar das evidências da Física moderna) que alguém transformou água em vinho e andou sobre a superfície do mar. Mas qual é a diferença? O estudo estatístico de artigos antigos é assunto de análise que pode ser verificado por qualquer pessoa que se dê ao trabalho de aprender a necessária matemática. Mas transformar água em vinho e a prática de andar sobre a água são assuntos de fé, ou seja, não estão abertos ao questionamento.

Richard Dawkins, professor de Public Understanding of Science (Compreensão Pública da Ciência), na Universidade de Oxford, apresentou um ponto de vista válido quando disse:

> *Eu não posso dizer que as coisas a respeito das quais um indivíduo particular tenha fé sejam absurdas. Elas tanto podem sê-lo quanto podem não sê-lo. A questão é que não há como decidir a respeito, pois a evidência é explicitamente excluída. O fato de que a verdadeira fé não precisa de evidência é apresentado como a sua maior virtude. Entretanto, isso é capaz de levar as pessoas a uma loucura tão perigosa que a fé, para mim, parece mais se qualificar como uma doença mental.*[1]

Neste livro, fizemos uma série de especulações baseadas nos mais recentes pensamentos dos principais especialistas dos mais variados cam-

---

1. DAWKINS, R. *The Selfish Gene*, OUP, 1999, p. 330.

pos, como Geologia e estudos bíblicos. Mas principalmente apresentamos reivindicações que podem ser testadas e comprovadas. Não se trata de fé mas de confirmações científicas que podem e devem ser independentemente verificadas.

Aqui estão duas descobertas, perfeitamente testáveis, que fizemos como resultado de nossa abordagem multidisciplinar para compreender o passado:

Primeiro, demonstramos que alguns dos mais importantes sítios megalíticos das Ilhas Britânicas foram cuidadosamente engendrados para medir os movimentos de longo prazo do planeta Vênus, o que proporcionou às pessoas que os construíram um sistema de registro de tempo preciso em até alguns segundos em um período de 40 anos. A maior dessas estruturas é quase mil anos mais antiga e fisicamente maior do que a Grande Pirâmide do Egito.[2]

Em segundo lugar, conseguimos resolver o mistério da "jarda megalítica" do professor Thom.

Na década de 1960, esse professor, que não era arqueólogo, sofreu a ira do *establishment* ao identificar que os antigos sítios, desde o norte da Escócia até a Inglaterra, exibiam a utilização de uma unidade padrão de medida que era precisa à fração de um milímetro. Levou anos para que a descoberta fosse aceita finalmente pela Real Sociedade de Estatística, que publicou a comprovação. Mas ninguém, nem o bom professor, foi capaz de entender como os construtores megalíticos estabeleceram e repetiram essa medida tão perfeita.

Em *A Máquina de Uriel* demonstramos, sem nenhuma dúvida, que essa unidade pré-histórica foi criada totalmente a partir da observação astronômica. Mostramos exatamente como a unidade foi derivada e explicamos como ela pode ser duplicada por qualquer pessoa que queira repetir nossas experiências. Por meio da reconstrução de uma antiga máquina de observação, a partir de instruções registradas há milhares de anos, recriamos a jarda megalítica. Foram considerados fatores simples, que podem ser observados, a respeito da massa da Terra, o giro do planeta sobre o seu eixo e sua rotação anual ao redor do Sol para reproduzir essa antiga medida, como fizeram eras atrás os antigos habitantes da Europa Ocidental.

Não foi na Idade Média que a Ciência teve seu início na Europa Ocidental, como as pessoas casualmente acreditam, mas no quarto milênio a.C. A religião procurou controlá-la desde aquela época.

---

2. O'KELLY, M. J. *Archaeology, Art and Legend*, Thames and Hudson, 1998, p. 115.

Capítulo I

O Problema da Pré-história

O Colapso do Primeiro Paradigma

A Humanidade é um enigma em busca de sua própria solução.

O pequeno planeta que ocupamos orbitou uma estrela menor às margens de uma galáxia de dimensão média em um universo de uma inimaginável amplidão durante 4,5 bilhões de anos e, no entanto, nossa espécie particular de primata chegou em cena bem recentemente. É humilhante perceber, quando comparamos a idade da Terra e o aparecimento do homem, que a Humanidade exista há tão pouco tempo.

A maioria das pessoas imagina que a Humanidade evoluiu vagarosa e progressivamente de um humilde primata para um avançado tecnólogo, mas não existe nenhuma teoria aceita para o desenvolvimento do mundo que atualmente habitamos. Lorde Renfrew, professor de Arqueologia na Universidade de Cambridge, declarou que o estudo da Pré-história se encontra em um estado de crise:

> *Arqueólogos de todas as partes do mundo chegaram à conclusão de que grande parte da Pré-história, conforme é descrita nos livros, é inadequada. E parte dela está simplesmente errada(...) O que veio a ser considerado um grande choque, um desenvolvimento difícil de ser previsto há alguns anos, é que a Pré-história, como a aprendemos, baseia-se em diversas hipóteses que não podem mais ser aceitas como válidas. Diversos comentaristas falaram recentemente de uma "revolução" na Pré-história, da mesma natureza fundamental que a revolução do pensamento científico. De fato, foi sugerido que as mudanças que estão sendo operadas na Pré-história anunciem o adven-*

to de um "novo paradigma", uma estrutura totalmente nova de pensamento que se tornou necessário a partir do colapso do "primeiro paradigma".[3]

O paradigma aceito anteriormente sobre as origens da civilização presumia que idéias avançadas surgiram do nada há, aproximadamente, 10 mil anos. Em diversas partes do mundo, comunidades organizadas começaram a surgir de repente, os cães foram domesticados, barcos foram construídos, safras foram plantadas, cidades começaram a ser erguidas e o comércio e a economia doméstica tiveram o seu início.

Tudo isso é realmente muito novo quando consideramos que ferramentas fabricadas em pedra foram recentemente encontradas no Rio Gona, na região da Etiópia, datadas entre 2,5 milhões e 2,6 milhões de anos atrás. Sabendo que essa tecnologia de ferramentas esteve presente por tanto tempo, a pergunta que colocamos é: Por que depois de no mínimo 100 mil gerações de tecnologia estagnada esses "ignorantes homens da caverna" repentinamente se tornaram criaturas sociáveis, proporcionando o surgimento das grandes civilizações do mundo? Roger Lewin, que escreve para a revista *New Scientist*, concentrou-se na estranheza da situação:

> *A invenção e a expansão da Agricultura são motivo central na história da Humanidade. Por mais de 100 mil anos, os humanos subsistiram em ambientes amplamente variados, caçando por comida. De repente, em um curto espaço de tempo que começou a partir de 10 mil atrás, as pessoas começaram a domesticar animais e a plantar em meia dúzia de "centros de origem" no Velho e no Novo Mundos.*

É claro que alguma coisa está muito errada. A velha teoria do desenvolvimento da civilização formou-se de hipóteses apresentadas por observadores vitorianos e edificadas por vários especialistas no início do século XX. O paradigma então aceito cresceu e modificou-se com o tempo, mas uma série de pontos-chave no desenvolvimento humano era geralmente aceita até recentemente. Esses pontos incluíam:

• Cerca de 40 mil anos atrás apareceu o homem moderno (*Homo sapiens*).

• Cerca de 12 mil anos atrás, caçadores comunitários asiáticos cruzaram uma ponte de terra que ligava o Estreito de Behring à América e ali se estabeleceram.

• Cerca de 10 mil anos atrás, surgiram as organizadas comunidades agrícolas, cães foram domesticados, barcos foram construídos e o comércio teve seu início.

---

3. RENFREW, C. *Before Civilization*, Penguin, 1978.

- Cerca de 5 mil anos atrás, cidades foram inventadas pelos sumérios e, dali em diante, todas as artes da civilização – a Arquitetura, a especialização das lavouras, a escrita, a Matemática, a Astronomia e a manutenção de registros – expandiram-se para civilizar o resto do mundo.

Nos últimos anos, a Arqueologia sofreu uma importante revolução, com novos métodos científicos de análise disponíveis agora para suplantar as hipóteses de especialistas. Particularmente importante foi o aperfeiçoamento de nossa habilidade em datar objetos, o que demonstrou que os pontos-chave acima estão simplesmente errados. Como resultado, existe no momento um vácuo em nosso conhecimento da Pré-história.

A Relação com os Macacos

Então, como surgiu a vida humana? Bem, o pensamento atual sugere que tudo começou com uma bolha microscópica que pegou um resfriado.

Lynn Margulis, da Universidade de Boston, desenvolveu uma teoria pela qual a vida como a conhecemos iniciou como uma doença e que os nossos genes contêm um parasita simbiótico.[4] A vida primordial na Terra era constituída de criaturas monocelulares que biologicamente eram ineficientes para se desenvolver em complexas formas de vida modernas, como os mamíferos. Entretanto, quando foram infectadas por uma simples bactéria, a combinação química interna dos dois organismos permitiu-lhes extrair energia do oxigênio. As entidades monocelulares que agora respiravam tinham acesso a suficiente energia para crescer em novos organismos, que eram constituídos de muitas células.

Essa combinação respiratória de célula e parasita foi imensamente eficiente para produzir os componentes essenciais para o crescimento da célula. Todas as plantas e os animais multicelulares do planeta hoje têm mitocôndria que pode ser rastreada de volta àquelas células hospedeiras originais infectadas, e tanto o óvulo humano quanto as células do esperma contêm mitocôndrias. Durante a fertilização, as mitocôndrias do esperma não são incorporadas no óvulo fertilizado e, conseqüentemente, os genes mitocondriais são transmitidos aos fetos pela mãe, cujo óvulo fertilizado contém cerca de 200 mil moléculas de DNA mitocondrial (mDNA).

Com o tempo, ocorreram mutações de maneira que os cromossomos mitocondriais de várias famílias humanas gradativamente começaram a divergir e, depois de milhares de anos, as diferenças tornaram-se cada vez mais distintas. Pelo fato de que os mDNAs não se recombinam entre si,

---
4. WILLS, C. *The Runaway Brain*, Flamingo, 1994.

cada fêmea humana mantém dentro de si um registro codificado de sua história evolutiva desde o início de nossas espécies, e mais além.

O geneticista Wesley Brown, do Howard Goodman Laboratory da Universidade da Califórnia, percebeu que seria teoricamente possível usar mDNA para rastrear todos os elos da espécie humana até encontrar a geradora de todos os cromossomos mitocondriais da qual todas as outras descenderam. Também lhe ocorreu que, no processo, ele poderia ir tanto mais para trás no tempo que a criatura portadora do cromossomo ancestral poderia não ser humana. Brown montou a árvore genealógica mitocondrial e ficou surpreso com a descoberta de uma ancestral fêmea relativamente recente, comum a todos os humanos vivos. De acordo com os seus cálculos, atualmente cada pessoa no planeta evoluiu a partir de um pequeno ponto mitocondrial monomórfico em algum lugar entre 180 mil e 360 mil anos atrás. Simplificando, isso significa que havia uma única fêmea que deu origem a toda a Humanidade. Naturalmente, Brown denominou essa mulher de "Eva Mitocondrial".[5]

Esse era um resultado impressionante. É sabido que a evolução humana levou muitos milhões de anos e, no entanto, há 200 mil ou 300 mil anos existiu uma mulher que deu origem aos 6 bilhões de pessoas que hoje vivem na Terra. Allen Wilson, líder do grupo de pesquisas que o levou a essa descoberta, sempre enfatizou que essa "Eva Mitocondrial" tinha um pequeno, mas desconhecido, número de companheiros, de ambos os sexos, que forneceram cópias de seu DNA nuclear para o nosso círculo de genes; mas a implicação é clara: todas as raças humanas são membros familiares intimamente relacionados.

Essa nossa extensa família também está muito mais relacionada do que pensa a maioria das pessoas. Os biólogos moleculares, a partir de estudos do DNA, identificaram agora que os nossos genes são aproximadamente 98% idênticos aos dos macacos africanos. Sociólogos também estabeleceram que todos os aspectos do comportamento social humano, desde o fato de bater em crianças até o desejo por sorvete, estão ligados a algum motivo evolutivo oculto com uma contraparte entre todos os mamíferos, desde lêmures até zebras.[6] E, no entanto, somos claramente muito diferentes.

O antropólogo James Shreeve explicou muito bem o problema quando disse:

> *O fato é que os seres humanos – os humanos modernos,* Homo sapiens sapiens *– com relação ao comportamento, estão muito longe de ser "simplesmente outro animal". O mistério está onde, como e por que a mudança ocorreu. Não existem respostas que*

---
5. WILLS, C. *The Runaway Brain,* Flamingo, 1994.
6. SHREEVE, J. S. *The Neanderthal Enigma,* William Morrow and Co., 1995.

possam ser encontradas na vasta extensão do tempo hominídeo no planeta. O índice foi elevado ainda mais. Uma "transição muito importante" realmente ocorreu, mas tão perto do momento presente que ainda estamos cambaleando pelo choque. Em algum lugar no vestíbulo da História, pouco antes de começarmos a manter registros a nosso respeito, alguma coisa ocorreu que transformou um animal precoce em um ser humano.[7]

A primeira criatura oficialmente categorizada como "homem" – *Homo erectus* – parece ter migrado da África entre 1,7 milhão e 2 milhões de anos atrás, expandindo-se pelas zonas temperadas do sul da Europa e da Ásia, até a Indonésia. Por volta de 300 mil anos atrás, nossos ancestrais haviam alcançado as áreas mais frias das Ilhas Britânicas.

O Mito do Homem das Cavernas

Atualmente, a imagem do homem antigo é confusa na mente de muitas pessoas. A menção do homem pré-histórico traz à mente o velho estereótipo de um homem excessivamente grosseiro e coberto de pêlos.

Mas a verdade não poderia ser mais diferente. Até bem recentemente, a idade do homem completamente moderno era considerada ser de aproximadamente 40 mil anos, aparecendo de nenhuma fonte conhecida na mesma época em que o homem de Neandertal desapareceu. Entretanto, achados arqueológicos recentes mostraram que humanos fisicamente idênticos a nós coexistiram com o homem de Neandertal há 90 mil anos. A possibilidade de os nossos ancestrais terem entrecruzado com os neandertais é uma questão que persiste até hoje.

Vários intelectuais argumentaram que devem ter havido relações sexuais entre essas duas formas parecidas de homens; o contrário não seria condizente com a natureza humana. Outros especularam que podem ter havido encontros sexuais, mas as duas subespécies podem ter ficado muito distantes para gerar filhos desses encontros.

Uma resposta para essa enigmática questão sobre o nosso relacionamento com os neandertais parece ter sido encontrada pelo estudo do mDNA.

Em 1997, um antigo DNA foi extraído de um espécime Neandertal da Caverna Feldhofer, do Vale de Neander, perto de Düsseldorf, na Alemanha. Matthias Krings, que trabalha no laboratório Svante Pääbo, da Universidade de Munique, conseguiu juntar uma seqüência nucleotídea para 379 pares base de DNA mitocondrial maternalmente herdados, preservados em uma seção de 3,5 gramas, do úmero direito do espécime. Os resul-

---

7. SHREEVE, J. *The Neanderthal Enigma,* William Morrow and Co., 1995.

tados foram, então, meticulosamente replicados por Anne Stone, que trabalha no laboratório de Mark Stoneking, da Universidade do Estado da Pensilvânia. Quando a seqüência de mDNA do espécime foi comparada à região correspondente de humanos modernos e de chimpanzés, a diferença entre o neandertal e o humano era aproximadamente três vezes maior do que a diferença média entre humanos modernos, mas somente a metade maior do que a diferença entre humanos e chimpanzés. Devido ao fato de que a seqüência do neandertal era tão diferente daquela do humano moderno, muitos especialistas pensaram ser muito pouco provável que os neandertais tivessem contribuído para o conjunto de mDNA humano.[8]

Portanto, a evidência sugere que entre 500 mil e 600 mil anos atrás, os neandertais e os humanos modernos eram geneticamente diferentes – quase duas vezes mais para trás no tempo do que a "Eva Mitocondrial". Mark Stoneking e seus colegas expressaram suas conclusões dizendo:

> Esses resultados indicam que os neandertais não contribuíram no DNA mitocondrial humano; os neandertais não são nossos ancestrais.

Os neandertais podem não ser nossos ancestrais, mas também não eram aquelas abominações de freqüentes figuras. De fato, uma melhor forma de pensar a respeito dessas "outras" pessoas foi muito bem colocado por um especialista que disse:

> Se um Homem de Neandertal pudesse reencarnar e fosse colocado no metrô de Nova York – desde que tomasse um banho, fosse barbeado e vestido em trajes modernos –, duvido que chamasse mais atenção do que um cidadão comum.[9]

Se aceitarmos o fato de que isso não seja um reflexo de nossa população subterrânea de Nova York, ele seria realmente um ponto de vista importante a respeito de nossa tendência em imaginar outras e primitivas formas de homem mais rudes e grosseiras. A atual definição de "civilização" é um tanto restritiva e provavelmente diz mais a respeito da palpável supremacia dos europeus do século XIX que tachavam de "selvagens" qualquer grupo diferente do seu mundo cristão e tecnológico.

Na realidade, os neandertais possuíam um cérebro um pouco maior do que o homem moderno normal. Além disso, eles existiram durante um quarto de milhão de anos antes de desaparecer há cerca de 25 mil anos.

---

8. "Book of the Year (1998): Anthropology and Archaelogy", *Britannica Online:* http://www.eb.com:180/cgi-bin/g?DocF=boy/98/L02405.html
9. STRAUSS, W. L. e CAVE, A. J. E.: "Pathology and Posture of Neanderthal Man", *Quarterly Review of Biology,* 32 (1957), pp. 348-363.

Portanto, eles tiveram bastante tempo para desenvolver suas próprias formas de sofisticação. Se alguém duvida de que eles eram completamente humanos, basta estudar os magníficos trabalhos de arte que deixaram para nós, ou então apreciar os sinais da estrutura ritualista e social. Hoje não há dúvida de que os neandertais mais recentes sepultavam seus mortos com grande cuidado, muitas vezes despejando sobre o morto ocre vermelho e deixando no túmulo um suprimento de ferramentas e carne, provavelmente para assisti-los em sua passagem para "o lugar de além-túmulo".[10]

Às vezes, os mortos eram arrumados em posturas artificiais conhecidas como "flexionada" ou "agachada" de maneira que os joelhos eram puxados contra o peito e amarrados, dando a aparência de postura fetal. Podemos tão-somente imaginar se isso não estaria ligado à crença do renascimento – colocando o morto na posição de chegada no outro mundo ou até um preparo para a sua próxima encarnação.

O que poderia ter passado pela mente dessas pessoas paralelas? Um povo que chegou a dominar a Terra, mas do qual tão pouco sobrou. Devem ter amado a vida e respeitado a morte. Alguns corpos de neandertais foram sepultados de maneira similar durante o período Paleolítico Superior, indicando uma transmissão de rituais entre as duas espécies de homem. O fato de decidirem enterrar os objetos de valor junto ao morto indica potencialmente a existência de religião e a expectativa de vir a precisar deles na outra vida – do contrário, por que desperdiçar objetos valiosos, abandonando-os em um túmulo? Sabemos que muitas culturas, como os antigos egípcios, equipavam seus mortos para sua jornada, a "Duat" – a terra dos mortos. Portanto, por que os neandertais não fariam o mesmo?

Também há evidência de pura emoção humana. Alguns cemitérios neandertais possuem uma grande quantidade de pólen antigo ao redor do corpo, o que somente pode ter sido causado por muitas flores depositadas sobre o corpo de um amigo ou de um parente.[11] A pouca evidência que temos da cultura neandertal também mostra sinais de amor humano e cuidados.

Um sítio de 60 mil anos nas Montanhas de Zagros no Iraque, ou seja, 30 vezes mais antigo do que o nascimento de Jesus Cristo, proporciona um excelente exemplo. Entre os restos mortais de nove neandertais, havia um esqueleto que mostrava sinais claros de que o indivíduo fora ferido severamente muitos anos antes de sua morte, deixando feridas na cabeça, um braço atrofiado e cego pelo menos de um olho. O período de tempo entre a ocorrência desses ferimentos e a sua morte demonstra que ele foi alimentado e cuidado por outras pessoas. Podemos concluir que grupos de neandertais devem ter desenvolvido uma estrutura de responsabilidade social.

---

10. WALKER, A. e SHIPMAN, P.: *The Wisdom of the Bones,* Alfred A. Knopf, Inc., 1996.
11. SHREEVE, J. *The Neanderthal Enigma,* William Morrow and Co., 1995.

É possível que a cultura desse povo possa ter alcançado um nível parecido com a de certos grupos humanos atuais, como os aborígines australianos que se esquivam da tecnologia, preferindo os costumes antigos baseados na empatia com seu ambiente.

Para os nossos livros anteriores, pesquisando durante anos a história do povo judeu, ficamos fascinados em descobrir que o local onde hoje se situa Israel foi um centro muito ativo por mais de 100 mil anos. Alguns dos mais antigos restos conhecidos do homem moderno foram encontrados em uma caverna em Kafzeh, a pouca distância do centro da cidade de Nazaré. Essa caverna contém os restos mortais tanto de neandertais como de homens modernos, mas é a seqüência das camadas de terra e a ordem dos esqueletos fossilizados que tornam o fato tão fascinante. Nossos ancestrais foram encontrados nas camadas mais profundas, enquanto os neandertais ocupavam as covas superiores, provando sem dúvida alguma que o "homem moderno" esteve lá milhares de anos antes dos neandertais.

Datar restos tão velhos é muito difícil, mas existem técnicas que apresentam bons resultados. O método habitual de datar material orgânico é realizado pela medição do conteúdo de Carbono 14, mas esse método é inadequado para material com mais de 50 mil anos. Entretanto, outros métodos como a Termoluminescência (TL) e a Ressonância de Spin Eletrônico (RSE) podem ser utilizados para datar material mais antigo.[12]

No início da década de 1980, Hélène Valladas, uma arqueóloga do Centro para Baixo Nível de Radioatividade da Comissão de Energia Atômica Francesa, utilizou-se do método TL para datar os esqueletos humanos de Kafzeh, cujo resultado acusou uma idade surpreendente de 92 mil anos. Em seguida, Henry Schwarcz, da Universidade McMaster, e seu colega Rainer Grün, da Universidade de Cambridge, aplicaram o método RSE para concluir que os esqueletos datavam de no mínimo 100 mil a mais provavelmente 115 mil anos.[13] De repente ficou muito difícil para qualquer pessoa contestar que os primeiros humanos modernos conhecidos estiveram no sítio de Nazaré 5 mil gerações antes do nascimento de Jesus Cristo!

O Velho Testamento menciona que o primeiro homem criado por Deus foi Adão e proporciona uma genealogia até Abraão. O Evangelho de Mateus, no Novo Testamento, apresenta a genealogia de Abraão até o próprio Jesus; ao todo essa genealogia soma 61 gerações, mas, mesmo considerando a alta idade de alguns personagens da Bíblia, parece que no entrementes muita gente foi esquecida.

Esses esqueletos fossilizados encontrados na caverna de Kafzeh, dentro dos limites de Nazaré, são anatomicamente idênticos aos do homem

---

12. AITKEN, M. J. *Science-based Dating in Archaeology,* Longman, 1990.
13. SCHWARCZ, H. P. "ESR Dates for the Hominid Burial Site of Qafzeh in Israel", *Journal of Human Evolution,* 17, 1988.

atual. Como no caso do neandertal no metrô de Nova York, se uma criança daquela época pudesse ser apanhada por uma máquina do tempo, poderia muito bem ser adaptada e educada em nossas condições atuais, e até cursar uma universidade tal como qualquer pessoa moderna.

É muito simples! A evidência disponível indica que a nossa espécie não evoluiu por mais de 100 mil anos. Isso traz à tona a difícil questão: por que o desenvolvimento social e tecnológico humano parece ter estagnado por tanto tempo? Tim White, da Universidade da Califórnia, Berkeley, coloca bem claramente esse ponto quando disse:

> *Nada acontece por mais de cem milhares de anos. Isso é normal para um animal. O comportamento humano não é igual. Há uma coisa com a qual podemos contar a respeito dos humanos. Eles mudam.*

De acordo com a teoria padrão, praticamente nada mudou até aproximadamente 10 mil anos atrás. E de repente, BANG – tudo mudou! Por quê?

A Formação das Primeiras Sociedades

No verão de 1998, Chris estava dirigindo entre Qumran, no Mar Morto, e Jerusalém. A estrada sobe do ponto mais baixo da Terra, 450 metros abaixo do nível do mar, e cruza o deserto até a antiga cidade de Jerusalém. Entretanto, há uma cidade mais antiga a poucos quilômetros da Rodovia 1 de Israel, localidade que, infelizmente, estava fora dos limites para Chris visitar. De fato, quando ele alugou o carro, a moça da Avis explicou que o seguro não cobriria a visita a essa cidade palestina. Foi uma lástima porque Jericó hoje é conhecida como a cidade existente mais antiga do mundo por ter sido ativa durante os últimos 11 mil anos.

O pequeno povoado fora construído junto a uma fonte perene, mas cerca de 10 mil anos atrás começou a transformar-se em uma cidade com área de 40 mil metros quadrados.[14] Aproximadamente nessa época foi construída uma grande muralha cercando a cidade e uma torre de dez metros de altura, com uma escadaria interna. Esse projeto deve ter envolvido muitos trabalhadores e outros tantos para supri-los com alimento, sendo estimado que 3 mil pessoas residiam ali.

Sabemos que durante os primeiros 2 mil anos a pequena população mantinha alguns animais selvagens como gazelas, raposas e pequenos ruminantes, como suprimento alimentar. Entretanto, a partir da conclusão da muralha, a dieta da população que havia crescido muito mudou para outros tipos de animais domésticos como cabritos, ovelhas, porcos e gado.

---

14. OLIPHANT, M. *Atlas of the Ancient World,* Ebury Press, 1992.

O motivo do desenvolvimento de uma cidade nessa localização não é conhecido, mas os restos arqueológicos indicam que o comércio era muito importante para seus habitantes, naquela época há 10 mil anos. No entanto, não muito tempo atrás, o mundo acadêmico acreditava que as mais antigas cidades do mundo encontravam-se na Mesopotâmia – como as do estado da Suméria com 5 mil anos – a mais famosa sendo a de Ur, a cidade de Abraão.

Até 1929, quando *sir* Leonard Woolley escreveu o livro a respeito de suas escavações na Mesopotâmia, ele expressou algumas dúvidas sobre as origens das cidades da Suméria:

> *Não há nada que mostre a que raça pertenciam os primeiros habitantes da Mesopotâmia(...) Em certa época, que não podemos determinar, pessoas de uma nova raça chegaram ao vale, vindo não se sabe de que lugar e se estabeleceram ao lado dos velhos habitantes. Esses eram os sumerianos(...) Esses últimos acreditavam que haviam chegado no local com sua civilização já formada e trazendo o conhecimento da agricultura, do trabalho do metal, da arte de escrever – "desde então", eles disseram, "nenhuma nova invenção foi feita" – e se, como as nossas escavações parecem mostrar, houver verdade por parte daquela tradição(...) pesquisas posteriores poderão descobrir(...) onde os ancestrais de nossos sumerianos desenvolveram a primeira e verdadeira civilização.*[15]

Para esse arqueólogo, as cidades sumerianas parecem surgir do nada com todas as suas artes de civilização completamente desenvolvidas.

Certamente, Woolley devia estar certo. Muitos de seus contemporâneos contentavam-se em identificar o momento específico de quando a civilização começou, mas as coisas não são tão simples assim. Toda mudança leva tempo e normalmente deixa rastros de um desenvolvimento gradativo. Apesar do inegável divisor de águas no desenvolvimento humano há cerca de 10 mil anos, alguns grupos de pessoas indubitavelmente já estavam bem adiantados muito tempo antes disso.

Por exemplo, no vilarejo de Dolni Vestonice, perto da cidade de Mikulov na República Tcheca, encontra-se o sítio de uma fábrica e um posto comercial de 26 mil anos descrito inteiramente por James Shreeve. Os restos de cinco edifícios foram identificados pelas marcas de buracos de colunas, blocos de calcário e ossos de mamutes, assim como grandes camadas de resíduos em seu solo. O maior desses edifícios tem uma área de 17x10 metros com cinco fornalhas regularmente distribuídas, em volta das quais encontram-se implementos feitos de pedra, osso e marfim, bem como en-

---

15. WOOLLEY, L. *Ur of the Chaldees, Seven Years of Excavation*, Pelican, 1929.

feites fabricados. Do lado externo estão os restos de uma grande cerca e, além dela, um acúmulo de ossos de mamute empilhados em um pântano.[16]

Primeiro pensou-se que os restos dos mamutes fossem os esqueletos de animais caçados pelos habitantes paleolíticos, mas especialistas – como Olga Soffer, da Universidade de Illinois[17] – agora acreditam que as pessoas construíram seu vilarejo perto de um cemitério natural de mamutes. Tal como nossos elefantes, é possível que, quando os velhos mamutes sofressem de algum mal, eles migrassem para terras pantanosas onde havia uma vegetação mais suave. Eventualmente, muito fracos para sair, acabavam morrendo ali mesmo. Seus ossos eram um ótimo material de construção e talvez ainda mais importante, com as fornalhas atingindo uma alta temperatura, esses ossos tornavam-se um excelente combustível graças ao valor calorífico mais alto do que o carvão coque.

Essa fonte de alta energia parece indicar o verdadeiro propósito da localização do sítio. A uma pequena distância da localização das choupanas há um depósito de *loess*,[18] verdadeiras paredes de 30 metros de altura, usado para fazer tijolos. Mas Shreeve ressalta que há 26 mil anos os habitantes deviam utilizar esse material para um propósito diferente. Um pouco mais acima da ladeira dos antigos edifícios há um círculo de estacas que parece ter sido o resto de uma choupana, com uma área de seis metros de diâmetro e, no centro, um forno em formato de ferradura feito de terra e calcário.

Mais de 10 mil pedaços de argila queimada foram encontrados, até uma grande quantidade de bolinhas, fragmentos de cabeças e patas de animais de estatuetas, algumas peças apresentando ainda as impressões digitais de seus criadores. Outros objetos de cerâmica, até partes de figuras humanas, também foram encontrados dentro e ao redor da fábrica.

A palavra "fábrica" parece ser apropriada. Seguramente, nenhum tipo de comunidade precisaria dessa quantidade de estatuetas de argila ou de cerâmica, portanto é razoável concluir que essas peças foram fabricadas para ser comercializadas. A evidência disponível parece confirmar que aquelas pessoas ali se deslocaram de distâncias de até 200 quilômetros. Além disso, um exame geológico dos instrumentos de pedra de alta qualidade encontrados no sítio de Dolni Vestonice mostra que não foram feitos de matéria-prima local: a origem de mais de 80% das pederneiras é de fontes distantes, algumas centenas de quilômetros ao norte e a sudoeste do local.[19]

O que se estranha a respeito dessa curiosa fábrica de cerâmica da Idade da Pedra é o que parece ser o alto nível de descarte. Todo oleiro

---

16. SHREEVE, J. *The Neanderthal Enigma*, William Morrow and Co., 1995.
17. SHREEVE, J. *The Neanderthal Enigma*, William Morrow and Co., 1995.
18. N. T.: Limo argilo-calcáreo.
19. SHREEVE, J. *The Neanderthal Enigma*, William Morrow and Co., 1995.

amador sabe que é essencial remover as bolhas de ar e a água retida em um pedaço de argila antes de moldá-lo na forma desejada, para depois deixá-lo secar até o estado rígido e, em seguida, levá-lo ao fogo. Caso isso não seja feito, ao ser levada ao forno a peça explodirá devido à expansão térmica da água ou do ar comprimido. As 10 mil peças encontradas em Dolni Vestonice são fragmentos de figuras – uma cabeça de leão, o busto de uma mulher – , mas não foi encontrada sequer uma peça semi-acabada ao redor do forno. Isso levou a equipe que investigava o sítio a analisar as peças quebradas com um microscópio eletrônico no Smithsonian Institute, em Washington D.C. Eles descobriram que as peças de cerâmica encontradas nas choupanas haviam sido quebradas depois de prontas, mas aquelas perto dos fornos explodiram pelo choque térmico ao serem levadas ao fogo.

A ausência de uma peça acabada entre os achados sugeriu à equipe que alguma coisa estava errada. Entretanto, uma experiência feita com o *loess* local mostrou que ele era extremamente resistente ao choque térmico, fazendo com que a situação ficasse ainda mais estranha. Pamela Vandiver, do Smithsonian Institute, estava claramente perplexa quando disse: "Seria preciso muito para tentar fazer explodir objetos feitos com esse material". E, então, Olga Soffer chegou à seguinte conclusão: "De duas uma: ou estamos tratando com os oleiros mais incompetentes do mundo, ou então esses objetos foram quebrados propositadamente".[20]

A equipe deduziu que provavelmente a intenção não era guardar as imagens – sua dramática destruição no forno em formato de ferradura poderia ter sido realmente o resultado desejado. Talvez o momento da violenta desintegração fosse o auge de algum ritual religioso ou de magia. Ficamos pensando que, se esse fosse o caso, as imagens poderiam ter sido usadas da mesma forma que uma boneca vodu atualmente; um pequeno modelo feito à semelhança de um oponente e submetido a maus-tratos com a intenção de que ele sofresse da mesma forma. Se assim fosse, o resultado desejado era ver a imagem moldada explodir milagrosamente e de um modo satisfatório nas chamas; se ela agüentasse o teste, era levada para a choupana e descartada como uma tentativa fracassada de conseguir "poder" sobre o outro. Com certeza, o oleiro tinha a capacidade de controlar o resultado e parece provável que esses artesãos eram considerados sacerdotes ou xamãs que "produziam" o resultado que achavam que o "cliente" merecia.

De qualquer forma, o que aconteceu nesse sítio de 26 mil anos indica uma sociedade muito mais adiantada do que deveria ser de acordo com as teorias padrão do desenvolvimento humano.

---

20. SHREEVE, J. *The Neanderthal Enigma*, William Morrow and Co., 1995.

Embalando o Berço da Civilização

Não muito tempo atrás, considerava-se a Europa uma civilização mais recente do que a do Oriente Médio ou da Ásia. Os pré-historiadores do início do século XX pensavam que todos os maiores avanços na Europa eram diretamente causados por influências do Oriente Próximo, transmitido ao Ocidente tanto pela migração dos povos quanto pelo comércio.

Típico dessa atitude, quanto à cronologia da Europa pré-histórica, foi o artigo de Gordon Childe, intitulado "O Oriente e a Europa", publicado em 1939, no qual ele apresentava os estágios que explicavam a civilização da Europa como uma expansão natural do Oriente:

1 – A civilização do Oriente é extremamente antiga.

2 – A civilização pode ser difundida.

3 – Os elementos de civilização devem ter sido difundidos do Oriente para a Europa.

4 – A difusão de tipos orientais historicamente datados proporciona uma base para inserir a Europa pré-histórica dentro da estrutura da cronologia histórica.

5 – As culturas européias pré-históricas são mais pobres do que as culturas européias contemporâneas, como a civilização ocorreu na Europa mais tarde do que no Oriente.[21]

Naquela época, não havia como datar as estruturas megalíticas da Europa e, por conseguinte, presumia-se que toda a Pré-história da Europa iniciasse a partir do ano 3000 a.C., data do início dos registros egípcios. Mas, em 1955, um físico chamado William Libby descobriu a técnica de datação por radiocarbono, derrubando o castelo de cartas.[22] Libby foi agraciado com o Prêmio Nobel pelo desenvolvimento da técnica de datar objetos independentemente.

Sua idéia é de conceito simples, mas bem difícil na prática; baseia-se no fato de existirem três diferentes tipos de átomos de Carbono. O tipo mais comum é o Carbono 12, mas um número muito pequeno de átomos de Carbono possui nêutrons a mais no átomo. Esses isótopos, como são chamados, dividem-se em dois tipos: Carbono 13 e Carbono 14. Este é radioativo e é formado quando os raios cósmicos se chocam com os átomos

---

21. CHILDE, V. G. "The Orient and Europe", *American Journal of Archaeology*, vol. 43, 1939, p. 10.
22. LIBBY, W. R. *Radiocarbon Dating*, University of Chicago Press, 1955.

de nitrogênio na alta atmosfera. Esse átomo radioativo comporta-se como qualquer outro átomo de Carbono. Ele se mistura com o oxigênio para produzir dióxido de Carbono, que é absorvido pela vida vegetal, e é então comido pelos animais que o absorvem em seus corpos. Esse ciclo é contínuo desde que a planta e o animal estejam vivos.[23]

Entretanto, o átomo de Carbono 14 é instável. Originalmente ele foi formado de um átomo de nitrogênio; ocasionalmente, um átomo de Carbono 14 abandonará a energia adicional que recebeu dos raios cósmicos, voltando a ser um átomo de nitrogênio comum. Cerca de 1% de todos os átomos de Carbono 14 em uma amostra perde sua radioatividade voltando a ser um átomo de nitrogênio a cada 83 anos. Portanto, após 5.730 anos, o número original de átomos na amostra se reduziria à metade. Essa é a chamada meia vida do isótopo. Também implica que após 11.460 anos o número de átomos estaria reduzido a um quarto do número original. Dessa forma, a cada 5.730 anos, o número remanescente de átomos de radiocarbono se reduz à metade. É essa conhecida taxa de decomposição que permite a utilização do método de medição pelo radiocarbono para datar objetos.

Caso se conheça a quantidade de átomos de Carbono originalmente radioativos em um objeto, é muito simples calcular, a partir do remanescente, a quantidade de átomos de Carbono 14 que voltou a ser átomo de nitrogênio comum. De forma original, Libby presumiu que pelo fato de a taxa de bombardeamento dos raios cósmicos ser razoavelmente constante, um estado de equilíbrio dinâmico seria criado em qualquer objeto vivo, pelo qual a decomposição de átomos seria equivalente à absorção de novo radiocarbono. Esse nível de equilíbrio seria uma balança entre a perda pela decomposição radioativa e a produção pelos raios cósmicos. Um organismo vivo estaria continuamente trocando seus átomos de Carbono com aqueles da reserva global e, dessa forma, seu nível de radiocarbono permaneceria o mesmo. Quando esse ciclo pára, seja pela morte do organismo ou no caso da madeira, quando as moléculas da celulose dos anéis de crescimento se formaram, então a concentração de átomos de radiocarbono começa a diminuir. Medindo o radiocarbono remanescente em uma amostra, é possível estabelecer quando parou o intercâmbio de Carbono com o seu ambiente. Essa técnica é uma metodologia de datação muito eficiente até cerca de 60 mil anos, quando não há mais suficientes átomos de radiocarbono presentes para fazer uma medição apurada.

---

23. AITKEN, M. J. *Science-based Dating in Archaeology,* Longman, 1990.

Revendo as Datas dos Sítios Megalíticos da Europa

Ao final da década de 1960, por meio do radiocarbono muitas datas foram obtidas para sítios pré-históricos de toda a Europa e os resultados começaram a provocar problemas para a visão convencional de que as estruturas de pedra bruta da Europa Ocidental fossem cópias grosseiras da arquitetura da Suméria e do Egito. Essas novas datações por radiocarbono colocaram a data bem antes de 3.000 a.C., um pouco prematura para a teoria oriental de Childe, mas ainda dentro das datas das primeiras cidades sumerianas.[24]

Entretanto, o professor Hans Suess, cientista da Universidade da Califórnia, não estava satisfeito com as conjecturas padrão a respeito da datação por radiocarbono, particularmente a de Libby, acerca da taxa de absorção de radiocarbono. Ele achava que os efeitos da queima de carvão e óleo (combustível fóssil) a partir da Revolução Industrial teriam alterado o radiocarbono da atmosfera. O combustível fóssil libera na atmosfera Carbono 14 decomposto há milhões de anos, aumentando dessa forma sua concentração e fazendo com que os objetos pareçam mais recentes do que realmente são.

Além disso, os testes atmosféricos de armas nucleares durante a Guerra Fria provocaram a criação de várias toneladas de Carbono 14, que também alterariam as estimativas da idade dos objetos.[25] Suess criou uma nova curva de calibração para o Carbono 14 baseado no fato de que uma vez que uma árvore forme um anel de crescimento, a madeira naquele anel cessa de repor Carbono 14 e, assim, o relógio do radiocarbono começa a funcionar. Usando uma técnica chamada Dendrocronologia, que é a contagem dos anéis das árvores, ele podia precisar a data do momento em que o anel foi formado, para então medir o seu conteúdo de Carbono 14. Analisando a madeira de pinheiros "bristlecone" (pinheiro típico das Montanhas Rochosas dos Estados Unidos), as árvores mais antigas do mundo, ele elaborou uma curva de calibração exata para a concentração de Carbono 14 na atmosfera para os últimos 10 mil anos.[26] Ele confirmou ter usado uísque de malte nas curvas de calibração para o período da Guerra Fria e amostras de vinho clássico para a época da Revolução Industrial.[27]

Essa nova e precisa curva de calibração foi utilizada para revisar as datas dos monumentos megalíticos da Europa Ocidental e comprovou o

---

24. MACKIE, E. *The Megalith Builders*, Phaidon Press, 1977.
25. AITKEN, M. J. *Science-based Dating in Archaelogy*, Longman, 1990.
26. SUESS, H. E. e BERGER, R. *Radiocarbon Dating*, University of California Press, 1970.
27. AITKEN, M. J. *Science-based Dating in Archaeology*, Longman, 1990.

fato de serem muito mais antigos do que as cidades sumerianas e egípcias. Para Gordon Childe e sua visão da Pré-história, as implicações foram devastadoras. De fato, resumido por Colin Renfrew, o entendimento da Pré-história mudou totalmente:

> *De repente, e decididamente, as impressionantes tumbas megalíticas da Europa Ocidental foram feitas muito antes do que qualquer outro monumento comparável do mundo. Não existe nenhum monumento de pedra no mundo que se compare em antiguidade. O mais notável talvez seja o fato de que algumas dessas câmaras funerárias subterrâneas, com seus tetos de pedra, estão preservadas totalmente de modo que se possa entrar e ficar nessas câmaras de pedra nas mesmas condições de 5 mil anos atrás(...) Agora o paradoxo está conosco novamente: esses monumentos impressionantes foram construídos por um povo bárbaro, para quem faltava até o uso do metal, muitos séculos antes das pirâmides. A urgente tarefa que agora enfrentamos é explicar como esses monumentos vieram a ser construídos, senão por colonizadores das primeiras civilizações do Oriente Próximo.*[28]

Conforme já mencionamos, os "bárbaros" europeus haviam construído o complexo de Dolni Vestonice e nele trabalharam muitos milhares de anos antes que Jericó, a cidade mais antiga do Oriente Médio, fosse até mesmo cogitada. À medida que os fatos descobertos pela Arqueologia foram testados pelo novo método científico de datação, o paradigma europeu da Pré-história paulatinamente foi obliterado.

Mas outras disciplinas acadêmicas voltavam sua atenção para os problemas do entendimento da Pré-história, com semelhantes efeitos perturbadores.

O Poder da Linguagem

Parece óbvio que pessoas tão organizadas quanto aquelas da fábrica de estatuetas de Dolni Vestonice tivessem uma linguagem para facilitar essa interação complexa entre o grande número de indivíduos. Ninguém tem certeza de quando a linguagem teve sua origem e o próprio mecanismo por detrás dessa humana habilidade-chave é veementemente debatido. William Noble e Iain Davidson, da Universidade de New England, argumentaram que todas as linguagens humanas podem ser rastreadas a pelo

---

28. RENFREW, C. *Before Civilization*, Jonathan Cape, 1973.

menos 32 mil anos atrás, baseados na noção de que somente então os objetos icônicos, como esculturas e pinturas rupestres, apareceram inicialmente.[29]

Eles afirmam que, enquanto as pessoas não conseguissem a capacidade de usar símbolos para representar a realidade, não teriam condições de desenvolver a linguagem, pois a própria linguagem é tão-somente um passo à frente da representação simbólica. E assim, a mais antiga evidência de linguagem deve ser a de símbolos usados na pintura e na escultura. A datação da mais antiga utilização de símbolos agora parece um tanto modesta, pois várias obras-de-arte muito mais antigas foram descobertas recentemente, ou seja, depois da última datação.

Existe suficiente evidência disponível para sabermos que os humanos realmente fizeram imagens modeladas há muito tempo. É sabido que objetos de marfim foram feitos em toda a Europa e em outros lugares há mais de 40 mil anos, e complexas figuras, como aquela de um homem com cabeça de leão entalhada em marfim, entre 30 mil e 34 mil anos atrás. Na época em que Dolni Vestonice estava em operação, estatuetas de "Vênus" eram muito populares desde a França Ocidental até a Rússia Central. Uma dessas estatuetas encontradas nas cinzas de uma das fornalhas de Dolni Vestonice era tipicamente a representação de uma mulher de seios fartos e grande quadril. É claro que desconhecemos o propósito dessas figuras, mas muitos especialistas acreditam que podem ter representado a deusa da procriação e do bem-estar.

Apesar da antiguidade dessas figuras de "Vênus", elas ainda são recentes em comparação com outra descoberta feita por arqueólogos israelitas em Berekhat Ram. Uma pedra trabalhada por mãos humanas para dar a aparência de uma mulher, há mais de 230 mil anos![30]

A habilidade para comunicar pensamentos abstratos por meio da linguagem, certamente, foi o avanço mais importante em todo o desenvolvimento humano. Steven Pinker, um psicólogo do Instituto de Tecnologia de Massachusetts (MIT), apresentou uma clara visão a respeito da natureza da linguagem:

> *As pessoas sabem como falar da mesma maneira, mais ou menos parecida, tal como uma aranha sabe como fazer suas teias(...) a linguagem é uma invenção cultural tanto quanto é a postura ereta.*[31]

Provavelmente, a mais proeminente proposta a respeito da linguagem seja uma habilidade inata e não uma cultura, sugerida por um colega do MIT, Noam Chomsky. Em 1957, ele contestou o conceito predominante

---

29. WILLS, C. *The Runaway Brain,* Flaming, 1994.
30. RUDGLEY, Steven. R. *Lost Civilizations of the Stone Age,* Century, 1998.
31. PINKER. *The Language Instinct,* HarperPerennial Library, 1995.

da época quando publicou seu livro *Syntactic Structures* (Estruturas Sintáticas). A opinião dos behavioristas era que "nada podia existir na mente que não tivesse sido criado pela experiência pessoal". Chomsky afirmou que pelo fato de muitas das frases expressas pelo homem serem novas combinações de palavras, o cérebro então deveria possuir um programa que pudesse juntar um número infinito de frases a partir de um vocabulário finito, em vez de serem formadas unicamente pela experiência. Ele também observou que as crianças aprendem rapidamente a estrutura gramatical sem a necessidade de uma instrução formal e têm condições de interpretar novas frases muito antes de atingirem a idade de 2 anos. Portanto, as crianças, por inata habilidade, devem estar equipadas com um plano comum de gramáticas próprias de todas as linguagens. Chomsky o denominou de "Gramática Universal".

Essa inata habilidade na aplicação da gramática não é restrita ao discurso, pois muitas pessoas impossibilitadas de falar podem ainda manter conversações fluentes e complexas com rapidez normal por meio da linguagem de sinais. Essas linguagens não-verbais dos surdos e mudos não são uma simples tradução manual da dominante linguagem falada, mas linguagens totalmente capacitadas em seu próprio direito, com suas próprias sintaxes, gramática e vocabulário.

Recentemente, uma equipe chefiada por Laura Petitto, da Universidade McGill, fez uma descoberta ao conduzir um estudo sobre crianças mudas nascidas de famílias deficientes. Descobriram que os bebês "balbuciavam" com suas mãos, da mesma forma que bebês normais balbuciam com suas bocas. Essas crianças aprendiam da maneira normal, começando com gestos manuais repetidos em vez de regularmente repetir o mesmo som, como "la, la, la". Petitto chegou à conclusão de que deve haver alguma coisa muito fundamental a respeito da aquisição da linguagem.[32]

Certamente deve haver muito mais na linguagem do que a habilidade de gerar sons modulados a partir de uma caixa vocal. Se realmente é tão natural para o homem falar quanto andar ereto, nossa espécie deve estar muito mais afastada dos primatas do que já foi imaginado. Steven Pinker é um campeão de seleção natural ao argumentar que a linguagem falada começou a surgir bem cedo na Pré-história humana, antes de evoluir a ponto de tornar-se um fundamental instinto. Ele convulsionou a dominante lógica, dizendo que os humanos não elaboraram a linguagem porque desenvolveram maiores cérebros; estes aumentaram como resultado das crescentes exigências das complexas estruturas que fundamentam a linguagem. Resumindo: na linguagem está a raiz de todas as nossas mais altas realizações cerebrais.

---

32. WALKER, A. e SHIPMAN, P. *The Wisdom of the Bones,* Alfred A. Knopf, Inc., 1996.

Seguramente, Pinker deve estar certo. Em nossa própria experiência, é certamente verdade que alguns deficientes mentais com um nível de QI muito baixo aprendem a andar eretos e a falar razoavelmente suas línguas nativas, apesar de não conseguirem dominar totalmente habilidades adquiridas menos complexas, como lavar-se ou vestir-se. Esse fato evidente parece confirmar a opinião de Pinker de que a linguagem opera em um nível instintivo, assim como andar ereto. Todos nós devemos ter nascido com alguma espécie de matriz cognitiva pela qual os sons vocais de qualquer linguagem surgem rápida e facilmente, de tal forma que a criança só precisa aprender os próprios sons e não o mecanismo para fazer uso deles. Isso explicaria por que as crianças mais jovens podem aprender uma segunda ou terceira linguagem com uma rapidez surpreendente se forem colocadas em um ambiente apropriado.

Se Steven Pinker estiver certo a respeito do crescimento de nosso cérebro em função da exigência da linguagem, o *Homo sapiens sapiens* e os nossos primos *Homo sapiens neanderthalis* devem ter-se comunicado com discurso há muito tempo. Sabemos que os nossos ancestrais tinham cérebros do tamanho dos nossos (normalmente entre aproximadamente 1.300 e 1.500) há mais de 100 mil anos, enquanto os neandertais possuíam cérebros maiores. Portanto, é razoável estimar que uma linguagem rudimentar possa ter ocorrido duas vezes mais para trás, ou seja, há 200 mil anos. Se esse for o caso, isso corrobora com a questão do porquê os humanos levaram tanto tempo para desenvolver a estrutura social que chamamos civilização.

Em determinado momento, pensou-se que nunca chegaríamos a conhecer muito a respeito da história da humanidade antes do advento da escrita, mas novas técnicas estão ampliando rapidamente nosso conhecimento. Um dos métodos mais importantes para o entendimento dos movimentos de povos antigos é o estudo da interconectividade das diferentes linguagens faladas.

Foi estimado que atualmente possam existir cerca de 10 mil linguagens diferentes. A maioria das pessoas provavelmente imagina que essas linguagens existam porque as populações estivessem isoladas umas das outras e cada região criou seu próprio sistema de comunicação independentemente de qualquer outro. Entretanto, isso não é verdade.

Há 200 anos, *sir* William Jones descobriu que o sânscrito é relacionado ao latim e ao grego, o que levou à identificação de um grupo de linguagens relacionadas, hoje conhecido como o grupo de linguagens indo-européias, que é a superfamília lingüística que inclui quase todas as linguagens faladas na Europa moderna. Joseph Greenberg, um personagem ilustre, propôs uma macrofamília, denominada grupo "eurasiático", que inclui os grupos indo-europeu, urálico-yukaguir, altáico, chichchi-kamchatkan e esquimó-aleuta, que ele sugere ser o ancestral comum da maioria das linguagens da

Europa e da América do Norte. Este conceito de "linguagem ancestral" foi ainda mais desenvolvido por outros lingüistas como Vadislav Illich-Svtych e Aron Dolgopolsky para demonstrar ligações com a linguagem dravidiana, kartveliana, nilo-saharana e niger-kordofaniana. Eles denominaram essa língua raiz de "nostrática".[33]

A conclusão surpreendente desse trabalho é que originalmente o Oriente Médio, a Europa e a América do Norte compartilhavam uma linguagem comum. Dolgopolsky observou que nas linguagens baseadas em proto-indo-europeus existem muitas palavras comuns associadas à agricultura e à economia, sugerindo que o grupo proto-indo-europeu era um povo neolítico com uma economia de produção de alimentos. Por outro lado, o vocabulário proto-nostrático não possuía nenhuma dessas palavras, mas continha termos associados à caça e à coleta de alimentos, sugerindo que a agricultura e a economia animal fossem mais recentes do que o momento em que os proto-nostráticos saíram do sudoeste da Ásia antes da revolução neolítica.[34]

Para usar as palavras do antropólogo Richard Rudgley, as conseqüências da hipótese nostrática são chocantes. A linguagem raiz deve ter mais de 10 mil anos ou, mais propriamente, 15 mil. É simplesmente impressionante o fato de essas correspondências existirem tão longe quanto os desertos do sul da África, a Floresta Amazônica, o Ártico e as cidades da Europa – todos mantendo ligações de um tempo remoto quando faziam parte da mesma linguagem.[35]

O lingüista Merrit Ruhlen foi ainda mais longe e propôs que, em certa época, havia uma só linguagem comum ao mundo todo. Ele chamou essa linguagem fundamental de proto-global e a respeito ele disse:

> *E se Bengtson e eu estivermos corretos e as semelhanças lingüísticas que descobrimos forem vestígios de uma única família de linguagem antiga?(...) O que para mim parece ser a mais provável explicação para os dados lingüísticos, tal como hoje são conhecidos, é que a atual diversidade lingüística deriva do aparecimento de pessoas de comportamento moderno 40 mil ou 50 mil anos atrás. Mesmo que anatomicamente humanos modernos apareceram na África antes de 100000 a.C., essas pessoas não se comportavam como nós. Somente esse fato pode indicar suas habilidades lingüísticas mais rudimentares. De fato, vários estudiosos sugeriram que a "explosão sapiens", como*

---

33. *New Scientist,* 17 de outubro de 1998.
34. DOLGOPOLSKY, A. "Linguistic Prehistory", *Cambridge Archaeological Journal,* 5/2, 1995, pp. 268-71.
35. RUDGLEY, R. *Lost Civilizations of the Stone Age,* Century, 1998.

às vezes é chamada, envolveu o desenvolvimento da linguagem humana completamente moderna aproximadamente há 40 mil anos.[36]

Como pensamento final sobre o uso da lingüística para inferir informação a respeito da Pré-história, a técnica foi promovida por Colin Renfrew, que é citado dizendo que "ignorar essas descobertas lingüísticas seria a mesma coisa que descartar uma ferramenta totalmente nova para uso do pré-historiador". Depois de analisar os achados detalhados de Ruhlen *et al.*, Renfrew propôs sua própria data de 15.000 a.p. (ou seja, Antes do Presente; o ano de 1950, definido como o ano-base para a datação por radiocarbono) como sendo a data mais apropriada para o evento nostrático.

As Histórias Antigas

Alexander Marshack é um dos muitos observadores que se focaram no problema do incrivelmente recente e irregular desenvolvimento do homem. Como escritor científico, veio a se interessar pelas origens da civilização quando foi comissionado pela Nasa para escrever uma perspectiva histórica do progresso humano, culminando com a aterrissagem na Lua em 1969. Durante os 30 anos seguintes, ele se tornou um especialista em ciência pré-histórica e nas origens de objetos científicos. Em 1972, Marshack escreveu:

> *Procurando nos registros históricos as origens das civilizações evoluídas, fiquei incomodado com tantos "repentes". A Ciência(...) de repente começou com os gregos(...) partes de quase ciência, Matemática e Astronomia, de repente, apareceram entre os mesopotâmicos, os egípcios, os primeiros chineses e bem mais tarde nas Américas. A própria civilização apareceu de repente com a escrita cuneiforme da Mesopotâmia e com os hieróglifos egípcios; a agricultura(...) aparentemente iniciou, de repente, cerca de 10 mil anos atrás em um relativamente curto período de tempo(...) uma espécie de agricultura, arte e decoração que haviam iniciado repentinamente 30 mil ou 40 mil anos atrás, durante a Era do Gelo, aparentemente no momento em que o homem moderno apareceu na Europa para deslocar o homem de Neandertal.*[37]

---

36. RUHLEN, M. "Linguistic Evidence for Human Prehistory", *Cambridge Archaeological Journal*, 5/2, 1995, pp. 265-8.
37. MARSHACK, A. *The Roots of Civilization*, McGraw Hill, 1972.

O maior problema de todos é a aparente explosão de tecnologia que parece ter surgido de repente cerca de 10 mil anos atrás. Como poderiam pessoas totalmente desconectadas e espalhadas pelo mundo todo, repentina e simultaneamente, desenvolver a Agricultura e começar a construir cidades? Onde essas pessoas conseguiram os "projetos" para suas ciências e ordem social? Essas são perguntas embaraçosas que muitos estudiosos cuidadosamente evitaram porque só existem três possíveis respostas, e todas igualmente desconfortáveis:

1. Estímulo externo. Visitantes do espaço vieram à Terra e ensinaram aos nossos ancestrais as maravilhas da Agricultura e da Ciência.

2. Uma série aleatória de acontecimentos. Foi simplesmente por uma grande coincidência que a humanidade na Terra, espontânea e simultaneamente, desenvolveu todos esses grandes avanços.

3. Conhecimento pré-existente. O conhecimento desses avançados assuntos havia evoluído anteriormente durante um maior período de tempo, mas por algum motivo sua evidência arqueológica ainda não foi encontrada.

A idéia de que visitantes extraterrestres* estiveram na Terra atualmente está na moda, com vários escritores populares apresentando essa hipótese. Apesar de muitas pessoas – até nós mesmos – terem dificuldade em aceitar essa possibilidade, seria errado rejeitá-la como totalmente impossível. Entretanto, mesmo que tenham havido contatos extraterrestres no passado, não existe nenhuma base para atribuir os sucessos humanos a uma fonte alienígena desconhecida.

A sugestão de que as pessoas do mundo todo emergiram espontaneamente da ignorância para o intelecto, em um "piscar de olhos" evolutivo, não é nada científico e é conflitante com as novas e recentes informações. O fato de essa suposta solução ter sido aceita durante gerações entorpeceu nossas faculdades críticas. Se essa teoria fosse apresentada hoje pela primeira vez, seria imediatamente rejeitada por todos os estudiosos sérios em razão de sua extrema improbabilidade estatística.

A maior parte do que nos foi ensinado a respeito do passado distante da humanidade baseia-se nas opiniões de estudiosos do século XIX e início do século XX, que estudaram a evidência física remanescente de povos extintos e depois criaram a "melhor hipótese possível" do que poderia ter sido o caso. Às vezes, suas conclusões extrapolavam os limites da evidência disponível e, no entanto, suas freqüentes visões imaginárias eram acei-

---

* N. E.: Sugerimos a leitura de *Um Extraterrestre na Galiléia* de C. R. P. Wells e *Sonda de Arcturus – Contos e Relatos* de José Argüelles, ambos da Madras Editora.

tas como fatos. A abordagem geral dos estudiosos do período vitoriano, na melhor das hipóteses, era européia, e, na pior das hipóteses, um racismo cultural. Certo naturalista inglês registrou sua aversão por um grupo de fueganos (tribos nativas da Terra do Fogo) que ao avistá-lo passaram a gritar-lhe de uma canoa:

> *Olhando para esses homens é difícil acreditar que sejam criaturas iguais a nós e habitantes do mesmo mundo. Muitas vezes tentamos imaginar quais prazeres alguns animais inferiores possam gozar da vida; muito mais razoável seria colocar essa mesma questão a respeito desses selvagens!*

Surpreendentemente, essas palavras foram escritas por um jovem chamado Charles Darwin* – que mais tarde veio a tornar-se um dos pensadores mais importantes da época.

Paulatinamente, os preconceitos do mundo anglo-saxão estão sendo quebrados; de fato, a "integridade política" está, de certa forma, supercompensando a arrogância dos últimos 200 anos. Atualmente, há algumas pessoas bem equilibradas liderando o pensamento antropológico e arqueológico, mas no mundo em geral ocorreu um *split*, uma divisão, entre as pessoas do *establishment* e as da "Nova Era". O grupo do *establishment* presume que as explicações-padrão, de certa forma, sejam intrinsecamente factíveis e prefere descartar idéias que não incrementem o desenvolvimento de sua visão do mundo, considerando-as loucuras imaginárias. O grupo do outro lado da cerca filosófica, muitas vezes, ridiculariza as atuais hipóteses considerando-as convenções cegas e até mesmo conspirações da desinformação, e reverencia o passado antigo como uma "Era de Ouro" perdida quando prevalecia a verdadeira sabedoria.

Em nossa opinião, não é salutar tender demais para uma ou outra direção, pois as duas abordagens podem ter seu valor. Existem atualmente especialistas de mente aberta que, com suficiente segurança, admitem que as idéias aceitas até há pouco tempo muito provavelmente estejam mais erradas do que certas. Portanto, se hoje algumas das velhas idéias de historiadores "oficiais" são revistas ou até mesmo rejeitadas, talvez seja a hora de reconsiderar a possibilidade de que possa haver alguma verdade nas histórias dos povos antigos. Essas histórias existem em todas as culturas estabelecidas e foram preservadas durante um longo período de tempo e passadas, por meio da tradição oral, de geração em geração.

Conforme demonstramos em nossos livros anteriores, os rituais realizados pelos maçons são os únicos existentes da tradição oral mais im-

---

* N. E.: Sugerimos a leitura de *A Origem das Espécies e a Seleção Natural* de Charles Darwin, Madras Editora.

portante do mundo ocidental. Eles se baseiam em informação, anteriormente secreta, mais antiga do que o Velho Testamento, pois foram apreendidos diretamente de tradições judaicas em épocas anteriores à queda de Jerusalém em 70 d.C. Apesar de terem sido alteradas propositadamente pelos maçons ingleses por motivos políticos durante os últimos 300 anos, a história da quase extinção da humanidade, o Dilúvio bíblico, esteve sempre ao centro desses rituais. A primeira linha do nosso primeiro livro *The Hiram Key* cita o *Daily Telegraph*, de 1871, que dizia: "(...) A Maçonaria data desde antes do Dilúvio(...)".

Antes de serem deliberadamente censurados pelos maçons ingleses dos séculos XVIII e XIX, os altos rituais da Maçonaria inequivocamente afirmavam que eles preservavam o conhecimento arcano do Alto Sacerdócio Judaico que já era antigo no tempo do Rei Davi e do Rei Salomão.[38] Conforme já mencionamos, esses rituais maçônicos, que são memorizados palavra por palavra pelos adeptos, ainda fazem freqüentes referências a um Dilúvio mundial, e uma ordem inteira é dedicada à preservação das tradições verbais a respeito de Noé, o construtor da Arca bíblica que sobreviveu ao Dilúvio. Há também listas de personagens que dizem ter existido antes do catastrófico acontecimento, como Tubal-Caim – o homem que, segundo os maçons, inventou a agricultura e o arado.

Os registros mais antigos de rituais são aqueles do antigo e aceito Ritual Escocês da Maçonaria que não estiveram em uso desde 1813. Nesses antigos rituais há uma freqüente referência ao personagem bíblico chamado Enoch, com títulos maçônicos inteiramente dedicados a ele, contando a história pela qual ele foi o homem incumbido pelo anjo Uriel de salvar os segredos da civilização de um desastre global.

Histórias de um dilúvio global são tão conhecidas no mundo todo que é difícil considerá-las mera coincidência. Será que realmente houve esse monumental desastre que dizimou uma civilização anterior – como é descrito em antigos rituais maçônicos? Tal cataclismo poderia realmente fazer sentido com respeito à aparente contradição da emergente evidência da origem do desenvolvimento humano.

Entretanto, não podíamos entender como o mundo inteiro poderia ter sido inundado quando, na realidade, a Terra possui um volume de água definido. Porém, em uma conversa ocasional com o dr. Jack Miller, renomado geólogo da Universidade de Cambridge, nossa atenção voltou-se para um campo totalmente diferente de estudo.

Nossa análise dos fracassos da teoria pré-histórica parecia apontar para a pré-existência do conhecimento. Pelo fato de as técnicas modernas de supostas histórias pós-racionais das reminiscências de povos antigos terem fracassado tão espetacularmente, talvez seja o momento de examinar as histórias "oficiais" de povos reais para reconstruir nossa origem.

---

38. KNIGHT, C. e LOMAS, R. *The Hiram Key,* Century, 1996.

Existem no mundo tradições orais antigas que dizem possuir registros de acontecimentos extremamente distantes. Elas foram estudadas por antropólogos, mas amplamente ignoradas pelos arqueólogos que parecem acreditar que os únicos meios de compreender os povos antigos é desenterrando os seus pertences. Muitas tradições orais contêm elementos simbólicos que podem ser pistas de ocorrências reais; portanto, é errado ignorar tais histórias, considerando-as mitos tribais.

Com essa informação, nosso ponto de partida tinha de ser as antigas histórias de Enoch contidas nos rituais da Maçonaria, da Bíblia e de outros textos judaicos.

Conclusão

O desenvolvimento tecnológico dos últimos trinta anos confundiram totalmente o nosso entendimento da Pré-história.

O homem de Neandertal, freqüentemente retratado como o nosso ancestral, divergiu geneticamente da raça humana moderna entre 500 mil e 600 mil anos atrás. Há cerca de 300 mil anos, a população humana ficou reduzida a um número muito pequeno, tanto que uma única mulher dessa época tornou-se a ancestral comum a todos os humanos existentes.

Novas descobertas arqueológicas encontraram objetos datados de 250 mil anos, sugerindo que a própria linguagem poderia ser mais antiga do que se pensou anteriormente. Isso é confirmado por lingüistas que demonstraram que, há muito tempo, a linguagem era inata no homem.

O desenvolvimento tecnológico é mais antigo do que pensa a maioria das pessoas. Há grande evidência de uma economia produtiva na Europa de 26 mil anos atrás.

Melhorias na tecnologia de datação demonstraram que as estruturas megalíticas da Europa Ocidental foram construídas muito antes do que as cidades de Suméria e do Egito.

Especialistas acreditam que possa ter havido uma única linguagem global há aproximadamente 15 mil anos.

Há cerca de 10 mil anos houve um salto mundial repentino na tecnologia que não pode ser explicado em termos de mudança normal de incremento.

É possível que o desenvolvimento da tecnologia humana esteja sujeito a ocasionais mudanças catastróficas que interrompem o processo subjacente da constante mudança evolutiva.

CAPÍTULO II

A História Antiga de Enoch

Quem Foi Enoch?

Em nosso primeiro livro, *The Hiram Key*, publicado em 1996, apresentamos o argumento de que a capela de Rosslyn*, na Escócia, não era absolutamente um edifício cristão, mas uma cópia inspirada pelos Cavaleiros Templários* do destruído Templo de Jerusalém. Também sugerimos que fora construído para preservar manuscritos importantes que haviam sido colocados sob o Templo de Jerusalém antes de 70 d.C. e que, conforme afirmávamos, foram subseqüentemente desenterrados e transferidos para a Escócia em 1140 d.C. Certos estudiosos renomados das universidades da Inglaterra e dos Estados Unidos concordaram com a nossa opinião de que a construção é uma cópia proposital do Templo de Herodes.

No verão de 1996, visitamos Rosslyn em companhia do dr. Jack Miller, chefe de estudos geológicos da Universidade de Cambridge, e de Edgar Harborne, um alto graduado membro da Maçonaria que também fora um colega pesquisador de Ciência Militar em Cambridge.

Jack estava muito interessado na geologia das pedras utilizadas na construção de Rosslyn, que acabou identificando como tendo exatamente a mesma estrutura daquela de Jerusalém. Ele também confirmou que devia ser correta a nossa opinião quanto à parede oeste ser a cópia de uma ruína. Depois de passarmos a primeira tarde olhando detalhadamente a capela, voltamos ao Roslin Glen Hotel para uma refeição e alguns aperitivos. Duran-

---

* N. E.: Sugerimos a leitura de *A Espada e o Graal* de Andrew Sinclair, Madras Editora.
* N. E.: Sugerimos a leitura de *História dos Cavaleiros Templários* de Élize de Montagnac, Madras Editora.

te as nossas conversas, contamos a Jack como havíamos achado nos rituais da Maçonaria uma grande quantidade de informação histórica, apesar do fato de que a United Grand Lodge [a Grande Loja Unida] da Inglaterra continuar insistindo que os rituais seriam simples invenções sem nexo.

Também lhe dissemos que não conseguíramos entender por que o personagem Enoch e o próprio Dilúvio eram tão importantes para a antiga Maçonaria. Dissemos que a história do Dilúvio era obviamente fictícia; mas, para nossa surpresa, a resposta de Jack foi imediata e inesperada. "Por que você acha que a história do Dilúvio é uma ficção?"*

"Bem... porque não existe água suficiente para inundar o mundo todo – a não ser que seja apenas uma referência ao 'mundo' sumeriano da bacia Tigre-Eufrates", respondeu Chris, surpreso e intimidado pela estranha pergunta de Jack.

"Você está pensando em termos de um sistema fechado", disse Jack, mostrando suas mãos em forma de esfera. "Você precisa mudar sua estrutura de referência. Está sendo desenvolvido um novo trabalho sobre esse assunto que, acredito, fará com que você pense de forma diferente a respeito do Dilúvio bíblico."

Estávamos surpresos e muito interessados em saber que outra parte da lenda maçônica pudesse basear-se em um fato histórico. Jack prometeu procurar algumas referências nas revistas geológicas e enviá-las a nós.

Assim que recebemos essas informações, soubemos que tínhamos de estudar a curiosa figura de Enoch e as histórias do Dilúvio o mais detalhadamente possível.

Enoch na Bíblia

Não há muita informação sobre Enoch na Bíblia, mas o que existe ocorre principalmente na primeira parte de Gênesis.

Os primeiros cinco livros da Bíblia, que começam com a Gênesis, são chamados de *Torá* no Judaísmo, enquanto os estudiosos do Velho Testamento Cristão os denominam de *Pentateuco*. Essas histórias são geralmente consideradas uma coleção de mitos, material de epopéia, lendas de cultos, textos jurídicos e poesias, uma combinação colocada em um documento escrito datado possivelmente do século VI a.C.

A formalização do *Torá* escrito reuniu as tradições orais dos antigos judeus e procurou explicar como a divindade que criara o Céu e a Terra havia selecionado os judeus como o Seu povo escolhido. O problema enfrentado por esse grupo de compiladores era a questão de como as várias

---

* N. E.: Sugerimos a leitura de *Fractais da História* de Paulo Urban e Homero Pimentel, Madras Editora.

histórias poderiam ser enquadradas em um todo coerente. Vários grupos haviam preservado suas próprias tradições e essas deviam ser incorporadas no novo e grande quadro oficial.

A primeira referência a Enoch ocorre em Gênesis 4:16-23 no qual consta a seguinte genealogia de Adão a Enoch e dali para Noé, o homem que construiu a arca que sobreviveria ao Dilúvio:

- Adão
- Caim
- Enoch
- Irad
- Maviael
- Matusael
- Lamech
- Noé

A outra referência a Enoch é encontrada em Gênesis 5:21-29, na qual ele aparece com uma genealogia muito diferente. Os criadores dessa tradição podem não ter gostado do fato de esse herói ter descendido de Caim, o primeiro assassino que matou seu irmão Abel. Por conseguinte foi-lhe dada uma nova linhagem por meio de Set, o terceiro filho de Adão e Eva, que dizem não ter sofrido a morte, mas andou com Deus antes de ser levado por Ele diretamente para o Céu.

É interessante notar que Matusalém, o homem de maior longevidade, parece não ter sobrevivido ao Dilúvio.

Essas são as únicas duas referências a Enoch no Velho Testamento, mas existem três outras no Novo Testamento. No Capítulo 3 do Evangelho de Lucas há uma genealogia de Jesus, que vai de seu pai José de volta até Enoch e dali até Adão. Essa genealogia surpreendeu muitas pessoas que acharam estranha essa citação porque, se Jesus nasceu como filho de Deus e de uma virgem terrena, então a genealogia de seu pai adotivo não teria absolutamente nenhuma importância.

Nessa genealogia, Jesus é relacionado a uma série de importantes personagens considerados de grande relevância na Maçonaria, principalmente Zorobabel, Davi, Boaz, Noé, Lamech e Enoch. O Evangelho de Lucas também diz que a mãe de Jesus, Maria, era de uma linhagem de sacerdotes, uma descendente direta de Aarão, o alto sacerdote egípcio irmão de Moisés. Lucas 1:5 cita que Isabel, esposa de Zacarias e mãe de João, o Batista, era da mesma linhagem de Aarão:

> *No tempo de Herodes, rei da Judéia, havia um sacerdote chamado Zacarias. Era do grupo de Abias. Sua esposa chamava-se Isabel e era descendente de Aarão.*

Mais adiante, em Lucas 1:36, quando o anjo Gabriel diz a Maria que ela está para dar à luz Jesus, há a menção de que Maria é prima de Isabel e, por conseguinte, também é descendente de Aarão:

> *Olhe a sua parente Isabel: apesar de sua velhice ela concebeu um filho. Aquela que era considerada estéril, já faz seis meses que está grávida.*

Há um pouco mais de informação sobre a misteriosa figura de Enoch no Novo Testamento. A Carta de Judas 1:13-14 cita que Enoch profetizou uma grande catástrofe se os homens não parassem com suas depravações:

> *São como as ondas bravias do mar espumando a própria indecência. São como astros errantes para os quais está reservada a escuridão das trevas eternas. Também Enoch, o sétimo depois de Adão, profetizou sobre esses indivíduos quando disse: "Eis que o Senhor veio com seus exércitos de anjos".*

Obviamente, o autor de Judas não aceita a tradição que coloca Enoch como terceiro depois de Adão pela descendência de Caim, o Assassino, mas concorda com a genealogia que Lucas atribui a Jesus ao longo da linhagem de seu pai José. Aqui dizem que Enoch profetizou *as ondas bravias do mar* e *os astros errantes* que, no entanto, *não são* mencionados no Velho Testamento.

A terceira referência a Enoch no Novo Testamento encontra-se na Carta de Paulo aos Hebreus 11:5, que diz:

> *Pela fé, Enoch foi levado embora para que não experimentasse a morte. E não foi mais encontrado, porque Deus o levou; e antes de ser levado, foi dito que ele agradava a Deus.*

Enoch Maçônico

Apesar de grande parte de maçons não a conhecer, a história de Enoch e do Dilúvio é bastante importante nos rituais maçônicos. Os escritos maçônicos mais antigos que fazem referência a Enoch procedem de dois manuscritos: o de *Inigo Jones* e aquele de *Wood*. Apesar de esses documentos terem sido escritos no início do reinado de James I, da Inglaterra, dizem que é de comum acordo que os Antigos Deveres neles contidos são algumas centenas de anos mais antigos.

O rei James VI da Escócia foi feito maçom na Loja de Scoon e Perth em 1601, e em 1603 foi proclamado rei James I da Inglaterra. Foi ele quem autorizou uma nova tradução inglesa da Bíblia, conhecida como a Versão do Rei James, para evitar o que ele descreveu como "erros papais" das traduções anteriores. A seqüência dos acontecimentos é a seguinte:

- Em 1601, James VI torna-se maçom;

- Em 1603, James VI da Escócia é proclamado James I da Inglaterra;

- Em 1604, anuncia a criação de uma nova tradução da Bíblia;

- Em 1607, o autor do manuscrito *Inigo Jones* redige a tradição verbal das Origens da Maçonaria em uma das mais antigas versões ainda conhecida pelos maçons que a chamam de Antigos Deveres;

- Em 1610, J. Whytestones redige o manuscrito *Wood*, uma ampla versão parecida com os Antigos Deveres e a história da Maçonaria transcrita, segundo ele, de um documento mais antigo que foi perdido desde então;

- Em 1611, a Bíblia do Rei James é publicada e autorizada ao público.

Essa história tradicional sobre as origens da Confraria da Maçonaria apareceu na época em que os ensinamentos da Maçonaria foram levados à Inglaterra por rei James e a sua corte escocesa. Ela dá grande importância às realizações dos povos antes do Dilúvio e afirma que as sete ciências do *quadrivium* – Gramática, Retórica, Lógica, Matemática, Geometria, Música e Astronomia – eram altamente desenvolvidas antes do Dilúvio e que as pessoas que as desenvolveram previram a vinda do Dilúvio e preservaram os detalhes dessas ciências em dois pilares: um deles construído para resistir ao fogo e o outro para resistir à água. Além disso, os dois documentos declaram que os egípcios desenvolveram a civilização a partir da descoberta dos dois pilares após o Dilúvio, e se utilizaram desse conhecimento para criar suas grandes realizações.

O manuscrito *Inigo Jones* detalha as providências tomadas para preservar o conhecimento da Ciência durante a esperada catástrofe.

Alguns dos abandonados rituais da Maçonaria datando, no mínimo, do início do século XVII, contam uma história detalhada de como Enoch criou esses pilares de conhecimento e como foram encontrados por pedreiros que trabalhavam na construção do Templo de Salomão, há 3 mil anos. A antiga lenda diz que os trabalhadores que preparavam a terra para assentar as fundações deram de encontro com uma rocha oca que nada mais era que a pedra superior de uma arca abobadada que pertencera a um antigo templo de Enoch. Ao levantar essa pedra, e descendo na câmara, eles descobriram um dos grandes pilares de Enoch. (Para maiores detalhes dessa evidência maçônica veja o Apêndice 5.)

Apesar de a Bíblia não ligar Enoch ao Dilúvio, Josephus,* o historiador dos judeus do século I d.C., o faz. Esse soldado judeu que se tornara um estudioso romano e que dizem ter sido treinado pela comunidade de Qumran, declara que Enoch registrou informação astronômica em dois pilares.

Segundo os antigos rituais do Antigo Culto Escocês,* os altos sacerdotes de Jerusalém que sobreviveram à destruição da cidade no ano 70 d.C. deram origem a grandes famílias na Europa e mil anos mais tarde fundaram a Ordem dos Cavaleiros Templários. Será que o seu conhecimento mais detalhado originou-se dessas famílias ou dos manuscritos de Qumran desenterrados pelos Templários debaixo da base do Templo de Jerusalém entre os anos 1118 e 1128?

Ainda há outra fonte de referência a respeito de Enoch contendo textos muito parecidos aos da Maçonaria. Trata-se de um livro antigo judeu perdido ao mundo ocidental por um período de 1.500 anos e redescoberto por um alto personagem maçônico no século XVIII.

*O Livro de Enoch**

James Bruce nasceu a 14 de dezembro de 1730 em Kinnaird House, perto de Larbert, em Falkirk, na Escócia. Sua família descendia de Robert de Bruce e esteve envolvida com os Cavaleiros Templários e com o início da Maçonaria durante o século XV. Ele era membro da Loja Cannongate Kilwinning, uma loja maçônica de Edimburgo. (A história de suas viagens à África e sua descoberta de *O Livro de Enoch* é contada no Apêndice 6.)

Não é possível saber com certeza se, deliberadamente, Bruce estivera à procura de *O Livro de Enoch* ou se simplesmente o descobrira. Mas ao encontrá-lo, ele fez a maior descoberta de sua vida. Certamente compreendeu a grande importância do livro e, como bom lingüista (falava vários idiomas, inclusive o tigre, o amárico e o árabe), foi capaz de traduzir o seu achado para o francês e para o inglês, antes de voltar para a Europa.

Na França, depois de doar sua tradução de *O Livro de Enoch* ao rei, foi por ele honrado e, voltando para a Inglaterra, foi recebido como um grande viajante e eleito Membro da Real Sociedade.

---

* N. E.: Sugerimos a leitura de *Seleções de Flavius Josephus*, Flavius Josephus, Madras Editora.

* N. E.: Sugerimos a leitura de *Rito Escocês: Antigo e Aceito – 1º ao 33º*, Rizzardo da Camino, Madras Editora.

* N. E.: Há a versão em português de *O Livro de Enoch – O Profeta* lançada pela Madras Editora.

O historiador maçônico J. S. M. Ward acreditava que a versão de *O Livro de Enoch* que Bruce encontrara devia ter sido muito corrompida, em comparação ao antigo original, pois continha fórmulas mágicas e astrológicas. Em anos recentes, as cópias encontradas por Bruce provaram ser autênticas graças a nove outras cópias de *O Livro de Enoch* descobertas entre os manuscritos do Mar Morto, em Qumran.* Esses fragmentos danificados, enterrados pouco antes do ano 68 d.C. e achados depois de 1947, mostram que o material astronômico e astrológico do livro estavam ali desde, no mínimo, o ano de 200 a.C.

A preocupação de Ward quanto ao conteúdo de *O Livro de Enoch* é totalmente compreensível. De fato, ele contém informação bastante estranha, até mesmo o que parece ser conhecimento astronômico e descrições de um observatório no pico de uma montanha e anuncia o advento de uma catástrofe, assim como detalhes de algumas providências a serem tomadas.

Michael Black, o estudioso da Bíblia que publicou a análise mais recente de *O Livro de Enoch*, comenta a seu respeito:

> *O que o livro apresenta ao leitor é uma estranha e sobreposta variedade de tradições, contendo unidades de narrativa e discurso(...)* O Livro de Enoch *parece um complicado quebra-cabeça, ou melhor, uma coleção deles, pelos quais, depois que os principais componentes foram montados, ainda permanecem elementos sem explicação que frustram as mais engenhosas tentativas de enquadrá-los em um todo coerente(...) não há nenhum fio de Ariadne para orientar o leitor pelo labirinto de Enoch.*[39]

O Livro de Enoch é amplamente considerado uma coleção de trabalhos de diferentes autores e acredita-se que partes ainda estejam faltando. O primeiro capítulo inicia informando o leitor que o grande juízo será enviado à Terra na forma de um dilúvio e somente um pequeno número de membros selecionados da raça humana sobreviverá. Preocupado, o nosso herói adverte que depois do dilúvio um novo juízo deverá ocorrer. Esta parece ser a profecia que Judas havia anunciado, provando que alguns autores do Novo Testamento tiveram acesso a esse livro.

Os quatro capítulos seguintes são uma homilia focalizando a harmonia e a regularidade da natureza. Eles apresentam uma discussão de como o estudo da harmonia da natureza pode ajudar na compreensão de Deus e de como os movimentos regulares das estrelas e os ritmos naturais das

---

39. BLACK, M. *The Book of Enoch or I Enoch, A New English Edition*, Leiden, E. J. Brill, 1985.
* N. E.: Sugerimos a leitura de *Mistério do Pergaminho de Cobre de Qumran* de Robert Feather, lançamento Madras Editora.

estações são evidências da obra de Deus. Essa incomum visão do mundo e as próprias palavras escolhidas são incrivelmente parecidas com aquelas empregadas pelos maçons, até nos rituais modernos com todas as suas alterações.

Os maçons repetidamente fazem uso das palavras "natureza", "harmonia" e "regularidade", assim como possuem uma estrutura de Lojas criada em consonância com as estações e com os movimentos da estrela: o teto dos Templos maçônicos ingleses são recobertos de estrelas. Os maçons provêm de todas as religiões monoteístas e, portanto, não há um nome para Deus, mas Ele é referido como "o Grande Arquiteto do Universo".

O que poderia ser mais enochiano do que isso?

Os dois capítulos seguintes contam a história de estranhos seres alienígenas que eles chamam de "Guardiães". Trata-se da história de um grupo de pessoas adiantadas que tomam as filhas de homens como esposas. A progênie conseqüente é um grupo de desajustados chamados Gigantes ou Nefilim que aparentemente alvoroçam a terra. Os crimes cometidos pelos Nefilim são apresentados como o motivo pelo qual Deus decidiu provocar o Dilúvio. Alguns observadores recentes de *O Livro de Enoch* dizem acreditar que os Guardiães devam ser extraterrestres, mas aqui não temos motivos para essa especulação. O livro diz que possuíam muitas habilidades que foram transmitidas aos homens; eles passavam algum tempo entre os homens, mas retornavam para um lugar distante no qual viviam com seu líder, descrito como Deus Todo-Poderoso. Pela descrição, esses seres pareceriam um grupo adiantado de pessoas que não faziam parte da sociedade principal.

Os capítulos 17 a 36 contam as viagens de Enoch acompanhado de vários seres descritos como anjos e, em algumas vezes, como Guardiães. Durante essas viagens, Enoch é informado a respeito do próximo Dilúvio e características geográficas lhe são mostradas com um certo ar de veracidade; ao mesmo tempo, os Guardiães lhe transmitem instruções de como salvar as principais artes da civilização.

Os 35 capítulos seguintes referem-se às parábolas de Enoch. Na maioria, trata-se de discursos escatológicos a respeito de sua própria compreensão da natureza do Juízo Final e da forma como esse juízo acontecerá.

Os capítulos 72 a 82 são inteiramente de caráter astronômico, tratando dos movimentos do Sol, da Lua e das estrelas. Como mostraremos mais adiante, essa informação é um itinerário detalhado dos movimentos dos diversos corpos celestes. A interpretação convencional dessa seção diz tratar-se de uma abordagem de astronomia primitiva e inexata. Otto Neugebauer, um especialista bíblico, disse sobre o assunto:

> *Esse trabalho diz respeito a conceitos astronômicos de caráter primitivo (variação da duração do dia, iluminação e a amplitude da elevação da Lua, direção dos ventos, etc.) executado por simples padrões matemáticos.*

Essa seção também introduz tabelas celestes contendo segredos nos quais somente Enoch fora iniciado e explica como ele transmite essa informação a Matusalém a fim de que a escrevesse para uso das futuras gerações.

Em seguida, constam as visões que Enoch teve em sonhos. Esta parte é composta de quatro seções que contam a história do mundo em uma seqüência de parábolas a respeito das ações de vários animais. Começa pelo início do tempo com Adão e Eva e segue adiante até a época do autor, referindo-se à Revolta dos Macabeus durante o século II a.C. Depois, ele segue adiante no futuro com uma visão da Nova Jerusalém e o advento de um segundo Adão.

A seção final é a "Epístola de Enoch", que trata dos conselhos dados a Matusalém e à sua família, e descreve o nascimento milagroso de Noé, descrito com maiores detalhes nos "Contos dos Patriarcas" dos manuscritos do Mar Morto. O "Apocalipse de Semanas" conta visão de um juízo final antes da vinda de um novo Céu e de uma nova Terra, e a conclusão é uma invectiva contra os pecadores.

Esse livro já foi altamente reverenciado pelos primeiros cristãos. Podemos ver isso nos escritos de Paulo em sua Carta aos Hebreus. Ele procura convencê-los de que a fé cega é mais importante do que a razão.

Carta aos Hebreus 11:1 – A fé é um modo de já possuir aquilo que se espera; é um meio de conhecer realidades que não se vêem.

Para dar suporte a esse conceito: "O que eu quero acreditar deve ser verdadeiro, se eu tiver fé suficiente", ele o procura nos personagens do Velho Testamento que dariam um sentido maior de credibilidade aos seus leitores. Cita Abraão, Sara, Jacó, José, Moisés e todos os patriarcas judeus para dar suporte ao seu ponto de vista – mas é Enoch que Paulo usa como exemplo conhecido de bondade, que ele afirma ter sido alcançada pela fé, nos versículos 5 e 6:

Pela fé, Enoch foi transladado para que não experimentasse a morte. E não foi mais encontrado, porque Deus o levou; e antes de ser levado foi dito que ele agradava a Deus. Mas é impossível agradar a Deus sem a fé. De fato, quem se aproxima d'Ele deve acreditar que exista e que recompensa aqueles que O procuram.

Os primeiros cristãos tinham *O Livro de Enoch* em alta consideração, mas é fácil entender por que um estudioso da Bíblia como H. L. Goudge o considerou um "livro".[40] Da mesma forma, a leitura superficial de qual-

---

40. CAMPBELL, J. Y. "The Origin and Meaning of the Term Son of Man", *JThS* XLVIII 1947, p. 148.

quer parte da Bíblia causaria a mesma impressão para uma pessoa lógica e racional.

Lendo esse livro hebreu não-bíblico podíamos perceber que deveria haver uma certa conexão com a Maçonaria. A conclusão é a seguinte: a história maçônica de Enoch já existia antes que *O Livro de Enoch* fosse redescoberto pelo maçom James Bruce. Ninguém fora da Etiópia, onde ele foi encontrado, soube a seu respeito por mais de 1.500 anos; e, no entanto, os maçons já tinham conhecimento de histórias contidas naquele livro perdido.

James Bruce era membro de uma família que descendia de altos sacerdotes da época de Cristo, e até antes; por intermédio de sua família ou de seus estudos da Maçonaria, ele poderia muito bem saber da existência desse livro, mesmo que não tivesse uma cópia. Certamente os Cavaleiros Templários estiveram muito envolvidos na Etiópia durante o século XIII e é possível que eles o encontraram, ou, quem sabe, já o tivessem e o usaram em seus próprios rituais. Se assim fosse, isso agregaria uma confirmação maior à nossa tese de que os rituais da Maçonaria foram desenvolvidos a partir do Judaísmo pré-rabínico mediante o Templarismo.

Mas logo encontraríamos muito mais a respeito e que consolidaria o caso de a Maçonaria ser um moderno culto enochiano. Porém, precisávamos antes considerar ainda mais a realidade física do Dilúvio global que, agora acreditamos, Enoch descrevera. O geólogo Jack Miller fornecera a informação que nos orientou para os gigantes extraterrestres, informação do tipo que viaja rápido e bate forte.

Conclusão

Uma inundação mundial é cientificamente possível, uma vez que se aceita o fato de que impactos extraterrestres ocorrem. A Maçonaria registra uma antiga tradição que diz que um homem chamado Enoch previu essa inundação mundial e procurou preservar a civilização. A Bíblia não contém nenhuma informação a respeito da previsão de Enoch, mas um texto antigo judaico conhecido pelo nome de *O Livro de Enoch,* perdido por volta do segundo século d.C. contém esse relato. Esse livro fornece informação detalhada dos movimentos do Sol, da Lua e das estrelas, informação transmitida a Enoch por um anjo chamado Uriel. Também conta a respeito de um grupo de estranhos seres chamados "Guardiães" que conviveram com mulheres locais para gerar gigantes como seus filhos.

Capítulo III

A Vulnerabilidade da Terra

A Nossa Bombardeada Vizinha

Desde o início da espécie humana, o homem olhou para a Lua com admiração e respeito. Um osso trabalhado e gravado encontrado em um abrigo rochoso no sudoeste da França foi identificado como um perfeito calculador lunar datado de 32 mil a 34 mil anos atrás, datação efetuada por radiocarbono.[41]

As características da superfície da Lua são claramente visíveis a olho nu, e quando Galileu esboçou a Lua pela primeira vez, por meio de seu telescópio há 400 anos, interpretou sua superfície recoberta de mares, montanhas e vulcões extintos. Atualmente, 184 de suas maiores crateras têm nomes, alguns clássicos como Platão, Plínio e Ptolomeu, e às grandes áreas planas foram dados nomes românticos como *Mare Tranquillitatis* (Mar da Tranqüilidade) e *Mare Nectaris* (Mar de Néctar). Entretanto, hoje sabemos que a nossa vizinha não tem mares e as cicatrizes que enxergamos são resultado das inúmeras colisões durante bilhões de anos. A maior das diversas crateras visíveis tem aproximadamente 300 quilômetros de diâmetro e 4 quilômetros de profundidade; um entalhe gigante para um corpo celeste que tem 1/50 do volume da Terra.

No esquema geral, nosso planeta e sua lua nada mais são que pequenos grãos de pó em um Universo ilimitado, mas imensamente vazio. Há 3,5 bilhões de anos, quando a Terra era relativamente jovem, ela era regularmente atingida por enormes blocos de fragmentos espaciais com uma largura de centenas de quilômetros, viajando a velocidades de 100 mil quilôme-

---
41. CUNLIFFE, B. *Prehistoric Europe,* Oxford University Press, 1998.

tros por hora. Cada uma dessas impressionantes colisões escavaria uma cratera do tamanho do Texas e a explosão acabava com grande parte da atmosfera substituindo-a por uma espécie de forno global de rocha, evaporada a uma temperatura de 3.000°C. Qualquer tipo de vida primordial que eventualmente pudesse ali existir seria imediatamente dizimado à medida que os oceanos ferventes virassem vapor e que um impulso letal de calor esterilizante invadisse a terra em um quilômetro de profundidade.[42]

Cerca de cem crateras de maior impacto foram positivamente identificadas na Terra, mas isso não quer dizer que tivemos mais sorte do que a Lua. Mais de dois terços da superfície da Terra são cobertos de água e a vegetação cobre grandes partes da superfície, ocultando o fato de que o nosso planeta foi atingido 20 vezes mais do que a Lua por esses imensos blocos espaciais. Nossa turbulenta atmosfera e o deslocamento da crosta do planeta simplesmente esconderam as cicatrizes. Foi estimado que, durante o último bilhão de anos, a Terra deve ter sido atingida por pelo menos 130 mil cometas ou meteoros grandes o suficiente para produzir crateras de mais de um quilômetro de largura. Cerca de 50 dessas colisões foram tão fortes que criaram bacias maiores do que mil quilômetros de diâmetro.[43]

Felizmente, não ocorreram impactos de primeira magnitude em tempos recentes e esse período de estabilidade permitiu que a Terra desenvolvesse vida em sua superfície, a ponto de essa mesma vida ter hoje a habilidade de viajar para outros planetas. Dr. David Hughes, da Universidade de Sheffield, escreve de maneira reconfortante a respeito dos impactos extraterrestres anteriores:

> *Ainda estamos aqui. A Humanidade e o reino animal ainda habitam a Terra. Crateras foram produzidas, catástrofes ocorreram, mas não fomos extintos. As coisas estavam piores no passado e sobrevivemos.*[44]

Entretanto, não podemos ser complacentes quanto à ameaça de impactos extraterrestres somente porque tivemos um período de relativa tranqüilidade – blocos substanciais do espaço podem colidir com o nosso pequeno planeta a qualquer momento.

---

42. DAVIES, P. *New Scientist,* 12 de setembro de 1998.
43. HUGHES, D. "Focus: Visitors from Space", *Astronomy Now,* novembro de 1997, pp. 41-44.
44. HUGHES, D. "Focus: Visitors from Space", *Astronomy Now,* novembro de 1997, pp. 41-44.

Cometas e Meteoritos

Existem dois tipos de corpos que colidiram com a Terra e criaram crateras de impacto: cometas e meteoritos. Os meteoros são compostos de vários minerais, enquanto os cometas são quase inteiramente formados de gelo misturado com fragmentos espaciais que neles são congelados. A maioria é formada em uma região do espaço chamada Nuvem de Oort – uma nuvem de poeira, rocha e gelo que cerca o nosso Sistema Solar como uma rosca nebulosa anelada. Outros são cometas de origem desconhecida, como o Cometa Hyakutake, que passou pelo Sistema Solar em 1996, originado no profundo espaço interestelar.

Os cometas são provavelmente os mais notáveis dos corpos celestes que podem ser vistos a olho nu. Podem aparecer de maneira repentina e freqüentemente inesperada em nosso céu, e um grande cometa, como o recente Hale-Bopp, produz um espetáculo magnífico no céu noturno. As órbitas da maioria dos cometas têm uma forte tendência ao plano da órbita da Terra em volta do Sol, o que faz com que o caminho do cometa pareça brusco e variável em comparação aos movimentos estáveis das estrelas e dos planetas. Os cometas que passam pela Terra apresentam, no mínimo, duas longas caudas, que não são indicadoras da direção do caminho do objeto porque elas sempre apontam na direção oposta ao Sol. As caudas ocorrem quando um cometa se aproxima do Sol, que o aquece, e seu gelo converte-se em vapor e a água gasosa é levada pelo vento solar. Os cometas somente se tornam visíveis da Terra quando uma cauda luminosa de gás é criada, de maneira que qualquer cometa que esteja a mais de 300 milhões de milhas do Sol é impossível de ser visto.

Aqueles que se originam na Nuvem de Oort são atraídos pelo campo gravitacional do Sol, no qual são capturados em uma órbita elíptica, balançando ao redor do astro em repetidas curvas sinuosas. O Cometa Bopp, por exemplo, tem uma órbita tão longa que só pode ser visto a olho nu a cada 4 mil anos aproximadamente. O Cometa de Halley, um dos mais conhecidos desses cometas periódicos, foi pela primeira vez registrado por astrônomos chineses no ano 240 a.C. e também foi mencionado por Josephus, o historiador judeu que diz tê-lo visto como uma estrela em formato de sabre sobre Jerusalém, na época em que a cidade se encontrava sob assédio, no ano 70 d.C.[45]

Uma das mais famosas visitas do Cometa de Halley foi durante a conhecida batalha quando os normandos invadiram a Inglaterra e derrotaram o rei Harold, em Hastings, no ano 1066 d.C. Seu aparecimento foi registrado na tapeçaria de Bayeux encomendada por Matilda, a esposa de

---

45. JOSEPHUS, Flavius. *The Jewish Wars,* Folio Society, 1971.

Guilherme, o Conquistador. Essa tapeçaria mostra o cometa chamejante acima do rei Harold cambaleante em seu trono e cercado de seus apavorados cortesãos. No texto acima do cometa lê-se: "Eles estão com medo da estrela".

Esses cometas periódicos viajam em órbitas elípticas como parte do Sistema Solar, enquanto outros procedem do espaço interestelar e depois de passar pelo Sol desaparecem para nunca mais voltar. Uma vez que um cometa é descoberto e três dimensões exatas são tomadas de sua posição no céu, posição relativa às estrelas de fundo, sua órbita pode ser calculada. Mas isso é um tanto complicado e dos 1.028 cometas registrados, em mais da metade não se observou o suficiente para definir se são periódicos ou não.[46]

A área local de nossa galáxia, a Via Láctea, deve conter um inimaginável número desses gigantes blocos de gelo. Johannes Kepler, o famoso astrônomo do século XVI, estava certo quando comentou: "Existem tantos cometas quantos peixes há no mar". Kepler foi o primeiro astrônomo a apresentar uma explicação sobre a cauda do cometa; ele disse que essas caudas dizem respeito a uma força repulsiva que emana do Sol, dirigindo e formando a matéria gasosa da cabeça em um longo rastro.

Os meteoros são bem diferentes. Olhando para o céu em uma noite sem Lua, até o observador mais casual às vezes pode ver um pequeno rastro de luz atravessando o céu do leste para o oeste, chamado vulgarmente de estrela cadente. São pequenas partículas de rocha ou poeira cósmica que, caindo na atmosfera superior da Terra, são queimadas pelo atrito com o ar. Em média, um observador poderá ver normalmente um meteoro ou estrela cadente, a cada seis segundos aproximadamente, durante um longo período de observação. Entretanto, em certas épocas do ano essa freqüência aumenta consideravelmente quando a Terra passa por áreas do espaço que contêm uma grande quantidade de fragmentos, provocando a chamada "chuva de meteoros". Esses meteoros são bem pequenos, alguns não são mais do que grãos de areia e não apresentam nenhum perigo, pois são queimados antes de chegar ao solo. Mas, às vezes, fragmentos maiores de rocha espacial chegam perto demais e são causa de preocupação.

Os gregos antigos escreveram sobre alguma coisa que eles chamavam de "pedras de trovão"; pedras maiores que sobreviviam à sua explosão. Essas pedras alienígenas foram sempre consideradas especiais, principalmente se fossem grandes. Dizem que uma dessas pedras que caiu na Trácia no ano 476 a.C. "era tão grande quanto uma carruagem" e no século XVIII, uma pedra pesando cerca de 800 quilos caiu na Rússia.[47] Muitos desses grandes meteoritos são objetos que se deslocaram de uma região do espaço

---

46. MOORE, P. e MASON, J. *The Return of Halley's Comet,* Patrick Stephens, 1984.
47. GERBER, P. *Stone of Destiny,* Canongate Books, 1997.

chamado Cinturão de Asteróides, um grande anel de fragmentos de rochas cercando o Sol entre as órbitas de Marte e Júpiter. Sua origem é desconhecida, mas um estudo dos meteoritos coletados sugere que eles tenham uma idade de 4,6 milhões de anos, formados assim na mesma época em que o Sistema Solar veio a existir.[48]

Uma pequena porcentagem dos meteoritos que penetram na atmosfera da Terra pesa um quilo ou mais, e com esse tamanho podem sobreviver à entrada e atingir o solo. Meteoritos com uma massa original de cerca de cem toneladas tendem a se alojar no solo com o impacto, enquanto meteoritos maiores explodem com a colisão devido ao seu grande *momentum*. Até pequenos meteoritos podem causar explosões significativas pelo fato de possuírem cem vezes mais capacidade de explosão do que TNT por unidade de massa, devido à sua alta energia cinética que aumenta com o quadrado da velocidade.[49]

Uma História de Impactos na Terra

Atualmente, é de conhecimento geral que a cratera de impacto na península de Yucatán, no México, indica uma catástrofe que alterou o curso da evolução. Essa cratera de 65 milhões de anos levou inúmeros cientistas como Luis e Walter Alvarez a concluir que ela explica o desaparecimento repentino dos dinossauros e de diversas variedades de espécies de invertebrados marinhos nessa mesma época. Estudos geoquímicos detalhados demonstraram que uma camada de argila daquele período tinha um alto conteúdo de irídio do tipo encontrado em meteoritos. Esse impacto deve ter jogado suficiente terra na atmosfera para reduzir a absorção da radiação solar durante anos, provocando uma rápida redução das temperaturas locais – o que explicaria por que tantas espécies foram extintas simultaneamente.

Em termos astronômicos, o holocausto global que parece ter acabado com o reino dos dinossauros deve ser considerado relativamente recente, mas acontecimentos menores continuaram ocorrendo com uma freqüência preocupante. Um exemplo é a explosão na atmosfera que aconteceu em cima de uma área remota da Sibéria chamada Tunguska, na madrugada de 30 de junho de 1908. A tribo local dos tungus e os comerciantes de peles contaram que viram uma enorme bola de fogo varrendo o céu, seguida de uma série de violentas explosões na direção da cidade comercial de Vanavara. Quando a área foi inspecionada, descobriu-se que mais de 5 mil qui-

---

48. GRADY, M. *Astronomy Now*, novembro de 1997, pp. 45-49.
49. HUGHES, D. "Focus: Visitors from Space", *Astronomy Now*, novembro de 1997, pp. 41-44.

lômetros quadrados de floresta haviam sido derrubados pela explosão que veio do céu. Uma análise subseqüente da resina das árvores ao redor acusou grandes vestígios de ferro, cálcio, cobre, ouro e zinco, indicando que o objeto da colisão era um pequeno meteorito de pedra de densidade média. Felizmente, os danos não foram grandes nessa ocasião, mas se a colisão tivesse ocorrido algumas horas mais tarde, com a rotação da Terra, o meteorito teria cremado a população inteira de Moscou.

Não é sempre possível determinar a diferença entre a cratera de um cometa e a de um meteorito, mas, ocasionalmente, traços químicos como aqueles de Tunguska e da cratera de Barringer no Arizona indicam que o objeto era mineral e não água.[50] A cabeça de um cometa é 99% de gelo e os grandes índices de energia produzida, no momento do impacto com um corpo como a Terra, converteriam instantaneamente o cometa em vapor superaquecido, deixando poucos vestígios para identificar a causa da explosão. Cálculos detalhados feitos pelo dr. David Hughes, da Universidade de Sheffield, demonstraram que impactos grandes o suficiente para causar crateras são 200 vezes mais prováveis de serem meteoros do que cometas.

Os cometas fascinaram o homem durante milhares de anos, mas os primeiros estudos sérios conhecidos foram feitos por *sir* Isaac Newton, *sir* Edmond Halley e o marquês Pierre Laplace. Foi Laplace quem mostrou que esses magníficos objetos não eram mensageiros da ira de Deus, como normalmente acreditava-se, mas corpos astronômicos obedecendo leis universais da gravitação. À medida que os astrônomos começaram a compreender as órbitas dos cometas, ficou claro que alguns devessem ocasionalmente atravessar a órbita da Terra; isso levou os cientistas a especular sobre a possibilidade de uma colisão. Em 1796, Pierre Laplace descreveu o que ele pensava caso um cometa colidisse com o planeta:

> (...) os eixos e o movimento rotacional serão alterados, esquecendo-se de suas posições milenares, os mares fluirão para o novo equador; a maioria da raça humana e os animais do campo se afogarão no dilúvio universal ou serão destruídos pelo violento choque sofrido pelo globo terrestre; espécies inteiras serão dizimadas e todo monumento do esforço humano será derrubado.[51]

Essa visão de um impacto por um cometa não era aceita de forma geral pelos astrônomos posteriores e, até 1959, a possibilidade de uma colisão era considerada pouco provável.

---

50. HUGHES, D. "Focus: Visitors from Space", *Astronomy Now,* novembro de 1997, pp. 41-44.
51. LAPLACE, P. S. *Exposition du Système du Monde,* 1796.

Uma real colisão ocorreria somente no caso de duas órbitas se cruzarem, e se a Terra e o cometa chegassem nesse ponto simultaneamente. A perfeita programação e o exato posicionamento exigidos tornam a possibilidade extremamente remota.[52]

E então alguma coisa aconteceu para mudar essa confortável visão da espaçonave Terra. Em março de 1993, no Observatório Palomar ao sul da Califórnia, os astrônomos Eugene e Carolyn Shoemaker e o colaborador caçador de cometas David Levy identificaram um novo bloco de gelo sujo bem distante no espaço profundo. Eles o catalogaram como D/1993 F2, mas logo ficou mais bem conhecido ao mundo como o Cometa Shoemaker-Levy 9.

Um Desastre Vizinho

A equipe já era famosa por identificar cometas. Carolyn era a campeã com a descoberta de 32 cometas, seu marido ocupava o segundo lugar com 29 e David Levy, por último, com 21. O cometa de quase 10 quilômetros de diâmetro foi atraído pelo campo gravitacional de Júpiter e virou-se para o planeta gigante de forma violenta. A pressão foi demasiada para o cometa que acabou em fragmentos, cuja trajetória seguiu adiante para orbitar ao redor do Sol uma última vez. Eugene Shoemaker e David Levy calcularam que os fragmentos do cometa voltariam e provavelmente colidiriam com Júpiter, um planeta que intercepta a grande maioria dos cometas interestelares que, do contrário, colidiriam com a Terra.[53]

Ninguém havia previsto a colisão de dois corpos do Sistema Solar anteriormente e todos os especialistas concordaram que o resultado seria visível à Terra. De fato, os observatórios da Terra e muitas espaçonaves, inclusive o Voyager 2, o telescópio espacial Hubble, o Ulysses e o Galileo, voltaram suas atenções para o previsto acontecimento.

Quando os impactos ocorreram em meados de julho de 1994, os resultados foram muito mais espetaculares do que se imaginava. A linha de fragmentos do cometa retornou como um colar de 21 pérolas brilhantes para entrar na atmosfera de Júpiter a velocidades acima de meio milhão de quilômetros por hora.[54]

Apesar de o diâmetro de cada fragmento não ser superior a dois quilômetros e meio, eles criaram ondas de entulho a milhares de quilômetros de altura e bolas de fogo maiores que o planeta Terra. Bolhas quentes de

---
52. *Larousse Encyclopaedia of Astronomy*, edição de 1959.
53. GRIBBIN, J. e PLAGEMANN, S.: *The Júpiter Effect*, New English Library, 1980.
54. http://nssdc.gsfc.nasa.gov/planetary/comet.html

gás superaquecido criaram fendas na superfície do planeta ferido que ficaram visíveis por mais de um ano.

Um acontecimento que fora assunto de muitas histórias de ficção científica havia sido introduzido no mundo do autêntico fato científico. De repente, ficou claro que o Universo era um lugar muito mais perigoso do que se pensava anteriormente.

Uma vez acalmada a euforia, os astrônomos do mundo começaram a considerar a primeira pergunta óbvia: se isso ocorreu com Júpiter em uma pequena época de nossas vidas, um impacto semelhante não poderia acontecer com a Terra? A resposta parecia ser indiscutível e veio de forma sucinta do co-descobridor do Shoemaker-Levy 9, o astrofísico David Levy: "Não é uma questão de 'se' poderia ocorrer, mas de 'quando' ocorrerá!".

Esse cometa acordou o mundo para a probabilidade de que impactos com grandes cometas ocorram com relativa regularidade, talvez acontecendo em freqüências medidas em milhares ou até milhões de anos. Apesar de termos vivido um período de relativa estabilidade, não há nenhuma garantia de que ela perdure.

Cometas cujas órbitas ocorrem no mesmo plano que as órbitas dos maiores planetas, inclusive a Terra, têm grandes probabilidades de colidir conosco. A grande massa de Júpiter afeta um cometa de uma ou duas formas. Ela pode desviar o cometa para uma órbita hiperbólica, arremessando-o no espaço ou pode capturá-lo em uma estreita órbita elíptica ao redor do Sol, tornando-o um membro da família de cometas de Júpiter. Isso é o que deveria ter acontecido com o Cometa Shoemaker-Levy 9, mas sua trajetória foi alterada tão bruscamente que ele foi fragmentado em conseqüência da grande pressão. Esse evento mostrou que é possível para Júpiter capturar um cometa, quebrá-lo em fragmentos e direcionar esses fragmentos em um curso de colisão com a Terra. Se um cometa é desviado por Júpiter em uma trajetória de colisão com a Terra, o tempo máximo de advertência que teríamos seria de aproximadamente meio período orbital de um cometa da família de Júpiter, o que equivale a um período entre 18 meses e cinco anos.

Desde o impacto do Shoemaker-Levy 9 com Júpiter, o interesse científico pelo assunto de impactos extraterrestres continua aumentando e, em 1997, uma importante simulação computadorizada foi engendrada para investigar o que aconteceria ao nosso planeta se fosse atingido por um cometa. David Crawford, do Sandia National Laboratories, de Livermore, na Califórnia, utilizou-se de um novo supercomputador Intel Teraflops para programar os efeitos da colisão de um cometa de 1 bilhão de toneladas que afundasse no oceano profundo. Esse poderoso computador operou durante 48 horas para completar a simulação. Os resultados mostraram que até um "pequeno" cometa colidindo com a Terra criaria uma explosão dez vezes mais poderosa do que qualquer arma atômica existente na época da Guerra Fria.

Esse modesto cometa hipotético era 10 mil vezes menor do que o Cometa Hale-Bopp, que recentemente chegou tão perto da Terra. No entanto, quando atingiu o oceano virtual, o computador acusou uma explosão que instantaneamente evaporou cerca de 500 quilômetros cúbicos de água do mar e gerou um colossal *tsunami* que inundaria totalmente áreas baixas como a Flórida. Os resultados também provaram que depois dos efeitos iniciais a atmosfera estaria tão carregada de vapor, a ponto de escurecer o planeta durante vários anos, devastando a agricultura. Depois que as conseqüências da simulação do impacto do cometa foram digeridos, David Crawford observou: "Trata-se de um acontecimento de baixa probabilidade, mas de alta conseqüência. Se realmente fôssemos atingidos, a probabilidade de sermos vítimas seria muito alta".[55]

A percepção de que a humanidade é vulnerável a um desastre cósmico criou um interesse popular por planetas errantes, asteróides e cometas. Naturalmente, todas as pessoas, desde Houston até Hollywood, concentraram-se na possibilidade de a Terra ser atingida por um cometa em algum momento do futuro.

Mas que efeitos ocorreriam em nossa história se o planeta tivesse sido atingido em um passado não muito distante? O nosso interesse foi estimulado pelo fato de que colisões no Sistema Solar possam ser ocorrências relativamente freqüentes e isso parecia proporcionar uma potencial explicação para um dos maiores mistérios do passado: o aparecimento repentino da civilização.

O Impacto em Terra

Quase 71% da superfície da Terra é coberta pelos oceanos e é muito mais provável que a colisão com um cometa ocorra no mar e não na terra. Portanto, seria muito difícil encontrar qualquer evidência de um recente impacto. Tampouco é fácil detectar crateras; e foi somente a partir da varredura espacial por intermédio do ônibus espacial orbitando em volta da Terra que a evidência de tais eventos, como o impacto do Cometa Shoemaker-Levy 9 com Júpiter, foi possível ser visto daqui.

A descoberta mais recente foi feita pelo Shuttle (ônibus espacial) *Endeavor* durante duas missões ocorridas em abril e outubro de 1994. Durante a investigação de um conhecido sítio de impacto em Aorounga, ao norte do Chad, por meio do Spaceborne Imaging Radar (Radar Espacial) duas novas crateras foram encontradas muito próximas. Em 1996, Adriana Ocampo, geóloga da Nasa, falando no Lunar Planetary Science Conference (Conferência de Ciência Planetária Lunar) em Houston comentou:

---

55. *Astronomy Now,* novembro de 1997.

> As crateras de Aorounga são tão-somente uma segunda corrente de grandes crateras conhecidas na Terra e aparentemente foram causadas pela ruptura de um grande cometa ou asteróide, antes do impacto.
> As peças são similares em tamanho – menos de três quilômetros de diâmetro – e as crateras são todas semelhantes em tamanho – de 12 a 16 quilômetros de largura.

Os cientistas da Nasa acreditam que as crateras do Chad foram feitas há cerca de 360 milhões de anos, aproximadamente na época de uma primeira extinção, constante dos registros de fósseis. A esse respeito, Ocampo disse:

> Esses impactos no Chad não foram grandes o suficiente para causar a extinção, mas podem ter contribuído. Será que esses impactos fizeram parte de uma ocorrência maior? É possível que fossem parte de uma chuva de cometas que poderiam ter contribuído para a extinção? Pouco a pouco, estamos montando o quebra-cabeça para entender como a Terra evoluiu.[56]

Se Ocampo estiver correta e essas crateras fizeram parte de uma série bem maior de relacionados impactos, então os outros impactos poderiam ter ocorrido no mar de maneira que as crateras fossem erodidas pela água.

Os Efeitos de um Impacto no Mar

Em 1982, dois membros do Departamento de Ciências Planetárias da Universidade do Arizona, Donald Gault e Charles Sonett, prepararam-se para tentar entender o que aconteceria se um asteróide ou cometa se chocasse com o oceano.

Usando informação de testes nucleares e combinando-a com dados de laboratório, eles utilizaram uma pistola vertical de balística da Nasa para disparar esferas de pirex em um tanque de água a uma velocidade de 2,7 quilômetros por segundo. Em seguida usaram uma pistola de gás leve, programada para realizar impactos à velocidade de 5,6 quilômetros por segundo. Esses impactos foram registrados por uma máquina fotográfica com filme de alta velocidade e os mecanismos de formação de ondas foram estudados detalhadamente.

---

56. ISBELL, D. e HARDIN, M. *Chain of Impact Craters Suggested by Spaceborne Radar Images*, http://ww.jpl.nasa.gov/sl19/news80.html

Gault e Sonett acharam que o impacto teria uma série de efeitos. Primeiro, causaria uma grande nuvem formada pela ejeção de material evaporado da água do mar, material do cometa e rocha do leito marinho. Essa nuvem gasosa seria sugada até alta atmosfera pela reduzida pressão deixada pelo cometa em sua descida.

A energia liberada pelo impacto inicial jogaria um enorme anel de água para cima e para fora, provocando uma poderosa e destrutiva onda parecida com um *tsunami*. Essas ondas podem alcançar distâncias enormes com muito pouca perda de energia. Pela experiência, eles descobriram que a primeira onda era provocada pelo substrato de água pressionada para fora pelo objeto do impacto, atingindo a velocidade de 640 quilômetros por hora.

O segundo efeito seria causado pelo gigantesco buraco deixado no oceano pela evaporação inicial. O sítio do impacto torna-se temporariamente uma parede circular de água, com uma altura de vários quilômetros. Com uma pressão-base de cerca de 5 mil toneladas por metro quadrado, a situação é maciçamente instável. À medida que essa água altamente pressionada volta para dentro do buraco, uma segunda onda *tsunami* é gerada, com 60% do poder da primeira.

A mecânica das ondas de água é bem compreendida e fórmulas-padrão existem para calcular a velocidade e a altura das ondas uma vez geradas por qualquer meio, até pelo impacto de um cometa.[57] Quando um cometa atinge a água, uma enorme quantidade de energia é transferida do objeto em alta velocidade para a onda. Isso pode tomar a forma de energia potencial resultando na grande altura da onda, ou de energia cinética, o que significa que a onda se movimenta muito rapidamente.

É surpreendente e apavorante, mas o fato é que a altura inicial da primeira onda será igual à profundidade da água no ponto de impacto. Se esse impacto ocorresse em uma parte profunda do oceano Atlântico ou Pacífico, resultaria em uma onda com uma altura de 5 quilômetros e com uma velocidade inicial ao redor de 640 quilômetros por hora! Em mar aberto, a crista da onda se ajustaria a um nível inferior de talvez alguns metros, bem rapidamente. Mas, à medida que a onda se aproximasse do leito marinho mais raso de uma plataforma continental, ela voltaria a assumir quase a mesma altura original, pelo fato de que a energia cinética do movimento é convertida de volta na energia potencial da altura.

Usando essas relações de energia é possível fazer uma estimativa da distância da quebra inicial de uma onda na praia. Por exemplo, uma onda com uma altura de cinco quilômetros e uma velocidade de 700 quilômetros por hora levaria 17 minutos para quebrar. Isso significa que uma onda *tsunami* induzida por um cometa dessas proporções manterá essa mesma

---

57. STOKER, J. J. *Water Waves, The Mathematical Theory and Applications,* John Wiley & Sons, 1992.

altura por uma distância de 200 quilômetros antes de tornar-se uma torrente turbulenta que continuará sua trajetória terra adentro.

Esse não é o fim da história porque atrás da primeira onda há uma segunda – um pouco menos poderosa do que a primeira, mas ainda muito compacta. A segunda onda também penetraria profundamente na costa e agregaria poder ao avanço destrutivo da primeira.

A Evidência para os Impactos de Enoch

O artigo que Jack Miller nos enviara era de autoria de Edith e Alexander Tollmann, um casal de geólogos que trabalhava no Instituto de Geologia da Universidade de Viena. Eles haviam compilado informação significativa e acreditavam poder demonstrar que a Terra fora realmente atingida por um cometa no Período Holoceno, há aproximadamente 10 mil anos.[58] Eles se basearam na riqueza da informação acadêmica publicada sobre as ocorrências de impactos na Terra para produzir uma síntese detalhada de importantes acontecimentos geológicos globais ocorridos durante o Período Holoceno e para os quais não existe explicação adequada.

O nosso interesse foi incentivado quando lemos que os Tollmanns citaram, de fato, a lenda de Enoch a respeito das sete estrelas que apareceram como grandes montanhas ardendo e descendo em direção à Terra. Eles as interpretaram como sete fragmentos de cometa.

Primeiro, analisaram a distribuição de pequenos objetos de vidro chamados tectitas, encontrados espalhados em formato de "S" em grandes partes da superfície da Terra. Essas pedras lisas são quimicamente similares a alguns tipos de rocha ígnea comum, mas sempre representaram um enigma aos geólogos porque são encontradas em lugares onde o leito rochoso não é igual à composição das tectitas. A outra característica é a sua forma irregular mas arredondada, o que sugere que foram formadas por rocha fundida, ejetadas na atmosfera e, em seguida, congeladas em esferas chatas e arredondadas. Recentemente foi reconhecido, de maneira geral, que são restos de impactos de alta energia de cometas com a Terra, e muitas são bem antigas. Foi a análise dessas antigas tectitas que proporcionou pistas a Alvarez, que tentava entender a extinção dos dinossauros a partir do impacto no Período Cretáceo-Terciário.

Em 1970, tectitas foram encontradas incrustadas em madeira fossilizada na Austrália e datadas por Carbono em 9.520 mais ou menos 200 anos A. P. (antes do presente).[59]

---

58. TOLLMANN, E. e A. *Terra Nova, 6*, 1994, pp. 209-217.
59. GLASS, B. P. "Australasian Microtektites and the Stratigraphic Age of the Australites", *Bull. Geol. Soc. Am. 89*, 1978, pp. 1455-1458.

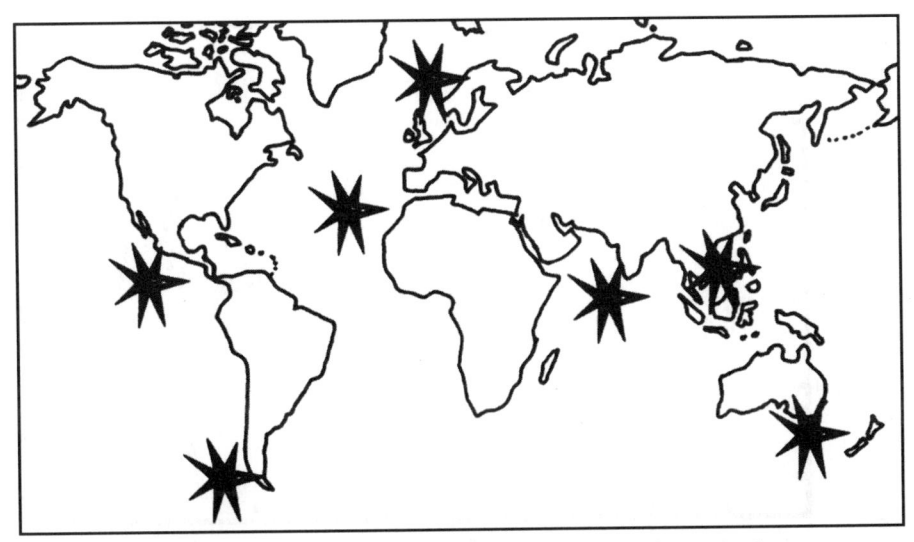

Figura 1. *Os sete sítios de impacto do cometa datado de 7640 a.C., conforme Tollmann.*

Os Tollmanns também notaram que as tectitas espalhadas no Vietnã foram datadas, por meio de métodos estratigráficos, da mesma época.[60] Essa datação havia sido confirmada quando tectitas foram encontradas no leito do mar, tiradas de camadas sedimentadas do Oceano Índico que sabemos ter cerca de 10 mil anos.[61]

Os Tollmanns deduziram que todos os sete maiores impactos devem ter ocorrido no oceano profundo, apesar de haver peças menores como um estilhaço que caiu em Kofels, no Vale de Otz, no Tirol austríaco.

Entretanto, eles encontraram mais evidência para ajudá-los a fixar a data. Eles sabiam que a explosão no ar do meteorito de Tunguska, em 1908, havia causado um *blip* (uma desconexão na transmissão) na curva de calibração do radiocarbono que foi identificado por meio da dendrocronologia – o estudo dos anéis de crescimento nas árvores para determinar suas idades. O impacto de Tunguska havia destruído mais de um terço da camada de ozônio, permitindo maior penetração de radiação ultravioleta nas camadas inferiores da atmosfera, causando uma clara variação na curva de calibração.

Eles raciocinaram que o impacto de um cometa sempre teria o efeito de destruir grandes partes da camada de ozônio e o cometa do Dilúvio não

---

60. IZOKH, E. P. "Age-paradox and the Origin of Tektites", *Sec. Int. Conf. Nat. Glasses*, Charles University, Praga, 1987, pp. 379-384.
61. PRASAD, N. S. e RAO, P. S. "Tektites Far and Wide", *Nature,* 347, 1990, p. 340.

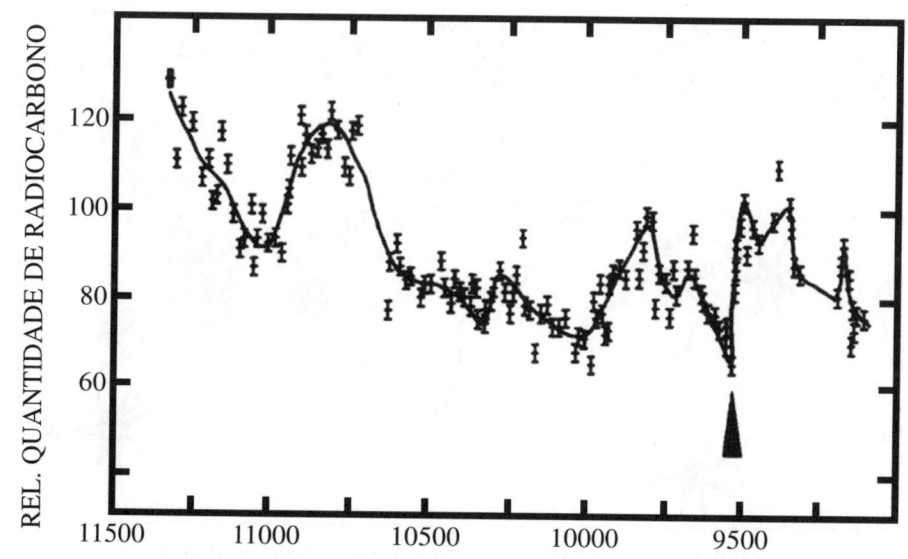

Figura 2. *O gráfico de análise de radiocarbono no registro dendrocronológico cerca de 9.500 anos A.P.*

seria exceção. Olhando para a curva de calibração de radiocarbono produzida por Kromer e Becker,[62] os Tollmanns ficaram chocados pelo pico pronunciado do radiocarbono ocorrido em 9.500 anos A.P. Isso somente poderia ter sido causado por uma maciça destruição da camada de ozônio, como é normalmente esperado no impacto de um cometa.

Nós já sabíamos que o registro fóssil mostrava extinções em massa causadas pelo impacto de cometas anteriores, seguidas na maioria dos casos pelo aparecimento de espécies geneticamente diferentes. Os Tollmanns argumentaram que a evidência dos registros arqueológicos que mostra a extinção de mais de 10 mil espécies no período limítrofe Pleistoceno/Holoceno, que geralmente é datado em cerca de 10 mil anos, coloca a data do Dilúvio em 7640 a.C.[63]

Será que o aparecimento de diversas espécies domesticáveis, logo após o impacto desse particular cometa, pode estar relacionado à temporária falta de proteção causada pela destruição de grande parte da camada de ozônio da Terra?

As descrições de "chuvas sangrentas" mencionadas em muitas das lendas sobre o Dilúvio pareciam, aos Tollmanns, ser a perfeita descrição

---

62. KROMER, B. e BECKER, B. "Tree Ring Carbon 14 Calibration at 10,000 BP", *Proc. NATO Advanced Research Workshop,* Erice, 1990.
63. DUBROVO, I. "The Peistocene Elephants of Siberia", *Megafauna and Man,* University of Flagstaff, 1990, pp. 1-8.

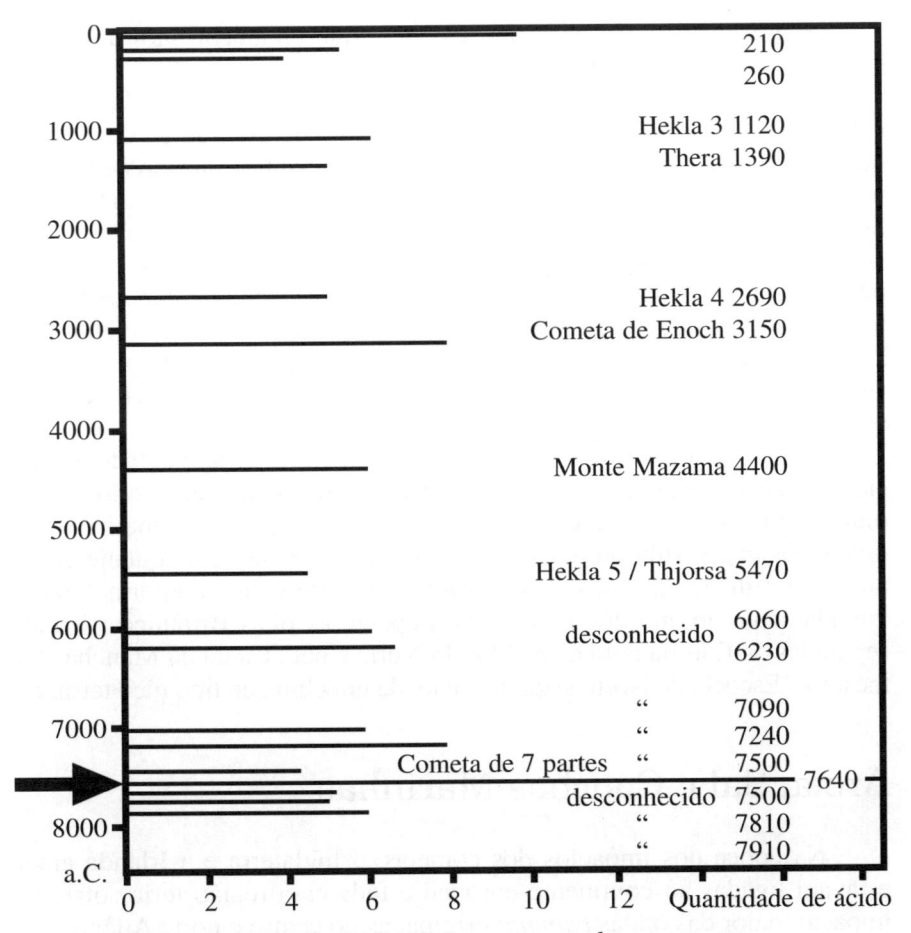

Figura 3. *Picos de ácido nítrico apresentados nas amostras mundiais de núcleos de gelo, cujo maior pico data de 7640 a.C.*

do ácido nítrico gerado pelo impacto formado do nitrogênio queimado pela energia do mesmo. Registros de acúmulo de ácido na atmosfera são disponíveis nas camadas antigas de gelo nas regiões polares, e em 1980 foi efetuada uma experiência em uma série de núcleos de gelo de 9.890 anos de idade do gelo permanente de Camp Century a noroeste da Groenlândia.

Um impacto no mar de um fragmento de cometa de alta energia produz grandes quantidades de ácido hidroclórico e de ácido sulfúrico a partir da água marinha; mas, além disso, grandes quantidades de ácido nítrico são formadas pela queima de nitrogênio na atmosfera durante a passagem do cometa. Olhando o gráfico que mostra a concentração de ácido nítrico nas camadas dos núcleos de gelo, os Tollmanns viram a ocorrência de um enorme pico.

Eles tinham outra peça de evidência que apontava para um muito sério impacto de cometa no ano 7640 a.C.

Eles sabiam, pelo estudo dos mecanismos de impacto, que após uma colisão de alta energia haveria enorme acúmulo de dióxido de Carbono, o que hoje chamaríamos de "efeito estufa". Isso deve ter causado demasiado incremento na temperatura da Terra – em linguagem corrente, um "aquecimento global". Em anos recentes, os arqueólogos desenvolveram uma maneira de estudar climas antigos, chamado Palinologia, que é o estudo do pólen preso em camadas de sedimentos. Essa nova ciência estabeleceu que, logo após o impacto do ano de 7640 a.C. até aproximadamente o ano 3000 a.C., a Terra passou por uma fase muito quente, quando a temperatura da água aumentou incrivelmente 4,5°C em comparação com o nível médio de temperatura antes do impacto.[64]

Esse aquecimento dos oceanos do mundo deve ter aumentado a velocidade da dissolução do gelo ao final da última Idade do Gelo e criou nosso mundo atual. Essa dissolução produziu um aumento de água marinha e os níveis dos mares subiram entre 90 e 120 metros. Esse clima quente continuou por milhares de anos até que paulatinamente voltou ao normal, aproximadamente no ano 2000 a.C. Nessa época, as Ilhas Britânicas ficaram separadas da Europa pelo novo Mar do Norte e pelo Canal da Mancha. Até mesmo a Escócia do Norte gozava, então, de um clima do tipo mediterrâneo.

Areia, Sal e Conchas Marinhas

Na época dos impactos dos cometas, a Inglaterra e a Irlanda ainda estavam ligadas ao continente europeu e toda essa região teria sofrido o impacto maior das ondas *tsunami* originadas no centro e norte Atlântico. É quase certo que a massa inteira de terra das Ilhas Britânicas ficou totalmente inundada por um curto período de tempo.

Nós pensamos que seguramente deveria existir uma evidência geológica desse evento cataclísmico. De fato, logo a encontramos.

A primeira evidência diz respeito a uma camada de areia branca do mar encontrada em vários lugares da Escócia e tão distantes entre si quanto Fife e Inverness. Foi a arqueóloga Caroline Wickham-Jones que chamou a atenção para esse fato, dizendo que isso devia ter ocorrido graças a um enorme *tsunami* que parece ter varrido grandes partes da Escócia.[65]

Essa camada de areia era o que estávamos esperando, mas precisávamos saber se a sua data enquadrava-se na época da colisão do cometa que

---
64. TOLLMANN, E. e A. *Terra Nova, 6,* 1994, pp. 209-217
65. WICKHAM-JONES, C. R. "Scotland's First Settlers", *Historic Scotland,* 1994.

estávamos investigando. Ao final da década de 1960, os restos de um sítio neolítico foram encontrados quando da escavação para as fundações de um novo restaurante McDonalds em Castle Street, Inverness. O relatório completo da escavação de Jonathon Wordsworth,[66] que encontramos no Museu de Inverness, identifica que o carvão de uma fogueira encontrado acima da camada de areia havia sido datado por radiocarbono em 5325 a.C., mais ou menos 470 anos. Essas são datas de radiocarbono que não foram corrigidas e devem ser ajustadas para determinar a data-calendário correta. Uma vez que isso seja feito com a nova curva de calibração, provavelmente a análise determinará que essa fogueira foi acesa acima da camada de areia marinha ao redor do ano 7000 a.C.

Essa data é quase tão precisa quanto havíamos desejado, e como ondas *tsunami* dessa magnitude são acontecimentos extremamente raros, é mais que razoável ligar essa camada de areia com a inundação causada pelos impactos do cometa de Enoch.

A onda que atingiu a Escócia deve ter inundado também toda a Bretanha e logo encontramos evidência de que a onda marinha era realmente gigantesca. Ao norte do País de Gales, leitos de areia e de cascalho com conchas marinhas geologicamente recentes podem ser encontrados em montanhas como Moel Tryfan, com 400 metros acima do nível do mar, mostrando que o norte do País de Gales foi coberto pela água do mar por um curto período de tempo, em uma época do passado recente.[67]

Um livro de autoria do professor J. Prestwich descreve como ele encontrou depósitos recentes similares pela Europa.[68] Na América do Sul, Charles Darwin informou que ficou surpreso ao encontrar conchas marinhas não fossilizadas no alto dos Andes.

Agora, havíamos encontrado material convincente de evidência de uma série de especialistas de que o Dilúvio ocorreu há 10 mil anos, mas logo encontraríamos ainda mais.

O Poder dos Magnetos

Passava da meia-noite quando o telefone tocou.

"Alô Robert", disse Chris, sabendo quem era a única pessoa que o chamaria a essa hora.

"Encontrei alguma coisa realmente empolgante."

---

66. Inverness Museum, Private Communication, 1998.
67. GEIKIE, A. *Text-book of Geology*, citado em Filby, F. A. *The Flood Reconsidered*, Zondervan, 1971.
68. PRESTWICH, J. *On Certain Phenomena Belonging to the Close of the Last Geological Period*, citado em Filby, F. A. *The Flood Reconsidered*, Zondervan, 1971.

"Bem", Chris respondeu sem nenhuma emoção particular, sabendo que Robert era capaz de encontrar empolgação no detalhe técnico mais obscuro.

"Havia algo que me incomodava a respeito do que Gault e Sonett disseram quando estavam estudando os efeitos causados pelos impactos de alta velocidade por corpos extraterrestres no mar. Eles notaram que o impacto de um meteorito ou de um cometa teria um enorme efeito eletromagnético ao entrar na atmosfera terrestre." Robert então citou a passagem:

> A entrada pode ser associada a uma enorme onda eletromagnética. Ela se propagaria a partir da fonte à velocidade da luz junto a fortes campos de radiação térmica e ótica, uma vez superado o ambiente imediato de alta temperatura. Entretanto, um componente eletromagnético associado à onda de choque magneto-hidrodinâmica acompanhará o bólide à superfície.[69]

"Você entende o que quero dizer?", perguntou Robert sem parar, antes de continuar. "O calor gerado pelo deslocamento de um objeto tão grande em alta velocidade pela atmosfera pode causar uma nuvem de intensa radiação eletromagnética. Isso ionizaria o ar e atrairia esses íons a velocidades enormes, criando uma onda de choque magneto-hidrodinâmica que provocaria uma enorme cauda de plasma."

Como Chris não é físico, ele procurou traduzir essa linguagem científica em linguagem de leigo. "Você está me dizendo que o atrito da entrada de um cometa na atmosfera gera uma poderosa corrente elétrica?", ele perguntou.

"Exatamente", disse Robert. "Mas o ponto importante é que a corrente também causa um enorme campo magnético em ângulo reto consigo mesmo... um campo magnético muito mais forte do que o campo magnético natural da Terra. Gault e Sonett sugeriram que esse mecanismo poderia induzir efeitos remanescentes de magnetização que provavelmente sejam mensuráveis."

"Entendi. Imagino que seja por isso que as espaçonaves percam o contato de rádio quando penetram na atmosfera da Terra, não é?", disse Chris.

"É isso mesmo."

"Você está dizendo que pode haver uma fonte de evidência para um impacto eletromagnético ocorrido que poderia datar a entrada do cometa do Dilúvio?", questionou Chris.

---

69. GAULT, D. E. e SONETT, C. P. "Simulação Laboratorial do Pelágico Impacto de Asteróide: Injeção Atmosférica, Topografia de Benth e o Campo de Radiação da Onda de Superfície; Implicações Geológicas de Grandes Asteróides e Cometas sobre a Terra", *Spec. Papers Geol. Soc. A.*, pp. 69-92.

"Eu acho que é possível", respondeu Robert. "Você se lembra da magneto-estratigrafia?"

"É o método de datar os solos embaixo de antigos fornos ou fogueiras. É isso?" Chris estava enxergando aonde Robert queria chegar.

"Sim. De fato, em qualquer lugar que um substrato carregado de ferro tenha congelado, preservaria o alinhamento do campo magnético da Terra da época."

"Você espera encontrar algum tipo de *blip* nos registros do campo magnético da Terra quando o cometa passou pela atmosfera?", perguntou Chris.

"Se o impacto do Dilúvio realmente ocorreu, será um pouco mais do que um *blip*", respondeu Robert. "Darei uma olhada nos dados amanhã e verei o que há de interessante."

Atualmente, sabe-se muito a respeito do mecanismo que faz com que a Terra se comporte como um magneto gigante. Nosso planeta possui uma sólida manta que cobre um núcleo fluido que, por sua vez, possui outro núcleo sólido. Essa manta sólida externa e o núcleo sólido central têm esse colchão fluido entre si, e na camada líquida há uma grande quantidade de material ferroso. Toda a estrutura é, portanto, efetivamente um enorme dínamo giratório. O núcleo fluido rico em ferro gira no campo eletrostático do Sol, que provoca turbilhões de correntes fluindo no material ferroso fundido do núcleo. Essa enorme corrente elétrica em rotação, por sua vez, cria um campo magnético que forma um ângulo reto consigo mesmo, e como o fluxo da corrente está ao redor do Equador, esse campo magnético aponta para os pólos do eixo da Terra.

O efeito magnético é produzido pelo movimento do fluido ferroso dentro do invólucro giratório da manta da Terra, mas assim como a água transportada em um copo ondula à sua volta, o mesmo acontece com o fluido ferroso e faz com que o campo magnético se movimente. Sob condições extremas ele pode até transbordar, principalmente se a mão que segura o copo sofrer um abalo.

Na opinião de Robert, qualquer impacto de maior importância na Terra causaria exatamente esse tipo de abalo.

Há uma tendência para qualquer anel de corrente em movimento giratório oscilar sobre o seu eixo de rotação de uma maneira que pode muito bem ser prevista. Isso é chamado de precessão do dipólo e é responsável pelo que é conhecido como a variação secular do norte magnético.[70]

Durante os últimos 5 milhões de anos, o campo magnético da Terra transbordou completamente quatro vezes. O mecanismo que causa isso não é totalmente compreendido, mas o registro magneto-arqueológico mostra

---

70. AITKEN, M. J. *Science-based Dating in Archaelogy,* Longman, 1990.

que em quatro ocasiões diferentes, durante períodos de alguns milhares de anos, o campo magnético chegou a quase zero. Essa mudança nunca é muito rápida e geralmente ocorre em muitos milhares de anos, provando que o sistema é muito lento em suas reações. Quando ele recomeça, parece haver uma igual probabilidade de seguir em qualquer uma das duas direções. Quando o campo magnético é esgotado e, em seguida, recomeça na mesma direção, os arqueólogos se referem a ele como "reversão abortada".

Ninguém realmente entende como isso acontece, mas o efeito na Terra, durante esses períodos, é importante para as formas de vida porque o campo magnético do planeta age como um escudo, desviando a maioria das partículas mais energéticas do Sol para longe da superfície. Quando a corrente morre, essas partículas potencialmente destrutivas penetram na atmosfera da Terra em grandes quantidades, devendo provocar conseqüências genéticas para a vida no planeta. Tais acontecimentos poderiam explicar as rápidas mudanças evolucionistas que ocorreram durante o Período Cambriano e que tanto intrigaram os evolucionistas.[71]

Para datar um substrato magneticamente orientado, um gráfico de calibração mostrando variações na direção do campo magnético da Terra foi criado a partir de dados disponíveis. Eram esses dados que Robert precisava estudar para poder provar, ou não, sua teoria.

O telefone tocou na mesa de Chris.

"Tenho dr. Lomas na linha para você", anunciou a recepcionista.

"E então?", Chris perguntou sem perder tempo. "Você encontrou alguma coisa?"

A resposta de Robert foi lenta e deliberada. "O gráfico de calibração geralmente mostra a bem suave e esperada oscilação da precessão do gerador magnético. Entretanto, nos últimos 10 mil anos, houve duas exceções, momentos em que a direção do campo magnético mudou de repente e de maneira que sugere um impulso externo. Há uma clara perturbação ao redor do ano 3150 a.C., o que provavelmente signifique um impacto de cometa; mas existe um impacto bem maior ao redor do ano 7000 a.C. Como o sistema é altamente prejudicado por uma constante de tempo de mais de mil anos, isso sugere que deve ter havido um enorme pulso de corrente afetando o sistema, entre os anos 7000 e 8000 a.C.".

"Na mosca!", disse Chris.

Portanto, parece realmente que o impacto do cometa que causou o Dilúvio global também causou um tremendo pulso de energia eletromagnética forte o suficiente para influenciar o anel giratório do núcleo da Terra.

---

71. GOULD and ELDRIDGE. *Punctuated Equilibria: an Alternative to Phyletic Gradualism, Models in Paleobiology,* 1990, p. 42.

Efeitos de Longo Prazo no Ambiente

Em 7640 a.C., época do impacto do cometa, o mundo encontrava-se na Idade do Gelo, que já durava um milhão de anos, mas estava a ponto de mudar. Até aquele momento, a inteira dimensão da história humana passou-se no frio, de forma que a população concentrava-se mormente nas regiões equatoriais.

No tempo do Dilúvio provocado pelo impacto do cometa, o Egito e o Deserto do Saara ao norte da África eram cobertos de florestas habitadas por elefantes, girafas e animais aquáticos.[72] Se a Esfinge existisse naquela época, ela estaria à beira de um lago de água potável. Há pessoas que dizem que a Esfinge do Egito tem 13 mil anos e não há razão para acreditar que isso seja de alguma forma impossível.[73]

Durante a Idade do Gelo, a temperatura média da atmosfera e da água podia variar em até 9°C. Desde a formação das rochas mais antigas da Terra, a temperatura média global esteve entre 15° e -25°C. Durante as temperaturas mais baixas, os picos polares de gelo cresciam e se estendiam muito mais próximos ao Equador do que em nossos tempos. A Idade do Gelo parece ocorrer a cada 150 milhões de anos, durando aproximadamente um milhão de anos. Ao final do Período Pleistocênico, por volta de 10 mil anos atrás, as camadas de gelo que cobriam a Europa e a América do Norte haviam apenas começado a se retrair à medida que o clima esquentava. Isso aconteceu ao final da Idade do Gelo Quaternária (há aproximadamente 2 milhões de anos) que alguns cientistas acreditam que ainda não terminou totalmente. De fato, há um debate nesse preciso momento sobre a possibilidade de o degelo dos picos polares ser decorrente do aquecimento global causado pelo homem ou simplesmente ocorrer em função do ciclo natural da temperatura média da Terra.

Em 1920, um astrônomo chamado Milutin Milankovitch sugeriu uma causa para as Idades do Gelo quando notou que a órbita da Terra não é completamente estável. Ele também reconheceu que a temperatura média da Terra dependia de quanta energia ela podia absorver da irradiação do Sol. Milankovitch, por meio de seus estudos das variações orbitais da Terra, plotou curvas de aquecimento estendendo-se a 600 milhões de anos para trás em duas latitudes que ele considerou importantes – 45° e 75° Norte.[74]

No início, suas previsões sobre as mais antigas Idades do Gelo não pareciam se enquadrar, mas à medida que os geólogos desenvolviam técni-

---

72. *Geographical Magazine,* dezembro de 1964.
73. HANCOCK, G. e BAUVAL, R. *Keepers of Genesis,* Heinemann, 1996.
74. MILANKOVITCH, M. M. *Canon of Insolation and the Ice-Age Problem,* Koniglish Serbisch Akademie, Beograd, 1941.

cas de datação mais apuradas, sua teoria, de maneira mais geral, foi aceita.[75] Atualmente, a precisão das previsões de Milankovitch foi amplamente confirmada, porém com um remanescente problema. Ele observou que a última Idade do Gelo retraiu-se rapidamente demais, e depois pareceu perder o ímpeto e começou a esfriar novamente por volta de 4 mil anos atrás, antes de reiniciar a sua constante curva ascendente.

De acordo com o padrão normal das Idades do Gelo, devemos ainda estar envolvidos com a última. Rhodes W. Fairbridge, escrevendo em *Microsoft Encarta 97,* comenta:

> *Estudos indicam que os ciclos de Milankovitch não esclarecem totalmente o tempo dos acontecimentos no recente ciclo glacial/interglacial.*

Alguma coisa ocorreu que alterou o padrão normal.

As observações de Milankovitch baseavam-se no fato de que a variação orbital da Terra causa mudanças na quantidade de energia interceptada do Sol. O fluxo de irradiação do verão nas altas latitudes do norte, particularmente 65°N e acima, é muito importante. Grande parte do hemisfério norte é composta de massa de terra que causa um clima continental, tendendo a maiores extremos de calor e de frio. O hemisfério sul é cercado de caminhos marítimos e, por isso, tem um clima muito mais marítimo que não apresenta extremos. Se terra e mar fossem uniformes nos dois hemisférios, os efeitos orbitais seriam neutralizados. Da forma como as coisas estão, se durante o ano as altas latitudes do norte receberem menos do que um valor importante de fluxo solar, forma-se uma espiral de resfriamento e o mundo encaminha-se para uma Idade de Gelo. Essa teoria é chamada controle de clima por Orbital Forcing (Impulso Orbital) e foi extensivamente estudada.[76]

O tempo de desaceleração do sistema é lento, na ordem de 8 mil anos. Esse número foi determinado durante os últimos 500 milhões de anos, usando métodos cada vez mais sofisticados de datação de eventos e de mudanças de clima. São as perturbações de curto prazo nas mudanças de clima registradas, comparadas com as previsões do modelo Milankovitch, que dão um grande suporte ao argumento de Tollmann pelo qual havia a introdução de uma energia externa sobreposta à mudança de temperatura básica. A causa das perturbações era certamente o impacto do cometa do ano 7640 a.C. Isso explica o repentino aumento de temperatura do mar em mais de 4,5°C na latitude norte, seguido de uma tendência para baixo, de volta para a curva de temperatura esperada, ao redor do ano 2000 a.C.

---

75. IMBRIE, J. e IMBRIE, K. P. *Ice Ages,* Harvard University Press, 1986.
76. IMBRIE, J. e IMBRIE, K. P. "Modeling the Climate Response to Orbital Variations", *Science,* 207, 1980, pp. 943-953.

Portanto, a Terra já estava no estágio de aquecimento da última Idade de Gelo. Isso teve dois efeitos.

Primeiro, o impacto ejetou uma enorme quantidade de entulho na atmosfera, que causou um efeito parecido a um "inverno nuclear". Para os sobreviventes deve ter sido uma noite interminável que, eventualmente, foi substituída por um alvorecer nublado e muito frio, seguida por anos de invernos rigorosos e curtos verões frios. Por meio de simulações em computador estimou-se que levaria dez anos para o pó assentar e para que a quantidade de luz do Sol que atinge a superfície da Terra voltasse aos níveis normais.[77] Esse inverno de dez anos deve ter contribuído para a extinção de mais de 10 mil espécies, um fato confirmado pelos registros arqueológicos e que sempre foi um enigma para os biólogos.

Nesse ponto dos acontecimentos, outro problema ocorreu. Durante o impacto e a conseqüente liberação de energia, grandes quantidades dos chamados "gases de estufa" foram produzidas. De forma particular, foi criado dióxido de Carbono em enormes quantidades pelas queimadas que ardiam após o pulso de calor gerado pelo impacto.[78] Quando o pó assentou, os gases de estufa criaram um escudo de calor na atmosfera, que fez com que a Terra parasse de irradiar calor de volta ao Espaço, causando o tipo de aquecimento global que tanto nos preocupa atualmente.

O degelo que ocorreu fez com que o nível do mar subisse cerca de 120 metros, o que significa que qualquer cidade costeira seria submersa pelas ondas. Michael Baigent, pesquisador e autor, revisou a literatura sobre arqueologia submarina em seu livro *Ancient Traces* (Vestígios Antigos) e apresentou uma série de mapas, mostrando o efeito dessa mudança de nível do mar sobre a linha costeira da América, complementado com evidência, que revelou achados submarinos de dentes de mamutes e de mastodontes preservados em camadas de antiga turfa nessas terras afundadas. A datação por radiocarbono de turfa desses sítios acusa ao redor de 9000 a.C.[79]

Cada peça do quebra-cabeça estava se encaixando em seu lugar. Graças à orientação proporcionada pelo dr. Jack Miller, agora sabíamos que o Dilúvio fora real e que quase certamente ocorrera no outono do ano 7640 a.C. Munidos desse conhecimento, decidimos rever as lendas mundiais sobre o Dilúvio para verificar o que elas poderiam nos dizer.

---

77. TURCO, R. P., TOON, O. B. *et al.* "Nuclear Winter: Global Consequences of Multiple Nuclear Explosions", *Science,* 222, 1983.
78. MELOSH, H. J., SCHNEIDER, N. M., Zahnle, K. J. e Latham, D. "Ignition of Global Wildfires at the Cretaceous/Tertiary Boundary", *Nature,* 348, 1990.
79. BAIGENT, M. *Ancient Traces,* Viking, 1998.

Conclusão

Investigações científicas modernas mostram que a Terra foi atingida muitas vezes por objetos como cometas e meteoritos. Grandes impactos provocam efeitos consideráveis no ambiente e causam mudanças de longo prazo no clima e na geografia. Esses impactos continuam ocorrendo – em 1908, um meteorito explodiu na Sibéria, devastando grandes áreas de floresta desabitada. Em 1994, um grande cometa apareceu do Espaço, fragmentou-se pela pressão do campo gravitacional de Júpiter, orbitou uma vez ao redor do Sol e voltou para colidir com Júpiter, causando enormes fendas nesse planeta gigante. Essa ocorrência demonstrou aos cientistas que a Terra também é vulnerável a colisões dessa natureza.

Um trabalho de laboratório sobre os efeitos dos impactos mostra que ondas gigantes de cinco mil metros de altura e uma velocidade de 640 quilômetros por hora podem ser causadas pelos impactos. Ondas dessa dimensão poderiam invadir grande parte do solo da Terra. O entulho ejetado na atmosfera superior pela colisão causaria um inverno nuclear de curto prazo e um efeito de aquecimento global de longo prazo. Também deixaria vestígios de ácido nítrico, impressões magnéticas, trilhas de tectita e *blips* de radiocarbono que podem ser usados para datar o evento.

Esse tipo de evidência mostra que aconteceram dois grandes impactos nos últimos 10 mil anos: um impacto de sete fragmentos que caíram nos maiores oceanos do mundo próximo ao ano 7640 a.C. e um único impacto no Mar Mediterrâneo no ano 3150 a.C., aproximadamente.

Capítulo IV

Memórias Antigas

O Relato de Noé sobre o Dilúvio

O *Torá* judeu (o Pentateuco do Velho Testamento da Bíblia cristã) contém duas versões do Dilúvio, cada uma contando uma história parecida, mas significativamente diferente quanto ao relato de Noé e de sua arca. Acredita-se que as histórias se originem de duas tradições orais diferentes que foram identificadas como próprias de todo o *Torá*. Essas tradições foram separadas por estudiosos que as identificaram como a tradição de J (Javé), a tradição E (Elohim) e a tradição P (sacerdotal). Dizem que a tradição J tem sua origem no sul de Israel, a tradição E, no norte e a tradição P, no Exílio.

Há diferentes opiniões quanto à duração da inundação, mas o mais importante é que J afirma que a chuva foi a causa do Dilúvio, enquanto P diz que "fontes da profundeza" surgiram e invadiram a terra antes de a chuva começar. Essa fundamental diferença na causa do Dilúvio pode ser uma preferência no relato da história, mas é possível que as duas versões estejam corretas porque provêm de testemunhas que presenciaram *diferentes* ocorrências. As duas tradições orais foram combinadas em uma única história cerca de 3 mil anos atrás, portanto parece bem provável que foram originadas por fontes diversas. Se elas provêm de relatos proporcionados por testemunhas oculares fundamentalmente diferentes, as pessoas envolvidas deviam encontrar-se em locais bem afastados uns dos outros – uns mais no interior do que os outros.

De maneira geral, acredita-se que as versões da história do Dilúvio no Velho Testamento estejam intimamente relacionadas com as histórias mais antigas da Babilônia e da Suméria. A visão padrão é que a história de Noé foi apreendida diretamente das histórias da Babilônia, ou então ambas foram originadas de uma mesma fonte.

A história do Dilúvio consta do Livro de Gênesis, o primeiro livro da Bíblia, que explica a origem do homem. Começa dizendo como uma divindade suprema fez o mundo e depois criou Adão e Eva, que logo caíram em desgraça e foram expulsos do Jardim do Éden. Em seguida, conta a história dos irmãos Caim e Abel, e apresenta uma genealogia de Adão até Noé. Depois, em Gênesis 6:4, há um estranho relato a respeito de um cruzamento entre uma raça de gigantes, descritos como "os filhos de Deus", e mulheres humanas:

> *Nesse tempo – isto é, quando os filhos de Deus se uniram com as filhas dos homens e geraram filhos – os gigantes habitavam a terra. Esses foram os heróis famosos dos tempos antigos.*

Essa breve passagem é a primeira de muitas referências hebraicas antigas que registram que, em certa época, acreditava-se amplamente que os filhos do cruzamento entre esse grupo desconhecido chamado "Guardiães" e mulheres humanas foram gigantes que se tornaram figuras de liderança no passado distante.

Depois, a Gênesis diz que Deus, o Criador, decidiu destruir o mundo inteiro, mas Ele avisa Noé do próximo dilúvio e o instrui para construir uma arca de madeira de *gofer* (cipreste) que o transportaria com sua família, assim como um casal de cada espécie de animais. Segue, então, a descrição do Dilúvio que destrói totalmente a vida na Terra.

Segundo a tradição J, o Dilúvio durou 40 dias, enquanto a tradição P diz que durou 150 dias e é a única a nomear o lugar onde a arca veio a se assentar.

De acordo com a tradição P, as dimensões da arca eram de 300 x 300 x 30 côvados e consistia de três andares; também diz que o ponto onde assentou a arca, depois que as águas baixaram, foi o Monte Ararat, em Urartu, conhecida hoje como Armênia. Essa região extremamente montanhosa ao leste da Turquia tem uma elevação média de quase 1.800 metros e o Monte Ararat encontra-se no ponto mais alto, mais de 4 mil metros acima do nível do mar. Essa descrição está correta, a arca só pode ter sido levada para essa região elevada por uma onda *tsunami* gerada pelo impacto no Oceano Índico (veja Figura 4). O caminho percorrido deve ter sido pelo Golfo Pérsico e para noroeste através das planícies da Mesopotâmia.

Se assumirmos, por enquanto, que haja alguma verdade nessa história, ela sugere que a arca foi atingida pela onda *tsunami* em algum lugar bem elevado das Montanhas de Zagros, acima da região que mais tarde ficou sendo conhecida como Suméria, e foi levada em linha reta até a onda perder potência. Entretanto, queríamos saber como poderia alguém lançar um barco contra uma iminente onda *tsunami* dessas proporções; mas isso seria possível se a onda houvesse percorrido suficiente distância para quebrar e tornar-se uma torrente caótica. Por outro lado, com a possibilidade de o barco ter sido construído em uma montanha alta como essa, a água do mar em elevação poderia mover-se verticalmente, para cima, em vez de

Memórias Antigas 89

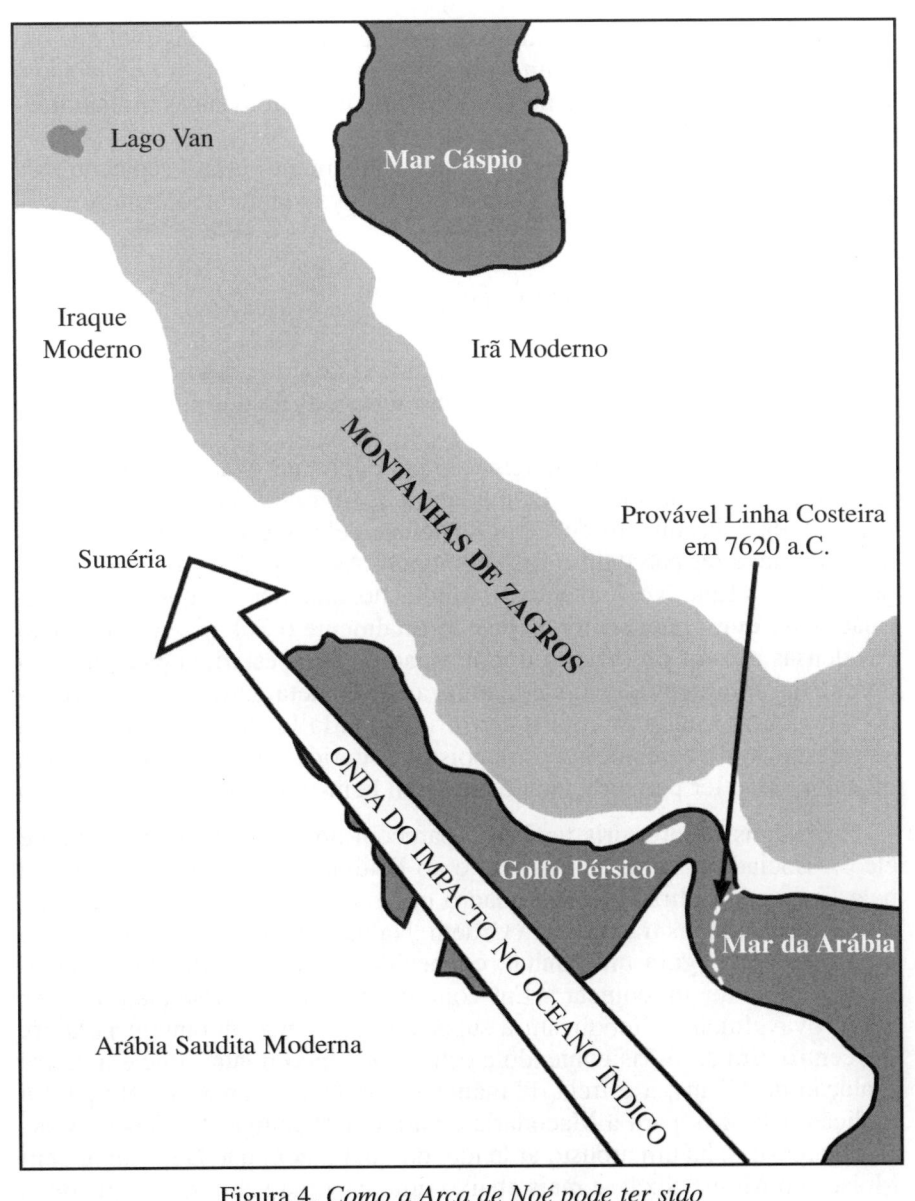

Figura 4. *Como a Arca de Noé pode ter sido levada para o Monte Ararat.*

precipitar-se para a frente, como uma parede. Portanto, é possível que um lançamento possa ter sido feito nessas circunstâncias, sem que o barco fosse atingido por uma violenta parede de água, com todas as probabilidades de ser destruído.

Resumindo, a altura da Terra, seu alinhamento com o epicentro da onda e o sugerido ponto de assentamento da arca realmente fazem sentido.

A Mensagem do Arco-íris

Achamos particularmente interessante o fato de a tradição P do *Torá* dizer que Deus enviou o arco-íris como um sinal de que Ele nunca mais inundaria o mundo.

Não precisa de muita imaginação para apreciar quão terríveis devem ter sido as conseqüências do Dilúvio para os sobreviventes. A noite perpétua causada pelas nuvens de vapor de água e pelas partículas de pó cobrindo o Sol deve ter parecido o fim do mundo. As pessoas devem ter temido que o Sol e a Lua tivessem sido destruídos no cataclismo e que a fria escuridão fosse durar para sempre. Quando finalmente o Sol apareceu no meio das densas nuvens do inverno tipo nuclear, os raios estariam passando pelas chuvas contínuas que ainda fustigavam o planeta. Isso deve ter refratado a luz, provocando múltiplos arco-íris em todo lugar. Essa maravilhosa manifestação de cores dos céus depois da escuridão, e anunciando a volta do calor, deve ter parecido uma mensagem bem-vinda de Deus.

Imagens do arco-íris também aparecem no simbolismo maçônico e ele é associado à caída de cometas e ao Dilúvio. A imagem representada pela Figura 5 foi tirada de um quadro utilizado para instruir os maçons a respeito das antigas tradições da Ordem. Na parte superior do céu, aparece uma mão que segura um punhal, conhecido como um símbolo extremamente antigo de um cometa.[80] Em volta da mão, foram desenhadas ondas que provavelmente simbolizam a superfície das águas durante o Dilúvio. No centro, um arco-íris contendo a estrela de cinco pontas, que é a representação de Vênus, a estrela da manhã, simboliza o renascimento para a tradição hebraica, para a Maçonaria e para outras antigas tradições. Abaixo do arco-íris, há um arbusto ardendo, do qual dizem que Deus falou com Moisés no Monte Sinai, e mais abaixo uma caverna subterrânea que deve ter sido o único santuário durante os meses escuros, frios e muito úmidos depois do impacto do cometa.

Outra ilustração medieval apresenta o impacto estilizado de um cometa, mostrando a mão com um punhal que apresenta um cometa completo

---

80. *Larousse Encyclopaedia of Astronomy,* edição de 1959.

Figura 5. *Quadro maçônico mostrando o cometa, Vênus, o arco-íris e detalhes da caverna.*

com uma longa cauda em sua ponta. As dez cabeças aparentemente decapitadas ao redor do cometa são todas bem diferentes e podem simbolizar as raças do homem.

A tradição babilônica não menciona nenhum arco-íris, mas agrega consideráveis detalhes realistas à história e merece ser estudada.

O Dilúvio de Gilgamesh*

A *Epopéia de Gilgamesh* é uma importante lenda babilônica de mais de 5 mil anos, apesar de ter sido redigida em escrita cuneiforme em 12 placas de argila por volta do ano 2000 a.C. De acordo com a história, Gilgamesh era o rei semidivino, mas tirânico, de Uruk (a atual cidade iraquiana de Al Warka), à procura de um ancestral que conhece o segredo da imortalidade porque ele é o último sobrevivente do povo antes do Dilúvio. A história do Dilúvio que Utnapishtim provoca é muito parecida com os relatos bíblicos.

Dizem que Utnapishtim, cujo título era "Atrakhasis" (que significa "insuperável em sabedoria"), havia alcançado a imortalidade e a deificação passando pelas águas do Dilúvio. A relação dos reis sumerianos da cidade de Larsa menciona os nomes de dez reis que governaram antes do Dilúvio, e seus reinados duraram entre 10 mil e 60 mil anos cada, fazendo com que Matusalém parecesse um jovem perto deles.

Os estudiosos da Bíblia conjecturaram que as idades absurdas atribuídas aos reis sumerianos possam ser produto de especulações astrológicas que aplicavam medidas derivadas da observação das estrelas para o cálculo de míticos períodos reais. Da mesma forma, os números nas listas sacerdotais de reis podem ter sido ajustados para corresponder a uma cronologia que determinava um número fixo de anos, desde a Criação do Mundo até a fundação do Templo de Salomão, e dividiram esse período em épocas, a primeira das quais, da Criação ao Dilúvio, dizem ter sido de 1.656 anos.[81]

Essa lista de reis termina com palavras: *"Depois do dilúvio a realeza foi enviada para baixo, do mais alto"*. Isso sugere que um novo grupo de governantes tinha de ser encontrado depois do Dilúvio. O sétimo rei da lista sumeriana havia sido considerado possuidor de especial sabedoria em assuntos relativos aos deuses, e o primeiro da humanidade a praticar divinação.

O estudioso de sânscrito Robert Temple acredita que a *Epopéia de Gilgamesh* é o agrupamento de histórias recolhidas de uma série de fontes

---

N. E.: Sugerimos a leitura de *Versão Babilônica sobre o Dilúvio e a Epopéia de Gilgamesh* de E. A. Wallis Budge, Madras Editora.
81. HOOKE, S. H. "Genesis", *Comentário de Peake sobre a Bíblia*.

Figura 6. *Desenho medieval de um cometa.*

diferentes, com fragmentos existindo em cinco idiomas antigos.[82] O material mais antigo está em sumeriano antigo, presumivelmente originário de uma cidade chamada Eridu, na costa do golfo Pérsico, e datado de 2750 a.C. Muitos estudiosos, inclusive Robert Temple, acreditam que havia existido como tradição oral até antes de ser escrito e que fora formalizado como um drama sagrado.

Então Utnapishtim (ou Ziusudra como também é conhecido) é o equivalente ao bíblico Noé. Ele era o rei e sacerdote da cidade sumeriana de Shuruppak, que é uma das sete cidades originais fundadas pelos Sete Sábios que os sumerianos acreditavam ser semi-homems e semipeixes.[83] Enkidu, amigo de Gilgamesh que participou de várias de suas aventuras, é chamado "filho do peixe" por um monstro chamado Huwawa. Após fundarem a civilização sumeriana, dizem que os homens-peixes, ou Oannes como eram denominados, dirigiram-se para o refúgio secreto do deus Enki, que vivia em um perfeito cubo submarino.

Enki era o deus padroeiro dos Sete Sábios que instruíra Ziusudra a construir uma arca para salvar a semente da humanidade. A arca foi construída como uma réplica da casa secreta submarina de Enki, em formato de um cubo perfeito. Aqui estão as instruções que Enki transmitiu a Ziusudra, reproduzidas da tradução de Robert Temple:

> *Derruba tua cabana de juncos e com eles constrói uma arca. Abandona as coisas, procura a vida, desiste de tuas posses, mantém teu espírito vivo e leva para a arca a semente de todas as criaturas viventes. A arca que deves construir terá dimensões cuidadosamente medidas. Seu comprimento e largura devem ser iguais e coloca um teto igual ao que tenho em meu subterrâneo abismo aquático.*

Ziusudra explica a Gilgamesh como ele seguiu as instruções:

> *No quinto dia montei o plano. A base estava em Iku. Seus lados tinham dez gar de altura.* [Esta corresponde a uma área de aproximadamente 4 mil metros quadrados.] *Planejei sua forma externa e coloquei tudo junto dividindo-o em sete planos e o plano térreo dividi em nove partes.*[84]

Ziusudra, então, continua dizendo a Gilgamesh como ele abordou a arca e assegurou-se de que a porta estava bem fechada antes de transmitir a ordem de navegação ao seu navegador Puzur-Amurri (que significa Estrela do Oeste – possivelmente Vênus em sua posição noturna). Ele segue adiante

---

82. TEMPLE, R. *He Who Saw Everything*, Century, 1991.
83. HALLO, W. W. *Journal of Cuniform Studies*, vol. 23, nº 3, 1971, pp. 57-67.
84. TEMPLE, R. *He Who Saw Everything*, Century, 1991.

descrevendo como as águas se parecem com uma nuvem preta no horizonte. Há uma enorme faísca de luz e depois tudo é escuridão, e as águas dos mares começam a subir cobrindo até as montanhas. "Durante seis dias e sete noites, o vento da inundação soprou." E, ao alvorecer do sétimo dia, o mar se aquietou e a tempestade amainou; a inundação parou. Ziusudra continua:

> *Eu olhei para o tempo, e estava tranqüilo. Todos os homens haviam voltado para a argila; a terra tinha sido nivelada como um terraço. Abri uma portinhola e a luz bateu em minha face. Ajoelhei-me e chorei, lágrimas caindo de meu rosto. Olhei em todas as direções. Em cada uma das 14 regiões emergia o pico de uma montanha para marcar aquele ponto.*[85]

Robert Temple explica, em suas notas de tradução, que existem 14 picos de montanhas associados aos 14 principais centros de oráculo conhecidos pelos egípcios, minoanos e babilônios. Ele também menciona que o Monte Tomaros, onde Deucalião (o equivalente grego de Noé) aportou, encontra-se na mesma latitude do Monte Ararat, onde dizem que a arca de Noé pousou.

Ziusudra, então, solta alguns pássaros para ver se as águas haviam baixado. Primeiro, ele solta uma pomba, que volta; depois, ele solta uma andorinha, que também retorna; e, finalmente, ele solta um corvo, que não voltou. Então Ziusudra oferece sacrifícios para os deuses. Ashtar, o mais poderoso dos deuses, aparece portando jóias feitas em lápis-lazúli, furioso pelo fato de que Enki prevenira um humano e salvo sua vida. Então Enki fala a favor de Ziusudra, repreendendo Enlil (o deus responsável pela inundação) por ter decidido provocar o Dilúvio sem consultar os outros deuses e, conseqüentemente, matando inocentes junto com os culpados.

Na *Epopéia*, Ziusudra conta a Gilgamesh que ele deve mergulhar nas águas para recuperar uma rosa especial que possui o segredo da vida eterna. Achamos isso muito interessante porque a rosa de cinco pétalas é um símbolo comum do planeta Vênus, assim como de ressurreição e renascimento.

Em suas notas de tradução, Robert Temple comenta que a palavra babilônica para a Grande Inundação é "Abubu", que ele acredita derivar do termo "Agh-hu-bua", que significa "inundação celeste": literalmente, o grande dilúvio das estrelas, talvez, mais simplesmente, a grande chuva de estrelas. Ele também comenta a respeito do significado da palavra usada para arca, na Gênese hebraica da história – "teba", que é uma palavra egípcia que significa caixa, arca ou cofre. Ele acrescenta que o cubo perfeito foi usado no projeto de diversos templos que, de acordo com a Bíblia, inclui a câmara interna do Templo de Salomão.

---

85. TEMPLE, R. *He Who Saw Everything*, Century, 1991.

Na placa que descreve como Gilgamesh foi informado pelo taverneiro Siduri onde encontrar o navegador, sabemos que este último usava "objetos de pedra" e artefatos chamados "urnu-wigglers" para guiá-lo pelo Mar da Morte. Gilgamesh ameaça destruir os instrumentos de Urshanabi (ou Puzur-Amurri), o navegador de Ziusudra, caso se recusasse a levá-lo pelo do Mar da Morte para encontrar o único sobrevivente da inundação celestial.

O navegador acaba levando Gilgamesh em uma viagem de uma longa noite e um curto dia para chegar a um jardim de árvores que produzem jóias vivas especiais e preciosos frutos dourados. Sua viagem é medida em uma curiosa unidade referida como *beru*, que foi traduzido como "horas duplas", que são a 12ª parte de um círculo. Em sua jornada, ele passa dez horas duplas na escuridão e duas horas duplas na luz. Se considerarmos isso literalmente, a única latitude que pudesse resultar em 20 horas de escuridão normal seria de, no mínimo, 65° Norte ou Sul do Equador, ou seja, ao redor dos círculos ártico ou antártico durante meados do inverno.

Grande parte da *Epopéia de Gilgamesh* refere-se a eventos relacionados ao movimento das estrelas. Alguns escritores, como Werner Papke, interpretaram-no como um completo astro-poema, no qual todos os acontecimentos descritos possuem conotações astronômicas.[86] O uso da estranha unidade de horas duplas na descrição da visita de Gilgamesh ao jardim das jóias vivas sugere a lembrança de uma tradição mais antiga que se baseava em unidades de medida de uma 12ª parte de um círculo.

Descrição do Dilúvio nos Manuscritos do Mar Morto

O documento catalogado como 1QapGen dos Manuscritos do Mar Morto, conhecido como *Tales of the Patriarchs* [Contos dos Patriarcas], ainda agrega detalhes à história do Dilúvio. Ele nos diz que o personagem chamado Enoch estava envolvido com Lamech e Noé. Conhecíamos esses nomes por meio dos rituais maçônicos, assim como da Bíblia, e assim continuamos lendo com grande interesse.

Aparentemente, Lamech estava preocupado com o "comportamento glorioso" de seu filho Noé. Ele imagina que sua esposa Bitenosh (que significa "Filha de Homem") possa ter sido inseminada por um dos Guardiães, mas ela lhe lembra de suas relações sexuais e assegura que nunca estivera com qualquer um dos "Filhos do Céu", e que Noé é realmente seu filho legítimo. Lamech ainda fica com dúvidas e dirige-se ao seu pai Matusalém

---

86. PAPKE, W. *Die Sterne von Babylon*.

para lhe pedir conselho. Matusalém, por sua vez, decide visitar o próprio pai, Enoch, que já havia sido "transladado" (havia deixado a vida terrena sem passar pela morte) para o céu mais alto, um lugar chamado Parvaim. (É interessante observar que Enoch e Elias são os únicos personagens da Bíblia que nunca morreram – até mesmo Jesus.).

Com isso, é possível deduzir que Matusalém ainda pudesse falar com Enoch, que estava sentado junto aos anjos e outros santos discutindo assuntos de importância. Matusalém indaga o pai sobre Noé e Enoch lhe conta como os Guardiães desceram do céu para relacionar-se com mulheres humanas, mas que Noé não tinha nascido dos Filhos do Céu, mas de Lamech. A história então continua para dizer como Noé era o mais correto dos homens e, por conseguinte, seria dado a ele o domínio sobre toda a Terra após o Dilúvio.

Em seguida, a história é assumida por Noé, que conta como pousou em um vinhedo no Monte Ararat depois da inundação.

Depois, desci à base dessa montanha, eu, meus filhos e meus netos... a devastação da Terra era de grande escala. Filhos e filhas nasceram depois do Dilúvio. Para Sem, meu filho mais velho, nasceu primeiro Arparchad, dois anos depois do Dilúvio. Todos os filhos de Sem foram Elam, Ashur, Arparchad, Lud, Aram e cinco filhas. Além disso, os filhos de Cam foram Cush, Mizrain, Put, Canaã e sete filhas. Os filhos de Jafé foram Gomer, Magog, Madai, Javan, Tubal, Moshok, Tiras e quatro filhas.[87]

Noé segue descrevendo como reiniciou a agricultura e plantou novos vinhedos.

Outro Manuscrito do Mar Morto, documento 4Q370, contém um sermão a respeito do Dilúvio que relata a grande abundância que havia no mundo antes. Também proporciona uma descrição detalhada do Dilúvio que começa com um tremor de Terra pouco antes de o mar ser ejetado de suas profundezas:

Então o Senhor julgou-os de acordo com suas ações, de acordo com seus desígnios que surgiam de seus corações maus. Ele trovejou contra eles com toda a Sua força, de maneira que as próprias fundações da Terra foram abaladas. A água precipitou-se de suas profundezas, todas as janelas do céu foram escancaradas; as profundezas derramaram suas terríveis águas, as janelas do céu derramaram suas chuvas. Assim eles foram

---

87. 4Q531 Frag 1 WISE, M., ABEGG, M., e COOK, E. *The Dead Sea Scolls: A New Translation*, Harper San Francisco, 1996.

destruídos pelo Dilúvio, todos perecendo na água, pois haviam desobedecido aos mandamentos do Senhor. Portanto, tudo o que estava na terra seca foi eliminado, homem e animal, pássaro e criaturas aladas – todos morreram; nem mesmo os gigantes escaparam.[88]

Um terceiro fragmento contendo um sermão sobre o Dilúvio observa que todos os Guardiães e seus descendentes semi-humanos foram destruídos. Isso não condiz com o Livro de Gênesis, que diz que esses gigantes, nascidos das Filhas do Homem, se tornaram homens de reputação depois do Dilúvio.

De Gigantes e Animais Novos

Voltando ao Velho Testamento, encontramos ainda outra história hebraica antiga fazendo referência a uma raça de gigantes gerados por mulheres da Terra. O gigante mais famoso na Bíblia é Golias, que foi morto por Davi. No Primeiro Livro das Crônicas 20:3-6, a Bíblia diz que ele era descendente do rei Og, dos amonitas:

> *Tirou a população que havia na cidade e a colocou para trabalhar com serras, picaretas e machados de ferro. E fez a mesma coisa com todas as outras cidades amonitas. Depois voltou para Jerusalém com o exército.*
> *Depois disso, ainda havia guerra em Gazer contra os filisteus. Então Sobocai, da cidade de Husa, matou Safai, um filho dos rafaim. Dessa forma, eles foram dominados.*
> *Houve ainda outra guerra contra os filisteus. Dessa vez, Elcanã, filho de Jair, matou Lami, filho de Golias, de Gat. Sua lança mais parecia um cilindro de tear.*

Logo pensamos, por que era tão importante para os fundadores da nação judaica que Davi fosse visto claramente substituindo o último dos gigantes? Era simbolicamente importante que os antigos "Filhos de Deus" fossem substituídos por uma nova ordem? Certamente Davi é sempre citado como a base da autoridade hereditária de Jesus, apesar do fato de ele ter sido segundo rei dos judeus.

Outra passagem da Bíblia, II Samuel 21:20, conta novamente a batalha contra os gigantes, que não apenas são altos mas também têm mais dedos:

---

88. 4Q531 Frag 1 WISE, M., ABEGG, M., e COOK, E. *The Dead Sea Scolls: A New Translation,* Harper San Francisco, 1996.

Houve depois outra batalha em Gat. Aí havia um homem altíssimo com seis dedos em cada mão e em cada pé; 24 dedos no total. Ele também era descendente de Rafa.

Há referências de que esses gigantes sobreviveram ao Dilúvio, em várias passagens da Bíblia, até em Gênesis, Deuteronômio e Josué. Também são citados em vários livros apócrifos como o *Livro de Judite, Sabedoria de Salomão, Sabedoria de Jesus, o Filho de Sirach* e o *Livro de Baruch*, que diz:

Havia gigantes famosos desde o início, que eram tão grandes de estatura, e tão expertos na guerra(...) Mas foram destruídos porque não tinham sabedoria, e pereceram por sua própria insensatez.

É nos Manuscritos do Mar Morto que consta o relato mais detalhado desses gigantes, em uma seção de *O Livro de Enoch,* que não era conhecido até ser encontrado entre os danificados Manuscritos de Qumran. Essa seção é chamada, simplesmente, o *Livro dos Gigantes*.

Esse livro contém uma história estranha, apesar de existir somente em fragmentos. (O texto completo dos fragmentos é reproduzido no Apêndice 7.) A história inicia contando a respeito de um certo conhecimento secreto que os gigantes possuíam e de sua brutalidade para com os homens. Os gigantes desfrutavam das coisas boas da Terra e observavam as pessoas comuns bem de perto.

Depois, 200 Guardiães escolheram animais para experimentar uma anormal reprodução. Suas experiências com animais e com mulheres humanas resultaram na criação de seres monstruosos e em corrupção.

Os gigantes passam a ter uma série de pesadelos e visões. Mahway, o filho gigante do Anjo Baraquel, conta um desses sonhos para os outros gigantes: ele vê uma placa na qual consta uma relação de nomes, imersa na água. Quando emerge, nela havia somente três nomes. O sonho representa a próxima destruição pelo Dilúvio de todas as pessoas com exceção de Noé e sua família.

Os gigantes percebem que não podem superar as forças do céu. Achamos estranho o fato de que a seção seguinte é relatada por alguém chamado Gilgamesh.

Esse personagem é descrito como um dos gigantes e os manuscritos contam como Ohya foi "forçado" em um sonho. A visão que Ohya teve nesse sonho é a de uma árvore arrancada com quase todas as suas raízes, com exceção de três.

Em seguida, ele tem outro sonho, mas os detalhes são obscuros. De qualquer forma, ele é de mau agouro para os gigantes. Os sonhadores primeiro falam com os monstros e depois com os gigantes.

Enoch tenta interpretar esses sonhos e logo Mahway se dirige a ele para fazer um pedido em nome dos gigantes. Enoch responde com uma mensagem de juízo e a esperança de arrependimento.

Achamos isso extremamente notável. Como história, ela é tão fascinante quanto um conto das Mil e Uma Noites, com uma diferença significativa: essa história parece ser a lembrança de alguma coisa que aconteceu realmente!

O repentino aparecimento de novas variedades de plantas e animais por volta da época do Dilúvio é aceito porque sabemos que realmente aconteceu. Nossas mentes modernas são condicionadas para aceitar o óbvio como se fosse totalmente natural. Mas esses eventos podem ser tudo, menos naturais.

Logo após o Dilúvio de 9.640 anos atrás, sabemos que as espécies de animais que carinhosamente chamamos de "domesticados" vieram a existir. Será que esses antigos textos hebraicos estavam registrando uma memória racial de uma engenharia genética cuidadosamente programada? Na cidade de Jericó, por exemplo, a evidência é bem clara.

Zooarqueológos podem distinguir animais selvagens dos domésticos pela análise de seus ossos. Especialistas concordarão de bom grado que há 10 mil anos as pessoas de Jericó abrigaram lobos, bezoares, muflão asiático, javalis, auroques e gatos selvagens. Mas eles têm certeza de que apenas algumas centenas de anos mais tarde esses mesmos animais foram substituídos por criaturas desconhecidas. Suas substituições foram respectivamente o cão, o cabrito, a ovelha, o porco, a vaca e o gato doméstico. Os animais anteriores não somente se tornaram bonitos e dóceis – mudaram suas formas e sua natureza para se adequarem às necessidades humanas. Mas como?

Certamente havia pouco tempo para uma evolução normal! Entretanto, pode ter sido suficiente para uma reengenharia das características do DNA das espécies importantes, necessárias aos sobreviventes humanos no início de uma nova era. Será que foi isso que ocorreu e motivou as repentinas mudanças em um período tão curto?

Hoje podemos e cruzamos as fronteiras da natureza de reprodução por meios artificiais. É o que denominamos de "engenharia genética". A natureza somente permite a reprodução dentro das espécies, mas o homem encontrou meios de cruzar novas variedades de animais e plantas. Recentes desenvolvimentos estão causando um grande rebuliço parecido com aquele que os registros sugerem que possa ter ocorrido em épocas anteriores ao início da História oficial.

É possível que seja sobre esse assunto que os documentos antigos queiram se referir? Teriam essas pessoas a habilidade de controlar a reprodução interespécies no passado antigo? A resposta automática é dizer, "Isso deve ser impossível" – mas se *nós* podemos fazê-lo, então *não* é impossível.

Enoch Descreve o Impacto de Sete Fragmentos do Cometa com a Terra

O Livro de Enoch diz que existia na Terra uma avançada mas "profana" civilização antes do Dilúvio global, quando as mulheres humanas haviam sido inseminadas por um grupo de 200 gigantes:

> *E quando os filhos dos homens se haviam multiplicado aconteceu que deles nasceram lindas e graciosas filhas. E os anjos, os filhos do céu, as viram e desejaram, e disseram uns para os outros: "Vamos escolher esposas entre os filhos dos homens e gerar filhos". E Semjaza, seu líder, disse: "Creio que vocês não concordarão em fazer isso, pois eu sozinho serei penalizado por um grande pecado". E todos lhe responderam dizendo: "Vamos todos juntos jurar e assumir um compromisso, responsabilizando-nos todos por meio de mútuas imprecações em não abandonar esse plano e realizá-lo". Então todos juraram juntos e se comprometeram, por meio de mútuas imprecações, em realizar o plano. E eles eram 200 que desceram, nos dias de Jared, no pico do Monte Hermon, e o chamaram assim porque haviam jurado e se comprometeram por mútuas imprecações.*

Adiante, o livro explica como esses "Guardiães ensinaram aos homens mistérios ocultos da natureza e da ciência":

> *E Azazel ensinou os homens a fazer espadas, e facas, e escudos, e peitorais, e fez que conhecessem os metais da Terra e a arte de trabalhá-los, e braceletes e adornos, e o uso do antimônio, e o embelezamento das pálpebras dos olhos, e todo tipo de pedras caras, e todas as tintas de cor. E houve muita impiedade, e cometeram fornicações, e eles foram desencaminhados e tornaram-se corruptos em todas as suas maneiras. Semjaza ensinou feitiços e a erradicação de árvores; Armaros ensinou como resolver os feitiços; Baraquijal [ensinou] astrologia; Kokabel, as constelações; Ezeqeel, o conhecimento das nuvens; Araquiel, os sinais da Terra; Shamsiel, os sinais do Sol; e Sariel, o curso da Lua.*

Logo os arcanjos ficaram desgostosos com o que estava acontecendo e decidiram que a Terra devia ser destruída:

> *E então Miguel, Uriel, Rafael e Gabriel olharam do céu e viram muito sangue ser derramado sobre a Terra, e todo tipo de ilegalidade praticada na Terra. Então, o Mais Alto, o Santo e o*

> *Maior falou e enviou Uriel ao filho de Lamech [Noé], e lhe disse: "Vá até Noé e diga-lhe em meu nome, "Esconde-te!" e revele que o fim está próximo; que toda a Terra será destruída, e que um dilúvio sobrevirá em toda a Terra e destruirá tudo o que está nela. Dê-lhe instruções para que possa escapar e sua semente possa ser preservada para todas as gerações do mundo."*

Também consta que, aparentemente, Enoch se afasta com os Guardiães:

> *Antes dessas coisas, Enoch estava escondido, e nenhum dos filhos dos homens sabia onde se escondia, e onde ele habitava, e o que havia acontecido com ele. E suas atividades diziam respeito aos Guardiães...*

Enoch então descreve o lugar para o qual ele havia sido levado pelos Guardiães:

> *E eles me levaram para um lugar de escuridão e em uma montanha cujo pico tocava o céu. E eu vi os lugares das luminárias e os tesouros das estrelas e do trovão e nas extremas profundezas(...)*
>
> *(...) e eis que vieram do céu seres que eram como homens brancos: e quatro vieram daquele lugar e três com eles. E esses que vieram por último me seguraram pela mão e me levaram para cima, longe das gerações da Terra e me elevaram para um lugar muito alto, e me mostraram uma torre que fora levantada acima da Terra e todas as montanhas eram mais baixas do que ela. E um deles me disse: "Fique aqui para ver tudo o que acontece".*

E, então, o próximo desastre é previsto com um cometa colidindo com a Terra. A causa do Dilúvio é explicitamente declarada como sendo provocada por impactos extraterrestres. As conseqüências da colisão são descritas:

> *Eu vi como o céu caiu e foi levado e caiu na Terra. E quando caiu na Terra, vi como a Terra foi engolida em um grande abismo, e montanhas foram suspensas sobre montanhas, e colinas afundaram em outras colinas, e altas árvores foram arrancadas de suas raízes e arremessadas, afundando no abismo. E, então, uma palavra caiu em minha boca e levantei [minha voz] para gritar e disse: "A Terra está destruída".*

As palavras seguintes, inequivocamente, descrevem a chegada de sete fragmentos do cometa que se dirigiam para a Terra:

Ali eu vi sete estrelas como grandes montanhas ardendo e, quando indaguei a esse respeito, o anjo disse: "Esse lugar é o fim do céu e da Terra: o lugar tornou-se uma prisão para as estrelas e o hóspede do céu. E as estrelas que rolam sobre o fogo são aquelas que transgrediram o mandamento do Senhor no início de sua existência porque não se apresentaram no tempo devido. E Ele ficou irado com elas e as prendeu até o tempo em que sua culpa se consuma [até] por 10 mil anos".

Enoch, então, pergunta em aparente preocupação por que essas sete estrelas se dirigiam para a Terra:

E ali eu vi sete estrelas do céu presas a ele como grandes montanhas e ardendo em fogo. E eu disse: "Que pecado elas cometeram e por que estão sendo arremessadas para cá?"

Em um sonho, Enoch prevê o momento do desastre:

E novamente vejo com os meus olhos, durante o sono, e olhei para o céu acima, e ali estava uma estrela caindo do céu(...) E eis que vejo muitas estrelas caindo e arremessando-se do céu para aquela primeira estrela(...) e eis que todos os filhos da Terra começaram a tremer e a ficar com medo delas e a fugir delas. E novamente eu vi como eles começaram a se ferir e a se devorar, e a Terra começou a chorar.

Depois os mares começaram a subir e a cobrir a terra e até mesmo as montanhas:

E o espírito do mar é masculino e forte, e com toda a sua força puxou-a de volta com uma rédea e da mesma forma a conduziu para a frente, dispersando-a entre todas as montanhas.

E dali, fui para o leste no meio da cadeia de montanhas do deserto e vi uma solitária extensão de terra, cheia de árvores e plantas. E água jorrou do céu, caindo como uma torrente e fluindo para o noroeste fazendo nuvens e orvalho subirem de todos os lados. E o gado desse lugar reuniu-se e vi como ele afundou e foi engolido pela água que o levou para o fundo; não pude mais vê-lo; não teve condições de escapar, mas pereceu e afundou nas profundezas. E novamente na visão, eu vi até que todas aquelas torrentes de água foram removidas daquele alto teto; e as fendas da Terra foram niveladas e outros abismos foram abertos. E a água correu para essas fendas, até a Terra ser visível; mas o barco assentou na Terra e a escuridão acabou, fazendo aparecer a luz.

Essas palavras foram escritas há mais de 2 mil anos, a partir de uma antiga tradição oral. Sem dúvida, elas descrevem a colisão com um cometa. A idéia de um impacto extraterrestre ocorre em pelo menos outro relato antigo da área do Mediterrâneo. Os chamados *Oráculos Sibilinos* contêm informação aparentemente ligada aos eventos descritos em *O Livro de Enoch*. Acredita-se que essas histórias, atribuídas a profetisas chamadas Sibilas, foram registradas na mesma época em que *O Livro de Enoch* foi escrito e, da mesma forma, são reconhecidas como mais antigas. Certamente elas foram mencionadas pelos primeiros escritores clássicos gregos como Platão, Plutarco e Heráclito de Éfeso. A crença na importância das Sibilas persistiu até o início da Era Cristã quando lhe foram conferidas uma autoridade igual à dos profetas do Velho Testamento.

As passagens particularmente interessantes referem-se a uma estrela caindo no oceano causando um imediato inverno:

> (...) *e do céu uma grande estrela cairá no grande oceano e queimará o mar profundo, junto com a própria Babilônia e a terra da Itália, causando a morte de muitos judeus(...) Tremam vocês indianos e voluntariosos etíopes: pois quando a roda de fogo do eclíptico(...) e Capricórnio(...) e Touro entre Gêmeos circundará o Meio do Céu, quando Virgem ascendente e o Sol cingindo sua fronte dominará todo o firmamento, haverá grande conflagração no céu, caindo sobre a Terra.*
>
> *E, então, em sua ira o Deus imortal que reside no alto arremessará do céu um raio de fogo sobre a cabeça dos ímpios: e o verão se tornará inverno naquele dia.*

Judaísmo Enochiano

Toda a informação que havíamos coletado nos convencera de que Enoch devia ter sido muito mais importante para os judeus de 2 mil anos atrás do que se acreditava de maneira geral. *O Livro de Enoch* foi de grande importância para a comunidade de Qumran, pois entre os manuscritos havia nada menos que nove cópias fragmentadas do livro e, no entanto, a obra não sobreviveu ao Judaísmo Rabínico ou ao Cristianismo do primeiro século d.C. Para nós, pareceu que em um determinado momento houvera uma grande ligação com a figura de Enoch, ligação essa que morreu para a nação hebraica durante a guerra do ano 66 d.C. O historiador contemporâneo Josephus afirma que 1,3 milhão de judeus morreram nesse terrível conflito. Será que essa guerra deixou o caminho aberto para duas novas religiões a partir da extinção do velho Judaísmo do Templo?

Decidimos colocar nossa idéia de que, em certa época, a importância de Enoch fora muito maior, para o nosso bom amigo professor Philip Davies, o reconhecido estudioso da Bíblia e perito dos Manuscritos do Mar Morto. Philip é um homem generoso que sempre procura motivos para apoiar uma nova idéia antes de apresentar sua crítica de maneira medida. Entretanto, sua resposta foi totalmente positiva.

"Ah! Sim", ele disse aquiescendo. "A idéia não é absolutamente fora de propósito. De fato, com certeza está surgindo uma facção de pensamento que diz ter havido duas distintas formas de Judaísmo que podem ser detectadas nos manuscritos de Qumran."

Essa era uma notícia bem interessante. Ele, então, explicou que acabava de revisar um novo livro para uma publicação acadêmica baseada exatamente nessa idéia.

Em sua revisão de um livro de Gabriele Boccaccini, Philip Davies declarou que agora havia uma concordância prevalente de que os documentos encontrados em Qumran refletem uma antiga disputa entre as tradições religiosas, e ele acreditava que Boccaccini havia realizado uma tentativa impressionante para uma nova síntese, baseando-se na obra de seu mentor P. Sacchi e nas teorias da "Escola Groningen", que indica que o grupo de Qumran deve ser distinguido de um movimento cujas idéias são igualmente bem representadas nos Manuscritos do Mar Morto.[89] O resto da revisão proporciona uma leitura fascinante:

> *Boccaccini supõe duas escolas religiosas rivais: a de Zadok e a de Enoch, que diferiam doutrinariamente sobre a origem e a natureza do pecado. Os enochianos acreditavam que o mal era originado pelo alto e não podia ser eliminado da Terra; os zadoquitas, que o pecado podia ser evitado seguindo a lei mosaica. Outras diferenças entre as duas encontravam-se em seus calendários e na crença do apocalipse por parte dos enochianos. Os textos de Qumran preservam características dos dois Judaísmos, até acordos entre os dois pontos de vista. Boccaccini rastreia desde Enoch até Daniel, Jubileus e os Manuscritos do Templo, uma fusão das tradições enochiana e mosaica (zadoquita) que ocorreu no início da Guerra dos Macabeus. Na Carta Halakica (4QMMT) ele enxerga uma manifestação dos sacerdotes enochianos contra um desenfreado sacerdócio zadoquita e no Documento de Damasco, uma tentativa pelos adeptos do Mestre da Retidão em controlar o movimento enochiano que estava acomodando seus pontos de vista aos dos zadoquitas. O fracasso do Mestre levou à fundação de uma comunidade em Qumran que se separou do principal movimento enochiano, produzindo uma dualista e forte ideologia de predestinação. Eu discordo de vários detalhes, aqui e ali,*

---

89. BOCCACCINI, G. *Beyond the Essenes*, Eerdmans (Grand Rapids), 1998.

mas Boccaccini tem uma síntese impressionante e estimulante que dá um passo importante no avanço de nossa compreensão do que os Manuscritos significam para o Judaísmo antigo.

Portanto, parece que em certa época existiram duas formas de Judaísmo; uma tendo Moisés como inspirador e a outra, o mais antigo Enoch.

Como historiadores bíblicos amadores, ficamos convencidos da importância do grupo liderado, primeiro, por João Batista, depois por Jesus e depois por seu irmão Tiago. Em nosso primeiro livro, apresentamos a idéia de que esses líderes eram sacerdotes hereditários e reis de Israel que pensavam que o fim do mundo estivesse por acontecer na época de Jesus. Em nossa opinião, a evidência mostrou que a comunidade de Qumran havia sido profundamente ligada à antiga forma de Judaísmo e que a chamada "Igreja de Jerusalém" surgira dessa comunidade. Além disso, descobrimos que inúmeros estudiosos possuíam uma abundante evidência de que o Cristianismo, em sua presente forma, fora mais ou menos criado por São Paulo em termos mais romanos do que judeus.[90]

Entretanto, há claros vestígios de Judaísmo Enochiano que ainda sobrevivem nas escrituras cristãs, apesar de não serem compreendidos pelos cristãos. Os dois últimos livros inseridos no Novo Testamento são obviamente obras enochianas.

A curta Epístola de Judas foi declarada canônica no Concílio de Cartago no ano 397 d.C., apesar de suas tendências gnósticas. Há várias teorias quanto à identidade do autor, até mesmo a de que ele era um dos irmãos de Jesus, mas uma das mais aparentes possibilidades é de que foi escrita por Judas, o filho de Tiago (o irmão de Jesus). Portanto, esse Judas era sobrinho de Jesus e líder herdeiro da Igreja de Jerusalém. De fato, ele se tornou bispo de Jerusalém quando seu pai Tiago foi assassinado em 62 d.C.[91] Sabe-se que Judas recorreu a *Enoch* e à *Hipótese de Moisés,* que foram de tanta importância para a comunidade de Qumran.[92]

O Apocalipse é um livro curioso e pode ter sido escrito por uma pessoa que testemunhou a destruição de Jerusalém. Ele é apocalíptico no estilo dos livros de Enoch e de Daniel. Esse escritor prevê um outro desastre com cometa e que acontece por causa das fraquezas do homem.[93] O Apocalipse 8:7 até 9:1 prevê clara e exatamente esse acontecimento tal como Enoch, quando seu autor diz:

O primeiro Anjo tocou. Caiu então sobre a Terra uma chuva de pedra e fogo, misturados com sangue. A terça parte da Terra

---

90. KNIGHT, C. e LOMAS, R. *The Hiram Key,* Century, 1996.
91. BOOBYER, G. H. "Jude", from *Peaks Commentary on the Bible.*
92. KNIGHT, C. e LOMAS, R. *The Hiram Key,* Century, 1996.
93. KNIGHT, C. e LOMAS, R. *The Hiram Key,* Century, 1996.

queimou. A terça parte das árvores queimou. O que existia de verde queimou.

E o segundo Anjo tocou. Foi jogada no mar uma coisa parecida com uma grande montanha em brasa. A terça parte do mar virou sangue. A terça parte das criaturas do mar morreu. A terça parte dos navios foi destruída.

E o terceiro Anjo tocou. Caiu do céu uma grande estrela, ardendo como tocha acesa. Caiu sobre a terça parte dos rios e sobre as fontes.

O nome dessa estrela é "Amargura". A terça parte da água ficou amarga. Muita gente morreu por causa da água que ficou amarga.

E o quarto Anjo tocou. Atingiu um terço do Sol, um terço da Lua e um terço das Estrelas, de modo que ofuscou a terça parte deles. O dia perdeu a terça parte da claridade. E a noite também.

Nessa hora vi e ouvi uma Águia voando no meio do céu, e gritando em alta voz: "Ai! Ai! Ai dos que vivem na Terra! Ainda faltam três toques de trombeta. E os Anjos estão prontos para tocar".

E o quinto Anjo tocou. Vi então uma estrela que tinha caído do céu sobre a Terra. Ela recebeu a chave do poço do Abismo.

O desastre que Enoch aparentemente previra aconteceu – mas a profecia constante do Apocalipse, por enquanto, não ocorreu.

A história de Enoch e a tradição que o honrou parecem ter morrido, pelo menos aparentemente. De maneira notável, a Maçonaria é possivelmente o último vestígio dessa bem antiga tradição.

A Maçonaria Enochiana

Conforme estabelecemos, a tradição de Enoch sobrevive na atual Maçonaria de várias formas. Outra ligação com Enoch é o grau maçônico chamado The Princes Rose Croix of Heredom of the Ancient and Accepted Rite of England and Wales [Os Príncipes Rosas Cruzes de Heredom do Antigo e Aceito Ritual da Inglaterra e do País de Gales]. No ritual desse grau, o propósito é explicar nesse diálogo entre o Mestre da Loja cujo título é O Mais Sábio Soberano, e um dos oficiais superiores conhecido como Excelente e Perfeito Primeiro General:

Soberano: *Excelente e Perfeito Primeiro General – qual é a hora?*

1º General: *A nona hora do dia.*

Soberano: *Então é a hora quando o véu do Templo foi rasgado em dois e a escuridão se espalhou na Terra, quando a verdadeira Luz se afastou de nós, o altar foi derrubado, a Estrela Ardente foi eclipsada, da Pedra Cúbica jorrou sangue e água, a Palavra foi perdida, e o desespero e a tribulação assentou-se pesadamente sobre nós.*

Como a Maçonaria experimentou essas terríveis calamidades, é o nosso dever, Príncipes, esforçar-nos por meio de renovadas obras, a resgatar a nossa perda. Possa a benigna influência da Fé, da Esperança e da Caridade fazer prosperar os nossos esforços para recuperar a Palavra perdida para o qual propósito declaro este Capítulo dos Príncipes Rosas Cruzes de Heredom, devidamente aberto em nome do grande Emanuel.

Apesar de a cerimônia, como hoje é realizada, transmitir uma mensagem cristianizada o suficiente, ainda permanece da original que fortemente sugere que, em certa época, ela contava a história de uma visita a Enoch no céu.

Antigamente, o grau de Soberano Príncipe Rosa Cruz representava o 18º dos 33 graus do Antigo e Aceito Ritual Escocês.

A cerimônia consiste em levar o candidato para uma jornada, passando por uma série de quartos e, eventualmente, fazê-lo subir uma escada para o céu. O oficial que conduz o candidato é chamado Rafael. Ele se encontra com o candidato no Quarto Preto.

O fato é representativo do encontro de Rafael com Enoch quando este é levado para uma visita aos sete céus e ensinado a respeito dos segredos da natureza. A descrição da experiência de Enoch está em 1 Enoch 22:1-3 (apócrifo):

1. Dali eu me dirigi para outro lugar onde vi a oeste uma grande e elevada montanha, uma forte rocha.

2. E havia nela quatro lugares ocos, profundos e amplos e muito lisos. E eram lugares ocos e profundos e escuros à vista.

3. E então Rafael, um dos santos anjos que estavam comigo, respondeu e me disse: "Esses lugares ocos foram criados para este mesmo propósito, para os espíritos das almas dos mortos.

4. Ali se reúnam, sim, para que os filhos dos homens ali se reúnam. E esses lugares foram feitos para recebê-los até o dia de seu juízo e até o seu determinado período, até o grande juízo [venha] sobre eles".

As orientações do ritual dos Príncipes Rosa Cruz contam como o Quarto Preto e a Câmara da Morte devem ser arrumados:

Todas as luzes nas proximidades do Quarto Preto e entre o Quarto Preto e a Câmara da Morte devem estar apagadas. Todo o cuidado deve ser tomado para prevenir qualquer claridade estranha.

Um véu preto é colocado na cabeça do candidato de maneira a cobrir o seu rosto. O candidato é levado para a Câmara da Morte e sentado diante dos emblemas da mortalidade. Ali, ele é deixado por um tempo para meditar sobre eles. O oficial se retira da Câmara da Morte, deixando o candidato sozinho para meditar sobre os emblemas da Mortalidade.

Depois de uma pausa, Rafael, empunhando uma espada, entra na Câmara da Morte, deixando entrar um mínimo de luz.

Reparem que o guia do candidato é o próprio Rafael – o guia de Enoch! É ele que explica ao candidato por que está nesse lugar.

Eu vim para conduzi-lo das profundezas da escuridão e do Vale da Sombra da Morte para as Mansões de Luz.

Não é nenhuma coincidência o fato de o Capítulo 7e do *O Livro de Enoch* iniciar com o seguinte:

1. E eu vi os santos filhos de Deus. Eles pisavam em chamas de fogo: Suas vestes eram brancas [e seus trajes] *e seus rostos brilhavam como neve.*

2. E eu vi dois fluxos de fogo, e a luz daquele fogo brilhava como jacinto, e eu caí sobre a minha face diante do Senhor dos Espíritos.

3. E o anjo Miguel [um dos arcanjos]* *segurou a minha mão direita e me levantou e me levou adiante em todos os segredos. E mostrou-me todos os segredos da retidão.*

4. E mostrou-me todos os segredos dos fins do céu. E todas as câmaras de todas as estrelas, e todas as luminárias. De onde elas procedem diante da face das santas entidades.

5. E ele transladou meu espírito para o céu dos céus, e ali eu vi como uma estrutura construída de cristais, e entre aqueles cristais línguas de fogo vivo.

---

* N. E.: Sugerimos a leitura de *Comunicando-se com São Miguel Arcanjo*, Richard Webster, Madras Editora.

Há uma última pista nesse grau que o liga a Enoch e com o planeta Vênus. Quando o Capítulo Rosa Cruz é encerrado, o seguinte diálogo ritualista ocorre entre o Soberano e o oficial chamado Excelente e Perfeito Prelado:

Soberano: *Excelente e Perfeito Prelado, qual é a hora?*

Prelado: *É a primeira hora do terceiro dia, sendo o primeiro dia da semana – a hora de um Perfeito Maçom.*

Soberano: *Qual é a hora de um Perfeito Maçom?*

Prelado: *É a hora em que a Palavra é encontrada e a Pedra Cúbica é transmutada na Rosa Mística. A Estrela Ardente reapareceu com todo o seu esplendor; nossos altares estão renovados: a verdadeira Luz foi restaurada aos nossos olhos; as nuvens da escuridão foram dispersas e a Nova Aliança foi dada.*

A "Rosa Mística" é uma referência às misteriosas propriedades do planeta Vênus. Essas propriedades eram fundamentais para uma compreensão dos mistérios ocultos da natureza e da ciência (um tema fundamental da Maçonaria).

O Metrônomo do Sistema Solar

Vênus é o segundo planeta mais próximo do Sol e a Terra é o terceiro. Vênus é o terceiro objeto mais brilhante no céu e a sua luz é tão intensa que, em uma noite sem luar, provoca uma sombra discernível.

A órbita de Vênus produz um estranho, mas interessante, efeito quando é vista da Terra contra o fundo das estrelas fixas que conhecemos como o Zodíaco. O planeta parece mover-se na forma de uma estrela de cinco pontas com o Sol em seu centro, empregando um ciclo de 40 anos para repetir o processo. Esses movimentos são muito mais confiáveis do que os famosos relógios suíços. Se conhecêssemos a posição de Vênus, saberíamos a hora e a data em uma posição medida em segundos por mais de centenas de anos (vejam a Figura 27 da p. 231).

A relação entre o ano sinódico de Vênus e o ano da Terra é repetida a cada cinco anos sinódicos de Vênus para oito anos da Terra. Não é bem exato, havendo cerca de um terço de um dia de diferença e, é claro, a diferença cresce. Mas é um fato que, depois de 14.597 dias, as relações entre Vênus e o Sol se repitam de forma exata. Entretanto, o acontecimento não ocorre exatamente no mesmo lugar do zodíaco. Aqui, novamente os ciclos podem ajudar porque é garantido que Vênus ocupava exatamente a mesma posição no zodíaco em que está atualmente, depois de 14.607 dias, exatamente 40 anos menos três dias completos. Dez dias depois, Vênus estará exatamente na mesma posição que ocupava 40 anos antes, com relação ao Sol. Também há vários períodos mais curtos quando coincidências ocorrem, aproximadamente a cada oito anos. Lembraremos essa relação quando viermos a estudar as implicações do calendário de *O Livro de Enoch*.

Essa notável relação periódica entre a posição da Terra com o Sol (como o período do ano-calendário) e os aparecimentos de Vênus com as estrelas fixas como pano de fundo foi utilizada pelos astrônomos para corrigir o calendário civil até o desenvolvimento dos relógios atômicos durante esse século, proporcionando meios mais apurados para manter o nosso calendário de acordo. É surpreendente o fato de que o formato da estrela de

Vênus, como a Estrela da Manhã
(significando a "Estrela Divina")

O sacerdócio

O aluno

Figura 7. Hieróglifos egípcios que incorporam a estrela de cinco pontas para demonstrar o conhecimento.

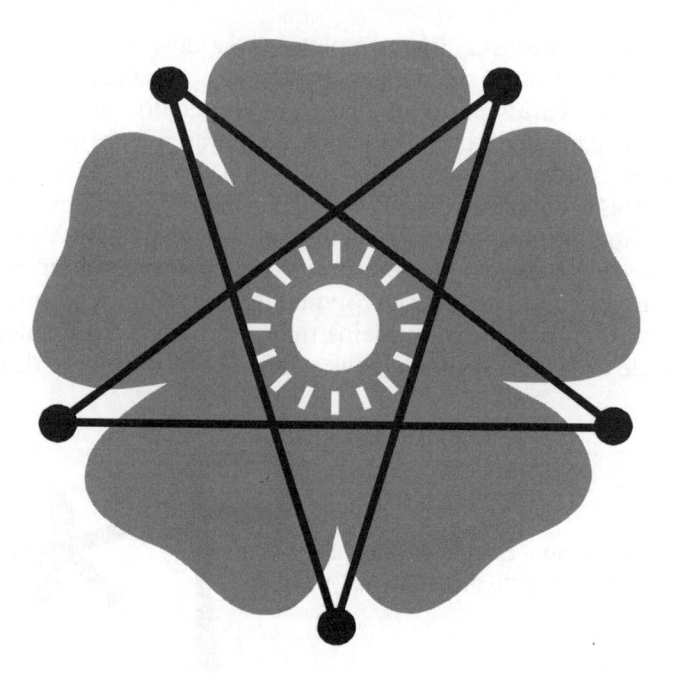

Figura 8. *Como a estrela de Vênus se delineia sobre o formato de uma rosa. O centro da rosa representa o Sol.*

cinco pontas que descreve o padrão do calendário seja representado no centro do teto de todos os Templos maçônicos ingleses. A mística estrela de cinco pontas é apresentada com uma luz brilhante em seu centro para representar o Sol e sobreposta com a letra "G" (representando "God" = Deus, o Mais Alto).

Temos a certeza de não ser coincidência que a estrela de cinco pontas era o hieróglifo dos antigos egípcios equivalente a "conhecimento". Qualquer pessoa que conhecesse os movimentos de Vênus possuiria o conhecimento mais importante da ciência; uma compreensão detalhada das estações desde o período de plantio até a benéfica inundação do Nilo e a colheita perfeita.

Em muitas tradições o símbolo de Vênus, a estrela de cinco pontas, está intimamente relacionado à rosa de cinco pétalas, que também é um símbolo de ressurreição e nascimento virginal.

A imagem da rosa de cinco pétalas é outra representação simbólica do ciclo sincronizado Vênus-Terra. Até o anel do estame ao centro pode representar o Sol no foco dos trânsitos de Vênus.

Outro motivo pela escolha da rosa como símbolo de ressurreição ligado a Vênus é a natureza reprodutiva da *Rosa Canina,* a rosa comum de cinco pétalas. Essa planta tem a habilidade de frutificar sem ser polinizada por outra planta. A reprodução da maioria das flores ocorre por meios sexuais (polinização cruzada), mas a *Rosa Canina* não precisa de um companheiro para a reprodução. Portanto, a planta pode morrer e nascer novamente, idêntica ao seu estado anterior.

Acreditamos que essa associação com o "nascimento virginal" e com a ressurreição fez com que os maçons acreditassem, de forma errônea, que as referências à rosa de Sharon no grau Rosa Cruz fossem uma alusão a Jesus.

O Anjo Suspenso

Neste ponto, há outra importante conexão que devemos mencionar. Trata-se de uma ligação entre a história do Dilúvio em *O Livro de Enoch* e Rosslyn – a curiosa construção na Escócia que parece marcar a transição do Templarismo para a Maçonaria. Dentro do edifício de Rosslyn, exatamente no centro da parede oriental, existe a gravação de um anjo invertido (de cabeça para baixo) suspenso por uma corda amarrada em seus pés. Sem dúvida, essa é uma representação de Shemhazai, instrumento causador do Dilúvio.

De acordo com a lenda hebraica de Enoch, os antediluvianos haviam cometido muitos e grandes pecados que tanto irritaram Deus, que Ele chegou a se arrepender de ter criado os humanos. Dois anjos chamados Shemhazai e Azazel dirigiram-se a Deus e pediram permissão para descer à Terra e conviver com os homens para tentar redimir a humanidade; e Deus concordou.

Mas, ao se misturarem com os filhos do homem, eles mesmos começaram a pecar, e Shemhazai apaixonou-se pela linda Ishtar (a deusa babilônica do amor e da guerra). Entretanto, ela somente o aceitaria como pretendente se ele lhe confiasse o nome secreto de Deus. E Shemhazai, louco de amor por ela, acabou revelando a Palavra mais secreta. Então Ishtar aproveitou-se do poder da Palavra para ascender ao céu e brilhar para sempre entre as estrelas das Plêiades.

Depois de terem sido enganados dessa forma, Shemhazai e Azazel decidiram escolher esposas entre as filhas dos homens com quem tiveram filhos. Cada um teve duas filhas – Heyya e Aheyya, e Hiwwa e Hiija – que lideraram os homens para grandes pecados. Hiwwa e Hiija então sonharam com anjos cortando as árvores de um grande jardim com machados. Logo após esse sonho, Deus comunicou a Shemhazai e a Azazel que enviaria um grande Dilúvio para destruir o mundo.

Shemhazai arrependeu-se de seus pecados, mas ele tinha medo de enfrentar Deus e decidiu ficar suspenso de cabeça para baixo entre o céu e a Terra amarrado por uma corda porque tinha medo de comparecer diante de Deus. Por outro lado, Azazel não se arrependeu e continuou liderando as pessoas da Terra a pecados cada vez maiores, até que Deus finalmente provocou o Dilúvio para destruí-los.[94]

Conclusão

As lendas do Dilúvio na Bíblia parecem basear-se nas memórias de acontecimentos reais, mas uma série de tradições diferentes foi reunida em um amálgama confuso. O relato sumeriano de Gilgamesh conta uma história muito parecida, mas sugere que a arca era uma câmara cúbica em vez de um barco. Algumas partes da história de Gilgamesh descrevem visitas a lugares no extremo norte do mundo à procura de sobreviventes do Dilúvio.

Os Manuscritos do Mar Morto proporcionaram maiores detalhes a respeito da história do Dilúvio e sobre os gigantes e os Guardiães, mostrando também que *O Livro de Enoch* havia sido popular entre a comunidade de Qumran.

O Livro de Enoch descreve acontecimentos que a Geologia confirmou terem ocorrido em 7640 a.C. Parece que Enoch era um personagem muito mais importante no início do Judaísmo do que se supunha, e a pesquisa moderna da Bíblia mostra que uma forma separada de Judaísmo Enochiano existiu até a destruição do Templo pelos romanos.

Também existem vestígios de graus enochianos na Maçonaria que foram cristianizados pelos maçons até o século XIX. O material enochiano parece estar envolvido com o simbolismo de Vênus, presente também no terceiro grau da Maçonaria. Todas as Lojas maçônicas contêm um símbolo dos movimentos de Vênus ao redor do Sol que constituem o sistema de calendário mais exato conhecido pela astronomia observacional.

---

94. GASTER, M. *The Chronicles of Jarahmeel,* 1899.

Capítulo V

Um Divisor de Águas para a Humanidade

A Onda Americana

Havia feito frio em Chicago, cerca de menos 9°C. Ao levantar vôo do aeroporto de O'Hare com destino a Dallas (Fort Worth), no Texas, a mente de Chris estava voltada para a camada de gelo que, em certa época, se estendeu até esse ponto.

O Texas estava passando por uma onda de calor de 26°C em pleno fevereiro e o vôo de, aproximadamente, duas horas era um portal bem-vindo entre um profundo inverno e um alto verão.

Três dias mais tarde, Chris estava a caminho de San Francisco, onde o clima era mais frio, mas de aceitáveis 18°C. Ao virar para oeste, o avião passaria primeiro pela cidade de Clovis, no Novo México. Esse era o lugar onde o homem da Idade da Pedra havia manufaturado pontas afiadas e finas para as suas lanças, que chegaram a derrubar mamutes, na época de 11.500 anos atrás. O achado desses artefatos deu origem ao termo "Horizonte de Clovis" para descrever o que era, então, considerada a fronteira histórica da presença humana na América.

O pensamento era inevitável. O que aconteceu a esse povo quando o cometa atingiu a Terra?

Como os modernos aviões de passageiros geralmente voam a uma altitude de cerca de dez quilômetros acima do nível do mar, era fácil imaginar o que as enormes ondas *tsunami* devem ter parecido atravessando furiosamente massas de terra e submergindo picos de montanhas. À medida que o avião cruzava os desertos do Novo México, Arizona, Utah e Nevada, parecia que a cadeia de montanhas e os vales apontassem do norte para o sul e, portanto, alinhados com a direção da colisão do cometa no Oceano Pacífico, onde a profundidade das águas chega a cinco quilômetros. De acordo com os comentários de Robert sobre o impacto das ondas, o *tsunami* que atingiu a costa sul da Califórnia e norte do México poderia ter provavelmente cinco quilômetros de altura, visto que a energia potencial da altura da onda foi convertida na energia cinética da quebra da onda. O oceano deslocado deve ter invadido as áreas que hoje são Los Angeles e San Diego, seguindo em frente para o norte e para o leste, destruindo toda forma de vida em seu caminho.

Será que a erupção do mar chegou a fluir dentro da Grande Bacia a oeste dos Estados Unidos, atingindo também as Montanhas Rochosas e derramando inimagináveis volumes de água do Pacífico nas Grandes Planícies ao centro dos Estados Unidos? É até possível que essas águas se encontrassem com as do *tsunami* do Atlântico em seu caminho para o oeste através das planícies que vão da Flórida até o Rio Grande.

Então é provável que as terras que hoje são os Estados Unidos da América foram a maior vítima do desastre provocado pelo cometa.

Olhando pela janelinha do avião, Chris podia imaginar a grande onda e avaliar pela primeira vez a escala real do desastre que seguramente ocorreu cerca de 10 mil anos atrás. Águas lamacentas sufocando toda essa imensidão, antes de retornar para o oceano como um animal selvagem saciado com o sangue de sua vítima. Uma vez que as águas readquiriram seu equilíbrio, os vales e as áreas baixas devem ter sido transformados em mares internos; a paisagem inteira parecendo uma gigantesca área cheia de piscinas no meio das rochas, depois da retirada das águas.

As Grandes Planícies são atingidas por chuvas regulares que são drenadas por uma rede de rios que fluem para o Golfo do México, de maneira que a chuva purificadora teria removido há muito tempo qualquer evidência da incursão marinha. Mas a oeste das Montanhas Rochosas a terra é árida, com poucos rios e o único curso de água é o Rio Colorado que desemboca no Golfo da Califórnia.

Surgiu, então, um pensamento: o que teria acontecido com aqueles mares internos? A resposta parecia óbvia. O único caminho seria para cima. Eles simplesmente teriam evaporado com o tempo. Mas se esse fosse o caso, eles devem ter deixado para trás um depósito mineral, e quando Chris olhou novamente pela janelinha para verificar seu pensamento, sim, a terra abaixo estava branca – branca de sal.

Apesar de se encontrarem muito ao norte para ser vistos do avião, o Great Salt Lake (Grande Lago Salgado) e o Great Salt Lake Desert (Deserto do Grande Lado Salgado) estavam a apenas 300 milhas de distância, a noroeste de Utah. Esse é o maior lago de sal do Hemisfério Ocidental e uma das maiores extensões de água salgada do planeta. Os rios principais que fluem para o lago são o Bear, o Weber e o Jordan. Nenhum rio escoa do lago, portanto a única saída para a água é por meio da evaporação.

Será que esses grandes depósitos de sal sejam uma conseqüência do *tsunami* provocado pelo cometa? Chris pareceu lembrar que o lago é oito vezes mais salgado que o oceano, o que sugeria que tivesse sido criado a partir do que havia sido um volume original de água do mar oito vezes maior do que o lago é atualmente.

Em seu retorno à Inglaterra, Chris verificou os fatos conhecidos e descobriu que as dimensões do lago podem mudar drasticamente de ano para ano, devido às variações na quantidade de água que flui para ele. Atualmente suas dimensões são de, aproximadamente, 120 quilômetros de norte a sul e de cerca de 50 a 80 quilômetros de largura; mas, nos últimos 30 anos, desde 1962, sua superfície aumentou 237%, de 2.500 para 6 mil quilômetros quadrados. Essa dramática mudança de dimensão decorre de um aumento de seis metros em sua profundidade.[95]

Aparentemente, esse grande lago salgado é considerado um remanescente do lago glacial de Bonneville que cobria uma área de cerca de 50 mil quilômetros quadrados durante a Era Pleistocênica (o período que terminou aproximadamente há 10 mil anos). O ponto fascinante é que o pré-histórico Lago de Bonneville era, naquela época, um grande e profundo lago de água fresca que ocupava grande parte do oeste do estado de Utah e parte dos estados de Nevada e de Idaho, e pessoas pescavam nessas águas.[96]

Se tão recentemente um lago de água potável abrangia a área do atual lago salgado (assim como as áreas vizinhas com depósitos de sal), a pergunta a ser feita é: qual a origem desse enorme suplemento de sal em um período de 10 mil anos, senão pelo fato de uma tremenda incursão marinha? A explicação padrão seria por causa de pequenas quantidades de sais minerais na água dos rios que se acumularam durante milênios. Mas, nesse caso, como foi que esse antigo lago começou repentinamente a adquirir sal mineral há 10 mil anos?

Ainda há outro problema que diz respeito ao argumento do acúmulo de sal mineral. Os depósitos em Utah não são de um sal qualquer – são sais marinhos. O sal do Grande Lago possui uma composição igual ao dos oceanos![97] A composição química da água marinha é uma solução de 55% de sais, até cloro e 31% de sódio, por peso de todas as matérias dissolvidas. A água marinha também contém traços de todos os outros elementos, como nitrato, fosfato, ferro, manganês e ouro.

Também é interessante notar que, naquela época, a topologia da parte oriental da Grande Bacia agia como reservatório de um lago de água potável que ocupava cerca de 50 mil quilômetros quadrados (alimentado por geleiras derretidas), possivelmente sua capacidade máxima antes de as águas superarem as margens naturais da bacia. Com essa área de superfície, o lago estaria aproximadamente oito vezes maior em volume do que o lago

---

95. *Grolier Encyclopaedia* (e-mídia).
96. "Great Salt Lake", *Microsoft® Encarta® 97 Encyclopaedia*.
97. "Great Salt Lake", *Britannica Online*, www.eb.com.

atual. Como o leito da bacia é relativamente plano e a profundidade média é normalmente de apenas 4,5 metros, isso parece confirmar que havia oito vezes o volume de água salgada na bacia logo após o Dilúvio. Esse cálculo parece confirmar que a redução se deveu à evaporação, deixando a água com uma salinidade aproximadamente oito vezes maior do que a do Oceano Pacífico.

Se estivermos certos e duas ondas *tsunamis* realmente invadiram as terras que hoje são os Estados Unidos, onde está a evidência desse relativamente recente desastre cataclísmico? Como foi que os especialistas deixaram de notar esse acontecimento?

A resposta simples é que cada conjunto de especialistas de fato percebeu os efeitos, mas nenhum conseguiu completar o quadro.

América Antiga

Quando foi que os primeiros humanos chegaram a esse continente?

Na década de 1920, os antropólogos apresentaram a teoria de que os primeiros humanos chegaram ao continente americano um pouco mais de 11.300 anos atrás, por intermédio da faixa de terra de Bering que, em certa época, chegou a ligar a Sibéria com o Alasca, em três ondas migratórias.

Como sempre, após a declaração de alguém de alto renome, a idéia não foi contestada durante décadas. Mas, agora, os antropólogos tiveram de reavaliar essa teoria. Richard Jantz, antropólogo da Universidade de Tennessee, em Knoxville, Estados Unidos, agora acredita que os primeiros pioneiros provavelmente alcançaram as Américas no mínimo há 25 mil anos – época em que a fábrica de estatuetas de Dolni Vestonice estava em produção e os últimos neandertais ainda existiam no sul da Europa. Conforme Jantz, parece possível que pessoas chegaram por barco ou a pé, e que asiáticos orientais possam ter sido acompanhados por europeus.[98]

Richard Jantz acredita que a antropologia americana inicial está no meio de uma mudança de paradigma. Em 1927, o dogma antropológico estabelecido – que alegava que o Novo Mundo era desabitado antes que simples aventureiros ali chegassem há 2 mil anos – desintegrou quando uma ponta de lança foi encontrada incrustada nas costelas de um bisão extinto há cerca de 10 mil anos. Cinco anos depois, arqueólogos trabalhando em um poço de saibro perto da cidade de Clovis, no Novo México, desenterraram outras pontas de pedra feitas para armas junto com ossos de mamutes.

Se essas pessoas eram os novos imigrantes que cruzaram a passagem do norte, eles tinham de ser sobre-humanos, pois grande parte da América

---

98. *New Scientist*, 17 de outubro de 1998.

do Norte estava imersa em camadas de gelo de uma espessura de 2,5 quilômetros, que se estendiam até os Grandes Lagos. Devido à oscilação de tamanho das camadas de gelo cobrindo a América do Norte, havia somente duas possíveis janelas de tempo para alguém cruzar a faixa de terra: antes de 25 mil ou depois de 12 mil anos atrás, e a idade dos vários sítios de 11 mil anos, conhecidos como os Sítios de Clovis, deu lugar a uma firme convicção de que os primeiros americanos devem ter penetrado o território há 12 mil anos. A época dessa oportunidade ficou sendo conhecida como "Horizonte de Clovis" – o possível ponto mais antigo da existência de pessoas na América. Ou, pelo menos, assim eles pensavam.

A teoria do "Horizonte de Clovis" foi derrubada por Thomas Dillehay e sua equipe da Universidade de Kentucky que escavaram um sítio em Monte Verde, no sul do Chile, entre 1977 e 1985. Eles acharam que cerca de trinta pessoas viveram no banco de areia de um pequeno riacho, onde se alimentaram de uma variedade de alimentos (até mesmo carne de um mastodonte extinto há mais de 10 mil anos). Eles tinham pontas de pedra e pedras de amolar, varas de cavar e pedras de lançadeira que usavam para capturar pequenos animais.[99]

O sítio de Monte Verde está bem preservado e a análise pelo radiocarbono datou-o de 12.500 anos, mais de mil anos anterior ao Horizonte de Clovis. Dillehay encontrara grande dificuldade em persuadir os céticos arqueólogos a considerar seriamente sua descoberta; mas, em janeiro de 1997, uma equipe de relutantes arqueólogos foi ao sítio para investigar os achados de Dillehay. O que eles viram mudou suas opiniões. Dennis Stanford, um arqueólogo do Smithsonian Institute, disse: "Isso muda totalmente a maneira de como pensamos a respeito da pré-história da América. É evidente que os nossos modelos não estão corretos".[100] Vance Haynes, da Universidade do Arizona, que havia inspecionado outros sítios pré-Clovis menos convincentes, descreveu Monte Verde como "um detonador de paradigma".

Se as pessoas de Clovis *não* foram os primeiros americanos, a janela de oportunidade mais antiga ao norte da América deve ser considerada como o provável ponto de entrada. Se as datas do corredor livre de gelo forem corretas, as pessoas devem ter entrado nas Américas cerca de 25 mil anos atrás – mas é claro que isso levanta a questão quanto ao porquê da inexistência de outra evidência de ocupação antes do ano 9300 a.C.

Os especialistas apresentaram muitas teorias sobre o que ocorreu e suas principais armas foram o estudo da linguagem e o DNA mitocondríaco. Os mais recentes dados de mDNA encontraram um elo entre americanos nativos e europeus. Há alguns anos, uma nova linhagem mitocondríaca foi descoberta em ameríndios da região central dos Grandes Lagos da Améri-

---

99. *New Scientist,* 17 de outubro de 1998.
100. *New Scientist,* 17 de outubro de 1998.

ca do Norte que denominaram "X". A mesma linhagem tem traços nas populações européias, mas estão totalmente ausentes em asiáticos. Os especialistas conseguiram demonstrar que a linhagem não pode ter sido introduzida por reprodução híbrida após a chegada dos europeus nas Américas, pois formas posteriores de mDNA europeu não estão presentes.

Douglas Wallace, da Universidade Emory, de Atlanta, expressou a aparente conclusão inevitável:

> *Parece que a população européia deslocou-se através da Ásia e fazia parte da onda de asiáticos orientais que cruzou a faixa de terra de Bering.*[101]

Se isso for verdade, o influxo de europeus deve ter ocorrido há, no mínimo, 25 mil anos!

Wallace encontrou cinco elementos de indicadores genéticos: quatro asiáticos que ele chamou de A, B, C e D, e um europeu, que ele designou como X (veja a Figura 9). O estranho a respeito de X é que ele não aparece de forma alguma na Ásia, como na realidade deveria. É difícil imaginar que um grande grupo de caçadores simplesmente levantou acampamento e atravessou despreocupadamente a maior extensão de terra do planeta. Devemos, certamente, presumir que eles levaram pelo menos mil anos para cruzar as 6 mil milhas da Europa até o Estreito de Bering – movendo-se sempre para a frente em direção leste, para uma nova terra.

Sendo esse o caso, como eles conseguiram não reproduzir com as pessoas asiáticas *durante o caminho*? Realmente, mil anos são um longo período. Os especialistas tentaram explicar a ausência da linhagem X na Ásia por meio da "deriva genética", uma teoria pela qual esses genes simplesmente desapareceram com o tempo. Essa teoria é amplamente aceita pelos historiadores genéticos, mas, apesar disso, ela possui um ar de pós-racionalização ao seu redor. Para nós, parece haver uma desnecessária abordagem aleatória feita por algumas pessoas que dizem que os europeus podem ter chegado depois de Colombo, ou chegaram no mínimo 25 mil anos atrás cruzando o Estreito de Bering.

E quanto à possibilidade de terem chegado em algum momento entre esses dois extremos? Há uma forte evidência que indica que os europeus estiveram na América antes de Colombo. Conforme já relatamos em um dos nossos livros anteriores, há uma torre em Newport, Rhode Island, Estados Unidos, que parece ser da época medieval e pelo seu estilo pode até ter sido construída pelos Cavaleiros Templários* que, nós acreditamos, visitaram a América bem antes de 1492. Essa torre constava do mapa de

---

101. *New Scientist*, 17 de outubro de 1998.
* N. E.: Sugerimos a leitura de *Ensaio Sobre a História da Ordem dos Templários* de Édouard Fraissinet, Madras Editora.

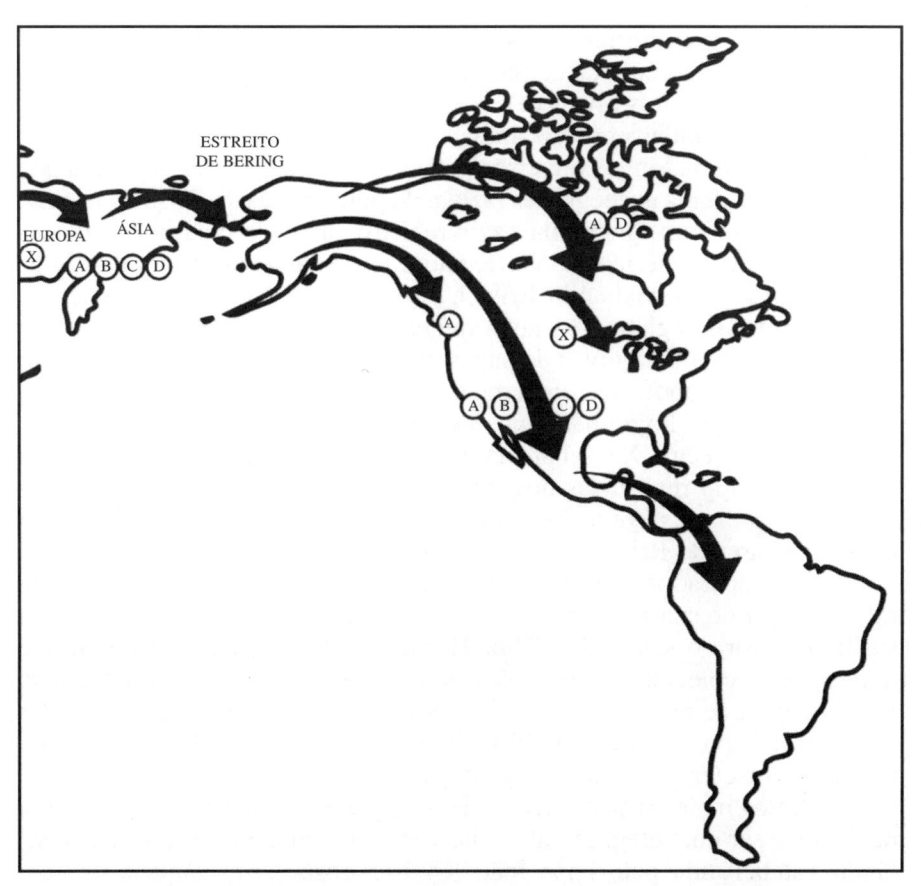

Figura 9. *Caminhos migratórios sugeridos para a povoação da América a partir da Europa e da Ásia.*

Giovanni da Verrazzano, de 1524, como uma "existente Vila Normanda".[102] Nesse mesmo livro descrevemos a Capela de Rosslyn, na Escócia, que há muito tempo é conhecida pelas plantas americanas que foram gravadas em sua estrutura, várias décadas antes de Colombo embarcar para a América.

Depois da publicação de *The Hiram Key*, em 1996, fomos contatados por um grande número de pessoas que queriam agregar informação ao que havíamos encontrado. Uma dessas pessoas foi o magnata norueguês Fred Olsen. Durante muitos anos, o sr. Olsen trabalhou junto com seu conterrâneo, o antropólogo e explorador Thor Heyerdahl. Este último é famoso por suas teorias sobre padrões de migração de vários povos antigos, e entre suas práticas experiências de navegação ele conseguiu demonstrar que os anti-

---

102. KNIGHT, C. e LOMAS, R. *The Hiram Key,* Century, 1996.

gos egípcios poderiam ter alcançado a América do Sul há mais de 4 mil anos. (Evidência recente de egiptólogos na Alemanha e na Inglaterra apóia essa opinião, pois altos níveis de cocaína e de tabaco parecem estar presentes em várias múmias egípcias antigas).

Durante uma longa conversação telefônica, Fred Olsen informou que muitos navegadores noruegueses faziam do porto inglês de Bristol sua base, e que lhes disseram que ainda havia registros naquela cidade de viagens regulares para a América do Norte, muito tempo antes de Colombo. Mais tarde, naquele ano, visitando Bristol, conversamos com maçons que nos informaram dos registros locais arquivados no edifício da alfândega da cidade, assim como arquivos de pagamentos de impostos de um navegador chamado John Cabot, que comercializava com uma cidade do outro lado do Atlântico, que hoje chamamos de América do Norte. Esses registros datam desde o século XV – bem antes da viagem de Colombo. Essas histórias haviam sido reportadas nos jornais históricos locais de Bristol e nos mostraram até um retrato do navio de Cabot, aparentemente uma figura popular na área de Bristol.

Como operador de um grande número de navios, Fred Olsen passou muito tempo de sua vida entre marinheiros e colecionou o conhecimento tradicional para o seu amigo Thor Hayerdahl. O sr. Olsen informou que durante anos colecionara anotações de pesquisas que ele transmitira para Hayerdahl e que registrara os relatórios iniciais que o levaram a acreditar que a Igreja Romana tinha um bispado a nordeste do Canadá bem antes de Colombo, os clérigos teriam viajado para aquele lugar com pescadores e comerciantes ingleses para atender às suas necessidades espirituais. Essa não parece ser uma alegação absurda, visto que havia um bispo na Groenlândia estabelecido pelo Papa João XXII na costa oeste daquela ilha em 1329 d.C.[103]

Ele também acreditava que uma civilização bem desenvolvida na costa do Rio Mississippi havia perecido quando comerciantes europeus pré-colombianos levaram a Peste Negra para a América, em meados do século XIV. Essa terrível doença, uma espécie de peste bubônica, dizimou um terço e meio do Velho Mundo, desde a China até as Ilhas Britânicas, e pode muito bem ter acabado com o povo que vivia na bacia do Mississippi. Mais tarde seríamos lembrados dessa conversação ao buscar elos com antigas viagens transatlânticas.

Fred Olsen também mencionou que navegadores europeus alcançaram as Américas sem precisar navegar mais do que 130 milhas da terra. Eles sairiam de Orkney e de Shetland, na Islândia, contornando a ponta sul da Groenlândia, ao longo da Ilha Baffin, e costeando o Labrador até Newfoundland e Nova Escócia, sem perder de vista a costa de cima de seus

---

103. POHL, F. J. *Prince Henry Sinclair,* Nimbus, 1967.

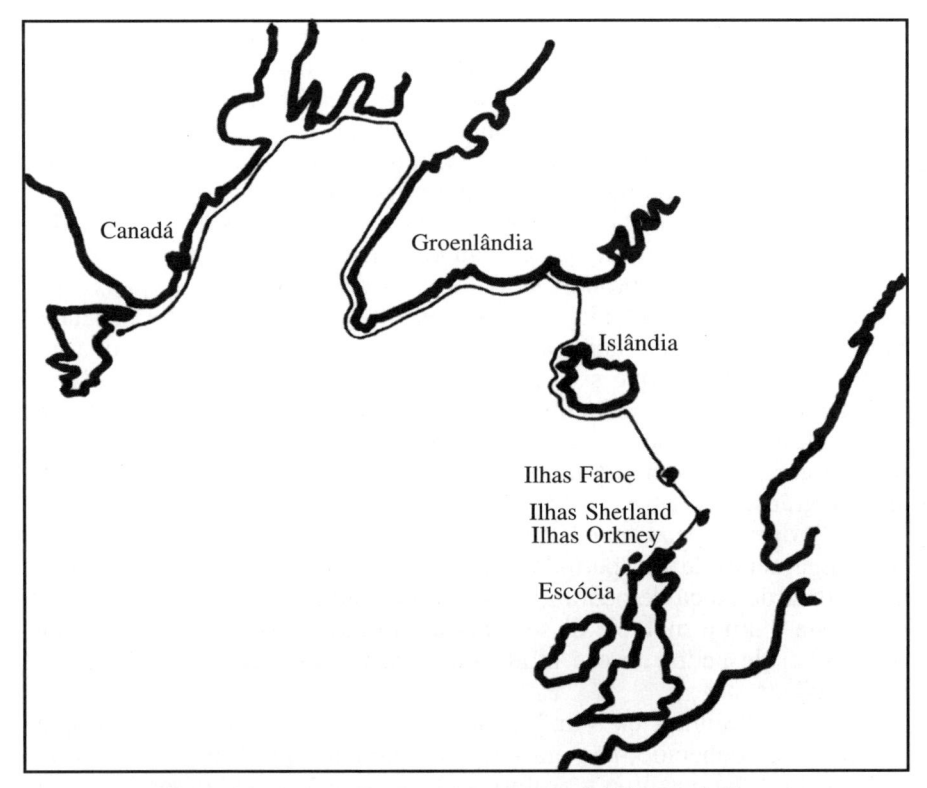

Figura 10. *A rota costeira para a América de Fred Olsen.*

mastros. Bem digerido, seria ridículo não aceitar essas informações do sr. Olsen que podem ser comprovadas e pelas quais ele afirma que os europeus viajavam para a América do Norte centenas e, possivelmente, milhares de anos antes de Colombo.

Para concluir, se toda a evidência disponível fosse analisada e as possibilidades fossem comparadas, o mDNA europeu pré-colombiano chegou à América do Norte muito provavelmente pelo mar da costa leste e não por terra pela costa oeste.

Uma Conexão Japonesa?

Em julho de 1996, alguma coisa muito inusitada começou a desenvolver-se na cidade de Kennewick, Estado de Washington. Dois jovens espectadores de uma corrida de barcos estavam atravessando a nado o Rio Columbia para chegar a um lugar melhor a fim de assistir à corrida quando esbarraram em um crânio humano no leito lamacento do rio. Eles reportaram o fato para a polícia local e quando o sargento Craig Littrell investigou o lugar, encontrou um esqueleto humano completo.

O crânio foi enviado para o Laboratório de Criminalística do Estado para uma análise forense, onde o médico legista imediatamente reconheceu que o indivíduo havia morrido há muito tempo. O antropólogo Jim Chatters foi então chamado para ajudar a resolver o mistério.

O esqueleto tinha 1,70 metro de altura e estimou-se que o indivíduo teria entre 40 e 55 anos de idade quando morreu. O crânio era comprido e estreito com um nariz pronunciado, os ossos da face recuados, queixo alto e uma mandíbula quadrada. A parte traseira do crânio não era achatada, uma característica de crânios antigos de índios americanos. De fato, a primeira impressão foi que se tratasse de características européias e não de um nativo americano. Além disso, os dentes estavam em muito boas condições, diferente da maioria dos restos mortais de índios americanos, que sempre apresentam mau estado graças à sua dieta rica de fibras e de alto teor de grãos.

O primeiro pensamento de Chatters era que se tratava de uma vítima por afogamento de um período mais antigo, mas também foi encontrada uma ponta de lança de pedra incrustada no quadril direito. Mais tarde, em entrevista a um jornal, ele disse: "Tenho um indivíduo branco ferido com uma ponta de pedra. Isso é muito interessante. Eu pensei que fosse um pioneiro".[104]

Mas o "Kennewick Man" [o Homem de Kennewick], como o esqueleto agora é conhecido, não era o tipo de pioneiro que Jim Chatters havia imaginado. Ele consultou a professora Catherine Macmillan, da Universidade de Washington, que concordou com o fato de o esqueleto ser caucasiano, mas comentou que a ponta de lança desse tipo dataria entre 7000 e 2500 a.C. Quando isso foi informado ao médico legista de Benton County, ele pediu que fossem efetuados testes de radiocarbono. Uma pequena seção do osso do dedo mindinho até o pulso foi enviada ao dr. Taylor, da Universidade da Califórnia, que identificou a morte do indivíduo em 9410 A.P., com uma tolerância de mais ou menos 160 anos (7414 a.C.).

Havia DNA suficiente para ser comparado com várias populações do mundo, até índios americanos. Infelizmente, essas investigações na Universidade da Califórnia foram interrompidas por causa de uma ação judicial quanto à custódia dos restos mortais.[105] O esqueleto foi confiscado pelo Corpo de Engenheiros do Exército que dizia se tratar de um corpo pré-colombiano e, portanto, de um "nativo americano" que, por lei, devia ser devolvido à tribo de origem. Infelizmente, a política da legalidade levou a melhor sobre as necessidades da genuína investigação científica.

---

104. *Tri-City Herald,* 9 de setembro de 1996.
105. SLAYMAN, A. L. "Battle of Bones", *Archaeology,* vol. 50, nº 1, janeiro/fevereiro de 1997.

Mas como um antigo indivíduo europeu chegou a encontrar-se a noroeste da América do Norte, quase 9 mil anos antes de Colombo? Quem quer que fosse o Homem de Kennewick, ficou claro que passara por momentos difíceis. Ele havia sobrevivido e se recuperado de uma série de costelas quebradas, um braço quebrado e tendo uma ponta de lança incrustada no quadril direito. A ponta de lança de cinco centímetros de rocha vulcânica cinzenta se quebrara na extremidade, o que os especialistas tomaram como um sinal de que o míssil viajara a uma alta velocidade no momento do impacto. Certamente não foi uma ferida provocada por uma espetada, mas por um projétil em alta velocidade lançado de uma atiradeira (do tipo estilingue).[106]

Seus ossos apresentavam poucos sinais de artrite, sugerindo que ele não carregara grandes pesos durante a vida, e os dentes indicavam que ele provavelmente gozou de uma boa dieta de alimentos macios, até muita carne. Jim Chatters reconstruiu as características faciais do Homem de Kennewick e, falando no programa *Equinox* da televisão, levado ao ar pela BBC, em 6 de outubro de 1998, comentou que o grupo racial mais próximo parecia ser a população de Ainu, no Japão.

Essa notícia nos pareceu singularmente interessante, pois o povo de Ainu é uma espécie de enigma histórico em si mesmo.

Trata-se de um povo caucasiano que ocupa partes da ilha japonesa de Hokkaido e as próximas ilhas russas de Kuriles e Sakhalim. Eles são de estatura baixa, mas fortes, de tez clara, cabelo ondulado e alguns têm olhos azuis. Os homens têm barba densa que eles deixam crescer. Dizem que descendem de um povo circumpolar antigo que veio ao Japão há cerca de 7 mil anos. Algumas comunidades isoladas do altiplano ainu são idênticas em alguns aspectos àquelas da época pré-histórica. Os arqueólogos encontraram antigas casas de poço (cabanas com teto de colmo semi-enterradas no chão; cada casa abrigava cinco ou seis pessoas), implementos pré-históricos como uma talhadeira ou uma cabeça de machado, pontas de projéteis de osso e cerâmica trabalhada.[107] Um dos mais importantes achados foram estatuetas femininas de pedra e de barro, os rostos com aparência de máscaras e olhos protuberantes – muito parecidas com as extremamente antigas estatuetas de "Vênus" encontradas na Europa, até mesmo na fábrica de Dolni Vestonice na República Tcheca que mencionamos no Capítulo I.

Também foram encontrados diversos antigos círculos de pedra ainu, parecidos com aqueles dos sítios megalíticos da Europa Ocidental; alguns ainda têm suas pedras delgadas no centro. O Japão tem vários monumentos pré-históricos conhecidos como "dólmens", que consistem de grandes lajes de pedra afundadas verticalmente na terra para dar suporte a outra enor-

---

106. Jim Chatters divulgou uma reportagem no *Tri-City Herald*, em 28 de agosto de 1996.
107. KNEZ, Eugene I. "Ainu", *Microsoft ® Encarta Encyclopedia 97*.

me laje em forma de teto. Acredita-se que a palavra dólmen seja de origem celta e essas estruturas são normalmente consideradas típicas do Período Neolítico nas Ilhas Britânicas e na Europa, apesar de alguns terem sido encontrados ao norte da África e no Japão.

Há evidência de que os ainus foram grandes navegadores e dizem que possuíam técnicas de navegação complexas que foram guardadas cuidadosamente por certas linhagens especiais. De acordo com alguns anciãos, essas seletas famílias de navegadores possuíam grande conhecimento astronômico em suas mentes, memorizado desde a infância até o final de suas vidas.[108]

O governo japonês não reconhece os ainus como um povo indígena e diferente, e sua linguagem foi desencorajada; hoje somente alguns anciãos podem ainda falar a língua.

Essa linguagem antiga parece não se relacionar com qualquer outra, mas recentemente foi apresentada a sugestão de que há grandes similaridades com o basco, uma linguagem da Europa Ocidental que também se pensou que fosse única.[109]

A adoração do urso sempre foi central na religião do povo ainu e pode estar relacionada com a adoração do urso do Período Paleolítico, que parece ter sido praticada em muitas partes do mundo. Essa prática "primitiva" não era tolerada pelas novas religiões principais e somente foi possível aos antropólogos estudá-la nas áreas periféricas da Europa do Norte e na Sibéria.

Nesse caso, será que os ainus se deslocaram para o leste pela Sibéria, mesmo que o povo mais próximo de sua espécie encontra-se a 6 mil milhas de distância?

Há muito tempo que a cerâmica foi considerada uma invenção antiga da Era Neolítica, mas essa teoria caiu por terra em 1960 quando um sítio pertencente à cultura Jomon do Japão foi escavado.

Nesse sítio, em Natsushima, perto de Yokosuka, havia cerâmica de 9 mil anos e outras descobertas que se seguiram foram datadas de cerca de 12.700 anos.

Anteriormente, a cultura Jomon havia sido considerada nada mais do que uma cultura da Idade da Pedra, mas a descoberta mostrou que ela desenvolveu uma avançada indústria de produção de cerâmica 3.500 anos antes da mais antiga cerâmica encontrada na China, fazendo com que a cerâmica de Jomon se tornasse, para a época atual, a mais antiga do mundo.[110]

É possível que houvesse uma ligação entre os antigos europeus, os aborígines ainu, que se estabeleceram no Japão, e as pessoas que habitaram partes da América do Norte, há mais de 7 mil anos.

---

108. NYLAND, Edo. http://www.islandnet.com/~edonon.
109. NYLAND, Edo. http://www.islandnet.com/~edonon.
110. RUDGELY, R. *Lost Civilizations of the Stone Age*, Century, 1998.

Portanto, aqui está outro exemplo da falta de adequação do velho paradigma da Pré-história.

Um Desastre Americano

Durante os últimos 25 anos, a evidência cada vez maior de uma catástrofe sem precedente há aproximadamente 10 mil anos surgiu no campo da Paleontologia. Paul S. Martin, da Universidade do Arizona, expressou sua surpresa com a evidência disponível, em um artigo intitulado "Quem ou o que destruiu os nossos mamutes?", quando escreveu:

> *Animais que foram nativos por milhões de anos desapareceram sob circunstâncias incrivelmente repentinas(...) a perda de mais de 30 gêneros de grandes mamíferos, inclusive mamutes e mastodontes, cavalos, camelídeos, tapires, preguiças, tigres dentes-de-sabre e muitas outras espécies de grandes animais, somente na América do Norte.*[111]

Essa forte afirmação não pode ser ignorada. Muitas outras pessoas também estão perplexas. O seguinte comentário de outro especialista é mais uma expressão do aparente enigma:

> *Ao final do Pleistoceno, há cerca de 10 mil anos, houve um acontecimento de extinção que dizimou grandes mamíferos terrestres, herbívoros e carnívoros da América do Norte e do Sul, e da Austrália. Somente na América do Norte, mais de 32 espécies de mamíferos foram extintas. A causa dessa extinção é discutível(...) Alguns cientistas acreditam que essas extinções sejam o resultado direto da matança dos grandes mamíferos herbívoros por parte dos caçadores da Idade do Gelo em busca de alimento. Esse modelo foi referido como* Overkill *(Matança Exagerada) ou* Blitzkrieg *(Ataques Relâmpagos). Outros atribuem a extinção dos mamíferos pleistocênicos à mudança de clima e das condições do ambiente.*[112]

O modelo da matança exagerada, no mínimo, é muito estranho. Será que o povo de Clovis tinha espingardas de búfalos? Certamente, eles precisariam muito mais do que lanças com pontas de pedra para causar esse impacto em tantas espécies da megafauna, que em certa época vagavam

---

111. In AGENBROAD, L. D., ed. *Megafauna and Man*, Flagstaff University, Hot Springs, 1990.
112. GRAHAM, R. W. *Evolution of New Ecosystems at the End of the Pleistocene*, Research and Collector Center, Illinois State Museum.

pela Terra aos milhões. Não temos nenhum registro de qualquer espécie ter sido caçada até a extinção. Os primeiros colonizadores europeus da América do Norte procuraram matar o búfalo até a extinção, mas não conseguiram realmente, apesar de suas espingardas sofisticadas. O único candidato possível para a distinção de ter sido caçado até a extinção é o dodó, e uma pesquisa recente sugere que esse pássaro desapareceu por não poder adaptar-se à mudança do ambiente, e não porque teria sido caçado até a extinção. Somente hoje parece que evoluímos o suficiente a ponto de termos condições de forçar os animais à extinção; é o que, na realidade, estamos fazendo devido à pressão do alto número de humanos destruindo os ambientes naturais dos animais. Não parece possível que alguns caçadores com simples armas de pedra pudessem acabar com tantas espécies.

Vamos tentar achar uma explicação mais plausível, colocando juntos alguns fatos aparentemente desconexos. Comecemos por comparar o tempo da agricultura e a criação de novas variedades de animais "domésticos":

> A invenção e a expansão da Agricultura é o núcleo da história da humanidade. Por mais de 100 mil anos os humanos subsistiram em uma grande variedade de ambientes à procura de alimentos. De repente, em um breve momento da Pré-história, há 10 mil anos, as pessoas começaram a domesticar animais e a plantar em uma dúzia de "centros de origem" do Velho e do Novo Mundos.[113]

Portanto, de acordo com dois especialistas não-relacionados, "há 10 mil anos, aconteceu um evento de extinção", e "há 10 mil anos as pessoas começaram a domesticar animais e a plantar". Certamente é fútil pretender que o mundo não mudou fundamentalmente nessa época.

Nesse contexto, é instrutivo notar que os utes, tribo nativa da América do Norte, têm uma antiga lenda que parece ser uma lembrança tribal, sobre um raio de calor e de efeitos *tsunami* de um importante impacto de cometa:

> (...) o Sol despedaçou em milhares de fragmentos que caíram na Terra causando um grande incêndio. Então Ta-Wats fugiu da destruição que ele havia causado, e enquanto fugia, a terra quente consumiu suas pernas, seu corpo, suas mãos e seus braços – tudo foi consumido menos a cabeça que rolou pelos vales e sobre as montanhas, fugindo da destruição causada pelo solo em chamas, até que, finalmente, inchado pelo calor, os olhos do deus explodiram e lágrimas jorraram em uma inundação que se espalhou pela terra e extinguiu o fogo.[114]

---
113. LEWIN, Roger. *New Scientist* (revista).
114. EDMONDS, M. e CLARK, E. *Voices of the Winds,* Facts on File Inc., 1989.

Mais para o norte do continente americano, uma lenda sobre inundação da tribo canadense dos chiglits foi registrada pelo antropólogo francês M. Petitot:

A água caiu em torrentes sobre o disco terrestre, as moradas humanas desapareceram, o vento as carregou para longe. Eles amarraram vários barcos juntos. As ondas atravessaram as Montanhas Rochosas. Um grande vento impulsionava-as. Logo, a Lua e a Terra desapareceram. Os homens morriam pelo terrível calor. Eles também pereceram nas ondas. Os homens lamentaram o que aconteceu. Árvores derrubadas flutuavam nas ondas. Os homens que haviam amarrado os barcos juntos tremiam de frio na escuridão que cobria as águas. Ai de mim, os homens estão abrigados embaixo da tenda, sem dúvida. De repente um homem chamado Filho de Coruja-estridente jogou seu arco no mar. "Vento, agora chega; pare", ele gritou. E logo jogou seus brincos na água. Foi o suficiente e o fim havia chegado.[115]

Aqui está uma descrição que sugere que a onda realmente atravessou as Montanhas Rochosas e o céu escureceu em uma espécie de inverno nuclear.

De fato, existem muitas histórias tribais sobre a Grande Inundação das montanhas a noroeste dos Estados Unidos. Quando os primeiros missionários cristãos chegaram, orgulhosamente, trazendo suas próprias lendas e mitos, ficaram surpresos ao descobrir que a história de Noé já era conhecida. Em 1878, o reverendo Myron Eells reportou a natureza conhecida das histórias do Dilúvio:

Aqueles índios tinham suas tradições de uma inundação e de um homem com sua mulher que se salvaram em uma balsa. Cada uma dessas três tribos juntas com as tribos dos "Flathead" (Cabeças Chatas) tinham o seu Ararat em conexão com o acontecimento.[116]

Tribos da Península Olímpica e os Yakima do estado de Washington contam histórias da enormidade da inundação. A senhora Rose Purdy, membro da tribo skokomish, também se lembrava de uma história parecida:

Certa vez, uma grande inundação aconteceu a esse mundo. O meu povo fez cordas de galhos de cedro trançados. Eles amar-

---
115. PETITOT, M. *Dialecte des Tchiglit.*
116. CLARK, E. E. *Indian Legends of the Pacific Northwest*, Berkeley, University of California Press, 1963.

raram suas canoas com essas cordas à montanha(...) Quando o mundo ficou inundado, o povo Skokomish subiu cada vez mais alto nas Montanhas Olímpicas. As montanhas também ficaram inundadas. Algumas cordas quebraram-se e as canoas se afastaram.[117]

Os índios do Oregon contam uma história pela qual os sobreviventes da inundação que salvaram-se em um barco vieram a pousar no monte Jefferson – o pico mais alto do Estado. Eles acreditam que todos os membros da tribo descendem desses sobreviventes.[118]

No norte da Califórnia, há uma antiga tradição que conta de animais perseguidos pelas águas subindo até o próprio pico do Monte Shasta, que tem uma altura de cerca de 4.500 metros acima do nível do mar. Eles acreditam que esses animais sejam os ancestrais de todos os animais do mundo.

É interessante que os índios concordem com a tradição hebraica quanto ao motivo da inundação e ao aviso dado a um homem correto. De acordo com uma lenda Yakima, os homens bons também foram avisados:

Um dos homens corretos contou aos outros, "Eu soube da Terra do Alto, a terra dos espíritos, que uma grande água está para chegar – uma água que cobrirá toda a terra. Façam um barco para os homens bons. Deixem que os maus pereçam na água(...) A Terra será destruída por uma grande água se os homens continuarem a praticar o mal".

A semelhança entre as histórias da América do Norte e as do Oriente Médio é notável. Houve uma grande inundação há muito tempo, quando até as montanhas foram cobertas pelas águas. A causa do desastre foi um castigo do céu, mas um bom homem foi avisado com antecedência da iminente catástrofe. Uma lenda é especialmente próxima àquela de Noé, com a única diferença de que ele não tinha filhos. Essa história trata do óbvio problema de encontrar alimento e água potável depois desse total cataclisma:

E Deus veio à Terra e achou que estava muito suja e cheia de coisas ruins, pessoas más, mistérios e canibais. Ele decidiu enviar uma inundação para limpar a Terra e afogar todas as pessoas más e os monstros. A inundação cobriu os picos das montanhas; e todas as pessoas se afogaram, com exceção de um homem e suas duas filhas, que se salvaram em uma canoa.

---

117. CLARK, E. E. *Indian Legends of the Pacific Northwest,* Berkeley, University of California Press, 1963.
118. CLARK, E. E. *Indian Legends of the Pacific Northwest,* Berkeley, University of California Press, 1963.

Quando a água voltou ao normal, eles chegaram a uma praia e viram que a Terra estava limpa. Eles estavam com fome e começaram a procurar alimento, mas não havia nada que se pudesse ver. Havia somente algumas árvores de diversas variedades. Eles amassaram um pedaço de casca de árvore com uma pedra, embeberam-na na água e tentaram comê-la e beber a mistura; mas era muito ruim e jogaram tudo fora. E assim eles tentaram com o pinho, o carvalho e outras árvores e, finalmente, tentaram a casca de uma amoreira que era muito melhor. As mulheres beberam da mistura e ficaram tontas. Elas ofereceram a bebida para o pai e ele ficou bêbado. E então elas pensaram, "Como a Terra será povoada?". E elas mantiveram relações com o pai sem que ele soubesse.

À medida que a água voltava totalmente ao normal, eles conseguiram encontrar mais alimento, mas continuavam a beber a mistura da amoreira e como o pai gostava da bebida, elas freqüentemente o embebedavam para ter relações com ele. Dessa forma elas tiveram muitos filhos e o pai não conseguia compreender como elas engravidavam. Quando cresceram, essas crianças casaram entre si, e assim a Terra foi repovoada. E os animais e os pássaros voltaram a ser numerosos.[119]

A grande altura das montanhas dos Andes que percorrem a margem ocidental da massa de terra deve ter proporcionado alguma proteção dos piores efeitos das ondas *tsunami*. Todos os povos da América do Sul possuem tradições orais a respeito da inundação, tanto nas regiões montanhosas quanto nas planícies tropicais. O Dilúvio muitas vezes é associado a um castigo divino que extinguiu a humanidade existente e preparando a emergência de uma nova raça.[120]

No Peru, há uma lenda a respeito de um homem pego de surpresa quando pastoreava um rebanho de lhamas:

Um dia um pastor viu que seus animais estavam todos olhando na direção do Sol. Quando levantou seu olhar para ver o que acontecia, ele viu um grupo de estrelas que pareciam estar rodeando o Sol, até mesmo àquela hora do dia. Então as lhamas disseram ao homem que as estrelas que apareceram juntas eram um sinal de que o mundo estava para ser destruído por um grande dilúvio. Então o pastor levou sua família e seus animais para

---

119. THOMPSON, S. *Tales of the North American Indians*, Bloomington, Indiana University Press, 1966.
120. OSBORNE, H. *South American Mythology*, Hamlyn Press, 1968.

o pico de uma montanha. Logo que chegaram as águas do mar se transformaram em uma grande onda que invadiu toda a terra. Passaram-se muitos dias até que a água começasse a se retirar e enquanto isso acontecia o Sol ficou escondido por uma grande escuridão.[121]

Várias são as causas da inundação alegadas pelos povos da América do Sul. A mitologia Inca diz que a inundação foi provocada pelo deus supremo Viracocha, que decidiu destruir toda a humanidade porque não era suficientemente boa.

O povo Yaghan da Terra do Fogo acredita que a Lua causou o Dilúvio, vingando-se de uma surra sofrida quando os homens que não eram sacerdotes descobriram os segredos dos rituais de iniciação. Os antigos habitantes da região de Quito no Equador, os índios Jivaro e Murato, ligam o dilúvio com a matança por uma jibóia sobrenatural.

Para os índios Ipurina, a inundação foi provocada pelo transbordamento de uma panela localizada no Sol. De acordo com os povos nativos Inca, Canari, Yaruro, Tupinambá e Tempe, a inundação foi provocada pelas chuvas. Para outras tribos como a Canishana, Yagua, Witoto, Jivaro, Mura, Tupinambá e Bororó, as águas simplesmente transbordaram, enquanto os Canari e os Araucanianos especificamente se referem à elevação do mar que cobriu toda a Terra.

Conforme a maioria das tribos, os únicos sobreviventes foram aqueles que se encontravam nos altos picos das montanhas de cada região. Nas versões Inca, Guanca e Aymara, sobre a lenda do Dilúvio, os sobreviventes encontraram abrigo em cavernas seladas e mais tarde saíram para se expandir pelo mundo. Caso haja alguma verdade nessas histórias, isso indica que houve algum pré-aviso para criar essas estruturas seladas.

Por que existem tantas histórias sobre uma inundação, se não for seguramente a lembrança de um acontecimento real? Onde estão as histórias sobre um grande incêndio florestal, uma terrível praga ou outro desastre humano qualquer? A resposta continua se repetindo: o Dilúvio foi o maior e o pior acontecimento nas tradições orais dos diferentes povos da Terra.

Mares Internos Salgados

Já sabíamos que havia uma camada de areia do mar e conchas marinhas depositadas nas Ilhas Britânicas. Mas se os lagos salgados da Améri-

---

121. BANCROFT, *The Native Races of the Pacific States of America,* citado em HOWARTH, H. H. *The Mammoth and the Flood,* Sampson Low, Marston, Searle and Rivington, London, 1887.

ca do Norte podem ser associados ao Dilúvio, não haveria outros pelo mundo afora? Maiores investigações revelaram alguns fatos impressionantes sobre o sítio mencionado na Bíblia como o lugar onde a arca de Noé veio a ser depositada.

Os lagos Van e Urmia, perto do Monte Ararat, estão situados respectivamente a 1.670 e 1.250 metros acima do nível do mar e, por incrível que pareça, são salgados. Mais estranho ainda é que, além disso, há praias de areia de mar mais altas, a 2.150 metros nas montanhas, ao sul do Lago Van.[122]

Nas terras mais baixas a leste do Monte Ararat há o Mar Cáspio – o maior lago da terra. Procuramos fatos a respeito desse lago gigante e não ficamos surpresos ao descobrir que se tratava também de um lago de água salgada contendo salmão, esturjão e arenque, assim como outros animais marinhos como tartarugas e focas.

A pergunta a ser colocada seria: como essa gigante massa de água veio a existir tão longe do mar mais próximo (800 quilômetros do Golfo Pérsico) e como grandes mamíferos marinhos chegaram até ali? É possível que esse seja outro remanescente de uma gigante piscina deixada pelo Dilúvio? Não seria possível que a vida animal oceânica desse lago fosse levada por uma onda de inimagináveis proporções? Infelizmente, não conseguimos qualquer explicação por parte dos especialistas.

Também encontramos evidência abundante de que a região ao norte foi anteriormente coberta por água salgada. Mais adiante, 480 quilômetros ao leste entre o Uzbequistão e o Cazaquistão, está o Mar de Aral, outro lago de água salgada.

Realmente, o aparentemente impossível parece permanecer sem explicação. Na América do Sul, por exemplo, o Lago Titicaca está situado a mais de 3 mil metros de altitude nas montanhas dos Andes e, no entanto, contém vida marinha como, por exemplo, o cavalo-marinho.[123]

De todos, o mais famoso lago de água salgada é, sem dúvida, o Mar Morto a leste de Jerusalém: será que ele também não é um remanescente do Dilúvio?

De acordo com a lenda, esse é o lugar onde se situavam as cidades de Sodoma e Gomorra que foram destruídas por causa de suas depravações. O nosso especialista de Bíblia diz:

> *As ruínas de Sodoma e Gomorra provavelmente se encontram embaixo das águas, na parte sul do Mar Morto, e um próximo santuário de pedra em Bab-edh-Dhra é a pura evidência disso.*[124]

---

122. KING, L. C. *The Morphology of the Earth*.
123. BELLAMY, H. S. *Before the Flood: The Problem of the Tiahuanaco Ruins,* Faber & Faber, 1943.
124. MAY, H. G. "History of Israel", 1, *Peake's Commentary on the Bible.*

Alguns geólogos, especialistas da região, acreditam que o Rio Jordão e a planície aluviana da área deveriam ser associados ao final da última Idade do Gelo e que eles foram formados durante o Período Neolítico, ou seja, pouco menos de 10 mil anos atrás.[125]

A adequação da época continua edificando um quadro do Dilúvio global.

O Desastre que Formou um Novo Mundo

Qualquer indivíduo existente em nosso pequeno planeta no outono do ano 7640 a.C. que estivesse olhando para o céu deve tê-lo achado estranho e ameaçador. Alguma coisa terrível estava acontecendo no céu porque o Sol que se levantava todos os dias para aquecer a Terra parecia estar sendo atacado. Os eventos que se seguiram foram tão terríveis que até hoje, quase 10 mil anos depois, as pessoas ainda contam histórias de como o Sol parecia estar rodeado e sobrecarregado de novas estrelas brilhantes que caíram na Terra como montanhas chamejantes; de como o mar se levantou em poderosas ondas e engoliu a terra, e de como o verão foi afugentado e substituído por uma escuridão que durou meses.

Relatos desse enorme desastre humano foram passados adiante pelas tradições folclóricas do mundo todo, contando histórias incrivelmente parecidas. Até épocas relativamente recentes, essas histórias antigas eram geralmente consideradas como relatos de um acontecimento real, mas, durante os séculos XIX e XX, tornou-se moda descartar essas tradições orais como produto da imaginação de povos primitivos que possuíam uma inteligência infantil. Isso para nós parece tolice e é arrogância excluir essa vital evidência, quando tantas pessoas eruditas tentam reconstruir acontecimentos do passado antigo. É claro que algumas dessas histórias possam ser meras invenções, mas outras podem conter importante informação que pode ser corroborada por outros meios.

Em meados do século XVIII, Charles Bonnet, um cientista suíço, examinou detalhadamente a evidência de um fóssil disponível de uma espécie extinta e desenvolveu o que ele denominou "teoria catastrófica da evolução". A evidência proporcionou-lhe a informação de que, periodicamente, a Terra sofre catástrofes universais que extingue uma série de criaturas, mas simultaneamente os sobreviventes sobem um grau na escala da evolução. A partir desse conceito, duas escolas de pensamento foram desenvolvidas e por muito tempo o debate entre "catastrofistas" e "gradualistas" foi bastante impetuoso. Finalmente, os gradualistas levaram a melhor

---

125. PICARD, L. *Structure and Evolution of Palestine,* Bull Geological Department, Hebrew University, Jerusalem, 1943.

e sua crença de que tudo evolui de forma gradativa, durante grandes períodos de tempo, foi aceita como a teoria fundamental.

A realidade é que o tema comum para as histórias do Dilúvio sobreviveu no planeta, apesar do fato de que muitas pessoas que contam a respeito nunca tiveram contato entre si. A seguinte pergunta deve ser feita: por que eles inventariam o que essencialmente é a mesma história?

É verdade que os efeitos dos impactos seriam lembrados pelos sobreviventes de várias maneiras. Aqueles que testemunharam as enormes ondas *tsunami* – e viveram para contar – deviam estar em lugares bem altos no interior, ou possivelmente em alto-mar em um barco muito resistente. Outros, bem no interior da massa continental, não estariam próximos o suficiente para ver essas ondas do mar – mas ainda teriam passado pela inundação da chuva torrencial gerada pelos impactos. Ainda outros poderiam ter-se lembrado dos pulsos de calor ou dos terremotos e do frio, da noite permanente que durou meses. E muitos teriam contado aos filhos e aos netos a respeito do longo inverno de muito frio que não queria ceder.

Apesar de tudo, lendas registrando uma inundação global existem nas antigas culturas do mundo todo. Para a hipótese acadêmica convencional, não pode haver nenhuma conexão entre essas lendas do Dilúvio porque não seria possível para as águas da Terra repentina e simultaneamente cobrirem o planeta inteiro. Não há dúvida de que esses antropólogos pouco ou nada conheçam de geologia ou de astronomia e, portanto, desconhecem o fato de que as águas do mundo poderiam inundar a massa de terra se um objeto externo, como um cometa, participasse da equação.

É interessante que há centenas dessas lendas em todos os continentes. Em muitos casos, as histórias antigas sobre o Dilúvio dos povos indígenas foram descartadas como sendo derivações da epopéia de Noé contada pelos missionários aos extasiados selvagens que eles tentavam converter ao Cristianismo.

Entretanto, a Austrália é diferente. É um continente remoto com um povo aborígine que se acredita nunca haver mantido contato com o resto da humanidade durante 40 mil anos, até a época do capitão Cook; e, no entanto, eles também contam de uma inundação universal no passado distante. Os aborígines australianos nunca desenvolveram uma escrita, o que assegurou que suas tradições orais permanecessem intactas. Atualmente, é aceita a sugestão de que algumas de suas histórias, principalmente aquela a respeito da Serpente do Arco-íris, datem de pelo menos 10 mil anos; portanto, é razoável acreditar que eles tivessem memórias culturais do cometa que gerou o Dilúvio.

Como na lenda judaico-cristã, existe a aceitação de uma inundação global que indica um literal divisor de águas na história. Além disso, os aborígines têm histórias sobre uma personagem parecida com Enoch e de suas histórias sobre visitantes estrangeiros muito mais avançados do que eles. Contam que, há muito tempo, a Terra era habitada por espíritos que eles chamam de Nurrumbunguttias. Tal como os Guardiães da lenda enochiana, os aborígines dizem que esses espíritos tinham descido do céu e governavam a Terra. Mas o mar começou a subir e inundou a terra de maneira tal que chegou a cobrir os picos das montanhas e a Terra foi totalmente coberta pela água. Muitos Nurrumbunguttias afogaram-se, mas outros fugiram para os céus onde se tornaram deuses. Depois o mar voltou ao normal e a terra se aqueceu para que os animais, pássaros, insetos e répteis pudessem novamente construir seu *habitat* nas planícies que se secavam rapidamente.

Outra história fundamental conta como o mundo antes era escuro e triste, pois inundações devastavam a terra e os animais se refugiavam em uma caverna alta nas montanhas. De tempos em tempos, um deles aventurava-se na entrada para verificar se as águas haviam baixado. Nada havia que pudesse ser visto com exceção do movimento das águas sob um céu sem Sol.[126]

É provável que as incursões do mar não chegaram a penetrar até o centro da Austrália e, assim, como aconteceu com alguns habitantes da América do Norte, muitas lembranças registraram outras terríveis conseqüências do impacto do cometa.

Há muitas histórias entre os aborígines a respeito de sete irmãs que vieram de um grande buraco no céu, da constelação de Órion. Em uma das histórias essas sete irmãs são chamadas "Moças da Água". Terríveis coisas desenrolam-se e um jovem foge da ira da deusa do Sol e ele conta como pôde sentir o cheiro de seu cabelo queimando e como viu as árvores se racharem e pegarem fogo; ele afirma, "parecia que o mundo todo estava em chamas".

A tradição oral da morte do povo de Marabibi conta como Ung-galya, a "estrela cadente", apareceu e uma quantidade de objetos caiu na terra queimando e removendo a pele das pessoas. Outra história das sete irmãs fala de estrelas voadoras que caíram fazendo grandes buracos na terra.

Os aborígines que vivem ao sul da Austrália cantam uma canção de como o céu brilhou com uma cor vermelha horrível e tornou a terra tão quente que as pessoas não conseguiam pisar nela. Os homens foram levados a matar suas esposas e filhos antes de se suicidarem para escapar ao tormento de serem queimados vivos.[127] Junto com essas histórias, os aborígines de Victoria contam de uma grande inundação que cobriu todo o país e afogando todos com exceção de um homem e três mulheres. Eles se refugiaram em uma ilha de lama e, quando as águas baixaram, tiveram filhos que povoaram a Terra.[128]

---

126. REED, A. W. *Myths and Legends of Australia,* London, 1889.
127. WALK, L. "Das Flut-Geschwisterpaar als Ur und Stammelternpaar der Menschheit, Mitt osterr Gesz", *Anthoropol Ethon, Prahist,* v. 78/79, 1941.
128. LANG, A. *Custom and Myth,* Londres, 1860.

Há muitas explicações para o Dilúvio baseadas na idéia de uma bolsa de água rachada. Aqui está uma do sul da Austrália:

> *Yaul estava com sede, mas seu irmão Marlgaru recusou-se a dar-lhe água de sua bolsa de água de canguru que estava cheia. Enquanto Marlgaru estava fora caçando, Yaul procurou e encontrou a bolsa. Ele a golpeou com um porrete rasgando-a. A água que dela saiu afogou os dois irmãos e formou um mar que se estendeu terra adentro. Mas mulheres-pássaros vieram do leste e contiveram as águas com uma barreira de raízes da árvore* ngalda kurrajong.[129]

Outra explicação para o acontecimento refere-se a um "fazedor de chuva" muito entusiasmado:

> *Djunban realizou a cerimônia de fazer chuva novamente, mas ele estava enlutado por sua irmã e não se concentrou em sua tarefa, provocando uma chuva torrencial. Ele procurou avisar seu povo, mas a inundação veio e levou todas as pessoas e seus pertences.*

Existem muitas histórias aborígines que explicam o mundo como eles o vêem e eventos que ocorreram em suas tradições. Em Gippsland, o folclore australiano procura explicar essas estranhas ocorrências e atribuir uma razão pela catástrofe, sugerindo que eles estivessem procurando fazer sentido de alguma coisa inusitada. A história conta como alguns meninos da tribo Kurnai estavam brincando quando encontraram um tipo especial de apito conhecido como "zunidor" (instrumento utilizado na Austrália nas cerimônias de iniciação) que nenhuma mulher devia olhar. Os incautos meninos mostraram-no para suas mães e toda a terra afundou, provocando uma grande inundação que cobriu a Terra e afogando todos os Kurnai.[130]

As Montanhas Glasshouse em Queensland, na Austrália, são amontoados enormes de lava de vulcões extintos há muito tempo. Os aborígines têm uma lenda para explicar a formação dessas estruturas altas e estreitas.

> *Um homem chamado Tibrogargan e sua esposa Beerwah tinham nove filhos chamados Coonowrin, Beerburrun, os gêmeos Tumbubadla, Coochin, Ngun Ngun, Tibberoowuccum, Miketeebumulgrai e Elimbah.*
>
> *Um dia, Tibrogargan encontrava-se na praia e percebeu que as águas do mar estavam subindo muito. Apressando-se para reunir seus filhos mais jovens a fim de fugirem para a seguran-*

---
129. Berndt and Berndt: *The Speaking Land*, Penguin, 1989.
130. LANG, A. *Custom and Myth*, London, 1860.

ça das montanhas do oeste, ele chamou seu filho mais velho, Coonowrin, para que ajudasse sua mãe, novamente grávida.

Olhando para trás para ver como Coonowrin assistia Beerwah, Tibrogargan ficou furioso por ver o filho correndo sozinho. Ele perseguiu Coonowrin e, levantando o seu porrete, golpeou o filho tão fortemente que deslocou o seu pescoço, que nunca mais endireitou. Quando a grande inundação acalmou e a família pôde voltar às planícies, as outras crianças zombavam de Coonowrin pelo seu pescoço torto.

O Dilúvio era uma realidade tão grande para os aborígines que sua existência foi tema de histórias que explicavam essas montanhas de estrutura estranha, como sendo os restos de Tibrogargan e de sua família.

Os aborígines registram a inundação de muitas formas e os 500 grupos tribais devem ter passado por experiências diferentes.

A Austrália é um continente de terras baixas e cerca de 95% de suas terras estão a menos de 600 metros acima do nível do mar; seus maiores picos alcançam um máximo de 2.200 metros de altura. Quando ela foi atingida pelas ondas *tsunami* do mar da Tasmânia, somente a sua grande extensão de terra é que pode ter impedido que fosse totalmente inundada.

Boa parte da Austrália é formada por um grande deserto e outra parte, a Grande Bacia Artesiana ao centro-sul, encontra-se abaixo do nível do mar. Na grande bacia de Eire, está situado o maior lago australiano que descobrimos ser outro mar interno de água salgada, situado a 150 metros abaixo do nível do mar. Durante muito tempo, esse lago nada mais foi do que uma extensão de lama coberta por uma camada de sal com 38 centímetros de espessura e, somente em raras ocasiões, ele atinge sua capacidade total, cuja profundidade máxima é de quatro metros.

Será o Lago Eire uma piscina remanescente da inundação?

Até as ilhas isoladas do Pacífico têm lendas sobre a grande inundação que destruiu tudo e todos. Essa lenda é original de Taiti:

> Dois homens saíram para pescar. Um se chamava Roo e o outro Tahoroa. Eles jogaram suas linhas e elas ficaram enganchadas no cabelo do deus Ruahau. Sentindo resistência, eles gritaram, "Um peixe!"; mas ao recolherem as linhas verificaram que haviam fisgado um homem pelos cabelos. Quando descobriram que se tratava do deus, pularam para o outro lado do barco e ali ficaram estupefatos de medo. O deus pediu-lhes que explicassem o ocorrido. Eles responderam que haviam saído para pescar e que não sabiam que o deus se encontrava ali. Ruahau então pediu que soltassem os ganchos de seu cabelo e depois perguntou seus nomes, ordenando que voltassem e avisassem a humanidade que o mar invadiria a terra e que todos

pereceriam. Ele também pediu para que no dia seguinte fossem à ilhota de Toa-marama que seria um lugar seguro para eles. O deus provocou o dilúvio conforme havia professado e somente Roo e Tahoroa com suas famílias se salvaram.[131]

Uma lenda das Ilhas Fiji foi relatada pelo reverendo Lawry, um dos primeiros missionários:

Depois que as ilhas foram povoadas pelo primeiro homem e a primeira mulher, houve uma grande inundação que submergiu tudo. Mas antes que os lugares mais altos fossem invadidos pelas águas, duas grandes canoas duplas apareceram. Em uma delas estava Rokova, o deus dos carpinteiros, e na outra o seu capataz Rokola, que recolheu algumas pessoas e as manteve a bordo até as águas abaixarem e então desembarcaram na ilha. E assim, as oito pessoas salvas desembarcaram em Mbenga, onde dizem que o mais alto de seus deuses apareceu pela primeira vez. Por causa dessa tradição, os chefes dos mbenga prevalecem em categoria sobre todos os outros e sempre tiveram um papel importante entre os fijianos.[132]

A história clássica chinesa do Yihking conta como Fuhhi escapou das águas de uma grande inundação em uma grande caixa, acompanhado de sua esposa, três filhos e três filhas para se tornar o fundador de toda a civilização chinesa. Essa história descrita em um templo budista na China foi relatada por um viajante chamado Gutzlaff no *Journal of Asiatic Society* (Jornal da Sociedade Asiática). Ele a considerou um paralelo da história bíblica do Dilúvio.

Em um magnífico trabalho em gesso, a cena mostra como Kwanyin, a Deusa da Misericórdia, olha do céu para o solitário Noé em sua arca entre as furiosas ondas do dilúvio, com os golfinhos nadando em volta, o seu único meio de salvação, e a pomba com o ramo de oliveira em seu bico, voando em direção à arca.[133]

Na mitologia chinesa, Ta Yü foi o domador do Dilúvio mundial e um dos salvadores-heróis chineses. Ele tinha a reputação de ser o fundador da dinastia hereditária mais antiga da China, a Hsia ou Dinastia Xia, que teve

---

131. LENORMANT, L. *Les Origines de l'Histoire*, citado em HOWARTH, H. H. *The Mammoth and the Flood*, Sampson Low, Marston, Searle and Rivington, London, 1887.
132. LAWRY, R. *Friendly and Feejee Islands*, citado em HOWARTH, H. H. *The Mammoth and the Flood*, Sampson Low, Marston, Searle and Rivington, London, 1887.
133. GUTZLAFF, A. *Journal of the Asiatic Society*, Vol. XVI, nº 79.

início por volta de 4.200 anos atrás. Uma lenda conta o extraordinário nascimento de Ta Yü: um homem chamado Kun havia sido encarregado de controlar o grande dilúvio. Para poder criar uma parte seca de terra no meio de toda aquela água, ele construiu diques com terra mágica que roubara do céu. Esse roubo provocou a ira do Senhor do Alto, que ordenou sua execução. Depois de três anos, o corpo incrivelmente preservado de Kun foi aberto e nele havia uma criança. Essa criança era Ta Yü que, ajudado por dragões, criou saídas para drenar a água de volta para o mar, e o mundo voltou à normalidade.

Em outros lugares da Ásia, a Índia conserva uma lenda do Dilúvio nos escritos do Satapata Brakmana, que faz parte da coleção de literatura conhecida como o *Rig Veda*, assim como no *Mahabharata*.* Essa história é contada pelo deus Manu:

> *Certa manhã, levaram água para que Manu se lavasse e, depois que se lavou, notou um peixe na água que a ele se dirigiu desta forma: "Proteja-me e eu te salvarei". E Manu perguntou: "Do que me salvarás?". E o peixe: "Uma inundação destruirá todas as criaturas; é disso que eu te salvarei. Por sermos pequenos, vivemos em grande perigo, pois os peixes comem-se entre si. Portanto, preserva-me em uma tigela e quando eu crescer me coloque em uma bacia, e quando eu crescer mais ainda, solte-me no oceano. Dessa forma serei salvo da destruição".*
>
> *Logo o peixe cresceu e disse para Manu: "No ano em que eu atingir meu crescimento total, a inundação acontecerá. Construa um grande barco e adore-me. Quando a inundação sobrevier, entre no barco e eu te salvarei".*
>
> *Ao atingir seu crescimento total, depois de ter cuidado dele, Manu soltou o peixe no oceano. No ano indicado, Manu construiu um barco e adorou o peixe, e quando a inundação começou, ele entrou no barco. Foi quando o peixe apareceu perto dele. Manu amarrou a corda do barco ao chifre do peixe, que puxou o barco até o pico da montanha do Norte e disse: "Eu te salvei; amarra o barco a uma árvore para que a água não penetre nele enquanto estiveres na montanha e quando as águas se assentarem, poderás então descer".*
>
> *Quando as águas se acalmaram, Manu também se acalmou; e essa foi chamada a "descida de Manu" da montanha do Norte. A inundação havia dizimado todas as criaturas e somente Manu se salvou.*[134]

---

* N. E.: Sugerimos a leitura de *Mahabarata – Poema Épico Indiano*, André Seródio e Argeo Jobim, Madras Editora.
134. MULLER, M. *Translations of Sanskrit Literature*.

Outra versão da lenda indiana aparece em um poema chamado *Bhagavata Purana,* traduzido e resumido por *sir* William Jones no século XIX.

Satyavrata, rei dos pescadores, estava se banhando no Rio Critamala. Vishnu apareceu para ele na forma de um pequeno peixe que, passando de uma água para a outra, gradativamente cresceu até que Satyavrata acabou soltando-o no oceano. Então Vishnu se dirigiu ao seu surpreso adorador e disse: "Durante sete dias todas as criaturas que me ofenderam serão exterminadas por uma inundação, mas tu serás salvo em um grande barco maravilhosamente construído. Toma então todos os tipos de legumes e de grãos como alimento, e um casal de todos os animais e depois embarca com os sete sábios, tua esposa e as esposas deles. Embarca sem medo e verás Deus de frente. Ele responderá a todas as tuas perguntas".

Depois Vishnu desapareceu. Durante sete dias o oceano transbordou e a Terra foi submersa pela chuva contínua. Logo, Satyavrata, que confiava na divindade, viu um grande barco flutuando sobre as águas. Ele entrou no barco e seguiu exatamente as ordens de Vishnu, que apareceu sob a forma de um grande peixe. Satyavrata amarrou o barco ao seu imenso chifre com um grande polvo que serviu de amarra.[135]

Portanto, no mundo todo a evidência física e a memória humana contam uma história parecida de ondas enormes invadindo grandes extensões de terra seguidas de chuvas torrenciais. Algumas lendas referem-se a montanhas em chamas caindo na Terra e algumas muito quentes, tudo seguido de escuridão e períodos de frio extremo. Toda essa informação encaixa-se na série de fatos que os registros geológicos indicam terem acontecido em 7640 a.C. Povos de todos os continentes preservaram essas histórias que devem ser uma memória racial de um catastrófico evento.

Em questão de dias, centenas de importantes espécies de mamíferos desapareceram do nosso planeta, até o mamute, o tigre dente-de-sabre, o cavalo e o camelo americanos, assim como o rinoceronte lanudo. Inevitavelmente, a maioria da população humana também deve ter perecido em função dos efeitos do próprio impacto ou pelos longos anos de frio que se seguiram, provocando escassez de alimento.

Para nós, o caso está comprovado – o Dilúvio realmente aconteceu. Nossa próxima tarefa, então, era procurar o que mais poderíamos deduzir a respeito dos povos que precederam o Dilúvio e entender melhor como o mundo foi reconstruído.

---

135. KLEE, K. *La Deluge,* citado no *The Works of sir Wm Jones,* London, 1880.

Conclusão

Os mares internos de água salgada e os desertos de sal da América datam da mesma época do impacto, no ano 7640 a.C., e são remanescentes das enormes ondas que ele provocou. A data da chegada do *Homo sapiens* na América foi continuamente empurrada para trás. Há fortes evidências que indicam que europeus estiveram nas Américas milhares de anos antes de Colombo e que, provavelmente, chegaram por mar. Um esqueleto caucasiano encontrado no Estado de Washington datando de cerca de 7400 a.C. apresenta características similares àquelas do povo ainu, que chegou ao Japão há mais de 7 mil anos, construiu círculos de pedra e seus membros são reconhecidamente hábeis navegadores. O Japão também é o local onde se encontra a mais antiga indústria de cerâmica da Ásia, associada à cultura jomon.

Evidências arqueológicas mostram que, no continente americano, cerca de 7000 anos a.C., houve um evento importante que dizimou os enormes mamíferos herbívoros e carnívoros, bem como grande número de espécies. As lendas de todo o continente relatam a história de uma enorme e destruidora inundação mundial.

A massa de terra da Europa e da Ásia também mostra evidências de mares salgados internos que datam do ano 7640 a.C. Lendas do Dilúvio persistem no mundo todo, descrevendo eventos que se enquadram nos acontecimentos geológicos daquele período. Há evidência suficiente mostrando que um Dilúvio mundial realmente ocorreu.

Capítulo VI

Enoch e os Anjos

Os Seres na História de Enoch

A história de Enoch contém três conjuntos de seres que podem ser diferenciados dos habitantes "normais" de seu mundo, ou seja: anjos, guardiães e gigantes (descendentes do relacionamento dos Guardiães com mulheres humanas). Como veremos, os relacionamentos entre esse três grupos são complexos e interessantes.

Os anjos são seres bem conhecidos dos mitos judeu e cristão, criaturas com asas que transmitem as mensagens de Deus no céu para os homens na Terra. A palavra "anjo", do grego *aggelos,* que significa simplesmente mensageiro, era uma tradução direta do termo hebraico *mal'ak,* que significa anjo. No tempo de Cristo, os anjos tornaram-se criaturas extremamente populares, apesar de que, em Atos 23:8, a Bíblia revela que os judeus mais pragmáticos, como os saduceus, negavam sua existência.

A Bíblia menciona somente dois anjos, Gabriel e Miguel, e as duas referências encontram-se no Livro de Daniel, que é reconhecido estar presente na tradição enochiana.

Originalmente, o termo "anjo" referia-se simplesmente a um deus do panteão do céu, mas como os judeus tornaram-se monoteístas, esses outros habitantes do céu tinham de ser relegados a um papel secundário que não comprometesse a exclusiva posição de Javé. O papel dos anjos como deuses é sugerido em Salmos 82:1. Achamos interessante a Bíblia atribuir esse salmo a Asaf porque, de acordo com a lenda maçônica, ele era responsável pela música na consagração do Templo do Rei Salomão.

> *Deus levanta-se no conselho divino, em meio aos deuses ele julga(...) Eu declaro: "Embora vocês sejam deuses, e todos filhos do Altíssimo(...)".*

Quando os anjos foram reduzidos a membros do conselho divino de Deus, referências posteriores descrevem essas criaturas como "filhos de Deus", "estrelas matutinas" ou as "hostes do céu". Com o passar do tempo, houve uma crescente ênfase na transcendência de Deus e os anjos tornaram-se mediadores divinos, descritos freqüentemente como "homens" (por exemplo em Josué 5:13). Isso, certamente, adapta-se à informação que havíamos recebido de um homem que alegava ser descendente direto de sacerdotes de Jerusalém do século I, que disse que o termo "anjo" era sempre aplicado a sacerdotes superiores. Portanto, quando o anjo Gabriel visitou a Virgem Maria para anunciar que estava grávida, ele estava ali para inseminá-la com o seu próprio sêmen "divino".[136]

Um documento particularmente interessante é o *Livro dos Jubileus,* também conhecido como o *Apocalipse de Moisés,* que dizem ter sido escrito por Moisés no Monte Sinai ditado por um anjo. Superficialmente, ele trata de histórias passadas, mas em outro nível esse livro é um documento calendário, intimamente associado com Enoch, que apresenta a importância do ano de 364 dias. Acredita-se, agora, que ele foi composto no século II a.C. pela Comunidade de Qumran e fragmentos dele foram encontrados entre os Manuscritos do Mar Morto. O livro faz várias referências aos Guardiães e trata do entendimento das trajetórias dos corpos celestes.[137] Ele registra como os Guardiães instruíram os homens:

> *Naqueles dias os anjos do Senhor desceram na Terra – aqueles que foram chamados os "Guardiães" – para que instruíssem os filhos dos homens, para que passassem julgamento e que fomentassem a retidão na Terra.*

Pelas descrições chegamos à conclusão de que, apesar de os anjos das lendas terem sido considerados uma espécie de deuses, os indivíduos que interagiram com o antigo povo judeu eram simplesmente homens mortais e, com o tempo, o mito tornou-os seres sobrenaturais. Para nós, parece provável que termos como "anjo" fossem originalmente entendidos como homens que possuíssem uma grande sabedoria e, somente mais tarde, a pós-racionalização tornou-os divindades. Achamos isso evidente na história de Jesus, que era considerado um homem comum pelos judeus da Igreja de Jerusalém, e, posteriormente, pessoas do Império Romano elevaram-no ao nível de divindade.

É interessante ser amplamente reconhecido que em certa época, na literatura do estilo de Enoch, o termo "Guardião" era geralmente usado para descrever um anjo.[138] Isso sugere que o povo de Enoch via os Guardiães como homens, mas seus inusitados poderes faziam com que parecessem deuses.

---

136. KNIGHT, C. e LOMAS, R. *The Second Messiah,* Century, 1997.
137. EISENMAN, R. e WISE, M. *The Dead Sea Scrolls Uncovered,* Element, 1992.
138. BARR, J. "Daniel", *Peake's Commentary on the Bible* (edição de 1962).

Embora *O Livro de Enoch* apresente muitas referências aos Guardiães, há somente duas citações a seu respeito na Bíblia de Rei James da Inglaterra. Uma única frase – "Um guardião sagrado, descendo do céu" –, é repetida duas vezes no Capítulo 4 do Livro de Daniel. De acordo com o prof. H. T. Andrews, o Guardião era considerado uma classe de anjo.[139]

O Capítulo 6 de *O Livro de Enoch* menciona que os anjos, os filhos do céu, viram e desejaram as lindas filhas dos homens e tomaram-nas como esposas. Há alguma confusão quanto à diferença entre os Guardiães e os anjos, mas interessantes são seus descendentes – os Nefilins. Os "depravados congênitos", nascidos da união dos Guardiães com mulheres humanas, são descritos no Velho Testamento, apesar de que a palavra hebraica Nefilim foi traduzida para o grego como "gigante". Nas Bíblias cristãs modernas, a palavra Nefilim foi traduzida como "gigantes", mas na versão hebraica de Números 13:32-33, traduzida diretamente do hebraico, podemos ler o quanto os judeus eram pequenos diante desses homens de "grande estatura":

E o povo que vimos nela são homens de grande estatura. Aí nós vimos gigantes, os filhos de Enac que descendem dos Nifilins: Tanto para nós como para eles, parecíamos gafanhotos.[140]

De acordo com a lenda, poucos Nefilins salvaram-se da inundação e o termo "filhos de Enac" é uma referência aos sobreviventes dessa linhagem de gigantes que permaneceram na região montanhosa da Palestina antes da chegada dos judeus.[141] O estudioso da Bíblia S. H. Hooke acredita que a destruição desses gigantes pré-históricos pelo Dilúvio foi uma explicação para o seu desaparecimento:

No início da tradição hebraica, o mito do Nefilim era um mito etnológico cuja intenção era explicar a existência de uma raça de gigantes que desapareceu.[142]

A palavra "Nefilim" é de origem incerta, mas especialistas observaram que a raiz aramaica da palavra *nefilá* é o nome da constelação de Órion e, portanto, Nefilim parece significar "aqueles que são de Órion".

Conforme já observamos, os aborígines australianos disseram em sua própria versão que os Guardiães (os Nurrumbunguttias) tinham vindo para a Terra de Órion. Sabendo que esses aborígines ficaram isolados do resto do mundo durante 40 mil anos, certamente esta deve ser uma grande coincidência – mas ainda há outra conexão.

Os antigos reinos do Alto e Baixo Egito foram reunidos em um só

---

139. ANDREWS, H. T. "Daniel", *Peake's Commentary on the Bible* (edição de 1920).
140. COHEN, A. *The Soncino Chumash,* The Soncino Press, London, 1962.
141. SNAITH, N. H. "Numbers", *Peake's Commentary on the Bible* (edição de 1962).
142. HOOKE, S. H. "Genesis", *Peake's Commentary on the Bible* (edição de 1962).

Estado em uma época ao redor do ano 3100 a.C. Sua história foi escrita a partir desse momento e tudo o que foi anterior foi lembrado como "Zep Tepí", que literalmente significa "O Primeiro Tempo". De acordo com os antigos egípcios, Zep Tepi foi uma era em que os deuses haviam governado o seu país trazendo a civilização como presente.[143] Os egípcios acreditavam que houve intermediários entre os deuses e os homens que eles chamavam "Urshu", cuja tradução é "Guardiães".[144]

Discutimos esses Guardiães Egípcios com Graham Hancock, o renomado pesquisador e autor, que disse:

> (...) eles (os antigos egípcios) *preservavam lembranças particularmente vivas dos próprios deuses, seres poderosos e maravilhosos chamados "Neteru" que viviam na Terra com os humanos e exerciam sua soberania desde Heliópolis e outros santuários em toda a extensão do Nilo. Alguns desses Neteru eram do sexo masculino e outros do sexo feminino, mas todos possuíam uma escala de poderes sobrenaturais que incluíam a habilidade de aparecer à vontade como homem ou como mulher, ou como animais, pássaros, répteis, árvores ou plantas.*
>
> *Paradoxalmente, suas palavras e atos pareciam refletir as paixões e as preocupações humanas. Da mesma forma, apesar de terem sido retratados como mais fortes e mais inteligentes que os humanos, acreditava-se que eles também ficavam doentes – e até morriam, ou eram mortos – sob certas circunstâncias.*[145]

O escritor Zecharia Sitchin afirma que os egípcios registraram que esses Guardiães haviam chegado ao seu reino de um lugar chamado "Ta-Ur", que ele acredita significar "terra antiga ou longínqua".[146] Não sabemos como chegou a essa tradução, mas a palavra "Ta" certamente significava "terra" em antigo egípcio. Entretanto, a palavra "Ur" é amplamente conhecida, significando "cidade";[147] de forma que a implicação é que "Ta-Ur" deva ser um lugar antigo, onde haveria uma terra de comunidades integradas e obviamente distante do Egito.

Esse significado de "Ur" fez com que refletíssemos sobre o significado de "Uriel", porque uma palavra hebraica terminada em "el" significa "de Deus"; parece então razoável interpretar o nome desse anjo como "cidade de Deus".

Portanto, essas três antigas tradições apresentam uma imagem coe-

---

143. GRIMAL, N. *History of Ancient Egypt*, Blackwell, Cambridge, 1992.
144. *The Gods of Ancient Egypt*, volume 1.
145. HANCOCK, G. *Fingerprints of the Gods*, Heinemann, 1995.
146. SITCHIN, Z. *The Wars of Gods and Men*.
147. *The Oxford Companion to the Bible*, Oxford University Press.

rente dos Guardiões e de seus descendentes gigantes que, conforme explicado, eram homens de uma terra distante onde uma civilização havia sido estabelecida há muito tempo. Seu desenvolvimento técnico era tão adiantado que para a cultura nativa da África do Norte, na época, representaram ser deuses. Parece que os Guardiães também se mantivessem relativamente afastados do povo nativo, além de produzir os Nefilim por meio de seu relacionamento com mulheres locais. É impossível datar as lendas hebraicas, mas muito provavelmente devem ser anteriores a Moisés e ao Êxodo, que dizem ter ocorrido no século XIII a.C. Os registros egípcios são anteriores ao início da história egípcia; portanto, podemos seguramente concluir que as duas histórias referem-se a um período de cerca de 5.100 anos atrás (as lendas referem-se a épocas anteriores, mas isso não quer dizer, necessariamente, que elas se originaram antes).

O Gigante de Basã

Um famoso gigante do Velho Testamento é o rei Og dos amonitas, o líder do povo de Basã, um local no sudeste do mar da Galiléia, um dos vários reinos que Moisés assolou com seus soldados hebraicos. Os judeus invasores massacraram todos os habitantes dessas terras, em outras palavras: um total genocídio; homens, mulheres e crianças foram mortos por instrução direta de Deus. O acontecimento está orgulhosamente descrito em Números 21:33-35:

> *Depois mudaram de direção e subiram pelo caminho de Basã. Então Og, rei de Basã, com todo o seu povo, saiu contra eles e os atacou em Edrai. Javé disse a Moisés: "Não tenha medo dele porque eu vou entregá-lo em seu poder, com todo o povo e a terra dele. Trate-o como a Seon, rei dos amorreus, que habitava em Hesebon". Os filhos de Israel o derrotaram e também os filhos e todo o povo dele, sem deixar ninguém com vida. E tomaram posse do território dele.*

Uma das principais cidades do malfadado reino de Basã era Edrai, uma cidade subterrânea baseada em um complexo de cavernas de dura rocha de basalto. Og pode ter sido um dos últimos dos Nefilim que, provavelmente, devido à sua superioridade, tornara-se rei do povo de Basã. Ficamos impressionados em saber que, de acordo com a tradição árabe, se acredita que esse povo era remanescente de uma cultura megalítica encontrada na região ao redor da Palestina, do Líbano e do Jordão. Essa megalítica interpretação é ressaltada pelo que dizem de o rei Og ter uma cama de grandes dimensões, descrita em Deuteronômio 3:11:

> *Og, rei de Basã, era o único sobrevivente dos rafaim. Sua cama é a cama de ferro que está em Rabá dos amonitas: tem quatro metros e meio de comprimento e dois metros de largura, segundo o padrão normal.*

De acordo com alguns especialistas, essa "cama de ferro" era um dólmen, uma grande laje de pedra sustentada por outras pedras para formar uma mesa.[148] Achamos isso muito significativo porque essas estruturas pré-históricas são geralmente associadas à cultura megalítica das Ilhas Britânicas. As medidas apresentadas são típicas daquelas usadas nas Ilhas Britânicas. Um exemplo desse dólmen pode ser visto em Llugwy on Ynis Mon (Anglesey, País de Gales).

Essa curiosa ligação levou-nos a outra pergunta: de onde vieram essas pessoas e que poderes possuíam para que fossem considerados deuses?

Onde Foi Escrito *O Livro de Enoch*?

Na seção de *O Livro de Enoch*, conhecida como o "Livro das Luminárias Celestes", há o registro de um homem que fora instruído em assuntos de astronomia, um tema que ele claramente não entende. Enoch registra o evento usando frases como estas:

> *Uriel, o anjo santo que estava comigo e que é o guia deles, mostrou-me; e ele me mostrou todas as suas leis exatamente como elas são.*
>
> *E tudo isso Uriel, o anjo santo que é o chefe de todos eles, mostrou-me, e as suas posições, e eu anotei suas posições assim como ele me mostrou, e eu também escrevi os seus meses.*
>
> *Os sinais e os tempos e os anos e os dias que o anjo Uriel me mostrou.*
>
> *Da mesma forma, Uriel mostrou-me 12 portas.*
>
> *E agora meu filho, eu mostrei tudo a você, e a lei de todas as estrelas do céu está completa. E ele mostrou-me todas as suas leis para cada dia, e cada estação regente, e para cada ano, e para seu avanço, e para a ordem a ele prescrita todo mês e toda semana: assim como estavam, e o aparecimento de suas luzes até que 15 dias fossem completados.*

---

148. HOOKE, S. H. "Genesis", *Peake's Commentary on the Bible*.

Assim é o quadro e o esquema de cada luminária que Uriel, o arcanjo, que é o chefe deles, me mostrou.

E ele disse: "Enoch, observe essas tabelas celestes e leia o que está nelas e anote todos os fatos individuais".

Enoch conta como ele é levado pelos Guardiães para um lugar distante para essas lições a respeito dos céus. Ele escreve:

E eles me levaram para esse lugar de escuridão, e para uma montanha cujo pico tocava o céu. E mostraram-me todos os segredos dos limites do céu. E todas as salas de todas as estrelas, e todas as luminárias, de onde elas procedem diante dos santos.

Ele prossegue descrevendo como, durante o transcurso do ano, o Sol se movimenta pelo céu, parecendo acreditar que haja muitas e diferentes aberturas no céu, que ele chama de portais e janelas, pelos quais o Sol aparece em diferentes momentos. Aqui está sua descrição:

E eu vi seis portais pelos quais o Sol se levanta, e seis portais pelos quais o Sol se põe. Seis ao leste e seis ao oeste, e todos seguindo um ao outro em uma ordem correspondente exata: também vi muitas janelas à direita e à esquerda desses portais.

E primeiro avança a grande luminária chamada Sol. O Sol desce do céu e dá a volta pelo norte para retornar pelo leste, e é assim guiado para que ele chegue ao portal apropriado e brilhe na face do céu.

Dessa forma, ele se levanta no primeiro mês no grande portal, que é o quarto (os seis portais do leste). E nesse quarto portal, pelo qual o Sol se levanta no primeiro mês, encontram-se 12 janelas-aberturas, das quais procede uma chama quando são abertas em suas estações. Quando o Sol se levanta no céu, ele avança através desse quarto portal 30 manhãs sucessivas, e se põe exatamente no quarto portal a oeste do céu. E durante esse período o dia fica diariamente mais comprido e a noite mais curta até a 30ª manhã.

Enoch descreve detalhadamente como o Sol movimenta-se entre essas aberturas durante um ano de 364 dias. Ficamos fascinados lendo essa descrição com a meticulosidade de Enoch ao registrar cada pequeno detalhe que lhe era transmitido.

Todos esses pequenos apartes parecem ter sido feitos por alguém tentando explicar alguma coisa que não entende muito bem, mas sabe que é importante. O reconhecido especialista do *Livro das Luminárias Celestes* é o professor Otto Neugebauer, do Institute of Advanced Studies (Instituto de Estudos Avançados) de Princeton, Estados Unidos, e começamos a ler os seus pontos de vista sobre o assunto.

Neugebauer afirma que a maioria dos estudiosos pensa que os capítulos sobre astronomia de *O Livro de Enoch* não passem de uma composição à parte, sem nenhuma relação direta com as outras partes da obra; mas ele continua dizendo acreditar que seu conteúdo "reflete fielmente os simples conceitos que prevaleciam nas comunidades que produziram a literatura enochiana". Ele também comenta ser possível que houvesse um único tratado original que poderia ter registrado as hipóteses astronômicas da seita enochiana, mas acrescenta que se esse original tivesse existido, ele poderia ter sido modificado e citado por intermédio da longa história das obras de Enoch. Ele apóia essa hipótese com informação de que fragmentos da astronomia de Enoch ocorreram em muitas outras obras etíopes.[149] Ele comenta:

> *A opinião de que a parte sobre astronomia de* O Livro de Enoch *se baseie em conceitos existentes no Velho Testamento é simplesmente incorreta: o ano de Enoch não é uma unidade do antigo calendário semita;(...) não existe nenhum esquema linear no Velho Testamento para a duração da luz do dia, ou padrões de portais.*[150]

Neugebauer acredita que todas as hipóteses de Enoch sobre astronomia são "limitadas a um esquematismo rígido não relacionado com a realidade", conclusão baseada em sua interpretação da palavra *gates*, que Charles traduziu como "portais". Ele também comenta que o papel das estrelas é limitado ao seu próprio tempo de aparecimento durante o ano solar e que não tem nenhuma ligação com as constelações ou os movimentos dos planetas. Ele diz: "A busca do tempo e do lugar de origem desse quadro primitivo da ordem cósmica dificilmente pode levar a resultados definitivos".

Ele, então, passa a tentar relacionar o uso de um mês de 30 dias aos calendários babilônico e egípcio, mas decide que o calendário de Enoch é único, comentando que a sua leitura do texto sugere um padrão linear para os relativos tempos do dia e da noite que ele esquematiza em forma de triângulo. Tomando em consideração os pontos descritos no texto, ele procura adequar uma função linear à duração do dia, baseando-se na hipótese de que a função ziguezague linear resultante seja um aspecto fundamental da astronomia babilônica – conforme descrição em textos cuneiformes relacionados a longas horas ou horas duplas (no Capítulo 4 discutimos a respeito da avaliação de Robert Temple dessas unidades, constantes da Tabela 9 do livro *Epic of Gilgamesh* [Epopéia de Gilgamesh]). Ele também

---

149. NEUGEBAUER, O. "Ethiopic Astronomy and Computus", *Akad d Wiss,* 1979.
150. NEUGEBAUER, O. em Black, M.: *The Book of Enoch or I Enoch,* Brill, E.J., 1985.

admite ter feito uso de antigo material babilônico, mas sem nenhum resultado positivo, e seu fracasso em tentar fazer sentido da obra levou-o a concluir que: "Toda a astronomia enochiana é uma composição independente e não o resultado de uma tradição semítica".

Sua sugestão de que Enoch estivesse usando uma função ziguezague linear babilônica para descrever a duração do dia levaria à conclusão de que o esquema de Enoch não está relacionado com a realidade, mas o professor Neugebauer deixara de perceber uma informação-chave que poderia ajudar na busca do lugar de origem. Sua incapacidade de localizar onde a obra havia sido escrita foi desanimador, mas decidimos tentar outro tipo de análise do material para verificar até aonde nos levaria.

O Livro de Enoch mostra claramente que seu autor não era um matemático, mas apresenta informação a respeito da relativa duração do dia e da noite que pode ser convertida em uma latitude, a partir das indicações das estações, conforme demonstraremos agora.

Na Linha do Equador, o dia e a noite duram cerca de 12 horas cada, durante o ano todo, e não há estações. Indo para o norte ou para o sul do Equador, a relação luz-escuridão muda até atingir os pólos, onde nos dias de verão extremo não há escuridão e nos dias de inverno extremo, nenhuma luz do dia. Na maioria dos lugares do planeta, somente há dois dias de luz e escuridão iguais durante o ano: no equinócio de 21 de março aproximadamente e no outro equinócio de 21 de setembro aproximadamente.

Estávamos curiosos por saber se as informações de Enoch poderiam fornecer alguma pista, considerando que poderíamos calcular uma distância mínima a partir de um dos pólos. A duração da luz do dia registrada no *Livro das Luminárias Celestes* parece ter sido feita por uma rudimentar observação porque os tempos não são dados em horas mas em relações; por exemplo:

> *Naquele dia, o dia é mais longo do que a noite em uma nona parte, e o dia resulta exatamente em dez partes e a noite em oito partes.*

A única unidade utilizada é uma 18ª parte de um dia, o que significa que a escala de medição que Enoch usou era muito imprecisa. Como todas as suas medidas são tomadas em uma escala que cota somente unidades completas de uma hora e 20 minutos (por exemplo, 1/18 de 24 horas), ele devia arredondar, para cima ou para baixo, para a unidade mais próxima a fim de fixar um número para as contínuas mudanças das horas de luz do dia. Isso significa que a aproximação máxima que conseguiu na medição do tempo, independentemente da exatidão de suas estimativas, seria de mais ou menos 40 minutos.

A duração do dia e, até mais importante, sua taxa de variação podem ser utilizadas para rastrear possíveis latitudes em que a observação foi feita. O fato de que as unidades de medição de Enoch possam ter um erro de

40 minutos nas duas direções converte-se em um erro de latitude de cinco graus, o que representa cerca de 320 milhas (cerca de 515 quilômetros), para qualquer um dos dois lados.

Outro ponto a ser considerado é que ele descreve uma área bem grande – norte, sul, leste e oeste – e é razoavelmente seguro presumir que ele não soubesse que a duração do dia e da noite varia de acordo com a latitude do observador. Uma pessoa que normalmente passe a vida inteira em uma pequena área não teria idéia de que os dias e as estações não são uma constante em todos os lugares. Ela pode ter fielmente registrado observações tomadas em diferentes latitudes como se estivesse em um só lugar. Se esse for o caso, isso explicaria alguns dos erros observados em sua informação.

Tácito, o historiador romano do primeiro século d.C., ficou extremamente surpreso em saber quanto mais longos são os dias nas regiões nórdicas das Ilhas Britânicas.

> *Seus dias são mais longos do que em nossa parte do mundo. As noites são iluminadas, e no extremo norte elas são tão curtas que a noite e o alvorecer são quase imperceptíveis. Se não houver nuvens no céu, dizem que o brilho do Sol pode ser visto durante toda a noite; o Sol não se levanta e tampouco se põe, mas simplesmente passa ao longo do horizonte. O motivo deve ser porque as extremidades planas da Terra não provocam grandes sombras na Terra e, dessa forma, não levantam a escuridão; portanto, a noite não consegue alcançar o céu e suas estrelas.*[151]

Entretanto, ele não demonstra conhecer o fenômeno da variação de tempo conforme a mudança de latitudes, mas procura explicá-la em termos de maior aproximação da margem da Terra imaginada como um disco plano. Tácito era um alto cidadão romano muito educado e, no entanto, desconhecia esse tipo de variação. Portanto, não é surpresa o fato de que Enoch não soubesse como a duração do dia que ele tentava explicar, com tanta dificuldade, poderia variar.

Da mesma forma, Enoch afirma alguma coisa parecida com o que Tácito comenta no Capítulo 72.

> *E o Sol desce do céu e dá a volta pelo norte para retornar pelo leste, e é assim guiado para que ele chegue ao portal apropriado e brilhe na face do céu.*

Se o culto Tácito desconhecia esse fenômeno até receber os relatórios de uma expedição que contornou as Ilhas de Orkney, como Enoch veio

---

151. TÁCITO. *The Agricola and The Germanis,* Penguin Classics, 1948.

a ser informado? A resposta é que ele deve ter sido levado para um lugar bem ao norte. E, de fato, é isso o que ele diz e até se queixa do frio, no Capítulo 34, agregando detalhes para confirmar o seguinte:

> *E dali, eu fui para o norte, para os confins da Terra onde vi um grande e glorioso dispositivo ao final de toda a Terra.*
>
> *E ali eu vi portais do céu que se abriam no céu; por meio deles procedem os ventos do norte: quando eles sopram sobrevém o frio, a geada, o granizo, a neve, o orvalho, a chuva. E de um certo portal eles sopram muito; mas quando sopram pelos outros dois portais, é com violência e aflição sobre a Terra, e eles sopram com violência.*

Granizo, geada, neve e ventos violentos parecem ser uma boa descrição das latitudes norte no inverno. Certamente eles não se adequam ao Oriente Médio.

A Evidência da Duração do Dia

Em uma primeira leitura, *O Livro de Enoch* parece descrever exatamente onde foi escrito. Enoch afirma que pode medir perfeitamente a duração do dia. E, assim, nos sentamos e convertemos as datas para o calendário moderno, assumindo que, em 21 de maio, a relação do dia para a noite seja de 11:7 (ou a duração do dia sendo de 14,67 horas). No solstício de 21 de junho, que o dia seja de 16 horas; 30 dias mais tarde, em 21 de julho, a relação da noite para o dia seja de 11:7 (por exemplo 14,34 horas); e 30 dias depois, em 21 de agosto, 10:8 (por exemplo 13,34 horas). Então, achamos que com essa informação poderíamos calcular onde ele se encontrava; mas logo ficamos decepcionados.

Presumindo que em 21 de maio a duração do dia de 14,67 horas fosse absolutamente correta, a latitude de Enoch resultaria em 43° norte ou sul do Equador. Depois, supondo que em 21 de junho a duração do dia fosse de 16 horas, a latitude seria de aproximadamente 51° norte ou sul, enquanto em 20 de agosto (60 dias após o solstício) a duração do dia fosse de 13,34 horas, isso colocaria sua latitude ao redor de 43° norte ou sul.

Então, onde ele estava? A primeira coisa da qual podíamos ter relativa certeza era de que sua latitude devia ser ao norte do Equador, porque a latitude sul o colocaria no Chile, Argentina, Tasmânia ou Nova Zelândia, o que não é muito provável.

O conjunto de latitudes que derivamos dessa informação era certamente surpreendente porque, mesmo que Enoch tivesse registrado a duração do dia em lugares diferentes, a possibilidade máxima ao sul seria em uma linha que inclui Nápoles, Barcelona e Istambul. Isso significa que ele se encontrava a 1.100 km ao norte de Qumran, onde dizem que o documento foi originalmente escrito. Por outro lado, ao norte ele estaria na altura de Paris.

Por conseguinte, a duração dos dias que Enoch descreve não poderia se enquadrar em qualquer lugar da Terra. Todas apresentavam respostas diferentes, e não podíamos optar por uma e rejeitar as outras. Tudo o que podíamos presumir é que ele cometera um erro honesto em suas estimativas. Então, decidimos tentar outra abordagem para o problema.

Imaginamos que Enoch estivesse se empenhando para melhor descrever alguma coisa que havia realmente experimentado e, mesmo que ele não tivesse o tempo absolutamente exato, poderia ter estimado a *relação de mudança* da duração do dia mais apuradamente. Decidimos testar essa hipótese.

A diferença na duração do dia entre 21 de maio e 21 de junho, que Enoch descreve, é de 1,33 hora (uma 18ª parte de um dia), colocando-o a 60°N.

A diferença na duração do dia entre 21 de junho e 20 de agosto é de 2,66 horas (duas 18ª partes de um dia), colocando-o a 59°N.

Se presumirmos que ele estimou a duração absoluta do dia com precisão de uma 18ª parte de um dia e que seus momentos de tempo eram exatamente a cada 30 dias, conforme está escrito, então ele podia se encon-

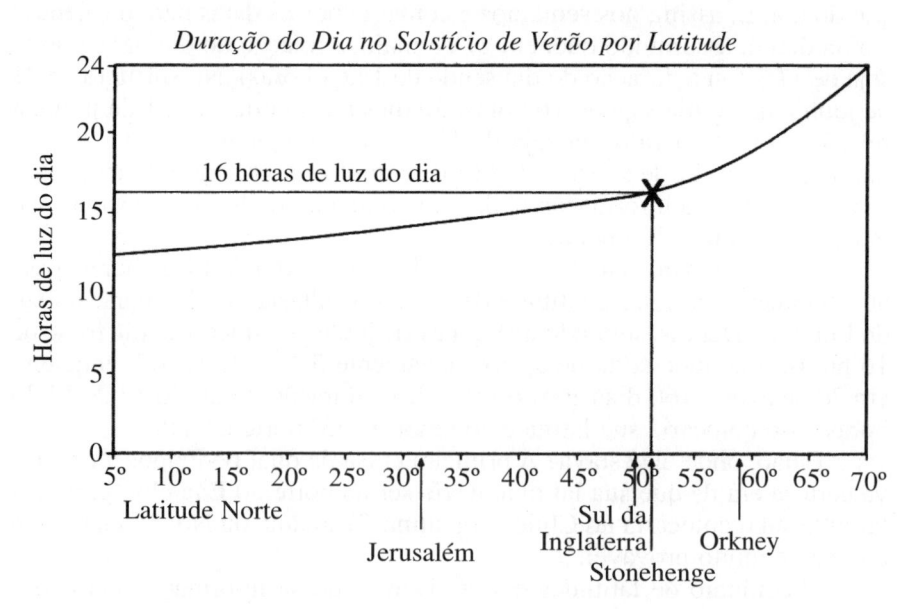

Figura 11. *Enoch descreve a duração de 16 horas no dia do solstício. O gráfico confirma sua veracidade na latitude de Stonehenge.*

trar em qualquer lugar entre as latitudes 43°N e 60°N. Mas sabíamos que podíamos melhorar o nosso palpite olhando para a consistência de suas medições.

Se ele estivesse correto na duração do dia, então se encontrava entre 41°N e 51°N, com um erro absoluto em suas medidas de mais ou menos quatro graus de latitude. Agora sabíamos que ele não havia medido a duração do dia absoluto corretamente, mas estava confortavelmente dentro do erro teórico de seu sistema de medição, que era de mais ou menos cinco graus.

Se ele houvesse conseguido uma correta *relação de mudança* na duração do dia, isso o colocava entre 59°N e 60°N, com um erro absoluto de meio grau de latitude. Portanto, se sua estimativa das mudanças não era melhor do que os valores absolutos, então ele foi mais autoconsistente e estava bem dentro de seu limite de erro de mais ou menos cinco graus. Mas ele estava bem fora em sua duração do dia no solstício, bem mais do que o erro de sua unidade de medição.

Não querendo enfrentar a derrota, fomos em frente, pois havia ainda duas outras hipóteses razoáveis a respeito dessas medições:

1. Ele estava fazendo uma avaliação média da duração do dia, que é quase certa, só que não entendia realmente a curva subjacente do ciclo dia-noite. Usamos então uma técnica matemática conhecida como "método dos mínimos quadrados", para adequar a mais próxima curva real do ciclo dia-noite (como uma curva que pudesse realmente ocorrer) às informações de Enoch, e achamos que a curva para a latitude de 52°N se enquadrava melhor. Com o erro inerente de cinco graus, isso o coloca em algum lugar entre 47°N e 57°N.

2. Se presumirmos que ele foi preciso em sua duração do dia, mas errou em seu tempo (por exemplo, descreveu corretamente a duração do dia, mas não tinha certeza de sua data ou posição), então podemos conseguir uma adequação melhor para a forma real da curva do ciclo dia-noite e uma estimativa de latitude média de 55°N. Com o seu erro inerente, isso resulta na faixa de 50°N a 60°N.

Se considerarmos o erro de medição do método de Enoch, ele nos levará a uma série de estimativas de sua latitude, baseada em diferentes possibilidades que tendem a uma faixa entre 51°N e 59°N (55° mais ou menos quatro graus).

Esse cálculo de probabilidade é matematicamente plausível e sugere que a posição de Enoch se encontrava entre a latitude de Bruxelas e Estocolmo, ou entre o sul da Inglaterra e o norte da Escócia.

Pelos padrões, isso era estranho para um antigo documento hebraico. Procuramos ao longo da linha da latitude 59°N para verificar quais eram as outras possibilidades. Essa linha passa pelas Ilhas Orkney e, indo para o oeste, toca a ponta inferior da Groenlândia, seguindo do Labrador pela Baía de Hudson, e depois Canadá e Alasca, passa pela Sibéria até a Suécia e a Noruega para completar seu círculo. Entretanto, estudando o globo terrestre, não pudemos evitar de notar que *O Livro de Enoch* descrevia uma localidade que se enquadrava na faixa de latitudes ocupadas por um grupo de pessoas conhecidas, um tanto vulgarmente, como o Povo dos Objetos Acanalados. Esse povo construiu algumas das mais importantes estruturas megalíticas de alinhamento astronômico do mundo. Construíram os sítios conhecidos como Anéis de Brodgar e de Stenness, Maes Howe e Callenish ao norte da Escócia; Newgrange, Knowth, Dowth, no vale de Boyne, na Irlanda; Barclodiad y Gawres e Bryn Celli Ddu a noroeste do País de Gales; Stonehenge, Avebury, Silbury Hill e Durrington Walls ao sul da Inglaterra.

Seria uma simples coincidência o fato de o *Livro das Luminárias Celestes* ser uma dissertação sobre astronomia antiga e que as latitudes que Enoch inadvertidamente descreve parecerem coincidir com os observatórios astronômicos mais antigos do mundo?

Como muito pouco é conhecido a respeito desse povo antigo, ele é definido pelo estilo dos objetos de cerâmica que deixaram para trás. Essa classe de cerâmica é conhecida como "Objetos Acanalados" pelo fato de serem ornados por uma série de canaletas em suas superfícies. De maneira geral, esses objetos têm o fundo plano e são recobertos por um padrão em forma de losango que também foi encontrado em certos edifícios da época.

As pessoas da maioria desses sítios parecem ter feito uso desse motivo somente na cerâmica. Entretanto, os objetos orcadianos (das Ilhas Orkney), especificamente facas feitas de pedra escamada em forma de triângulo, eram freqüentemente decorados com esse mesmo padrão de canaletas, assim como era gravado em grandes estruturas de pedra na Irlanda, País de Gales e Escócia (por exemplo, Newgrange na Irlanda, Bryn Celli Ddu e Barclodiad y Gawres no País de Gales, e Templewood, na Escócia).

Essa cerâmica canelada encontrada ao sul das Ilhas Britânicas é, às vezes, chamada de "louça de Rinyo-Clacton", em consideração aos dois sítios onde foi inicialmente encontrada: o sítio de Rinyo, em Orkney, e o sítio submerso de Clacton, no Essex, sudeste da Inglaterra.[152] De maneira geral, é aceito o fato de que os antigos sítios costeados por uma cadeia de colinas de pedra calcária, ao sudeste da Inglaterra, foram reconstruídos e sobreviveram até hoje, e que as pessoas que neles trabalharam usaram esse mesmo tipo de cerâmica canelada. Outros locais onde esse tipo de utensílio foi encontrado incluem conhecidos sítios megalíticos como Stonehen-

---

152. BALFOUR, M. *Stonehenge and its Mysteries,* Macdonald and Jane's, 1979.

ge, Avebury, Woodhenge, Mount Pleasant e Amesbury.[153] Até 1975, acreditava-se que a mais antiga amostra dessa cerâmica fosse aquela encontrada nos primeiros depósitos do fosso que cerca Stonehenge.[154] Desde então, a datação pelo radiocarbono mostrou que amostras de idêntica cerâmica encontrada em Skara Brae, em Orkney, são anteriores às de Stonehenge. Os fragmentos de Skara Brae foram encontrados incrustados em camadas de resíduos analisados pelo radiocarbono, o que proporcionou uma data confiável para a cerâmica.

Revisando a Nossa Opinião

Consideramos a possibilidade de que o povo dos utensílios canelados, que em certa época viveu nos arredores da costa atlântica da Europa, pudesse ter sido a origem do povo que Enoch chamou de Guardiães e anjos. A idéia tinha certos atrativos, mas esbarrava em um significativo problema para as nossas hipóteses de trabalho; embora esses sítios sejam muito antigos, não são antigos o suficiente para que estivessem presentes antes do impacto do cometa, em 7640 a.C.

Até os mais antigos observatórios construídos nos arredores do Mar Irlandês têm cerca de 6 mil anos e, portanto, muito mais recentes. A única evidência de observações astronômicas *anteriores* ao dilúvio do cometa é um grupo de buracos de estacas, que hoje se encontra no estacionamento de Stonehenge, em Wiltshire. A alguma distância desses buracos há outro grupo de buracos de estacas que haviam sido erigidas algumas centenas de anos depois do Dilúvio e parece sugerir haver alguma coisa de especial a respeito desse local para efeito de observações astronômicas. (Falaremos desse assunto mais detalhadamente no próximo capítulo.)

A existência desses buracos em Stonehenge não parecia ser suficiente para ligar Enoch ao impacto do cometa e voltamos a verificar todos os cálculos das latitudes, tentando pensar em qualquer outra explicação. Mas logo tivemos de admitir nosso fracasso; Enoch *tinha* de estar vivo muito tempo antes do impacto do cometa, quase 10 mil anos atrás.

Então, reconsideramos todos os fatos e as possibilidades que havíamos coletado e a conclusão óbvia começou a aparecer. Os dados dos registros magnéticos do planeta acusavam *um importante segundo impacto com cometa* na Terra, cerca de 5 mil anos atrás: será que *este* foi o cometa ao qual Enoch se referiu?

Isso provocou uma revisão de nossa hipótese, mas como cenário parecia fazer sentido. O impacto dos sete fragmentos havia devastado o mun-

---

153. NORTH, J. *Stonehenge, Neolithic Man and the Cosmos,* HarperCollins, 1996.
154. MACKIE, E. *The Megalithic Builders,* Phaidon Press, 1977.

do, matando a maioria das pessoas no planeta e fazendo a civilização regredir algumas centenas de anos. Como resultado do primeiro impacto, o povo da cerâmica canelada havia construído observatórios para recalibrar seus calendários, a fim de que a agricultura pudesse ser restabelecida. Quando seus descendentes perceberam outro cometa em trajetória direta para a Terra, eles devem ter pensado que o mundo estava para ser destruído novamente e se propuseram a educar os povoados vizinhos na ciência da Astronomia. Dessa forma, dois impactos de cometa devem ter sido misturados e confundidos nas tradições orais.

Se as pessoas desse povo eram de fato os Guardiães, é possível e compreensível que tivessem levado os líderes das tribos amigáveis do Oriente Médio para o norte, esperando que pudessem sobreviver. Por conseguinte, *O Livro de Enoch* havia preservado a história do cometa, datado de 3150 a.C., junto com a cultura oral do impacto de 7640 a.C.

Conclusão

O Livro de Enoch descreve três grupos de seres: os Guardiães, os gigantes e os anjos. Os Guardiães parecem ter pertencido a um grupo adiantado de seres que foram anjos, mas se envolveram intimamente com as mulheres locais cujos descendentes foram os chamados gigantes. Uma comparação entre as lendas de diferentes tradições sugere que elas datam de 5 mil anos.

A Bíblia diz que alguns desses gigantes sobreviveram até o tempo de Davi.

O Livro de Enoch, que descreve a origem desses Guardiães, dá evidência de certas latitudes em suas descrições. Uma análise cuidadosa desses dados mostra que Enoch foi levado a lugares localizados em uma faixa de latitudes entre 51° e 59° norte. Essa latitude situa-se onde vivia um grupo de pessoas conhecidas como o Povo da Cerâmica Canelada, às margens ocidentais da Europa há 5 mil anos.

Se essas pessoas eram os Guardiães, então o impacto do cometa que causou o Dilúvio que Enoch previra tinha de ser aquele de 3150 a.C., cuja colisão ocorreu na área do Mediterrâneo. Será que os sobreviventes desse povo nos impactos de 7640 a.C., observando mais tarde a trajetória do cometa em 3150 a.C., preocuparam-se em avisar o maior número possível de pessoas?

CAPÍTULO VII

A REGIÃO DE ENOCH

A Geometria de Stonehenge

Ao descobrir que um dos mais antigos personagens da lenda teológica hebraica havia sido educado em astronomia tão ao norte, colocamo-nos a seguinte pergunta: Existe qualquer coisa de significativo nas latitudes aparentemente indicadas nos relatos testemunhados e descritos em *O Livro de Enoch*?

Descobrimos logo que a resposta era um grande "sim"! Se considerarmos que Enoch viveu na época do *segundo* cometa (cerca de 3150 a.C.), as latitudes 51° e 59° norte, enquadradas entre a estreita faixa longitudinal de 2° leste e 10° oeste, era uma área de muita atividade astronômica naquele exato momento, com um nível de intensidade que o mundo nunca vivenciara antes.

Conforme vimos no Capítulo VI, as pessoas que viviam nessa região foram chamadas de Povo da Cerâmica Canelada pelos desenhos que predominantemente aparecem em seus artefatos de cerâmica. As Ilhas Britânicas, principalmente a oeste, estão cheias de suas estruturas pré-históricas: grandes pedras verticais e terraplenagem nos campos ou suas ruínas abaixo do asfalto de ruas de cidades. Além disso, a maioria das igrejas mais antigas ocupa áreas consideradas sagradas milhares de anos antes do nascimento de Jesus Cristo.

O mais famoso círculo de pedras, Stonehenge, no condado de Wiltshire, Inglaterra, encontra-se perto do limite sul da área descrita por Enoch. Como também já vimos, por volta de 8000 a.C. um grupo desconhecido erigiu dois grandes postes de madeira onde o estacionamento de veículos se localiza atualmente. Eles eram alinhados no sentido leste-oeste e podem ter funcionado como marcadores de observação dos equinócios. Essa data é bem *anterior* ao impacto do cometa de 7640 a.C., que sabíamos pela camada de areia que cobre a maior parte da Escócia e pelas conchas marinhas não fossilizadas encontradas no pico de Snowdon, resultado da

Distribuição dos Principais Observatórios Megalíticos

- Callanish
- Skara Brae e Maes Howe
- Newgrange e Vale do Boyne
- Anglesey
- Stonehenge e Avebury
- Carnac

Figura 12. *Distribuição de alguns dos maiores observatórios megalíticos.*

inundação das Ilhas Britânicas. Mas também há uma clara evidência arqueológica que, pouco menos de mil anos mais tarde, dois outros postes foram erigidos a cerca de 350 metros de distância, também orientados no sentido leste-oeste.[155]

O que havia de tão especial nesse lugar para que estruturas semelhantes, passíveis de serem usadas para determinar o calendário solar de maneira apurada, fossem colocadas exatamente no mesmo local? Seria, muito provavelmente, graças à pequena, mas amplamente distribuída, população daquela época, nas Ilhas Britânicas, uma coincidência que, logo após a destruição do observatório anterior (construído mais de 400 anos antes do Dilúvio), as pessoas voltassem para restabelecê-lo quase no mesmo lugar, 500 anos após o impacto do cometa? É provável que depois da ocorrência não houvesse vestígios da estrutura anterior; portanto, podemos deduzir que a segunda estrutura foi construída de acordo com novos cálculos e não simplesmente com base no que sobrara da anterior.

Não há nenhuma evidência do que aconteceu no sítio nos 3.500 anos seguintes, mas em algum momento, próximo a 3020 a.C., um fosso circular com um anteparo foi construído com 56 buracos escavados ao redor de seu perímetro.[156] Os construtores neolíticos usaram chifres de veados como picaretas para escavar o fosso, que media aproximadamente 97 metros de diâmetro, seis metros de largura e entre 1,3 e 2,1 metros de profundidade. Eles, então, levantaram duas pedras paralelas em forma de entrada do lado nordeste do círculo. Beirando o círculo do lado interno, escavaram e quase imediatamente voltaram a encher o círculo de 56 buracos rasos, possivelmente para colocar estacas temporárias. O sítio parece ter sido usado regularmente até cerca de 2600 a.C. quando foi abandonado. Em pouco tempo a vegetação tomou conta do lugar.

Cerca de 500 anos mais tarde, outro grupo não identificado limpou o sítio novamente e radicalmente remodelou o complexo, usando pilares de pedra-lipse (pedra azulada) trazidas das Montanhas Preseli a sudoeste do País de Gales. Essas pedras, pesando cerca de 4 toneladas cada, foram transportadas em um percurso de 380 quilômetros por balsa ao longo da costa marítima e rios locais, até serem finalmente puxadas por terra até o sítio.

A entrada desse antigo complexo de pedra-lipse era alinhada com o alvorecer do solstício de verão e um caminho mais amplo fora construído. Cerca de cem anos mais tarde, esse primeiro conjunto de pedras azuis foi derrubado e foram iniciados os trabalhos para a fase final do sítio. As pedras azuis foram transferidas para o centro do círculo e as enormes pedras de arenito, que podem ser vistas até hoje, foram, então, ali erigidas. Essas

---

155. http://www.eng-h.gov.uk/stoneh/mes.html
156. http://www.eng-h.gov.uk/stoneh/mes.html

pedras de arenito foram transportadas das Colinas de Marlborough, 32 quilômetros ao norte, e colocadas em um círculo de 30 pedras em posição vertical, recobertas por um anel de capitéis de pedra. Dentro desse círculo, foram erigidos cinco trilitos em forma de ferradura; cada trilito consistia de um par de grandes pedras em posição vertical suportando uma outra, em forma de capitel. As pedras que formam o capitel dos trilitos são de tamanho excepcional, com cerca de nove metros de comprimento e 50 toneladas. Ainda hoje é um mistério como essas enormes pedras foram movimentadas ao longo dessas distâncias por esse suposto povo primitivo.

No início do século XX, o astrônomo *sir* Norman Lockyer demonstrou que o eixo norte-leste de Stonehenge alinhava-se com o alvorecer do solstício de verão, levando outros cientistas a especular que os construtores deveriam ter sido simples adoradores do Sol. Em 1963, um astrônomo americano, Gerald Hawkins, sugeriu que o sítio fosse um complicado computador para a previsão dos eclipses solar e lunar,[157] mas essa interpretação "romântica" foi severamente criticada pelo *establishment* arqueológico que preferiu suas próprias especulações, sem fundamento, de que era um lugar para rituais pagãos.

É de se pensar que um astrônomo seria muito mais qualificado para avaliar possíveis qualidades astronômicas de uma estrutura, mesmo que a antiguidade signifique que devam ser consideradas como próprias de arqueólogos. Estes últimos são especialistas em escavações e datações, mas muitos deles parecem pensar que, de alguma forma, seja ilegítimo tentar compreender o motivo e a finalidade do povo cujos escombros examinam minuciosamente.

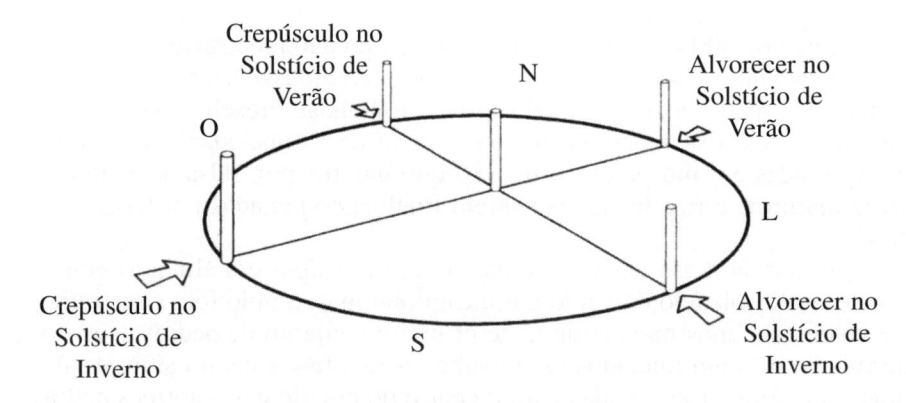

Figura 13. *Como o alvorecer e o crepúsculo se alinham na latitude de Stonehenge.*

---

157. HAWKINS, G. S. *Stonehenge Decoded,* Souvenir Press, 1966.

Então o que com fez que esse sítio se tornasse tão especial para que, durante 10 mil anos, fosse considerado um centro de observação solar? Por que um grupo de pessoas, há mais de 5 mil anos, investiu no mínimo 30 mil horas/homem de trabalho na escavação de um fosso circular na Planície de Salisbury?[158]

A resposta está no fato de que essa extremidade sul que identificamos como a "Região de Enoch" possui uma estranha propriedade que seria de grande importância para qualquer observador do céu.

Independentemente de onde um observador se localize, nos equinócios (os dias de igual duração dia/noite, que ocorrem por volta de 21 de março e 21 de setembro) o Sol se levanta na exata posição leste e se põe na exata posição oeste, fazendo com que as sombras do dia e da noite se alinhem. Em qualquer outro dia do ano, o alvorecer e o crepúsculo ocorrem mais ao sul ou mais ao norte e não se alinharão. Mas na latitude de Stonehenge, um significativo alinhamento ocorre no solstício de verão (o de máxima luz do dia, por volta de 21 de junho) e no solstício de inverno (o de mínima luz do dia, em 21 de dezembro). O historiador de Ciências e de Astronomia, prof. John North, da Universidade de Groningen, explicou o fato:

> [Na latitude de Stonehenge] *uma linha de observação para o alvorecer no solstício de verão está em uma direção exatamente inversa ao crepúsculo no solstício de inverno, em ambos os casos... um simples par de pedras verticais pode ser usado, em princípio, para fixar o azimute reversível.*[159]

Em termos simples, isso significa que, quando o solstício de inverno é observado de Stonehenge, a sombra projetada por uma estaca colocada para marcar a posição do alvorecer no horizonte se alinhará perfeitamente com a sombra projetada de uma segunda estaca que marca o crepúsculo de inverno.

Esse efeito pode ser demonstrado em um simples diagrama que marca o ano inteiro a latitude 51°N como especial.

Existem muitos outros sítios importantes na vizinhança de Stonehenge que apresentam esse parecido e incrível efeito de geometria dos astros, tais como o grande sítio de Avebury com suas pedras posicionadas verticalmente e cobrindo uma área de 112 mil metros quadrados; e Woodhenge, um observatório construído em madeira, mais antigo ainda do que a estrutura de pedra de Stonehenge e contemporâneo à fase da escavação do fosso de Stonehenge. É possível que a longitude também fosse importante para os

---

158. HAWKINS, G. S. *Stonehenge Decoded*, Souvenir Press, 1966.
159. NORTH, J. *Stonehenge, Neolithic Man and the Cosmos*, HarperCollins, 1996.

construtores desses sítios, isso porque Stonehenge, o anel de Avebury, Silbury Hill e o túmulo de West Kennett se encontram todos na linha longitudinal de 1º 50' O, apesar de estarem distribuídos em uma área de 32 quilômetros.

No sítio chamado Fussel's Lodge, na Planície de Salisbury, não longe de Stonehenge, há um túmulo com duas fossas feitas nas duas extremidades da estrutura que foram datadas por radiocarbono de 4250 a.C. John North mostrou que, na época em que foram escavadas, as pessoas ajustaram o horizonte e mudaram a hora do aparecimento dos astros de primeira magnitude. (Os astros de primeira magnitude são brilhantes o suficiente para serem vistos no horizonte.)

Ele insiste que há mais de 6 mil anos as pessoas que viviam na Planície de Salisbury estavam criando plataformas para uma apurada astronomia a olho nu. North também chegou à opinião de que essas pessoas conheciam bem a geometria ligada à sua astronomia. Falando sobre as fossas escavadas pelo povo neolítico de West Kennet, em Wiltshire, North diz:

> *Entretanto, o plano* [do sítio] *tem uma inegável lógica geométrica e, certamente, não nos falta evidência de que a geometria neolítica estava intimamente ligada à astronomia estelar.*[160]

North apresentou um argumento cuidadosamente considerado, baseado em muita observação de campo, dizendo que o propósito dos sítios era prover um horizonte artificial para ajustar as condições na observação da ascendência e do ocaso dos corpos celestes.

Vale a pena observar que nem todos os sítios têm círculos de pedras, mas todos aqueles que foram escavados mostraram a evidência de estacas de madeira erigidas dentro do sítio. Isso sugere que as observações originais eram marcadas com estacas e, somente mais tarde, as pedras foram usadas para criar um ponto de referência permanente.

Latitude 59º Norte

As Ilhas de Orkney estão situadas na costa norte de Caithness, que forma o limite de um planalto ao norte da cadeia de montanhas Highlands. A maior desse grupo de ilhas é chamada Mainland e é atravessada pela latitude de 59º que passa pela principal cidade de Kirkwall. Apesar da escassa população, ela possui um dos maiores aglomerados de sítios megalíticos das Ilhas Britânicas.

A estreita faixa de água que separa John o'Groats, em Caithness, de Burwick, em Orkney, é um dos canais mais turbulentos da Europa Ociden-

---

160. NORTH, J. *Stonehenge, Neolithic Man and the Cosmos,* HarperCollins, 1996.

tal, mas há 11 mil anos ele não existia. Ao final da última Idade de Gelo, as Ilhas de Orkney eram simples picos de montanhas na planície norte que hoje é coberta pelo Mar do Norte.

O norte da Escócia sofreu dramáticas mudanças desde o final da última Idade do Gelo. Durante a Glaciação Weichseliana (o período final de frio da última Idade do Gelo na Escócia), que atingiu seu ápice cerca de 18 mil anos atrás, a Escócia inteira era coberta por uma camada de gelo de um quilômetro de espessura. O gelo era formado pela água marinha, o que fazia baixar os níveis dos mares e o peso do gelo fazia crescer o leito do mar nos arredores. Ninguém poderia ter habitado a Escócia nessa época, pois se tratava de um ambiente tão hostil quanto o Ártico é hoje. Em 13000 a.C., o ciclo Milankovitch, o qual afeta o calor que a Terra absorve do Sol, estava começando a aquecer o planeta e a derreter o gelo; os mamutes, os rinocerontes lanosos e as renas chegaram à Escócia cerca de 11000 a.C., mas foram extintos pelas ondas *tsunami* provocadas pelo impacto do cometa, que deixou uma camada de areia em grande parte do país.

Para a Escócia, um aspecto benéfico posterior ao impacto do cometa foi o aquecimento global e, em 6500 a.C., a região passou a ter um clima agradável. O arqueólogo dr. Wickham-Jones menciona que: "O ambiente deu lugar a um ótimo clima. A partir de então, a Escócia ofereceu uma base atraente para a ocupação humana o ano todo".[161]

A evidência dos primeiros colonizadores na Escócia é muito irregular. O dr. Wickham-Jones diz que há uma falta geral de informação arqueológica detalhada, com poucos lugares submetidos a análises por meio de técnicas modernas e muito poucas escavações recentes. A maioria do material coletado resultou da agricultura do local e isso significa que artefatos de diferentes períodos foram descobertos por intermédio do arado.

Durante o período de rápida mudança climática por volta de 10000 a.C., o nível do mar havia crescido e diminuído irregularmente. À medida que o gelo derretia, o mar crescia em volume, mas, ao mesmo tempo, a terra livre do peso do gelo fez com que o leito do mar se aprofundasse, resultando em mudanças de nível em mais de 120 metros nos últimos 10 mil anos. Esses movimentos permitiram que se formassem praias longe do mar em algumas partes da Escócia, enquanto outras partes eram submersas. Sabemos que pessoas viviam na área do Mar do Norte a nordeste de Shetland porque amostras do leito marinho colhidas por um navio britânico de pesquisas geológicas continham uma pederneira. Essas amostras foram colhidas a 145 quilômetros da costa de Shetland a uma profundidade de 140 metros.[162] Essas planícies glaciais foram submersas somente ao redor de 6000 a.C.,

---

161. WICKHAM-JONES, C. *Scotland's First Settlers,* Historic Scotland, 1994.
162. LONG, D., WICKHAM-JONES, C. e RUCKLEY, N. A. *Studies in the Upper Palaeothic of Britain and Northwest Europe,* S296, 1986, pp. 55-62.

quando a faixa de terra entre o sul da Inglaterra e a Europa Continental foi engolida pela água.

A parte da Escócia que teria sido mais habitável para os refugiados da constante elevação do nível do Mar do Norte seriam as áreas de Caithness, Grampian e Orkney. Não há evidência arqueológica dos primeiros colonizadores, mas novamente o dr. Wickham-Jones comenta:

> Se eles se estabeleceram na costa [de Caithness, Grampian ou Orkney] como era então, hoje seus sítios se encontram a vários metros abaixo da superfície do mar. Se eles se estabeleceram em terra, seus sítios, na maioria das áreas, estão cobertos por uma grande camada de turfa.[163]

O mais antigo povoado conhecido na Escócia encontra-se na Ilha de Rum e data de cerca de 7000 a.C., sendo contemporâneo dos antigos sítios irlandeses de Monte Sandal em River Bann. Ao redor de 6000 a.C., as populações estavam bem estabelecidas em Islay, Jura, Arran, Oban e Redkirk Point e nas vizinhanças de Loch Doon.

O historiador Richard Oram comenta sobre as consideráveis habilidades que esses colonizadores pós-glaciais deviam possuir:

> Povoados nas Hébridas falam de habilidades navegacionais das quais não existe nenhuma evidência física. Isso indica uma habilidade na construção de embarcações capazes de agüentar longas viagens, o que também sugere uma capacidade de explorar os recursos marinhos em águas profundas e não somente nas águas rasas da orla pesqueira.[164]

Skara Brae

Um dos mais fascinantes sítios pré-históricos da Escócia é o antigo povoado de Skara Brae, na costa atlântica ocidental de Orkney. Seus resquícios foram descobertos em 1850 quando uma forte tempestade arrancou turfa das dunas de areia nos limites de Skaill Bay para revelar os restos de um grupo de casas de pedra. Essa era a primeira vez em quase 5 mil anos que Skara Brae foi exposta à luz do dia. Em 1924, o sítio foi assumido pelo Ministério de Obras que construiu um dique para evitar maior erosão do mar, e quatro anos mais tarde Gordon Childe, professor de Arqueologia da Universidade de Glasgow, escavou o sítio e ajudou a conservar esses importantes edifícios.

---

163. WICKHAM-JONES, C. *Scotland's First Settlers,* Historic Scotland, 1994.
164. ORAM, R. *Scottish Prehistory,* Birlinn, 1997.

Descobrimos que ninguém tinha certeza de quando Skara Brae foi habitado pela primeira vez, desde o início das construções (datadas por radiocarbono em 3215 a.C.) que substituíram outras mais antigas, mas é certo que o sítio foi abandonado repentinamente. Um punhado de contas de osso foi encontrado no caminho principal sugerindo que, com a pressa do dono em abandonar o apartamento sete, o colar rompeu-se e ele não teve tempo de recolher as contas que caíram.[165] Em uma prateleira de parede, também foi encontrado um conjunto de 2.400 contas gravadas e pingentes que deviam ter sido valiosos e, no entanto, foram deixados para trás. A data estimada desse abandono é de cerca de 2655 a.C.

Ora, essa data é interessante! Já vimos que os construtores do fosso de Stonehenge haviam abandonado o sítio por volta de 2600 a.C. e que permaneceu sem uso durante os 500 anos seguintes. Considerando que todas essas datas devam ter margem de erro de mais de 55 anos, parece que Skara Brae e Stonehenge poderiam ter sido abandonados na mesma época. Haveria nisso uma conexão?

A dra. Anna Ritchie, arqueóloga especialista nos sítios megalíticos de Orkney, confirmou que as datas mais antigas apresentadas por análises de radiocarbono e diagramas de pólen sugerem que comunidades produtoras de alimentos estavam bem estabelecidas nas ilhas por volta de 3500 a.C. Ela também acredita não ser inerentemente possível que assentamentos desenvolvidos como Skara Brae representassem as casas dos primeiros colonizadores. Em sua opinião, esses sítios são o produto de uma sociedade madura, confiante e agrícola, e tem certeza de que as mudanças do nível do mar e a erosão costeira destruíram a evidência dos habitantes mais antigos.[166]

À primeira vista, os oito apartamentos mais bem conservados dos 12 existentes em Skara Brae assemelham-se ao cenário de um filme dos *Flintstones*. Parecem ser uma versão da Idade da Pedra de um vilarejo moderno com uma regularidade formal de projeto. Parece que um arquiteto pré-histórico planejou o desenvolvimento inteiro para que versões de pedra de conveniências modernas fossem acomodadas em cada apartamento. Todos têm armários de pedra, lareiras, estrados de cama, tanques de água e assentos. Dos oito apartamentos, seis estão ligados por um corredor principal, mas o sétimo tem acesso por um túnel separado em ângulos retos, a partir do corredor principal. Há também uma casa separada que se situa no lado extremo de um quintal pavimentado.

É óbvio que a sétima e a oitava moradias tinham um propósito diferente das outras seis. A impressão geral é que elas serviam para acomodar

---

165. MACKIE, E. *The Megalithic Builders,* Phaidon Press, 1977.
166. RITCHIE, A. *The First Settlers in the Prehistory of Orkney,* ed. Renfrew, C., Edinburgh University Press, 1985.

visitantes. Essa noção resultou da evidência do que os americanos chamam de "análise da lata do lixo", que possibilita deduzir muito a respeito do estilo de vida a partir do que é jogado na lixeira.

Um dos aspectos estranhos de Skara Brae, mas que contribuíram para sua preservação, é a camada de lixo acumulado do lado externo das paredes, na altura dos próprios tetos das casas. Referido pelos arqueólogos por eufemismo como "amontoado de lixo", ele consiste de todo material descartado pelos habitantes durante 600 anos, jogado fora para apodrecer. Uma vez apodrecido, esse material ajudava no isolamento e na conservação das construções, mas durante o verão deve ter exalado um cheiro horrível no início da operação.

Entretanto, deixando o lixo acumular atrás das casas, proporcionou aos arqueólogos, milhares de anos mais tarde, uma oportunidade de descobrir o que os habitantes comeram no jantar. As camadas de lixo em Skara Brae foram extensivamente analisadas e revelaram que eles, de modo geral, comiam carne de carneiro e de gado, complementado por peixe, ostras e, ocasionalmente, carne de porco.

Um dos aspectos da dieta alimentar dos habitantes de Skara Brae que interessaram o arqueólogo Euan Mackie era a falta de carne de caça. Por outro lado, analisando os outros sítios de Orkney, ele comentou que a fonte comum de carne parecia incluir 50% de animais selvagens e 50% de animais domésticos, como carneiro e vaca. O lixo de Skara Brae era inusitado nesse aspecto, pois ali não parecia haver facilidades para cuidar de rebanhos durante o inverno. Quando Euan Mackie também notou que havia muito mais carcaças do que caveiras, isso o levou a sugerir que o povoado pudesse ter sido uma pré-histórica combinação de monastério e colégio onde uma comunidade altamente organizada vivia. Ele acreditava que os habitantes teriam se dividido em grupos especializados, como equipes de cozinheiros, artesãos e outras.[167] Certamente, a falta de caveiras de animais parece indicar que essas pessoas importavam carne preparada, o que também confirma a impressão de que essas construções eram utilizadas para propósitos especiais.

Ainda há outro aspecto estranho. À primeira vista, é difícil imaginar onde eles conseguiam o combustível para suas lareiras, pois Orkney naquela época era uma savana aberta, quase sem árvores.[168] Não havia nenhum suprimento local de lenha para alimentar as várias lareiras de Skara Brae.

No entanto, pelas escavações de Childe sabemos que tiveram suficiente combustível para aquecer rocha vulcânica a altas temperaturas, o que permitiu manter as casas aquecidas para continuar a viver ali durante

---

167. MACKIE, E. *The Megalithic Builders,* Phaidon Press, 1977.
168. DAVIDSON, D. A. e JONES, R. L. "The Environment of Orkney" in *The Prehistory of Orkney,* ed. Renfrew, C., Edinburgh University Press, 1985.

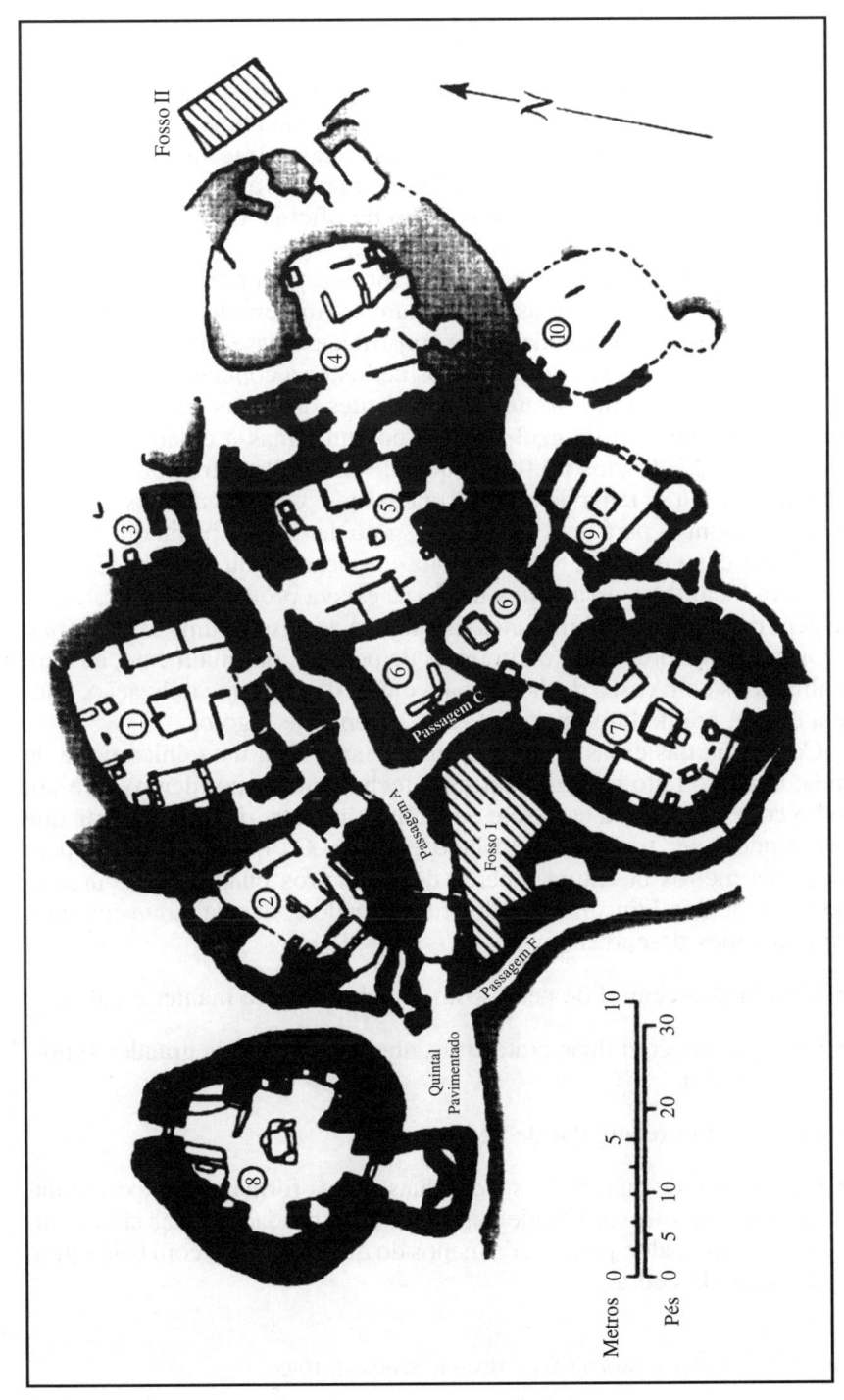

Figura 14. Planta de Skara Brae, cortesia da Historic Scotland.

tanto tempo.¹⁶⁹ A sugerida alternativa de esterco de gado ou algas marinhas não tem valor calorífico suficientemente alto para conseguir temperaturas necessárias para aquecer a rocha vulcânica ou para aquecer a cerâmica que os artesãos fabricavam. Além disso, a turfa queimada hoje em Orkney somente apareceu quase mil anos depois que Skara Brae foi abandonado. Portanto, parece que o povoado dependia de madeira à deriva do Atlântico para alimentar suas oito lareiras e o forno da oficina, ou então importava lenha de Caithness ou da Escandinávia.

Seguramente, devia haver um bom motivo para preferir viver nessa ilha, na qual alimento e combustível deviam ser importados. Tanto a precisão do projeto quanto a qualidade das construções desse sítio são realmente impressionantes. Há relatos em livros de história contando que, quando os romanos ali chegaram, os antigos habitantes das Ilhas Britânicas eram bárbaros que pintavam de azul seus corpos nus, mas a cidade de Roma ainda estava a 2.500 anos no futuro quando Skara Brae foi construída, já completa com seu sistema de esgoto subterrâneo. Quando um dos guias de Skara Brae apontou para uma tampa de esgoto de metal e pediu que Robert a levantasse caso quisesse ver o esgoto, ele desconfiou tratar-se de uma brincadeira local. Mas essa tampa moderna estava protegendo um canal de drenagem de pedra com 5 mil anos que ligava as casas a uma saída para o mar. Os canais de drenagem eram feitos de pedra e, originalmente, haviam sido alinhados com casca de árvore para efeito de impermeabilização. Para aquela época, era de fato um sofisticado sistema de esgotos.

Cada uma das casas tinha uma grande sala com uma única porta de entrada; um furo feito na pedra permitia fechar a porta por dentro com um ferrolho com exceção da casa sete que, curiosamente, tinha uma porta que somente podia ser trancada pelo lado externo. Os quartos tinham, pelo menos, três metros de altura e cerca de 36 metros quadrados de área e, como no filme dos *Flintstones,* tudo era equipado com o seguinte conjunto de comodidades desejáveis:

- Uma lareira central de pedra com uma borda para manter o calor;

- Uma estante com duas prateleiras, apoiada sobre três grandes suportes de pedra;

- Uma cadeira retangular de pedra;

- Um estrado de duas pedras, com duas outras formando as extremidades que o professor Childe sugeriu a possibilidade de ter sido o suporte de um baldaquim. Nada menos do que uma cama com baldaquim da Idade da Pedra.

---

169. RITCHIE, A. *Prehistoric Orkney,* Historic Scotland, 1995.

- Um tanque de água em pedra, com ondulações feitas de gesso.

- Espaço para armazenamento, consistindo de pequenas caixas de pedra e cavidades feitas no solo e nas paredes.

Algumas das casas também estavam equipadas com um pequeno cômodo ao sistema de drenagem, que poderia ser um lavatório; quando o conteúdo da drenagem foi analisado havia altos níveis de antigo excremento humano.[170]

As casas eram feitas de forma que as pessoas, ao entrar, eram obrigadas a abaixar-se bastante para atravessar o umbral da porta e, ao se endireitarem, a primeira coisa que veriam seria a sólida estante de pedra com o seu conjunto de prateleiras. Foi argumentado que esse seria um aspecto proposital e só nos resta ficar curiosos quanto ao que era exposto para que as pessoas tivessem de curvar-se profundamente ao entrar.[171]

Anna Ritchie avaliou a associação do desenho e da construção entre as casas de Skara Brae e aquelas descobertas em Rinyo, na Ilha de Rousay, e em Barnhouse. Ela pensou que a idéia de casas idênticas construídas em um plano comum é uma idéia moderna normalmente associada à economia de custos, mas que isso não poderia ser aceito como uma explicação da similaridade entre as casas de Skara Brae, Rinyo e Barnhouse – apesar de concluir que possa ter existido uma classe de pedreiros especialistas nesse tipo de construção.[172]

O apartamento sete de Skara Brae não somente era estranho pelo fato de o ferrolho estar do lado externo do quarto, mas também por ser o único que tinha um grande bloco na sala, e embaixo da cama dois corpos de mulheres haviam sido enterrados. Os esqueletos intactos mostraram que haviam sido enterrados antes da construção da casa, e a cama sob a qual foram sepultados era a única com inscrições.

Os apartamentos sete e oito parecem ter sido especiais, pois são as únicas construções adornadas com padrões gravados na estrutura de pedra.[173]

Skara Brae possui algumas das marcas inscritas mais antigas do mundo e, graças ao desenho cuidadoso e à habilidade técnica exibida no sítio, consideramos a possibilidade de que essas imagens sejam mais do que desenhos aleatórios. As pessoas que inserem desenhos em sua cerâmica podem fazê-lo para embelezar o produto, mas aquelas que gravam seleti-

---

170. CLARKE, D. V. e SHARPLES, N. "Settlements and Subsistence in the 3rd Millennium BC", em *The Prehistory of Orkney,* ed. Renfrew, C., Edinburgh University Press, 1985.
171. CLARKE, D. V. e SHARPLES, N. "Settlements and Subsistence in the 3rd Millennium BC", em *The Prehistory of Orkney,* ed. Renfrew, C., Edinburgh University Press, 1985.
172. RITCHIE, A. *Prehistoric Orkney,* Historic Scotland, 1995.
173. RITCHIE, A. *Prehistoric Orkney,* Historic Scotland, 1995.

Figura 15. *A inscrição ao lado da cama em Skara Brae.*

vamente em pedra geralmente tentam registrar algum significado. Os homens das cavernas deixaram suas impressões de mãos e imagens dos animais que caçavam, enquanto os sacerdotes do antigo Egito inscreveram imagens de pessoas e objetos ordenados de forma a registrar uma mensagem codificada (hieróglifos); mas qualquer pessoa da época que não podia ler acreditava que fossem mágicas as marcas na pedra que "contavam" histórias.

Figura 16. *O emblema de Skara Brae.*

Há uma certa diferença entre o desenho literal de um objeto e a criação de um símbolo abstrato. Por exemplo, acredita-se que a letra "A" derive da imagem da cabeça de um touro que, com o tempo, foi progressivamente invertida. Portanto, é possível que esse povo megalítico possa ter criado marcas abstratas que tinham algum tipo de significado que até hoje não descobrimos. Nem todos os arqueólogos aceitam o fato de que os antigos pictogramas possam ser decifrados, mas temos a impressão de que as marcas deixadas por essas pessoas tinham um significado para elas e, portanto, foram algum tipo de pré-escrita.

De modo particular, um emblema consistindo de dois losangos e de duas espirais, mais tarde, provou ser importante para ligar Skara Brae a outros sítios. Há duas importantes inscrições nas construções do povoado – além de uma série de pedras decoradas, embutidas nas paredes, as principais são aquelas que se encontram ao lado da estrutura da cama no apartamento sete e ao lado da passagem que leva a esse mesmo apartamento.

Euan Mackie havia considerado também as inscrições de Skara Brae e ele ligou o simbolismo usado e o estilo da cerâmica ali produzida com os sítios ao sul da Inglaterra e com as grandes tumbas megalíticas do Vale do Boyne na Irlanda Oriental. Há diversos símbolos que ligam esses sítios, principalmente o emblema de "espiral e losango" encontrados em cacos de cerâmica que também aparecem em pedras de Newgrange, na Irlanda, e em Barclodiad y Grawes, em Anglesey, bem como em localidades da Península Ibérica.

Objetos de Pedra

Como já vimos, a cerâmica canelada é encontrada nos principais sítios ao sul da Inglaterra, até Avebury, Woodhenge, Mount Pleasant e Amesbury.[174] Foi então que surgiu outra pergunta: "Como foi que a cerâmica canelada se difundiu tanto no sul da Inglaterra e em Orkney, quando é geralmente presumido que as populações eram razoavelmente estáticas? Como poderia um remoto povoado na costa oeste da Ilha Mainland, do grupo Orkney, ser ligado a esses importantes sítios no sul da Inglaterra?".

Até 1975, a incontestada amostra mais antiga de cerâmica canelada havia sido encontrada nas camadas primárias do fosso que cerca Stonehenge.[175] Desde então, a datação por radiocarbono mostrou que fragmentos de cerâmica canelada encontrada em Skara Brae são anteriores à de Stonehenge.

---

174. NORTH, J. *Stonehenge, Neolithic Man and the Cosmos,* HarperCollins, 1996.
175 MACKIE, E. *The Megalithic Builders,* Phaidon Press, 1977.

Além desses resquícios de cerâmica canelada, outros belos objetos de pedra feitos artesanalmente foram encontrados em Skara Brae sem nenhum propósito óbvio. Eles são muito estranhos, como os arqueólogos sentem-se frustrados quando não conseguem colocar uma etiqueta em um exemplar, acabaram recorrendo à descrição de "objetos de culto cerimonial". Considerando esse tipo de abordagem, devemos presumir que os futuros arqueólogos que virão a examinar os resquícios de nossa era chegarão a descrever os gnomos de jardim e as torres de instalações elétricas como estátuas de algum culto ou templos!

Os objetos mais intrigantes são duas bolas de pedra: uma com 6,2 centímetros de diâmetro, gravada por inteiro no padrão de losango tão comum em objetos feitos em Skara Brae; a outra, uma bola um pouco maior de 7,7 centímetros de diâmetro, foi gravada em alto e baixo-relevo. Vistas de perto, é possível observar que foram intensamente polidas. De fato, parecem ter sido manipuladas muito mais do que as facas "Skaill" que também estavam em exposição, e que, como ferramentas, deveriam apresentar um polimento maior devido ao uso.

Cerca de 400 outras bolas semelhantes, mas menos decoradas, foram encontradas em outras partes da Escócia, entre o Rio Tay e o Estuário de Moray. Sua recriação por meio de ferramentas de pedra é relativamente fácil, mas as mais elaboradas, como as de Skara Brae, são difíceis de serem explicadas.

A tentativa do engenheiro James Macauley de reproduzi-las com instrumentos da Idade da Pedra fracassou e provou ser impossível entalhar os difíceis ângulos sem usar fortes ferramentas de metal. Para as outras bolas, foi sugerido que os padrões mais elaborados foram entalhados durante a Era do Bronze ou do Ferro. Entretanto, as bolas de pedra de Skara Brae foram encontradas embaixo de camadas descobertas pelo vento e ali deixadas quando o povoado foi abandonado em 2655 a.C. – bem antes da época em que qualquer objeto de metal aparecesse nessa parte do mundo. Isso faz com que perguntemos: "Será que os engenheiros de Skara Brae conheciam a tecnologia de trabalhar a pedra e que por nós foi esquecida?".

Foi então que vieram à tona três fatos interessantes a respeito do trabalho da pedra sem o uso do metal.

1. Na época em que Skara Brae foi abandonado repentinamente, a cidade de Gizé, no Egito, era fundada e a Grande Pirâmide foi construída para o rei Khufu, cujo reinado dizem que iniciou em 2638 a.C. Os registros dizem que Hémon, o mestre pedreiro encarregado do projeto, fazia com que os seus trabalhadores usassem uma ferramenta que não era de metal e não emitia nenhum som no trabalho das grandes pedras da pirâmide.

2. Mais de 1.600 anos mais tarde, o rei Salomão mandou construir seu templo em Jerusalém sem que fosse permitido que instrumentos de

metal entrassem em contato com as pedras, apesar do fato de que os metais haviam sido usados na região desde o quinto milênio a.C.

3. Atualmente, no ritual maçônico, o candidato ao grau de admissão de Aprendiz Aceito deve ser "despido" de todos os objetos de metal antes de ser admitido na Loja e para que o ritual prossiga.

À luz desses fatos, talvez houvesse em certa época uma tecnologia mais adiantada para o trabalho da pedra que com o passar do tempo foi esquecida. Com isso em mente, voltamo-nos para a tradução da *Epopéia de Gilgamesh,* de Robert Temple, que menciona algumas "coisas" de pedra sem propósito algum.

> *Ele* [Gilgamesh] *se deitou e, em seguida, despertou de um sonho. No sonho havia visto as coisas de pedra gozando da vida. Com a mão ele levantou o machado, sacou o punhal de seu cinto, desceu sobre elas como uma flecha, atacou-as e quebrou-as em pedaços.*[176]

Gilgamesh fora assustado por coisas de pedra e as visualizou como objetos de poder. Mais adiante no poema, ele parece sugerir que eram usadas por viajantes.

> *E quando você chega às Águas da Morte, o que fará? O barqueiro de Ziusudra está ali, Gilgamesh, seu nome é Urshanabi e com ele estão as coisas de pedra.*[177]

Talvez Anna Ritchie esteja certa quando sugere que essas coisas de pedra fossem "objetos de poder": "Bolas de pedra e objetos em forma de 'T' parecem mais bem interpretados como símbolos de *status* e de prestígio, relacionados com emblemas cerimoniais ainda em uso nos dias atuais".[178] De fato, ainda hoje usamos emblemas parecidos. Quando um monarca da Inglaterra é coroado, a cerimônia envolve que o rei (ou a rainha, é claro) se sente em uma pedra grosseiramente aparada, vinda de Israel para a Irlanda há milhares de anos, considerada a pedra "sagradora de reis". Em uma mão ele/ela segura um cetro e na outra, uma esfera decorada chamada orbe. Onde será que o uso desses emblemas de autoridade começou? A atual monarquia da Inglaterra pode ainda rastrear sua ancestralidade até Thorofinn, o primeiro monarca norueguês de Orkney. É possível que essas cerimônias reais tenham conexão direta com os rituais que eram praticados em Skara Brae?

---

176. TEMPLE, R, *He Who Saw Everything,* Century, 1991.
177. TEMPLE, R. *He Who Saw Everything,* Century, 1991.
178. RITCHIE, A. *Prehistoric Orkney,* Historic Scotland, 1995.

O Anel de Brodgar

A distância entre Skara Brae e o Anel de Brodgar é de oito quilômetros. A estrada passa entre os Lagos de Harray e Stenness, e uma série de colinas, até o Anel com seus blocos de rocha de 4,5 metros de altura, fincados verticalmente e espalhados pelos arredores. Esse imenso círculo é composto de 27 pedras verticais ainda intactas, mas dizem que originalmente havia 60. As pedras de Brodgar situam-se em um planalto inclinado para o alvorecer e cercado por um incrível fosso cavado no próprio leito rochoso.

Os fossos são típicos das Ilhas Britânicas e são espalhados pelo território aos milhares. Mesmo pelos padrões atuais, o sítio de Brodgar é uma bela obra de engenharia com 110 metros de diâmetro, dez metros de largura e 3,4 metros de profundidade. Quando o professor Colin Renfrew escavou determinadas seções, ele estimou que o trabalho necessário para cortar esse fosso no leito rochoso fosse de pelo menos 100 mil horas/homem,[179] o que parece ser um enorme investimento de tempo para uma pequena população, cuja expectativa média de vida era pouco mais de 25 anos.[180]

O cálculo de Renfrew é uma estimativa mínima, mas, presumindo que 40 homens pudessem trabalhar 50 horas/semana durante todas as estações, eles levariam um ano inteiro para escavar somente o fosso. Esses homens precisariam de uma grande estrutura de apoio para suprir alimento, combustível, cozinhar, costurar roupas e preparar um contínuo suprimento de novos instrumentos de corte. Resumindo: esse trabalho deve ter sido muito importante para uma comunidade que deve ter ocupado todo seu pessoal produtivo durante um longo período.

Há duas passagens de entrada pelo fosso para dentro do anel: uma a nordeste e outra a sudeste, que à primeira vista parece coincidir com a direção geral do crepúsculo do inverno e do alvorecer do verão. No ponto extremo da estrada, a nordeste, há uma elevação que proporciona uma visão panorâmica do anel inteiro. O professor Alexander Thom, engenheiro e arqueólogo-astrônomo, acreditava que essa elevação tivesse sido construída para conseguir uma visão apurada da elevação da Lua, e ele estimou, a partir de observações astronômicas, que a plataforma foi construída cerca de mil anos depois do fosso.[181]

Na década de 1960, Thom, professor aposentado de engenharia da Universidade de Oxford, estabeleceu que o Anel de Brodgar e a maioria dos outros sítios megalíticos da Europa Ocidental foram construídos usando uma unidade padrão de medida, que ele chamou de "Jarda Megalítica".

---

179. RENFREW, C. "Investigations in Orkney", *Report Research Comm., Soc. Antiq.,* London, nº 38, 1979.
180. HEDGES, J. W. *Tomb of the Eagles,* Tempus Reparavm, 1992.
181. THOM, A. e A. S. "Megalithic Rings", *BAR British Series 81, 1980.*

Ele também sugeriu que o motivo para a escavação do fosso nesse lugar seria porque ele proporciona quatro importantes visualizações dos movimentos da Lua, que são importantes para a previsão de seus ciclos. Em sua opinião, a finalidade da elevação na margem externa do fosso serviria para proporcionar um horizonte artificial controlado para visualizar esses movimentos na órbita da Lua.[182] Isso significa que o fosso fazia parte de um instrumento científico na escala de um radiotelescópio. Para os antigos usuários, ele proporcionava um horizonte perfeitamente plano em todas as direções e permitia que o céu fosse visto como um exato hemisfério.

Na época do trabalho de Thom, sua idéia de um padrão internacional de medida e a construção de observatórios astronômicos há mais de 5 mil anos eram motivos de riso. De acordo com a opinião dos arqueólogos, a população das Ilhas Britânicas consistia de selvagens e não de cientistas – portanto, de fato, Thom devia estar enganado. Mas, desde então, ele provou estar totalmente correto, graças à análise estatística independente.

Um pouco mais adiante na estrada que leva à estrutura do "Anel de Brodgar" encontra-se o círculo menor com pedras maiores, conhecido como "As Pedras de Stenness", que também possui fosso próprio.

Stenness e Barnhouse

Ao final do istmo que separa os Lagos Harray e Stenness existe um canal cheio de juncos, com uma ponte que liga a estrada principal ao vilarejo de Barnhouse, onde se encontram as enormes Pedras de Stenness. Atualmente, há quatro pedras na posição vertical, mas quando o sítio foi escavado por Grahame Ritchie, em 1973, ele encontrou cavidades de 12 pedras. No centro do círculo havia uma estrutura quadrada de pedra rente ao chão, na entrada da qual encontrou um par de pedras verticais. A análise por radiocarbono de ossos de animais utilizados para a escavação do fosso revelou a data da edificação próxima a 3040 a.C.

As Pedras de Stenness são notáveis devido ao profundo fosso que as cerca.

O solo rochoso foi cortado com uma profundidade de dois metros, formando uma única rocha gigante. Para conseguir isso foi necessária a cuidadosa remoção de 18 mil metros cúbicos de rocha – aparentemente, tudo foi feito por meio de pedra sílex, madeira e osso. Quem se dedicou a esse trabalho insano queria um fosso exatamente naquele lugar! Qual era o objetivo de tanto trabalho?

É uma estrutura tão inusitada que Anna Ritchie comentou:

---

182. THOM, A. e A. S. "Megalithic Rings", *BAR British Series 81, 1980.*

O ◁▷ L
0°
Linha do Equador

O ◁▷ L
30°
As Pirâmides

O ◁▷ L
40°
Sul da Itália

O ◁▷ L
50°
Sul da Inglaterra

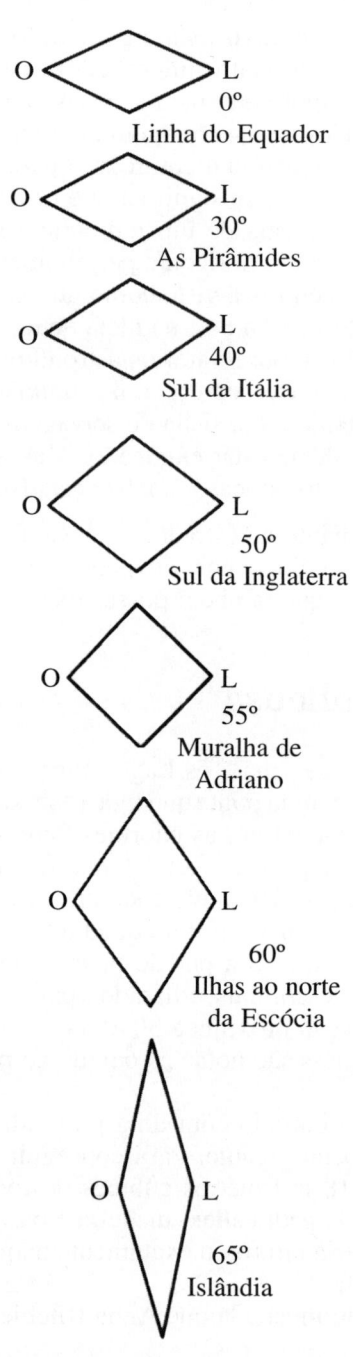

O ◁▷ L
55°
Muralha de
Adriano

O ◁▷ L
60°
Ilhas ao norte
da Escócia

O ◁▷ L
65°
Islândia

Figura 17. *Como a forma do losango, criado pelo alvorecer e pelo crepúsculo durante o ano, muda com a latitude.*

A data para essas Pedras de Stenness foi uma surpresa, por ser anterior a muitos sítios ingleses. Mas talvez isso seja uma confirmação de que Orkney não era tão lenta na adoção de novas idéias, e pode até ter ajudado no desenvolvimento de inovações, geralmente atribuídas a uma origem no sul da Inglaterra.[183]

É possível que alguma coisa especial a respeito desse sítio de Orkney atraísse pessoas interessadas em Astronomia? Seria esse o lugar onde Uriel levou Enoch para as lições de Astronomia?

Decidimos que seria instrutivo desenhar a forma do ano solar, de acordo com faixas de latitude da linha do Equador até a latitude 65ºN. Achamos interessante o fato de que os pontos da elevação do Sol nos solstícios de verão e de inverno formam um perfeito ângulo reto na latitude 55ºN, resultando em um "ano quadrado". Isso deve ter sido considerado importante para o povo do terceiro milênio a.C., como descobriríamos mais tarde. Também observamos que eles teriam conseguido esse mesmo efeito em outras latitudes, se tivessem construído um sítio para criar um horizonte controlado.

Além disso, achamos curioso os romanos terem construído uma estrutura conhecida como Muralha de Adriano ao longo da linha 55ºN. Essa enorme estrutura ocupa a largura total da Inglaterra. Havíamos decidido que a explicação padrão de ela ser uma linha natural como objetivo de defesa não tinha fundamento. A muralha estaria mais bem posicionada ao longo do Rio Tweed se a intenção era conter os escoceses e os pictos, apesar de ser difícil imaginar como essa extensa muralha poderia manter tropas suficientes com base permanente, para conter até mesmo um pequeno ataque concentrado em um ponto qualquer. Contudo, a Grande Muralha da China foi desenhada para evitar que guerreiros montados varressem o país e o objetivo foi alcançado porque era impossível levantar os cavalos pelas paredes. As tribos ao norte da Muralha de Adriano lutavam a pé e teriam escalado essa barreira com facilidade. Parece ser muito mais lógico que os druidas estivessem ocupando os velhos sítios megalíticos nessa importante linha de observação solar e os romanos quisessem demonstrar seu poder sobre eles assumindo controle desses sítios.

Dentro do fosso seria uma maneira de utilizá-lo como um horizonte artificial, mas também há outra forma possível, e isso seria enchendo o fosso com água; uma pessoa poderia olhar para a imagem do ponto de referência refletida no fosso. Outra coisa que nos ocorreu é que escavar um fosso em um solo rochoso o tornaria certamente um recipiente de água apropriado, e ficamos curiosos por saber se havia qualquer vestígio do uso

---

183. RITCHIE, A. *Prehistoric Orkney*, Historic Scotland, 1995.

O Efeito do Fosso na Geometria Estelar

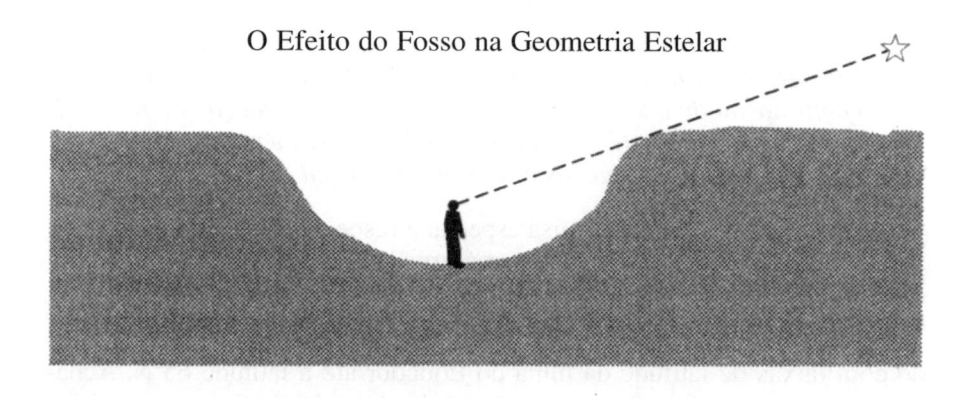

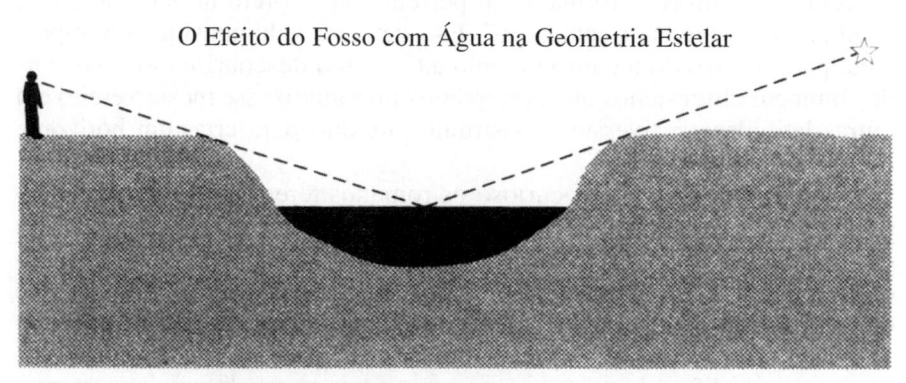

O Efeito do Fosso com Água na Geometria Estelar

Figura 18. *Como os fossos afetam o ponto de visão dos observadores.*

de água nos fossos. Uma pesquisa proporcionou a informação de fossos com água na Irlanda, como aquele a leste da cidade de Tralee no distrito de Ballingowan, onde há um fosso de 19 metros de diâmetro, que cheio d'água tem profundidade de um ou dois metros, dependendo da época do ano.[184] Infelizmente, o uso deliberado de água inevitavelmente levou os arqueólogos envolvidos a considerar os criadores como "cultuadores da água", como se tivessem colocado água no fosso para adorá-la. É verdade que o homem moderno é freqüentemente enlevado por crenças irracionais (chamamos nossas próprias crenças de "religião" e as do outros, de "superstição"), mas os especialistas não conseguem perceber que as estruturas poderiam ter sido construídas por propósitos práticos!

---

184. CONNOLLY, M. e CONDIT, T. "Ritual Enclosures in the Lee Valley, Co. Kerry", *Archaelogy Ireland,* vol. 12, nº 6, Edição 46, Winter, 1998.

De fato, há evidência indireta que sugere um fosso com água em Stenness. No livro de Anna Ritchie sobre Orkney pré-histórica, há uma ilustração mostrando um problema de escavação encontrado na retirada da água de uma seção do fosso de Stenness. Quando o conteúdo foi retirado, o fosso continuou enchendo-se de água e teve de ser continuamente bombeado a fim de mantê-lo seco para permitir a escavação.[185]

Isso sugere que o fosso de Stenness possa ter sido feito com o intuito de ser enchido de água para que fosse usada como um disco refletor, com a vantagem de obter um horizonte artificial, sem ser necessário permanecer dentro do fosso.

Outra estrutura que o povo da cerâmica canelada construiu na área é encontrada em Barnhouse, a apenas 150 metros ao norte das Pedras de Stenness. Em 1986, quando Colin Richards escavou essa área de campos verdes, encontrou uma série de estruturas que representava um longo período de colonização. O sítio foi extremamente rico em achados de cerâmica canelada, que já havíamos visto em muitos outros sítios de Orkney e que eram idênticos aos fragmentos que Ritchie havia encontrado em Stenness. Isso sugeria que o complexo era contemporâneo e ligado aos sítios vizinhos. As ruínas de cerca de 12 edifícios foram investigadas, já que em algumas foi encontrado um tipo de pedra importada. O piso das casas seis e dez foi feito com uma espécie de pedra obsidiana de cor preta lustrosa, originária da Ilha de Arran (grupo de ilhas ocidentais). Devia ter sido um povoado sofisticado, como Skara Brae, e as casas eram equipadas com um sistema de drenagem e o mesmo tipo de interior de Skara Brae. Mas o povoado de Barnhouse não era um vilarejo subterrâneo; suas casas se encontravam na superfície e separadas. O centro do povoado tinha duas casas dominantes, diferentes, por serem retangulares e não circulares como as outras estruturas. Richards pensou que elas poderiam ter sido templos e indicassem a existência de uma ordem social hierárquica que exercia um alto grau de autoridade sobre outros grupos sociais.[186]

Maes Howe

O sítio de Maes Howe é situado no centro da Ilha Mainland e é um dos túmulos neolíticos mais bem preservados da Europa Ocidental. É classificado como câmara funerária, apesar do fato de que não havia nenhum corpo nela. Esse aterro é posicionado ao centro de um fosso circular de 150 metros de diâmetro. Não parece ser um verdadeiro fosso e Colin Renfrew

---

185. RITCHIE, A. *Prehistoric Orkney*, Historic Scotland, 1995.
186. RICHARDS, C. "The Later Neolithic Settlement Complex at Barnhouse Farm, Stenness", em *The Prehistory of Orkney*, Edinburgh University Press, 1993.

sugeriu que fosse o resquício da construção em argila da plataforma circular e plana, sobre a qual a elevação agora se encontra.[187]

A análise por radiocarbono mostra que a plataforma é mais antiga que o aterro, datando de 3930 a.C., enquanto a própria estrutura é de cerca de 2820 a.C. A vista dessa planície artificial é deslumbrante. O sítio parece estar assentado no meio de um altiplano. Não haveria necessidade de construir um horizonte artificial, pois o altiplano que o cerca forma um horizonte natural rico de pontos referenciais. A atração do sítio para a observação astronômica é óbvia.

A qualidade da técnica de construção utilizada na construção da câmara é incrível. A arqueóloga Audrey Henshall comenta: "A excelência da construção de Maes Howe vai além de qualquer outra tumba(...) é uma das supremas realizações neolíticas da Europa".[188] Os blocos utilizados são encaixados com grande precisão; as superfícies foram talhadas para conseguir uma superfície plana ou para arredondar a borda da misulagem, e diferente de qualquer outro sítio as lajes são propriamente chumbadas na vertical. A maneira como essas grandes lajes retangulares foram usadas é típica desse sítio; algumas das lajes têm mais de cinco metros de comprimento e pesam cerca de três toneladas.

Na hora do crepúsculo durante o solstício de inverno, o Sol brilha pela passagem principal e ilumina a parede embaixo da entrada, a nordeste da câmara. Essa passagem principal tinha um grande bloco de pedra triangular que podia ser usado para selar a passagem, apesar de não ser grande o suficiente para preencher o espaço todo, seriam necessárias outras pedras para bloquear a luz totalmente. A câmara havia sido penetrada por vikings pelo lado superior, no século IX ou X d.C., que deixaram uma mensagem nas paredes dizendo que estava vazia quando entraram.

Existe alguma coisa de estranho a respeito do alinhamento dessa passagem no solstício de inverno. Olhando por seu intermédio para sudeste, a entrada enquadra o alto pico de Ward Hill, que se situa na Ilha de Hoy, que fica além do Estreito de Clestrain. A entrada de todas as outras passagens de túmulos conhecidos aponta para horizontes planos, e para construir uma passagem apontando para um óbvio obstáculo da luz solar poderia parecer um tanto descuidado. Mas nós sabíamos que essas pessoas não cometiam erros desse tipo.

Anna Ritchie não está convencida de que a orientação seja propositai, e explica:

---

187. RENFREW, C. "Investigations in Orkney", *Rep. Research Comm. Soc. Antiq.*, London, 1979.
188. HENSHALL, A. S. "The Chambered Cairns", em *The Prehistory of Orkney,* Edinburgh University Press, 1993.

A passagem de Maes Howe está orientada para o sudeste e a luz do crepúsculo no solstício de inverno brilha pela passagem e ilumina a parede do fundo. Aubrey Burl sugeriu que o motivo pelo qual a pedra não fechasse a entrada totalmente fora desenhado propositadamente para que o espaço deixado permitisse que a luz do Sol penetrasse na câmara. A maioria das câmaras funerárias orcadianas era construída em uma posição na qual a passagem da entrada se orientasse entre "leste-norte-leste" e sul. Provavelmente, isso decorria de uma conexão geral com o alvorecer no solstício de inverno a sudeste, a época do ano em que os curtos dias de inverno começam a se estender e a esperança da primavera cresce cada vez mais.

Nenhum resto humano foi encontrado dentro de Maes Howe, com exceção de um fragmento de crânio humano. De fato, existem muitas estruturas em Orkney consideradas tumbas que possuem menos corpos enterrados nelas do que no "povoado" de Skara Brae.

Anna Ritchie refere-se a uma dessas estruturas chamada Dwarfie Staine, na qual nenhuma evidência de corpos foi encontrada:

Na Ilha de Hoy encontra-se uma extraordinária câmara aberta na rocha cuja hipótese é tratar-se de uma tumba neolítica. O grande bloco de arenito no qual a câmara foi talhada situa-se em um vale bem inóspito a sudeste de Ward Hill, o monte mais alto de Orkney.[189]

Entretanto, a pergunta persistia: devido à obstrução de Ward Hill, qual era a observação particular que interessava a esse povo na área de Maes Howe?

A resposta foi encontrada pelo astrônomo holandês Victor Reijs, que estudou a orientação do solstício de inverno de Maes Howe, quando no crepúsculo o Sol brilha pela passagem e ilumina a câmara. Em agosto de 1996, ele foi autorizado pela Historic Scotland (a autoridade que controla os monumentos antigos) a investigar a estrutura e o seu horizonte. A partir de suas medições, criou um modelo computadorizado da abertura da construção pelo qual previa as ocasiões em que o Sol iluminaria a câmara. Ele ficou surpreso ao achar que vinte dias antes do solstício e vinte dias depois, o Sol ilumina a câmara duas vezes no mesmo dia. A partir da entrada da câmara, o Sol parece se pôr atrás de Ward Hill, na Ilha de Hoy, e depois aparece novamente no espaço entre Ward Hill e Brunt Hill, na Ilha de Mainland:

---

189. RITCHIE, A. *Prehistoric Orkney*, Historic Scotland, 1995.

[Durante o dia que é] *20 dias antes e depois do solstício de inverno, o Sol reaparece por detrás de Ward Hill (essa reaparição não é uma característica do próprio sítio de Maes Howe, mas do cenário local). O reaparecimento pode ser visto na parede do fundo da câmara(...) Esse reaparecimento do Sol atrás de Ward Hill foi visto pelos encarregados de Maes Howe em 2 de dezembro de 1997.*[190]

Agora sabemos o porquê da atração pela planície entre os Lagos Harray e Stenness, uma área conhecida localmente como a Baía dos Anjos. Do nível da plataforma de argila que foi a primeira estrutura construída no sítio, próximo a 3930 a.C. – mais de mil anos antes da abertura da passagem –, as pessoas estariam idealmente colocadas para presenciar o crepúsculo do Sol e seu reaparecimento durante dois dias no solstício de inverno. Que fonte de poder para um sacerdote-astrônomo cuja mágica podia forçar o Sol a se pôr, fazendo-o surgir novamente logo depois, e dessa forma impressionar o seu povo! Não é de surpreender o fato de que esses antigos astrônomos pudessem persuadir essas pessoas de vida curta a se sujeitar a encurtá-la ainda mais, trabalhando nesse solo rochoso, usando unicamente ferramentas de pedra, osso e madeira.

Os efeitos de luz ao redor de Ward Hill foram parte das lendas escocesas durante muitos anos. Até *sir* Walter Scott utilizou-se da tradição dos astrônomos da cerâmica canelada quando usou Orkney como cenário de seu romance *The Pirate* (O Pirata), aproveitando-se também da memória folclórica dos efeitos mágicos de luz na área, e assim preparar o cenário de sua história:

> *A oeste de Dwarfie Staine está situada uma montanha bem alta e de ascensão íngreme chamada Ward Hill de Hoy, em cujo pico nos meses de maio, junho e julho, ao redor da meia-noite, é possível ver uma luz que brilha admiravelmente, e que pode ser freqüentemente vista de longa distância. Já foi mais brilhante do que é hoje e, apesar de muitas pessoas terem escalado a montanha para procurá-la, nunca pôde ser encontrada.*[191]

O referido Dwarfie Staine é uma das mais curiosas estruturas que já vimos. Ela se encontra na Ilha de Hoy, no sopé de Ward Hill e trata-se de um bloco de pedra de formato oblongo medindo 8,6 metros de comprimento, quatro metros de largura e dois metros de altura. Uma porta quadrada foi entalhada para apresentar um curto túnel que leva a duas celas ou câma-

---

190. REIJS, V. M. M. "Maes Howe's Megalithic Month Alignment", *Third Stone*, outubro-dezembro de 1998, pp. 18-20.
191. SCOTT, W. *The Pirate*, T. Nelson & Sons Ltd.

ras. Do lado externo, apoiado a esse bloco, há outro bloco de arenito provavelmente programado para selar a abertura.[192]

Pensamos então que, caso um impacto com um cometa e conseqüentes ondas *tsunami* foram previstos, uma boa maneira de sobreviver seria colocar-se dentro de um objeto sólido que pudesse ser selado e forte o suficiente para agüentar a pressão de um grande volume de água – uma espécie de batisfera da Idade da Pedra.

O Enigma de Orkney

Acredita-se que todos os sítios astronômicos de Orkney foram criados por um grupo de pessoas conhecidas por seus objetos decorados de cerâmica canelada que construiu a plataforma de observação de Maes Howe, cerca de 6 mil anos atrás.

Colin Renfrew tentou calcular o tempo de mão-de-obra necessária para construir as câmaras funerárias de Orkney e reuniu dados sobre o tempo envolvido na execução tradicional orcadiana para escavar e construir com pedras a seco.[193] Ele calculou o seguinte:

1. Em uma jornada de oito horas de trabalho, um homem poderia provavelmente escavar 7,8 metros cúbicos de pedra;

2. Um único metro cúbico de rocha viva pode ser transformado em 4,5 metros cúbicos de cascalho compactado próprio para uma construção a seco. Usando um carrinho de mão, um homem poderia carregar 9,88 metros cúbicos, em uma jornada de oito horas de trabalho, e outro homem poderia transportar 14,44 metros cúbicos em uma distância de cerca de 25 metros, durante o mesmo período;

3. O nivelamento do sítio poderia ser feito em uma estimativa de 28,88 metros cúbicos por homem/dia;

4. Um pedreiro poderia construir cerca de 3,04 metros cúbicos de parede a seco em um dia de oito horas.

O arqueólogo John Hedges sugeriu que, como esses cálculos consideravam o uso de ferramentas de metal e carrinhos inexistentes naquela época, as estimativas deveriam ser dobradas levando em consideração o tempo de trabalho empregado por meio do uso de ferramentas de pedra e o transporte das pedras em cestas. Gerald Hawkins apresentou uma estimati-

---

192. RITCHIE, A. *Prehistoric Orkney,* Historic Scotland, 1995.
193. RENFREW, C. *Investigations in Orkney,* Penguin, 1979.

va de tempo necessário para escavar, transportar a pedra cerca de um quilômetro e erigi-la verticalmente, de cerca de 1.600 horas/homem por pedra.[194]

John Hedges achou que grande parte das estruturas levou menos de 10 mil horas/homem para ser construídas, mas que sítios como Maes Howe, por exemplo, demandaram muito mais tempo. As estruturas menores, ele assimilou à construção de uma pequena igreja atual ou um centro comunitário. Ele comentou que essa analogia foi feita, não porque presumira qualquer equivalência direta, mas para poder dar uma medida de escala no empenho do empreendimento.[195]

O Povo da Cerâmica Canelada construiu complicadas e complexas estruturas em toda Orkney, antes de abandonar para sempre o local de seus mais avançados sítios. Seus observatórios caíram em desuso, suas práticas de sepultamento foram substituídas por aquelas fisicamente diferentes do Povo Beaker, cujos crânios são distintamente mais arredondados do que os crânios alongados do Povo da Cerâmica Canelada, e a sua tecnologia avançada simplesmente desapareceu.

É possível que tenham sido invadidos e afugentados, mas ainda estávamos perplexos de como eles haviam desenvolvido seus sítios astronômicos que precisaram de gerações de trabalho para serem construídos e dezenas de gerações para acumular informação de como alinhar precisamente essas estruturas. Esse grupo adiantado de pessoas havia desenvolvido as ciências da Agricultura, da Construção e da Astronomia em níveis muito sofisticados. Sua influência durou quase 13 séculos e mostrou toda a evidência de ter desenvolvido sua ciência durante esse período, passando do simples horizonte artificial para a arquitetura monumental da câmara de Maes Howe e os templos associados de Barnhouse, até os alinhamentos sofisticados e os incrivelmente trabalhosos fossos de Brodgar e Stenness.

Afinal, conjeturamos, como eles conseguiram controlar o seu ambiente? Como desenvolveram sua ciência? O desenvolvimento científico moderno baseia-se totalmente no uso da literatura e das bibliotecas. Qualquer pessoa que inicie uma pesquisa, começa lendo a literatura que diz respeito ao assunto para verificar o que já é conhecido. Para isso, fazemos uso da escrita como meio de registrar os resultados de obras anteriores. De que forma, pensamos, poderia uma sociedade sem escrita desenvolver sua ciência?

A latitude mais ao norte da "Região de Enoch" era a nossa mais provável possibilidade para o lugar onde Uriel transmitiu seus conhecimentos de astronomia. Agora precisávamos descobrir mais a respeito desse povo

---

194. HAWKINS, G. S. *Stonehenge Decoded,* Souvenir Press, 1966.
195. HEDGES, J. W. *Tomb of the Eagles,* Tempus Reparatum, 1984.

que era tão adiantado quanto qualquer outro do planeta. O ponto que continuava a intrigar-nos foi seu desaparecimento dos sítios principais da Região de Enoch, por volta de 4.600 anos atrás.

Conclusão

A área descrita em *O Livro de Enoch*, que denominamos Região de Enoch, é delimitada por aspectos particulares de astronomia observacional. No limite sul de Stonehenge e de Avebury, as sombras dos solstícios de verão e de inverno alinham-se perfeitamente, enquanto no limite norte das Hébridas, a oscilação da Lua pode ser observada; e em Orkney é possível ver o Sol se pôr e ressurgir novamente, em certas épocas do ano. Os limites extremos das terras do Povo da Cerâmica Canelada parecem abundar de efeitos astronômicos observáveis.

O Povo da Cerâmica Canelada possuía métodos de construção sofisticados. Eles edificaram povoados como Skara Brae, com um moderno sistema de drenagem e acomodações de interior de padrão avançado, e criaram horizontes artificiais, chamados fossos, nos mais difíceis tipos de solo para facilitar suas observações astronômicas. Eles também construíram magníficas câmaras de pedra subterrâneas com passagens alinhadas para permitir a entrada da luz do Sol em determinadas épocas do ano. Essas pessoas criaram uma série de símbolos que podem ser encontrados em todo o seu território. Também fabricaram objetos de pedra de formato complexo, que engenheiros modernos não conseguiram reproduzir sem o uso de ferramentas de metal – que o Povo da Cerâmica Canelada aparentemente não possuía.

Apesar de desenvolver uma cultura avançada, suficientemente hábil para organizar e dirigir grandes projetos de engenharia civil que levaram muitas gerações para ser finalizados, esse povo desapareceu sem deixar vestígios por volta de 2655 a.C.

Capítulo VIII

A Ciência da Pré-história

Armazenando Conhecimento

Como pudemos ver, dentro da região orientada astronomicamente por Enoch, esse povo há muito tempo esquecido era adiantado em certos aspectos da ciência. Até onde sabemos, eles não possuíam linguagem escrita e, portanto, tiveram de transmitir oralmente seu conhecimento. A expectativa média de vida por volta de 25 anos[196] não possibilitaria facilmente a criação de um banco de conhecimento na sociedade, e eles precisariam criar métodos sofisticados de transferir o saber por meio do desenvolvimento de habilidades especiais de memorização.

É de conhecimento geral que, muito mais tarde, os druidas usaram técnicas de memorização em que um indivíduo levava em média vinte anos para acumular um nível básico de fatos armazenados.[197] Temos certeza de que o Povo da Cerâmica Canelada que vivia às margens ocidentais da Europa e particularmente ao redor do Mar da Irlanda há 5 mil anos era liderado por sacerdotes-cientistas que aconselhavam as pessoas a respeito de todos os aspectos da vida, desde medicina até cruzamento de animais. Para eles, Ciência e Teologia certamente deviam ser sinônimos. Não deixaram nenhum registro escrito, mas muitos reconhecidos estudiosos celtas acreditavam que foi esse megalítico Povo da Cerâmica Canelada que estabeleceu as crenças básicas para os futuros druidas.

O estudioso celta T. W. Rolleston, editor de longa data da revista *Dublin University Review,* escreveu sobre os elos entre os celtas e o povo megalítico:

---
196. HEDGES, J. W. *Tom of the Eagles,* Tempvs Reparatvm, 1992.
197. CAESAR, J. *The Conquest of Gaul,* traduzido por Handford, S.A., Penguin, 1951.

Lendo os fatos, a conclusão parece ser que o druidismo, em seus aspectos essenciais, foi imposto à natureza imaginativa e sensível do celta pela antiga população da Europa Ocidental, o povo megalítico(...) Esse povo foi levado um passo ou dois para fora da atmosfera de estranho mistério que o envolveu e ele mostra que teve um papel importante no desenvolvimento religioso da Europa Ocidental e no preparo daquela parte do mundo para a rápida extensão do tipo especial de Cristianismo que ali se estabeleceu(...) logo após a conversão da Irlanda para o Cristianismo, encontramos o país repleto de monastérios, cuja completa organização parece indicar que, na realidade, eram colégios druidas transformados em massa.[198]

De fato, falando de druidas, a dra. Nora Chadwick em seu distinto estudo disse:

Nenhum estudo sobre os celtas pode ser considerado completo sem levar em conta a natureza e o papel da famosa classe erudita, os druidas, homens que combinavam os papéis de sacerdote, filósofo, profeta e professor. [199]

Um dos mais espetaculares elementos do ambiente humano é o céu; no mundo antigo, a sobrevivência e o sucesso podiam muito bem depender da compreensão de sua relação com as estações e, portanto, da disponibilidade de suprimento de alimentos. Para melhorar suas chances de sobrevivência na Era Paleolítica, as pessoas precisariam entender os padrões de mudanças do céu e saber como reagir aos sinais observados. Percebemos pela escolha dos sítios para construir seus observatórios que o Povo da Cerâmica Canelada dominava muitos detalhes da astronomia observacional.

O astrônomo Gerald Hawkins comentou a esse respeito quando disse:

A época do plantio era de vital importância para os homens primitivos. Esses momentos eram difíceis de detectar. Não é possível confiar na retrocontagem a partir dos bons dias quentes; é preciso encontrar outros meios. E qual é o meio mais confiável para seguir as estações do que a observação dos objetos mais regulares e previsíveis, os corpos celestes. Até nos tempos clássicos ainda existiam conjuntos elaborados de instruções para ajudar os agricultores a programar seus plantios pelo fenômeno celeste.[200]

---

198. ROLLESTON, T. W. *Myths and Legends of the Celtic Race,* G. G. Harrap and Co., 1911.
199. CHADWICK, N. K. *The Druids,* University of Wales Press, 1966.
200. HAWKINS, G. S. *Stonehenge Decoded,* Souvenir Press, 1966.

Qualquer grupo que conseguisse realizar o suficiente no controle de seu ambiente a ponto de administrar a agricultura com êxito tinha de possuir um conhecimento de astronomia. Mas como conseguiram isso?

Se uma equipe de modernos engenheiros fosse confrontada com esse desafio, ela usaria o processo que chamamos de "Teoria de Controle do Sistema" – um bom exemplo hoje é o estudo de furacões, que devem ser entendidos para que possam ser previstos e ter seus efeitos prejudiciais mitigados.

Para o Povo da Cerâmica Canelada, que vivia em comunidade ao longo da costa do Mar da Irlanda, todo o ambiente era um "sistema" potencialmente hostil e uma ameaça permanente, a não ser que encontrasse meio de controlá-lo. São necessárias três fases antes que qualquer sistema possa ser controlado.

1. Observação e Registro

Existem duas maneiras óbvias e fáceis para um povo primitivo registrar eventos: memória e marcas de registros. No caso do Povo da Cerâmica Canelada, o mais adequado seria desenvolver uma linguagem escrita que pudesse ser independente da mortalidade do observador. Esse povo provavelmente usava tanto uma tradição verbal quanto, como veremos mais adiante, simples marcas de registros. Mas, como também veremos, a chamada "decoração" em Skara Brae e em outros sítios sugere que podem ter ido além de simples marcas de registros para um sistema de escrita, antes de desaparecer da história.

O conhecimento de marcas de registros é demonstrado pelo arquivo arqueológico que apresenta a utilização de ossos com marcas como registros de eventos astronômicos na Europa Ocidental cerca de 200 gerações depois do mais antigo uso de símbolos, como as estatuetas de Vênus e as pinturas rupestres na França.

Em 1965, Alexander Marshack estudou uma série de ossos que, até então, eram considerados registros de caça. Ele estava a par de um osso particular gravado encontrado perto do Lago Edward, na África Central. Era datado de 6500 a.C. e parecia mostrar um padrão de 168 marcas agrupadas em 16 conjuntos. Marshack identificou as marcas como registros das fases da Lua em um período de cinco meses e meio.[201]

Ele presumiu que, se isso fosse realmente um exemplo de um antigo registro astronômico, outros exemplos deveriam ser encontrados. Ele continuou procurando e encontrou uma série deles na Europa Ocidental, desde Kulna, na Eslováquia, até Blanchard, na Dordonha, distrito da França.

---

201. KRUPP, E. C. *Echoes of the Ancient Skies,* Oxford University Press, 1983.

Ele mostrou que um osso datado de 30 mil anos registrava as fases da Lua em um período de pouco mais de dois meses. Na mesma coleção arqueológica, encontrou varetas em forma de cetro que vieram a ser chamadas de *batons de commandement* (varetas de mando); elas foram encontradas em um lugar chamado Le Placard, no sul da França, e datadas de 20000 a.C. Mediante o estudo do período entre 30000 e 17000 a.C., Marshack foi capaz de mostrar que um sistema de registro convencional havia sido desenvolvido ao longo da costa ocidental da Europa antes do final da última Idade do Gelo.[202]

O ilustre arqueólogo-astrônomo Edwin C. Krupp, revisando o trabalho de Marshack, comentou:

> *Os registros não são sempre astronomicamente corretos e o padrão de um mês não é duplicado no mês seguinte. Entretanto, eles são cumulativamente corretos(...) Talvez, pelo menos em alguns aspectos, Marshack esteja certo(...) Marshack também analisou o conteúdo da representação da arte rupestre da Idade do Gelo na Europa e achou que grande parte pode ser interpretada em termos de indicadores sazonais resultando do ambiente de caçadores do período Paleolítico Superior.*[203]

Martin Brennan, historiador de arte megalítica, também achou indicadores registrados em pedras no complexo do Povo da Cerâmica Canelada no Vale do Boyne. Por exemplo, a pedra SW22 da estrutura de Knowth mostra um sistema de registro que se relaciona com as fases lunares dentro do ano solar.[204]

Um banco de dados de observações teria possibilitado a esse povo iniciar a combinação de causa e efeito e construir um modelo teórico para explicar as observações registradas. Isso nos leva à segunda fase.

2. Previsão de Eventos Futuros

Antes de uma pessoa ter qualquer oportunidade de controlar um sistema, deve ser capaz de prever seu comportamento de acordo com o maior número de condições possíveis. Isso geralmente é feito por meio da montagem de um modelo das interações do assunto em questão e depois na formatação de um padrão de causas e efeitos.

Atualmente, para montar um modelo fazemos uso do raciocínio matemático, que é uma convenção de símbolos que nos permite mentalmente modelar e manipular formulações de maneira repetitiva e verificável. No

---

202. MARSHACK, A. *The Roots of Civilization*, McGraw Hill, 1972.
203. KRUPP, E. C. *Echoes of the Ancient Skies*, Oxford University Press, 1983.
204. BRENNAN, M. *The Stones of Time*, Inner Traditions International, 1994.

início, não podíamos encontrar nenhuma evidência de matemática escrita entre os vestígios deixados pelo Povo da Cerâmica Canelada.

Entretanto, a arqueóloga dra. Caroline Wickham-Jones reconheceu que habilidades navegacionais haviam sido demonstradas pelos mais antigos colonizadores da Escócia por volta de 6500 a.C.:

> *A região onde essas comunidades mesolíticas viviam era predominantemente ondulante e recoberta de florestas... É muito mais fácil locomover-se por barco do que atravessar florestas virgens... Os cursos de água devem ter sido extremamente importantes para os habitantes pós-glaciais da Escócia à medida que se deslocavam de lugar em lugar.*[205]

O Povo da Cerâmica Canelada havia estabelecido assentamentos no território das Ilhas Britânicas, mas permanecendo sempre em contato uns com os outros. Sabemos disso porque inovações na cerâmica e no simbolismo eram compartilhadas entre eles. Conforme mencionamos no Capítulo VII, o historiador Richard Oram havia percebido essa ampla comunicação entre os assentamentos como prova de sua considerável habilidade navegacional: "Colônias nas Hébridas falam de habilidades e experiência navegacionais".[206] Eles precisariam de uma unidade comum de comprimento para poder navegar com precisão e prever a duração de uma viagem. Como eles demonstram evidências de marinheiros habilidosos, é razoável deduzir que haviam resolvido o problema da navegação.

Então, de que maneira eles mediam o tempo e a distância? Como definiam uma unidade de comprimento e realizavam os cálculos para suas construções alinhadas? Como já vimos, é incontestável o fato de que os astrônomos do Povo da Cerâmica Canelada podiam prever o pôr-do-sol e, de fato, o alvorecer do Sol e o nascer da Lua; além disso, podiam prever os alinhamentos do alvorecer e do crepúsculo do Sol um ano antes. Dali a prever os eclipses é um pequeno passo, que nós já conhecíamos pelos escritos de James Bruce (vejam o Apêndice 6, no qual ele conta como usou seu conhecimento de um próximo eclipse da Lua para se desembaraçar de um problema sério) e essa habilidade confere grande poder entre pessoas que pouco conhecem de astronomia. A habilidade de prever acontecimentos celestes leva à fase final da Teoria de Controle do Sistema.

3. Controle

Uma vez que as interações de um sistema sejam compreendidas e que seja possível prever os efeitos de qualquer mudança nas informações, teo-

---

205. WICKHAM-JONES, C. R. *Scotland's First Settlers*, Historic Scotland, 1994.
206. ORAM, R. *Scottish Prehistory*, Birlinn, 1997.

ricamente as pessoas estão em uma posição de controlar o sistema. A capacidade de aparentemente comandar o Sol e a Lua deve ter conferido aos sacerdotes do Povo da Cerâmica Canelada um considerável poder social. Entretanto, o controle completo de seu ambiente ainda devia ter sido difícil por uma série de motivos.

Pode ter havido uma falta de habilidade técnica que fez com que não conseguissem realizar a intervenção desejada. Um exemplo seria a nossa habilidade em saber que um cometa está em uma trajetória de colisão direta com a Terra não se compara ainda com a capacidade de desviá-lo dessa trajetória. Alguns desses fatores podem apresentar obstáculos no desenvolvimento de um controle totalmente eficiente, mas o conhecimento de Astronomia permanece uma fonte de considerável poder social.

Portanto, a evidência das obras de construção e a ampla extensão de sua influência mostraram que o Povo da Cerâmica Canelada havia dominado as habilidades de controle para a agricultura e para a navegação sem, no entanto, aparentemente progredir para registros escritos. Entretanto, sabíamos por meio do sítio de Skara Brae que eles pareciam ter dominado o que foi considerado arte abstrata. A extensão dessa arte havia impressionado a arqueóloga dra. Anna Ritchie:

> *A arte parece ter sido mais importante para os habitantes de Skara Brae do que para pessoas vivendo em qualquer outra parte. A decoração não se limita unicamente aos edifícios, mas também aos artefatos.*[207]

Pensamos que talvez essa "arte" seja uma chave para o entendimento de sua tecnologia. Nossa curiosidade com respeito à "arte" desse povo provocou uma reflexão sobre uma série de pontos significativos:

a) O desenvolvimento da civilização teve uma aceleração por volta de 5 mil anos atrás quando a escrita antes apareceu na Suméria;

b) O Povo da Cerâmica Canelada possuía a mesma capacidade mental que nós temos atualmente;

c) A chave para o nosso rápido e moderno progresso científico é a habilidade de registrar, acessar e usar informações;

d) Somente uma pequena parte das pessoas no mundo compreende realmente a ciência que faz nossa sociedade funcionar, e essa elite freqüentemente usa o conhecimento para controlar as pessoas que não o possuam.

---

207. RITCHIE, A. *Prehistoric Orkney,* Historic Scotland, 1995.

Portanto, faz sentido que o Povo da Cerâmica Canelada tinha, em princípio, tanta capacidade para algum desenvolvimento intelectual e para inovar quanto nós possuímos atualmente, e é muito provável que naquela época, como hoje, somente uma pequena parte da população entendia a ciência que dava suporte à sociedade. Sua curta expectativa de vida significava que seriam forçados a enfrentar os problemas do aprendizado verbal e os sistemas de controle, eventualmente levando ao desenvolvimento da linguagem escrita.

A escrita parecia ser um fator-chave em uma possível aceleração do progresso científico: cada geração poderia ler os pensamentos de seus predecessores sem ter de aprendê-los mecanicamente (pela memória) antes de continuar a obra.

O Desenvolvimento da Escrita

O desenvolvimento da escrita é considerado por todos os historiadores como um divisor de águas demarcando os limites entre a História e a Pré-história.

A visão tradicional da história da escrita diz que a maneira mais antiga de registrar idéias é desenhar uma imagem do acontecimento que se deseja registrar.

As pinturas rupestres da Europa, que datam de aproximadamente 32000 a.C., mostram esse tipo de registro. O próximo passo é usar um controle por meio de marcas similares para enumerar uma série de eventos. Como já vimos, Marshack demonstrou que esse método de registro era geralmente usado na Europa Ocidental desde a data de 30000 a.C. O Povo da Cerâmica Canelada usou esse sistema no Vale do Boyne, na Irlanda, onde eles também criaram a "arte abstrata". Apesar de se pensar que a escrita somente foi desenvolvida 5 mil anos atrás na Suméria, o professor Thom acreditava que essa arte, encontrada em todos os sítios do Povo da Cerâmica Canelada, representasse uma forma primitiva de escrita.

Primeira Escrita?

A mais antiga forma de escrita sumeriana, que é pictográfica, é chamada elamita e data de cerca de 3100 a.C. O arqueólogo John Hackwell comenta a respeito:

> *Os símbolos consistiam de sinais abstratos e figuras em pequenos blocos de argila em forma de almofada, ligados linear-*

mente(...) essas formas abstratas assemelham-se a figuras e desenhos encontrados em cerâmicas anteriores à escrita.[208]

A antiga cidade sumeriana de Uruk foi onde se desenvolveu o primeiro tipo de escrita pictográfica estilizada. Esses caracteres figurativos ou "logogramas" foram logo associados a sílabas faladas, ou seja, um conjunto de símbolos muito menor que podia ser usado para transmitir mensagens mais complexas. O problema desse tipo de escrita é que os escribas tinham de memorizar cerca de 2 mil símbolos independentes. Isso ainda é real nas línguas japonesa e chinesa modernas que usam a escrita pictográfica, obrigando as pessoas a desenvolver um limitado subconjunto para fazer uso de um teclado.

A escrita cuneiforme usada para escrever a linguagem sumeriana parece ter sido desenvolvida pela necessidade de um sistema de registros para o crescente comércio de produtos manufaturados. A arqueóloga Denise Schmandt-Besserat foi a primeira pessoa a apreciar o significado de uma estranha categoria de artefatos de argila. Tratava-se de pequenas esferas, discos, cones, cilindros, tetraedros e diferentes formas geométricas. Ela descobriu que essas peças podiam ser encontradas em Israel, Irã, Iraque, Turquia e Síria e eram os objetos de argila mais antigos que foram cozidos para que durassem mais. Segundo ela, essas peças deviam fazer parte de um sistema porque, repetidamente, encontrou pequenos e grandes cones, discos finos e grossos, esferas pequenas e grandes e até meias e frações de esferas.[209]

Ela estudou mais de 10 mil peças e demonstrou que esse sistema de registro sumeriano fazia parte de uma metodologia desenvolvida no Oriente Próximo, cerca do ano 8000 a.C. Com a chegada dos sumerianos, essa metodologia transformou-se em um sistema numérico escrito. O desenvolvimento de vida na cidade significava que a necessidade de registros por parte da sociedade aumentava e, eventualmente, tornava-se precário; portanto, um melhor tinha de ser engendrado. A necessidade de produzir um número cada vez maior de tipos de peças, eventualmente, levou ao desenvolvimento de um novo sistema de registrar informação que foi o passo final para a emergência da escrita sumeriana.[210] A escrita elamita desenvolveu-se a partir de um tipo de logograma conhecido como cuneiforme.

Como essa escrita antiga usa símbolos em vez de alfabeto, ela só pode ser lida em termos vagos. Ela não reproduz a verbalização, mas uma série de palavras-figura. Como um determinado símbolo pode ser lido de diferentes maneiras, de acordo com as percepções subjetivas do leitor, uma

---

208. HACKWELL, W. J. *Signs, Letters, Words Archaelogy Discovers Writing.* Macmillan, 1987.
209. SCHMANDT-BESSERAT, D. *Before Writing, Volume One: From Counting to Cuneiform,* University of Texas Press, 1992.
210. RUDGLEY, R. *Lost Civilizations of the Stone Age,* Century, 1998.

linha de texto pode ter vários significados, dependendo das imagens que ele percebe. Esse pode ser um problema quando se tenta representar objetos coletivos. Hackwell comenta que os antigos egípcios tentaram resolver o problema usando uma classe de sinais de identificação ou ideogramas para mostrar a intenção correta de uma palavra. Ele dá um exemplo do desenho de um homem seguido de cinco linhas verticais para sugerir cinco homens. A linguagem simbólica faz com que seja difícil a referência a instâncias específicas e concretas porque os símbolos naturalmente têm múltiplos significados.

Soluções para esses problemas parecem ter incentivado o desenvolvimento da escrita, pois, logo depois, duas outras formas de escrita apareceram no Egito e no reino de Elam, a leste da Suméria, hoje representado pelo Kuzistão.

Parece que a escrita hieroglífica egípcia foi desenvolvida como resultado da inovação sumeriana. A chamada escrita proto-elamita desenvolvida em Elam ainda não foi decifrada e nada pode ser dito de sua natureza atualmente, exceto que, pelo número de sinais utilizados, seja uma forma de escrita por logogramas. Esse tipo de escrita também foi desenvolvido posteriormente na região do Egeu, na Anatólia; no Vale do Indus, na Índia; e, é claro, na China, onde ainda está em uso.

A fase seguinte foi o alfabeto pelo qual cada som de uma linguagem é codificado em um símbolo e os símbolos são, então, reunidos em grupos que formam os sons das palavras. Esse é um método poderoso porque registra qualquer coisa que possa ser verbalizada, sem precisar de muitos símbolos diferentes para fazê-lo sem ambigüidade. Hackwell resumiu o processo da seguinte maneira:

> *Os mais antigos sistemas de escrita pictográfica utilizavam logogramas, em seguida ideogramas e depois passaram para um estágio em que muitos sinais eram representações de sons falados. Isso é chamado de fonetização. Desde que os sinais representaram sons, não houve mais necessidade de retratá-los como objetos físicos e, dessa forma, chegou-se a um sistema de escrita abstrata.*[211]

Em geral, a opinião acadêmica é que os primeiros alfabetos foram desenvolvidos independentemente por dois povos diferentes: o mesopotâmico no Oriente e o fenício no Ocidente. Os fenícios faziam parte de uma pequena nação de famosos navegadores, localizados na costa oriental do Mediterrâneo que hoje é o norte de Israel e Líbano. A fronteira sul era o

---

211. HACKWELL, W. J. *Signs, Letters, Words. Archaelogy Discovers Writing*, Macmillan, 1987.

Monte Carmelo, lugar onde foram encontrados os restos do mais antigo *Homo sapiens* e um dos locais mais sagrados referidos no Antigo Testamento. Os fenícios eram semitas relacionados aos canaanitas da antiga Palestina, e a pesquisa indica que eles fundaram suas primeiras colônias na região, aproximadamente em 2500 a.C. Eles se tornaram os melhores comerciantes e navegadores do mundo antigo, viajando pelo Mediterrâneo até as Ilhas Britânicas.

É interessante observar que o Templo do Rei Salomão parece ter sido construído pelos fenícios ao final do primeiro milênio a.C., e que seguramente possuíam o conhecimento ou as habilidades que faltaram aos judeus de Jerusalém. A construção desse templo é muito importante nos rituais da Maçonaria.[212]

Dizem que a escrita somente apareceu nas Ilhas Britânicas na época dos romanos, mas, em junho de 1996, um artigo de jornal sugeriu que isso ocorrera muito tempo antes do que se pensava:

> *Arqueólogos descobriram um sistema de escrita que pode obrigar os historiadores a revisar as teorias há muito tempo aceitas a respeito do estabelecimento da civilização na Europa Ocidental. A escrita de 89 símbolos está preservada em diversos fragmentos de cerâmica usados há 3.500 anos em assentamentos das Ilhas Orkney até a Ilha de Maiorca. Ela é mais complexa do que qualquer outra conhecida anteriormente na Europa Ocidental e sugere que uma civilização da Idade do Bronze dominava a Bretanha, a Espanha e a França por volta de 1500 a.C.*[213]

O artigo seguia dizendo que essa antiga civilização havia sido exterminada pelo grande poderio militar dos romanos e perdeu a batalha dos alfabetos para a escrita latina que usamos hoje. O dr. William Waldren, arqueólogo da Universidade de Oxford, foi citado dizendo:

> *Essas descobertas sugerem que alguma parte da Europa Ocidental, anteriormente considerada iletrada, possa ter sido tão avançada quanto os antigos gregos e romanos. Os historiadores não precisariam mais considerar o Mediterrâneo oriental como a única sede espiritual da cultura moderna.*[214]

O ápice do artigo era uma citação do professor N. Purcell, que faz palestras sobre história antiga, na Universidade de Oxford:

---

212. *Peake's Commentary on the Bible.*
213. LEAKE, J. e HOWARD, S. "Bronze-Age Script?": *Sunday Times*, 16 de junho de 1996, p. 17.
214. WALDREN, W. Citado no *Sunday Times*, 16 de junho de 1996.

Seria sensacional se essa civilização tivesse desenvolvido sua própria escrita. Isso mostraria que eles mesmos desenvolveram o complexo conceito de usar símbolos para representar sons, para então passar a desenvolver um alfabeto rudimentar.[215]

Extremamente interessante era o tipo de símbolos usados. Eles foram descritos como "incisões de linhas verticais, horizontais e diagonais, círculos e padrões de pontos, similar à escrita 'A Linear'", usada posteriormente pela cultura minoana da Ilha de Creta. A recente descoberta dessa escrita seria, aproximadamente, 500 anos posterior ao "A Linear", mas parecia sugerir que havia alguma espécie de ligação comum entre a Europa Ocidental e a civilização minoana de Creta. Mais interessantes ainda eram as ilustrações da escrita que apresentava símbolos altamente reminiscentes das inscrições encontradas em muitos sítios megalíticos às margens ocidentais das Ilhas Britânicas.

Onde Foram Originados os Primeiros Símbolos da Escrita?

Cada vez mais sentíamos que havia mais nessa história do que uma simples progressão de um sistema de registro para um sistema de escrita alfabética. Olhando para os mais antigos exemplos de símbolos pictográficos que se desenvolveram na escrita cuneiforme de Uruk, ficamos surpresos pela semelhança com os símbolos encontrados nas Ilhas Britânicas ocidentais. A escrita cuneiforme posterior é altamente estilizada e complexa, mas a inscrição em uma ilustração de um vaso muito antigo Paleo-Elamita de Marudasht, perto de Persépolis, parece ser de natureza megalítica.[216]

Em 1983, Martin Brennan publicou um estudo de 360 pedras megalíticas gravadas da Irlanda, mostrando os principais símbolos usados, a freqüência da ocorrência de cada tipo de símbolo e a forma pela qual os símbolos eram ligados.[217] Todos os símbolos na inscrição elamita, datando de 3000 a.C., ocorriam regularmente em pedras megalíticas gravadas, datadas em uma faixa de 4000 a 2500 a.C.

A história fica mais complicada quando pedras gravadas da Tartária, perto de Turdas, na Transilvânia, são levadas em consideração. Essas placas de argila datam de 4000 a.C. e, novamente, apresentam símbolos que utilizam o mesmo desenho dos elementos megalíticos identificados por

---

215. PURCELL, N. Citado no *Sunday Times*, 16 de junho de 1996.
216. HACKWELL, W. J. *Signs, Letters, Words: Archaeology Discovers Writing*, Macmillan, 1987.
217. BRENNAN, M. *The Stones of Time*, Inner Traditions International, 1994.

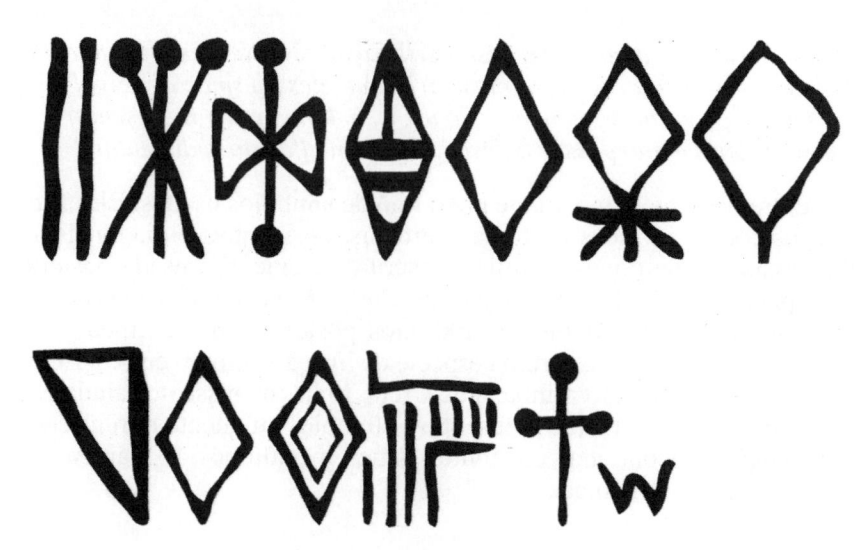

Figura 19. *Inscrições elamitas.*

Brennan. Suas inscrições foram assunto de grandes debates arqueológicos, pois foram encontradas antes que a datação pelo radiocarbono fosse aperfeiçoada.

Em 1961, pensou-se que datassem entre 2900 e 2600 a.C. e, em 1962, o arqueólogo Sinclair Hood, diretor da British School of Archaeology de Atenas, escreveu na revista *Antiquity*:

> Os sinais nas placas da Tartária, principalmente aqueles do painel numero dois, são tão comparáveis quanto aqueles das antigas placas de Uruk(...) que certamente são, de certa forma, ligados a eles. Diversos sinais parecem ter sido derivados dos sinais da Mesopotâmia para os numerais. A única diferença é que nas placas da Mesopotâmia a forma do sinal, no caso de numerais, foram gravados profundamente com um buril de ponta redonda, enquanto nas placas da Tartária os sinais equivalentes foram desenhados.[218]

Hood acrescentou que alguns dos sinais nas placas da Tartária também eram similares àqueles encontrados na escrita minoana de Creta, apesar de claramente não serem cretenses.[219]

Sinclair Hood presumiu que as placas da Tartária fossem posteriores à escrita elamita da Suméria e apresentou uma hipótese para tentar substan-

---
218. RUDGLEY, R. *Lost Civilizations of the Stone Age*, Century, 1998.
219. RUDGLEY, R. *Lost Civilizations of the Stone Age*, Century, 1998.

ciar essa opinião. Ele considerou a possibilidade de que caçadores de ouro sumerianos tivessem viajado à Transilvânia para estabelecer jazidas e pontos comerciais e, dessa forma, ensinaram ao povo local o uso da escrita como parte do sistema de registros. Ele não considerou que a distância representava uma dificuldade porque já sabia, do ponto de vista acadêmico aceito, que o antigo proto-sânscrito do Vale do Indo, na Índia, também havia sido influenciado pela Suméria.

Entretanto, quando os testes de um confiável radiocarbono foram, eventualmente, efetuados nas camadas onde foram encontrados os artefatos, revelaram que as placas da Tartária eram muito mais antigas do que os mais antigos símbolos sumerianos. Desde então, o assunto todo parece ter sido ignorado pelo *establishment* arqueológico como sendo uma simples coincidência. Entretanto, quanto mais os especialistas querem se ater a seus preferidos paradigmas, é inegável que, se houvesse uma conexão entre esses dois métodos de escrita, seriam os sumerianos que aprenderam dos habitantes da Transilvânia.

Outra possibilidade é que talvez os dois povos fossem herdeiros de uma diferente, mas comum, tradição. De fato, encontramos evidência que apoiava a idéia de que tanto os sumerianos quanto o povo megalítico da Europa possam ter sido influenciados por uma fonte comum mais antiga de registro simbólico. A "Placa Gradesnica" em Vratsa, na Transilvânia, também mostra semelhanças entre inscrições megalíticas e símbolos elamitas, e é datada entre 6 mil e 7 mil anos atrás. Um selo de 5.550 anos encontrado em Karanovo também tem gravuras semelhantes às inscrições megalíticas e à escrita sumeriana.[220]

Rudgley resumiu muito bem a situação:

> *Para a maioria dos cientistas, a idéia de que a invenção da escrita possa ser atribuída à Europa em vez da Ásia é ilógica. Com a aceitação da nova cronologia pelo radiocarbono somente havia outra explicação disponível. Como as placas da Tartária eram mais antigas do que a escrita sumeriana, elas não deveriam representar uma escrita real e sua aparente semelhança era simplesmente coincidência. E, dessa forma(...) o de sinais vinca foi relegado a um aparente esquecimento, pelo menos no que diz respeito à corrente principal de arqueólogos.*[221]

Entretanto, um arqueólogo continuou o trabalho da classificação desses sinais da Transilvânia conhecidos como os sinais vinca, de acordo com a região onde foram encontrados.

---

220. RUDGLEY, R. *Lost Civilizations of the Stone Age*, Century, 1998.
221. RUDGLEY, R. *Lost Civilizations of the Stone Age*, Century, 1998.

| — X +

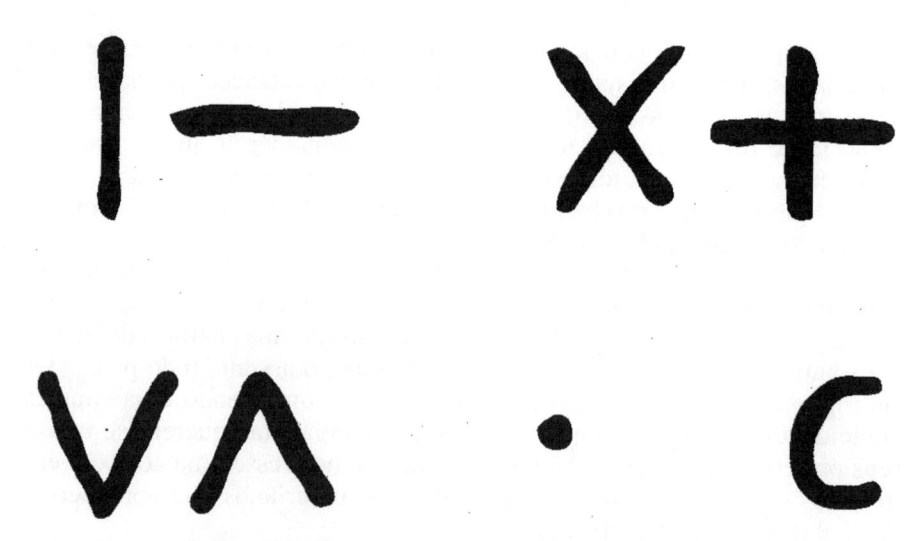

V ∧   •   C

Figura 20. *Símbolos da cultura vinca (nos Bálcãs).*

Em 1981, Shan Winn publicou uma classificação de centenas desses sinais que havia estudado e analisado. Segundo ele, esses sinais se resumiam em cinco símbolos básicos.[222]

1. Uma linha reta;

2. Duas linhas intersectadas no centro;

3. Duas linhas intersectadas em uma extremidade;

4. Um ponto;

5. Uma linha curva.

Winn descobriu que esses cinco elementos básicos podiam ser combinados em 18 diferentes maneiras e argumentou que uma análise interna dos sinais vinca apóia a conclusão de que os sinais são convencionados e padronizados, e que eles representam um corpo de sinais conhecidos e usados em uma vasta região durante muitos séculos.[223]

As semelhanças entre o vinca, o megalítico e o elamita começaram a ficar muito próximas para serem ignoradas. Algumas pessoas, como o pro-

---

222. WINN, S. M. M. *Pre-Writing in Southeastern Europe: The Sign System of the Vinca Culture circa 4000 BC,* Western Publishers, 1981.
223. WINN, S. M. M. *Pre-writing in Southeastern Europe: The Sign System of the Vinca Culture circa 4000 BC,* Western Publishers, 1981.

fessor Thom, mantiveram a frente de batalha aberta. Escrevendo para seu velho amigo, o sr. Stan Beckensall, em 1978, ele disse:

> Não pode haver nenhuma dúvida sobre a conexão entre as pedras [de Temple Wood Kilmartin] e as marcas de copos e anéis [característica dos monumentos megalíticos]. A geometria é idêntica nas duas. Se em algum momento chegarmos a decifrar qualquer uma dessas inscrições megalíticas, isso deve ser divulgado para que todos os envolvidos ataquem o problema a fundo. Aquelas que dizem respeito aos sítios para a observação lunar ou solar são de primeira importância no momento, porque suspeitamos que elas possam nos dizer alguma coisa sobre o nivelamento. Eu sei que reunir toda a informação é uma tarefa absurda e talvez seja até trabalho de uma vida inteira.[224]

Em 1969, a BBC começou a produzir uma série de documentários sobre o trabalho do professor Thom. Um desses documentários mostrava uma longa entrevista entre Thom e Magnus Magnusson durante a qual Thom apresentou uma interessante teoria a respeito dos sinais "copos e anéis", que tanto aparecem nos sítios megalíticos.

> **THOM:** *Tenho uma idéia, totalmente vaga no momento, de que os símbolos "copo e anel" eram um sistema de registro, de escrita e que podem indicar, desde que possam ser lidos, para que servia uma pedra em particular.*
> **MAGNUSSON:** *Suas teorias sobre Einsteins da Idade da Pedra estão incomodando alguns arqueólogos. A idéia de que os símbolos "copo e anel" foram usados como escrita incomoda outros mais. Isso não o preocupa?*
> **THOM:** *Em absoluto. Eu continuo registrando o que encontro.*[225]

Os símbolos "copo e anel" citados por Thom são encontrados em muitos sítios neolíticos. O propósito desses sinais intrigou muitos arqueólogos. Conforme mencionado, Martin Brennan realizou um importante estudo sobre a arte megalítica do Vale do Boyne, na Irlanda. Ele ficou intrigado pelo fato de a arte megalítica que, segundo seu comentário, "representa a mais importante tradição artística da Europa Ocidental desde a Idade do Gelo", atrair tão pouca atenção acadêmica. Todas as inscrições que ele estudou podiam ser resumidas em nove símbolos básicos e combinados de

---

224. THOM, A. S. *Walking in All of the Squares,* Argyll Publishing, 1995.
225. THOM, A. S. *Walking in All of the Squares,* Argyll Publishing, 1995.

•	+	O	◊	∩	w	ᨓ	⊚	O
1	2	3	4	5	6	7	8	9

Figura 21. *Os principais símbolos na Cerâmica Canelada, conforme Brennan.*

diferentes maneiras. Brennan analisou 340 pedras diferentes na Irlanda e achou as seguintes freqüências para cada elemento simbólico:[226]

1.	O ponto ou copo	20%
2.	A linha	34%
3.	O círculo	53%
4.	O quadrado	22%
5.	O arco ou meia-lua	39%
6.	O ziguezague	25%
7.	A linha ondulada	28%
8.	A espiral	27%
9.	O oval ou a elipse	17%

Ele também comentou que, no mínimo, metade das pedras que estudou expressa um relacionamento entre o círculo e o arco:

> Existem cerca de 390 pedras gravadas com arte megalítica, na Irlanda. Todas são encontradas em passagens de túmulos e, quando essas pedras podem ser avaliadas ou estão intactas, demonstram ser astronomicamente orientadas, o que revela o contexto pelo qual a arte aparece. A relação entre a arte e a astronomia é ainda mais reforçada pela presença de relógios de Sol, calendários e figuras explícitas do Sol e da Lua.[227]

Agora podíamos entender o que Thom havia sugerido em sua entrevista. As inscrições poderiam ser uma forma primitiva de instruções, descrevendo como a pedra poderia ser usada para propósitos astronômicos. O estudo de Brennan sobre as inscrições irlandesas parece confirmar essa

---

226. BRENNAN, M. *The Stones of Time,* Inner Traditions International, 1994.
227. BRENNAN, M. *The Stones of Time,* Inner Traditions International, 1994.

Figura 22. *Exemplos de combinação de símbolos na Cerâmica Canelada, representando temas.*

idéia. Ele ainda propôs um significado para alguns dos símbolos básicos que deduziu pelo contexto de onde eram localizadas.

Obviamente, ele achou que o círculo representasse o Sol e o arco, a Lua. Também achou que a linha ondulada simbolizava a forma de como o ponto do surgimento e do crepúsculo da Lua oscila no céu, dedução feita pela observação de uma pedra encontrada em Knowth (Número SW22),[228] que liga os meses solares e lunares por meio de círculos, arcos e linhas onduladas para mostrar a relação.

O amplo uso sistemático dos mesmos símbolos básicos pelo povo megalítico, pela cultura vinca e pelos sumerianos parecia ser agora muito mais do que uma simples coincidência. É possível que haja uma hereditariedade comum fundamentando essas semelhanças? Parece que os símbolos usados pelo Povo da Cerâmica Canelada possam ter feito sentido para eles, mas será que um dia teremos condição de ler o que está gravado em suas placas de pedra?

Era possível para uma civilização megalítica desenvolver um alto nível de ciência e um verdadeiro sistema de matemática avançada sem uma linguagem escrita? Não tínhamos certeza a esse respeito, mas logo encontraríamos uma pessoa que havia estudado essa questão detalhadamente.

---

228. EOGAN, G. *Knowth and the Passage-Tombs of Ireland*, Thames and Hudson, 1986.

A Cultura Megalítica

Os povos megalíticos da Espanha, França, Inglaterra, País de Gales, Escócia e Irlanda construíram as mais antigas estruturas conhecidas pelo homem. Isso sabíamos por meio do trabalho de lorde Renfrew que discutimos no Capítulo I. Hoje, as pessoas preocupam-se com seus afazeres cotidianos sem um único pensamento para esse povo que, em outra época, era dono dessa terra.

Somente na Inglaterra existem 40 mil sítios megalíticos conhecidos que sobreviveram durante milhares de anos. Será que a nossa civilização sobreviverá tanto tempo?

A palavra megálito é de origem grega, que significa grandes pedras (*megas* – grande; e *lithos* – pedra).

As construções mais antigas conhecidas no mundo são as estruturas megalíticas da Europa. Elas são mil anos mais antigas do que as cidades sumerianas. Essa nova cronologia provoca perguntas a respeito das pessoas que construíram as estruturas. Como o arqueólogo Euan Mackie comenta:

> *Se os megálitos europeus e até os templos malteses são mais antigos do que as cidades mais antigas, então é difícil entender como as sociedades urbanas puderam interpretar um papel significativo nos grandes processos sociais que estavam em curso na Europa Ocidental entre 4500 e 2500 a.C.(...) deve ter havido sociedades especializadas proto-urbanas ou urbanas em existência antes que os mais antigos megálitos aparecessem.*[229]

As estruturas que nos interessavam eram de quatro principais tipos:

1. Pedras verticais, alinhamentos de pedras e círculos de pedras;

2. Túmulos com túneis e galerias;

3. Aterros e fossos, que podem ou não conter pedras;

4. Dólmens sem aterros que possam ou não ser resquícios de estruturas do tipo 2 ou uma classe diferente de estrutura.

Essas estruturas são encontradas em toda a costa da Europa, desde o sul da Espanha até a Dinamarca, e também aparecem no Mediterrâneo Norte, bem como ao sul da Itália e em Malta. Há também evidência de que foram construídas em partes da África do Norte, inclusive no Egito. O território britânico está repleto delas. Por outro lado, o fosso circular é exclusivo da

---

229. MACKIE, E. *The Megalithic Builders,* Phaidon Press, 1977.

Inglaterra. Pelo trabalho do professor John North sabíamos que o seu propósito era principalmente astronômico.

Entretanto, Colin Renfrew destaca que a quantidade dessas estruturas não implica, necessariamente, à existência de qualquer cultura megalítica. Ele diz:

Para definir uma "província megalítica" seria arriscar destituir os túmulos de suas relativas culturas e das comunidades que as construíram e as usaram.[230]

Os túmulos com túnel são um tipo de estrutura muito antiga que se prestam à datação por radiocarbono, e sabemos que os aterros megalíticos da Inglaterra são anteriores a 4000 a.C.[231] Sempre houve histórias sobre os efeitos da luz nessas passagens de túmulos, mas só recentemente a Arqueologia se ramificou em Arqueologia Astronômica que se dedica ao estudo dos alinhamentos astronômicos desses monumentos. Em 1901, *sir* Norman Lockyer, que naquela época era editor da revista *Nature,* estudou os templos do Antigo Egito e fez o que era a então revolucionária observação de que muitos deles foram construídos de forma a permitir que a luz do Sol brilhasse sobre partes importantes de seu interior, em dias especiais do ano. Ele investigou vários sítios na Inglaterra, até Stonehenge, e chegou à conclusão de que alguns dos alinhamentos formavam parte de um calendário que se baseava nos solstícios e nos equinócios.[232] Depois de muito estudar os monumentos ingleses, Lockyer publicou a sugestão de que os túmulos megalíticos foram construídos principalmente como observatórios ou, até mesmo, como casas para sacerdotes astrônomos e mais tarde transformadas em câmaras funerárias por novos imigrantes, que os imitaram e construíram sepulturas redondas exclusivas para os mortos.[233]

A Jarda Megalítica

A pessoa que fez com que a Arqueologia Astronômica fosse uma ciência aceita foi o professor Alexander Thom, que já mencionamos. Ele passou 30 anos investigando e estudando os sítios megalíticos. Após examinar 600 sítios e investigar detalhadamente metade deles, ele apresentou uma conclusão que convulsionou o ambiente arqueológico. Com suas próprias

---
230. RENFREW, C. *Before Civilization,* Jonathan Cape, 1973.
231. RENFREW, C. *Before Civilization,* Jonathan Cape, 1973.
232. LOCKYER, N. *Stonehenge and Other British Stone Monuments Astronomically Considered,* Macmillan, 1909.
233. LOCKYER, N. "Some Questions for Archaeologists", *Nature,* vol. 73, 1906, p. 280.

palavras, fez extraordinárias afirmações a respeito do gênio desses arquitetos pré-históricos:

> Uma análise estatística dos sítios mostra que foram tão cuidadosamente erigidos que deles podemos deduzir:
>
> (1) a inclinação da eclíptica
>
> (2) a inclinação da órbita lunar
>
> (3) a amplitude média de perturbação lunar e
>
> (4) a paralaxe média da lua
>
> com uma precisão melhor que um arco-minuto.
>
> Anteriormente, mostrei que o homem megalítico possuía um conhecimento altamente desenvolvido de Geometria. Agora parece que seu conhecimento em como aplicá-lo o coloca intelectualmente no mesmo nível das maiores civilizações da Antiguidade.[234]

Ele provou que os mais importantes anéis de megálitos foram projetados por meio de princípios e regras geométricas que hoje chamamos pitagóricos, apesar de esses sítios serem anteriores a Pitágoras em milhares de anos. Mediante a análise estatística, Thom produziu evidência para mostrar que uma medida padrão de comprimento foi usada na maioria das estruturas megalíticas da Europa Ocidental. Thom chamou essa unidade universal de 82.966 centímetros (dois pés e 8,64 polegadas) de jarda megalítica. Essa aparente louca pretensão foi um dos principais motivos por que seu trabalho foi inicialmente ignorado pelos arqueólogos, que achavam ridículo acreditar que esse antigo povo podia ter desenvolvido um sofisticado padrão internacional de medida.

Graças a um estudo objetivo feito por estatísticos, a "jarda megalítica" já é totalmente aceita como um sistema de medida utilizado no que parece ser uma incrivelmente grande área geográfica, em uma época em que o povo havia sido considerado, anteriormente, um pouco melhor do que homens das cavernas.

A medida megalítica havia sido usada na construção de estruturas na Escócia, País de Gales, Inglaterra e Bretanha; uma área de aproximadamente 388 mil quilômetros quadrados! Thom achou que as estruturas eram consistentes demais para terem sido delineadas com varas de medição, criadas, copiadas e distribuídas nessa grande região, pois o próprio ato da dupli-

---

234. THOM, A. *Walking in All of the Squares*, Argyll Publishing, 1995.

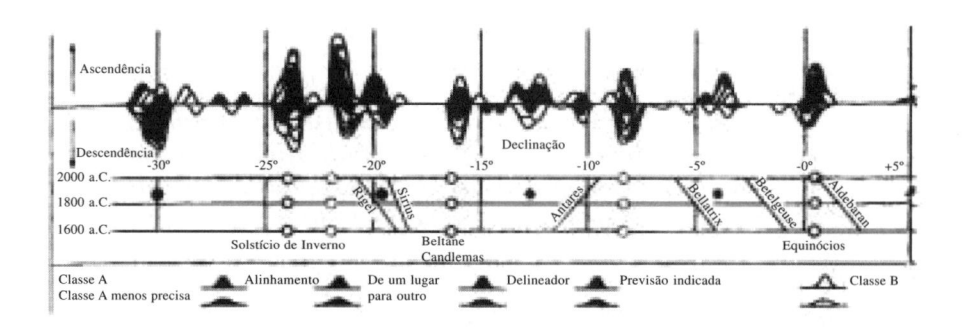

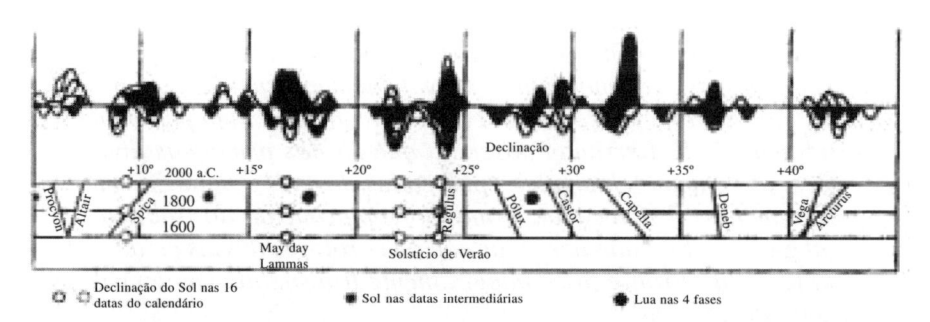

Figura 23. *Histograma de alinhamentos de círculos de pedras, segundo Thom.*

cação estaria sujeito a um maior nível de erro, o que não era evidente nas estruturas. Ele concluiu que deveria haver uma realidade física esquecida nessa criação – mas nem ele nem ninguém conseguiu explicar como essa medida foi criada.

Revisando o trabalho de Thom, Colin Renfrew observou que esses círculos de pedras megalíticas e outros arranjos de pedras estavam dispostos em números inteiros ou na metade exata dessa unidade de comprimento que Thom chamou de jarda megalítica.[235] Isso significa que a unidade que Thom descreveu também poderia ter sido uma medida dupla adotada porque era convenientemente próxima à jarda moderna.

A existência de uma antiga unidade de engenharia civil é realmente notável, mas as coisas ficaram ainda mais interessantes quando descobrimos que essa era a avó de todas as medidas. Também foi sugerido que a evidência indica que havia uma categoria de construtores treinados, em vez de bandos espalhados de xamãs ou feiticeiros primitivos.[236]

---

235. RENFREW, C. *Before Civilization,* Jonathan Cape, 1973.
236. MACKIE, E. *The Megalith Builders,* Phaidon Press, 1977.

O arqueólogo Euan Mackie destacou a importância fundamental da jarda megalítica quando disse:

(...) *uma tradicional unidade de comprimento conhecida como* gaz *foi usada até o século XIX no nordeste da Índia quando foi padronizada em exatamente 33 polegadas (0,838 metro) pelo governo britânico. Na década de 1930, escavações em Mohenjo-daro, uma das mais antigas ruínas de cidades na Índia e parte da civilização da Idade do Bronze do Vale do Indo, cuja datação por radiocarbono as situa como contemporâneas da primitiva dinastia sumeriana e do antigo império egípcio, revelaram o fragmento de um invólucro com nove exatas divisões cortadas por meio de incisões feitas com uma serra fina. Cinco dessas pequenas divisões, evidentemente, perfaziam uma unidade maior, cujas divisões eram marcadas com um ponto na margem. A. E. Berriman observou que 25 das principais divisões, atualmente chamadas "polegadas do Indo", totalizavam exatamente 33 polegadas, o mesmo comprimento do tradicional* gaz. *É difícil não acreditar que a metrologia dessas cidades da Idade do Bronze fosse integralmente transmitida em um período de 45 séculos.*

Berriman também calculou o comprimento de pequenas unidades de medidas sumerianas a partir de escalas cortadas em estátuas de pedra do governador Gudea, da cidade de Lagash, na Mesopotâmia, que viveu em 2200 a.C. Essas unidades que ele pensou serem shusi, *mencionados nos textos cuneiformes, eram, na média, exatamente metade da "polegada do Indo". Dessa forma, havia 50* shusi Suneruab *no tradicional* gaz *indiano(...) Tanto o* shusi *como as unidades de peso sumerianas foram perpetuadas na metrologia da Grécia, de Roma e da Inglaterra.*[237]

Uma "jarda curta" parecida, de cerca de 32,5 polegadas (conhecida como "vara"), era usada na Ibéria e também parece ter sido levada para o México e para o Peru pelos conquistadores espanhóis, já que a vara tradicional dos supervisores das minas do Tirol austríaco tem o mesmo comprimento. Dizem que essas varas de medição foram usadas em atividades mineiras desde o início da Idade do Bronze.[238]

Portanto, o antigo *gaz* indiano era igual à jarda megalítica com uma precisão de 99%, e a vara ibérica era menos de meio por cento diferente.

---

237. MACKIE, E. *The Megalith Builders,* Phaidon Press, 1977.
238. MACKIE, E. *The Megalith Builders,* Phaidon Press, 1977.

Também parece haver a tradição de um côvado "local", registrado no túmulo de Hesy da Terceira Dinastia Egípcia. Dizem que os antigos egípcios ajustavam os valores de suas unidades de comprimento de acordo com as latitudes para compensar as variações de comprimento nos graus das diferentes latitudes, pois a Terra não é uma esfera perfeita.[239]

Só existem duas possibilidades para essa grande expansão da jarda megalítica. A primeira é que tinha de ser organizada por uma burocracia central que produzisse as varas de medição a partir de um determinado lugar. Mas este não parece ser o caso porque Thom argumentou que a variação encontrada na unidade é muito pequena para que varas de medição fossem copiadas seqüencialmente. O erro cumulativo na copiagem seria muito maior que o erro observado.

A alternativa para a teoria da "régua" é que deve ter havido uma realidade física para a unidade que possibilitaria sua reprodução por qualquer indivíduo que entendesse a ciência subjacente. É assim que o metro atualmente é definido – em termos de um número de comprimento de ondas de uma determinada freqüência de luz. Como resultado, qualquer agência nacional de padronização pode verificar o comprimento de um metro sem se preocupar com as mudanças de comprimento de uma vara de medição de metal causadas pelas variações de temperatura.

Concordamos com Thom quanto à impossibilidade da existência de uma agência central megalítica de padronização, produzindo varas de medição para grande parte da Europa Ocidental, em uma época em que viajar deveria ser bem difícil. Conseqüentemente, chegamos à conclusão de que essa unidade de medida não podia ser abstrata e, portanto, deve ter havido uma base física.

Matemática Megalítica

Quando lançamos o nosso primeiro livro, *The Hiram Key*, recebemos centenas de cartas de todas as partes do mundo; mas uma delas, particularmente, provou ser o início de um interessante e proveitoso relacionamento. Tratava-se de uma carta curta e curiosa, sugerindo que a pesquisa do autor da carta era paralela à nossa e que ele sabia alguma coisa de muita importância que, obviamente, não queria discutir por correspondência. Com a pilha de cartas que tentávamos responder, levamos alguns meses para entrar em contato com essa pessoa, mas, quando o fizemos, foi realmente muito proveitoso.

---

239. LAMY, L. *Egyptian Mysteries*, Thames and Hudson, 1981.

Alan Butler mora a três horas de carro ao norte de onde vivemos em Yorkshire Oeste, mas ele preferia encontrar-se conosco em um barzinho local. Alan chegou com sua parceira Kate e, logo após as apresentações, estava contando a respeito de seus anos de estudo da cultura minoana de Creta. De forma especial, ele analisara o minoano de medição e um artefato de 3.500 anos, conhecido como o Disco de Faistos.

Alan Butler é formado em Engenharia e tudo o que ouvimos dele parecia ter sido cuidadosamente pensado. Entretanto, inicialmente ficamos céticos com suas alegações e verificamos suas teorias detalhadamente nas semanas seguintes. Procuramos encontrar explicações para suas idéias, mas eventualmente ficamos satisfeitos em dizer-lhe que achávamos as conclusões plausíveis.

O resultado de sua pesquisa mostrava que cerca de 4 mil anos atrás os minoanos haviam usado um sistema matemático baseado em um círculo de 366 graus, que parece estar diretamente ligado à matemática do povo megalítico que viveu na Europa Ocidental há 5 mil anos.

Butler acreditava que o povo megalítico conhecia até a circunferência polar e equatorial da Terra com uma margem de erro de poucos metros; mais precisa ainda que as nossas próprias medições até o aparecimento dos satélites nos últimos dez anos. Ele também sugeriu que o sistema matemático usado há mais de 5 mil anos unificava totalmente o tempo e o espaço, com base na geometria natural da Terra como uma esfera ligeiramente disforme. Decidimos investigar sua alegação de que os detalhes do sistema megalítico de geomatemática fossem superiores à nossa pobre e simples matemática moderna.

Butler havia começado por estudar a estrutura matemática do Disco de Faistos. Ele é gravado dos dois lados com uma série de pictogramas inserida dentro de espirais. Apesar de ninguém entender esse sistema de escrita, Butler descobriu que os símbolos no disco são compatíveis com o calendário de 366 dias, tão preciso que, em um período de 40 anos, apresentaria uma diferença de três dias. Ele também observou que parecia haver uma indicação no disco, a qual permitiria que esse pequeno erro fosse corrigido.[240]

Butler também fez uma conexão pela qual a precisão da medição do movimento astronômico, inerente ao Disco de Faistos, era muito maior do que o necessário, simplesmente para criar um calendário exato. Os minoanos pareciam usar um círculo de 366 graus, cada grau dividido em 60 minutos, e ainda cada minuto dividido em seis segundos. Para entender o que isso significa, basta estender o braço com o punho fechado e o polegar voltado para cima em direção ao horizonte. A área coberta pela unha do polegar é aproximadamente um grau megalítico (1/366 avos de um círculo completo).

---

240. BUTLER, A. *The Bronze Age Computer Disc,* W. Foulsham and Co., 1999.

Essa parecia ser uma medida útil – mas por que, Alan Butler se perguntou, os minoanos precisariam de um sistema que ainda dividisse essa tão pequena medida em 360 subunidades? Qual a necessidade dessa precisão tão grande? Ele decidiu verificar se essa pequena medida angular representava uma distância útil na circunferência da Terra, e o seu primeiro cálculo mostrou que o resultado era um pouco mais de 300 metros. O número chamou-lhe a atenção, pois os minoanos usavam uma unidade de comprimento chamada "Pé Minoano" equivalente a 30,36 centímetros, que os arqueólogos haviam observado em suas construções.

Butler ainda realizou alguns cálculos e descobriu que mil pés minoanos eram exatamente 366 jardas megalíticas. Aproximadamente? Não!(...) *Exatamente!* Ele também observou que um segundo de arco megalítico era equivalente a 366 jardas megalíticas, ou mil pés minoanos, na superfície da Terra.

Olhando para o conjunto todo, o sistema era fantástico.

No sistema minoano e no precedente sistema megalítico de geomedição, a circunferência da Terra é dividida em 366 graus e cada grau dividido em 60 minutos, e cada minuto novamente dividido em seis segundos. Cada segundo de arco megalítico representa uma distância de 366 jardas megalíticas na superfície da Terra e seis segundos representam a distância de um minuto de arco megalítico na superfície da Terra – e é igual a 2.196 jardas megalíticas (uma unidade que Butler chamou de milha megalítica).

Há 60 minutos de arco megalíticos para o grau megalítico e, portanto, também há 60 milhas megalíticas. Como existem 366 graus megalíticos no círculo, conclui-se que a circunferência da Terra deva ser 60 x 366 milhas megalíticas, o que resulta em 21.960 milhas megalíticas. Convertendo esse número em quilômetros, o resultado é 40.009,98 quilômetros.

A circunferência polar da Terra é atualmente estimada em 40.010 quilômetros, e assim o povo megalítico concorda com a medida moderna até os últimos 20 metros! Essa precisão não pode ser considerada uma mera coincidência.

A menor unidade de medida geométrica da circunferência polar da Terra que Butler identificou foi o segundo de arco megalítico (303,657 metros). Por outro lado, mil pés minoanos equivalem a 303,60 metros – uma variação de menos de 0,02%. A surpreendente pequena diferença presta testemunho à meticulosa investigação do professor Thom e do arqueólogo professor Graham que, independentemente, foi o primeiro a identificar o pé minoano. De fato, se considerarmos o trabalho de Thom como definitivo (pelo fato de que possuía muito mais exemplos com os quais trabalhar), então a versão métrica minoana da jarda megalítica era, na realidade, de 30,365 centímetros de comprimento. Nesse caso, o professor Graham estava a um milésimo de centímetro de diferença em sua estimativa do pé minoano.

Por conseguinte, parece que há 4 mil anos os minoanos de Creta haviam herdado um sistema dos povos megalíticos da Europa Ocidental, pelo qual um segundo de arco era equivalente a um segundo de tempo, e isso podia ser expressado como uma distância de 366 jardas megalíticas na superfície da Terra. Se devêssemos medir essa distância precisamente e marcá-la no solo em uma orientação leste-oeste, ela representaria o valor da rotação da Terra (em qualquer ponto determinado) em um segundo sistema megalítico de tempo. Dessa forma, esse povo megalítico reconciliou tempo e distância em uma única forma de medida.

Butler também pensou ser razoável assumir que os povos megalíticos tivessem 12 horas no dia para adequar os 12 meses do ano. De fato, tudo parecia ser uníssono, do menor ao maior, do micro ao macro.

A partir de seus estudos do Disco de Faistos, Alan Butler havia redescoberto um sistema oral de matemática que integrava a jarda megalítica de Thom com um incrivelmente preciso calendário minoano. O sistema completo era uma forma lógica de ligar a velocidade da rotação da Terra sobre seu próprio eixo com o índice de movimento das estações.

O propósito do Disco de Faistos possibilitava ao usuário prever a posição do Sol no fundo estelar com uma precisão de uma parte de 366 partes. Mas à medida que a habilidade de Alan se desenvolvia com o uso desse antigo sistema, ele descobriu que era mais sutil do que havia pensado. A geometria de medição também possuía uma correção latitudinal inserida nela.

Pelo fato de a Terra ser quase uma esfera, a trigonometria pode ser usada para determinar sua circunferência em qualquer latitude, usando o ângulo da latitude. Este pode ser facilmente medido determinando a aparente altura da estrela polar ou qualquer outra estrela circumpolar por meio de um sextante. O sistema da geometria megalítica possuía um meio embutido de realizar esse cálculo com facilidade, pois uma de suas relações trigonométricas do ângulo de latitude (o cosseno) é exatamente o mesmo valor numérico que o número de milhas megalíticas por meio de um grau de arco megalítico, em qualquer latitude determinada. O cosseno da latitude observado pode ser convertido em 1/366 parte da circunferência polar em jardas megalíticas, multiplicando-se por seis e depois por 366. Essa relação simplifica muito os cálculos, e se o povo megalítico tinha condições de medir o tempo, então essa era a base de um sistema completo de navegação.

O trabalho realizado por Alan Butler era, de fato, paralelo aos nossos próprios estudos; além disso, demonstrava por que Enoch havia sido levado para as Ilhas Britânicas 5.200 anos antes, para ser instruído em astronomia (conforme mencionado no Capítulo VII). Há muito tempo que se pensou que a escrita, a Astronomia e a Geometria tivessem se originado no Oriente Médio, mas agora tínhamos evidência competente de que essas sofisticadas habilidades estavam em uso na Europa muito tempo antes de chegar à Suméria ou ao Egito.

Conclusão

A Ciência somente pode ser desenvolvida por meio da edificação do conhecimento. Como o Povo da Cerâmica Canelada parecia não ter escrita, deve ter desenvolvido um sistema oral de armazenar e transmitir os detalhes de suas observações, particularmente no campo da Astronomia. Eles também desenvolveram um sistema de marcação de registros e decoravam suas estruturas com arte megalítica, que podia ser a tentativa inicial da escrita.

As formas primitivas de escrita apresentam um alto grau de similaridade com as inscrições do Povo da Cerâmica Canelada, e a forma primitiva elamita (uma escrita sumeriana) usa símbolos megalíticos similares.

Uma forma de escrita ainda mais antiga, mil anos anterior à escrita primitiva sumeriana, foi encontrada na Transilvânia. Essa escrita era parecida a desenvolvimentos posteriores na Creta minoana. Portanto, a escrita mais antiga parece ter sido desenvolvida a partir de símbolos megalíticos da Europa Ocidental, bem antes da escrita sumeriana.

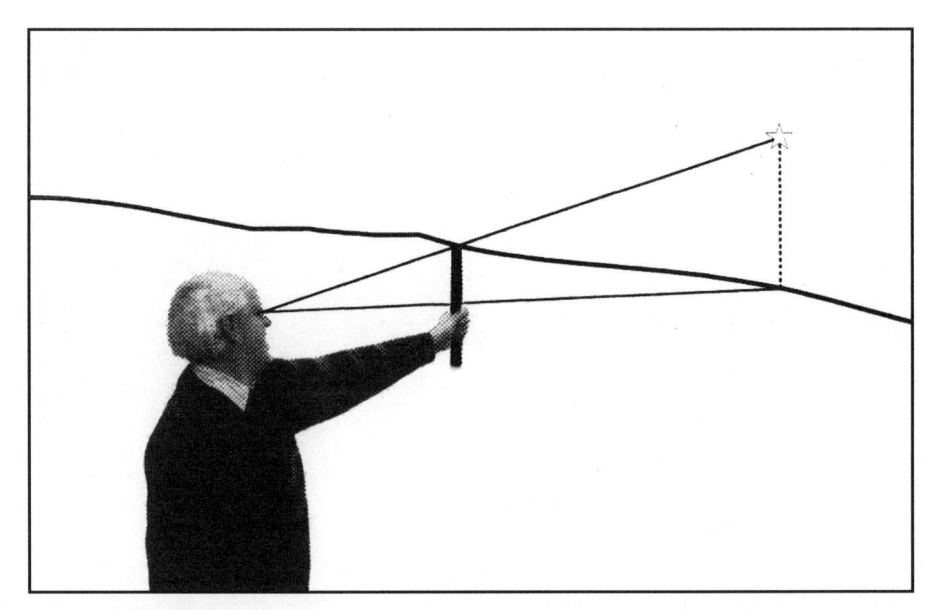

Figura 24. *O uso de um sextante rudimentar para medir a altura de uma estrela.*

As pessoas que usavam esses símbolos de protoescrita construíram muitas estruturas de pedra que são precisamente alinhadas com a ascensão e o ocaso de corpos celestes. Todas essas estruturas encontram-se às margens da Europa Ocidental e compartilham de um comum padrão de comprimento chamado jarda megalítica. A única explicação prática para essa unidade é que deve ter pertencido a uma definição física que foi perdida no tempo.

Há um sistema matemático que usa a jarda megalítica que se baseia no número de nascentes do Sol em um ano. De forma notável, a matemática megalítica integra a velocidade da rotação da Terra com distâncias medidas na superfície, proporcionando uma ferramenta ideal para a navegação, assim como uma unidade padrão para a construção.

A escrita, a Astronomia e a Geometria não se originaram no Oriente Médio mas na Europa.

Capítulo IX

A Luz de Vênus

Bryn Celli Ddu (A Colina do Bosque Negro)

Um povo, que pouco conhecemos, preencheu a Europa Ocidental com arquitetura pré-histórica. Há muito mais estruturas megalíticas de pedra nas Ilhas Britânicas do que cidades e vilarejos modernos e, no entanto, poucas pessoas atarefadas se preocupam com o fato de que essas estruturas ainda perdurem silenciosas em bosques, fazendas e até em centros de cidades.

Agora sabemos que os homens que as construíram eram engenheiros talentosos. Eles deixaram para trás estruturas de enormes pedras, algumas pesando muitas toneladas, construídas de forma tão durável que ainda hoje continuam impressionantes, mais de 5 mil anos do desaparecimento de seus construtores. Esses sítios antigos participam do folclore das áreas rurais celtas, mas são geralmente esquecidos nas grandes regiões povoadas da Inglaterra. A mãe de Chris costumava contar-lhe histórias de como ela havia sido ensinada a ter cuidado com os aterros "enfeitiçados" que não deviam ser tocados, e a avó de Robert contou-lhe as tradicionais histórias galesas sobre as grandes pedras:

> *Nunca destrua uma pedra vertical ou o azar o perseguirá por seis gerações. As pedras são gigantes transformados em pedra, mas na véspera do Ano Novo o feitiço é suspenso para que os gigantes se dirijam ao rio mais próximo para beber.*
>
> *Se você dormir uma noite com a cabeça encostada nessas antigas pedras, poderá acordar como um grande poeta ou um louco!*

Existe na Ilha de Anglesey, onde Robert e sua família vivem há muitos anos, um grande número dessas pedras verticais. A população local sempre tratou as pedras com um respeito supersticioso. Ynis Mon (Anglesey) foi o último baluarte dos druidas antes de serem massacrados pelos romanos, e seu legado fez crescer as inúmeras histórias folclóricas ligadas a esses sítios.

Robert interessou-se pelas estruturas megalíticas durante muitos anos e estivera estudando alguns dos sítios de Anglesey muito antes de o assunto tornar-se relevante à nossa pesquisa conjunta. Ela veio até como surpresa quando verificamos que havia uma possível ligação entre *O Livro de Enoch* e as estruturas megalíticas da Europa Ocidental, e foi por pura coincidência que seus estudos sobre os túmulos com túnel e pedras megalíticas geminadas, de repente, se tornaram importantes para os nossos estudos correntes.

O sítio que mais o interessara é conhecido como Bryn Celli Ddu – que significa "colina do bosque negro".

Bryn Celli Ddu é um túmulo coberto de terra em Ynys Mon (Anglesey), situado no meio de um campo e o seu acesso é a pé ao longo da trilha de uma fazenda. A estrutura tem uma passagem de 27 pés (aproximadamente nove metros) de comprimento e três pés (aproximadamente um metro) de largura em sentido norte-leste, que leva a uma câmara feita de cinco grandes pedras cobertas por duas pedras superiores. Dentro da câmara há uma espécie de pilar quase da altura das pedras superiores que formam o teto, hoje apoiado sobre duas vigas de concreto.

A passagem e a câmara haviam sido construídas sobre uma antiga estrutura que consistia de um fosso, irregularmente circular, com algumas pequenas pedras verticais ao redor de seu perímetro interno. No pátio de acesso à passagem, foram encontrados os restos de uma lareira e uma plataforma de pedrinhas de quartzo.

Bryn Celli Ddu começou a ser explorado em 1865 e foi escavado em 1928-9. Na passagem e na câmara havia ossos de boi e ossos humanos, alguns queimados e outros não, o que levou à interpretação de que a estrutura fosse uma câmara funerária. Havia também pontas de flecha, um colar de pedras furadas e algumas conchas marinhas. Quando o professor Lynch investigou o sítio em 1972, comentou sobre um buraco do lado sudeste da câmara que permitia a entrada da luz do Sol durante o solstício de inverno, tal como em Newgrange, na Irlanda Oriental. Entretanto, ele não foi capaz de descobrir nenhum propósito específico ou alinhamentos astronômicos para esse buraco. No início, quando o fosso com as pedras verticais em seu perímetro foi construído, uma pedra decorada apresentando uma série de complicadas gravuras havia sido colocada no centro. Em algum momento antes de 3500 a.C., essa pedra foi derrubada e enterrada, permanecendo plana sobre o encaixe que havia ocupado. Ali ficou por quase 5.500 anos até que foi retirada de seu local tradicional para ser levada ao museu de Cardiff e uma réplica grosseira de concreto foi construída e colocada em seu lugar.

Outra característica do círculo de pedras é um poço. Havia evidência de que uma fogueira havia sido acesa no poço e, em seguida, um osso de orelha humana fora depositado nas cinzas; tudo havia sido recoberto com uma pedra plana. Infelizmente, a escavação fora executada bem antes da descoberta da datação por radiocarbono e a oportunidade de datar a fogueira perdeu-se para sempre.

Datar a estrutura não é fácil e o dr. Julian Thomas, da Universidade de Southampton, que escavou extensivamente em Anglesey, confirmou que não existe nenhuma datação por radiocarbono do sítio, mas ele fez um paralelo com os sítios irlandeses que sugerem uma data para Bryn Celli Ddu ao redor de 3500-3050 a.C. Com seu conhecimento das camadas estratificadas do sítio, ele confirmou que o círculo de pedras fora abandonado e que a pedra decorada havia sido enterrada antes de a câmara ser construída.[241]

Dr. Thomas comentou que o fosso, o círculo e a pedra gravada são mais difíceis de serem datados. A estrutura foi descrita como um "henge" (área cercada por um fosso usada para rituais religiosos),[242] mas ele não está convencido disso porque o fosso não tem a profundidade de um fosso típico do período da Cerâmica Canelada. Apesar de sua forma ser relacionada com monumentos chamados "henge", ela pode ter sido construída antes de qualquer verdadeiro "henge". Achamos que ele está correto porque o fosso não é suficientemente profundo para prover um horizonte artificial, que parece ter sido o propósito do sítio. Provavelmente o anel do fosso e as pedras verticais cercassem a pedra gravada – se esse for o caso, então o melhor paralelo pode estar na Bretanha e a data pode ser bem antiga, quase certamente antes de 4000 a.C. Julian Thomas também acha possível que o pilar pode muito bem ter feito parte da estrutura original e que o aterro foi erigido ao seu redor. (Vejam as fotos 10, 11 e 12.)

A pedra decorada e as gravuras dentro da estrutura têm paralelos com os túmulos do Vale do Boyne assim como os sítios da Bretanha. O pilar da câmara também é uma característica da câmara em Carrowkeel F, uma estrutura irlandesa.[243]

Estávamos a par de certos comentários feitos por Alexander Thom a respeito do propósito de antigos pictogramas marcados em megálitos:

> *Tenho uma idéia que(...) os símbolos de copo e anel eram um método de registro, de escrita e que podem indicar(...) para que servia uma determinada pedra. Vimos os símbolos de copo e anel na pedra de Temple Wood* [em Argyll] *e isso na pedra principal, mas não podemos ainda interpretá-los.*[244]

---

241. THOMAS, J. Comunicação Particular, 1997.
242. Henge é um sítio circular com pedras verticais ou pilares de madeira, freqüentemente cercado por uma barragem ou um fosso, usado provavelmente para rituais.
243. TWOHIG, E. S. *Irish Megalithic Tombs,* Shire Archaelogy, 1990.
244. THOM, A. *Walking in All of the Squares,* Argyll Publishing, 1995.

Discutindo sobre a possibilidade de essas decorações terem algum significado, Robert imaginou se o motivo por não terem sido compreendidas ainda era o fato de essa seqüência ser a chave – e, no entanto, não parecia haver um padrão óbvio com um ponto inicial e um ponto final. O que ele estudara era a passagem dos raios solares para observar se uma seqüência de gravuras seria destacada à medida que eles passassem pelo sítio. Parecia que se Thom estivesse certo e, caso as gravações pudessem ser realmente interpretadas, talvez a leitura devesse ser feita à medida que os raios solares iluminassem as inscrições em dias específicos do ano.

Para testar essa possibilidade, ele observou uma série de sítios de Anglesey em vários momentos do dia e do ano para verificar se haveria qualquer padrão óbvio. Até agora, somente Bryn Celli Ddu apresentou resultados interessantes.

Os dias-chave a serem observados eram os solstícios que ocorrem quando o Sol se encontra em suas posições extremas, seja ao norte (verão), seja ao sul (inverno) e os equinócios, quando o Sol está sobre a Linha do Equador, resultando em dias e noites de igual duração.

Conforme já dissemos, ao centro do círculo de pedras original encontra-se a réplica da pedra gravada, de onde os contornos das colinas proporcionam claros espaços para possíveis alinhamentos com a ascensão da Lua. A posição do sítio foi escolhida para que os extremos da ascensão da Lua pudessem ser plotados de acordo com os claros pontos referenciais formados pelos picos e declínios das montanhas ao leste.

Escrita Solar

A primeira observação do que pareceu ser um deliberado efeito luminoso aconteceu em um equinócio de primavera. A primeira explosão de luz solar brilhou no túnel e dali para a parede norte, onde uma série de pequenos entalhes chamados marcas de "copos" eram entalhadas na pedra. À medida que o Sol ascendia ao céu, em um período de 40 minutos, iluminava uma seqüência dessas marcas, fazendo com que brilhassem como uma série de pequenas estrelas na escuridão da antiga passagem. O Sol parecia passar de copo em copo traçando uma curva ao longo da parede do túnel antes de subir tão alto que sua luz não penetrava mais pelo portal.

Antes da iluminação pelo Sol ascendente, essas incisões pareciam insignificantes – não parecia possível que a luz do Sol as alcançasse por se encontrarem ao longo da parede norte da passagem. Mas, agora, a pedra de quartzo usada na construção das paredes captou a luz incidente dos raios do Sol ascendente, refletindo-os para o observador que estivesse na câmara.

Por volta das 10h, uma das pedras do portal projeta uma sombra sobre uma das pedras da entrada na qual foi gravada uma série de ranhuras;

essa sombra incide exatamente sobre uma das ranhuras mais proeminentes. À primeira vista, as marcas pareciam ser uma inscrição Ogham (uma forma de escrita desenvolvida pelos Druidas que consiste de linhas e copos), mas ninguém conseguiu traduzi-la. Analisando a projeção da sombra e a geometria das pedras, ficou evidente que essas duas pedras podiam ser usadas para determinar a aproximação do equinócio. As linhas acima e abaixo indicariam o quanto o Sol estivesse perto do equinócio e a altura da sombra sobre a pedra receptora seria um guia para qualquer observador, indicando quando ocorreriam os efeitos luminosos.

Na época do equinócio, o Sol movimenta-se rapidamente pelo céu e o ângulo correto de iluminação para observar o fenômeno da luz no equinócio ocorre durante três dias somente. No equinócio da primavera, o Sol se movimenta na direção norte e os seus raios ascendentes começam a iluminar mais o interior do túnel. Pelo cálculo da bússola, parece que, no solstício de verão, os primeiros raios solares podem chegar a iluminar a câmara toda, mas isso levaria dois anos de observação para testar essa hipótese. Como é próprio do tempo nas Ilhas Britânicas, nos dois anos seguintes o tempo ficou teimosamente encoberto durante os solstícios de verão.

Depois de verificar como as marcas dos copos no túnel se "pronunciaram" com a iluminação do Sol, Robert realizou uma investigação mais apurada da câmara com uma poderosa lanterna que revelou diversas outras marcas pequenas talhadas nas pedras. Isso era estranho porque *não* pareciam estar em posições que pudessem ser atingidas pela luz solar; talvez, então, não fosse essa a intenção. O grande número de "copos" podia significar que a iluminação das marcas do túnel fosse uma simples coincidência e não um fato deliberado. O único meio de verificar se haviam sido colocadas ali propositadamente era observar o sítio durante o maior número possível de dias ensolarados para ver quais outros efeitos luminosos poderiam ocorrer.

Certa tarde ensolarada de fins de março, um fenômeno inesperado mas interessante aconteceu. Não era muito tempo depois do equinócio, mas o Sol movimentava-se muito rapidamente pelo céu e sua declinação estava a aproximadamente quatro graus. Eram cerca de 13h20 quando um feixe de luz solar apareceu de uma abertura a nordeste da câmara e movimentou-se pelo chão em direção à base do pilar. Depois de três quartos de hora, o Sol moveu-se o suficiente para formar uma barra de luz no pilar.

Há uma série de sulcos entalhados no pilar, e parecia que a luz fosse atingir esses sulcos, mas quando alcançou o pilar ela estava bem mais abaixo. Era claro que se o Sol estivesse mais ao sul e, portanto, mais baixo no céu, o feixe de luz subiria pelo pilar. Em março a barra de luz atingiu o pilar às 14h10, o que pareceu estranho se esse efeito havia sido programado propositadamente. Por que isso não fora programado para ocorrer ao meio-dia quando o Sol estivesse em seu ponto mais alto no céu? (Veja as fotos 16 e 17.)

As observações feitas durante algumas horas, tanto antes quanto depois do meio-dia e em várias datas, mostraram que durante os meses de verão a luz nunca alcançou o pilar marcado, aparecendo somente no chão da câmara. Foi realmente um verão frustrante, pois durante algumas semanas, antes e depois do solstício, o céu ficou encoberto e foi impossível verificar onde os raios do Sol recairiam no túnel e na câmara. Entretanto, apesar da ausência de luz direta do Sol, era provável que o Sol brilhasse em toda a extensão do túnel e dentro da câmara, mas uma previsão é sempre difícil de ser feita com essas estruturas complexas.

Os construtores de Bryn Celli Ddu pareciam ter escolhido uma hora do dia muito estranha para posicionar as pedras e fazer com que a luz solar atingisse o pilar. É provável que tivessem motivos para isso, mas nesse caso não conseguimos percebê-los. Talvez depois de 5 mil anos fosse impossível desvendar esses motivos, sem contar a hipótese de que o fato de a luz iluminar o pilar fosse um simples acidente, sem nenhum significado específico para os construtores.

A única forma de tirar as dúvidas era continuar com as observações.

Próximo ao equinócio do mês de setembro, o Sol estava mais baixo no céu e a luz novamente batia no pilar – mas um pouco mais cedo, ao redor de 13h45. O feixe de luz agora estava claramente definido e certamente subiria à medida que o Sol se movesse para o sul, no inverno. Assim que a luz deixou o pilar, ela brilhou em uma grande placa de quartzo, atrás do pilar, que forma a parede nordeste da câmara. Essa pedra trabalhada agiu como um duplo refletor parabólico e dividiu o raio solar em dois feixes separados que iluminaram as paredes opostas da câmara. Paulatinamente, as paredes norte e sul da câmara estavam totalmente banhadas pelo brilho refletido da luz do Sol.

Assim que a luz bateu nessas paredes, as marcas de copos entalhadas começaram a brilhar como estrelas. Antes disso parecia impossível a luz do Sol alcançá-las, mas a qualidade de reflexão da pedra cortada não tinha sido óbvia antes que isso ocorresse. Em um instante, toda a câmara foi invadida pela luz de forma espetacular, mas ainda mais importante era que a imagem refletida do disco solar lançada nas paredes laterais da câmara iluminou dois outros conjuntos de marcas de copos que agora brilhavam como uma constelação de pequenas estrelas. Esse efeito aconteceu às 14h30 e às 15h15, com o ápice às 14h50.

Analisando de perto a placa de pedra atrás do pilar, ficava claro que havia sido deliberadamente trabalhada para formar duas superfícies curvas para dividir e refletir o feixe solar focado nela pela abertura, que Lynch havia notado, mas sem saber o motivo de sua localização. Para um grupo de "selvagens" da Idade da Pedra que nada podiam conhecer de telescópios, isso parecia ser uma forma primitiva de telescópio newtoniano. (Ao final do século XVII, *sir* Isaac Newton inventou um telescópio que usava um espelho curvo para ampliar as imagens das estrelas. Seu telescópio tinha um tubo para canalizar a luz sobre um espelho côncavo que focalizava as imagens das estrelas em um visor que uma pessoa podia observar.)

Essa estrutura megalítica funciona exatamente com o mesmo princípio. Bryn Celli Ddu canaliza a luz do Sol mediante a abertura da câmara sobre uma pedra refletiva, encavada na forma de dois espelhos côncavos sobrepostos. Quando o Sol estiver na posição correta no céu (nos equinócios) sua imagem é projetada pela pedra encavada sobre os lados sombreados da câmara para que o observador possa visualizá-los.

Ao final de outubro, o Sol está bem baixo no céu; sua declinação está ao redor de -12 graus e, portanto, está a meio caminho entre o equinócio e sua mais extrema posição sul no céu. Nessa época, a luz bate no pilar em um nível mais alto e, ao sair do pilar, não atinge mais a placa trabalhada atrás dele. E uma vez mais ficou óbvio que esses efeitos, cuidadosamente projetados, duravam somente curtos períodos do ano e eram completamente dependentes da declinação do Sol.

Agora, havia suficientes pontos em diferentes datas para compreender o pilar em termos das marcas entalhadas nele e as datas que elas representavam; também era possível plotar os momentos em que a luz solar batia no pilar em relação à posição do Sol no céu (seu azimute). Esse cálculo produziu uma leitura constante de 209 graus (aproximadamente SSO). Por que esse ângulo de azimute havia sido escolhido não era imediatamente claro, mas, depois, naquele ano, a surpreendente resposta seria apresentada.

O Efeito Vênus

Vênus é o terceiro objeto astronômico mais brilhante do céu depois do Sol e da Lua, e pode projetar sombras. No início de dezembro, Vênus estava tão brilhante que podia ser visto no céu até mesmo com o Sol acima do horizonte. Esse planeta brilhante foi extremamente importante desde o início de nossas pesquisas porque ele é a "estrela da manhã" e associado ao ritual da ressurreição na cerimônia de graduação de Mestre Maçom, na Maçonaria.[245] Na posição crepuscular, ele também é conhecido como a "estrela da noite".

Certo dia, ao olhar Vênus seguindo o crepúsculo do Sol, ocorreu a Robert que o planeta se encontrava em um ângulo um pouco mais alto que o Sol e, à medida que os dias progrediam, ele saía da trajetória do Sol. Um rápido cálculo indicou que o azimute e a declinação de Vênus o colocavam em uma posição que lhe permitisse projetar um feixe de luz no pilar de Bryn Celli Ddu.

---

245. KNIGHT, C. e LOMAS, R. *The Hiram Key,* Century, 1996.

Discutimos essa possibilidade com Alan Butler que, além de engenheiro, também se interessa por astrologia como "ciência" antiga, e está bem informado a respeito dos movimentos dos céus. Alan apresentou-nos vários pontos interessantes, inclusive o fato de que Vênus somente se torna uma estrela da noite depois de uma conjunção superior (quando o Sol passa na frente de Vênus), que não é visível da Terra porque o planeta estaria atrás do Sol. O período entre essa conjunção e o seu primeiro aparecimento no céu noturno ocorre entre 36 e 40 dias, quando ele está a dez graus afastado do Sol, e desaparece do horizonte 40 minutos após o crepúsculo do Sol.

A partir desse ponto, Vênus afasta-se mais do Sol, pondo-se cada vez mais tarde. Em meses posteriores, Vênus pode ainda ser visto horas depois do crepúsculo.

A maior elongação para a "estrela da noite" no outono é sempre ao sul do Oeste, e o brilho máximo é atingido exatamente 36 dias depois, no momento em que Vênus rapidamente volta em direção ao Sol. Durante essa metade do ciclo de Vênus, ele é visível durante quatro meses e talvez mais; por conseguinte, Alan Butler concordou que Bryn Celli Ddu poderia facilmente ter um efeito Vênus durante muitas noites de inverno.

Com seu conhecimento de astronomia, Alan transmitiu uma mensagem eletrônica para dizer:

> *Por volta de fins de dezembro, Vênus aparece como uma estrela noturna seguindo a trajetória do Sol durante quatro anos de um período de cada oito anos, apesar do fato de o padrão ser mais complicado do que a cada dois anos, mas a ocorrência é repetida a cada oito anos com um alto grau de precisão.*
>
> *Quando Vênus está em seu ápice de brilho relativamente a distância angular entre o Sol e Vênus é de 38 graus. O Sol se põe às 15h51 e Vênus, duas horas e meia mais tarde. Isso significa que Vênus alcançará a posição das 14h30 do Sol, às 17h, muito tempo depois que o Sol se pôs. Nessas condições e sem luar no céu, vocês poderão ler o jornal naquela câmara com a luz de Vênus.*
>
> *Acredito que a melhor oportunidade para confirmar isso será em 13 de dezembro. Haverá muitas janelas passíveis de observação nessa tarde e também na tarde seguinte, sábado e domingo.*

No dia 13 de dezembro de 1997 à tarde, Robert e seu filho Geraint voltaram para Bryn Celli Ddu para verificar se Vênus projetaria sua luz no pilar. Era uma noite escura e um pouco encoberta, mas Vênus estava radiante no céu oriental – estava cercado de um halo formado pela fina camada de nuvens e seguindo a trajetória do Sol. Cerca de uma hora depois do crepúsculo, um ligeiro nevoeiro estava se formando, mas Vênus ainda estava brilhando o suficiente para produzir um belo feixe de luz que lentamente se arrastava pelo chão da antiga câmara.

O feixe da luz de Vênus estava ligeiramente mais abaixo no pilar do que aquele do Sol que havia aparecido durante a tarde, mas estava bem claro no pilar. Já não havia dúvida de que as pessoas que construíram Bryn Celli Ddu sabiam que tinham a possibilidade de medir a declinação de Vênus por meio da luz que batia no pilar, comparando-a com a luz do Sol de duas horas e meia antes. Esse foi o motivo do posicionamento da abertura: para que o feixe de luz atingisse o pilar não ao meio-dia, mas às 14h20, quando o Sol já ultrapassava o seu zênite, e, ainda, para que pudessem tirar vantagem das relativas posições de Vênus e do Sol.

O cuidadoso posicionamento da abertura em Bryn Celli Ddu não era uma provável coincidência. Robert decidiu verificar as chances de a abertura ter sido colocada aleatoriamente em um ângulo que acomodasse a ascensão e o declínio sazonal do Sol e ao mesmo tempo a posição de Vênus na mesma abertura.

Quando o Sol estiver alto o suficiente, acima do horizonte, para brilhar na câmara, qualquer direção da bússola conseguiria o efeito de relógio solar sazonal no pilar. Portanto, o azimute de orientação da abertura poderia ter sido colocado em qualquer lugar entre 140 graus e 260 graus, ou seja, uma faixa de 120 graus. Como a abertura tem uma largura de dois graus somente, isso proporciona uma chance em 60 de que estivesse em qualquer direção aleatória. A abertura também aponta para uma distância suficiente do pôr-do-sol durante três das quatro possíveis ocasiões durante o ciclo de oito anos de Vênus, quando o planeta é uma "estrela da noite", para que sua luz brilhe no pilar depois do crepúsculo. Esse evento tem somente três possibilidades em oito de ser aleatória, mas, quando combinado com a posição do Sol, há somente seis chances em mil para que a posição seja acidental na incidência dos dois eventos. Portanto, podemos ter certeza de que no caso em que a abertura fosse um simples acidente dos construtores de Bryn Celli Ddu, haveria seis possibilidades em mil de que estivesse no lugar certo para se alinhar com Vênus e com o Sol simultaneamente. Essa probabilidade é muito pequena para que qualquer estatístico rejeite a idéia de que a direção e a altura da fenda fossem acidentais: a abertura foi realmente *projetada* dessa maneira.

Vênus projeta um feixe de luz sobre o pilar às 17h04, uma hora e cinco minutos depois do pôr-do-sol. Marcando a posição do Sol e do indicador de luz de Vênus, o pilar poderia ser usado para calcular a diferença de altitude entre Vênus e o Sol e, por conseguinte, a separação entre os dois. Vênus repete sua exata posição no pilar a cada oito anos, de forma que esse observatório é capaz de corrigir qualquer desvio nos calendários solar e lunar.

O motivo para a escolha do ângulo agora era claro. A abertura havia sido cuidadosamente projetada em uma precisão de apenas dois graus. Se a abertura fosse maior do que 209 graus (azimute), Vênus estaria muito baixo no céu para que sua luz atingisse o pilar e, se fosse menor do que 209 graus, o Sol ainda estaria no céu quando Vênus atingisse a abertura.

Foi uma grande satisfação saber que Robert e Geraint eram provavelmente as primeiras pessoas, em milhares de anos, a presenciar Bryn Celli Ddu funcionando como observatório de Vênus, objetivo principal de seus construtores.

O Solstício de Inverno

Durante o solstício de inverno, o feixe de luz solar alcançou o topo do pilar – ou melhor, ele o teria alcançado se a luz não houvesse sido bloqueada pela coluna de concreto que foi colocada na câmara para proporcionar suporte ao teto. O feixe de luz estava totalmente direcionado no pilar às 14h22.

Esses diferentes tempos para o efeito são explicados desde que se entenda que o efeito ocorre quando o Sol se encontra em um azimute de exatamente 209 graus norte. A hora do dia em que isso ocorre varia ligeiramente com a estação e com a declinação do Sol.

A posição do feixe de luz no pilar proporciona uma medida direta da altitude do Sol, e o indicador funciona no período de setembro a abril, durante os meses de inverno. As marcas no pilar indicam as datas do início de novembro e final de janeiro. Quando Robert apresentou um seminário sobre esses resultados aos membros do Departamento de Ciências Arqueológicas da Universidade Bradford, foi-lhe perguntado se qualquer uma dessas marcas solares poderia coincidir com eventos agrícolas importantes. Certamente, Anglesey sempre teve uma grande população de carneiros e a marca de novembro coincidia com o período de gestação que termina na época da Páscoa. Portanto, se as pessoas queriam que os cordeirinhos nascessem depois das piores ventanias da primavera, quando a grama começa a crescer forte, a marca no pilar atingida pela luz do Sol marcaria o tempo de juntar machos e fêmeas.

Talvez essas marcas fossem além da orientação dos programas de criação animal. Rudolf Steiner,* escrevendo a respeito do Natal, fez o seguinte comentário:

> No terceiro milênio antes de Cristo, somente eram considerados cidadãos da •Terra aquelas pessoas que nascessem em certas semanas do inverno. O motivo era o seguinte: na Península de Jutland – cujas tribos eram chamadas ingaevones, ou

---

* N. E.: Sugerimos a leitura de *A Filosofia de Rudolf Steiner – E a Crise do Pensamento Contemporâneo*, Andrew Welburn, Madras Editora.

pelo menos assim eram chamados por Tácito –, os sacerdotes do templo dos sítios do Mistério encorajavam a união sexual somente em certa época do primeiro quarto do ano, no período de Lua Cheia, após o equinócio da primavera.[246]

Sabemos que o calendário cristão adotou antigos festivais e, mesmo atualmente, o Domingo de Páscoa é definido como o primeiro domingo após o equinócio da primavera, depois da fase de Lua Cheia.

Portanto, como já vimos, o sítio de Bryn Celli Ddu certamente marcava os equinócios da primavera e do outono de forma magnífica. Esse era o período em que a luz solar, depois de iluminar o pilar, passaria a se dirigir para a pedra gravada atrás dele e dividida para iluminar os lados da câmara em seu padrão de marcas de copos.

Na observação seguinte de Steiner, a respeito de como o assunto da concepção havia sido programado, ele novamente cita o historiador romano, Tácito (*Germania*, 40):

Em uma ilha do oceano há uma caverna sagrada e nela encontra-se uma carruagem coberta por um véu. Somente o sacerdote pode aproximar-se dela. Ele sabe quando a deusa aparece na carruagem sagrada. Ele percebe a presença da deusa nesse lugar sagrado e com grande reverência acompanha sua carruagem puxada por vacas. E então, há dias de alegria e festas em todos os lugares que a deusa honra com sua presença. E depois há dias alegres e festas de casamento. Nessa época não há guerras, nenhuma arma é empunhada, a espada permanece na bainha. Nesses tempos, somente paz e silêncio são conhecidos ou desejados até que a deusa, cansada de sua estada entre mortais, é levada de volta para o altar pelo mesmo sacerdote.[247]

Será que Bryn Celli Ddu era uma dessas carruagens consagradas coberta por um véu, um véu de pedra? É possível que os sacerdotes no tempo de Tácito interpretaram a luminosidade dentro da câmara como a presença da deusa? Seria esse o motivo pelo qual, 2 mil anos depois de sua construção, uma vaca foi enterrada no pátio de acesso ao sítio?

Steiner tinha mais comentários a respeito, e continuou a citar o relato de Tácito sobre o que acontecia depois:

Então a carruagem, o véu e a própria deusa são banhados em um lago escondido. Escravos realizam o culto; escravos que

---

246. STEINER, R. *The Festivals and Their Meaning*, Rudolf Steiner Press, 1981.
247. STEINER, R. *The Festivals and Their Meaning*, Rudolf Steiner Press, 1981.

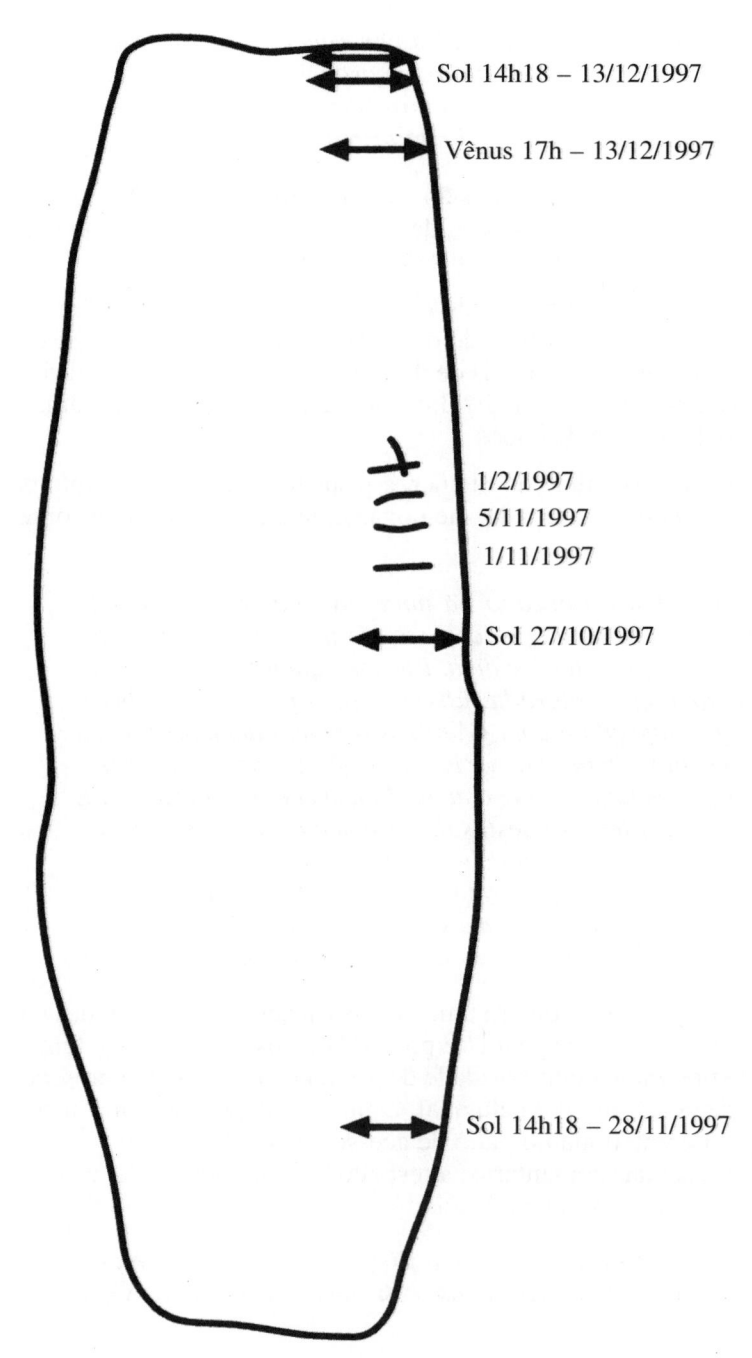

Figura 25. *Onde o feixe da luz do Sol bate durante dias especiais em Bryn Celli Ddu.*

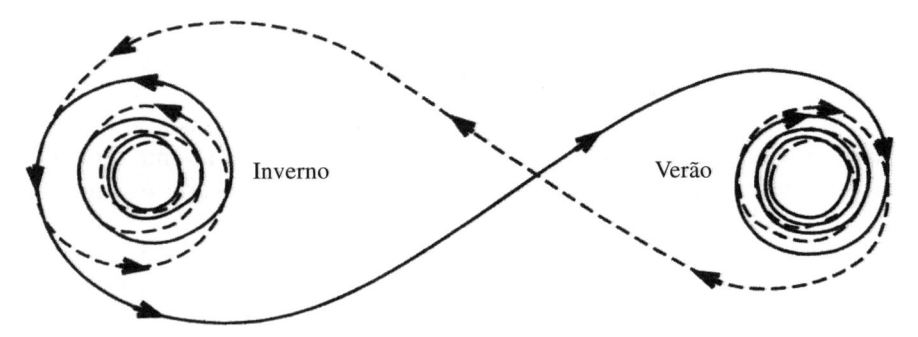

Figura 26. *O caminho traçado pela sombra do Sol no período de um ano, segundo Ross.*

são imediatamente engolidos pelo lago como penalidade, para que todo o conhecimento dessas coisas afundasse na noite da inconsciência. Um horror secreto e uma escuridão sagrada continuam influenciando o ser que é capaz de contemplar somente o sacrifício da morte.[248]

Quando o Ministério da Defesa Inglesa estava ampliando a pista da estação da RAF (Força Aérea Britânica) em Valley (Fali), não longe de Bryn Celli Ddu, um lago foi drenado antes do aterro. Foram encontradas muitas oferendas, datando de pelo menos 3 mil anos, inclusive corpos de pessoas que podem ter sido jogadas junto com diversas oferendas. Seriam esses os escravos que Tácito descreve como sacrifícios após o ritual do aparecimento da deusa na carruagem, na "colina do bosque negro", Bryn Celli Ddu?

A Alvorada do Solstício

Bryn Celli Ddu ainda não acabara de revelar seus segredos. Em 1998, pela primeira vez em três anos, a manhã do solstício de verão era clara e brilhante, e, à medida que o Sol ascendia sobre o horizonte, os primeiros raios iluminaram o túnel e a base da pedra a sudoeste. Formou-se um pequeno ponto vermelho na própria base da pedra e enquanto o Sol subia lentamente no céu, a passagem foi inundada de luz formando um caminho dourado ao longo do solo do túnel e dentro da câmara. Mas, à medida que a luz solar se fortalecia, outros efeitos começaram a ocorrer. A luz era refletida pela pedra de quartzo sobre a lajota de pedra, à esquerda da entrada,

---

248. STEINER, R. *The Festivals and Their Meaning*, Rudolf Steiner Press, 1981.

iluminando uma pequena espiral gravada rudemente em sua superfície. Em poucos minutos o Sol deslocou-se para o sul o suficiente para sair da trajetória da pedra refletora e da espiral.

A origem da dupla espiral foi descoberta por um artista americano chamado Charles Ross. Ele fez uma experiência colocando uma lente em um suporte na frente de uma tábua de madeira que receberia os raios do Sol, queimando a tábua e formando um traço na madeira. Todos os dias ele colocava uma nova tábua no suporte e, depois de 366 dias consecutivos, plotou o padrão dos raios solares que haviam queimado a tábua. Ele descobriu que a forma das queimaduras formava uma perfeita dupla espiral. Durante o verão, o traço formava uma espiral estreita no sentido horário, enquanto no inverno formava uma espaçosa espiral em sentido contrário. No equinócio, os traços começavam a endireitar enquanto a espiral de inverno era interrompida, transformando-se em uma espiral estreita que se movia no sentido oposto.[249]

Portanto, cada espiral representa um quarto do movimento do Sol no céu.

Um Instrumento Científico

Antes de avaliarmos o propósito de Bryn Celli Ddu, vale a pena resumir o que já sabemos dele.

O uso desse sítio variou com o tempo. Ele começou como um círculo de pedras cercado por um fosso. No centro desse anel de pedras havia uma pedra vertical recoberta de magníficas gravuras, inclusive padrões de espirais e de ziguezagues. Pouco antes de o pilar e de os megálitos que o cercavam serem erigidos, essa pedra gravada foi derrubada e enterrada no meio do círculo. Junto com a pedra, o osso de uma orelha humana também foi enterrado no centro desse anel original, fora da câmara. Essa pedra original foi removida de seu antigo ambiente para ser depositada ao sul do País de Gales e uma rude réplica em concreto foi colocada em seu lugar.

Os alinhamentos das pedras de Bryn Celli Ddu são extremamente exatos, mas existem muitas pessoas que os rejeitam, afirmando que são acidentais:

1. O alinhamento da passagem e as seqüências de marcas de copos destacam os equinócios e o solstício de verão;

2. A sombra reguladora indica em que ano solar nos encontramos, a qualquer momento;

---

249. BRENNAN, M. *The Stones of Time,* Inner Traditions International, 1994.

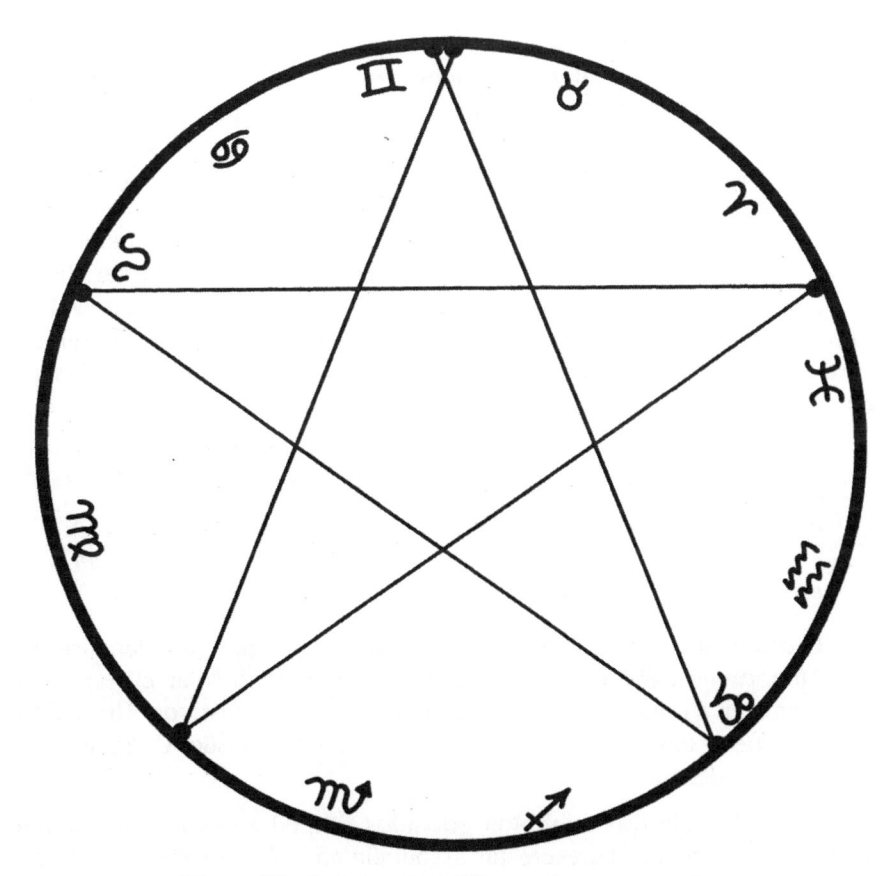

Figura 27. *O trajeto que Vênus percorre ao redor do círculo do zodíaco.*

3. O pilar e a borda da pedra são posicionados para medir exatamente o ciclo de Vênus, o solstício de inverno e o calendário agrícola invernal.

O sítio havia passado por muitos refinamentos e melhoramentos, mas a questão permanece quanto ao motivo de a pedra gravada ter sido enterrada no centro do anel quando o pilar indicador da declinação foi construído.

Parece que Bryn Celli Ddu foi projetado para que um número muito pequeno de pessoas tivesse acesso e observasse os ciclos do Sol e de Vênus com grande precisão. Até o menor deslocamento dos elementos da estrutura prejudicaria o funcionamento do observatório.

A questão, então, surge quanto ao porquê de essas antigas pessoas precisarem entender os movimentos do Sol e de Vênus tão apuradamente.

Uma óbvia resposta é que Vênus representa o mais exato indicador de tempo do ano disponível no sistema solar. A cada oito anos ele marca um ponto em que o calendário solar, o calendário lunar e o calendário sideral (posição das estrelas) coincidem todos com uma diferença de alguns minutos. A cada cinco ciclos de Vênus (por exemplo, a cada 40 anos) há uma sincronização com diferença de alguns segundos. O ciclo de oito anos de Vênus também mapeia as fases da Lua e seus movimentos siderais em até cinco horas.

O conhecimento do ciclo de Vênus possibilita aos três principais calendários serem regularmente realinhados e permite previsões detalhadas das marés e dos eclipses lunares. O documento irlandês do século VIII, o *Saltair Na Rann,* que registra as velhas tradições orais dos celtas irlandeses, conta a respeito do conhecimento exigido dos líderes do povo em tempos antigos:

> *A cada dia, cinco itens de conhecimento são exigidos de todos os membros, sem nenhuma aparência de demonstrações exageradas de quem seria um líder.*
>
> *O dia do mês solar, a idade da Lua, o estado da maré sem erro, o dia da semana e o calendário das festas dos deuses.*

O calendário sideral é importante para a agricultura; o calendário lunar é importante para indicar as marés e o calendário solar é necessário para conhecer a duração do dia e reconhecer os dias festivos. Bryn Celli Ddu pode fazer tudo isso com um grande grau de precisão. Chamaríamos isso de coincidência?

O significado dos símbolos gravados na pedra central pode ter-se perdido, mas a espiral parece estar associada ao Sol e aos seus movimentos, enquanto as pedras marcadas com ziguezagues podem ter sido usadas para registrar os movimentos da Lua.

O dr. Julian Thomas[250] descobriu uma pequena pedra plana perto de Bryn Celli Ddu com marcas de registros, apesar de sua data ser incerta porque foi encontrada em uma camada escavada de terra. Poderia ter feito parte das anotações dos construtores ou alguma coisa posterior, mas certamente mostra que o sítio havia sido associado com a contagem dos movimentos no céu, durante um longo período de tempo. Cinco mil anos atrás, a pedra central ornamentada cujos símbolos também poderiam ser interpretados como registros de contagem, estava enterrada no centro do fosso circular junto com um osso de orelha humana, já mencionado.

Essas pessoas estavam usando pedras para produzir rudimentares e precisos instrumentos científicos a fim de observar os movimentos regulares das luminárias celestes de tal maneira a parecer extremamente inteli-

---

250. THOMAS, J. Comunicação particular, 1997.

gente para qualquer observador não sofisticado. Estávamos sendo lembrados dos segredos dos céus revelados a Enoch pelo anjo Uriel:

> *Este é o livro dos cursos das luminárias do céu, as relações de cada uma de acordo com suas categorias, seus domínios e suas estações, conforme seus nomes e lugares de origem, e de acordo com seus meses, que Uriel, o santo anjo que estava comigo e guia das luminárias, me mostrou; e ele mostrou todas as suas leis exatamente como elas são, e como acontece com respeito a todos os anos do mundo e em toda a eternidade, até que a nova criação seja realizada e que durará por toda a eternidade.*

Lendas dos Sítios

Como o povo megalítico não deixou nenhum registro escrito que pudéssemos inspecionar, o único meio de podermos estudá-los seria esmiuçando suas obras existentes e ouvindo suas lendas e mitos com grande respeito; não são propriamente história, mas achamos que muitas vezes contêm verdadeiras memórias ou impressões de fatos reais. A irmã Mary Cusack, conhecida como a Freira de Kenmare, historiadora irlandesa do século XIX, disse a respeito das lendas:

> *A história dos povos antigos deve ter sua base na tradição. Infelizmente, o nome tradição, a priori, dá uma impressão de inverdade e a conseqüente dificuldade em aceitar a tradição como um elemento de verdade na pesquisa histórica. Mas a tradição não é necessariamente um puro mito ou um relato falsificado de fatos. As tradições de uma nação são como as lembranças da infância de um ancião e devem ser tratadas como tais. Se quiséssemos conhecer sua história, nós o deixaríamos contá-la à sua maneira. Pode muito bem ser que conte episódios que fossem importantes para ele e que nada tenham a ver com as pesquisas; também é possível que se equivoque sem querer, se for examinado em detalhe; mas a verdade será sempre a base de sua história e, por meio de uma análise paciente, podemos extraí-la e conseguir a informação desejada.*[251]

As antigas *Tríades Galesas da Ilha da Bretanha* contam das pedras de Gwydden-Ganhebom sobre as quais estavam escritas "as artes e as ciências do mundo" e a história de um druida erudito chamado Gwydion ap

---

251. CUSACK, M. F. *An Illustrated History of Ireland*, Dublin, 1869.

Don, descrito como "um mestre dos movimentos dos céus". Dizem que essa mítica figura está enterrada perto da cidade galesa de Caenarfon, embaixo de uma pedra chamada "Pedra dos Enigmas".[252]

Nomes em "yr Cymraeg" (a linguagem galesa), como a maioria das linguagens antigas, sempre têm um significado. Ken Owen, historiador e orador nativo do País de Gales, disse que o nome "Gwydion" significa homem de conhecimento, druida, mago, filósofo, monstro, feiticeiro ou deus da floresta.

O nome "Gwydion ap Don" parece significar alguma coisa como "Filho do Talentoso". "Ap" significa "filho de..." – portanto, ele era filho de Don, que era um personagem feminino em uma antiga coleção de lendas conhecida como o *Mabinogion*. Don era filha de um obscuro indivíduo chamado Mathonwy, e irmã de Math, poderoso druida a respeito do qual muitas histórias de magia são contadas. O nome Math significa riqueza ou poder. Don casou-se com Beli ap Manogan, cuja festa é celebrada com fogueiras no festival de Beltane, que ainda hoje é festejado com o nome de "May Day". Beli é muitas vezes mencionado como um deus dos mortos, e sua festa na época da primavera dizem representar a vida retornando a terra depois da morte do inverno.[253]

Quando a forma "ap" é usada, geralmente é o pai que é nomeado e não a mãe, mas aqui o nome não é apresentado como Gwydion ap Beli, mas como o filho de Don. Essa é descrita como a mãe da tribo sagrada que, por seu casamento com Beli, deu origem a um grupo extremamente talentoso de crianças, mitologicamente conhecidas como "Crianças (ou às vezes, Senhores) de Luz". Dentre essas crianças, Gwydion era o mais velho e era conhecido como astrônomo e mestre de luz. Ele é freqüentemente descrito como "um dos homens de ciência". Entre seus irmãos havia Ameathon, que dizem ter inventado a Agricultura, e Govannan, que conhecia todos os segredos sobre como trabalhar os metais. Ele também tinha uma irmã chamada Penardun, que se casou com Lir, rei da Irlanda.

Don é considerada pelos eruditos celtas uma variação do nome Danu, a mãe irlandesa da tribo sagrada dos Tuatha de Danann, que também era conhecida como os Filhos ou Senhores de Luz.[254]

Os Tuatha de Danann eram intimamente associados ao complexo megalítico do Vale do Boyne, na Irlanda, e dizem que tinham a capacidade de controlar a luz do Sol. Na primeira batalha de Moytura, eles venceram mergulhando a Terra na escuridão e escondendo a luz do Sol.[255] Como já foi visto anteriormente, o estudioso celta T. W. Rolleston, editor da revista

---

252. BROMWICH, R. *The Triads of the Island of Britain*, University of Wales Press, 1978.
253. ROLLESTON, T. W. *Myths and Legends of the Celtic Race*, G. G. Harrap and Co., 1911.
254. MATTHEWS, J. e C. *British and Irish Mythology*, The Aquarian Press, 1988.
255. HYDE, D. *A Literary History of Ireland*, T. Fisher Unwin, 1899.

Dublin University Review, escreveu a respeito das ligações entre os celtas e o povo megalítico:

> *Lendo os fatos, a conclusão parece ser que o Druidismo em suas características essenciais era imposto sobre a natureza imaginativa e sensível dos celtas pela população anterior da Europa Ocidental, o povo megalítico(...) O povo megalítico foi trazido à luz um passo ou dois fora daquela atmosfera de mistério que o envolvia; esse povo é mostrado como tendo participado com um importante papel no desenvolvimento religioso da Europa Ocidental e preparando aquela parte do mundo para a rápida ampliação do tipo especial de Cristianismo que ali ocorreu(...) logo após a conversão da Irlanda para o Cristianismo, encontramos o país repleto de monastérios cujas organizações completas parecem indicar que, na realidade, fossem colégios druidas transformados em massa.*[256]

Os contos do *Mabinogion* são extraídos principalmente de um manuscrito do século XIV conhecido como *The Red Book of Hergest* (O Livro Vermelho de Hergest) e, geralmente, são considerados estabelecidos em sua presente forma desde os séculos X ou XI.[257] É importante lembrar o contexto no qual esses contos sobreviveram. O objetivo de um bardo ao contar uma história era muito mais o entretenimento da corte de um príncipe do que a transmissão de um texto sagrado. O interesse na história possivelmente foi incrementado, pois o mito foi modificado para melhorar o relato. Parece haver uma similaridade entre um mito a respeito do casamento de uma princesa estrangeira com um rei irlandês, que havia fundado uma dinastia de Altos Reis da Irlanda, e a história do casamento de Don e Beli, que originou a linhagem dos Tuatha de Danann e a fundação do Druidismo.

A Conexão de Jerusalém

Existe também uma notável conexão entre os antigos reis de Jerusalém e os altos reis da Irlanda. De acordo com a lenda, *Teamhair* era a princesa israelita da linhagem real de Davi, que veio à Irlanda para se casar com Eochaid e formar a primeira família real da Irlanda. A algumas milhas ao sul do complexo megalítico do Vale do Boyne encontra-se a Colina de Tara, onde os antigos altos reis da Irlanda eram aclamados colocando o pé sobre "Lia Fail", a Pedra do Destino. Essa pedra mágica, há muito tempo

---

256. ROLLESTON, T. W. *Myths and Legends of the Celtic Race*, G. G. Harrap and Co., 1911.
257. ROLLESTON, T. W. *Myths and Legends of the Celtic Race*, G. G. Harrap and Co., 1911.

perdida, dizem que foi trazida de Jerusalém pelo profeta Jeremias quando ele acompanhou Teamhair, a filha do rei Zedequias, em segurança para a Irlanda, fugindo da fúria da invasão do rei da Babilônia, Nabucodonosor.[258]

Em 15 e 16 de março do ano 597 a.C., Nabucodonosor apossou-se de Jerusalém e enviou todos os intelectuais da cidade para o cativeiro. Outra batalha aconteceu e Jerusalém e seu templo foram destruídos em julho de 586 a.C. O rei Zedequias foi levado a Nabucodonosor, em Riblah, onde foi obrigado a presenciar a morte de seus filhos antes de ter os olhos arrancados de suas órbitas. Conforme as lendas hebraicas, as filhas de Zedequias escaparam porque foram levadas por Jeremias para uma ilha do longínquo Norte. Dizem que a Pedra do Destino havia pertencido a Jacó, o fundador da terra de Israel, cujo nome é de origem sumeriana IA-A-GUB, que significa pilar.

Dizem que essa pedra foi levada para a Escócia por Columba, onde tornou-se a Pedra Scoon, sagradora de reis, sobre a qual todos os reis e rainhas da Inglaterra desde Eduardo I (inclusive a rainha Elisabeth II) tiveram de sentar-se para ser coroados.

A própria Colina de Tara é um morro megalítico de terra e está perto de duas outras obras circulares. Essa colina e o grande morro de Newgrange sempre foram considerados como o lugar do mundo feérico, o mundo dos Tuatha de Danann ou Tribo de Dana, que às vezes eram chamados de "Senhores de Luz". A Colina de Tara era o lugar onde um grande bardo estrangeiro, Ollam Fodla, assentou-se e estabeleceu a linhagem dos grandes reis; fundou uma escola de bardos e promulgou as mais antigas leis irlandesas que, dizem, foram baseadas nos Dez Mandamentos.

Achamos interessante que tanto o folclore galês quanto o irlandês relembrem seus distantes heróis como cientistas, e que os mais antigos reis da memória cultural surgiram da união entre o sangue real da comunidade do mar da Irlanda e a linhagem real de Davi (da qual o próprio Jesus se originou). Essas duas dinastias uniram-se em um dos mais importantes sítios megalíticos que jamais existiu.

Quanto há de verdade nessas lendas hebraica e irlandesa que, independentemente, contam histórias parecidas? Por que as princesas judias se dirigiram para a Irlanda quando o futuro de seu próprio reino estava sendo ameaçado? Será que havia uma antiga ligação originada na época de Enoch, quando o líder de um povo do Oriente Médio foi levado até os sítios megalíticos para ser instruído em Astronomia?

À luz dessas lendas e com o que agora sabíamos a respeito das habilidades astronômicas e dos calendários da comunidade que certa vez viveu próximo ao Mar da Irlanda, decidimos rever *O Livro de Enoch* e seus ensinamentos astronômicos.

---

258. LOONEY, T. Comunicação particular, 1986.

Conclusão

Bryn Celli Ddu em Anglesey, construído em aproximadamente 3500 a.C., é um sofisticado calendário que pode ser usado para indicar a mudança de estações. Ele foi construído de tal forma que, durante estações importantes, reflete luz em diferentes partes de sua estrutura, produzindo dramáticos e simbólicos efeitos de luz.

A espiral que é iluminada pelo reflexo da luz do Sol durante alguns minutos ao alvorecer no solstício de verão é um pictograma da sombra projetada pelo Sol durante o período de um quarto de ano.

Na época do solstício de inverno, a abertura e o pilar da câmara medem precisamente a distância angular de Vênus do Sol, por meio da diferença entre feixes de luz projetados pelo Sol e por Vênus sobre o pilar. O posicionamento da abertura foi cuidadosamente projetado para tornar isso possível.

Dessa forma, Bryn Celli Ddu torna-se um instrumento científico para criar e ajustar importantes elementos dos calendários, até mesmo as épocas de plantio, o estado das marés e a duração dos dias. É assim que os seus construtores proporcionaram meios de corrigir os desvios de sincronização que precisam ser regularmente ajustados.

As lendas do sítio estão ligadas a um mítico astrônomo/bardo chamado Gwydion ap Don, que pode ter sido um membro da lendária tribo irlandesa de deuses conhecidos como Tuatha de Danann. Os Tuatha de Danann estão ligados pela lenda irlandesa à linhagem do rei Davi por intermédio da filha do bíblico rei Zedequias que, conforme o folclore irlandês, se estabeleceu em exílio em um de seus antigos palácios feéricos, a Colina de Tara, no Vale do Boyne na Irlanda.

Tanto o folclore galês quanto o irlandês consideram cientistas seus distantes heróis, e os reis mais antigos dessa memória cultural surgiram de uma união entre o sangue real do Povo da Cerâmica Canelada e a linhagem real de Davi. Os dois grupos parecem compartilhar tradições registradas em *O Livro de Enoch*.

Capítulo X

Reconstruindo a Máquina de Uriel

Os Ensinamentos de Enoch

Embora nosso entendimento do *Livro das Luminárias Celestes* houvesse aumentado, estávamos convencidos de que havia muito mais informação a ser extraída dessas antigas observações.

O escritor e engenheiro Alan Butler ajudara-nos muito compartilhando o seu trabalho sobre a matemática megalítica, então o convidamos para ler o *Livro das Luminárias Celestes* e a passar um tempo conosco para, juntos, discutirmos seu conteúdo.

Alan chegou para ficar dois dias e realizar uma sessão de *brainstorm* pela qual programávamos reconstruir as estranhas visões de janelas e portais descritos por Enoch. Nos reunimos no sábado de uma manhã ensolarada e sentamos ao redor de uma grande mesa com nossas anotações para discutir o possível significado de cada passagem. No início, as palavras "janela" e "portal" pareciam ser usadas alternadamente, mas paulatinamente as coisas começaram a clarear.

Todos concordávamos com o texto, que afirma especificamente que Enoch havia sido levado para um ou mais observatórios megalíticos por um grupo adiantado de seres:

> *Fui transportado para outro lugar e Uriel mostrou-me a oeste uma grande e imponente montanha de rocha sílex.*

Então Enoch passa a apresentar os portais e as janelas:

> *E eu vi seis portais pelos quais o Sol ascende e seis portais pelos quais o Sol se põe, e a Lua ascende e se põe nesses por-*

tais, e as estrelas-guias e aquelas que elas guiam: seis a leste e seis a oeste, e todas seguindo uma atrás da outra em uma exata ordem correspondente: também muitas janelas à direita e à esquerda desses portais.

Discutimos sobre a que Enoch se referia e começamos a pensar que ele estivesse dentro de alguma estrutura quando Uriel lhe mostrou como o ano era dividido, que é a razão pela qual ele disse ter visto o Sol ascender e se pôr nos "portais". (A palavra original é geralmente traduzida como "portais", embora Black e Neugebauer prefiram usar a palavra "portões".)

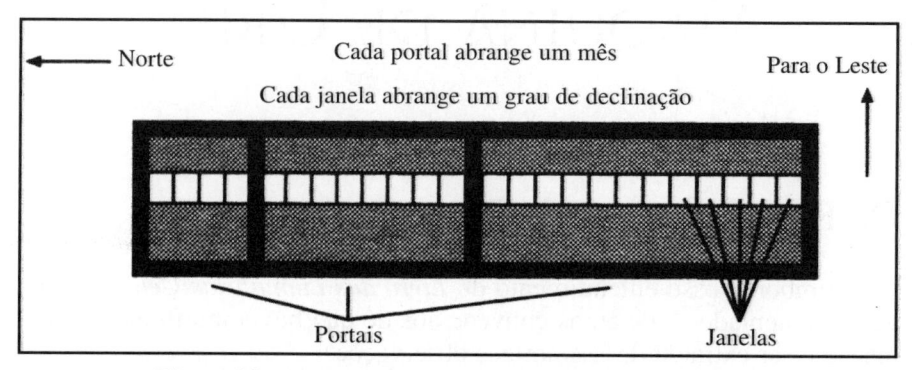

Figura 28. *As janelas e os portais descritos por Enoch.*

Talvez Enoch fora levado por Uriel para dentro de alguma estrutura de observação em vez de uma sala. Imaginamos uma estrutura parecida com as pedras verticais e os trilitos de Stonehenge e decidimos que isso se adequava bem próximo ao que Enoch havia descrito. Dessa forma, era possível engendrar os espaços entre as pedras verticais para designar um mês do movimento do Sol – norte ou sul da orientação leste e oeste. O espaço para os meses imediatamente seguintes, tanto para o leste quanto para o oeste, seria bem amplo, e os seguintes, em cada caso, mais estreitos, e assim por diante. Haveria três portais ao norte e três portais ao sul da direção leste e oeste, perfazendo seis portais de cada lado.

Os portais são divididos em seções menores ou janelas, mas nem todos os portais têm o mesmo número de janelas. Os portais mais próximos à linha leste-oeste têm 12 janelas; o par seguinte de portais tem oito, enquanto os portais extremos têm somente quatro, perfazendo um total de 24 janelas distribuídas entre três portais.

Enoch afirma que existem 12 janelas no portal que ele denomina "O Grande Portal", que é o portal de número quatro. Este seria, junto com o de número três, o maior dos portais, simplesmente porque o Sol se move mais rapidamente ao longo do horizonte dos dois lados do equinócio.

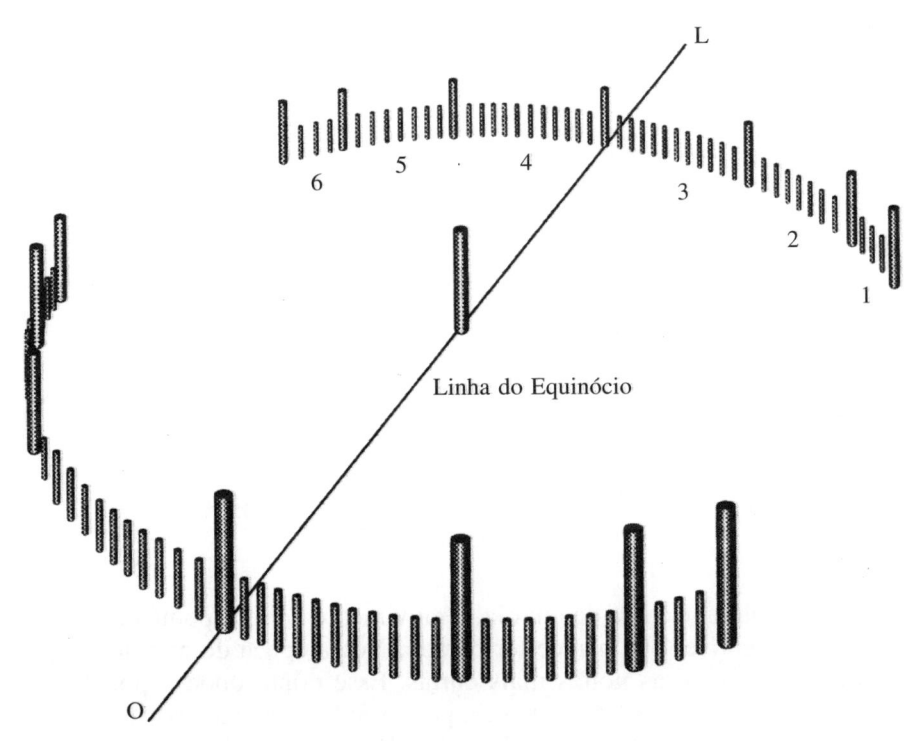

Figura 29. *Uma máquina de Uriel completa. As estacas maiores representam os portais numerados e as menores, as janelas.*

Nesse ponto é importante entender por que o Sol parece mover-se ao longo do horizonte à medida que o ano progride. A duração da luz do dia varia durante o ano, mas há duas ocasiões em que o dia e a noite têm duração exatamente igual. Esses dias são chamados de equinócio, que significa dia e noite iguais. As datas desses dois dias ocorrem por volta de 21 de março e 21 de setembro, e neles o Sol ascende do leste e se põe a oeste. Em todos os outros dias do ano, o Sol se põe e ascende sempre em um lugar diferente do horizonte. A alvorada e o ocaso se movimentam da mesma forma; portanto, descreveremos uma seqüência de pontos de ocaso para ilustrar como o Sol se movimenta.

Se observarmos os pontos onde o Sol se põe durante o ano, começando pelo equinócio de primavera, verificaremos que a cada dia o Sol se põe um pouco mais para o Norte. Próximo ao equinócio, ele se move mais rapidamente; de fato, na latitude da Bretanha, ele se põe cerca de uma vez e meia o seu próprio diâmetro mais para o Norte, a cada dia. À medida que os dias ficam mais longos, o ponto do pôr-do-sol desacelera em seu movimento aparente até que eventualmente pára, e então ele começa a voltar

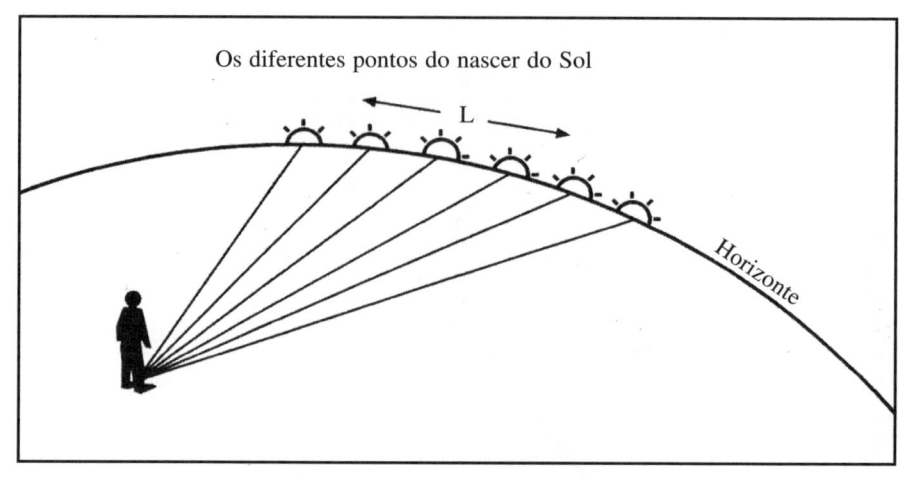

Figura 30. *Como o horizonte pode ser usado para marcar a posição do Sol.*

para o Sul. Durante cerca de um dia, o movimento de seus pontos de ocaso é tão imperceptível que parece ter parado. Nessa época do ano, temos os dias mais longos e as noites mais curtas. Esse ponto onde o pôr-do-sol "pára" antes de retomar sua trajetória para o Sul, é chamado solstício (que literalmente significa "a parada do Sol"). Depois do solstício, próximo a 21 de junho, o ponto de ocaso começará a mover-se lentamente para o Sul, aumentando de velocidade ao longo do horizonte à medida que se aproxima do equinócio de outono, por volta de 21 de setembro.

Agora, o mesmo ciclo se repetirá, com o ponto do pôr-do-sol movendo-se rapidamente para o Sul, a partir de seu ocaso a oeste do equinócio. Inicialmente o Sol se move muito rapidamente, mas à medida que os dias encurtam, o ponto do ocaso desacelerará o seu movimento para o Sul até o solstício de inverno, por volta de 21 de dezembro.

E então parará novamente para recomeçar o seu movimento inverso para o Norte, em direção à posição de seu equinócio. É possível imaginar isso como o movimento de um pêndulo gigante ao longo do horizonte, movimentando-se rapidamente para baixo até os equinócios, e desacelerando até parar, nos solstícios.

É esse movimento norte e sul dos pontos do nascer e do pôr-do-sol que Enoch está evidentemente descrevendo quando se refere ao Sol movendo-se em diferentes portais e à forma de como muda a duração do dia e da noite.

Pensando nas implicações a esse respeito, verificamos que as janelas pareciam representar uma espécie de sistema de medida. É claro, Enoch menciona que medidas haviam sido feitas:

SOLSTÍCIO DE VERÃO
(Dia mais longo
21 de junho)

Os dias ficam mais curtos

Os dias ficam mais longos

30 Jun
31 Jul
31 Mai
31 Ago
30 Abr
30 Set
EQUINÓCIO DE OUTONO
(21 de setembro)
31 Mar
EQUINÓCIO DE PRIMAVERA
(21 de março)
31 Out
28 Fev
30 Nov
31 Dez
31 Jan

SOLSTÍCIO DE INVERNO
(Dia mais curto
21 de dezembro)

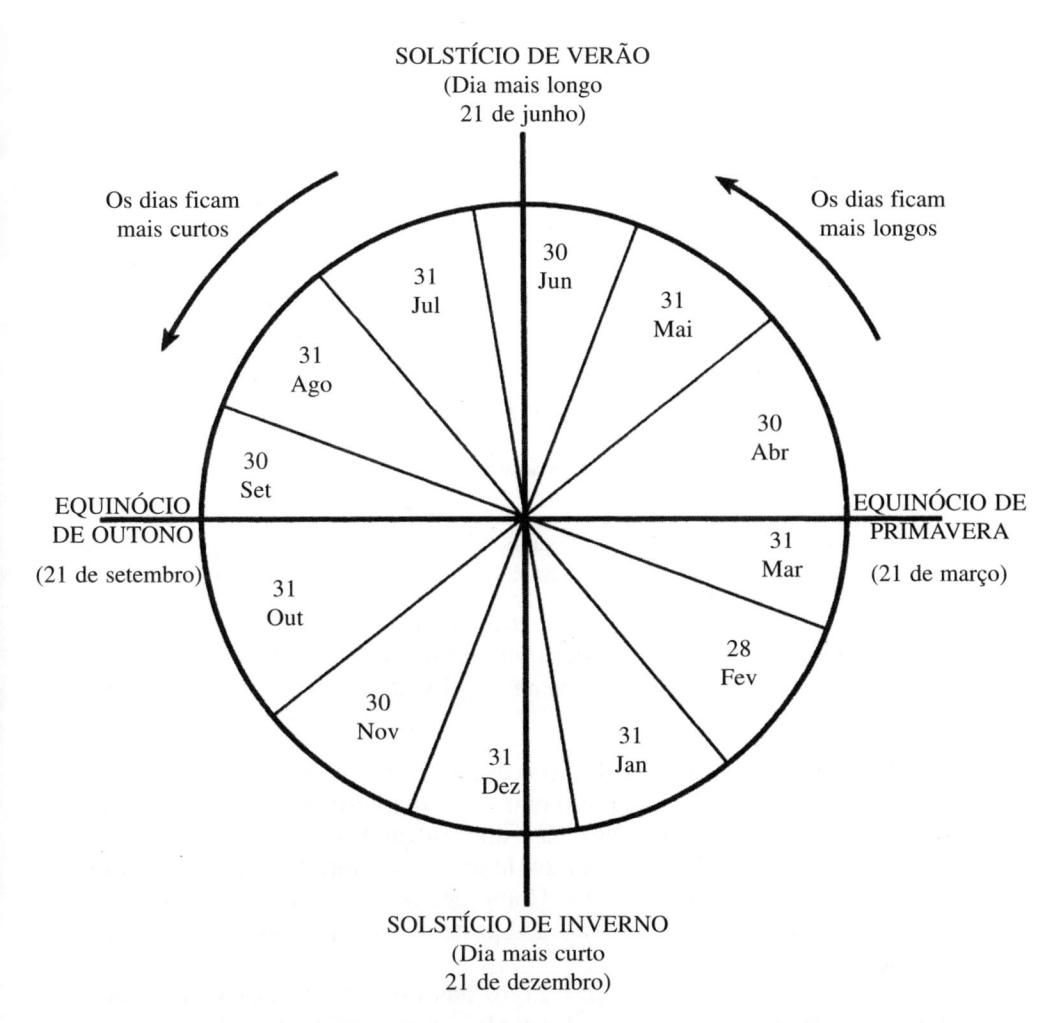

Figura 31. *Como a duração do dia muda com as estações.*

E eu vi naqueles dias como cordas compridas foram dadas a dois anjos e eles as pegaram e voaram para o Norte. E eu perguntei ao anjo que estava comigo, dizendo: "Por que eles pegaram as cordas e se foram?". E ele me respondeu, "Eles foram medir".

O que esses anjos foram medir? Enoch parece descrever um observatório de onde era possível observar os horizontes a leste e a oeste. Ele sugere que as janelas descreviam o movimento do Sol e a sua trajetória de uma janela para a seguinte, mostrando a mudança dos pontos de seu nascer e de seu ocaso ao longo do horizonte.

Solstício (Lento)   Solstício (Lento)

Equinócios (Rápido)

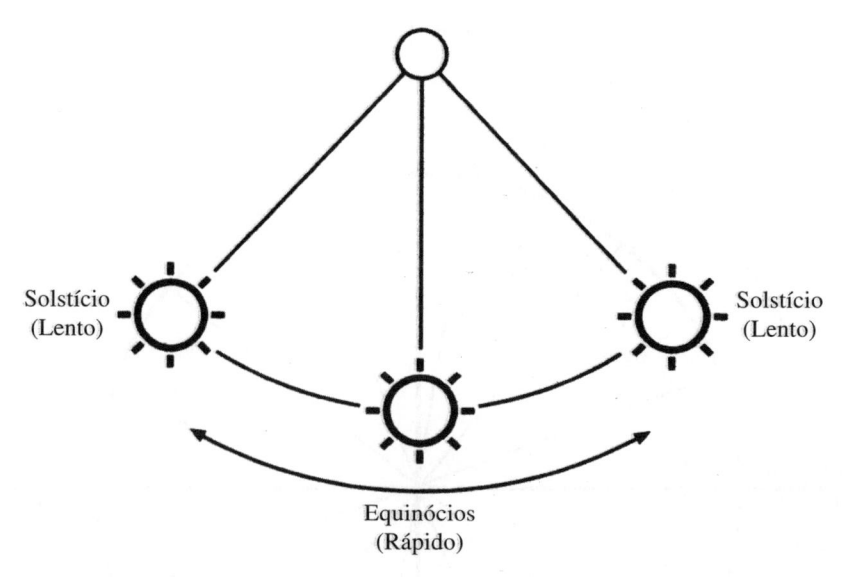

Figura 32. *O Sol aumenta e diminui de velocidade em seu movimento aparente ao longo do horizonte. Isso se assemelha ao movimento de um pêndulo.*

Será que estiveram medindo o azimute dos pontos do nascer e do pôr-do-sol? O azimute é o ângulo entre o verdadeiro Norte e a direção no horizonte onde nasce o Sol. Mas esse ângulo varia de acordo com a latitude do observador, a altura do horizonte local e o grau de refração causado pelas condições climáticas locais. Como era possível transformar isso em uma única máquina? A dimensão dos portais e das janelas seria diferente em cada lugar.

Conversando a respeito do "Livro das Luminárias Celestes", verificamos que ele parecia conter a descrição de uma máquina-calendário que funcionasse em qualquer latitude, porque suas dimensões seriam dadas em termos de tempo do trânsito do Sol.

> *O Sol se põe no céu e volta pelo Norte para poder alcançar o Leste, e ele é guiado de tal forma que atinja o portal apropriado e brilhe na face do céu. Dessa forma, ele nasce no primeiro mês no grande portal, que é o quarto* [os seis portais a leste]. *E naquele quarto portal do qual o Sol ascende no primeiro mês estão 12 janelas-aberturas das quais procede uma chama, quando elas são abertas em suas estações.*
>
> *Quando o Sol ascende no céu, ele passa através desse quarto portal 30 manhãs sucessivas e se põe exatamente no quarto portal a oeste do céu.*

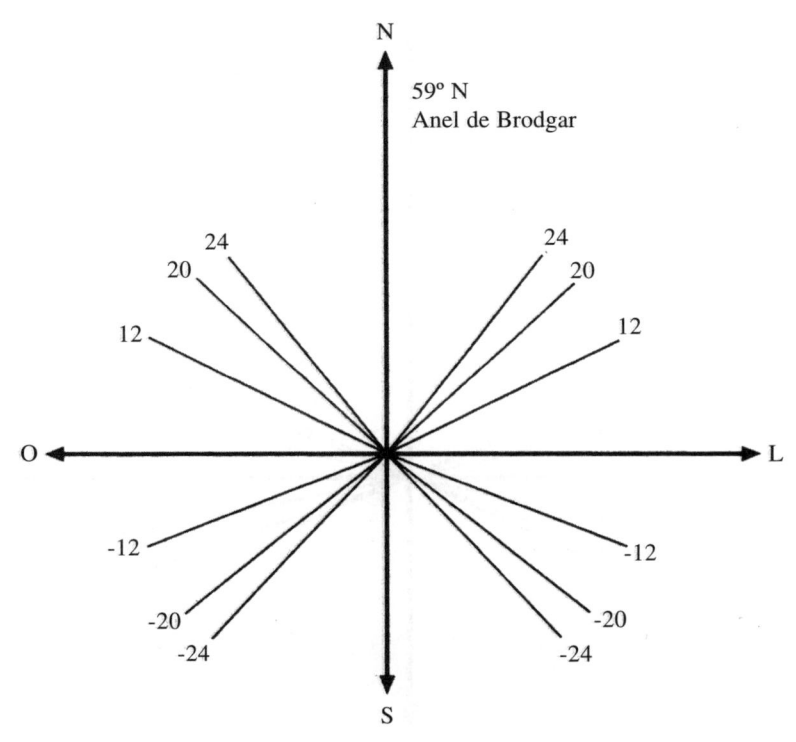

```
                    N
                    ▲
                    │  59° N
                    │  Anel de Brodgar

              24         24
         20                  20
    12                            12


O ◄─────────────────────────────► L


        -12                    -12
           -20              -20
             -24          -24
                    │
                    ▼
                    S
```

Figura 33. *O plano de uma máquina de Uriel na latitude do Anel de Brodgar.*

Definir dessa forma o tamanho das janelas possibilitaria a consideração dos problemas de localização. Desenhamos diagramas e fizemos anotações à medida que calculávamos o que era descrito por Enoch. A maneira como a história é relatada dá a impressão de que ele tinha dificuldades em compreender um conjunto complexo de instruções transmitidas pelo anjo Uriel. O fato de sabermos que, quase certamente, Enoch passou por essas experiências nas Ilhas Britânicas fez com que considerássemos como as instruções recebidas estariam ligadas de alguma forma com as estruturas megalíticas que conhecíamos. Pouco a pouco, começamos a perceber a sofisticação do dispositivo.

Por meio da obra de Thom[259] sabíamos que o povo megalítico havia construído círculos orientados, do tipo que Enoch parecia descrever em várias latitudes. Verificamos que, desde que desenvolveram um padrão uniforme de medida (a jarda megalítica), eles teriam compreendido que o

---

259. THOM, A. *Megalithic Sites in Britain,* Oxford University Press, 1968.

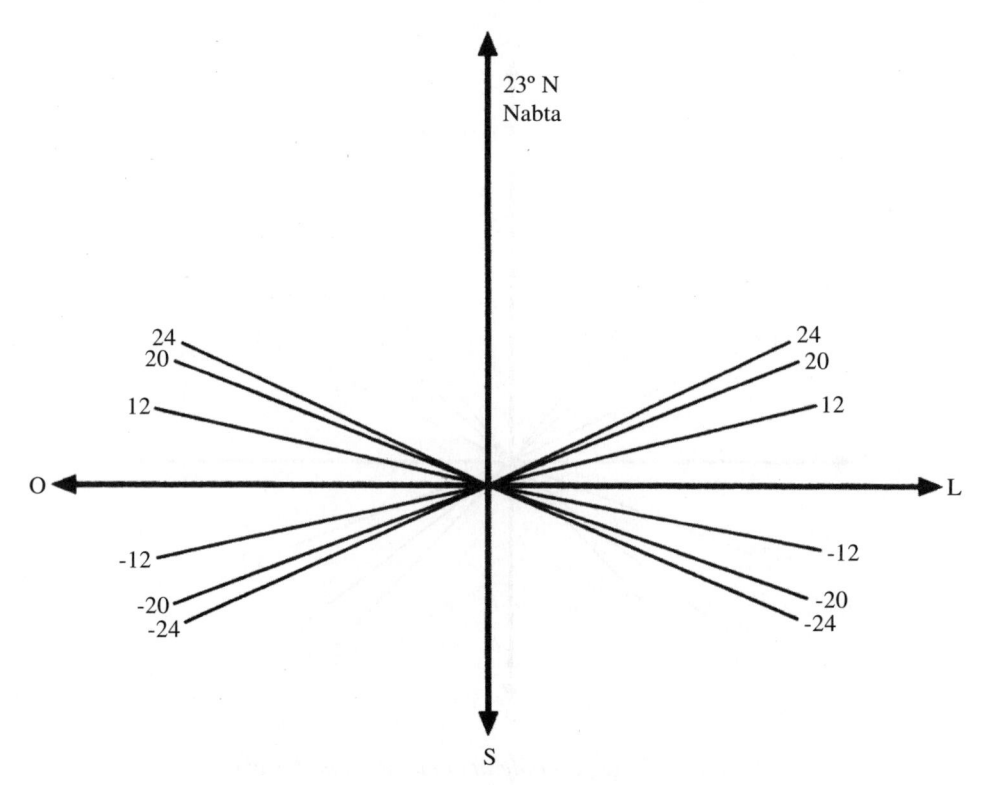

Figura 34. *O plano de uma máquina de Uriel na latitude de Nabta, ao sul do Egito.*

azimute do Sol variava com a posição geográfica. (Por exemplo, supondo um horizonte plano, a largura calculada do portal quatro é de 20 graus em Stonehenge e 23 graus em Maes Howe; o portal seis é de cinco graus em Stonehenge e nove graus em Maes Howe). Eles também veriam que o Sol se movimenta de maneira previsível e reproduzível. Os astrônomos modernos utilizam uma medida de localização chamada declinação para explicar essa diferença entre a posição do Sol e o azimute observado a partir de seu ponto de ascensão. Se olharmos para o céu, principalmente à noite, todos os pontos luminosos parecem estar em uma enorme esfera giratória que envolve a Terra. Chamamos esse efeito de luz de esfera celestial e a utilizamos para nos orientarmos ao descrever as posições das estrelas, independentemente da posição do observador.

A Terra gira em torno de seu eixo a cada 23 horas e 56 minutos; portanto, qualquer estrela aparecerá novamente no mesmo ponto do céu 23 horas e 56 minutos depois (isso é chamado de dia sideral). Somente o Sol leva 24 horas (o dia solar), porque a Terra também se movimenta ao seu

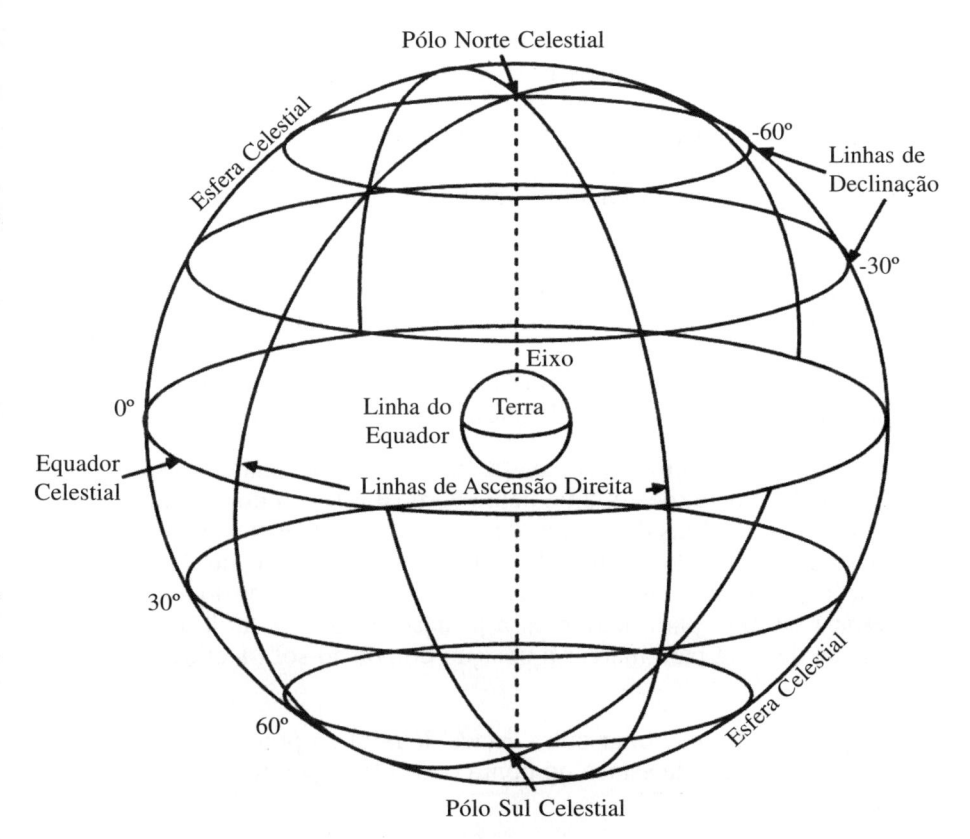

Figura 35. *Como a declinação e a correta ascensão são calculadas.*

redor. Os astrônomos projetam um conjunto de linhas latitudinais e longitudinais nessa esfera celestial. A longitude é chamada de ascensão direita e é medida em tempo, a partir de uma estrela escolhida arbitrariamente (situada no ponto conhecido como o Primeiro Ponto de Áries, onde o Equador Celestial e o plano da eclíptica se intersectam); enquanto a latitude é conhecida como declinação e é medida em graus, como a latitude terrestre.

A eclíptica é o plano da órbita da Terra ao redor do Sol, mas como a Terra é inclinada em seu eixo em cerca de 23 graus e meio, a declinação do Sol varia de zero grau no equinócio para mais 23 graus e meio no solstício de verão norte e para -23 graus e meio no solstício de inverno norte.

Conversando sobre o mecanismo da declinação e da escolha de 12 janelas no grande portal, ocorreu a Robert verificar a declinação do Sol trinta dias após o equinócio de primavera. Isso resultou em 11 graus e 55 segundos, muito próximo a 12. Agora a escolha de 12 janelas era clara.

Cada janela representava o grau de declinação de qualquer objeto celestial que dela ascendesse ou declinasse. O Sol tem uma variação conhecida de declinação em determinados tempos e Uriel a usou para padronizar as posições das janelas medidoras. Agora sabíamos por que o portal cinco precisava de oito janelas para registrar a declinação, e por que o portal seis precisava de quatro, perfazendo um total de 24 janelas em cada quarto da máquina de Uriel.

A sofisticação da engenharia era realmente impressionante. A máquina de Uriel havia criado um declinômetro extremamente preciso para qualquer lugar da superfície terrestre, usando a posição conhecida do Sol como instrumento de referência.

O *Livro das Luminárias Celestes* contém nada menos do que um projeto para construir uma máquina-calendário, cujos detalhes são os seguintes:

1. Iniciar no equinócio de primavera. Esse é o tempo quando as sombras da manhã e da tarde em uma pedra vertical formam uma linha reta, e quando as sombras de um par de estacas orientadas no sentido leste-oeste coincidem de manhã e de tarde. Fixar um ponto central de observação e fazer um ajustamento com a posição do nascer-do-sol, e uma estaca de mira para marcar essa posição do Sol. À tarde fixar uma estaca de mira para marcar a posição do pôr-do-sol (declinação zero grau);

2. Depois de 30 dias, fixar outra estaca de mira no ponto onde nasce o Sol e uma segunda estaca no ponto onde ele se põe (declinação mais 12 graus);

3. Dividir a distância entre cada par de marcadores em 12 segmentos iguais, usando estacas menores;

4. Depois de outros 30 dias, fixar outra estaca de mira no ponto do nascer-do-sol e outra no ponto do pôr-do-sol (declinação mais 20 graus);

5. Dividir o espaço entre esses dois pares de estacas em oito segmentos iguais, usando estacas menores;

6. Depois de outros 30 dias, fixar outra estaca de mira no ponto do nascer-do-sol e outra no ponto do pôr-do-sol (declinação mais 24 graus);

7. Dividir o espaço entre esses dois pares de estacas em quatro segmentos iguais, usando estacas menores.

Para construir a outra metade da máquina é preciso esperar até o equinócio de outono, quando o Sol nascerá e se porá novamente sobre os mesmos primeiros marcadores, mas desta vez marcando as declinações negativas do Sol. Depois de nove meses, teremos uma máquina-calendário que também é um exato declinômetro de horizonte.

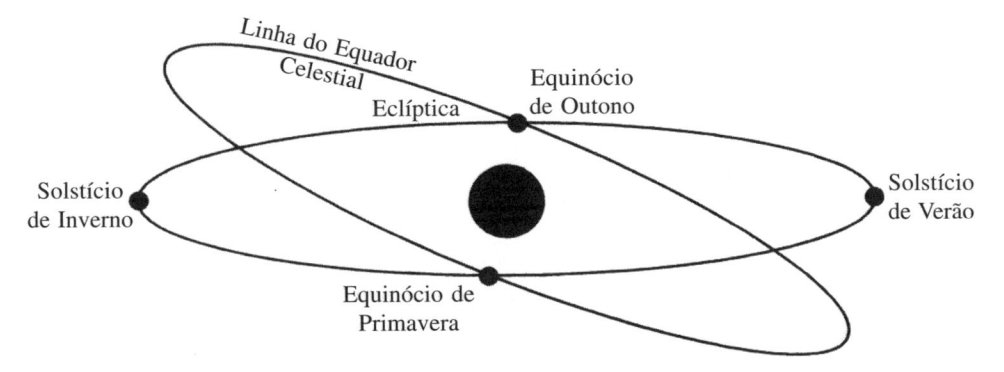

Figura 36. *Órbita da Terra ao redor do Sol.*

Apesar de essas instruções serem muito simples, baseiam-se obviamente em um grande conhecimento de Astronomia. Em outras palavras, esse projeto é fácil de ser seguido, mas, para poder criá-lo, Uriel e seus colegas cientistas deviam ter um conhecimento enciclopédico do Sistema Solar.

Essa revelação demonstrou que a máquina que Uriel transmitiu a Enoch era simples, mas um meio altamente preciso de medir a declinação (sua aparente altura no céu, acima do horizonte celestial) de qualquer objeto no céu. Tudo o que uma pessoa teria de fazer era observar de que janela nasceria ou se poria determinada estrela ou planeta para saber imediatamente a declinação daquele objeto, com a precisão de um grau.

Basicamente, os marcadores da máquina de Uriel fornecem uma escala graduada usando o horizonte da Terra como linha de observação – como se estivéssemos olhando pela mira de uma espingarda gigante para alvejar qualquer objeto no plano da eclíptica. A máquina que Uriel havia descrito era um método para medir a declinação de qualquer objeto celeste que se encontrasse dentro da faixa de mais ou menos 24 graus da eclíptica. Também era uma máquina inspirada para funcionar em qualquer latitude e com qualquer aspecto de horizonte, pois utiliza o ângulo pelo qual o Sol se torna visível para fixar um ângulo de visão.

Como a máquina de Uriel foi construída pela observação direta em um determinado sítio, automaticamente consideraria qualquer variação do horizonte local. Isso significa que cada sítio seria diferente e as dimensões da máquina não seriam certamente transportáveis para qualquer outra localização.

Considerando ainda mais essa engenhosa máquina, a série de possíveis usos começou a revelar-se. Os movimentos da Lua em suas posições extremas podem atingir declinações de mais ou menos 30 graus, seis graus fora da faixa da máquina, mas todas as estrelas principais dentro do plano do zodíaco e todos os planetas podem ser plotados. Isso faz com que a

Usando o horizonte como o visor de um fuzil

Figura 37. *Como o declinômetro do horizonte consegue uma alta precisão.*

máquina se torne uma ferramenta de observação muito útil que teria possibilitado a Uriel plotar órbitas e prever eclipses (que somente podem ocorrer quando a Lua se encontra no mesmo plano do Sol e da Terra).

De forma surpreendente, a máquina de Uriel pode também prever as órbitas de cometas, e está claro que o anjo Raguel descreveu um importante cometa a Enoch:

> [Capítulo 23, v. 1-4]
> *Dali eu fui transportado para outro lugar, para oeste, até os confins da Terra. E eu vi um grande fogo que corria sem descanso e que não se desviava de seu curso, mantendo-se nele tanto de dia quanto de noite. E eu perguntei, dizendo, "O que é isso que não tem descanso?". Então Raguel, um dos santos anjos que estavam comigo, respondeu e disse: "Esse sinal de fogo segue as luminárias".*[260]

Acreditamos que essa seja uma referência ao cometa que preocupava Uriel e a razão pela qual tentara instruir pessoas simples como Enoch a fim de que pudessem reconstruir a civilização, caso sobrevivessem ao impacto esperado. Já havíamos descoberto, por meio de evidência geológica e magnetoestratigráfica, que ocorreram pelo menos dois impactos de cometas durante os últimos 10 mil anos. O primeiro impacto importante causara enormes ondas *tsunami* no mundo todo, inundando as Ilhas Britânicas no ano 7640 a.C. Mas também havíamos encontrado evidência de um impacto menor (mencionado no Capítulo III), e confirmada durante uma conversação com o professor Liritzis, da Universidade de Rhodes, localizado na região do Mediterrâneo ao redor do ano 3150 a.C.[261] Apesar de acreditarmos que o povo de Uriel tivesse muito conhecimento de astronomia para prever um impacto, eles não teriam condição de prever exatamente onde ocorreria. Eles somente saberiam que qualquer cometa tem grandes probabi-

---

260. *O Livro de Enoch.*
261. Professor Ioannis Liritzis, Universidade de Rhodes, Comunicação Particular.

lidades de colidir com a Terra se estiver na trajetória ao redor do Sol no plano da eclíptica.

Pensando no dilema em que o povo de Uriel se encontrava quando o observatório descreveu no *Livro das Luminárias Celestes* o avistamento desse cometa no plano da eclíptica e em possível curso de colisão com a Terra, tentamos pensar o que faríamos se tivéssemos a responsabilidade de salvar a civilização.

O povo de Uriel sabia da grande catástrofe que ocorrera nos últimos impactos do cometa 4 mil anos antes (por exemplo, 7640 a.C.) e conheciam seus efeitos sobre os possíveis sobreviventes. Eles devem ter pensado que quaisquer sobreviventes precisariam recriar o calendário para restabelecer a agricultura. Depois da passagem das ondas *tsunami* haveria um prolongado inverno nuclear durante o qual ninguém teria idéia da passagem das estações. Para que as sementes armazenadas pudessem ter a oportunidade de germinar e proporcionar colheita, eles precisariam programar o plantio na estação apropriada. O presente que Uriel deu aos sobreviventes era a possibilidade de restabelecer uma civilização agrícola no mais curto espaço de tempo.

A máquina de Uriel indicaria aos observadores que esse particular cometa estava em uma trajetória de colisão direta com a Terra, porque quanto mais perto fosse sua ascensão do centro da junção dos portais números três e quatro (veja a figura 29, p. 241), mais provável seria o impacto. Novamente, o princípio era usar o plano da Terra para proporcionar uma perfeita linha de visão ao longo do plano da eclíptica.

Essa máquina antiga nada mais é que um computador celeste.

Para criar uma simples máquina que permita uma exata medida do ângulo de declinação de qualquer corpo celeste visível, implica alto grau de conhecimento de astronomia observacional. Para converter esse conhecimento em um conjunto de instruções que possibilite qualquer pessoa sem conhecimento técnico construir uma meticulosa máquina-calendário com material simples e prontamente disponível é um trabalho genial de engenharia.

Para que a civilização tivesse qualquer oportunidade de sobrevivência depois do esperado impacto do cometa, era importante que os específicos calendários agrícolas, das marés e dos rituais, fossem reajustados. Mas os sacerdotes-astrônomos que haviam controlado a função desse calendário não tinham certeza que estariam entre os sobreviventes. Portanto, a fim de que esse conhecimento sobrevivesse, ele deveria ser espalhado o mais amplamente possível e de maneira simples de ser entendido.

Imaginamos que essa situação fosse um tanto parecida com a recente invenção do "rádio de corda", projetada para ser usada em lugares remotos como a selva africana, onde baterias não estão prontamente disponíveis. Esse rádio é tecnicamente simples, mas o trabalho de engenharia é considerável. Podemos, então, imaginar que o povo de Uriel, em vez de tentar ensinar a Enoch uma complicada matemática, preferissem proporcionar um conhecimento suficiente para que ele pudesse tirar proveito de sua tecnologia.

As Instruções

Pelo que é possível saber, o *Livro das Luminárias Celestes* foi originalmente escrito com o resto de *O Livro de Enoch* pelo povo da Comunidade de Qumran, por volta de 200 a.C. Até então, esse conhecimento havia sobrevivido como tradição oral durante 3 mil anos (por exemplo, desde pouco antes do impacto cometário de 3150 a.C.) e é claro que, depois de tanto tempo, as instruções de como construir e utilizar um declinômetro de horizonte se tornaram confusas. Sem dúvida, Uriel foi um bom professor porque concluiu com um resumo do que havia ensinado a Enoch. Como essas instruções são fundamentais para entender a máquina de Uriel, o seguinte texto é extraído da tradução de Charles de *O Livro de Enoch*, visto que Charles emprega os termos "portais" e "janelas", mais simples de entender do que a tradução de Black.[262]

> *Capítulo 72*
> *O livro dos cursos das luminárias do céu, as relações de cada uma de acordo com suas categorias, suas propriedades e suas estações de acordo com nomes e lugares de origem, e de acordo com seus meses, que Uriel, o santo anjo que estava comigo e que é o seu guia, me mostrou; e ele mostrou todas as suas leis exatamente como são, e como é tudo que diz respeito aos anos do mundo e até a eternidade, até a nova criação ser completada, que durará toda a eternidade.*
> *E esta é a primeira lei das luminárias: a luminária Sol nasce nos portais a leste do céu e se põe nos portais a oeste do céu. E eu vi seis portais de onde o Sol nasce, e seis portais nos quais o Sol se põe; e a Lua nasce e se põe nesses portais, e as estrelas-guias e aquelas estrelas que elas guiam: seis a leste e seis a oeste, e todas seguindo umas às outras em uma exata ordem correspondente: também há muitas janelas à direita e à esquerda desses portais. E em primeiro lugar está o Sol, e a sua circunferência é igual à circunferência do céu, e ele está repleto de fogo, de luz e de calor. A carruagem sobre a qual ele ascende, o vento a conduz e o Sol se põe no céu e volta pelo norte para poder alcançar o leste, e ele é de tal forma guiado que chega ao portal apropriado e brilha na face do céu.*

---

262. CHARLES, R. H. *The Book of Enoch*, Oxford University Press, 1912.

Dessa forma ele nasce no primeiro mês no grande portal, que é o quarto [daqueles seis portais do leste]. E nesse quarto portal do qual o Sol nasce no primeiro mês estão 12 janelas-abertura, das quais procede uma chama quando são abertas em suas estações. Quando o Sol nasce no céu, ele progride pelo quarto portal durante 30 manhãs sucessivas, e se põe exatamente no quarto portal a oeste do céu. E durante esse período o dia fica cada vez mais longo e a noite cada vez mais curta até a 30ª manhã. Nesse dia, o dia é mais longo do que a noite em uma nona parte, e o dia resulta em exatamente dez partes e a noite em oito partes.

E o Sol nasce daquele quarto portal, e se põe no quarto portal e volta para o quinto do leste durante 30 manhãs, e nasce e se põe no quinto. E então o dia é mais longo de duas partes e resulta em 11 partes, e a noite é mais curta e resulta em sete partes.

E ele volta para o leste e entra no sexto, e nasce e se põe no sexto portal durante 31 manhãs devido ao seu signo. Naquele dia, o dia é mais longo do que a noite, e o dia é o dobro da noite, e o dia resulta em 12 partes e a noite é mais curta e resulta em seis partes.

Essa é uma das seções na qual Enoch registra a duração relativa do dia e da noite, na época em que a observação é feita. Em nenhum momento, ele implica uma taxa linear de mudança que leva a um padrão ziguezague de luz do dia como sugere Neugebauer.[263] É evidente que Enoch é um novato fazendo o melhor para descrever a relativa duração do dia e da noite, na época em que é feita a observação, mas ele pode não ter estado na mesma latitude quando fez as diferentes observações:

E o Sol progride para tornar o dia mais curto e a noite mais longa, e o Sol volta para o leste e entra no sexto portal e nasce e se põe nele durante 30 manhãs.

E depois de completadas 30 manhãs, o dia é reduzido de exatamente uma parte e resulta em 11 partes, e a noite em sete partes. E o Sol prossegue daquele sexto a oeste, e segue para o leste e nasce do quinto portal durante 30 manhãs, e se põe a oeste no quinto. Naquele dia, o dia é reduzido de duas partes e resulta em dez partes e a noite em oito.

E o Sol progride daquele quinto portal e se põe no quinto do oeste, e nasce no quarto portal durante 31 manhãs em função

---

263. NEUGEBAUER, Otto, Apêndice A, em BLACK, M. *The Book of Enoch or I Enoch, A New English Edition*, Leiden, E. J. Brill, 1985.

de seu signo, e se põe no oeste. Naquele dia, o dia é igual à noite [e tem a mesma duração], *e a noite resulta em nove partes e o dia em nove.*

E o Sol nasce daquele portal e se põe no oeste, e volta para o leste e nasce durante 30 manhãs do terceiro portal e se põe no oeste no terceiro. E naquele dia, a noite é mais longa do que o dia, e o dia mais curto do que a noite até a 30ª manhã, e a noite resulta exatamente em dez partes e o dia em oito.

E o Sol nasce daquele terceiro portal e se põe no terceiro do oeste e volta para o leste, e durante 30 manhãs nasce no segundo portal do leste, e da mesma forma se põe no segundo a oeste do céu. E, naquele dia, a noite resulta em 11 partes e o dia em sete.

E o Sol nasce naquele dia daquele segundo portal e se põe a oeste no segundo portal, e volta para o leste no primeiro portal durante 31 manhãs, e se põe no primeiro portal a oeste do céu. E naquele dia, a noite é mais longa e resulta no dobro do dia: e a noite resulta exatamente em 12 partes e o dia em seis.

E dessa forma o Sol atravessou as divisões de sua órbita, e volta novamente àquelas divisões, e entra naquele portal durante 30 manhãs e se põe também a oeste, em posição oposta. E aquela noite é reduzida em duração de uma nona parte, e a noite resulta em 11 partes e o dia em sete.

E o Sol voltou e entrou no segundo portal do leste, e volta para aquelas divisões de sua órbita durante 30 manhãs, nascendo e se pondo. E naquele dia, a noite é reduzida de duração, e a noite resulta em dez partes e o dia em oito.

E naquele dia o Sol nasce daquele portal, e se põe a oeste, e volta para o leste, e nasce no terceiro portal durante 31 manhãs, e se põe a oeste do céu. Naquele dia, a noite é reduzida e resulta em nove partes, e o dia em nove partes, e a noite é igual ao dia, e o ano é exatamente de 364 dias.

E a duração do dia e da noite, e a redução do dia e da noite crescem – essas distinções são feitas por meio do curso do Sol [literalmente, "elas são separadas"]. *E assim resulta que seu curso se torna de dia mais longo, e de noite mais curta.*

E esta é a lei e o curso do Sol, e o seu retorno e nascimento será de 60 vezes mais, ou seja, a grande luminária que é chamada Sol para todo o sempre. E aquele que desta forma surge é a grande luminária e é assim chamada de acordo com sua aparência, conforme mandou o Senhor. Assim como nasce, também se põe, e não diminui nem descansa, mas segue o seu curso dia e noite, e a sua luz é sete vezes mais brilhante que a Lua; mas, em tamanho, os dois são iguais.

Os próximos capítulos descrevem como usar a máquina para medir a órbita da Lua; o astro dos movimentos celestes mais complexos. Em seguida, a seção sobre a máquina de observação é concluída com os seguintes comentários, no Capítulo 74, v. 1-3:

> *E eu vi outro curso, uma lei para ela* [a Lua], *e, como de acordo com essa lei, ela executa sua revolução mensal. E tudo isso, Uriel, o santo anjo que é líder de todos eles, me mostrou, e as suas posições, e eu tomei nota de suas posições como ele as mostrou para mim, e eu anotei seus meses como eram, e o aparecimento de suas luzes até que 15 dias foram completados.*

A habilidade de Uriel no projeto da máquina a ser usada por pessoas inexperientes mostra de que forma posicionar as janelas, ou seja, as estacas de mira, e descreve em termos de tempo quando o alinhamento deve ser feito e fixado. Essa técnica cuida da diferença de ângulo que ocorre nas diferentes latitudes. Para que a máquina de Uriel funcione, os ângulos de observação são totalmente dependentes da latitude do local. (Veja as figuras 33 e 34, pp. 245 e 246 respectivamente.)

Trata-se de um conceito difícil de ser explicado para quem não possui conhecimento básico de Astronomia e da oscilação do eixo da Terra. Ao descrever a máquina em termos de tempo passado a partir de uma orientação conhecida, ou seja, o equinócio, a máquina está projetada de tal forma que se ajuste automaticamente às diferentes latitudes.

Apesar de a descrição da máquina em *O Livro de Enoch* ser bem elaborada, ela pode ser resumida como um algoritmo de sete passos, que apresentamos anteriormente neste livro.

Ressuscitando a Máquina de Uriel

Decidimos que a melhor forma de entender o funcionamento dessa máquina seria construir nossa própria máquina.

Felizmente, havia um lugar perfeito e próximo de onde nós dois moramos em West Yorkshire. No topo de uma colina isolada e com uma maravilhosa vista, encontra-se um círculo megalítico em ruínas e, apesar de o fato de nenhuma pedra vertical estar em seu lugar, a área do círculo original ainda é claramente visível. Esse observatório havia sido construído pelas pessoas de um antigo povoado conhecido como "Meg's Dyke", cujos vestígios encontram-se a menos de uma milha de distância. Portanto, decidimos construir a máquina nesse sítio original usando estacas finas de madeira para marcar as posições do Sol.

Conseguimos autorização do dono da fazenda, sr. Clarkson, para visitar o sítio regularmente e deixar nossos marcadores no lugar. Ele nos avisou que não podia prometer que suas ovelhas e vacas não fossem mexer neles e logo nos preocupamos em fixá-los bem, pois as ovelhas achavam que cada nova estaca fosse o lugar ideal para se coçar.

Nos tempos prescritos pelas instruções de Enoch, íamos ao círculo para as observações do centro do anel em direção ao horizonte, para então colocar uma estaca na linha de mira. Iniciamos o trabalho no equinócio de outono, fazendo a observação do centro do anel em direção ao Sol ascendente para marcar o ponto e à tarde fazíamos o mesmo com o pôr-do-sol. Confirmamos a precisão do alinhamento fazendo a observação ao longo dos dois marcadores externos e o ponto central para ter certeza de seu ordenamento.

Continuamos com observações regulares e paulatinamente construímos a máquina. Tivemos a sorte em ter somente três dias consecutivos de céu encoberto, mas finalmente conseguimos nosso intento.

Logo de início, percebemos que seriam necessárias duas pessoas para realizar o trabalho. Uma delas seguraria uma vara de observação ao nível dos olhos no centro do círculo (a vara de observação foi usada para termos certeza de que todas as observações fossem feitas no mesmo azimute), enquanto a outra ajustaria a estaca de mira com o horizonte no perímetro do círculo, até alinhar-se com o disco solar. (Veja as fotos 18 e 19.)

Usamos esse método em todas as primeiras observações até novembro, quando tivemos a infelicidade de mau tempo durante algumas tardes e muita dificuldade em conseguir um marcador entre os portais oito e sete. Em uma dessas tardes, quando Robert se aproximava de casa, o tempo clareou de repente com um magnífico pôr-do-sol – ele então correu de volta para o círculo, chegando lá no momento em que o Sol tocava o horizonte – mas não tinha ninguém que segurasse a vara de observação. Procurando uma alternativa para fazer a observação sozinho, inadvertidamente viu que sua sombra formava um perfeito alinhamento. Ficando fora do círculo e segurando a estaca de mira, fez com que a sombra da vara tocasse o centro do círculo.

O ponto a partir do qual a sombra cruzava o perímetro do círculo era onde a estaca devia ser fixada. Nesse pôr-do-sol, a sombra projetava-se a quase 30 metros, proporcionando uma marcação extremamente precisa. Dessa forma, as estacas de mira podiam muito bem ser colocadas de forma precisa por um único indivíduo, e o mais importante é que a sombra da vara podia ser usada para uma leitura apurada da posição do Sol com o portal.

Efetuamos uma série de medidas aleatórias da declinação do Sol utilizando esse método e depois verificamos a leitura com tabelas astronômicas. Logo ficou óbvio que a máquina de Uriel funcionava com uma precisão de meio grau, até mesmo com uma rápida medição. O único cuidado a ser tomado é a hora da medição, que deve ser feita quando o Sol está apenas despontando no horizonte.

FOTO 1 – O White Wall [A Parede Branca] de Newgrange sobre o Rio Boyne. Construído originalmente antes de 3200 a.C. Escavado e reconstruído em 1968 pelo professor Michael O'Kelly e sua equipe.

FOTO 2 – O cometa Hale-Bopp fotografado em 1997 no céu do norte de Anglesey.

FOTO 3 – O aterro de Maes Howe, em Orkney, com Ward Hill ao fundo – onde o Sol nasce, se põe e ressurge novamente.

FOTO 4 – O grande observatório do Anel de Brodgar, em Orkney.

FOTO 5 – Os "artefatos de pedra" de Skara Brae.

FOTO 6 – Um vaso de cerâmica canelada de Alness em Ross-shire, atualmente no museu de Inverness.

FOTO 7 – A Colina das Múltiplas Pedras em Caithness. O leque de linhas de pedras age como um cronômetro estelar.

FOTO 8 – Um típico apartamento de Skara Brae.

FOTO 9 – A oficina de Skara Brae.

FOTO 10 – Bryn Celli Ddu com a réplica da Pedra de Enigmas.

FOTO 11 – A entrada do túnel de Bryn Celli Ddu.

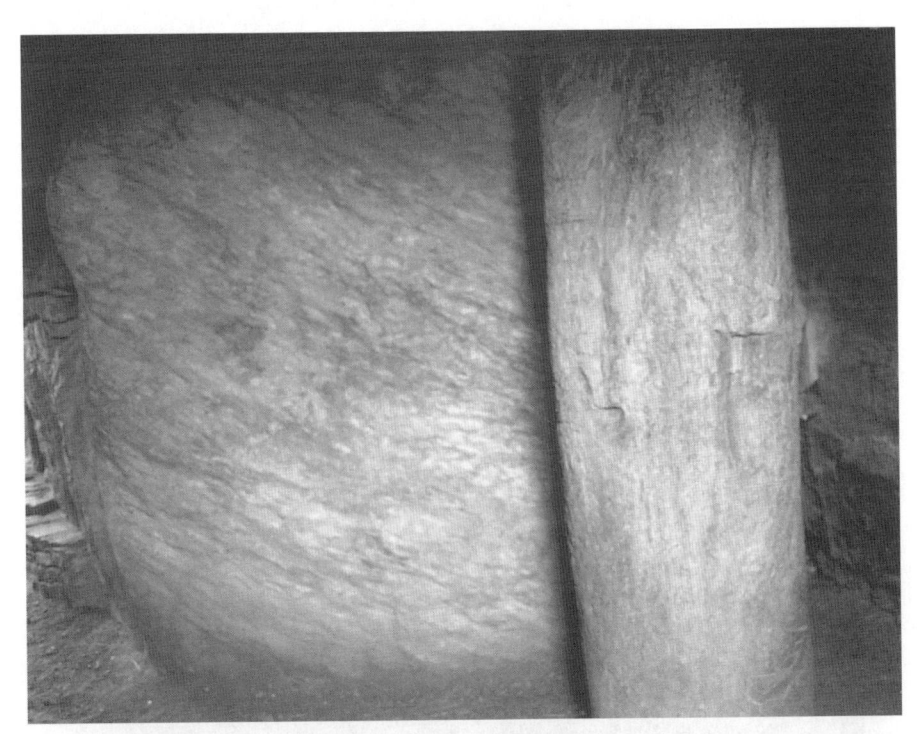

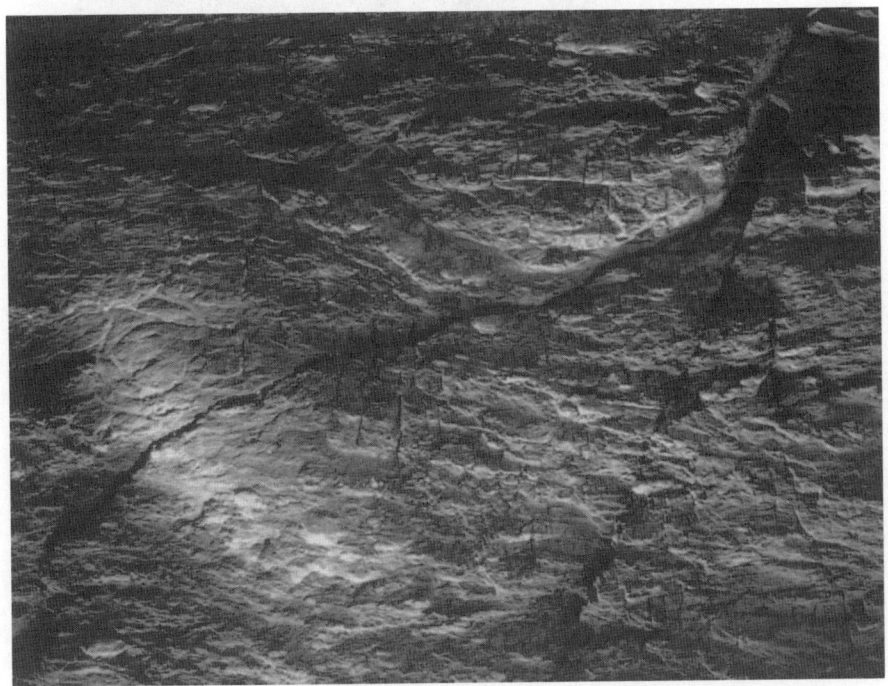

FOTO 12 – O pilar dentro da câmara de Bryn Celli Ddu.

FOTO 13 – A espiral na parede lateral de Bryn Celli Ddu.

FOTO 14 – A luz do Sol no alvorecer do solstício de verão da passagem dentro da câmara de Bryn Celli Ddu.

FOTO 15 – A luz do Sol refletida na base da parede da câmara para iluminar a gravura da espiral em Bryn Celli Ddu.

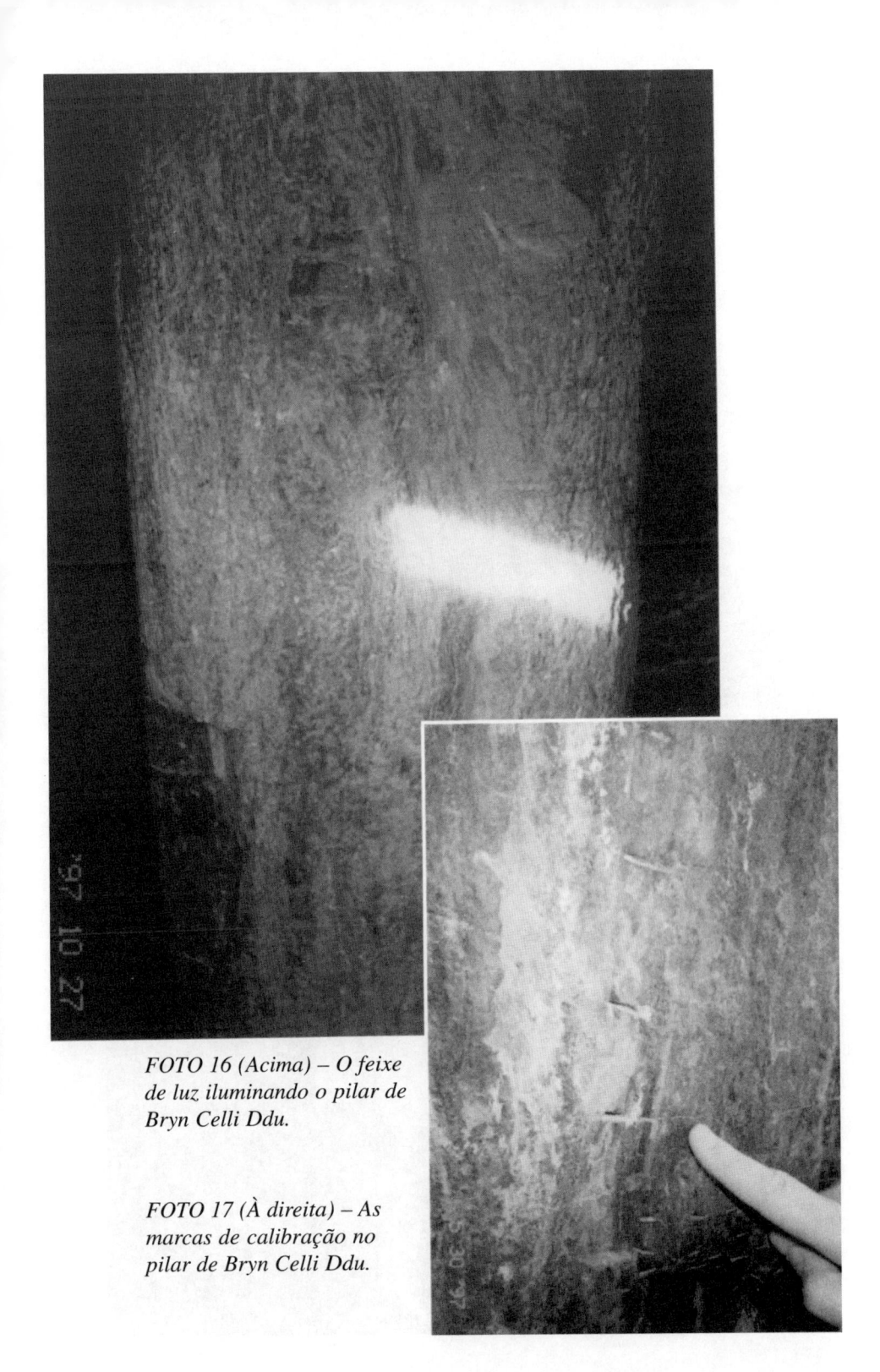

FOTO 16 (Acima) – O feixe de luz iluminando o pilar de Bryn Celli Ddu.

FOTO 17 (À direita) – As marcas de calibração no pilar de Bryn Celli Ddu.

FOTO 18 – A fixação de uma estaca durante a construção da máquina de Uriel.

FOTO 19 – Preparação para marcar uma estaca no pôr-do-sol, durante a construção da máquina de Uriel.

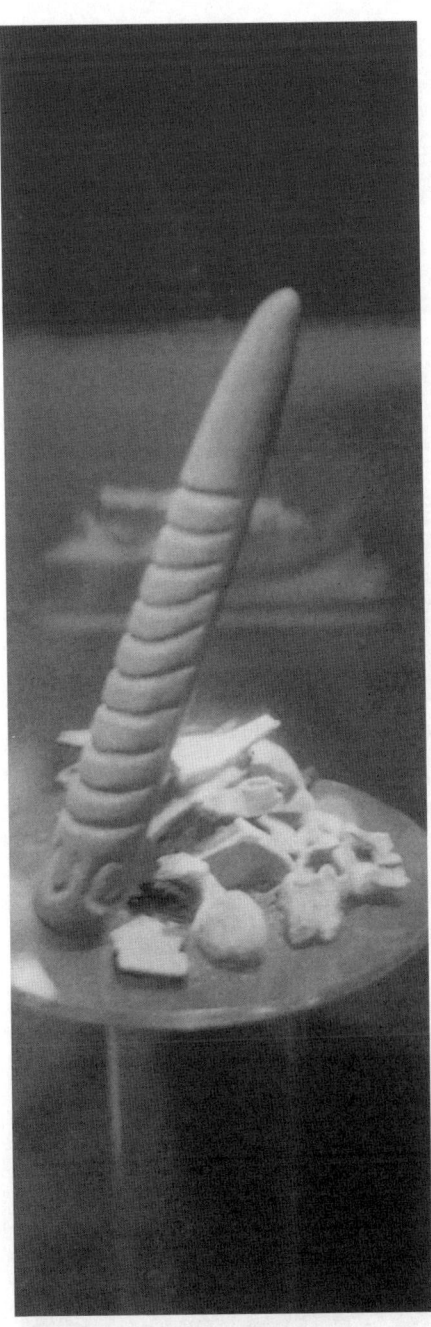

FOTO 20 – O falo de pedra encontrado em Knowth pelo professor George Eogan.

FOTO 21 – A múmia de um homem de Cherchen, com quase dois metros de altura. Um dos antigos gigantes originais da Europa Ocidental cujos restos estão sendo escavados atualmente na China Central.

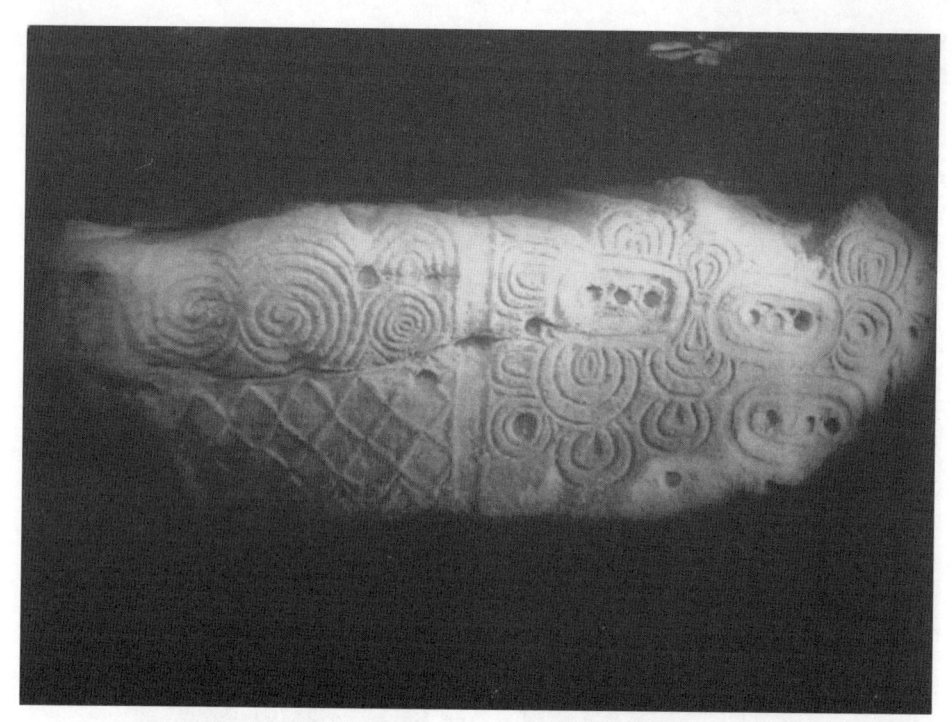

FOTO 22 – A pedra gravada no fundo da câmara de Newgrange.

FOTO 23 – A pedra vertical na Colina de Tara.

FOTO 24 – A entrada de Newgrange.

FOTO 25 – A clarabóia acima da entrada de Newgrange com uma viga gravada mostrando oito símbolos, cada um representando um ano.

FOTO 26 – Detalhe do Muro Branco de Newgrange, mostrando a forma de construção de quartzo.

FOTO 27 – A luz refletida no Muro Branco de Newgrange.

FOTO 28 – Uma das poucas peças de quartzo que antigamente revestiam as antigas pirâmides egípcias. Observe o tamanho e como a seção frontal é idêntica às pedras de Newgrange.

FOTO 29 – As cavernas de Qumran orientadas para o Sol nascente, onde os Manuscritos do Mar Morto foram descobertos.

FOTO 30 – O anjo suspenso da Capela de Rosslyn representando Shemhazai suspenso entre o Céu e a Terra.

FOTO 31 – O professor James Charlesworth aponta para um aspecto arquitetônico herodiano, na Capela de Rosslyn.

O sítio desse antigo círculo de pedras é uma colina cujo topo é achatado e redondo, inclinado ligeiramente para o sul, dentro de um círculo de grandes colinas. Isso proporciona vários aspectos de horizonte para marcar a posição do Sol, e dá um acesso ininterrupto à luz do Sol de todas as direções, tanto na alvorada quanto no crepúsculo. O topo achatado da colina proporciona sombras alongadas quando o Sol apenas desponta no horizonte e parece ser um aspecto deliberado na escolha do sítio. Certamente existem alguns lugares que proporcionam essas condições ideais e a topologia do solo perto de Meg's Dyke é ótima para a projeção de sombras. Se os antigos habitantes queriam um lugar próprio para medições exatas de calendários, não haveria nada melhor por perto. Portanto, parecia provável que o povoado megalítico havia sido construído em Meg's Dyke graças à proximidade do observatório.

Um ponto importante que aprendemos com a construção da máquina foi a peculiaridade do ano. Sabemos que a Terra leva aproximadamente 365,25 dias para completar uma órbita em volta do Sol. Como não existe um quarto de dia, consideramos 365 dias para o ano e a cada quatro anos temos um ano especial, com um mês de fevereiro de 29 dias, ou seja, um dia a mais nesse ano. De certa forma, isso harmoniza o calendário com os movimentos do Sol. Construir uma máquina de Uriel forçou-nos a deixar de lado preceitos a respeito do que representa um ano e pensar simplesmente como os seus criadores imaginaram. Contando os dias de um solstício de inverno ao seguinte, há 366 alvoradas entre os dois alinhamentos, e acreditamos que os matemáticos megalíticos decidiram que houvesse 366 dias no ano.

Nosso ano-calendário não se divide em quatro partes como os solstícios e os equinócios parecem sugerir à primeira vista. Contando o ano em alvoradas, como fizeram essas pessoas megalíticas, verificamos que, na realidade, o ano é assimétrico em decorrência da excentricidade da órbita da Terra. Isso porque há 182 alvoradas entre um solstício de inverno e outro; enquanto há 183 alvoradas entre o solstício de verão e de volta para o solstício de inverno. A mesma assimetria ocorre se contarmos os dias entre o equinócio de primavera e o equinócio de outono que resultam em 183 dias; enquanto entre o equinócio de outono e o de primavera resultam em 182 dias. Somente por meio de um ano salteado (bissexto) é que se consegue que as duas metades sejam iguais.

Um Padrão Megalítico

Uma vez redescoberta, a máquina de Uriel tornou-se a chave que nos levaria a resolver o problema (como vimos no Capítulo VIII) que o professor Thom achou tão difícil de equacionar – o segredo da jarda megalítica. Thom havia habilmente demonstrado que essa "jarda megalítica" de 60,96 centímetros e 21,94 centímetros de comprimento era evidente na maioria das estruturas da Europa Ocidental, mas não conseguia identificar a base dessa medida, e não podia imaginar como conseguiram replicá-la de maneira precisa em tão vasta região.

Depois de inspecionar mais de 600 sítios nas Ilhas Britânicas, Thom comentou a respeito da precisão dessa unidade de comprimento, dizendo:

> *Essa unidade era usada de uma extremidade a outra da Inglaterra. Não é possível detectar por análise estatística quaisquer diferenças entre os valores determinados pelos meios ingleses e escoceses. Deve ter havido um centro que se encarregava de distribuir réguas padrão(...) O comprimento das réguas na Escócia não podia ser diferente daquele da Inglaterra em mais do que 0,07 centímetro ou a diferença teria aparecido. Se cada pequena comunidade obtivesse o comprimento copiando a régua de seu vizinho ao sul, o erro acumulado seria muito maior do que isso.*[264]

Tal como o professor Thom, suspeitamos de que essa medida padrão deveria ter alguma realidade física. Parecia impossível ser arbitrária porque as mentes dos povos megalíticos provaram ser totalmente orientadas para os movimentos observáveis do Sistema Solar. Por meio do trabalho de Alan Butler, sabíamos que a geometria megalítica havia ligado o tempo e a distância em um todo coerente. Certamente, pensamos, essas pessoas devem ter derivado essa unidade de suas observações.

A noção era simples, mas a comprovação levou muito mais tempo.

Chamamos Alan Butler para participar da discussão porque sua mente estava bem afinada com a matemática megalítica e seu conhecimento detalhado de Astrologia lhe proporcionava uma percepção do relacionamento humano com os movimentos celestes.

A discussão sobre o que poderia estar no âmago da jarda megalítica continuou por algum tempo, abrangendo tudo, desde harmônicos até geo-trigonometria. Muitas questões foram abordadas, mas não parecíamos chegar a lugar algum. Então, paulatina mas certamente, as discussões levantaram uma questão importante: como o Povo da Cerâmica Canelada pôde desenvolver um conceito de tempo?

Então, chegamos à conclusão de que o tempo devia ser a chave. Mas de que forma eles poderiam medir o escoar do tempo de maneira exata sem um relógio?

Uma possível idéia era de que o movimento da Lua, com relação às estrelas fixas, podia ser usado para calcular o tempo da noite – mas os

---

264. THOM, A. *Megalithic Sites in Britain*, Oxford University Press, 1968.

cálculos pareciam extremamente complicados e confusos demais para pessoas que haviam desenvolvido um tão simples e elegante sistema de geometria. Depois passamos a considerar o tempo dos movimentos de estrelas fixas, lembrando que essa foi a forma que o inventor John Harrison havia engendrado para verificar a exatidão de seus relógios de navegação.[265]

Qualquer par de postes fixados separadamente produzirá um tempo fixo se a passagem de uma estrela brilhante de um poste ao outro for observada porque, uma vez que os postes são fixados, qualquer estrela importante pode ser escolhida para produzir um período de tempo que será sempre igual com a precisão de um segundo aproximadamente. Isso porque o movimento medido nada tem a ver com a estrela, mas sim com a rotação da Terra. Em outras palavras, observando o movimento de uma estrela de um ponto fixo para outro, proporciona a leitura da rotação do planeta que nunca varia, e nós já sabíamos que essa era a maneira como o Povo da Cerâmica Canelada resolvera a questão de converter a declinação do Sol em uma medida do azimute do horizonte.

A idéia de observar o curso de uma estrela entre dois pontos era bem razoável, mas precisávamos saber qual distância entre os postes deveríamos usar. Também devíamos considerar como o Povo da Cerâmica Canelada converteu esse período de tempo em uma forma que pudesse ser usada em qualquer momento da noite. Sabíamos que essas pessoas haviam dividido o círculo em 366 partes (mencionado no Capítulo VIII) porque há este número de alvoradas em uma órbita do Sol; portanto, parecia razoável presumir que eles tivessem usado 1/366 do horizonte (um grau megalítico) como medida básica do curso de uma estrela. Se esse fosse o caso, eles teriam simplesmente dividido um grande círculo em 366 partes (facilmente conseguido por meio de tentativas) e observado a passagem de uma estrela brilhante entre os dois postes.

A única maneira que podíamos pensar para registrar o intervalo de tempo de forma que pudesse ser registrado e reproduzido durante o dia era fazer o que todos os relógios tradicionais fazem – balançar um pêndulo. Tivemos vários começos falsos, mas, eventualmente, Alan Butler sugeriu a idéia de balançar um peso, encurtando seu comprimento para acelerá-lo e encompridando-o para desacelerá-lo. Sabíamos que o número 366 era preponderante – e quase mágico – para esses construtores megalíticos; portanto, ajustamos a linha para que desse 366 pulsos durante o aparecimento de uma estrela entre dois postes com um grau megalítico de distância entre os dois.

Podemos dizer que 1/366 de uma revolução da Terra, ou seja, um grau megalítico, equivale a cerca de 236 segundos, ou 3,93 minutos. Por

---

265. SOBEL, D. *Longitude,* Fourth Estate, 1996.

meio de tentativas acabamos encontrando o comprimento da linha (entre o fulcro e o centro do peso) que produzisse exatamente 366 pulsos (um pulso sendo um balanço completo de uma extremidade a outra). Em seguida, medimos essa linha que resultou em 41,45 centímetros de comprimento.

Essa medida parecia estar fora de nosso interesse, mas logo nos lembramos que Thom havia dobrado a unidade básica encontrada para fazer com que a jarda megalítica se aproximasse da jarda moderna. Ele havia observado a menor unidade, mas escolheu chamá-la de "meia jarda megalítica". Portanto, dobramos o nosso comprimento e isso resultou em exatamente 82,90 centímetros – uma exata jarda megalítica!

Aqui estava a resposta para um dos maiores enigmas da Pré-história.

O que esses antigos engenheiros haviam feito foi demarcar um círculo de grande diâmetro, usando uma corda com pino no centro e dividir a circunferência em exatamente 366 partes iguais por tentativas. Eles, então, erigiram dois postes para marcar 1/366 do círculo e balançar um pêndulo ajustável até produzir exatamente 366 pulsos durante o trânsito de uma conveniente estrela brilhante entre os dois postes. O comprimento do pêndulo mede agora "meia jarda megalítica", uma unidade básica de construção descoberta pelo professor Thom quando investigou centenas de sítios antigos na Escócia, Inglaterra, País de Gales e França Ocidental.[266]

De repente, a passagem que havíamos lido em *O Livro de Enoch*, a respeito dessas pessoas pré-históricas medindo os círculos com cordas, fez sentido:

> *E eu vi naqueles dias como cordas compridas foram dadas a dois anjos e eles as pegaram e voaram para o norte. E eu perguntei ao anjo que estava comigo, dizendo: "Por que eles pegaram as cordas e se foram?". E ele me respondeu, "Eles foram medir".*

Uma vez compreendido, qualquer pessoa poderia usar esse princípio para achar a medida "sagrada" sem precisar de outras referências. A máquina funcionaria sempre, em qualquer lugar e seria totalmente exata. Isso explica a consistência que tanto surpreendeu o eminente professor.

Um exemplo clássico do uso desse princípio megalítico veio à luz quando Robert posteriormente visitou um sítio conhecido como "The Hill of Many Staines", em Caithness, ao norte da Escócia. À primeira vista, as fileiras de pedras verticais, igualmente espaçadas, pareciam formar uma rede retangular alinhada na posição norte-sul e leste-oeste, mas olhando mais de perto, o formato de leque anteriormente registrado por Thom podia ser visto. O trabalho para fixar tantas pedras deve ter sido imenso e,

---

266. THOM, A. *Megalithic Sites in Britain*, Oxford University Press, 1968.

quando Thom as analisou, constatou que a estrutura tinha a parte estreita do leque apontando para o Norte; ele observava que os raios do leque eram separados individualmente pelo mesmo ângulo de 1,28 graus que sabíamos ser exatamente o ângulo pelo qual uma estrela fixa transita todas as noites.[267]

Portanto, todas as linhas do leque de pedras eram separadas pelo mesmo ângulo que o zodíaco percorre todas as noites. O sítio era, e ainda é, um perfeito cronômetro. Qualquer uma das 12 estrelas de primeira magnitude (aquelas que brilham o suficiente para serem vistas ao nascer, diferentes daquelas de menor brilho que somente são observadas quando já estão altas no céu) seria visível à medida que percorresse a primeira linha do leque. Então, durante as 18 noites seguintes, o mesmo e exato espaço de tempo seria observado, passando, em seguida, para a próxima linha do leque. Além disso, durante a Lua Cheia e direcionada para o sul, indicada pela orientação norte-sul da linha central do leque, o Sol estaria em exata oposição à Lua e sua posição com relação à Terra seria conhecida. Combinar esse dado com a posição de uma conhecida estrela de primeira magnitude possibilita o cálculo que determina a longitude.

A unidade megalítica de medição usada em *The Hill of Many Staines*, e em outros sítios distantes 1.300 quilômetros, é realmente um impressionante conceito de medição. A jarda megalítica do professor Thom baseava-se na pura geometria derivada de três valores absolutamente fundamentais:

1. A órbita da Terra ao redor do Sol;

2. A rotação da Terra sobre o seu próprio eixo;

3. A massa da Terra.

A órbita da Terra proporcionou as 366 divisões do horizonte; a rotação da Terra, o espaço de tempo; e a massa do planeta (a gravidade), o comprimento da linha ajustada para dar os 366 pulsos.

Simplesmente brilhante!

Conclusão

Os portais e as janelas descritos em uma das seções de *O Livro de Enoch*, chamada o *Livro das Luminárias Celestes*, fazem parte de uma descrição de como construir um sofisticado declinômetro de horizonte para medir a posição de qualquer objeto luminoso do céu. O dispositivo é regulado usando a posição conhecida do Sol, observando seu nascimento e ocaso durante os equinócios, fáceis de serem determinados precisamente.

---

267. THOM, A. *Megalithic Sites in Britain*, Oxford University Press, 1968.

Decidimos reconstruir uma máquina de Uriel no sítio de um círculo de pedras em ruínas, em West Yorkshire, seguindo as instruções de *O Livro de Enoch*. À medida que íamos construindo e que viemos a entender a geometria celeste usada no projeto, ficou claro que podia ser usada como um perfeito dispositivo de tempo.

Por meio da experiência, o princípio físico relativo à jarda megalítica mostra-se relacionado com os princípios da máquina de Uriel e, como resultado, o princípio físico perdido da jarda megalítica é redescoberto.

CAPÍTULO XI

A CÂMARA DE VÊNUS

The White Wall (O Muro Branco)

A jarda megalítica foi encontrada pelo professor Thom em grande parte da "Região de Enoch" (conforme é definido no Capítulo VII), que em uma certa época foi o lar do Povo da Cerâmica Canelada. As principais exceções eram os sítios megalíticos da Irlanda que, aparentemente, não apresentavam nenhuma correspondência com essa unidade de medida.

Decidimos que precisávamos tentar compreender por que essa parte ocidental da região era diferente. Então, viajamos para Dublin em um carro alugado e nos dirigimos para o Vale do Boyne ao norte do país, onde alguns dos mais esplêndidos sítios megalíticos do mundo podem ser encontrados. As câmaras de pedra mais antigas do mundo, conhecidas como "aterros com túnel", foram construídas na Irlanda há mais de 5 mil anos.

Ali chegamos no Dia de Santa Brígida (1º de fevereiro), um festival cristão adotado da antiga Festa Celta de Santa Brígida. Essa santa é homenageada pela Igreja Católica Romana por ter sido a parteira de Maria, mãe de Jesus, e ama-seca do próprio Jesus. A data do festival celta marcava o ponto médio entre o solstício de inverno e o equinócio de primavera, e a época em que o primeiro leite de cabra do ano estara disponível; entretanto, ele é hoje um dia comum no calendário da Igreja Romana.

Era um dia claro e sem nuvens e nos dirigíamos para o Norte através de Swords (subúrbio de Dublin) pela estrada N1 até a cidade de Drogheda. O cenário da costa oriental da Irlanda é espetacular, com amplas vistas das baías e dos promontórios que proporcionam abrigo para pequenas embarcações. Os antigos barcos bretões deram lugar a frotas de pequenos pesqueiros que, por sua vez, foram substituídos pelos modernos barcos *laser*; mas o mar continua sendo a mais conveniente via de transporte entre as terras do Mar da Irlanda.

Em Drogheda, viramos à esquerda para o Vale do Boyne, em direção à Colina de Tara onde, antigamente, os altos reis da Irlanda eram aclamados colocando o pé sobre Lia Fail, a Pedra do Destino. A estrada, que agora parecia mais um caminho vicinal, seguia pelo lado sul do Rio Boyne. E então, no meio das árvores e do outro lado do rio, vimos no horizonte o grande Muro Branco de Newgrange. Paramos o carro e admiramos o grandioso muro hemisférico de quartzo branco brilhando no Sol invernal.

Levamos quase uma hora para descobrir que as coisas haviam mudado desde a última visita de Robert, alguns anos antes. Havíamos parado o carro para admirar Newgrange quase em frente ao novo centro de visitantes. Ele estava tão bem incorporado que seria difícil diferenciá-lo do ambiente. Verificamos que o centro estava muito bem equipado para uma apresentação aos visitantes sobre a história da região, antes de serem levados de ônibus para a própria estrutura conhecida como Newgrange.

O imponente sítio é um dos melhores exemplos de uma estrutura que os arqueólogos inevitavelmente descrevem como "tumba de passagem". Foi construído mil anos antes das pirâmides do Egito com 280 mil toneladas de pedras roliças de rio, e a seção do leste é faceada com quartzo sobre um anel de pedras revestidas de granito. Olhar de frente para esse imenso muro de cristal branco trouxe-nos à memória as palavras de Enoch que muito provavelmente era um nômade que vivia em tendas:

> *Entrei até chegar perto de um muro construído de cristais e cercado de línguas de fogo: e comecei a ficar com medo. E entrei nas línguas de fogo e cheguei perto de uma grande casa construída de cristais: e as paredes da casa eram como um mosaico de cristais e seu piso era de cristal. Seu teto era como o caminho das estrelas e relâmpagos e entre eles estavam querubins de fogo, e seu céu era claro como água. Um fogo chamejante cercava as paredes, e seus portais ardiam com fogo. E eu entrei naquela casa, e estava quente como fogo e frio como gelo: não havia ali nenhum conforto de vida; fiquei com muito medo e comecei a tremer. E estremecendo, caí sobre o meu rosto.*

Datamos a viagem instrutiva de Enoch pouco antes do impacto do cometa, ou seja, perto do ano 3150 a.C. (veja o Capítulo VI), e também sabemos que ele estivera nas Ilhas Britânicas em função de sua latitude e também das instruções que recebera sobre assuntos astronômicos. Portanto, ele poderia estar descrevendo Newgrange, construído 50 anos antes de sua visita ao gelado Norte.

De fato, que outro sítio ele poderia estar descrevendo? De acordo com o que a Arqueologia descobriu até agora, não havia outras construções desse porte em qualquer parte do mundo nessa época. E certamente nenhuma estrutura conhecida construída de cristais!

Quem pode duvidar disso? Enoch descreve a estrutura para a qual ele foi levado como "uma grande casa construída de cristais" e "as paredes da casa eram como um mosaico de cristais". (Era a primeira vez que víamos uma construção revestida de quartzo-branco.) Além de ela encontrar-se no lugar e no tempo certo da visita de Enoch, a descrição "as paredes da casa eram como um mosaico de cristais" é própria de Newgrange porque o quartzo é regularmente espaçado com pedras roliças pretas que formam desenhos de losangos em toda a superfície. A descrição de fogo cercando as paredes, segundo Enoch, poderia ser o brilho refletido da luz do Sol ou que estivesse iluminado por tochas à noite. Talvez o anel de tochas fosse mais provável porque Enoch descreve granizo e neve; portanto, é possível que sua visita tenha ocorrido perto ou no próprio solstício de inverno.

Continuamos a inspecionar o sítio em um estado de estupefação. Seria esse realmente o lugar descrito por um dos antigos heróis das lendas hebraicas, que viveu quase 2 mil anos antes do nascimento de Moisés?

A Estrutura

Notamos que o aterro não era um círculo perfeito, mas feito de uma série de parábolas que dá a impressão de um plano com o formato de coração. Dentro do aterro há várias pedras cuidadosa e maravilhosamente trabalhadas, mas ao redor há um círculo externo de 12 pedras verticais que, na opinião do professor Michael O'Kelly que escavou o sítio, foram provavelmente colocadas nesse lugar bem antes de a estrutura principal ser construída.

Dentro de Newgrange há uma única câmara abobadada cuja entrada é através de uma passagem que confronta o nascer do Sol no solstício de inverno. Na frente da entrada do túnel encontra-se uma enorme pedra gravada com espirais entrelaçadas, uma série irregular de linhas em formato de "V" e muitos desenhos de losangos.

Atualmente é aceito o fato de que o alinhamento do túnel foi projetado para permitir que a luz do Sol, no solstício de inverno, penetrasse até a extremidade da câmara. Esse deve ser um aspecto proposital do projeto da estrutura, pois uma abertura especial foi cortada acima da entrada para permitir a penetração da luz do Sol durante um curto e exato período de tempo.

Ainda bem que essa clarabóia sobreviveu porque, quando o túnel foi descoberto no século XIX, as pessoas que o escavaram tentaram forçar a pedra do lintel. Felizmente não conseguiram, senão o alinhamento astronômico da estrutura nunca seria descoberto. Quando o sítio foi totalmente investigado e finalmente restaurado pelo professor O'Kelly, teve o extremo cuidado para assegurar que as pedras que haviam sido removidas fossem recolocadas em suas exatas posições originais.

Tivemos de andar inclinados no estreito túnel ladeado de enormes chapas de rocha sólida. O plano da câmara tem a forma de uma cruz e em cada um dos braços há uma bacia de pedra maravilhosamente trabalhada –

com exceção da alcova direita, que tem uma pequena bacia adicional dentro da maior, com duas depressões. A bacia da alcova ao fundo foi quebrada algumas centenas de anos atrás por um caçador de tesouros.

Ao sairmos, contamos 21 pedras do lado direito da passagem e 22 do lado esquerdo e ficamos curiosos por saber se essa assimetria havia sido deliberada. Do lado de fora da estrutura percebemos que somente três das 93 pedras básicas tinham gravuras, até a pedra que estava diretamente alinhada com a passagem. Nessa pedra havia uma gravura parecida com outra de Skara Brae: a dupla espiral entrelaçada com os dois losangos. (Vejam a Foto 22 e a Figura 16.)

O professor O'Kelly havia relatado esse fato ao estudar a turfa usada como enchimento; era claro que os construtores eram agricultores. Quando o aterro foi restaurado, uma amostra da turfa foi analisada e descobriu-se que havia sido retirada de campos usados para o plantio de trigo, mas fora deixada para que revertesse ao seu estado selvagem. Isso sugeria que eles foram eficientes o bastante em Agricultura para conhecer a rotação das colheitas e o princípio de permitir que os campos ficassem em repouso, em vez de aproveitá-los até a exaustão.

Por conseguinte, Newgrange foi construído por um grupo de pessoas com capacidade de alimentar os construtores especializados que projetaram essa estrutura maciça. O'Kelly referiu-se a esses construtores da seguinte forma:

> À medida que vínhamos conhecendo melhor o monumento e descobrindo suas complexidades(...) verificávamos que não estávamos lidando com questões de força bruta e um mero poder de número de pessoas, mas com métodos inteligentes e bem organizados parecidos com a organização e divisão de funções praticadas atualmente em qualquer empreendimento comparável(...) não temos dúvidas de que a empresa toda foi completa e cuidadosamente pensada, planejada e realizada com uma precisão quase militar.[268]

No ano 2500 a.C., Newgrange encontrava-se em estado de deterioração. Os campos férteis que haviam alimentado os construtores ficaram em desuso e logo se transformaram em aglomerados de arbustos.[269] O magnífico muro de quartzo-branco havia desmoronado sobre a entrada ocultando grande parte das decoradas pedras laterais e, cerca de 500 anos mais tarde, um grupo de pessoas conhecido como "Povo Beaker" instalou-se próximo ao aterro. (O Povo Beaker é assim chamado em virtude de seus diversos utensílios cerâmicos que enterravam com os mortos, em túmulos redondos

---

268. O'KELLY, M. *Newgrange, Archaeology, Art and Legend,* Thames & Hudson, 1982.
269. O'KELLY, M. *Newgrange, Archaeology, Art and Legend,* Thames & Hudson, 1982.

individuais. Sua cultura originou-se ao redor do Rio Reno cerca de 2500 a.C. e migraram para a Bretanha em aproximadamente 2200 a.C. Usavam a tecnologia do bronze e, ao que parece, tratava-se de uma comunidade pacífica que se estabeleceu em terras abandonadas pelo desaparecimento do Povo da Cerâmica Canelada.)[270]

Durante mais de 4 mil anos ninguém perturbou o gramado desse aterro. A lenda diz que ali residia Oengus, filho de Dagda (o deus bom), e ficou sendo conhecido como "Brug Oengus" (a mansão de Oengus), e toda a área era chamada "Bru na Boinne" ou Mansões do Boyne. De acordo com a lenda celta, Dagda e seu filho Oengus eram dois dos mais importantes membros dos Tuatha de Danann que colocaram o aterro sob a proteção do mundo feérico. E assim permaneceu até 1699 d.C. quando a entrada da passagem foi descoberta por Charles Campbell, proprietário do sítio. Ele foi visitado e registrado por Edward Lhwyd que naquela época era o encarregado do Ashmolean Museum em Oxford. Michael O'Kelly fez o seguinte comentário a respeito desse período:

> *Sabemos que, depois que a estrutura começou a desmoronar, houve um período de ocupação por parte da comunidade Beaker, próximo do ano 2000 a.C., na parte sul do aterro, mas nenhum vestígio deles foi encontrado no túmulo; portanto, nessa época, a entrada já devia estar encoberta. Também não havia dentro da tumba nenhum sinal de moedas de ouro e ornamentos do tipo romano-britânico, depositados nas vizinhanças do aterro durante os primeiros séculos da Era Cristã. Quando entraram na tumba em 1699, é provável que os ossos cremados e outros pertences funerários que originalmente haviam sido depositados nas bacias foram simplesmente descartados ou ignorados.*[271]

Com o maior respeito pelo falecido professor O'Kelly, temos de discordar. Não acreditamos que exista qualquer base para inventar que restos funerários fossem descartados ou ignorados sem nenhuma menção. Newgrange não foi basicamente construído para ser um túmulo.

Uma Obra-prima de Engenharia

Quem projetou Newgrange tinha a capacidade de organizar uma grande força de trabalho com suficiente habilidade para construir uma câmara com teto abobadado, para alinhar uma passagem de 24 metros de compri-

---
270. HADINGHAM, E. *Circles and Standing Stones,* Heinemann, 1975.
271. O'KELLY, M. *Newgrange, Archaeology, Art and Legend,* Thames & Hudson, 1982.

mento exatamente com a linha do Sol nascente no solstício de inverno e gravar os complicados símbolos que ornamentam a estrutura.

A própria construção de Newgrange é uma esplêndida realização, mas existem dois outros aterros de tamanho e grandiosidade similares, do mesmo período e na mesma região do Vale do Boyne. Dowth e Knowth estão sendo atualmente escavados e não se encontram abertos ao público, apesar de que logo serão possíveis visitas limitadas.

Estávamos impressionados com as habilidades demonstradas por essas pessoas do Vale do Boyne, no período de 3700-3100 a.C., na criação dessas estruturas. Essas habilidades incluíam:

1. Agricultura para produzir suficiente suprimento de alimento para que as pessoas pudessem subsistir no mesmo lugar o tempo necessário para completar a obra;

2. Especialização das funções de trabalho. Eles precisavam de fornecedores de alimento, transportadores de pedras, gravadores de pedras e construtores. As mesmas pessoas não podiam executar todas essas funções ao mesmo tempo;

3. Conhecimento dos movimentos do Sol durante o ano;

4. Habilidades próprias de construção;

5. Habilidades para trabalhar a pedra;

6. Habilidades organizacionais que lhes possibilitassem completar projetos que devem ter levado um espaço de tempo de mais de uma geração;

7. Uma imperiosa visão para motivá-los a criar esse tipo de imponentes estruturas e meios para incentivar os trabalhadores a executar os trabalhos necessários.

Pensamos, então, na quantidade de trabalho necessário para construir Newgrange. Como já mencionamos no Capítulo VII, Colin Renfrew havia tentado um exercício parecido para as câmaras funerárias de Orkney, e aproveitamos esses números básicos para montarmos nossos próprios cálculos.

Por meio das dimensões mencionadas em um excelente guia de Newgrange de autoria de Claire O'Kelly (um dos membros originais de escavadores e restauradores do sítio, em 1962), o absoluto volume mínimo de trabalho envolvido resultou no seguinte:[272]

1. Limpeza e preparo do sítio	12 mil horas/homem (não especializado)
2. Edificação dos parapeitos, túnel e câmara	153 mil horas/homem (especializado)

---

272. O'KELLY, C. *Concise Guide to Newgrange*, C. O'Kelly, Cork, 1984.

3. Construção do aterro   160 mil horas/homem (não especializado)
4. Transporte dos materiais   156 mil horas/homem (não especializado)
5. Revestimento com quartzo   10 mil horas/homem (especializado)
6. Decoração da estrutura de pedra   200 mil horas/homem (especializado)
   Total   691 mil horas/homem
                               (com 52% exigindo trabalho especializado)

Se presumirmos que os trabalhadores envolvidos pudessem manter esse serviço pesado em uma jornada de 50 horas semanais, todas as semanas, a obra toda levaria 266 anos. Portanto, se eles tivessem uma força-tarefa de 266 homens, teriam levado, teoricamente, um ano para completar a obra.

Entretanto, não podemos esquecer os problemas que devem ter incorrido para conseguir materiais. O quartzo usado no revestimento foi trazido das montanhas Wicklow, 70 quilômetros ao sul, enquanto o granito que intercala o quartzo era de Dundalk, 48 quilômetros ao norte. Até as grandes pedras das laterais da passagem e da câmara foram transportadas de Tully Allen, a dez quilômetros de distância, a jazida mais próxima do sítio, para formar os megálitos do conjunto. Na época em que Newgrange foi construído, a região era coberta de florestas, o que forneceu árvores suficientes para construir um caminho sobre o qual puderam arrastar as grandes pedras.

A realidade é que isso deve ter envolvido uma comunidade de centenas de pessoas e muitos anos para planejar e construir Newgrange, que o professor O'Kelly estimou em 30 anos, mesmo presumindo que elas somente se dedicaram à realização dessa obra. De fato, também haveria barcos para construir, roupa para ser feita, crianças para cuidar, assim como cuidar do cultivo agrícola, caçar e cozinhar.

Sem dúvida, essa estrutura é um grande feito de engenharia civil. Também evidencia, pela construção, que os construtores conheciam a ação da força estática pela forma como estruturaram o teto para assegurar sua estabilidade.

Se considerarmos o fato de que existem outras duas estruturas parecidas em tamanho, construídas aproximadamente na mesma época – em Dowth e Knowth – as pessoas que as construíram investiram um volume surpreendente de 2 milhões de horas/homem por volta de 3500 a.C. Essas pessoas não eram simples caçadores juntando uma pilha de pedras, pois a estrutura apresenta habilidades de engenharia civil de alto requinte. Claire O'Kelly, a esposa de Michael O'Kelly, que participou da escavação de 1962, comentou:

> *Uma surpreendente descoberta, feita quando a superfície superior do teto da passagem foi exposta, foram as dobras ou canaletas executadas por meio de martelo e cinzel, como se fosse uma escultura, em todas as lajes para evitar a infiltração*

da água da chuva dentro da estrutura. Por meio de uma engenhosa idéia, a água era levada de uma laje a outra para escorrer pelos dois lados da passagem.[273]

As lajes do teto da câmara abobadada foram cuidadosamente calafetadas com areia queimada, usada como uma espécie de cimento para assegurar que a água não penetrasse na câmara. (É essa areia queimada que permitiu a datação por radiocarbono em 3500-3200 a.C.). A intenção dos construtores era de que a câmara não sofresse a ação das intempéries e perdurasse. Ela é seca e sólida até hoje e, além disso, o teto da câmara incorpora uma estrutura que lhe suporta o peso, ou seja, onde o teto da passagem se junta com aquele da câmara que também servia para drenar a água. Claire O'Kelly comenta novamente: "Este eficiente método à prova d'água é demonstrado pelo fato de que a câmara permanece seca até em períodos de muita chuva".[274]

O impressionante volume de mão-de-obra empregado na construção de Newgrange é parecido ao de muitos outros sítios das Ilhas Britânicas. Cálculos iguais foram feitos por Gerald Hawkins para Silbury Hill, na Inglaterra, onde ele acredita haver envolvido um volume de 24 milhões de horas/homem.[275] Como foi mencionado no Capítulo VII, John Hedges havia calculado para algumas estruturas de Orkney um volume de menos de 10 mil horas/homem, enquanto outras levaram muito mais tempo.

Knowth e Dowth

O sítio de Knowth situa-se a leste de Newgrange e o de Dowth, a oeste, na mesma cadeia de montanhas. De qualquer um dos três sítios, os outros dois são claramente visíveis, formando um triângulo do lado norte de uma grande curva do Rio Boyne. Há pelo menos 40 aterros menores nessa curva do rio, mas nem todos foram escavados.

O aterro de Dowth foi bem danificado pelas escavações efetuadas em 1847-48, mas ainda assim apresenta uma estrutura impressionante de quase 85 metros de diâmetro e 13,3 metros de altura. Ele é cercado por 115 pedras e tem duas câmaras direcionadas para o Oeste. A passagem ao norte tem cerca de oito metros de comprimento, levando a uma câmara em forma de cruz com o teto abobadado. Ao sul, há uma passagem de 3,3 metros de comprimento que leva a uma câmara circular de 5,5 metros de diâmetro.[276]

---

273. O'KELLY, C. *Concise Guide to Newgrange,* C. O'Kelly, Cork, 1984.
274. O'KELLY, C. *Concise Guide to Newgrange,* C. O'Kelly, Cork, 1984.
275. HAWKINS, G. S. *Stonehenge Decoded,* Souvenir Press, 1966.
276. EOGAN, G. *Knowth and the Passage-Tombs of Ireland,* Thames & Hudson, 1986.

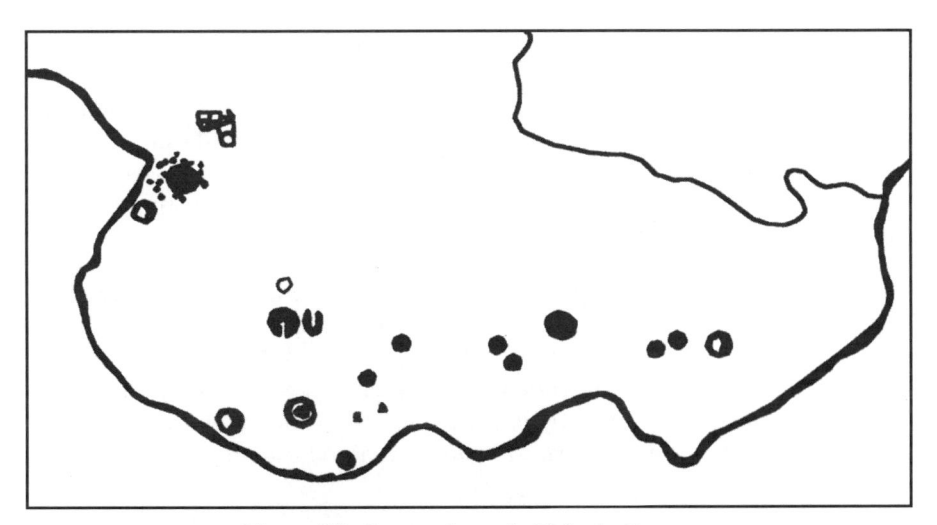

Figura 38. *O complexo do Vale do Boyne.*

Há dois túneis construídos no aterro de Knowth: um deles é direcionado para o Leste e o outro para o Oeste. Infelizmente, as entradas dos túneis foram muito remexidas durante o início do período cristão quando um assentamento se estabeleceu no aterro e as aberturas dos túneis foram modificadas e fechadas. Por isso não há como saber se eles originalmente incorporavam o mesmo tipo de teto daquele de Newgrange. Os dois túneis foram descobertos em 1966 pelo professor George Eogan de University College de Dublin, quando escavava o sítio.

O aterro de Knowth é um oval irregular; seu eixo maior tem 95 metros e o seu eixo menor, aproximadamente, 80 metros, abrangendo uma área de cerca de 6.100 metros quadrados. Essa estrutura envolveu uma série de assentamentos desde que foi construída, até fossos foram cavados no aterro durante a última Idade do Ferro e no início do período cristão. Um dos altos reis de Tara tinha um palácio no sítio e, durante a Idade Média, os normandos construíram um reduto por cima do aterro. Além disso, no início do século XIX, um certo sr. Wakeman cavou a estrutura em busca de pedras para reparar as estradas locais.

Os dois túneis são dispostos um depois do outro e a única abertura para o leste leva, por meio de uma longa passagem, para uma câmara em forma de cruz com um teto abobadado. A câmara consiste de uma extensão da linha da passagem com duas alcovas laterais e um teto cuja altura máxima é de 5,7 metros.

Há uma passagem de 35 metros que leva para a câmara do oeste com uma longa seção reta de três quartos de sua extensão, que depois vira para a direita terminando em uma câmara com teto de pedra. Na curva dessa passagem há uma grande bacia de pedra. O professor Eogan acredita que essa bacia originalmente se encontrava dentro da câmara e foi removida para ser colocada onde hoje se encontra. É possível que tenham tentado levá-la para fora da estrutura, mas não conseguiram fazê-la atravessar a passagem.

O sítio de Knowth é rico em gravuras e impressionou muito Colin Renfrew, que disse a esse respeito:

> *Ninguém poderia prever que o sítio pudesse conter tantas pedras esculpidas e com tanta variedade; um corpo de trabalho, na realidade, muito maior do que aquele de Newgrange(...) No verão de 1982, tive o privilégio de acompanhar o professor Eogan pela longa passagem à entrada da grande câmara leste de Knowth, e foi uma experiência que nunca esquecerei.*[277]

A Economia dos Construtores Megalíticos

Conforme já notamos, as habilidades necessárias para produzir as estruturas construídas pelo Povo da Cerâmica Canelada, em todos os arredores do Mar da Irlanda, demonstram um grau de maturidade em seu desenvolvimento econômico muito mais adiantado do que a suposta imagem de selvagens seminus. Eles tiveram a capacidade de planejar com sucesso e implementar enormes projetos de engenharia civil que envolveram grande parte de sua força de trabalho disponível. Eram pessoas de curta expectativa de vida e com alta taxa de mortalidade infantil, o que faz de suas realizações ainda mais impressionantes. Não podíamos deixar de lembrar a declaração de Euan Mackie a respeito dessas pessoas: "Especializadas sociedades estratificadas proto-urbanas ou urbanas devem ter existido antes das mais antigas pessoas megalíticas aparecessem".[278]

Que tipo de pessoas eram essas que, de acordo com o professor O'Kelly, estavam dispostas a passar 30 anos construindo um único aterro com túnel?[279] O professor Eogan encontrou evidência de um assentamento sob os vários sítios, que predatavam a construção das estruturas.

Estudos populacionais da área ao redor de Newgrange em 3200 a.C., realizados pelo dr. Frank Mitchell sugerem que cerca de 1.200 pessoas viviam nas vizinhanças da bacia do Vale do Boyne.[280] Isso não era suficiente para dar-nos idéia da força de trabalho porque a curta expectativa de

---

277. EOGAN, G. *Knowth and the Passage-Tombs of Ireland,* Thames & Hudson, 1986.
278. MACKIE, E. *The Megalithic Builders,* Phaidon Press, 1977.
279. O'KELLY, M. *Newgrange, Archaeology, Art and Legend,* Thames & Hudson, 1982.
280. MITCHELL, F. *The Irish Ladscape,* Collins, 1976.

vida significava que, pelos padrões modernos, grande parte da população era muito jovem. John Hedges realizou um estudo detalhado sobre a mortalidade do Povo da Cerâmica Canelada da área de Orkney e descobriu que a taxa da faixa etária abaixo de 20 anos era superior àquela acima de 20 anos em uma relação de três para um. Esse perfil de mortalidade confirmou os estudos anteriores realizados em Carrowkeel, condado de Sligo, na Irlanda.[281] Acredita-se que uma entre dez mulheres morria no parto e a maioria falecia entre 15 e 24 anos, poucas atingindo uma idade avançada.[282] Aplicando os números de mortalidade de Hedges à população de Mitchell, resulta uma estimativa da força de trabalho masculina disponível, entre 15 e 30 anos, de 240 pessoas. Os homens que planejaram o sítio não viveriam para vê-lo completado. Portanto, o que os inspirava para empreender tais esforços?

Durante o período de pelo menos 40 gerações, quando o Povo da Cerâmica Canelada vivia ao longo de "Bru na Boinne", eles teriam acumulado cerca de 48 mil corpos enterrados. Entretanto, somente algumas centenas de corpos foram encontradas misturadas com ossos de animais dentro de suas imensas "tumbas". Esse cálculo simples coloca em evidência uma difícil questão para aqueles que consideram qualquer estrutura antiga uma tumba. Se o único propósito da construção dessas estruturas fosse enterrar e honrar os mortos, por que tão poucos corpos foram ali preservados? Será que o Povo da Cerâmica Canelada venerava somente alguns ossos selecionados, apenas 0,4% de seus mortos, ou as estruturas tinham outra finalidade?

A arqueóloga dra. Elizabeth Twohig, de University College, de Cork, também comentou sobre esse assunto:

> *Uma cuidadosa consideração mostra que os monumentos não podem ter sido construídos única ou principalmente para efeito de sepultamento. Muitos deles têm poucos restos mortais e, apesar de ocasionalmente essa escassez ser o resultado de roubo de tumbas (por exemplo, Newgrange), a impressão geral é que somente uma pequena parte da população pode ter sido sepultada nos monumentos. Além das tumbas megalíticas, poucas sepulturas neolíticas são conhecidas na Irlanda, com exceção das sepulturas individuais do Sudeste e os ocasionais poços comunitários de sepultamento perto de sítios habitacionais, como Lough Gur. Portanto, o pequeno número de sepulturas indica que a função das tumbas não era simplesmente um lugar para dispor dos mortos(...) As gravuras nos aterros com túnel*

---

281. MACALISTER, R. A. S.; ARMOSTRONG, E. C. R.; PRAEGER, R. L. "Bronze Age Cairns on Carrowkeel Mountain Co. Sligo", *PRIA,* 29C, 1912, pp. 311-347.
282. HEDGES, J. W. *Tomb of the Eagles,* Tempus Reparatvm, 1984.

proporcionam maior evidência de rituais em seu interior; está claro que essas gravuras não são simplesmente decorativas, mas tinham algum significado simbólico para aqueles que as fizeram e para os que as viam(...) A conspícua visão e o tamanho do monumento de pedras de muitos sítios indicam a necessidade de impressionar os observadores, tanto estranhos quanto membros da tribo, que eram lembrados da necessidade da solidariedade grupal e do poder dos líderes.[283]

O professor Eogan também comentou a respeito:

Pode muito bem ser que os restos fossem guardados até um dia específico em que seriam depositados na tumba. Se esse for o caso, é possível presumir que outras cerimônias fizessem parte do ritual de sepultamento, algumas ocorrendo provavelmente ao ar livre. De fato, a área recuada diante dos túmulos de Knowth, com seu conjunto de pedras e a distribuição de pedras exóticas, pode pertencer ao material que fazia parte de tais cerimônias.[284]

O Povo da Cerâmica Canelada era certamente inovador. Eogan, que escavou Knowth, disse:

É possível que eles houvessem descoberto um método de calcular e de medir principalmente comprimentos, apesar de não haver nenhuma evidência da jarda megalítica postulada por Alexander Thom. No teto abobadado essas pessoas haviam quase conseguido um verdadeiro arco; e em Knowth e Newgrange, os resultados são tão perfeitos que é possível perceber que os efeitos da fadiga e os meios de preveni-la haviam sido adquiridos. Isso pode pressupor certos poderes de compreensão; sem dúvida, tratava-se de pessoas conscientes que raciocinavam, intelectual e espiritualmente motivadas, e que estavam desenvolvendo um corpo de conhecimento, preparando as bases do desenvolvimento científico. Outra confirmação procede de sua deliberada seleção da pedra sólida como a grauvaca [arenitos grosseiros geralmente acinzentados], *como material básico para suas construções. Um entendimento elementar de Geologia foi dessa forma exibido, assim como as estruturas do sítio demonstram claramente conhecimentos de Arquitetura e de Engenharia. Tudo isso sugere uma ampliação do sentido perceptivo dos habitantes, uma doutrinação da mente estava ocorrendo.*[285]

---

283. TWOHIG, E. *Irish Megalithic Tombs,* Shire Archaeology, 1990.
284. EOGAN, G. *Knowth and the Passage-Tombs of Ireland,* Thames & Hudson, 1986.
285. EOGAN, G. *Knowth and the Passage-Tombs of Ireland,* Thames & Hudson, 1986.

Pelas estruturas que eles deixaram, sabemos que grande parte da população não se preocupava com a produção de alimento; portanto, é claro que, para sustentar esse número de habitantes, eles tinham de ser hábeis na exploração dos recursos da terra e do mar para se alimentar. Como foi que eles adquiriram habilidades de uma espécie que anteriormente só podiam ser associadas com o desenvolvimento das cidades da Suméria? O professor Eogan havia considerado essa questão quando comentou:

> *O conhecimento da administração da terra, a fim de estabelecer um bom padrão de utilização, era essencial – pois uma terra exaurida não poderia ter proporcionado o suporte e a sobrevivência de tão grande população.*

Ele apresentou quatro formas possíveis pelas quais essas pessoas poderiam ter adquirido suas óbvias habilidades:[286]

1. A aquisição acidental do conhecimento de Agricultura por meio de uma fonte e meios de transmissão desconhecidos;

2. Desenvolvimento nativo devido a processos de adaptação local pelo povo do Período Mesolítico;

3. Por meio de viagens de pessoas do Período Mesolítico que adquiriram conhecimentos de Agricultura, levando-os de volta para casa;

4. A chegada de pessoas estrangeiras com conhecimentos agrícolas seja por acaso, por exemplo, agricultores-pescadores que foram levados pelos ventos ou tempestades, seja por virtude de uma positiva e intencional imigração.

Foi sugerido que Knowth fora construído ao final da série de estruturas do Vale do Boyne, e pode ter acontecido que a própria construção desse grande trabalho público exauriu tanto a sociedade que, finalmente, a levou à desestabilização. Mas Eogan afirma que não há nenhuma evidência de deterioração da qualidade arquitetônica, falta de vigor ou qualquer forma de fraqueza no estabelecimento da sociedade.

De fato, ele observa que "o fim dessa cultura é tão enigmático quanto o seu início".[287] (Essas idéias são discutidas mais detalhadamente no Apêndice 3.)

---

286. EOGAN, G. *Knowth and the Passage-Tombs of Ireland,* Thames & Hudson, 1986.
287. EOGAN, G. *Knowth and the Passage-Tombs of Ireland,* Thames & Hudson, 1986.

A Claraboia

Foi durante suas escavações de 1963 que o professor O'Kelly descobriu a estranha abertura sobre a entrada da passagem. Ele descreveu o ocorrido ao descobrir o propósito dessa abertura em 21 de dezembro de 1969:

> Exatamente às 9h45, horário britânico, a parte superior do Sol apareceu acima do horizonte local e às 9h58 o primeiro feixe de luz solar brilhou através da parte superior da abertura e ao longo da passagem para atingir, por meio do piso da câmara, a base dianteira da bacia de pedra na sala ao fundo; toda a tumba ficou dramaticamente iluminada e vários detalhes das salas laterais e do fundo, assim como do teto abobadado, podiam ser vistos claramente pela luz refletida do chão.[288]

Ele ainda observou que as relações angulares envolvidas na construção tornavam impossível o efeito ser ocasionado por mero acaso. Ele comentou que o efeito somente ocorria durante aproximadamente uma semana antes e depois do solstício de inverno, e o apogeu acontecia no próprio dia do solstício.

A passagem não é uma simples estrutura plana. Ela foi construída ao longo de um aclive que não é o nível natural do sítio e é recurvada em forma de "S" para que o feixe de luz seja estreitamente colimado (formado por um feixe focado paralelamente) pelas pedras.

O arqueólogo David Heggie havia descartado o alinhamento dizendo que "não era significativo o suficiente para despertar muito interesse", baseando essa opinião em seu cálculo de que qualquer declinação do Sol entre menos 22 graus e 58 segundos e menos 25 graus e 53 segundos se alinharia com as bordas da abertura, com uma chance em 13 de que o alinhamento fosse um mero acaso.[289] Estatisticamente, essa probabilidade não é suficientemente significativa para permitir a hipótese de que o alinhamento fosse acidental, a ponto de ser rejeitada com segurança.

Os aspectos astronômicos dos túmulos com túnel não são exclusivos de Newgrange. Elizabeth Twohig comenta a esse respeito:

> Aberturas similares, mas menos elaboradas, foram encontradas em outros sítios e parece que outros monumentos também foram deliberadamente orientados para permitir que o Sol penetrasse a câmara em dias significativos do ano. Em Knowth, parece que, durante os equinócios, o Sol nascente podia bri-

---
288. O'KELLY, C. *Concise Guide to Newgrange,* C. O'Kelly, Cork, 1984.
289. HEGGIE, D. C. *Megalithic Science,* Thames & Hudson, 1981.

lhar na tumba do leste e a luz do pôr-do-sol na tumba do oeste, nos mesmos dias. Na mais elaborada tumba de Loughcrew, Túmulo T, a luz do Sol penetra na alvorada dos dias de equinócio e o feixe de luz ilumina uma série de padrões de linhas radiais gravados em várias pedras do túmulo.[290]

Em decorrência dos danos causados nas entradas das passagens em Knowth e Dowth pelos últimos colonos, não é possível ter certeza de quais propriedades astronômicas elas tinham originalmente. O professor Eogan sugere que as orientações de Knowth implicam que pode ter havido duas cerimônias em épocas diferentes: o equinócio da primavera em 20 ou 21 de março e o equinócio de outono em 22 ou 23 setembro. O equinócio da primavera representa o início da estação do plantio, enquanto a colheita seria feita no equinócio de outono.

Ele considerou uma cerimônia matutina em Knowth, do lado leste, e outra cerimônia noturna do lado oeste, e disse que, em virtude das dimensões das câmaras, elas somente poderiam conter um pequeno número de pessoas, presumivelmente sacerdotes que realizavam as cerimônias. Ninguém sabe que tipo de cerimônias era realizado, mas vários aspectos, como o posicionamento das pedras, devem ter servido determinado propósito.

Eogan achou interessante que, tanto em Knowth quanto em Newgrange, foram encontrados objetos de pedra em formato fálico, o que pode indicar que os rituais fossem relacionados com a fertilidade, enfatizando a continuidade da sociedade.[291]

Conforme já mencionamos, tanto em Knowth quanto em Dowth, as entradas originais dos túneis foram totalmente obliteradas por posteriores ocupações, mas a entrada de Newgrange permaneceu intacta. Em 1989, o dr. Tom Ray, do Dublin Institute for Advanced Studies (Instituto de Dublin para Estudos Avançados), inspecionando a clarabóia, emitiu um relatório detalhado que definiu a abertura em termos do azimute e da altitude do Sol na região do céu que permitissem o seu brilho dentro da câmara. O dr. Ray resumiu o resultado da seguinte maneira:

Newgrange é anterior às estruturas astronomicamente orientadas (Fase III) de Stonehenge em aproximadamente mil anos. A evidência aqui apresentada apóia a teoria de que a orientação de Newgrange foi deliberada; isso faz com que Newgrange seja a estrutura megalítica conhecida mais antiga com uma função astronômica incontestável.[292]

---

290. TWOHIG, E. *Irish Megalithic Tombs*, Shire Archaeology, 1990.
291. EOGAN, G. *Knowth and the Passage-Tombs of Ireland*, Thames & Hudson, 1986.
292. RAY, T. P. *Nature*, vol. 337, nº 26, janeiro de 1989, pp. 345-346.

Baseado em sua inspeção tridimensional do sítio, o dr. Ray descartou a avaliação de Heggie considerando-a simplista demais. Tomando em conta o caminho ascendente do túnel e analisando mais detalhadamente a abertura, ele observou que a probabilidade de a orientação ser acidental era de uma em 26, mas acrescentou que ela não era precisamente um marcador do solstício de inverno, pois sua orientação permite a luz solar na câmara alguns dias antes e depois do solstício. Ele presumiu que os motivos pudessem ser ritualísticos, dizendo que "essa pouca precisão sugere que o antigo interesse do homem nos corpos celestes pode ter sido ritualístico em vez do propósito de estabelecer um calendário".[293]

Essa aparente negligência por parte do projetista de Newgrange preocupava-nos porque a escolha da altura da abertura poderia não ser tão acidental quanto o dr. Ray parecia sugerir. Ele havia mencionado que se a abertura superior estivesse 20 centímetros mais baixa, ou a passagem alguns metros mais comprida, a luz do Sol poderia então penetrar na câmara. Se o único objetivo dos construtores fosse ritualístico, ou seja, permitir a luz do Sol na câmara por alguns dias durante a época do solstício de inverno, eles teriam simplificado, consideravelmente, os problemas da construção simplesmente levantando a claraboia alguns centímetros ou construindo a passagem sem precisar levantar o nível do solo. Por que se preocuparam com essa construção complexa, quando uma estrutura mais simples teria conseguido exatamente os mesmos efeitos sem tantas complicações para erguê-la?

Pelo trabalho de Eogan, sabíamos que essas pessoas haviam construído várias estruturas mais simples ao redor da principal edificação de Knowth com passagens em nível. Tanto a passagem leste quanto a oeste do aterro principal de Knowth foram construídas no mesmo plano. Construir a passagem de Newgrange no mesmo nível do solo não seria difícil e dessa forma conseguir o mesmo efeito que o dr. Ray sugerira que fosse o objetivo desses construtores.

O professor O'Kelly havia expressado uma série de comentários a respeito dos métodos de construção e ele nunca sugeriu que os construtores fizessem coisas sem um bom motivo:

> *Verificamos que não estávamos lidando com questões de força bruta e um mero poder de número de pessoas, mas com métodos inteligentes e bem organizados(...) Vamos esboçar uma possível seqüência de construção(...) Nesta fase da obra, devemos presumir que o eixo da passagem e da câmara, o ponto central da câmara e a posição que a abertura do teto deveria ter em relação a esse ponto já haviam sido determinados pelo especialista que fizera as observações solares. A largura e o*

---

293. RAY, T. P. *Nature*, vol. 337, nº 26, janeiro de 1989, pp. 345-346.

comprimento da passagem, e a disposição da câmara com suas celas laterais e outra ao fundo, também deviam ter sido determinados(...) Não há nenhuma dúvida de que o empreendimento foi cuidadosamente planejado e projetado, do início ao fim, e executado com uma certa precisão militar.[294]

Esse cuidado com os detalhes não condiz com a sugestão do dr. Ray pela qual os construtores estavam apenas interessados em um alinhamento de baixa precisão, que poderia ser conseguido sem criar a curva ascendente em formato de "S". Sabíamos que quando serviu seus propósitos, eles construíram esse tipo de estruturas, como Knowth, sem se preocupar em criar uma passagem com curva ascendente. Portanto, eles deviam ter um propósito específico que nós desconhecíamos.

Pelas observações de Robert sobre Bryn Celli Ddu, sabíamos que essas pessoas se interessaram por Vênus assim como pelos movimentos do Sol. Será que havia qualquer evidência de um alinhamento com Vênus em qualquer um dos sítios do Vale do Boyne? Estávamos curiosos por sabê-lo.

Examinando o sítio de Anglesey, Robert havia desenvolvido um procedimento analítico que chamou de "abertura virtual", que lhe possibilitou usar as observações da luz solar combinadas com horários precisos e as exatas latitude e longitude do sítio, calcular uma clarabóia definida em termos do azimute e da altitude do Sol. Ele havia usado esse método para prever a observação de Vênus em Bryn Celli Ddu, o que acabou realmente ocorrendo e, portanto, aplicou a mesma metodologia em Newgrange. A abertura virtual que ele calculou era bem próxima das medidas físicas levantadas pelo dr. Ray e, de fato, quando consideramos a temperatura e os ajustes de pressão usados pelo dr. Ray, o cálculo se adequava quase que perfeitamente.

Estávamos agora convencidos de que esse método de "abertura virtual" poderia encarregar-se das condições locais sem precisar de correção para o horizonte local ou da refração atmosférica. Sua aplicação em Newgrange produziu resultados surpreendentes. Levando em consideração o tamanho da clarabóia além da data e das medidas horárias do azimute e da altitude do professor O'Kelly, o método de "abertura virtual" logo produziu uma lista de outros corpos celestes que apareceriam nessa clarabóia.

Lendo o Lintel de Uriel

Vênus aparece como uma estrela da manhã perto da época do solstício de inverno, a cada quatro anos de um período de oito; durante os outros

---
294. O'KELLY, M. J. *Newgrange, Archaeology, Art and Legend,* Thames & Hudson, 1982.

quatro anos ela aparece como estrela vespertina seguindo o pôr-do-sol. Em alguns anos, ela brilha mais do que em outros e sua proximidade do Sol varia durante o seu ciclo. Aqui está o padrão de Vênus na época do solstício de inverno:

ANO	POSIÇÃO	BRILHO	NASCIMENTO ANTES DO SOL	DECLINAÇÃO
1	Matutina	99,5%	24 minutos	-23:16
2	Matutina	36,0%	254 minutos	-13:02
3	Vespertina	86,0%	–	–
4	Matutina	91,0%	126 minutos	-20:07
5	Vespertina	17,5%	–	–
6	Vespertina	97,5%	–	–
7	Matutina	72,3%	224 minutos	-15:11
8	Vespertina	63,2%	–	–

A tabela acima apresenta o ciclo básico de oito anos de Vênus. A primeira coluna mostra o ano do ciclo. A coluna seguinte indica se ela aparece como estrela matutina ou vespertina. Nos anos 1, 2, 4 e 7, Vênus é a estrela matutina nascendo antes do Sol. Durante os outros quatro anos do ciclo ela é a estrela vespertina, acompanhando o crepúsculo do Sol. A terceira coluna descreve o brilho de Vênus; seu brilho depende de onde ela se encontra em relação ao Sol, o ângulo de reflexão controla o índice de luz que ela pode refletir na Terra. Seu brilho é indicado em porcentagem máxima possível de claridade que pode atingir. A quarta coluna apresenta o horário antes do nascer do Sol em que Vênus aparece no céu oriental. A quinta coluna apresenta a declinação de Vênus nos horários em que ela é a estrela da manhã, no solstício de inverno.

Esse ciclo repete-se de maneira muito aproximada a cada oito anos e torna a ser exatamente igual a cada 40 anos. Um novo ciclo começou no primeiro ano depois de Cristo e outro começou no ano 2001 d.C.

Portanto, agora sabíamos que havia quatro possíveis ocasiões durante o ciclo de oito anos em que a luz de Vênus nasce antes do Sol, durante o solstício de inverno em Newgrange. Entretanto, ela não estaria na mesma distância do Sol em cada fase como estrela da manhã, conforme é demonstrado na tabela do brilho e da declinação do planeta.

Somente em uma dessas ocasiões, Vênus transita pela abertura da clarabóia de Newgrange – quando a estrela está em seu brilho máximo. Nessa manhã, exatamente aos 24 minutos antes de a luz do Sol penetrar a câmara, a luz é irradiada da superfície do planeta Vênus para entrar na câmara de Newgrange como um feixe colimado por intermédio da clara-

A Câmara de Vênus 281

Ambiente de Fundo

Ambiente Lateral Leste

Ambiente Lateral Oeste

6 m

3 m

0

N

Clarabóia

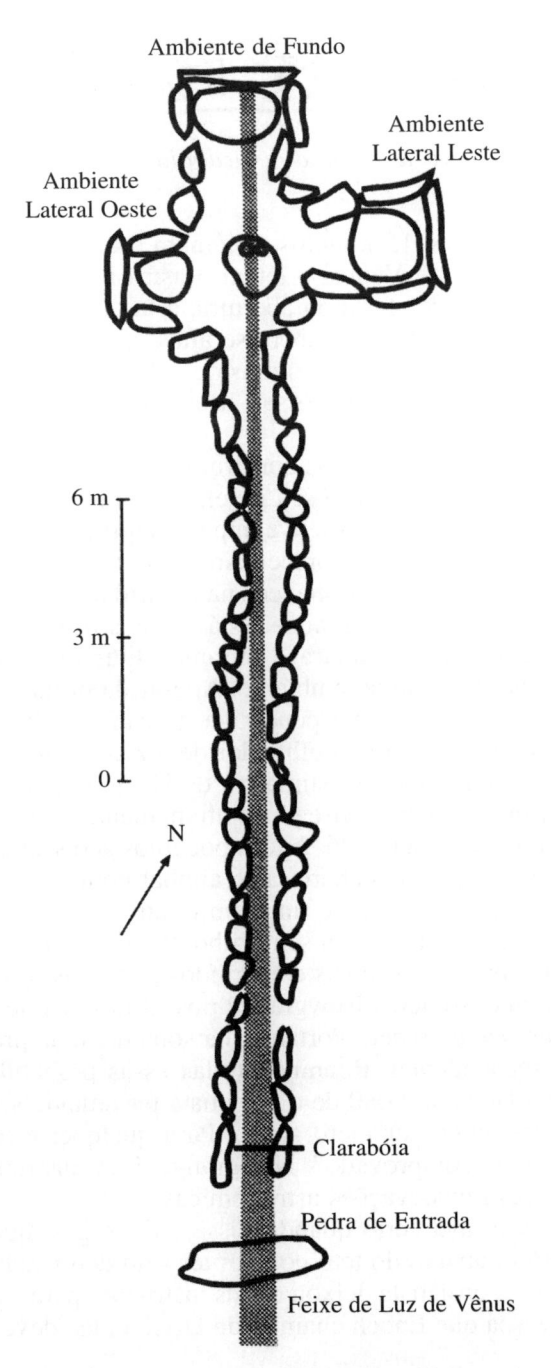

Pedra de Entrada

Feixe de Luz de Vênus

Figura 39. *A trilha de luz de Vênus em Newgrange, uma vez a cada oito anos.*

Figura 40. *Gravura acima da clarabóia em Newgrange.*

bóia. Durante cerca de 15 minutos, a câmara é brilhantemente iluminada pela luz cheia e fria de Vênus, o terceiro astro mais brilhante do céu. À medida que essa luz se afasta da abertura, a luz dourada e quente do Sol enche a câmara antes de ela também se afastar, deixando a câmara novamente na escuridão. Em todas as outras ocasiões, Vênus nasce muito mais para o Norte para que a sua luz possa entrar pela clarabóia cuidadosamente projetada.

Agora sabíamos por que os construtores de Newgrange haviam curvado a passagem, levantando o seu nível, e fizeram uma abertura tão pequena na clarabóia. A curva e o aclive impedem que a câmara seja iluminada pela claridade ambiental do alvorecer. Até mesmo em um claro e ensolarado dia de inverno, a câmara permanece na escuridão quase total. No segundo dia de nossa visita a Newgrange, estávamos sozinhos com a guia. Ela gentilmente escureceu a câmara e durante alguns minutos deixou que adaptássemos nossa visão ao ambiente. Apesar da brilhante luz do Sol do lado externo, pouquíssima luz penetrava na câmara. O antigo projetista havia criado um bloqueador e colimador de luz combinados!

Tom Ray havia usado a estimativa de Heggie de uma probabilidade em 13 e mostrou que, para conseguir o alinhamento da luz do Sol, as probabilidades eram de uma em 26. Agora podemos acrescentar a informação de que a probabilidade de a abertura se alinhar com um dos quatro possíveis nascentes de Vênus era de uma em quatro, e aquela da abertura se alinhar quando a estrela está em seu brilho máximo é de uma em 16.

Dos cinco principais túneis construídos por essas pessoas em aterros do Vale do Boyne, somente Newgrange possui um bloqueador para minimizar a luz ambiente do céu. Portanto, há somente uma probabilidade em cinco de ela ser acidental. Reunindo todas essas probabilidades há uma única probabilidade em 2.080 de o projetista ter reunido simultaneamente todos esses elementos por mero acaso. Para qualquer estatístico, o caso seria considerado "comprovado". Newgrange é um instrumento de precisão projetado para observações astronômicas.

O dr. Ray estava certo quando disse: "Eu sugiro que a largura e a altura da abertura abaixo do teto possam ter sido deliberadas".[295] Nós ainda diríamos que o projetista deixou claras instruções para a posteridade. Se não fosse a pessoa que Enoch chamou de Uriel, então deve ter sido algum

---

295. RAY, T. P. *Nature,* vol. 337, nº 26, janeiro de 1989, pp. 345-346.

de seus predecessores no papel de "guia para os trânsitos das luminárias dos céus".

A Escrita no Muro

Acima da entrada de Newgrange, sobre a viga que forma a parte superior da clarabóia, estão gravadas oito caixas retangulares que se juntam em ângulos para formar uma cruz, ou seja, oito cruzes.

Muitas vezes falamos a respeito desse símbolo da cruz diagonal porque parece ter sido essa a forma de o povo megalítico representar um ano. Quando estávamos reconstruindo a máquina de Uriel, havíamos notado que o padrão das sombras projetadas pelos marcadores do nascer e do pôr-do-sol, nos solstícios de inverno e de verão, formavam uma cruz em formato de "X". O ângulo exato do "X" varia de acordo com a localização da própria Máquina de Uriel.

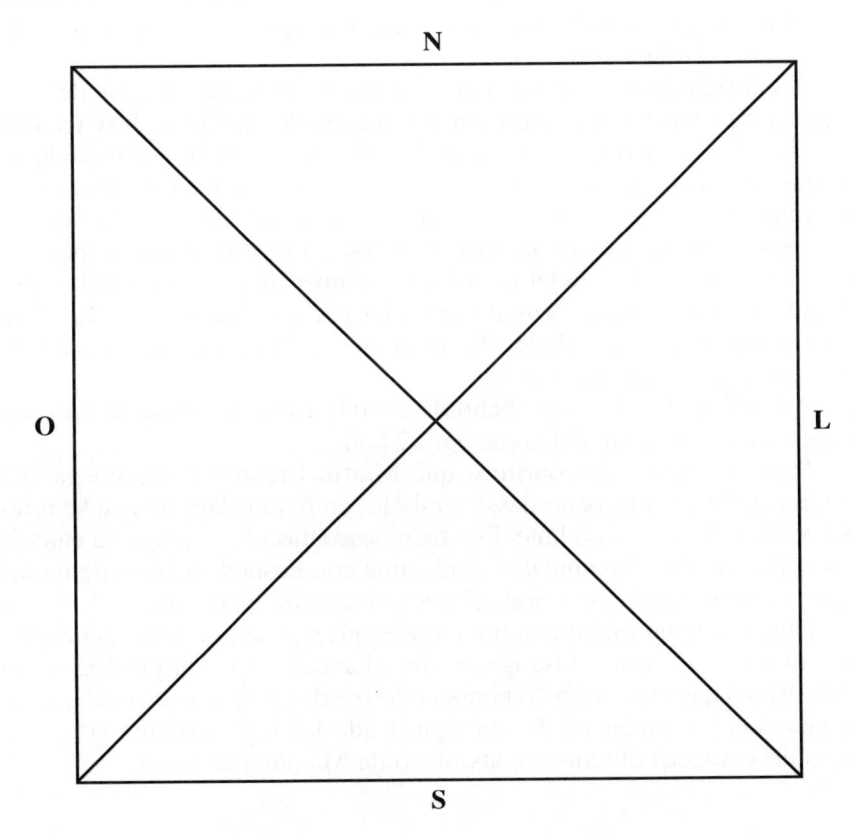

Figura 41. *A cruz do transcurso do ano.*

Em Stonehenge, a latitude de 51° N é o único lugar do Hemisfério Norte onde o nascer do Sol no solstício de inverno e o pôr-do-sol no solstício de verão se alinham perfeitamente, assim como o nascer do Sol no solstício de verão se alinha com o pôr-do-sol no solstício de inverno para produzir uma imagem totalmente simétrica. Entretanto, em qualquer outra latitude, uma distinta cruz em "X" é produzida – mas o padrão básico é sempre o mesmo. Verificamos que esse símbolo era uma maneira taquigráfica de representar o movimento do Sol em um ano completo e podia muito bem ter sido usado para representar esse conceito.

Em qualquer outra latitude, os ângulos do nascer e do pôr-do-sol dos solstícios não são simétricos, com exceção da latitude 55° N onde os ângulos produzem um quadrado perfeito. (Veja a Figura 17)

Para usuários de uma Máquina de Uriel não há forma melhor para simbolizar um ano do que uma cruz em "X". De fato, não podemos pensar em uma alternativa mais lógica – é quase certo que eles usaram esse símbolo. E aqui em Newgrange, na viga da clarabóia, havia uma confirmação dessa teoria a respeito de um símbolo megalítico porque havia exatamente oito símbolos iguais, indicando que cada um representava um ano solar para o ciclo de oito anos de Vênus.

A ocorrência de oito símbolos idênticos na parte superior de uma clarabóia, desenhados para representar um ciclo de oito anos, deve ter sido proposital. O maior número de símbolos idênticos repetidos em qualquer uma das pedras gravadas de Newgrange é dez (gravação na pedra Co. 1/C 2, viga transversal do lado sul do ambiente lateral oeste). Isso significa que se o número de cruzes acima da viga da entrada fosse aleatória, as pessoas que as gravaram poderiam ter escolhido qualquer número entre nada e dez (o maior número que eles demonstraram ter paciência de gravar). Também significa que as probabilidades de haver oito símbolos idênticos naquele lugar, por acaso, é de uma em 11.

A combinação dessa probabilidade com a possibilidade de tudo ter acontecido por acidente é de uma em 22.880.

Posteriormente, descobrimos que Martin Brennan havia chegado à mesma conclusão a respeito desse símbolo, embora o fato de que se referisse ao ciclo de Vênus do lintel lhe fosse desconhecido: "A viga na entrada de Newgrange tem oito unidades, cada uma composta de quatro triângulos e provavelmente cada uma simbolizando o período de um ano".[296]

Outro símbolo muito comum em Newgrange, assim como em outros sítios megalíticos, é um losango, assim chamado pelos arqueólogos. Se presumirmos que esse símbolo também derive da geometria dos raios solares, uma solução potencial de seu significado foi logo aparente graças às nossas observações durante a construção da Máquina de Uriel.

---

296. BRENNAN, M. *The Stones of Time,* Inner Traditions International, 1994.

A cruz diagonal do símbolo do ano tem quatro direções que representam a orientação do nascer e do pôr-do-sol de um solstício, mas as sombras criadas pelas estacas indicadoras de uma máquina de Uriel durante um solstício também proporcionam a forma de um losango que pode variar de ângulos de acordo com a latitude (Veja a Figura 17).

A partir de nossas observações, sabíamos que esses losangos variam de proporção de acordo com a latitude pela qual a leitura é feita. Na latitude 55° N, um losango regular com quatro ângulos de 90 graus é reproduzido. Localidades ao sul dessa primordial latitude geométrica produzem losangos cada vez mais largos, e nos lugares mais ao norte tornam-se progressivamente mais alongados. Portanto, ocorreu-nos a idéia de que essas formas de losangos específicos das latitudes poderiam ser usadas para identificar uma localidade, da mesma forma que o código postal é usado atualmente. Se essa interpretação for correta, os diferentes losangos teriam descrito alguns dos importantes sítios megalíticos.

Esse símbolo de losango é freqüentemente encontrado junto com as duplas espirais. Particularmente, esse tipo de simbolismo é visto em Skara Brae, Newgrange, Pierowall (em Orkney) e na cabeça de uma clava encontrada em Knowth. John North também informa que o mesmo padrão é verificado em um sítio de 7 mil anos, em Vrsac (na Sérvia), e em um fragmento de cerâmica no fosso de Stonehenge.[297] Achamos que North havia chegado a uma mesma conclusão quanto à origem do losango:

> *Suponhamos, por exemplo, que um arquiteto religioso devesse marcar duas linhas paralelas em direção ao nascer do Sol do solstício de inverno e depois traçar transversalmente duas linhas paralelas com o mesmo espaçamento em direção ao pôr-do-sol do solstício de inverno. O resultado seria a forma de um losango cujos ângulos dependerão da latitude geográfica e do horizonte local(...) O fato permanece que, como a cruz do Cristianismo ou a meia-lua do Islamismo, o losango e as divisas militares em forma de "V" poderiam facilmente ter derivado de um simbolismo mais antigo, proporcionando um significado mais definido, antes de, eventualmente, serem repetidos constantemente sem pensar a respeito.*[298]

Ao termos alguma noção a respeito da proto-escrita do Povo da Cerâmica Canelada, começamos a considerar a tripla espiral encontrada em Newgrange.

Havíamos discutido várias vezes sobre o aparecimento da espiral em objetos antigos; ela encontra-se em muitas culturas, até na cerâmica do

---

297. NORTH, J. *Stonehenge, Neolithic Man and the Cosmos*, HarperCollins, 1996.
298. NORTH, J. *Stonehenge, Neolithic Man and the Cosmos*, HarperCollins, 1996.

Egito pré-dinástico, assim como nas estruturas megalíticas da Europa Ocidental, e há muito tempo que Robert pressentia que ela devia representar alguma coisa importante. Entretanto, Chris pensava que a forma fosse geometricamente fundamental para ser isolada como significativa. Assim mesmo, uma vez que descobrimos a máquina de Uriel, essa possibilidade tornou-se muito mais real.

Pesquisas bibliográficas mostraram que o significado da espiral foi encontrado por Charles Ross, que demonstrou tratar-se do caminho traçado pela sombra do Sol durante um trimestre do ano.[299] Isso se relacionava com nossas observações porque os únicos elementos de equipamento necessários para construir uma máquina de Uriel são duas estacas retas para alinhar as sombras dos equinócios, marcando o centro e o nascer/pôr-do-sol. Se essas duas estacas forem colocadas a alguns metros de distância, o Sol projetará sombras muito interessantes durante o ano. À medida que o Sol se distancia do equinócio de primavera dirigindo-se para o solstício de verão, ele esboçará uma espiral no solo e, em seguida, voltará para trás para o ponto de partida, que é o equinócio de outono. Depois ele se encaminha na direção oposta para criar outra espiral em sentido oposto, antes de voltar novamente para o seu ponto de partida (Veja a Figura 26).

Portanto, uma única espiral é equivalente ao período de três meses enquanto uma dupla espiral em forma de "S", traçada duas vezes, representa um ano. Dessa forma, é possível que os construtores megalíticos usassem essa fundamental espiral solar para representar um quarto de ano, identificado por Ross.

Essa simples suposição tem enormes conseqüências.

Antes de ir para Newgrange, Chris havia apresentado a Robert uma teoria que ele mesmo considerava um pouco estranha. Olhando para o plano do túnel e para a câmara interna de Newgrange, esse conjunto lhe parecia altamente reminiscente dos órgãos reprodutivos femininos. Essas megalíticas estruturas possuem uma qualidade orgânica que parece ser deliberada em vez de ser a conseqüência de uma ingênua engenharia. Certamente, os construtores de Newgrange provaram que podiam construir paredes planas, grandes e retas, com curvas complexas, mas preferiram formas internas que são quase do tipo animal em sua fluidez (Veja a Figura 39).

Mas não era uma simples observação casual baseada no possível perfil do útero da câmara e de sua entrada. Havia muitas peças do quebra-cabeça que pareciam se encaixar.

Na Maçonaria, a luz de Vênus está associada à ressurreição porque cada Mestre Maçom é trazido de volta de uma morte figurativa para a luz deste planeta ascendendo ao leste durante a manhã, pouco antes do nascer do

---

299. BRENNAN, M. The Stones of Time, Inner Traditions International, 1994.

Sol. Também sabíamos que os reis e faraós do antigo Egito eram considerados filhos de Deus porque eram ressuscitados na luz de Vênus ascendendo do "Caminho de Hórus", sobre o monte Sinai.[300] Um posterior "filho de Deus" ressuscitado, Jesus, e a Igreja de Jerusalém tinham o mesmo conceito a respeito de Vênus[301] – Jesus era até descrito como "a brilhante estrela da manhã". O Novo Testamento associa o nascimento de Jesus ao aparecimento de uma estrela brilhante, e a Profecia da Estrela era de grande importância para os judeus de Qumran.

Nesse contexto, é útil lembrar que, de acordo com Eogan, objetos de pedra em formato fálico foram encontrados em Newgrange e em Knowth que, segundo ele diz, provavelmente indicassem rituais de fertilidade.

Nós dois tínhamos consideráveis reservas sobre a forma casual e quase impensada pela qual os arqueólogos definem as estruturas antigas como simples túmulos. Baseados no fato de conterem os restos de muitos seres humanos, Westminster Abbey, em Londres, poderia ser então considerada como um monumento funerário de pedra. Mas todos sabem que isso não é verdade, pois nessa construção também acontecem atos religiosos, casamentos da aristocracia, batizados de crianças e é o lugar onde príncipes e princesas tornam-se reis e rainhas da Inglaterra. Poucas estruturas importantes em qualquer civilização antiga são dedicadas a um único e simples propósito. Nascimento, morte, casamento, coroações e qualquer outro ritual de passagem devem ser marcados de alguma maneira importante. As pessoas entremeiam tais conceitos, mas somente os arqueólogos vivem em seu teórico mundo de propósito específico.

Alguns ossos humanos e cinzas foram encontrados dentro de Newgrange. Foi então chamado de túmulo de passagem. Objetos de formato fálico também foram encontrados; portanto, podemos igualmente presumir que esses megalíticos artefatos indicassem um bordel pré-histórico!

Atualmente, muitas pessoas pensam que a Grande Pirâmide de Khufu, na Planície de Gizé, seja uma estrutura funerária construída para preservar o corpo de um faraó morto. Mas essa estrutura egípcia posterior foi cuidadosamente construída e magnificamente selada sem que houvesse qualquer corpo ou aparato funerário. Esse fato é ingenuamente ignorado pela opinião pública que parece querer catalogar tudo de forma fácil, apesar da ausência de qualquer evidência ou até mesmo de lógica.

Essa construção extremamente dispendiosa e impressionante deve ter sido multifuncional.

Sabíamos que antigamente a concepção dos humanos era programada, da mesma forma que a reprodução de ovelhas ou colheitas. Até Jesus teve de preencher os requisitos de datas de nascimento. Conforme a tradição,

---

300 .KNIGHT, C. e LOMAS, R. *The Hiram Key,* Century, 1996.
301. KNIGHT, C. e LOMAS, R. *The Hiram Key,* Century, 1996.

sua mãe Maria engravidou precisamente no equinócio de primavera e deu à luz no solstício de inverno (Natal). Ele acabou morrendo no mesmo período de seu nascimento – no equinócio de primavera – e ressuscitou no primeiro domingo de Lua Cheia depois de sua morte (Páscoa). Além disso, de acordo com a Bíblia, o primo de Jesus, João Batista, foi concebido no equinócio de outono e nasceu no solstício de verão. Astronomicamente, essas datas de Jesus e João Batista não são coincidências.

Baseado nesse conhecimento e em muitos outros fragmentos de crença antiga, Chris sugeriu que talvez mulheres fossem inseminadas em festivais durante períodos específicos do ano, refletindo o *status* do potencial nascituro – realeza, sacerdócio, pedreiro ou pessoa humilde. As mulheres grávidas de personagens de alta linhagem, como os sacerdotes, podem ter sido levadas para essa câmara junto aos restos de mortos recentes e aí esperar a chegada da luz de Vênus, cuja pálida luz, de acordo com a crença, reencarnava o espírito do morto na criança que viria a nascer; minutos depois o brilho quente do Sol celebraria a ressurreição da pessoa falecida em sua nova forma, como uma criança. Talvez as bacias encontradas nas alcovas da câmara contivessem as cinzas ou os ossos dos mortos.

Seria difícil assegurar que as mulheres dessem à luz no momento exato, e assim permaneceriam na câmara durante vários dias até que o nascimento acontecesse. E então os restos mortais seriam levados para fora e dispostos de acordo.

Nesse contexto, é curioso que os sacerdotes druidas e os líderes essênios da Comunidade de Qumran se consideravam "filhos da luz".

Esse processo teria suprido a comunidade com um fluxo de almas reencarnadas, permitindo-lhes acreditar que seus líderes estivessem transcendendo suas curtas vidas. Certos indivíduos-chave seriam considerados imortais como resultado dessa habilidade em voltar com seu conhecimento de ciência para liderar o povo nas adversidades.

Provavelmente, as crianças assumiriam o nome da pessoa falecida que elas julgavam ser seu precursor e suas vidas seriam estruturadas como uma continuação da existência anterior. Essa crença pode explicar as longas vidas conferidas aos antigos reis das lendas sumerianas e às personagens do Velho Testamento. Talvez essa honra tenha sido concedida a Enoch, porque dizem que ele viveu 365 anos.

Esse conceito é usado ainda hoje quando, por exemplo, ao morrer o Dalai Lama, do Tibet, uma busca é dirigida no sentido de encontrar a criança que é o seu imediato renascimento. Dessa forma, seus seguidores acreditam que um só homem os governa durante muitas gerações. E mais tarde descobrimos que até a religião oriental pode ter uma conexão histórica com Newgrange.

Robert ficara cético quanto à teoria de Chris a respeito de uma teologia de renascimento megalítico, assim como Chris ficara a respeito da crença

Figura 42. *O símbolo de tripla espiral de Newgrange, possivelmente representando o período de gestação de uma mulher.*

de Robert de que as espirais tinham um único sentido. Mas, de repente, as duas idéias juntavam-se de forma incrível.

Ficamos olhando para o símbolo de tripla espiral gravado na grande pedra da entrada de Newgrange e examinando-o depois mais de perto em outra gravação em um lugar escondido da câmara interna, onde somente a luz refletida de Vênus podia iluminá-lo.

"Você percebe o que essa tripla espiral significa, não é?", disse Robert.

"Não, mas deve significar alguma coisa muito importante", Chris respondeu.

"Uma espiral é traçada pelo trânsito do Sol a cada trimestre, portanto três espirais devem equivaler a nove meses. E nove meses é o período da gestação humana; então parece que a sua teoria da ressurreição deve estar correta. Essa devia ser a câmara do nascimento."

Agora parecia quase certo que a câmara de Newgrange não era um túmulo, mas o lugar onde o Povo da Cerâmica Canelada acreditava que a luz de Vênus transferia as almas dos desaparecidos para os corpos dos recém-nascidos.

Discutimos esse processo do nascimento sazonal e no início concluímos que esses rituais de ressurreição podem muito bem ter sido reservados para as famílias de sacerdotes e reis, pois não seria possível que todas as mulheres grávidas da comunidade fossem levadas para a câmara ao mesmo tempo. Também especulamos sobre a possibilidade de que diferentes "castas" dessa sociedade fossem programadas para dar à luz em certos meses do ano. Essa prática em épocas antigas pode ter originado o fato de que cada uma das 12 tribos de Israel estivesse associada com um mês diferente e, por conseguinte, a um signo do zodíaco. Entretanto, por uma leitura mais meticulosa descobrimos que o historiador romano Tácito havia registrado que as tribos celtas da Europa Oriental sempre procuraram assegurar que suas crianças nascessem no solstício de inverno (conforme mencionamos no Capítulo IX), o que significa que pode ter havido festivais sexuais na época do equinócio da primavera. Parece provável que essa fosse uma prática reminiscente herdada do antigo Povo da Cerâmica Canelada. Não é por acaso que usamos a expressão "estarmos repletos das alegrias da primavera, quando a imaginação dos jovens é enaltecida". Em certa época, essa deve ter sido uma importante parte de nossos rituais.

A conexão entre esse ritual de nascimento e o Povo da Cerâmica Canelada parece fácil de entender, apesar de um espaço de tempo de 2 mil anos entre as duas culturas. O equinócio da primavera era o tempo desse ritual; também era o ponto de partida da máquina de Uriel e o início do ano calendário de Qumran. Conforme observamos, Jesus também teria de se adequar a esse tempo de nascimento; portanto, o que precisávamos ainda considerar era como tais práticas foram transmitidas ao povo judeu. E novamente voltamos ao *O Livro de Enoch* para procurar uma possível pista.

A Casa de Deus

Os judeus do primeiro milênio a.C. acreditavam que o seu Deus Javé vivia dentro do Templo de Jerusalém. A antiga tradição oral que eventualmente foi reproduzida por escrito, como *O Livro de Enoch,* lembra como esse herói pré-histórico entrou em uma construção de cristal para encontrar-se com um homem que ele pensou fosse Deus:

> *E eu olhei e vi ali um imponente trono: sua aparência era como cristal e suas rodas brilhantes como o Sol, e havia a visão de querubins. E debaixo do trono jorravam feixes de fogo chamejante, de maneira que eu não podia fixar o meu olhar. E a Grande Glória ali estava sentada e a Sua irradiação brilhava mais que o Sol e era mais branca do que qualquer neve.*

Nenhum dos anjos podia entrar e olhar para a Sua face devido à Sua magnificência e glória, e nenhuma carne podia olhar para Ele. O fogo chamejante estava em toda a sua volta, e um grande fogo estava diante dEle, e ninguém podia chegar perto d'Ele(...) E até então eu ficara prostrado sobre o meu rosto, tremendo; e o Senhor chamou-me com a sua própria boca e disse: "Aproxime-se Enoch e ouça a minha palavra". E um dos santos aproximou-se de mim e me acordou, e Ele me levantou e me aproximou da porta; e eu curvei a minha cabeça para baixo.

A próxima seção é interessante porque o homem que ele considera ser "Deus" está recebendo Enoch como porta-voz dos Guardiães, que o enviaram para pedir misericórdia, já que eram acusados de "se tornarem nativos" ao assumir as mulheres locais como esposas. Dizem que eles geraram gigantes como filhos porque se relacionaram com mulheres inferiores.

Como mencionamos no Capítulo IV, a seção de *O Livro de Enoch* conhecido como O Livro dos Gigantes, encontrado em Qumran, diz que um dos gigantes chamado Mahway tem uma visão de uma placa de pedra tratada com água. Um fragmento preservado de uma cerimônia relata como a pedra é submersa em água e depois retirada. Nesse mesmo fragmento, os Guardiães se autodescrevem como banidos, preparados a morrer juntos se fosse preciso. Ohya, líder dos Guardiães, pede que continuem pela intenção de Azazel.

Um fragmento preservado relata uma conversação entre Gilgamesh e Ohya, quando Gilgamesh se queixa que os oponentes que o estão perseguindo ocuparam os lugares santos para que os banidos não pudessem enfrentá-los. Ohya responde que foi forçado a sonhar. O fragmento termina: "Agora eu sei que em(...) Gilgamesh(...)"; o que esse sonho forçado lhe havia transmitido a respeito of Gilgamesh não foi preservado.[302]

O fragmento seguinte explica como Ohya informa os mal-gerados monstros que Gilgamesh amaldiçoara as almas de seus oponentes, que ele chama de "potentados", e parece que os gigantes ficaram satisfeitos por receber esse apoio.

Os Guardiães agora decidem apelar a Enoch, para que interpretasse os sonhos que foram forçados a ter. Os gigantes acreditam que Enoch "interpretará os sonhos e dirá quanto tempo de vida os gigantes ainda teriam(...)".[303] Segue depois uma estranha descrição de como Mahway viaja para se encontrar com Enoch:

---

302. 4Q531 Frag 1 WISE, M.; ABEGG, M. e COOK, E. *The Dead Sea Scrolls, a New Translation,* Harper San Francisco, 1996.
303. 4Q531 Frag 1 WISE, M.; ABEGG, M. e COOK, E. *The Dead Sea Scrolls, a New Translation,* Harper San Francisco, 1996.

> *Ele subiu no ar como um forte vento e voou com suas mãos como águias; ele deixou para trás o mundo habitado e passou por cima do grande deserto da Desolação e Enoch o viu e o chamou, e Mahway lhe disse(...) Os gigantes aguardam suas palavras e todos os monstros da Terra, e queríamos que você nos dissesse o seu significado.*[304]

E Enoch responde, "Observem: a destruição está a caminho, uma grande inundação, e ela destruirá todas as coisas que existem". Mas onde ele descobriu isso? *O Livro de Enoch* diz que Deus o avisara.

Depois que Uriel disse a Enoch para entrar na câmara e ouvir atentamente para o que lhe seria dito, o deus/rei irlandês, o líder dos Guardiães, diz a Enoch que os Guardiães deveriam falar a favor dos homens e não ao contrário.

Ele diz a Enoch para avisar os Guardiães que eles pecaram.

> *E Ele respondeu e me disse, e eu ouvi a Sua voz: "Não tenha medo, Enoch, ó homem reto e propagador da retidão; aproxime-se e ouça a minha voz. E vá dizer aos Guardiães do céu que o enviaram para interceder por eles: 'Vocês devem interceder pelos homens e não os homens por vocês'; pois desceram do alto, santo e eterno céu e deitaram-se com mulheres e se depravaram com as filhas dos homens, tomando-as como esposas e agindo como os filhos da Terra, e geraram gigantes como filhos. Apesar de terem sido sagrados e espirituais, vivendo eternamente, vocês se depravaram com o sangue das mulheres e geraram [filhos] com o sangue da carne, e como os filhos de homens desejaram a carne e o sangue como eles, que morrem e perecem. E assim eu lhes dei esposas também para que pudessem engravidá-las e gerar filhos com elas, para que nada lhes faltasse na Terra".*

A mensagem transmitida a Enoch termina assim:

> *Nesses dias de massacre e destruição e morte dos gigantes, as almas daqueles de cuja carne os espíritos passaram adiante, destruirão sem incorrer julgamento – e assim eles destruirão até o dia da consumação, o grande julgamento no qual a era será consumida, sobre os Guardiães e sobre os ímpios, sim, será totalmente consumida.*
>
> *"E agora, quanto aos Guardiães que o enviaram para interceder por eles e que antigamente eram do céu, [diga a eles]:*

---

304. 4Q531 Frag 1 WISE, M.; ABEGG, M. e COOK, E. *The Dead Sea Scrolls, a New Translation,* Harper San Francisco, 1996.

'Vocês estiveram no céu, mas todos os mistérios ainda não lhes foram revelados, e vocês só conheciam alguns sem valor, e isso, na dureza de seus corações, vocês divulgaram às mulheres e por meio desses mistérios, homens e mulheres praticaram muito mal na Terra'. Portanto, diga a eles: 'Vocês não têm paz'".

Interpretamos disso que o cometa havia sido percebido em sua rota de colisão com a Terra e que uma repetição do que ocorrera na inundação do ano 7640 a.C. era esperada. No quartel-general dos Guardiães no Vale do Boyne, da Irlanda, o rei que é chamado de "Deus" havia avisado seus Guardiães a respeito do iminente desastre em consequência de seus pecados com as mulheres locais. Eles são instruídos para treinar alguns líderes locais na ciência da Astronomia, levando-os para os observatórios das Ilhas Britânicas.

Os Guardiães levam Enoch e Uriel encarrega-se de seu treinamento; os Guardiães, então, pedem para que Enoch interceda por eles quando é levado perante a "Deus", na câmara de Newgrange. Enoch esforça-se, mas "Deus" avisa que já era tarde – o desastre atingirá a Terra.

Conclusão

Newgrange, na Irlanda, que se adequa à descrição da Casa de Cristal, mencionada em *O Livro de Enoch,* foi construída por sofisticados engenheiros que bem conheciam Astronomia. O conjunto todo de estruturas ao longo do Rio Boyne parece ter sido construído pelo Povo da Cerâmica Canelada, a fim de praticar rituais astronômicos e não para o propósito de enterrar seus mortos, como é geralmente presumido.

A observação da direção do túnel de Newgrange revelou um habilidoso alinhamento com Vênus, uma vez a cada oito anos, quando Vênus atinge o ápice de seu brilho. Os símbolos na clarabóia e dentro da câmara sugerem que fosse usada para rituais de nascimentos sazonais, parecidos com aqueles conferidos aos druidas.

A descrição do encontro com "Deus" agora faz sentido em termos de uma audiência com o líder do Povo da Cerâmica Canelada, em Newgrange. A mensagem que "Deus" transmite a Enoch para que leve de volta ao seu grupo de Guardiães locais, em Canaã, é uma advertência a respeito do iminente aparecimento do cometa; a data desse encontro deve ser anterior ao ano 3150 a.C.

Capítulo XII

A Expansão do Conhecimento Antigo

O Observatório Egípcio

Enoch havia sido levado em sua visita guiada pelos observatórios astronômicos porque um cometa estava em rota de colisão com a Terra e um desastre parecido com o do ano 7640 a.C. era esperado. Sabemos pelos registros magneto-estratigráficos do planeta que o cometa descrito a Enoch colidiu realmente por volta do ano 3150 a.C. Não sabíamos onde esse cometa colidira, mas tínhamos contato com um homem que sabia.

Havíamos informado Robert Temple, pesquisador e autor, a respeito de nossas conclusões sobre esse segundo e menor impacto, e ele nos colocou em contato com o professor Ioannis Liritzis, da Universidade de Rhodes, que estivera investigando o mesmo acontecimento. De maneira independente, o professor Liritzis encontrara evidência de que um cometa havia colidido com a Terra na região do Mar Mediterrâneo, por volta do ano 3150 a.C. Ele tinha desenvolvido seu próprio caso a partir de uma variedade de evidências, mas não considerara a interferência nos registros magnéticos da Terra que havíamos detectado. Ele ficou satisfeito em saber da nossa confirmação de suas descobertas e nós, de sua confirmação a respeito de nossas próprias descobertas.

Um cometa dessa magnitude atingindo o Mediterrâneo deve ter causado enormes danos às pessoas da região e, seguramente, deve ser detectável nos mais antigos registros que estavam apenas começando a ser coletados nessa época. A maior indicação de que alguma coisa de importância ocorreu é o fato de essa data ser precisamente o ponto em que o primeiro período da Antiga Dinastia Egípcia começou. Em seu livro *Chronicle of the Pharaohs,* o egiptólogo Peter Clayton apresenta a data de 3150 a.C. como o início da Dinastia Zero e pergunta:

(...) mas por que, de repente, a civilização egípcia surge quase como uma flor de lótus das águas primordiais em uma das antigas lendas da criação, e de onde ela veio? As respostas completas para essas perguntas ainda devem ser encontradas.[305]

A resposta seria de que tudo teria sido destruído ou enfraquecido, tanto que havia necessidade de um novo começo. Achamos extremamente interessante que Clayton também mencionou o antigo jubileu ou ritual da renovação, e que os primeiros reis egípcios de Ábidos vestiam mantos apertados com um padrão de losangos. Essa era uma potencial conexão com as inscrições megalíticas que contêm o losango como parte-chave de seus desenhos. Também estávamos fascinados em notar que a mais velha cidade conhecida do Egito dinástico é Mênfis e os hieróglifos que constituem o seu nome são traduzidos originalmente como "Muro Branco".

Nosso pensamento imediato voltou-se para a grande estrutura de quartzo de Newgrange no Vale do Boyne que também era chamada de "Muro Branco", porque títulos, originalmente, foram sempre representativos. Se a crença dos Guardiães havia sido levada da sede de Newgrange, faria sentido o fato de o novo estabelecimento adotar esse mesmo nome.

É claro que esse era um pensamento especulativo que poderia facilmente ser esquecido se não fossem outras importantes conexões que se apresentaram.

Em nosso primeiro livro[306] havíamos identificado que o hieróglifo do Antigo Egito para a estrela da manhã (o levante leste de Vênus) tinha uma tradução literal de "conhecimento sagrado" – o formato de bandeira significando "divino" e os cinco traços representando a estrela e o conhecimento (Veja a Figura 7).

Agora examinávamos mais de perto alguns dos mais importantes hieróglifos do Antigo Egito, e ficamos abismados de ver como eles se referiam ao seu primitivo sacerdócio. O pictograma mostra uma figura ajoelhada diante de uma fileira em curva de quatro estacas plantadas no chão. A mão esquerda no quadril e a direita apontando para uma estrela de cinco pontas e logo abaixo, um Sol ascendente.[307] (Veja a Figura 7).

Podíamos agora perceber que essa era a imagem de um sacerdote estudando uma estrela acima do Sol ascendente, a partir de uma máquina de Uriel. Poderia ser coincidência, mas não podíamos começar a calcular as probabilidades extraordinárias pelas coisas que nos eram apresentadas como acidentais. Já sabíamos que os egípcios compartilhavam da crença do Povo da Cerâmica Canelada quanto a Vênus ser o símbolo do renascimento, mas esse nível de associação era totalmente inesperado.

---

305. CLAYTON, P. *Chronicle of the Pharaohs,* Thames & Hudson, 1994.
306. KNIGHT, C. e LOMAS, R. *The Hiram Key,* Century, 1996.
307. WILSON, H. *Understanding Hieroglyphics,* Michael O'Mara Books, 1993.

Mas o Egito reservava-nos outra surpresa.

Em março de 1998, uma equipe dirigida pelo professor de Antropologia Fred Wendorf, da Southern Methodist University, anunciou que havia encontrado um sítio megalítico em um lugar remoto chamado Nabta, situado a oeste do Rio Nilo, ao sul do Egito. Esse sítio consistia de um círculo de pedras, uma série de estruturas de pedras chatas e cinco fileiras de pedras verticais e megálitos derrubados. Romauld Schild, da Academia Polonesa de Ciências, confirmou que uma das fileiras de megálitos estava orientada em uma direção leste-oeste.

Cinco alinhamentos megalíticos em Nabta irradiam exteriormente a partir de uma coleção central de estruturas megalíticas e, apesar de nenhum resto humano ter sido encontrado, a equipe escavou gado enterrado até um esqueleto articulado em uma câmara com teto, feita de barro. Isso fez lembrar do touro que foi encontrado enterrado na entrada de Bryn Celli Ddu, em Anglesey.

O pequeno círculo de pedras contém quatro conjuntos de lajes verticais, dois deles alinhados em uma direção norte-sul, enquanto o segundo par de lajes apresenta uma linha de visão em direção ao horizonte do solstício de verão. Um alinhamento leste-oeste também está presente entre uma estrutura megalítica e dois megálitos verticais que se encontram a uma milha de distância. Além disso, há duas outras linhas geométricas envolvendo cerca de uma dúzia de monumentos adicionais em pedras, posicionados tanto na direção norte-leste quanto na sul-leste a partir do mesmo megálito.

Essa equipe fez uma estimativa da data do sítio observando que houve uma clara confirmação de mudança de clima ao redor de 4800 A.P. (antes do presente – não calibrado) que, calibrado com radiocarbono, equivale a uma data-calendário de 3300 a.C. Essa é a época em que as monções se deslocaram para sudoeste e a região tornou-se hiperárida e totalmente inabitável.

Essa datação parece baseada na hipótese de que habitantes locais desconhecidos construíram o sítio antes que a vegetação desaparecesse. Tudo o que eles estabeleceram é que a região se tornou inabitável na época da mudança de clima e presumiram que pelo fato de ninguém mais ter ocupado essa área depois desse tempo, o sítio devia ser anterior a essa época.

Entretanto, há outra explicação possível. Se um grupo de astrônomos queria realmente compreender o funcionamento do Sistema Solar, particularmente em relação à declinação da Terra, eles certamente iriam querer estudar os efeitos astronômicos em certos pontos-chave da superfície do planeta.

Nabta não é um lugar arbitrário para encontrar um sítio megalítico. De fato, é o lugar mais provável para um sítio megalítico diretamente relacionado com as estruturas estabelecidas pelo Povo da Cerâmica Canelada.

Nabta é o único lugar prático no planeta onde pessoas da Europa poderiam ter construído um observatório exatamente no Trópico de Câncer!

Em Nabta, o Sol do meio-dia está próximo de seu zênite durante cerca de três semanas depois do solstício de verão, mas, em um dia específico e somente nesse, os raios do Sol são absolutamente verticais ao solo e as pedras verticais não projetam nenhuma sombra durante vários minutos. Tal como em Skara Brae, Nabta não é um lugar acolhedor, mas é de grande importância para os astrônomos.

As pessoas que construíram Skara Brae e o Anel de Brodgar, em Orkney, tiveram muito trabalho para chegar àquela particular latitude norte. Não havia combustível nas ilhas, nem madeira para as casas ou para os barcos e tinham que importar grande parte da carne que era fornecida pré-cortada. Os construtores de Newgrange e de Stonehenge transportaram enormes pedras por grandes distâncias e terrenos difíceis para conseguir os resultados pretendidos. Esses sacerdotes-astrônomos sabiam que, quanto mais se dirigissem para o sul, mais alto o Sol estaria no solstício de verão, e quanto mais próximos à Linha do Equador estivessem, mais perto da "sagrada' latitude estariam, onde o Sol atinge o perfeito centro do céu.

Sabemos que os especialistas comentaram que o Povo da Cerâmica Canelada eram grandes navegadores e, com seu conhecimento das estrelas, tinham um grande sentido de orientação. Portanto, havia somente duas únicas possibilidades para chegar a essa especial latitude de 23 graus e 27 minutos norte: a primeira seria ao longo da costa da Europa e da África, e pelas margens do Saara ocidental; a segunda seria descendo o rio Nilo. A viagem pelo Atlântico seria perigosa – o trecho é conhecido por suas tempestades e também haveria dificuldade em encontrar água potável ao longo da extensa costa árida. Viajar pelos rios da França, atravessando o Mar Mediterrâneo e, dirigindo-se para o Nilo e descendo o seu curso, pareceria mais fácil e com um assegurado suprimento de água fresca.

A inóspita natureza da localização de Nabta não era uma preocupação, pois estariam construindo um observatório científico em um local importante e eles teriam superado as condições adversas. Se o nosso cenário estiver correto, a data de 3300 a.C. não estaria fora de propósito, porque essa foi a época em que os grandes observatórios das Ilhas Britânicas estavam sendo planejados e construídos. Além disso (conforme discutimos anteriormente), Enoch parece ter sido familiar com o deserto do Egito ou do Oriente, e o seu transporte para as Ilhas Britânicas antes de 3150 a.C. demonstra uma ligação entre o Povo da Cerâmica Canelada e a região do Alto Nilo.

Essa data prematura também corresponderia ao período pré-dinástico do Antigo Egito, antes que a colisão do cometa levasse à criação da unificação das duas terras em uma. Nessa época, a lenda registra que as pessoas chamadas Guardiães (que Sitchin disse terem vindo das "mais antigas e distantes terras") estavam no Egito – junto com um grupo superior de pessoas estranhas, que eles consideravam "deuses".

É possível que esses "deuses" e Guardiães fossem os astrônomos visitantes do norte? Certamente, sua tecnologia superior os faria parecer mais do que simples homens. E ainda há evidência de outra viagem para o Oriente Médio realizada por um povo notável.

O Advento Sumeriano

Atualmente, a maioria das pessoas sabe que os sumerianos foram grandes inovadores, entretanto eles continuam sendo um enigma. Sua época de existência é muito próxima àquela do incremento da construção por parte do Povo da Cerâmica Canelada. Em algum momento depois do ano 3250 a.C., eles chegaram ao território já desenvolvido entre os rios Tigre e Eufrates e começaram a se misturar com a população nativa. Esses misteriosos sumerianos diziam ter vindo de um lugar desconhecido chamado Dilmun e falavam uma linguagem que não era relacionada com nenhuma outra conhecida.

A História registra que eles logo ficaram ricos e poderosos. Sua arte, arquitetura, habilidades e pensamento ético e religioso superavam quaisquer outros da região e a linguagem sumeriana em pouco tempo prevaleceu.

Thor Heyerdahl, historiador, antropólogo e explorador norueguês, disse a respeito desse povo:

> *Por meio deles aprendemos a escrever(...) Por meio deles tivemos a roda, a arte de forjar metais, construir arcos, a arte de tecer, içar velas, plantar nossos campos e assar o nosso pão. Eles nos deram animais domésticos. Inventaram unidades de peso, de comprimento, de área, de volume e instrumentos para medi-los. Eles iniciaram a verdadeira matemática, fizeram observações astronômicas, conseguiram manter registros do tempo, criaram um calendário e registraram genealogias.*[308]

Heyerdahl demonstrou que eles chegaram por barco, muito provavelmente descendo o curso dos rios Tigre e Eufrates que fluem da Anatólia através da Mesopotâmia e da Suméria, antes de desembocar no Golfo Pérsico. Eles apresentam algumas semelhanças com o Povo da Cerâmica Canelada pela criação de unidades de medidas, pela matemática e por suas observações astronômicas, além de possuir um calendário.

---

308. HEYERDAHL, T. *The Tigris Expedition*, George Allen & Unwin, 1980.

No entanto, existem algumas importantes diferenças que precisam ser explicadas. A mais importante era o uso sumeriano de metais. Por outro lado, o Povo da Cerâmica Canelada deve ter desenvolvido uma sofisticada tecnologia para trabalhar a pedra porque, apesar de sua óbvia habilidade como cientistas, eles não usavam metais. Tamanha era sua habilidade que artefatos encontrados em lugares como Skara Brae mostram uma mestria que parece impossível para os pedreiros modernos ser igualada sem o uso de ferramentas de metal.

Conforme já foi mencionado, sabíamos que, de acordo com a lenda, as pirâmides do Egito e o Templo de Salomão foram construídos sem a ajuda de metais, e os candidatos à Maçonaria são desprovidos de todos os metais antes de serem autorizados a entrar na Loja vendados. Entretanto, se esse procedimento for a continuação de uma tecnologia da Idade da Pedra, certamente ela não era praticada pelos sumerianos.

Como também vimos, os Guardiães e seus gerados filhos gigantes foram avisados por Enoch que haviam cometido coisas terríveis e que seriam destruídos por seus malfeitos. Eles foram acusados de ensinar os homens "a fazer espadas, escudos e peitorais, e de ensinar-lhes o uso dos metais da Terra e a arte de trabalhá-los". O Capítulo 8 de *O Livro de Enoch* continua a acusar os Guardiães de cometer fornicação e de ensinar aos homens os segredos da feitiçaria e da astronomia. Dizem que Shemihazai foi rejeitado por Deus por ter convencido outros 200 anjos a co-habitar com mulheres locais e que os filhos gerados dessas uniões foram os gigantes que se tornaram os líderes negativos dos homens.

A época da chegada dos sumerianos sugere que poderia tratar-se de um grupo de "observadores" da sede de Newgrange que foram expulsos por haver-se relacionado com mulheres locais. Também se registra que os sumerianos se relacionaram com a população nativa e que começaram imediatamente a ensinar-lhes matemática e astronomia, bem como a arte de trabalhar os metais.[309]

Os principais crimes que Deus acusou os Guardiães foram o relacionamento com mulheres locais, a divulgação dos segredos dos céus e o uso de metais. Tanto os crimes quanto as datas se adequam, como também o castigo do cometa em 3150 a.C., ocorrendo cem anos após o seu primeiro aparecimento na Suméria.

Ninguém sabe de onde vieram essas pessoas de tecnologia avançada e de linguagem totalmente estranha. Existem algumas possíveis localidades a serem consideradas e, quando se verifica o quanto eles conheciam de astronomia, é possível relacioná-los com os observatórios das Ilhas Britânicas. Da mesma forma, ninguém sabe para onde foram as pessoas da Ce-

---

309. WOOLLEY, L. *Ur of the Chaldees, Seven Years of Excavation*, Pelican, 1929.

râmica Canelada ou qual teria sido a sua linguagem, mas sabemos que eram altamente adiantados.

Se estivermos certos – que os sumerianos fossem uma ramificação do Povo da Cerâmica Canelada –, as posteriores realizações babilônicas em geometria e astronomia devem ter sido conseqüência de feitos do povo que construiu os observatórios ao redor da região do Mar da Irlanda. O número de graus em um círculo foi alterado de 366 para 360 para facilitar a subdivisão, mas as divisões básicas das horas do dia foram mantidas. O festival mais importante para os sumerianos era a celebração do Ano Novo que, como aquele do Povo da Cerâmica Canelada, começava no equinócio da primavera.

A evidência que existe sugere que essas pessoas não eram de estatura particularmente alta, mas Gilgamesh, o famoso rei sumeriano, autodescreve-se como um gigante no manuscrito 4Q531 Frag. 1 do Livro dos Gigantes.[310] A palavra sumeriana para "rei" era "lugal", que literalmente significa "grande homem" – ou seja, os reis eram considerados gigantes. O nome Gilgamesh parece traduzir-se de alguma forma como "homem da pedra de verão". Talvez, como o posterior Og de Bashan (mencionado no Capítulo VI), os gigantes eram tão raros que sua força e seu conhecimento faziam com que se tornassem reis.

Os Gigantes que Foram para o Oriente

O Livro de Enoch menciona que os Guardiães e seus gigantes pediram que Enoch intercedesse por eles; o Livro dos Gigantes diz o seguinte:

Todos os gigantes [e monstros] *ficaram com medo e chamaram Mahway. Ele veio e os gigantes pediram e o enviaram a Enoch* [para que intercedesse por eles].

Isso porque queriam ser poupados da iminente destruição, mas sua mensagem não teve eco. As palavras que foram transmitidas dão a impressão de que o "deus" de Newgrange queria deserdá-los antes da colisão do cometa.

"Todos os mistérios ainda não lhes haviam sido revelados(...) Vocês não têm paz(...) Olhem, a destruição é iminente, uma grande inundação, e destruirá tudo."

---

310. WISE, M., ABEGG, M. e COOK, E. *The Dead Sea Scrolls,* Harper San Francisco, 1996.

Eles acreditavam que uma repetição do desastre anterior estava por acontecer e que era preciso encontrar um abrigo seguro. Eles sabiam que a segurança estava nos lugares mais altos e afastados do mar.

Se essas pessoas fossem realmente espertas, saberiam que o lugar mais seguro do planeta estaria na Ásia Central. Uma perfeita localização seria o que atualmente é chamada de Região Autônoma de Xinjiang Uigur, na China Ocidental, um altiplano cercado pelas altas montanhas do Tibet e da Mongólia. Se algum ponto da Terra pudesse ser poupado pelas grandes ondas do mar, esse seria o lugar mais apropriado.

E realmente foi para lá que alguns gigantes se dirigiram, indo para o leste das bases existentes na Anatólia.

Isso pode parecer um pouco estranho, mas há evidência que sugere que o Povo da Cerâmica Canelada realmente gerou gigantes que se estabeleceram na China.

Desde o final da década de 1970, arqueólogos exumaram vários corpos ressecados encontrados em túmulos nas areias salgadas do deserto às margens da Bacia de Tarim, na região chinesa de Xinjiang. Alguns foram identificados como sendo de 4 mil anos atrás e uma nova informação sugere que podem ser ainda mais antigos. Esses corpos são extremamente bem preservados, com pele, carne, cabelos e órgãos internos intactos. Enterrados individualmente ou aos pares, em caixões simples, caixões sem fundo ou cobertos com troncos de árvore escavados, os corpos rapidamente secaram com o calor do deserto e depois congelaram no inverno rigoroso da região. Essas pessoas antigas vestiam roupas coloridas, calças, botas, meias, casacos e chapéus.

O arqueólogo Victor Mair, professor de Língua Chinesa no Department of Asian and Middle-Eastern Studies [Departamento de Estudos sobre a Ásia e o Oriente Médio], da Universidade da Pensilvânia, emudeceu quando ele mesmo viu a evidência no museu da capital provincial de Urumchi:

> "Eu havia visitado o museu várias vezes, mas nessa ocasião, protegida por uma cortina, vi uma exposição tão linda, tão impressionante, tão desafiadora à imaginação, que cheguei a pensar que fosse um trote".[311]

A arqueóloga dra. Elizabeth Wayland Barber também ficou impressionada pelos quase perfeitos restos mortais, mas foram suas características raciais que constituíam o enigma: "As múmias não pareciam nem chinesas nem mongólicas por suas feições faciais; elas pareciam distintamente caucasianas".[312]

---

311. *The Sunday Times,* London, 31 de janeiro de 1999.
312. BARBER, E. W. *The Mummies of Urumchi,* Macmillan, 1999.

Era realmente óbvio que essas pessoas não faziam parte da população indígena. Elas tinham nariz alto, órbitas dos olhos grandes, mandíbulas pronunciadas com dentes de sobremordida, eram loiros ou ruivos e vários tinham barba cheia. Não havia dúvida – elas eram de origem européia.

Ficamos espantados ao ler a reportagem que descrevia algumas dessas pessoas europeu-chinesas, como "gigantes de sua época".[313] O Homem de Cherchin (nome dado pela área onde foi encontrado) tinha quase dois metros de altura e a Mulher de Cherchin com 1,83 metro, altura que hoje os destacariam em meio a uma multidão, quanto mais há milhares de anos quando a estatura média das pessoas era mais baixa.

O professor Mair ficou abismado pelo fato de a apresentação dessas múmias ter sido uma iniciativa local e as autoridades chinesas terem divulgado tão pouco a respeito desses achados extraordinários. Para os chineses, o indício de que europeus se estabeleceram na China pré-histórica talvez fosse um assunto muito sensível para um debate aberto.

Como acabamos de dizer, as roupas das múmias estavam muito bem preservadas. A dra. Barber é uma especialista em tecidos antigos e a análise que ela efetuou no tipo de tecelagem e no padrão de suas roupas confirmou ainda mais o fato de essas pessoas terem vindo do Oeste. Ela ficou particularmente impressionada com o estilo dos chapéus encontrados nos túmulos, descrevendo alguns deles como semelhantes a um tipo de protetor de cabeça usado pelos arqueiros da Frígia, na região da Anatólia. Essa observação condizia com o nosso pensamento de que a Anatólia poderia ter sido um importante centro para os Guardiães.

A dra. Barber encontrou ecos de mitos e de memória central do pensamento ocidental:

> *E mais uma mulher – seu esqueleto encontrado ao lado dos restos de um homem – ainda portava um chapéu cônico muito alto, como aqueles que representamos para as bruxas em suas vassouras voadoras no dia de* Halloween *ou para feiticeiros concentrados em suas poções mágicas. E essa semelhança, por estranho que pareça, pode não ser por acaso. Esses chapéus altos e pontudos das bruxas e dos feiticeiros têm a mesma origem das palavras "mago" e "mágica", ou seja, da Pérsia. A palavra persa ou iraniana* Magus *representava um sacerdote ou um sábio, particularmente de Zoroastro. Os magos distinguiam-se pelos seus altos chapéus e professavam conhecimentos de Astronomia, Astrologia e Medicina, em como controlar os ventos e o clima por meio de uma mágica poderosa, e de como entrar em contato com o mundo espiritual.*[314]

---

313. *The Sunday Times*, London, 31 de janeiro de 1999.
314. BARBER, E. W. *The Mummies of Urumchi*, Macmillan, 1999.

O professor Mair conseguiu provar que a antiga palavra chinesa para o mago da corte era *mag*, que foneticamente pertence à mesma raiz de *magi*. Além disso, o ideograma chinês de *mag* é uma cruz com as extremidades ligeiramente alargadas, idêntica àquela usada pela Ordem medieval dos Cavaleiros Templários, o grupo de pessoas que sabemos ter sido protetora das ciências antigas e dos rituais pré-históricos. O professor Mair até encontrou um desenho chinês de 2.800 anos de homens com grandes olhos redondos europeus e grandes narizes, um dos quais portava esse símbolo de *magus*.

O mito dos três Reis Magos visitando Jesus, cujo nascimento se deu sob uma estrela brilhante, é uma referência do mesmo antigo sistema de crença, um que hoje é encontrado no que parece ser uma impossível extensão de distância e de tempo.

A tecnologia têxtil dessas pessoas é outro ponto importante para o historiador tradicionalista, por ser muito mais sofisticado do que se pensou que fosse. Além de produzir feltro, essas pessoas sabiam tecer padrões coloridos em tramas diagonais e possuíam grande aptidão em tecer tapeçaria, habilidades que antigamente presumia-se que tinham sido desenvolvidas no Egito perto de 1500 a.C. Elas também teciam um tipo de fita trançada conhecido no Japão como *kumihimo*. A dra. Barber comenta:

> *Será que os japoneses adquiriram esse método* [de tecer *kumihimo*] *de algum lugar mais a oeste, há muito tempo, ou eles mesmos o inventaram? É claro que não temos nenhuma evidência de que alguém do Extremo Oriente se deslocara para a Ásia Central, por enquanto. Portanto, qualquer influência sobre o assunto, do Japão ou para o Japão, deve ter ocorrido posteriormente e dirigiu-se para o Oriente.*[315]

Um artigo de jornal sobre essas múmias identificou seus nomes registrados em antigos arquivos chineses:

> *De acordo com antigos registros escritos chineses, pessoas estranhamente altas, loiro-ruivas e com muito cabelo eram suficientemente bem conhecidas nas redondezas, por volta do primeiro milênio d.C., para ter seus próprios nomes, os tokharianos. Em Qisil, nas Cavernas dos Mil Budas, podem ser vistos em pinturas de paredes: de olhos azuis, barbudos e o cabelo caracteristicamente dividido ao meio.*[316]

Os tecidos demonstram que o símbolo do losango era importante para essas pessoas. Mostraram para a dra. Barber uma peça de tecido decorado, simples mas com um elegante padrão que ela descreveu como losangos de

---
315. BARBER, E. W. *The Mummies of Urumchi*, Macmillan, 1999.
316. *The Sunday Times*, London, 31 de janeiro de 1999.

Figura 43. *O padrão em forma de losango bordados nos tecidos de Cherchen, segundo a dra. E. Wayland Barber.*

padrão policromo. À primeira vista a peça pareceu ter um ar de antiga, mas depois verificou-se que duas bordas tinham sido cuidadosamente presas, alinhavando uma ourela estreita. Alguém tinha deliberadamente bordado o padrão de tal forma que o interior dos losangos se enquadrasse perfeitamente quando costurados juntos – trabalho que precisava de um planejamento cuidadoso.

Era curioso, pois o estilo do bordado e a escolha dos padrões usados na roupa das múmias eram quase idênticos ao tartã (tecido xadrez) dos escoceses e dos Halstatt e Latene da cultura celta, que foram desenvolvidos na Europa Central. A dra. Barber comenta:

> *O tipo de confecção dominante* [das pessoas de Urumchi] *provou ser o diagonal normal e a decoração principal era o xadrez, semelhante ao padrão da saia escocesa de lã(...) Muitos historiadores presumiram que a idéia do xadrez fosse relativamente nova na Escócia do século XVII. A Arqueologia acusa uma história diferente. Os celtas teceram o estilo xadrez por, pelo menos, 3 mil anos.*
>
> *Se os ancestrais dos históricos celtas da Idade do Bronze e do Ferro confeccionaram tecido xadrez semelhante aos modernos tecidos, é claro que os escoceses pré-nacionalistas fizeram o mesmo durante os séculos seguintes. Os historiadores ficaram confusos, pois tecidos europeus de qualquer período não foram bem preservados; de forma que existe muito pouco tecido escocês do período entre 100 a.C. e 1500 d.C. Mas as semelhanças gerais entre o tecido xadrez de Halstatt e os recentes tecidos escoceses indicam uma forte continuidade da tradição(...) Esse tecido xadrez* [de Urumchi] *não somente é muito parecido com o tecido escocês, mas também tem o mesmo peso, textura e espessura inicial do tecido das saias e dos materiais de Hallstatt.*[317]

---

317. BARBER, E. W. *The Mummies of Urumchi*, Macmillan, 1999.

A dra. Barber reconhece que dois povos não-relacionados poderiam eventualmente tecer o mesmo padrão, mas quando ela considera a coincidência de todos os fatores, não teve dúvida em confirmar: "Isso elimina qualquer coincidência".

Portanto, parece incontestável que essas pessoas tenham uma ligação direta com a população das Ilhas Britânicas, aquela que hoje chamamos celtas. Talvez esses dois povos aprenderam essas habilidades dos Guardiães, o Povo da Cerâmica Canelada da Europa Ocidental.

Esses colonos europeus fizeram uso dessa tecnologia de tecelagem e Barber comenta que ovelhas lanosas, cuja lã é própria para fazer fio, somente apareceram na Europa no período de 4000 a.C. Quando uma primeira amostra de material orgânico dos túmulos das múmias foi enviada à Universidade de Nanjing foi datada de 4500 a.C., mas, posteriormente, a Universidade de Beijing datou uma amostra de carvão de aproximadamente 2000 a.C.

A dra. Barber duvida que esses dois extremos sejam um guia para a época da chegada dessas pessoas na região. Ela acredita que as pistas da linguagem sejam mais próprias para isso. Essa abordagem acusa uma data aproximada de 3000 a.C.:

> *As primeiras expansões eurasianas eram proto-indo-européias. Como as linguagens relacionadas compartilham palavras para metais leves, os lingüistas concluíram que todos os indo-europeus já conheciam o seu uso – principalmente ouro, prata e cobre. Portanto, eles devem ter entrado na primeira idade dos metais, a Idade do Bronze, antes de se dividirem e isso colocaria a divisão indo-européia em um período aproximado de 3000 a.C., quando o uso de metais leves se alastrou. Entretanto, achados arqueológicos recentes na Turquia indicam que em 7000 a.C. as pessoas já estavam analisando as propriedades do cobre bruto. (Às vezes, o cobre aparece naturalmente em forma pura e a Anatólia é um dos lugares onde isso ocorre.) Portanto, uma data anterior* [para as múmias de Urumchi] *não está fora de cogitação.*[318]

Teriam sido o cometa de 3150 a.C. e a desavença com o Povo da Cerâmica Canelada que levaram os gigantes a se dirigir para o Oriente, para esse refúgio asiático, fugindo da inundação?

Também estávamos intrigados pela maneira com a qual alguns cemitérios na Bacia de Tarim, particularmente na região de Loulan, eram mar-

---

318. BARBER, E. W. *The Mummies of Urumchi*, Macmillan, 1999.

cados. A dra. Barber descreve-os de maneira que lembra muito a enorme máquina de Uriel de Stonehenge, em Wiltshire, Inglaterra:

> *As pessoas de Loulan podem não ter bem suprido seus mortos com artefatos antes de fechar os túmulos, mas eles os compensaram com elaboradas formações de lápides em madeira. Depois de encher a fossa, essas pessoas primitivas marcaram o túmulo erigindo postes(...)* [em um túmulo especial] *as pessoas erigiram dúzias de toras no chão em apertados círculos concêntricos. Um maior número de postes de madeira, mais distantes, foi colocado radialmente no solo em linhas retas a partir do centro do círculo, como raios desenhados por uma criança para representar o Sol. O padrão é tão notável que os escavadores os interpretam como verdadeiros símbolos do Sol.*[319]

Se essas pessoas saíram das Ilhas Britânicas há 5 mil anos, elas teriam levado sua tecnologia astronômica, e um estudo dos alinhamentos desses sítios chineses poderia muito bem demonstrar que esses círculos são muito mais do que um lindo desenho de estacas de madeira.

Também há o que parece ser uma conexão com os rituais sexuais que acreditamos serem praticados em lugares como Newgrange durante o equinócio da primavera, para que os nascimentos ocorressem no solstício de inverno. Gravuras em rochas perto de Urumchi, onde as múmias foram encontradas, incluem representações em tamanho normal de homens e mulheres com feições européias em uma evidente dança sexual. As mulheres são generosamente proporcionadas e os homens dançando com evidentes ereções.

Também há evidência de que os rituais de primavera (quando a fantasia de um jovem começa a ser despertada) envolviam o uso de poderosas drogas alucinógenas. No oásis de Merv, um pouco a oeste de Urumchi, há um complexo religioso que data do segundo milênio a.C. Na sala principal, a "Sala Branca", há recipientes de estocagem que contêm traços de papoula e de éfedra. Aparentemente os derivados da papoula são tão fortes que a éfedra era usada para prevenir a perda total de consciência do xamã.

O mundo da Arqueologia tem muitas falhas em seu conhecimento porque existe uma hipótese de descontinuidade do espaço e do tempo. Mas agora que tanta evidência indica conexões importantes entre culturas e mitos aparentemente desconectados, podemos começar a ter um melhor entendimento do que poderia preencher essas falhas. Decidimos então investigar o que aconteceu com outras ramificações da cultura do Povo da Cerâmica Canelada.

---

319. BARBER, E. W. *The Mummies of Urumchi*, Macmillan, 1999.

A Herança dos Judeus

Em algum momento, há pouco mais de 3 mil anos, um grupo de tribos, no território onde hoje se situa Israel, começou a considerar-se um grupo discreto. A nação dos judeus – ou os judeus como vieram a ser chamados – foi criada junto com uma história reconstruída a partir de uma variedade de antigos mitos orais. De acordo com o Antigo Testamento, os judeus ali chegaram após seu cativeiro egípcio para ocupar a terra que seu novo Deus, Javé, lhes havia prometido, apesar de que essa era a terra de um povo chamado canaanita.

No entanto, a realidade é que grande parte da teologia hebraica foi tomada diretamente do povo nativo dessa "terra prometida".

O termo bíblico para "canaanita" não tem um significado preciso. Trata-se de um termo genérico para vários povos que viviam nessa região antes da chegada dos israelitas. Geralmente, os arqueólogos e os estudiosos da Bíblia usam o termo "canaanita" para identificar a cultura da Palestina na Idade do Bronze. Achados arqueológicos recentes indicam que os próprios habitantes se referiam a essa região como "Ca-na-na-um" por volta de meados do terceiro milênio a.C. – a época em que todos os sítios megalíticos sagrados foram abandonados.

A palavra foi inserida na linguagem hebraica como *cana'ani*, que significa mercador, porque essa era a ocupação pela qual os canaanitas eram mais conhecidos. A palavra também deu surgimento ao termo acadiano *kinahhu,* que se referia a uma lã de cor vermelha, um dos principais artigos de exportação dos canaanitas. Quando os gregos encontraram os canaanitas, pode ter sido esse fato que fez com que eles os renomeassem fenícios, derivação de uma palavra que significa vermelho ou púrpura, representativa de seu tecido vermelho. Entretanto, apesar de os fenícios e de os canaanitas pertencerem praticamente à mesma cultura, os arqueólogos e os historiadores normalmente se referem ao povo *antes* do estabelecimento da nação judaica como canaanitas e seus descendentes *depois* desse fato, como fenícios.

Basicamente, na tradição dos deuses canaanitas, El era considerado o criador e Baal o conservador da criação.[320]

O nome *El* significa simplesmente "deus" e *Baal* significa "senhor". Cada cidade possuía um *baal* e, dessa forma, Baal-Sidon era a cidade-deus de Sidon que era uma divindade totalmente diferente de outros deuses com o mesmo nome, como Baal-Hadad. De fato, cada cidade tinha seu deus referido como "senhor" – uma palavra inserida na *Torá* e na Bíblia como sinônimo do Deus único.

---
320. FÖHRER, G. *The History of Israelite Religion,* SPCK, 1973.

A diferença fundamental entre o Judaísmo mosaico e a religião dos canaanitas eram as divindades canaanitas que eram associadas aos fenômenos astronômicos e aos processos da natureza. Seus festivais diziam respeito aos ciclos anuais das estações, em lugar dos vários eventos históricos que fundamentavam a teologia dos seguidores de Moisés.*

Quando os judeus inicialmente formalizaram sua religião, havia uma acomodação dessas duas abordagens e, muito mais tarde, tentativas foram empreendidas para retirar as idéias canaanitas de sua crença. George Anderson, professor de Literatura do Velho Testamento da Universidade de Edimburgo, confirmou a divisão que se abriu entre as duas escolas do pensamento judaico:

> *Mais tarde, grande parte do que havia sido adotado da religião canaanita foi retirada em vários movimentos de reforma Iavista; mas outra permaneceu como parte da religião de Israel.*[321]

Acreditamos que a forma primitiva de Judaísmo foi criada de um amálgama de diferentes idéias adotadas diretamente das crenças egípcias e canaanitas. As idéias do Egito, falando de maneira ampla, eram reunidas sob uma tradição centrada em Moisés, e aquelas dos canaanitas em idéias centradas em Enoch. Como as duas tradições logo se juntaram, os rituais dos festivais canaanitas, que marcavam os ciclos das estações, foram absorvidos pelas celebrações das realizações históricas da tradição de Moisés.

Um exemplo disso é a Páscoa hebraica celebrada a partir do crepúsculo do 14º dia de Nisan – que ocorre no equinócio da primavera, a época do festival da concepção. O festival comemora as circunstâncias da fuga do Egito sob o comando de Moisés, mas a escolha da época é a continuação de um ritual que tinha no mínimo 7 mil anos.

O Velho Testamento, em Juízes 2:11-13, relata quão rapidamente as idéias canaanitas começaram a ser absorvidas pelos recém-chegados hebreus:

> *Então os israelitas fizeram o que o Senhor reprova: prestaram culto a Baalim, abandonando o SENHOR, Deus de seus antepassados, que os tinha tirado do Egito. Foram atrás de outros deuses, deuses de povos vizinhos e os adoraram, provocando o SENHOR. Abandonaram o SENHOR e prestaram culto a Baal e a Astarte.*

O termo *Baalim* é o plural de *Baal* e simplesmente se refere ao fato de que havia um *baal* diferente, ou senhor, em cada cidade. Dizer que pres-

---

* N. E.: Sugerimos a leitura de *Moisés e Akhenaton* de Ahmed Osman, Madras Editora.
321. ANDERSON, G. W. "The Religion of Israel", *Peake's Commentary on the Bible*.

taram culto a Astarte sugere a adoção do festival sexual da primavera e a adoração de Vênus.

De acordo com a lenda canaanita, *El* era conhecido como o pai dos deuses e da humanidade, assim como o criador das criaturas. Ele era visualizado com cabelos grisalhos e barba, e também era um grande bebedor. Quando jovem, passou por duas mulheres e as tomou como esposas; uma delas era Asherá, "a Senhora do Mar", que posteriormente deu à luz dois gêmeos: Shachar, deus da alvorada, e Shalim, deus do crepúsculo.

O interessante é que se acreditava que essa nova família havia construído um santuário no deserto e ali viveu durante exatamente oito anos, que é o período do ciclo básico de Vênus. Não podíamos deixar de visualizar uma potencial conexão com a câmara de Newgrange, que permite a luz de Vênus ser refletida dentro da câmara por alguns minutos, a cada oito anos. De acordo com Isaías 14:12, *El* era o pai de Helel ou Lúcifer, o "portador de luz", geralmente representando Vênus em seu papel de estrela da manhã.[322]

Hoje se sabe que os israelitas, que invadiram sua terra prometida, se apropriaram de vários lugares sagrados canaanitas, até mesmo Hebron e Bersheba, no sul; Bethel, Gilgal, Shechem e Shiloh na região central; Dan no extremo norte; e mais importante de todos, o próprio antigo santuário de Jerusalém. Esses santuários sagrados eram, na verdade, sítios megalíticos que incluíam pedras verticais, dolmens e círculos de pedras.

O professor Anderson confirma que o equipamento normal desses santuários canaanitas incluía o altar, uma pedra vertical chamada *messebhoth* e um pilar chamado *asherá*, representando Asherá, a mãe dos deuses da alvorada (Shachar) e do crepúsculo (Shalim).

Esse é um puro pensamento megalítico direto de Stonehenge e de Newgrange! Como já sabíamos pelas nossas experiências, as únicas ferramentas necessárias para construir uma máquina de Uriel são duas estacas de madeira usadas para medir o ângulo da sombra do Sol na alvorada e no crepúsculo. Uma antiga imagem de pedra de um homem de 70 metros de altura, segurando um *asherá* em cada uma das mãos, foi esculpida na superfície de uma colina em Sussex, na costa sul da Inglaterra, e é conhecida como Long Man of Wilmington [O Gigante de Wilmington]. Também nos lembramos dos dois pilares de 10 mil anos, alinhados com os equinócios, encontrados perto do círculo de Stonehenge.

O mais fascinante é que essas antigas crenças canaanitas poderiam ajudar a desvendar a perdida teologia do Povo da Cerâmica Canelada, que construiu os sítios megalíticos da Europa Ocidental.

A deusa Asherá, mãe da alvorada e do crepúsculo, era considerada a consorte de *El*, o deus criador, compartilhando de sua posição suprema.

---

322. Comunicação particular Siren, Christopher B.: cbsiren@hopper.unh.edu.

Figura 44. *O Gigante de Wilmington ao sul da Inglaterra. Essa figura de 70 metros de altura segura um* asherá *em cada mão.*

Ela era adorada como "geradora de deuses" e geralmente associada ao nascimento e à amamentação. Seu papel era análogo ao de Maria, mãe de Jesus, do mito cristão. De fato, achamos que toda a estrutura do sistema de crença enochiano era precisamente refletida na história cristã da ressurreição, assim como parecia ter uma ligação com a aparente crença do Povo da Cerâmica Canelada.

O principal deus, *El*, é todo-poderoso, mas seu filho Baal (o Senhor) assume a posição dominante e é freqüentemente referido como "príncipe Baal" ou "príncipe, senhor da Terra". Baal é encarregado de estabelecer um reinado na Terra, assegurando-o e construindo um templo e defendendo-o contra os seus inimigos; mas assim mesmo ele o perde somente para ressurgir como rei novamente, ao final. Baal é diferente de El, porque ele não é o criador, mas o conservador da criação, o doador de fertilidade e de crescimento. Quando ele cai nas mãos do deus da morte, a natureza degenera até que surge o grito: "Aliyan Baal vive! O príncipe, senhor da Terra, está aqui", anunciando sua ressurreição.[323]

Apesar dessas óbvias semelhanças com a história de Jesus Cristo, isso fez com que pensássemos sobre nossa hipótese (apresentada no Capítulo XI) de que os restos mortais fossem levados para Newgrange junto com as mulheres grávidas ou com uma criança recém-nascida, para dar

---

323. FÖHRER, G. *The History of Israelite Religion*, SPCK, 1973.

continuidade ao ciclo de renascimento. Podíamos imaginar os restos de um rei morto sendo levados para dentro da câmara e, quando a luz de Vênus ali brilhasse, o recém-nascido seria proclamado com o grito: "Ele vive! O príncipe, o senhor da Terra está aqui". (O rei está morto. Viva o rei!)

Não podíamos esquecer também que Jesus nasceu especificamente em uma gruta, à luz de uma estrela brilhante no solstício de inverno (a época do aparecimento do feixe de luz na câmara de Newgrange, que ocorre a cada oito anos).

Astarte (também conhecida como Athtart Ashtoreth ou Ashtaroth) era uma consorte de Baal e muitas estátuas dela a identificaram como a deusa da fertilidade e sexo. Na cidade de Sidon, ela ordenava sacerdotes e sacerdotisas reais; ali ela servia como deusa de fertilidade, amor, guerra e energia sexual, e tinha até prostitutas sagradas que operavam em seu nome.

A associação de Vênus com atos sexuais e com nascimentos continuou em outras teologias. Astarte foi comparada pelos gregos com Afrodite, e com Vênus, pelos romanos. A contraparte para os babilônios e os assírios era Ishtar, que era considerada pela teologia acadiana como Vênus em seu papel de estrela da manhã. Como deusa, Ishtar era considerada a Grande Mãe, a deusa da fertilidade e a rainha do céu.

Os sítios megalíticos de Canaã que foram adotados pelos judeus incluíam fontes, pedras verticais, picos de montanhas, cavernas e círculos de pedras chamados *gilgal*. Achamos estranho o fato de os estudiosos da Bíblia falarem durante muitos anos a respeito dos círculos de pedras que existiam em Israel sem se surpreenderem de essas estruturas serem encontradas somente na Europa Ocidental. A recente descoberta de um círculo de pedras no Sul do Egito surpreendeu muitas pessoas e, no entanto, a academia pouca atenção deu ao estranho papel de Canaã como uma civilização megalítica.

Embora o termo *gilgal* fosse aplicado para qualquer círculo de pedras em Canaã, também foi usado pelos judeus para designar a cidade que abrigava o círculo mais importante de todos. Esse Gilgal, localizado a cerca de dois quilômetros a nordeste de Jericó, foi o lugar onde Saulo, o primeiro rei dos judeus, foi coroado. Segundo o professor Herbert May, havia um lugar chamado "Colina dos Prepúcios", próximo a um círculo de pedras, onde facas de sílex foram usadas em rituais de circuncisão realizados em conexão com o santuário de Gilgal.[324]

O professor Hooke destaca a grande importância desse círculo de pedras canaanita:

> *Uma tradição primitiva atribui uma considerável importância a Gilgal como centro religioso; foi ali que os israelitas in-*

---

324. MAY, H. "Joshua", *Peake's Commentary on the Bible*.

vasores foram circuncidados; é o primeiro lugar onde a Arca foi instalada e foi ali que a primeira Páscoa foi celebrada, depois da entrada em Canaã.[325]

Parece que o costume judeu da circuncisão foi adotado de uma antiga prática canaanita (portanto, é possível que tenha sido herdada do Povo da Cerâmica Canelada).

O Velho Testamento revela mais a respeito da natureza desses círculos de pedras. Em 1 Reis 18:30-35, a Bíblia menciona que o profeta Elias conserta um dilapidado círculo de pedras:

> *Então Elias disse a todo o povo: "Venham aqui". Todos se aproximaram e Elias reconstruiu o altar do SENHOR que estava demolido. E ele pegou 12 pedras(...) E com as pedras construiu um altar em honra do SENHOR: Fez em volta do altar um canal capaz de conter duas arrobas de sementes(...) e ele também encheu o canal de água.*

Nessa passagem bíblica, temos uma clara descrição de um fosso sendo escavado ao redor do círculo de pedras, que foi enchido de água. Isso é extremamente importante porque nunca se soube de um fosso encontrado ou descrito fora das Ilhas Britânicas. Também nos proporciona uma evidência escrita para dar suporte à nossa crença (discutida no Capítulo VII) de que o propósito de muitos fossos das Ilhas Britânicas seria para inundá-los com água.

A origem da palavra *gilgal* usada pelos canaanitas para um círculo de pedras é sumeriana, ou talvez tenha uma origem comum com a Suméria. Isso fez com que olhássemos para outras palavras dessa linguagem e ficamos surpresos ao descobrir que a palavra *duku* significava "aterro sagrado", mas, literalmente, significava "determinador de nascimento". Novamente, um forte indicador de que essas câmaras megalíticas tinham ligações com rituais de nascimento.

Os Sacerdotes de Enoch

Na época do rei Salomão, no século X a.C., os canaanitas ocupavam algumas cidades ao longo da costa controladas pela Cidade-Estado de Tiro que, já naquele tempo, havia expandido seu comércio pelo Mediterrâneo e possuía colônias até na Espanha. Essa Era Fenícia sofreu uma reviravolta na religião canaanita quando um maior panteão de deuses foi abandonado

---

325. HOOKE, S. H. "The Religious Institutions of Israel", *Peake's Commentary on the Bible*.

em favor de outros considerados anteriormente menos importantes, divindades singulares apoiadas por reis-sacerdotes governantes.

O primeiro rei dos judeus foi Saulo, que preferiu chamar seu filho e herdeiro "Issh-baal", nome canaanita que significava "homem de baal", indicando um perfil enochiano para o novo Estado judeu.

Quando o jovem Davi matou o gigante Golias, ele se tornou rei dos israelitas e assumiu Jerusalém como sua própria cidade. Atualmente, é aceito o fato de que os habitantes originais permaneceram na cidade e influenciaram sobremaneira o pensamento judaico. Davi herdou os privilégios e as obrigações dos reis canaanitas anteriores, assim como funções sacerdotais enraizadas na tradição canaanita que herdara de Melquisedeque, o rei de Jerusalém.

Certamente não é coincidência a existência de uma ordem maçônica chamada "A Sagrada Ordem do Alto Sacerdote" que segue a ordem canaanita de Melquisedeque.* De acordo com a sua própria história, ela acredita ser muito antiga, apesar de que seus registros mais remotos datam de 1780. Esse ramo da Maçonaria afirma que o sacerdócio de Melquisedeque é superior ao aaronita, associado a Moisés (mencionado no Capítulo II), o que acreditamos ser correto.

A proeminência do antigo sacerdócio canaanita de Melquisedeque sobre as idéias de Moisés é confirmada pela história dos judeus. Nenhum dos filhos de Davi, nascidos em Hebron, teve o seu nome dedicado a Javé. Seus filhos Absalão e Salomão derivam do nome divino "Shalim" contido no nome de Jerusalém. Segundo o professor Föhrer, há uma inegável evidência de que a família sacerdotal canaanita de Zadok oficiava como sacerdotes do deus judaico Javé.

Basicamente, isso significa que a religião megalítica ou enochiana sobreviveu para ser incorporada no Judaísmo zadoquita e a sua única e verdadeira ameaça provinha das novas idéias atribuídas a Moisés e a seu irmão Aarão.

O rei Salomão construiu seu famoso templo em Jerusalém em um sítio que já era um santuário sagrado canaanita que, de acordo com as tradições orais da Maçonaria, é usado até hoje. Quando trabalhadores foram enviados para limpar o solo, bateram em uma pedra que tinha um som oco. Ao levantar essa pedra, descobriram uma câmara embaixo, que foi identificada como os restos de um templo de Enoch.

Um dos trabalhadores foi introduzido na câmara por seus colegas por meio de uma corda, na qual descobre um dos pilares onde Enoch havia gravado todos os segredos da civilização que existiu antes do dilúvio. Essa pedra devia ter sido o portal central de uma câmara megalítica abobadada,

---

* N. E.: Sugerimos a leitura de *Melquisedeque ou a Tradição Primordial*, Jean Tourniac, lançamento Madras Editora.

parecida com aquela encontrada em Newgrange, na Irlanda (que também possuía gravações de símbolos megalíticos). Outros trabalhadores seguiram o primeiro, mas, ao retirarem a pedra, eles haviam enfraquecido de tal forma o teto abobadado que acabou desabando sobre eles.

O plano dessa câmara enochiana ainda está registrado na Maçonaria (Veja a Figura 51).

A Bíblia e a lenda maçônica dizem que Salomão então chamou Hiram, rei de Tiro e líder dos canaanitas/fenícios, para que providenciasse trabalhadores especialistas que pudessem construir um edifício apropriado para Baal-Javé, o deus do novo reino unido de Israel e Judá. Achamos muito revelador o fato de Salomão ter decidido que o seu povo não tivesse os necessários talentos para projetar ou construir essa particular edificação.

Como já indicamos, as estruturas megalíticas da Europa Ocidental foram construídas sem a ajuda de ferramentas de metal, embora o Povo da Cerâmica Canelada já devesse conhecer sua existência. Os Guardiães que eles enviaram para outras terras devem ter reportado o uso de metais na Europa e no Oriente Médio. Entretanto, acreditamos que em 3500 a.C. sua própria tecnologia da pedra era tão avançada que simplesmente não precisavam ou não queriam esse tipo de inovações. Podemos deduzir que os construtores megalíticos de Canaã também não fizeram uso de metais porque, conforme Deuteronômio 27:5, os judeus adotaram essa proibição para si mesmos:

> *Aí você construirá um altar para o Senhor seu Deus, um altar com pedras não trabalhadas com ferro.*

Essa proibição do uso de metais foi adotada para a construção dos outros dois templos do sítio (o de Zerubbabel e o de Herodes) e é ainda hoje adotada pela Maçonaria, apesar de as Lojas inglesas terem aberto certas exceções para que os homens casados pudessem portar suas alianças. Mas o dedo deve ser recoberto para que o metal não seja visto ou para evitar que entre em contato com pedra.

Segundo a lenda maçônica, o arquiteto do templo que trabalhou com o próprio Salomão e com Hiram, rei de Tiro, chamava-se Hiram Abiff. Ele foi assassinado, pouco antes de completar o edifício, por trabalhadores que queriam extrair dele a técnica da construção. Ao se recusar a ensiná-los, eles o surraram tanto que acabou morrendo. De acordo com a Maçonaria, esse foi o momento em que os segredos do mestre pedreiro foram perdidos e nunca mais recuperados.

Em nosso primeiro livro, *The Hiram Key*, ligamos especulativamente essa lenda hebraica com um acontecimento anterior, no Egito, quando o rei Seqenenre Tao II foi assassinado em Tebas. Sabemos que os mitos egípcios e canaanitas são entremeados para produzir um relato unificado de suas diferentes histórias e ainda acreditamos que a lenda de Hiram Abiff possa ser uma amálgama das duas tradições. Entretanto, em uma tentativa de fazer com que o nome de "Hiram Abiff" faça sentido, fazemos referência a uma teoria existente de que possa ser uma mistura de hebraico com francês arcaico e que significa "o rei que se perdeu".

Em março de 1999, Chris viajou para visitar a Grande Loja da Escócia com o professor Philip Davies para tentar conseguir a cooperação dessa Loja na fundação de uma cadeira professoral de Estudos Maçônicos na Universidade de Sheffield. Essa era uma idéia que havíamos proposto depois de nossa frustração quanto ao baixo nível de objetividade nas tentativas oficiais da Maçonaria em pesquisas. A Universidade considerou ser perfeitamente complementar a áreas de estudos existentes e a Maçonaria demonstrou uma cautelosa, mas calorosa, receptividade. Ficamos particularmente satisfeitos quando o Grão-Mestre de nossa própria província maçônica de Yorkshire – West Riding – comprometeu fundos substanciais para o estabelecimento dessa função acadêmica.

Nessa visita à Grande Loja de Edimburgo, Philip Davies estava particularmente interessado em folhear alguns dos 2 mil volumes da Coleção Morrison, que contêm documentos maçônicos que não foram estudados minuciosamente por mais de 200 anos. Examinando um livro escrito pelo dr. Anderson (o primeiro historiador de 1717 da Grande Loja de Londres), encontramos o significado do nome Hiram Abiff, identificando-o com seu nome original de Huram Abhif.

Ele fazia referência ao original hebraico de 2 Crônicas 4:16, que diz: *"Shelomoh lammelech Abhif Churam ghafah"*, que traduzido literalmente significa *"que Hiram seu pai fez para o rei Salomão"*. Como eminente estudioso da Bíblia, o professor Davies logo confirmou que "Abhif" parecia estar identificando Huram como o "pai de Salomão", e como Davi foi o pai de Salomão, Davies pensou que isso provavelmente significasse que Hiram Abiff fosse uma referência ao *sogro* de Salomão.

Pela Bíblia, sabíamos que o rei Salomão havia sido acusado de ter-se casado dentre uma linhagem de altos sacerdotes canaanitas (ou enochianos). Portanto, essa identificação de Hiram Abiff como sogro de Salomão ligava o arquiteto do Templo à tradição canaanita.

Existem registros que indicam que, logo depois que o Templo foi completado, Salomão perdeu o interesse no novo deus "Javé" e voltou-se para os antigos deuses canaanitas.

Além disso, o próprio Templo era perfeitamente enochiano. Ele era voltado para o leste, alinhado com o nascer do Sol equinocial por meio do Jardim de Getsêmani e sobre o monte das Oliveiras. Em frente à entrada do leste havia os dois pilares de Boaz e Jachin: Boaz marcava o nascer do Sol do solstício de verão e Jachin, o do solstício de inverno (conceito parecido com aquele das passagens alinhadas de Knowth que, dessa forma, indica a conexão entre o Povo da Cerâmica Canelada de Newgrange e os canaanitas).

Ascensão e Queda do Judaísmo Enochiano

O rei Nabucodonosor da Babilônia preferiu capturar Jerusalém no equinócio da primavera, em 597 a.C. Dezesseis anos mais tarde, após uma tentativa de retomada, Nabucodonosor destruiu o Templo de Salomão. Ele manteve a elite da cidade em cativeiro durante 58 anos, período em que se acredita que os judeus começaram a redigir as tradições orais, excluindo todo o material contraditório que haviam reunido durante as centenas de anos desde que chegaram à terra de Canaã. Um estudioso do Velho Testamento, professor Georg Föhrer, explica que essa racionalização do material contrastante envolveu um grande esforço e foi iniciada com as presumidas conexões de seus heróis primitivos:

> *A conexão genealógica das tradições patriarcais representava um importante passo à frente; Abraão, Isaac e Jacó/Israel foram colocados em uma relação de pai-filho. Além disso, as tradições envolvendo os patriarcas foram ligadas à tradição de Moisés. Isso primeiro ocorreu sem a interpolação da novela de José, de forma que a narrativa, aparentemente, progrediu diretamente para a história de como Jacó e sua família migraram para o Egito, como Deuteronômio 26:5 ainda pressupõe. Finalmente, a tradição de Josué foi agregada de uma forma muito simples para que constituísse uma narrativa contínua com a tradição patriarcal e com a de Moisés. Nessa narrativa, a tradição patriarcal enfatizava o elemento do território prometido; a tradição de Josué tinha o intento de, principalmente, retratar a realização da promessa. A tradição de Moisés, complementando a promessa e sua realização, foi engendrada para justificar a reivindicação de Israel por parte de Javé e descreve a obrigação de Israel para com Javé.*[326]

Durante os anos de cativeiro, essas figuras da elite de Jerusalém refinaram seu pensamento sobre o relacionamento com seu deus Javé que, paulatinamente, se tornou Deus com "D" maiúsculo. Para eles, o importante objetivo era voltar a Javé na esperança de que Ele reparasse seus infortúnios, que eles acreditavam ter originado em suas faltas de honrar a Deus.

O conceito enochiano de pecado, como fator externo infligido sobre as pessoas, foi substituído pelo da própria culpa do indivíduo. A figura de liderança nesse período do novo pensamento judaico foi Ezequiel, que propôs a idéia de depurar o pecado, o que se tornaria muito importante. Em Ezequiel 36:25 ele diz:

---

326. FÖHRER, G. *The History of Israelite Religion*, SPCK, 1973.

Derramarei sobre vocês uma água pura e vocês ficarão purificados. Purificarei vocês de todas as suas imundícies e de todos os seus ídolos.

Grande parte do grupo que retornou do cativeiro da Babilônia era composto de sacerdotes zadoquitas, embora houvesse alguns cuja linhagem originava-se de uma cerimônia realizada em Ithamar, no Egito, quando os dois grupos – o zadoquita e o enochiamo – concordaram com um comum ancestral em Aarão.

A descoberta dos Manuscritos do Mar Morto revelou que os sacerdotes zadoquitas se retiraram das principais atividades quando os reis hasmonianos reivindicaram para si a função de altos sacerdotes, em 152 a.C. Eles se retiraram, pelo menos uma parte, em Khirbet Qumran – região montanhosa dominando o Mar Morto, a cerca de 15 quilômetros ao sul de Jericó.

Os restos do pequeno assentamento, nessa inóspita parte do deserto judaico, agora foram escavados. Os edifícios encontram-se em um pequeno planalto cercado de cavernas direcionadas para o leste, através do Mar Morto. Olhando para esse sítio, é fácil imaginar que pode muito bem ter sido um santuário canaanita com cavernas que seriam perfeitas para alinhamentos astronômicos com o horizonte oriental, de solstício em solstício. Foi nessas cavernas que os manuscritos deliberadamente danificados foram encontrados.

O pequeno grupo de edifícios servia para propósitos práticos, como uma padaria, uma olaria, oficinas e salas de reuniões, o que sugere que pode muito bem ter sido um lugar de retiro ou de instrução, em vez de um vilarejo com uma comunidade estática (da mesma forma, em nossa opinião, como Skara Brae foi usado há milhares de anos). O grupo original que escavou o sítio concluiu que se tratava de uma espécie de monastério e acreditava ter localizado o escritório onde os manuscritos foram redigidos. Entretanto, acredita-se hoje que essas duas teorias estejam erradas, pois dizem que as pessoas de Qumran viviam em tendas.

Para nós é muito provável que as cavernas tenham sido usadas para propósitos de nascimentos e outros rituais de natureza enochiana. As pessoas de Qumran eram diferentes de todos os outros judeus, no sentido de que enterravam seus mortos com a cabeça apontando para o sul e os pés para o norte. Elas também tinham um estranho sistema-calendário.

O Calendário de Qumran

Os calendários foram fundamentais para o desenvolvimento das civilizações primitivas, e o fator de definição mais importante da comunidade de Qumran era a sua obsessão com calendários – 80% dos documentos encontrados são ligados a calendários.

Em sua nova tradução dos Manuscritos do Mar Morto, Michael Wise, Martin Abegg e Edward Cook chamam a atenção para um detalhe particular a respeito deles:

> *A aderência a um calendário particular é o assunto que consta de centenas dos Manuscritos do Mar Morto. Mais do que qualquer outro, o assunto do calendário é a base dessa coleção. O calendário é o elemento intencional. Independentemente da pessoa que os escreveu ou os colocou em cavernas, os Manuscritos, de certa maneira, formam uma biblioteca porque todos englobam um calendário solar particular e seus conseqüentes desenvolvimentos. Portanto, se quisermos entender esses Manuscritos devemos chegar a termos com o seu sistema de medir o tempo sagrado.*[327]

O calendário ao qual Wise *et al.* estão se referindo é um calendário solar de um ano de 364 dias. Os tradutores observam que os estudiosos até agora não conseguiram identificar nenhum sistema de intercalação que essas pessoas utilizaram para alinhar seu ano preferido ao atual de 365,25 dias. Eles demonstram sua perplexidade de como esses calendários possam ter sido usados na vida real e os relacionam ao *O Livro de Enoch*, comentando que "cerca de uma dúzia de cópias desse trabalho foi encontrada entre os Manuscritos". Eles ainda categorizam outros quatro principais ciclos-calendários que aparecem nos escritos de Qumran. O primeiro era um ciclo lunar de três anos calculados em meses de 30 ou 29 dias, resultando em um ano lunar de 354 dias, de maneira que, a cada três anos, um mês lunar fosse necessário para ajustar o ano lunar com o ano solar. Os outros eram: um ciclo de seis anos de serviço sacerdotal no Templo, um ciclo de 49 anos chamado Jubileu e outro com um ciclo de 294 anos composto de seis Jubileus.

Esses ciclos parecem estranhos à mente moderna, mas eles representam um pensamento cíclico que somente chegamos a compreender ao verificar o que o "Livro das Luminárias Celestes" estava descrevendo. Wise *et al.* resumem muito claramente seus pensamentos sobre o assunto dos calendários:

> *O homem antigo pode não ter se preocupado com o tempo ou em que ano ele se encontrava, mas os textos do calendário de Qumran revelam uma nova faceta do mundo antigo. Seus*

---

327. WISE, M., ABEGG, M. e COOK, E. *The Dead Sea Scrolls, a New Translation*, Harper San Francisco, 1996.

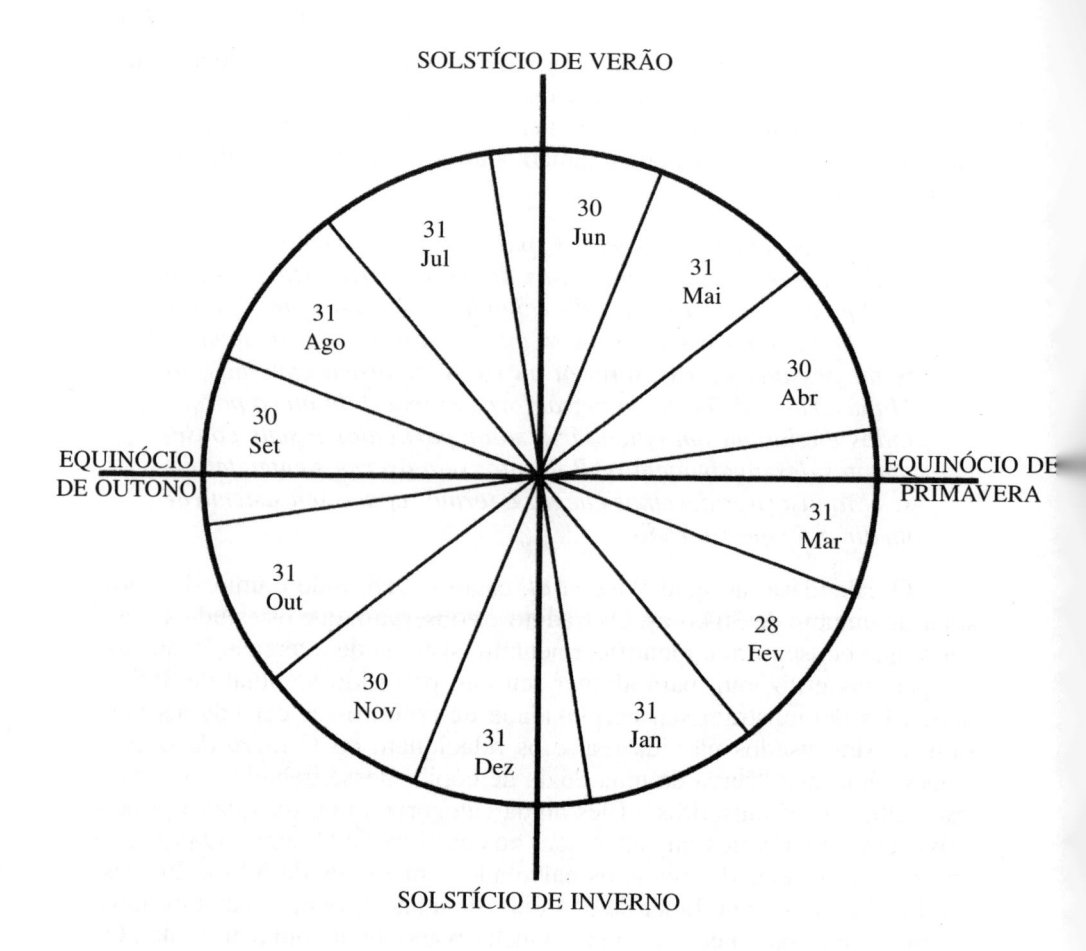

Figura 45. *O calendário e os principais pontos do ano solar.*

autores-sacerdotes fossem talvez muito mais obcecados com o tempo do que nós.[328]

Evidentemente, essas pessoas davam grande importância aos calendários e nos ocorreu que pudesse haver uma explicação simples pela adoção do ano de 364 dias. Supondo que os sacerdotes zadoquitas que se retiraram no santuário do Deserto de Qumran quisessem rever alguns fundamentos da teologia canaanita, tal como um grupo de fundamentalistas faria atualmente, a primeira coisa a fazer seria criar um *gilgal* usando dois *asherá*

---

328. WISE, M., ABEGG, M. e COOK, E. *The Dead Sea Scrolls, a New Translation,* Harper San Francisco, 1996.

para que pudessem medir o ano na forma antiga. Precisariam começar marcando um equinócio e, se esse fosse o equinócio de outono, teriam feito uma máquina de Uriel direcionada para o próximo equinócio de primavera. Caso estivessem com pressa em se estabelecer, eles podem ter presumido que o espaço de tempo entre esses dois equinócios fosse meio ano, mas estariam errados porque há 182 dias nessa "metade" e 183 na outra "metade" do ano. Eles poderiam simplesmente ter dobrado o número de dias entre os dois eventos, o que resultou no ano de 364 dias.

Independentemente do motivo, os essênios de Qumran mantiveram o seu calendário solar com o ano de 364 dias. Na época de Jesus, eles chegaram a acreditar que Deus lhes permitisse tornar esse sagrado calendário em calendário real e parece que eles o usaram para todos os propósitos. Havia uma antiga profecia que dizia que, com a aproximação do "final dos tempos", as estações estariam fora de sua ordem correta. Naturalmente, a adoção do ano de 364 dias levaria 150 anos para inverter totalmente o verão em inverno. Seria esse o motivo pelo qual encontramos, por exemplo, histórias de Jesus amaldiçoando uma figueira por não prover frutos na estação apropriada?

Os Filhos da Luz

Os autores dos Manuscritos do Mar Morto tinham várias formas de se descreverem: os Filhos de Zadok, os Pobres ou Mansos, os Perfeitos, os Sagrados, os Filhos da Luz ou Filhos da Alvorada.[329]

Achamos interessante o fato de esses sacerdotes da tradição enochiana que ocuparam essas cavernas voltadas para o leste preferirem chamar-se Filhos da Luz ou Filhos da Alvorada. Em nossa obra anterior, havíamos chegado à conclusão de que João Batista, Jesus e seu irmão Tiago foram membros superiores do grupo essênio, que acreditava estar preparando o caminho para que Deus desse poder ao seu povo escolhido.[330]

Associado à comunidade de Qumran, havia um homem chamado Honi, o projetista de círculos, descrito por Josephus como membro de uma família que possuía uma tradição "oculta" ligada a Noé, que envolvia uma vivência em cavernas. O professor Robert Eisenman acredita que o neto de Honi, Hanan, seja possivelmente identificável a João Batista, que também era chamado de "oculto". Ele ainda vai além, considerando que Jesus e Tiago também fossem descendentes de Honi e, portanto, parte dessa tradição "oculta". Essa família estava associada ao dom de "fazer chover" que,

---

329. EISENMAN, R. *James the Brother of Jesus,* Faber & Faber, 1997.
330. KNIGHT, C. e LOMAS, R. *The Hiram Key,* Century, 1996.

durante o primeiro século antes de Cristo, tinha o significado de "retidão caindo do céu".[331]

Robert Eisenman empenhou muita energia durante anos analisando os Manuscritos do Mar Morto de maneira isenta de religiosidade. Nem todos os estudiosos concordam com seus pontos de vista, mas por várias vezes nossos achados coincidiam com a interpretação do professor. Como, por exemplo, o seguinte parágrafo:

> *Uma seqüência de zadoquitas religiosos havia existido durante um ou dois séculos antes do aparecimento oficial desse chamado "Movimento Zelote"; para identificar pelo menos quatro pessoas assim indicadas na mesma literatura: Onias, Judas e Honi(...) Talvez devêssemos incluir João, Jesus e Tiago na lista. A importante capacidade de fazer chover aderindo à tradição zadoquita, parece ter sido transmitida de Honi para o filho de sua irmã, Hanin ou Hanan ha-Nehba (Hanan, o Oculto)(...) Não somente a tradição "oculta" é associada a Honi, o avô de Hanin, mas persiste em se manter na tradição cristã na pessoa de João (Onias = Honi = Hanin = João), cuja mãe, em Lucas 1:24, "escondeu-se" durante cinco meses(...) onde Isabel o "esconde" em uma caverna de montanha quando Herodes procurou destruir João (a base da semelhante tradição a respeito de Jesus?) e Zacarias pergunta: "Onde você escondeu o seu filho?", a típica pergunta de quem vive em cavernas.*[332]

Chegamos a considerar os Manuscritos do Mar Morto de maneira inteiramente diferente, tendo encontrado potenciais ligações antigas com os construtores megalíticos da Europa Ocidental e, além disso, agora achávamos que Eisenman ligou João, Jesus e Tiago com essa mesma tradição de uma forma muito parecida com nossas próprias pesquisas, no livro *The Hiram Key*.

Segundo a Bíblia, Maria concebeu durante o equinócio da primavera e deu à luz Jesus no solstício de inverno. Sua prima muito mais velha, Isabel, concebeu durante o equinócio de outono e deu à luz João no solstício de verão. Portanto, com essas duas santas figuras do Novo Testamento, temos bem demarcados os quatro pontos-chave do ano solar.

O Evangelho de Lucas 1:78-79 menciona que João nasceu ao alvorecer quando Deus trouxe luz "àqueles que vivem nas trevas e na sombra da morte". Como sabemos por Eisenman que a mãe de João se encontrava em uma caverna nessa época, isso realmente parece uma descrição de um ritual de nascimento megalítico.

---

331. EISENMAN, R. *The Dead Sea Scrolls and the First Christians,* Element, 1996.
332. EISENMAN, R. *The Dead Sea Scrolls and the First Christians,* Element, 1996.

Sempre achamos estranho que Herodes quisesse tanto matar o recém-nascido Jesus, que (como é mencionado em Mateus 2:16) esse impopular rei estaria preparado para assassinar todos os meninos recém-nascidos para assegurar seu intento. Os judeus já eram conhecidos por sua ferocidade e pelo fato de brigarem muito entre si mesmos e com qualquer um, por qualquer motivo; por conseguinte, um ato semelhante poderia garantir uma revolta imediata de terríveis proporções.

No mito cristão, dizem que ninguém reconheceu que Maria tivesse engravidado de maneira especial, fazendo com que desse à luz em um estábulo no meio de animais – entretanto, logo após dar à luz, o rei Herodes, o Grande teme por sua autoridade. Herodes era um poderoso rei da Judéia e totalmente apoiado pelos romanos; o que ele poderia temer dessa criança humilde?

Em nossa opinião havia somente duas explicações racionais. Primeiro, porque esse conceito é uma invenção posterior de autores cristãos que queriam que seu herói fosse muito importante. E a segunda explicação é que Herodes temia realmente Jesus e Tiago, porque eles eram o foco do ressurgimento de um antigo culto canaanita, cuja tradição poderia solapar sua própria autoridade, caso eles se tornassem os líderes.

O Novo Testamento menciona (Mateus 2:2) que havia uma expectativa de um nascimento especial:

Onde está o recém-nascido rei dos judeus? Nós vimos sua estrela no Oriente e viemos para prestar-lhe homenagem.

Mas no Livro de Tiago 21:1-3 (apócrifo), há maiores detalhes de quando Herodes pergunta aos reis Magos a respeito do rei recém-nascido:

Que sinais vocês viram a respeito do rei que nasceu? E os reis Magos disseram: Vimos uma grande estrela brilhando e obliterando a luz das outras estrelas de maneira que não aparecessem; e então soubemos que um rei havia nascido a Israel e viemos para homenageá-lo. E Herodes disse: Vão e procurem-no, e se o encontrarem avisem-me para que eu também possa ir homenageá-lo. E os reis Magos seguiram seu caminho. E eis que a estrela que eles viram no Oriente foi à sua frente até chegarem à gruta, e ali permaneceu.

Isso é explícito. Jesus nasceu em uma gruta, uma caverna, à luz de uma brilhante estrela do Oriente que brilhava mais do que qualquer outra. E isso significa Vênus!

Será que esse ritual fora idêntico àquele praticado 3 mil anos antes em Newgrange?

Jesus foi proclamado como descendente da casa real de Davi, um rei que (como vimos antes) adotou a religião canaanita dos sacerdotes de

Melquisedeque. As lendas sobre os reis Magos dizem somente que se tratava de "homens sábios", mas sabemos pela avaliação anterior da dra. Elizabeth Barber que a palavra *magi* tinha um significado específico desde a China até a Arábia:

> *Os Magos distinguiam-se por seus altos chapéus; eles também professavam o conhecimento de Astronomia, Astrologia e Medicina, de como controlar os ventos e o clima por meio de mágica poderosa, e de como entrar em contato com o mundo espiritual.*

Isso foi confirmado pelo professor Krister Stendahl da Universidade de Harvard:

> *A estrela messiânica tornou-se importante para a comunidade de Qumran e para a igreja primitiva(...) Os "magos" eram originalmente uma categoria de sacerdotes da Média (região da Ásia Menor), mas nos tempos helenistas a palavra representava "homens do Leste (ou Egito) que possuíam conhecimentos astrológicos/astronômicos".*[333]

Se Jesus devia ser o novo rei dos judeus, os sacerdotes sabiam que ele teria de se conformar com a tradição secreta de nascimento em uma caverna à luz da estrela da manhã, no alvorecer do solstício de outono ou próximo dele. Isso teria de ocorrer no apogeu do brilho de Vênus em seu ciclo de oito anos – o período em que o planeta estivesse na mesma poderosa posição em relação ao nascer do Sol – conforme verificamos em Newgrange. O cálculo envolveria uma equipe de astrônomos, o que explica a presença dos magos.

O fato de os magos estarem associados ao controle do clima faz com que haja uma total conexão com a capacidade de "fazer chover" atribuída a Honi, "o desenhista de círculos". Os sacerdotes essênios eram amplamente famosos por suas habilidades médicas, e é o emblema da "serpente enrolada em um cajado" que representa o símbolo da medicina até hoje.

Dessa forma, parece que esse foi um nascimento cuidadosamente planejado e que os magos estavam ali desde o começo. Sabemos que Vênus esteve em sua posição especial no solstício de inverno do ano de 2001 (como foi mencionado no Capítulo XI), e, portanto, na mesma posição que estava no ano 1 d.C. e no ano 7 a.C. Como Herodes, o Grande, morreu no ano 4 a.C., podemos concluir que Jesus nasceu ao final do mês de dezembro do ano 7 a.C.

As circunstâncias especiais do nascimento de Jesus podem não ter nenhuma influência na tradição cristã, mas são muito informativas quando

---

333. STENDAHL, K. "Matthew", *Peake's Commentary on the Bible*.

as antigas idéias canaanitas são levadas em consideração. Acreditamos que isso indica que os nascimentos de João Batista e de Jesus foram cuidadosamente planejados e amplamente conhecidos. Eles deveriam representar a realização da "profecia da estrela", tão importante para os autores dos Manuscritos do Mar Morto.

Até o Velho Testamento faz referência à imagem da estrela, tanto no nascimento de Jesus quanto no Apocalipse de São João 22:16 quando Jesus disse: "Eu sou o rebento da família de Davi, a brilhante estrela da manhã".

Tanto João Batista quanto Jesus e seu irmão Tiago morreram eventualmente nas mãos das autoridades, de maneira que os três foram uma ameaça ao *establishment*. A Bíblia e as lendas hebraicas contam que Salomé, a neta de Herodes, o Grande, pediu que a cabeça de João Batista lhe fosse trazida em uma bandeja. Isso pode indicar que João era politicamente atuante, pois no papel de um sacerdote asceta operando no deserto, seria muito pouco provável que viesse a ser conhecido por Salomé, quanto mais ter gerado esse tipo de ódio.

Jesus foi julgado por Pôncio Pilatos, o governador militar romano da Judéia, e crucificado por se fazer passar como "rei dos judeus" – um título ao qual, conforme explicamos no livro *The Hiram Key,* ele tinha todo o direito.[334]

No ano 66 d.C., a guerra explodiu entre judeus e romanos que, de acordo com Josephus, resultou na aniquilação de 1,3 milhão de judeus. O exército romano era comandado por Vespasiano, que viera para a Judéia diretamente de um posto de comando da Bretanha. Na primavera do ano 68 d.C., seu exército destruiu Qumran e seguiu adiante para assediar Jerusalém. (O curioso é que, de acordo com Robert Eisenman, um neto de Honi, *também* chamado Honi, "o desenhista de círculos", construiu círculos pouco tempo antes da queda do Templo, no ano 70 d.C.[335] Um ano depois, Vespasiano foi nomeado imperador e voltou para Roma, deixando no comando da guerra na Judéia seu filho Tito, que, no ano 70 d.C., destruiu Jerusalém totalmente. Na mesma época, as conquistas na Bretanha continuavam sob o comando de Júlio Agricola.

Foi nesse período que os sacerdotes zadoquitas esconderam seus manuscritos em Qumran, entre os quais o "Pergaminho de Cobre" que relaciona os tesouros e os manuscritos depositados sob o Templo de Jerusalém na mesma época. Esses eram os manuscritos realmente importantes da comunidade de Qumran.

Após a destruição da fortaleza hebraica em Masada, no ano 72 d.C., o Judaísmo enochiano foi quase totalmente aniquilado. Sem os verdadeiros

---

334. KNIGHT, C. e LOMAS, R. *The Hiram Key,* Century, 1996.
335. EISENMAN, R. *The Dead Sea Scrolls and the First Christians,* Element, 1996.

sacerdotes zadoquitas de Jerusalém para liderá-los, a Diáspora Judaica do Império Romano voltou-se para o Judaísmo rabínico, solidamente baseado em Moisés em vez de Enoch, e muitos outros adotaram um novo culto de um antigo opressor e agora oponente teológico da Igreja de Jerusalém que pregava o seu próprio evangelho de um Jesus ressuscitado. Seu nome era Paulo.

Entretanto, havia sobreviventes. Em algum momento dos seguintes 20 anos aproximadamente, depois da queda de Jerusalém, um homem chamado João escreveu o *Livro da Revelação* (o Apocalipse), que é totalmente enochiano em sua forma, mas com nuances cristianizadas.

Esse livro descreve com grandes detalhes a memória do primeiro Dilúvio, quando sete estrelas colidiram com a Terra, quase destruindo-a.

> *As estrelas do céu despencaram sobre a Terra, como pé de figo soltando figos verdes quando bate vento forte. O céu se enrolou feito folha de pergaminho. As montanhas todas e as ilhas foram arrancadas do lugar(...)*
>
> *Os reis da Terra, os magnatas, os capitães, os ricos e os poderosos, todos, escravos e homens livres esconderam-se nas cavernas e rochedos das montanhas(...)*
>
> *O terceiro Anjo tocou. E caiu do céu uma grande estrela ardendo como tocha acesa. Caiu sobre a terça parte dos rios e sobre as fontes de água(...)*
>
> *O quinto Anjo tocou. Vi então uma estrela que tinha caído do céu sobre a Terra.*

O Livro de Enoch tornou-se muito popular entre os primeiros cristãos – mas, por um motivo desconhecido, ele logo foi perdido. Só podemos presumir que as pessoas que intentavam forjar uma nova religião a partir de fragmentos de outras anteriores tentaram destruí-lo. Certos elementos dessas antigas religiões foram mal interpretados e outros descartados como não-inteligíveis ou "pagãos" – um termo que simplesmente indica alguém que possuísse uma opinião diferente do culto ao Cristo ressuscitado.

De fato, vários sacerdotes zadoquitas fugiram para a Europa, onde fundaram algumas das principais famílias que, secretamente, protegeram sua genealogia zadoquita, mantendo na superficialidade a aparência convencional de famílias cristãs. Os descendentes desses sacerdotes retornaram como Cruzados, no século XI d.C., e a Ordem dos Cavaleiros Templários foi formada com a específica tarefa de recuperar seus manuscritos sagrados.

Apesar de todos os esforços dos romanos, os "Filhos da Luz" sobreviveram.

Conclusão

As recentes descobertas de círculos de pedras no deserto do Egito são consistentes com o que sabemos do Povo da Cerâmica Canelada. Além disso, o período de desentendimento entre o grupo de Newgrange e os Guardiães, na região do Mediterrâneo, coincide com o início da construção egípcia da cidade do "Muro Branco". A unificação das duas regiões egípcias ocorre logo após o impacto do cometa do ano 3150 a.C.

O grupo de Guardiães dividiu-se ao redor da época do impacto, alguns seguindo para o Egito, outros para a Suméria e outros, ainda, para um planalto da Ásia central, que hoje corresponde à China. Entretanto, um grupo maior permaneceu em Canaã, tornando-se os gigantes da lenda bíblica e mantendo as crenças megalíticas que continuaram a influenciar as práticas religiosas.

Os mitos astronômicos dos canaanitas megalíticos tornaram-se parte da tradição enochiana de Qumran, que reapareceu tanto nos Manuscritos do Mar Morto quanto na Igreja de Jerusalém de João Batista, Jesus e Tiago.

CAPÍTULO XIII

O CONHECIMENTO DOS DRUIDAS

A Sobrevivência da Alma

Muitas pessoas associam os sítios megalíticos, como Stonehenge, com os druidas, apesar de não haver nenhuma evidência de que o sacerdócio druida existisse antes do terceiro século a.C. Entretanto, há uma crescente convicção de que exista uma genuína conexão entre as crenças desses sacerdotes e as do Povo da Cerâmica Canelada. A estudiosa celta Nora Chadwick observou que:

> *A grande opinião é que a instituição* [o Druidismo] *seja pré-celta, tendo sido adotada pelos celtas da Gália e da Bretanha de povos anteriores entre os quais eles teriam se estabelecido.*[336]

O professor O'Kelly, que supervisionou as escavações de Newgrange, vai mais além:

> *Talvez uma perspectiva mais ampla a respeito da mitologia e da heróica saga irlandesa seja um pouco tardia(...) Se esse for o caso, isso não somente libertaria grande parte da tradição primitiva irlandesa da camisa-de-força celta, na qual ela foi até agora confinada, mas também a aproximaria mais no tempo ao povo que construiu os túmulos do Vale do Boyne. Seriam eles que plantaram as primeiras sementes da literatura oral irlandesa e deveríamos então começar a pensar a respeito,*

---
336. CHADWICK, N. K. *The Druids*, University of Wales Press, 1966.

não como uma janela para a Idade do Ferro, mas como uma janela para o Neolítico Primitivo?[337]

Portanto, uma das maiores autoridades no assunto concluiu que devemos olhar para trás, para o Povo da Cerâmica Canelada, para poder realmente entender as idéias subjacentes nas histórias dos celtas e dos druidas. Decidimos examinar mais de perto algumas das mais importantes lendas do povo celta.

A Lenda de Tara

Tara era uma princesa estrangeira que foi levada para Erin (antigo nome da Irlanda) por um cavaleiro chamado Barach a fim de que se casasse com o Alto Rei para estabelecer uma nova linhagem real de "Ard Ri a Tara", os Altos Reis de Tara. Seu casamento com o príncipe Eochaid foi celebrado por Ollamh Fodla, que possivelmente a acompanhara na viagem. O termo "Ollamh" não é um nome, mas um título que significa alguma coisa como "grande ou muito sábio druida".

Essa tradição oral da Irlanda foi contada a Robert 15 anos atrás por Tim Looney, o falecido historiador irlandês, enquanto passeavam pelas alturas da Colina de Tara, varridas pelo vento. Tim era uma reconhecida autoridade das tradições ligadas aos antigos sítios da Irlanda e, após sua morte, sua grande coleção de livros sobre material primitivo irlandês foi deixada para o seu próprio povo. Atualmente, está guardada na propriedade da Catedral Cashel, na biblioteca especialmente construída por Tim Looney, que constitui seu derradeiro memorial.

A Colina de Tara é um dos grandes sítios da Cerâmica Canelada do Vale do Boyne, que faz parte da História Antiga da Irlanda. Certamente, o sábio Ollamh Fodla era real e foi ele quem estabeleceu a tradição irlandesa de realeza. Mary Cusack, historiadora do século XIX, disse a seu respeito:

> *Ollamh Fodla distinguiu-se instituindo a primeira instância de uma convocação nacional ou parlamento no mundo. Ele também construiu uma fortificação em Tara e ali morreu em seu 40º ano de Druidismo.*[338]

Nossa preocupação seguinte era descobrir de onde vieram Tara, Barach e Ollamh Fodla. O famoso livro *Book of Invasions (Leabhar Gabhala)* (Livro das Invasões), do século XII, fornece uma primeira pista quando

---

337. O'KELLY, C., em O'Kelly, M. *Newgrange, Archaeology, Art and Legend,* Thames & Hudson, 1982.
338. CUSACK, M. *The Illustrated History of Ireland,* Dublin, 1868.

menciona que Ollamh Fodla estabeleceu um colégio de druidas, ensinando as leis de Moisés em Tara.[339] A pergunta óbvia era por que e como um homem encarregado de fundar uma linhagem real irlandesa preferiu optar pelas leis de Moisés.

Há outra conexão entre Ollamh Fodla, Tara e um misterioso objeto chamado "Lia Fail", que significa "Pedra do Destino". Pat Gerber, especialista em história celta da Universidade de Glasgow, aponta sentido quanto à conexão com Moisés quando diz:

> *Na extremidade norte da costa ocidental fenícia da rota marítima, um velho profeta desembarcava em Ulster. Foi-lhe dado o título de Ollamh Fodla(...) e foi coroado rei graças a sua grande sabedoria, subindo ao trono no Ano Mundial de 3236 (520 a.C.), ali permanecendo durante 40 anos(...) Ele fundou uma escola de profetas e estabeleceu leis de acordo com os dez mandamentos(...) ele era acompanhado de uma princesa e de um escrevente chamado Simon Brett. A princesa trazia uma harpa, um antigo emblema de Davi e mais tarde o emblema da Irlanda, que dizem estar enterrados em Tara, onde a grande pedra, a "Lia Fail", foi erigida.*
>
> *Quem eram exatamente essas pessoas? Será o mero desejo de fazer uma conexão que sugere ligações onde nada mais há que simples coincidências? Jeremias, a princesa Tea [Tara] e Barach fugiram do Egito ao redor de 580 a.C. e eis que um profeta ancião, uma princesa e um escrevente aparecem em Ulster em 520 a.C.*[340]

Conforme já vimos, em julho de 586 a.C., o rei Nabucodonosor destruiu o templo construído por Salomão e, em seguida, cegou Zedequias, rei dos Judeus, que antes foi forçado a presenciar a morte de seus filhos. Pelo próprio nome, Zedequias, está claro que ele era um sacerdote zadoquita e a Bíblia diz que, por proteção, ele enviara suas filhas para o Egito, durante a guerra com a Babilônia. Na lenda irlandesa, Barach acompanhava a princesa estrangeira, como já vimos anteriormente, e também era o nome do escrevente de Jeremias (isso também consta da Bíblia) que testemunhou a destruição de Jerusalém.

Seria esse Barach bíblico o mesmo que levou a filha do rei Zedequias do Egito para as "ilhas do norte"? Se esse for o caso, será que também levava uma pedra sagrada, usada na coroação de reis, para que a linha real de Davi pudesse sobreviver em exílio? Isso certamente explicaria como os ensinamentos de Moisés foram levados para a antiga Irlanda.

---

339. HYDE, D. *A Literary History of Ireland*, T. Fisher Unwin, 1899.
340. GERBER, P. *Stone of Destiny*, Canongate Books, 1997.

Sabemos, com certeza, que na coroação dos reis judeus era costume o uso de uma pedra sagrada. Em 2 Crônicas 23:11-13, a Bíblia diz:

> *Em seguida, levaram o filho do rei, colocaram nele a coroa e lhe entregaram o documento da aliança. E o proclamaram rei. Depois Joiada e seus filhos o ungiram e o aclamaram: "Viva o rei!".*
>
> *Ouvindo os gritos do povo que corria e aclamava o rei, Atalia foi ao encontro do povo no Templo do Senhor:*
>
> *E na entrada, ela viu o rei de pé em seu estrado [pedra] e os oficiais e os tocadores de trombeta junto ao rei...*

O profeta Jeremias, o chefe de Barach, em Jeremias 43:8-10, conta como foi instruído por Deus para esconder as grandes pedras de Israel diante da ameaça de Nabucodonosor:

> *Em Táfnis, a palavra do Senhor foi dirigida a Jeremias:*
>
> *Pegue umas pedras grandes e, na presença dos judeus, enterre essas pedras com massa na praça que fica na entrada do palácio do faraó, em Táfnis.*
>
> *Em seguida, você dirá a eles: Assim diz o Senhor dos exércitos, o Deus de Israel; Mandarei buscar o meu servo Nabucodonosor, rei da Babilônia, e colocarei o seu trono sobre essas pedras que enterrei. Sobre elas, ele estenderá seu dossel.*

Jeremias 46:13-24 diz que Deus também instruiu Jeremias para salvar a filha do rei que estava no Egito e levá-la para o povo do Norte, para sua segurança:

> *Palavra que o Senhor dirigiu ao profeta Jeremias quando Nabucodonosor, rei da Babilônia, chegou para derrotar o país do Egito.*
>
> *Prepara a bagagem para o exílio, habitante do Egito, porque Mênfis será transformada em deserto, será devastada e ficará sem moradores.*
>
> *Foi derrotada a capital do Egito e entregue ao povo do Norte.*

Havíamos confirmado que a tradição de uma pedra para a sagração de reis existia na Bíblia e sabíamos que Jeremias havia sido instruído para ocultar uma dessas importantes pedras e tirar a filha de Zedequias do Egito para viver em exílio no Norte. É possível que tenha levado a pedra para cumprir simultaneamente as duas instruções de Deus.

Como já vimos, dizem que Ollamh Fodla acompanhou a princesa para Erin (Irlanda) – seria *ele* o próprio Jeremias? Certamente as datas para os dois eventos são muito próximas, desde que se considerem os diferentes sistemas calendários.

Lawrence Gardener, genealogista da Casa dos Stewart, parece pensar que a princesa Tara *fosse* da Judéia: "Eochaid I de Tara casou-se com a filha do rei Zedequias de Judá no ano aproximado de 586 a.C."[341] Além disso, os poemas do bardo galês Taliesin, conforme veremos, sugerem que os reis de Tara descendiam de Enoch; portanto, a tradição de uma princesa da Casa de Davi, que foi para a Irlanda com uma pedra usada para sagrar reis, é uma persistente história celta.

A Pedra Lia Fail

As histórias das lendas de Tara foram escritas pelos monges da Igreja Celta que sabemos terem mantido um diferente calendário (com um ano mais curto) utilizado pela Igreja Católica Romana que, nessa época, usava o calendário de Júlio César. Por conseguinte, as diferenças de datas estão dentro dos limites de erro dessas duas maneiras de datar o passado.

A pedra que sagrava os reis, chamada Lia Fail, era um dos tesouros dos "Tuatha de Danann", que significa "O Povo da Deusa Danu". A lenda desse povo está diretamente ligada à Lia Fail:

> *O Povo da Deusa Danu, os Tuatha de Danann, veio do Norte* [do mundo, não só da Irlanda]. *Eles eram hábeis em magia e conhecimento druídico e levaram objetos principais de poder para a Irlanda, entre os quais estava a Pedra de Fal. A pedra grita ao ser pisada pelo pé do legítimo rei. A pedra sobre a qual os reis britânicos são coroados provavelmente é aquela que foi levada da Escócia por Eduardo I, em 1296. Essa é a original Pedra de Scone, usada na sagração e coroação dos reis escoceses; alguns autores afirmam que essa era a pedra real de Tara, na Irlanda, levada para a Escócia pelos reis de Dalriada. Magicamente, é essencial para a linhagem real inglesa pisar nessa pedra sagrada, uma tradição mantida até hoje.*[342]

A Pedra de Scoon (preferimos essa nomenclatura em vez de Scone), mencionada no Capítulo IX, também é tradicionalmente que dizem que Jacó teria usado como travesseiro quando sonhou com a escada que levava para o céu. Conforme é mencionado na Bíblia, em Gênesis 28:11-12:

> *Chegou a um certo lugar e resolveu passar a noite ali, porque o Sol já se havia posto. Jacó pegou uma pedra do lugar, colocou-a sob a cabeça e dormiu.*

---

341. GARDENER, L. *Bloodline of the Holy Grail*, Element, 1996.
342. STEWART, R. J. *Celtic Gods, Celtic Goddesses*, Blandford, 1990.

Teve então um sonho: uma escada erguia-se da Terra e chegava até o céu, e anjos de Deus subiam e desciam por ela.

Os reis e as rainhas do Reino Unido ainda são coroados sentados sobre a Pedra de Scoon. Um historiador de heráldica encontrou poderosas conexões entre essa pedra e o uso de símbolos hebraicos na heráldica celta:

> *Todos os enfeites incrustados de jóias estão subordinados àquela peça grosseira de pedra, aparentemente sem valor, sobre a qual o soberano se senta para ser coroado. Sem dúvida, o contínuo uso dessa "Pedra de Coroação" é o desejo de perpetuar um antigo costume, mas isso não explica a origem desse costume; por que essa pedra particular foi escolhida ou qual é o motivo da veneração tão considerada pelo povo da raça britânica? Para essas perguntas não há explicações, a não ser que aceitemos a tradição de que se trata da "Pedra de Israel" que Jacó, patriarca do povo israelita, usou como travesseiro por ocasião de seu sonho profético.*
>
> *Segundo a tradição, os descendentes de Jacó guardaram essa pedra como um sagrado tesouro nacional até o momento em que a nação de Israel foi conquistada e seus guardiães fugiram com ela para a Irlanda. Durante quase mil anos, os reis da Irlanda nela se sentaram para ser coroados. Da Irlanda, ela foi para a Escócia e usada para o mesmo propósito, até ser levada por Eduardo I para Westminster, na Inglaterra.*[343]

Então, como foi que a Lia Fail foi parar na Escócia? A lenda diz que Columba, um príncipe da Casa Real de Tara e um druida treinado nos métodos da Igreja Celta, levou-a para Argyll quando foi exilado para Dunadd. Entretanto, Pat Gerber não tem certeza dessa história e comenta:

> *Independentemente de ser verdade ou não de que Columba teria levado parte da Lia Fail como presente de despedida de Tara, ele poderia muito bem ter levado seu próprio altar. Esses altares portáteis, algumas vezes, eram feitos em pedra e ocasionalmente de pedra importada da Terra Santa.*[344]

Do lado de fora do Museu de Kilmartin, perto de Dunadd, olhando para uma reconstrução do barco de pescadores que transportara Columba da Irlanda para a Escócia, não podíamos deixar de pensar que a última coisa que levaríamos naquela pequena embarcação seria uma grande pedra

---

343. BENNETT, W. H. *Symbols of Our Celto-Saxon Heritage,* Covenant Books, 1976.
344. GERBER, P. *Stone of Destiny,* Canongate Books, 1997.

pesando centenas de quilos! Quem sabe Columba pensasse diferentemente, ou talvez ele simplesmente levou a *tradição* e consagrou uma pedra adequada ao chegar à Escócia.

Sabíamos com certeza de que os judeus tinham uma tradição de pedras sagradas que faziam parte do ritual da sagração da realeza; os druidas irlandeses e os escoceses possuíam também essa tradição para os rituais de sagração de reis.

Os galeses também tinham uma tradição de pedras sagradas contendo o conhecimento que um rei precisava para governar. Mas os ingleses, não tendo uma tradição própria, roubaram a pedra da Escócia.

Em 1296, Eduardo I, da Inglaterra, em uma expedição nas vizinhanças de Perth, roubou a Pedra de Scoon de seu lar escocês, em Moot Hill, e a levou para Westminster Abbey, onde mandou fazer um assento de madeira como suporte. Ali ela ficou até o dia de Natal de 1950, quando um grupo de estudantes escoceses apoderou-se da pedra levando-a de volta para a Escócia. Ela novamente foi apreendida pelos ingleses na segunda-feira da Páscoa de 1951, depois de ter sido colocada na Abadia de Arbroath e envolta em uma bandeira escocesa. Desde essa época a pedra foi "emprestada" para a Escócia com claras instruções que deveria ser devolvida para Westminster, caso ela fosse necessária para a coroação de um soberano inglês.

De fato, a tradição comum de uma pedra para a sagração de um rei seja provavelmente mais importante do que a questão da eventual existência de mais de uma pedra envolvida em todas essas histórias.

De qualquer forma, será que a pedra no Castelo de Edimburgo seja realmente aquela que serviu de travesseiro a Jacó? Talvez não, mas certamente acredita-se que seja e assim se *acreditou* durante centenas de anos. A própria existência e persistência dessa crença até a coroação da rainha Elisabeth II, em 1953, sugere que a tradição de uma conexão judaica com os reis britânicos possa conter alguma verdade. Talvez a princesa Tara tenha realmente proporcionado a linhagem real de Davi à Irlanda, estabelecendo uma nova linhagem de Altos Reis de Tara.

Sabemos que os fenícios praticaram o comércio com a Irlanda desde o ano aproximado de 600 a.C.; portanto, é certamente possível que a filha de Zedequias tenha fugido para essas "Ilhas do Norte". Tácito escreveu no primeiro século d.C. que os portos da Irlanda eram bem conhecidos dos comerciantes havia muito tempo, quando ele mencionou que Agricola dera asilo a um príncipe irlandês.[345] "A Irlanda é muito parecida com a Bretanha; e seus portos tornaram-se bem conhecidos dos negociantes que ali se dirigem para comercializar seus produtos".

---

345. TACITUS. *The Agricola,* Penguin Classics, 1948.

Há outro ponto de ligação entre as tradições judaica e celta. Os sacerdotes zadoquitas dos Manuscritos do Mar Morto eram chamados "Filhos da Luz" e os Tuatha de Danann eram conhecidos como os "Senhores da Luz". É interessante que a tradição conta que esses Senhores da Luz podiam fazer com que o Sol escurecesse, o que pode sugerir que fossem astrônomos que possuíam a habilidade de prever os eclipses.[346]

Realmente surpreendente é que essa mesma tradição diz que se acreditava que os Tuatha de Danann viviam em um aterro onde, antes, havia uma parede branca que ocultava uma câmara na qual ocorriam estranhas cerimônias ligadas a uma estrela brilhante.[347]

Certamente, os Tuatha de Danann deviam estar relacionados com o complexo megalítico do Vale do Boyne e, conforme já mencionamos, na lenda de sua chegada à Irlanda eles tinham a reputação de ter a capacidade de controlar a luz do Sol. Em sua primeira batalha para desembarcar em solo irlandês, que aconteceu em Moytura, eles venceram escondendo a luz do Sol e mergulhando a Terra na escuridão.[348] O estudioso celta T. W. Rolleston escreveu o que interpretou como conexões entre os celtas e o povo megalítico:

> *A conclusão a respeito dos fatos que eu li parece ser que o Druidismo, em seus aspectos essenciais, foi imposto sobre a natureza imaginativa e sensível do povo celta pela população anterior da Europa Ocidental, o povo megalítico.*[349]

Angus de Newgrange

Outra divindade dos Tuatha de Danann (a tribo de Danu) era chamada Dagda, conhecido como o "bom Deus". Ele tinha um caldeirão com o qual alimentava todos aqueles que pediam sua hospitalidade, e ninguém era recusado. Também tinha uma harpa que, ao ser tocada, fazia com que as estações ocorressem na ordem correta. O livro *Book of Leinster* [Livro de Leinster] conta a história de Dagda e de sua esposa.

> *Dagda possuía uma harpa viva; ao tocá-la, as estações aconteciam em sua própria ordem – a primavera seguindo o inverno, o verão substituindo a primavera, o outono seguindo o*

---
346. ROSS, A. *Druids, Gods and Heroes from Celtic Mythology*, Peter Lowe, 1986.
347. SQUIRE, C. *Celtic Myth and Legend, Poetry and Romance*, Gresham Publishing Co., 1890.
348. HYDE, D. *A Literary History of Ireland*, T. Fisher Unwin, 1899.
349. ROLLESTON, T. W. *Myths and Legends of the Celtic Race*, G. G. Harrap and Co., 1911.

verão e, finalmente, o inverno substituindo o outono. Sua esposa era chamada Boann e o Rio Boyne tem o seu nome porque foi ela quem o criou. Anteriormente, esse rio era somente um poço sombreado por nove mágicas árvores de avelã. O acesso ao lugar era proibido, mas com a proverbial curiosidade da mulher, Boann ousou desobedecer essa lei e, ao se aproximar do poço sagrado, as águas jorraram repentinamente inundando o lugar. Ela foi salva, mas quando as águas se acalmaram, não voltaram mais para o poço e formaram o Rio Boyne.[350]

Eles formavam um casal bem fértil e tiveram muitos filhos, dentre eles os mais importantes foram Brigid, Angus (Aengus) e Ogma.

Aengus era um eterno expoente jovem de amor e de beleza. Tal como o pai, ele tinha uma harpa, mas essa era de ouro e não de carvalho como a harpa de Dagda, e tão doce era a sua música que ninguém resistia em segui-la. Seus beijos tornavam-se pássaros que esvoaçavam invisivelmente sobre os meninos e as meninas de Erin. Ele é principalmente associado às margens do Rio Boyne onde tinha um palácio mágico.[351]

Será que o "palácio mágico" às margens do Rio Boyne fosse uma lembrança de Newgrange antes que seu brilhante muro de quartzo desmoronasse, por volta do ano 2600 a.C.? Certamente esses sítios ainda são considerados aterros mágicos das histórias folclóricas irlandesas recontadas às crianças.

De fato, todas as histórias dos Tuatha de Danann são associadas ao complexo de aterros nas vizinhanças de Newgrange, conhecido como "Bru na Boinne". A dra. C. O'Kelly comenta um fato ao olhar para o lendário contexto de Newgrange, do qual destaca duas principais tradições da mitologia irlandesa.

Com respeito a "Bru na Boinne" parece haver dois conceitos principais: "Bru" é a morada dos seres mitológicos ou sobrenaturais conhecidos como os Tuatha de Danann (o povo da deusa Danu) e ainda "Bru" é o lugar onde foram enterrados os reis pagãos de Tara. No Livro de Lecan, Dagda construiu um grande aterro para si e seus três filhos: Aengus, Aed e Cermait (Ogma).[352]

---

350. SQUIRE, C. *Celtic Myth and Legend, Poetry and Romance,* Gresham Publishing, Co., 1890.
351. SQUIRE, C. *Celtic Myth and Legend, Poetry and Romance,* Gresham Publishing, Co., 1890.
352. O'KELLY, C., em O'Kelly, M. *Newgrange, Archaeology, Art and Legend,* Thames and Hudson, 1982.

Ela mencionou uma estranha história a respeito de Angus/Aengus (Oengus an Broga) e o papel que ele interpreta na história de Diarmuid e Grainne, um dos mitos fundamentais da Irlanda Antiga.

> [Newgrange] *era a mansão para a qual Oengus an Broga levou o corpo de Diarmuid, um dos grandes heróis folclóricos irlandeses, depois de sua morte em Ben Bulben para que ele pudesse "infundir nele vida imaterial e assim falar comigo todos os dias".*[353]

A história de Diarmuid e Grainne conta como a linda virgem Grainne, filha do alto rei de Tara, devia casar-se com um poderoso personagem que havia sido um grande guerreiro, mas que já não era mais jovem (Finn mac Cumhal). Ela então convence um dos jovens e atraentes guerreiros a fugir com ela. Eles fogem e passam oito meses idílicos nos mais lindos lugares da Irlanda até que Finn os alcança, mas naquele exato momento ele é atacado por um javali. Diarmuid salva Finn do javali, mas é gravemente ferido. O ingrato Finn não deixa ninguém se aproximar de Diarmuid para lhe dar assistência, e ele acaba morrendo. Nesse momento, Angus aparece com um exército de Tuatha de Danann e leva a grávida Grainne e o corpo de Diarmuid para Bru na Boinne (Newgrange). Levando os dois para dentro do aterro, ele pronuncia um estranho discurso: "Farei com que a luz clara de uma alma do céu penetre nele para que ele possa falar comigo todos os dias".[354] Então Grainne dá à luz um filho que é levado para ser educado "e aprender a tornar-se o guerreiro que seu pai havia sido".

Desconsiderando a parte romântica da história, esse estranho conto parece datar de uma época em que o túnel que dá acesso à câmara de Newgrange não estava escondido pelo desmoronamento do muro. (Portanto, ele deve ter pelo menos 4.600 anos.)

Quando Grainne foge com o jovem guerreiro para evitar o casamento com a personagem indesejada, ela engravida, mas o jovem morre. O guardião de Newgrange então entra em cena, leva o corpo do jovem e a mulher grávida para dentro do aterro para salvar a alma do morto. O filho, então, nasce e cresce para ser literalmente o guerreiro que seu pai havia sido.

Talvez isso se refira a uma crença pela qual a luz clara de Vênus que é aquela que transfere o espírito imaterial de Diarmuid morto para o corpo do filho recém-nascido. Chegamos a nos perguntar se essa história cruel se referia ao conhecimento sobre o propósito do túnel e da câmara de Newgrange.

---

353. O'KELLY, C., em O'Kelly, M. *Newgrange, Archaeology, Art and Legend,* Thames and Hudson, 1982.
354. SQUIRE, C. *Celtic Myth and Legend, Poetry and Romance,* Gresham Publishing Co., 1890.

Outras histórias também tinham nuances que reconhecemos como tendo ligações com *O Livro de Enoch*. Falando a respeito de mitos irlandeses, Nora Chadwich refere-se até a uma raça de gigantes.

> *A tradição histórica ensina que a Irlanda era habitada por uma raça de gigantes, assim como os Tuatha de Danann, antes do aparecimento de Gael. Esses gigantes eram conhecidos como os Formori e eram os inimigos dos Tuatha de Danann.*[355]

Não podíamos deixar de pensar nas histórias de *O Livro de Enoch* sobre as lutas entre os Guardiães e os Gigantes (mencionadas no Capítulo VI). A dra. Chadwick ainda deu sua opinião sobre o significado desses antigos mitos considerando-os a partir do início da Era Cristã:

> *Os deuses não eram mais todo-poderosos; eles ocuparam seus lugares no passado distante como uma antiga raça, antes da "Irlanda Moderna". Mas eles estiveram presentes na terra da Irlanda como uma raça à parte, às vezes copulando com seres humanos comuns. Eram conhecidos como os Tuatha de Danann.*[356]

Esse é o antigo povo que se denominava Filhos ou Senhores da Luz, parecidos com deuses, mas que se relacionavam com homens e mulheres. Essa é uma cópia Carbono da história de Enoch, da própria terra que acreditamos ser o cerne de todo o mistério dos Guardiães. Eram Uriel e os seus companheiros "anjos" os Tuatha de Dannan – os Senhores da Luz que mantinham sua imortalidade por meio de um ciclo de renascimentos sob a luz da estrela da manhã? Será que alguns de seus membros se separaram para conviver com pessoas comuns e gerar filhos extremamente altos?

Era o momento de olhar mais de perto os druidas que originaram essas histórias.

Os Druidas

A maioria das pessoas talvez pense nos druidas com barbas brancas, vestindo longas túnicas brancas, colhendo visco com uma foice dourada na época de Lua Cheia ou, talvez, fazendo fogueiras com seres humanos encerrados em modelos gigantes feitos de vime. Mas o que realmente sabemos a respeito desses tão poderosos sacerdotes das Ilhas Britânicas quando os romanos apareceram?

---

355. CHADWICH, N. K. *The Celts,* Penguin, 1971.
356. CHADWICK, N. K. *The Celts,* Penguin, 1971.

Seguramente, sabemos pelo relato de Adamnan sobre Santo Columba, escrito logo após a sua morte, que esse santo da Igreja Celta era considerado um druida e um príncipe da linhagem real de Tara. Dizem que Columba vencera uma luta de magia com Broichan, druida de Brude Maelchon, rei dos Pictos. Ele nos fornece muita informação sobre as crenças druídicas que sobreviveram até meados do século V, adotadas pela versão celta do Cristianismo, muito diferente daquela da Igreja Romana.[357]

Até o início do primeiro século a.C., os druidas eram os guardiães de alguns dos sítios megalíticos mais conservados da Europa Ocidental. No ano 60 d.C., o imperador Cláudio encarregou o general Suetonius Paulinus de destruir os druidas, que acabaram se retirando na fortaleza de Ynis Mon, também chamada de Ilha de Anglesey. Por que esses sacerdotes celtas representavam tamanha ameaça aos romanos a ponto de provocar uma campanha sistemática de genocídio contra eles?

Julio César escreveu a respeito desses sacerdotes:

Os druidas oficiam a veneração dos deuses e controlam o sacrifício público e privado, e promovem leis para todas as questões religiosas. Um grande número de jovens dirige-se a eles para orientação e são considerados em alta estima pelo povo. Eles agem como juízes em praticamente todas as disputas, seja entre tribos, seja entre indivíduos; quando um crime é cometido ou ocorre um homicídio ou uma disputa surge a respeito de uma herança ou de alguma fronteira, são eles que adjudicam o assunto ou estipulam a compensação a ser paga e recebida pelas partes envolvidas. Qualquer indivíduo ou tribo que não aceita tal juízo é excluído da participação do sacrifício, o pior castigo de todos. Aqueles que sofrem essa punição são considerados criminosos ímpios. As pessoas afastam-se deles e evitam falar-lhes com medo de que o simples contato possa prejudicá-las; se eles apresentarem alguma queixa, a justiça lhes é negada e são excluídos da participação de qualquer tipo de honra.

Acredita-se que a doutrina druídica foi fundada na Bretanha e dali importada para a Gália; até hoje, aqueles que têm o propósito de realizar um estudo mais aprofundado a seu respeito se dirigem para a Bretanha.

Os druidas são isentos do serviço militar e não pagam tributos como os outros cidadãos. Esses importantes privilégios são naturalmente atraentes; muitas pessoas apresentam-se espontaneamente para se tornar estudantes de Druidismo e

---

357. MARSDEN, J. *The Illustrated Life of Columba,* Macmillan, 1991.

outras são encaminhadas pelos pais ou por parentes. Dizem que esses estudantes são obrigados a memorizar um número tão grande de versos que alguns levam até 20 anos para terminar seus estudos. Os druidas acreditam que sua religião os proíbe de colocar seus ensinamentos por escrito, apesar de usarem o alfabeto grego para as comunicações públicas ou privadas. Mas eu penso que essa regra foi originalmente estabelecida por outros motivos, pois não queriam que sua doutrina se tornasse propriedade pública e para evitar que os estudantes dependessem da palavra escrita e negligenciassem o treino da memória.

Essa descrição dos druidas de não colocar seus ensinamentos por escrito reflete exatamente a idéia da Maçonaria, que exige que seus membros memorizem grandes quantidades de rituais em um padrão oral perfeito. Só recentemente, os rituais maçônicos foram redigidos e, mesmo assim, não é permitido lê-los durante as cerimônias.

Os comentários seguintes de Julio César novamente confirmam o papel de um ciclo de renascimento controlado:

Uma lição que eles fazem questão de inculcar nas pessoas é que a alma não perece, mas depois da morte passa de um corpo para outro; eles acham que esse é o melhor incentivo à bravura porque ensina o homem a não temer os terrores da morte. Também mantêm discussões a respeito de corpos celestes e de seus movimentos, a dimensão do Universo e da Terra, a física constituição do mundo, o poder e as propriedades dos deuses, e instruem os jovens em todos esses assuntos. Se a vida de um homem durante sua existência não for resgatada, a vontade dos deuses imortais não pode ser apaziguada.

Todos os celtas dizem descender do deus do submundo que eles chamam Padre Dis. Por esse motivo, eles medem o tempo não pelo dia mas pelas noites, e seus aniversários são celebrados no primeiro dia do mês e no primeiro dia do ano; eles têm por princípio que o dia começa pela noite.[358]

Nascido no ano 100 a.C., Julio César foi coagido a entrar no colégio dos sacerdotes em 73 a.C.; foi eleito cônsul para a Gália quando escreveu esse relato sobre os druidas, e em 55 a.C. comandou uma expedição exploratória contra a Bretanha.

César descreve claramente os druidas como sacerdotes, juízes e astrônomos. Eles praticavam a arte da memória e haviam desenvolvido uma

---

358. CAESAR, J. *The Conquest of Gaul,* Penguin Classics, 1964.

tradição oral para registrar rituais e segredos, e eram obcecados com suas genealogias como qualquer sacerdote hebraico. Eles acreditavam no renascimento da alma, e descobrimos que uma moderna seita de druidas ainda pratica um ritual de ressurreição que envolve o iniciado ser renascido de um túmulo de pedras. Esses druidas modernos afirmam que herdaram esse ritual dos ancestrais, e é interessante que esse movimento foi fundado na semana do solstício de verão de 1717, na taberna "Apple Tree", de Londres, que era a sede de uma das quatro Lojas de maçons que estabeleceu a Grande Loja de Londres, também no solstício de verão de 1717.[359]

Deve ter sido uma semana bem movimentada para essa pequena taberna.

Essa prática é associada ao terceiro grau da Maçonaria quando o candidato é figurativamente morto e depois ressuscitado na completa escuridão à medida que a luz de Vênus paulatinamente aparece no Leste. Isso agora é realizado com a assistência de uma lâmpada com controle de intensidade de luz e uma abertura entalhada na parede em forma de estrela de cinco pontas.

Na Gália, Julio César escreveu um livro sobre Astronomia que infelizmente se perdeu, mas sabemos que ele aprendeu os movimentos dos céus com os druidas, que possuíam o conhecimento de calendários. Não é por coincidência que a maior realização de César foi a reforma do sistema-calendário que, até então, era um caos. O autor David Duncan comenta:

> *Desde o início, o calendário romano foi uma poderosa ferramenta política que governava os feriados religiosos, os festivais, os dias de mercado e o inconstante programa dos dias em que era próprio conduzir negócios judiciais e oficiais nas cortes e nos governos...* [o calendário impreciso] *causava confusão não somente para os agricultores e para os marinheiros, mas também para uma população que se tornava cada vez mais dependente do comércio, da lei e da administração civil em um império que crescia rapidamente e precisava desesperadamente de um sistema padrão para medir o tempo.*[360]

Os druidas possuíam um sistema-calendário avançado e preciso; a evidência arqueológica, na forma de uma placa gravada de bronze, foi encontrada na Bretanha. O arqueólogo Evan Hadingham comenta a respeito:

> *O interesse por um calendário, registrado por Julio César e Plínio, foi confirmado quando os restos de um verdadeiro calendário celta foram descobertos em Coligny, no distrito fran-*

---

359. Comunicação Particular: The Order of Bards, Ovates and Druids.
360. DUNCAN, D. E. *The Calendar,* Fourth Estate, 1998.

cês de Ain, no início do século. Esse calendário era antigamente uma grande placa de bronze, com cerca de 1,5 metro quadrado e foi encontrado perto de uma via romana junto com peças de uma estátua de bronze datada do primeiro século d.C. Apesar do fato de que os nomes dos meses estejam escritos em gaulês, as letras e os numerais são romanos. O calendário (que é como César diz que os celtas contavam o tempo) baseia-se em noites e meses lunares.[361]

O calendário havia sido atribuído ao deus Managan, cujo nome aparece duas vezes na parte superior da lista dos dias, e é o nome galês para Dagda – o bom deus, cujo som da harpa fazia mudar as estações. Acreditamos que essa referência a Managan mostra que o calendário Juliano era um sistema solar determinado pelo dia, que foi transmitido aos druidas pelos Tuatha de Danann.

No momento em que Julio César soube dos ensinamentos dos druidas em assuntos de astronomia e da imortalidade das almas, os romanos começaram a assumir interesse pouco saudável pelas Ilhas Britânicas. A partir do ano 55 a.C., Roma ficou ansiosa por controlar as ilhas da Bretanha. César enviou duas expedições ao sul da Bretanha, mas a Inglaterra somente foi vencida no reinado de Cláudio, no ano 43 d.C. Essa determinação de conquistar a Bretanha surpreendia o historiador de Roma, Harold Mattingly:

A Bretanha, apesar de suas aparentes condições atribuladas, dificilmente seria uma ameaça perigosa para Roma, e se os romanos vissem suas reservas minerais, eles certamente ficaram desapontados.[362]

Por que, então, a poderosa Roma queria conquistar uma obscura ilha não longe da costa ocidental da Europa? Tácito relata:

Julio César, o primeiro romano a entrar na Bretanha com um exército, realmente intimidou os nativos com uma vitória e um controle seguro da costa. Mas pode-se dizer que ele simplesmente atraiu a atenção para a ilha que não era dele para deixar delegado. Depois dele, começaram as guerras civis, com os líderes de Roma lutando contra o seu próprio país. Mesmo com a volta da paz, a Bretanha foi longamente negligenciada. Augusto referiu-se a respeito como política, Tibério chamou-a de injunção. O imperador Gaio inquestionavelmente planejou uma invasão da Bretanha, mas suas idéias impulsivas eram to-

---

361. HADINGHAM, E. *Circles and Standing Stones*, William Heinemann, 1975.
362. MATTINGLY, H. *Roman Imperial Civilization*, Oxford University Press, 1956.

talmente instáveis. Foi o imperador Cláudio quem iniciou a grande empresa. Ele enviou legiões e equipamento, e escolheu Vespasiano para participar do empreendimento, o primeiro passo para o seu futuro grandioso. Tribos foram dominadas e reis capturados e o dedo do destino começou a apontar para Vespasiano.[363]

Certamente, é curioso o fato de Julio César exigir que qualquer candidato à cidadania romana renunciasse primeiro e publicamente ao Druidismo.[364]

A Destruição dos Druidas

Então, parece que Roma estava determinada a acabar com os druidas. Depois de revisar as fontes clássicas, Nora Chadwick é bem clara a respeito da atitude romana com respeito aos druidas quando escreve:

> *A ocupação da Bretanha pelos romanos foi amplamente decidida para definitivamente destruir o Druidismo na raiz. Esse era um objetivo arrojado, mas, por mais estranho que seja, foi aceito pelo estudioso de autoridade máxima, o alemão Ihm, considerado o mais moderno estudo sobre os druidas e endossado por* sir *Ronald Syme e R. G. Collingwood.*[365]

A lenda celta relaciona três importantes locais de reunião dos druidas na Ilha da Bretanha. Um era chamado Bryn Gwyddon (A Colina da Ciência) e se localizava em algum lugar em Ynis Mon (Anglesey). Outro era o território de Gwyr Gogledd, os homens do Norte, em algum ponto perto de Perth. E o terceiro lugar é o que hoje corresponde ao Sul da Inglaterra.

Os druidas enfrentaram uma grande batalha contra o determinado extermínio dos romanos em Ynis Mon (Anglesey). Este havia sido o principal reduto druida até ser finalmente invadido por Suetonius Paulinus no ano 60 d.C., durante o reinado de Nero.[366] Os homens de Paulinus levaram um ano para capturar Castell Ior, onde os druidas fizeram última resistência. Os romanos desembarcaram em Wylfa Bay e, passando por Llanfechell, eles se entrincheiraram em Morawydd, uma colina às margens de Cemaes. Inicialmente, foram rechaçados e milhares de romanos morreram em um

---
363. TACITUS. *The Agricola,* Penguin Classics, 1984.
364. SQUIRE, C. *Celtic Myth and Legend, Poetry and Romance,* Gresham Publishing Co., 1870.
365. CHADWICK, N. K. *The Druids,* University of Wales Press, 1966.
366. CHADWICK, N. K. *The Celts,* Penguin, 1971.

lugar que, desde então, foi chamado de Lon Hyd y Corffau (Passeio dos Mortos), mas finalmente o poderio romano prevaleceu e Castell Ior foi destruído e todos os defensores foram mortos.[367]

Essa batalha assegurou aos druidas um lugar no mito celta. Mas a conseqüência desses eventos é ainda mais estranha.

Suetonius Paulinus havia planejado o ataque a partir do forte de Chester e operava com uma longa e demorada linha de suprimentos. Ele havia-se estendido demais e, logo depois da queda de Castell Ior, foi forçado a abandonar Anglesey. Tácito criticou-o dizendo:

> *Suetonius Paulinus teve dois anos de sucesso, conquistando novas tribos e guarnecendo fortes. Incentivado a atacar a Ilha de Anglesey, que alimentava a resistência nativa, ele se expôs atacando pela retaguarda.*[368]

O ataque foi bem planejado na retaguarda: para ser preciso, todo o Sul da Bretanha armou-se sob o comando da rainha Boudicca, da tribo dos Iceni. Ela logo se apossou de Londres, Colchester e Verulamium e, no processo, retomou o sul do sítio de reuniões dos druidas. Paulinus encontrou-se com problemas e teve de marchar contra a vitoriosa Boudicca. Ele a derrotou nos arredores da região onde hoje está Birmingham, mas, vencendo-a, tratou tão mal a rainha e seus seguidores que quase provocou uma nova rebelião por parte do resto dos habitantes.

Tácito conta o que aconteceu:

> *Toda a ilha* [da Bretanha] *levantou-se sob a liderança de Boudicca, uma dama de descendência real, pois os bretões não fazem distinção de sexo ao nomear seus governantes. Se Paulinus não houvesse se apressado em ajudar, a Bretanha teria sido perdida. Mas muitos rebeldes não depuseram suas armas, conscientes de sua culpa e dos motivos que eles tinham por temer a reação do governador. Apesar de ser um bom militar, temia-se que fosse abusar da rendição e punisse a ofensa com severidade indevida. Por conseguinte, o governo o substituiu.*[369]

Em todas essas aventuras, Paulinus era acompanhado de um jovem oficial chamado Júlio Agricola. Tácito fala a respeito dele:

---

367. EDWARDS, G. T. *A Short History of the Churches and Neighbourhood of Llanbadrig, Llanfechell, Llanfflewin and Bodewryd*, Oriel Cemaes, 1997.
368. TACITUS. *The Agricola,* Penguin Classics, 1948.
369. TACITUS. *The Agricola,* Penguin Classics, 1948.

A Bretanha nunca estivera em um estado tão perturbado, tanto antes quanto naquele momento. Os veteranos haviam sido massacrados, colônias inteiras queimadas e exércitos dizimados. Eles tinham de lutar por sua sobrevivência antes de pensar na vitória. Todas essas ocorrências proporcionaram ao jovem Agricola novas habilidades, experiência e ambição, e o seu espírito ficou possuído por uma paixão de glória militar.[370]

Agricola voltou para Roma com Paulinus para ser nomeado membro do colégio de sacerdotes. Depois da morte de Nero, o novo imperador Galba encarregou-o de recuperar tesouros roubados dos templos durante o reinado de Nero. Nesse momento, Roma vivia um período de conturbação e instabilidade, havendo passado pelo governo de três imperadores em 12 meses. Agricola tornara-se amigo de Vespasiano, que estivera na Bretanha no ano 43 d.C. Quando Nero se suicidou, Vespasiano estava ocupado, destruindo o Templo de Jerusalém e matando o maior número possível de judeus.

No ano 69 d.C., achando que Roma estava madura para ser tomada, Vespasiano voltou com forças suficientes para assegurar sua subida ao poder. Agricola o apoiou e foi recompensado com o comando da 20ª Legião, na Bretanha. Ele serviu bem Vespasiano e foi novamente promovido, dessa vez como governador da Aquitânia. Então, no ano de 78 d.C., Vespasiano enviou-o de volta para a Bretanha em uma missão especial. Ele foi instruído para capturar todos os sítios druidas e matar o maior número possível de seus seguidores.

É de se notar que isso ocorreu cinco anos depois que os romanos haviam completado a destruição dos sacerdotes zadoquitas pela tomada da fortaleza de Masada, cuja população de mil habitantes cometeu suicídio depois de resistir durante dois anos.

Agricola retornou como governador de uma província britânica que controlava o sítio sul, onde se reuniam os druidas, mas não havia conseguido conquistar Anglesey e a Escócia. Certamente, Agricola era radical. Inicialmente, estabeleceu o controle do Norte do País de Gales, subjugando a tribo Ordoviciana e restabelecendo o forte de Segontium nas cercanias de Caernarfon. Sua cadeia de suprimentos garantida, ele então treinou uma tropa de cavaleiros para nadar os perigosos Estreitos de Menai. Tácito explica por quê:

Entre os auxiliares, ele selecionou homens que tinham experiência em águas rasas que foram treinados para nadar carregando suas armas e mantendo seus cavalos sob controle e fez que se desembaraçassem de seu equipamento. Ele então os lan-

---

370. TACITUS. *The Agricola*, Penguin Classics, 1948.

çou em um ataque surpresa; os inimigos que esperavam ser atacados por uma frota de navios por meio de uma operação naval ficaram totalmente confusos. Quem poderia parar ou derrotar um inimigo que atacava dessa forma?[371]

Agricola optou por atacar em um momento normalmente dedicado a festivais e visitas cerimoniais.[372] Tácito descreve essas reuniões regulares do Druidismo.

Em uma ilha do oceano há uma caverna sagrada e nela encontra-se uma carruagem coberta com um véu. Somente o sacerdote pode aproximar-se dela. Ele sabe quando a deusa aparece na carruagem sagrada. Ele percebe a presença da deusa nesse lugar sagrado e, com grande reverência, acompanha sua carruagem puxada por vacas. E, então, há dias de alegria e festas em todos os lugares que a deusa honra com sua presença. E depois há dias alegres e festas de casamento. Nessa época não há guerras, nenhuma arma é empunhada e a espada permanece na bainha. Nesses momentos, somente paz e silêncio são conhecidos ou desejados, até que a deusa, cansada de sua estada entre mortais, é levada de volta para o altar pelo mesmo sacerdote.[373]

O festival descrito só pode referir-se ao ritual do equinócio da primavera. Sabíamos que o sítio de Bryn Celli Ddu é sujeito a brilhantes efeitos de luz durante o equinócio da primavera (Veja o Capítulo IX), que facilmente poderia ser interpretado como uma visita da deusa. O santuário de Bryn Celli Ddu é situado perto dos Estreitos, em oposição ao forte de Segontium. Também suspeitávamos, pelos comentários de Tácito, que as tribos que queriam que seus filhos nascessem no solstício de inverno precisariam engravidar as mulheres nessa época. Os cavaleiros de Agricola surpreenderam os habitantes nesse momento e aproveitaram para acabar com os druidas remanescentes de Ynis Mon.

Agricola nunca mais abandonou Ynis Mon e construiu um forte em Holyhead para controlar a ilha. Mas os druidas ainda possuíam um reduto na Escócia. Sabemos disso pela evidência de Columba, que foi para Inverness no ano 564 d.C. para confrontar os últimos vestígios do antigo poder druida que ainda existia. Portanto, apesar de todos os esforços de Agricola para destruir os sacerdotes druidas, alguns ainda sobreviveram durante pelo menos 300 anos.

---

371. TACITUS. *The Agricola,* Penguin Classics, 1948.
372. TACITUS. *The Agricola,* Penguin Classics, 1948.
373. TACITUS. *Germania,* 40, Penguin Classics, 1948.

Até o ano 80 d.C., Agricola havia conquistado toda a parte norte da Inglaterra e avançara na Escócia até o Rio Tay. Ele construiu uma única estrada de sentido leste-oeste ao longo da latitude 55° N que lhe possibilitava subjugar os druidas – que nós acreditamos estivessem ocupando os antigos sítios megalíticos dessa latitude, onde o nascer e o pôr-do-sol do solstício formam um quadrado perfeito, como foi mencionado no Capítulo VII. De fato, Agricola era muito sistemático na construção de estradas para suprir suas tropas. Durante sua campanha, todas as estradas que ele construiu foram no sentido norte-sul.

Ele deve ter encontrado problemas de logística para suprir o grande contingente de tropas necessário para reprimir a alta densidade de sítios druidas nessa latitude, um problema que resolveu construindo essa estrada em particular, que posteriormente proveria a linha para a construção do Muro de Adriano, a rota que tanto nos surpreendeu.[374] No ano seguinte, ele construiu uma série de fortes desde o Firth de Forth até o Firth de Clyde, e até o ano de 82 d.C. ele controlava as terras baixas da Escócia e passou a considerar uma invasão na Irlanda.

Tácito registra:

> O lado da Bretanha frente à Irlanda estava alinhado com suas tropas. A terra e o clima da Irlanda, assim como o caráter e a civilização de seus habitantes, são muito parecidos aos da Bretanha e seus portos tornaram-se conhecidos pelos mercadores que ali aportavam. Um príncipe irlandês, expulso de seu lar por uma rebelião, foi acolhido por Agricola supostamente em sinal de amizade, na esperança de poder usá-lo. Muitas vezes ouvi Agricola dizer que a Irlanda poderia ser reduzida e mantida por uma única legião formada por um bom contingente de auxiliares, e que seria mais fácil controlar a Bretanha se ela fosse completamente cercada por exércitos romanos, para que a liberdade fosse totalmente banida.[375]

Essa não era mera especulação por parte de Agricola, pois ele realmente conseguiu estabelecer uma cabeça-de-ponte na Irlanda. Entretanto, sempre se acreditou que os romanos nunca haviam chegado à Irlanda e que a cultura celta irlandesa nunca havia sido ameaçada. Segundo essa opinião, as moedas romanas encontradas no Vale do Boyne foram negligenciadas e consideradas importadas – até o aparecimento de um artigo no *Sunday Times*, de Londres, em 21 de janeiro de 1996.

> Um remoto pedaço de terra, 15 milhas ao norte de Dublin, derrubou um dos maiores mitos irlandeses. Ele indica que o

---

374. MARGARY, I. D. *Roman Roads in Britain*, John Barker, 1973.
375. TACITUS. *The Agricola*, Penguin Classics, 1948.

país foi, de fato, invadido pelos romanos(...) Em Drumanagh, embaixo do solo, surgiu a clara evidência de um forte costeiro romano de dimensão aproximada de 160 mil metros quadrados(...)
O forte foi identificado como uma significativa cabeça-de-praia romana, construído para dar suporte a campanhas militares durante o primeiro e segundo séculos d.C. Era fortemente defendido e acredita-se que evoluiu em uma grande cidade comercial. Moedas encontradas no sítio mostram que o envolvimento romano na Irlanda estendeu-se durante o período de 79 d.C. até 138 d.C., no mínimo.
Especialistas do período romano anunciaram o achado esse fim de semana. Barry Cunliffe, professor de Arqueologia Européia da Universidade de Oxford, descreveu esse achado "impressionante". "Trata-se de um dos mais importantes sítios da Europa e se enquadra perfeitamente com o que Roma estava fazendo ao longo das fronteiras de seu império. Drumanagh é absolutamente importante, pois pode explicar todo o material romano que vem sendo descoberto na Irlanda"(...)
Barry Raferty, professor de Arqueologia de University College, de Dublin, declarou ser o achado mais importante da Irlanda. Ele acredita que centenas de pessoas habitavam o forte em casas densamente construídas no recinto(...) A escavação completa do sítio de Drumanagh suprirá as respostas para um mistério que perdura por cerca de 2 mil anos.[376]

Esse sítio foi construído nos primeiros anos do governo de Agricola e colocam os comentários de Tácito em um contexto perfeito. Esse local encontra-se a poucas milhas de distância de Newgrange. Agricola estava procurando assegurar o controle de todos os importantes sítios druidas – e esses estavam todos localizados em santuários megalíticos do Povo da Cerâmica Canelada.

Pouco se sabe da expedição de Agricola na Irlanda, além do fato de ter feito bom uso do conhecimento local do príncipe irlandês capturado que lhe permitiu estabelecer o assentamento romano perto da foz do Rio Boyne. Por outro lado, sabemos o bastante a respeito de sua expedição em Inverness porque Tácito a registrou com muitos detalhes. Até o ano 84 d.C., Agricola havia alcançado o Moray Firth, empurrando os druidas e seus seguidores à sua frente para o derradeiro sítio sagrado que Tácito chamou de Mons Grampius. A frota de Agricola patrulhava os mares entre a costa e as Ilhas Hébridas e Orkney. Quando os druidas se voltaram para lutar, Tácito relata um discurso pronunciado por seu líder chamado Calgacus:

---

376. BYRNE, Ciaran e MASS, John, em *The Sunday Times*, 21 de janeiro de 1996.

Quando considero os motivos que temos para lutar e a crítica posição na qual nos encontramos, tenho a forte impressão de que o fronte unido, que vocês estão apresentando hoje, significará o alvorecer da liberdade para toda a Bretanha. Vocês conseguiram formar um bloco unido de homens livres. Não há mais terras atrás de nós e até o mar nos ameaça com a frota romana. Nós, a nata da Bretanha, estávamos escondidos em seus lugares mais secretos. Nós, os mais distantes habitantes da Terra, os últimos homens livres, fomos protegidos até hoje por essa mesma distância e pela escuridão que velou o nosso nome. Para a frente, então, vamos agir e no caminho pensem naquelas pessoas que já se foram e naquelas que ainda hão de vir.[377]

Tácito conta que, durante a batalha, 30 mil bretões foram mortos e o último reduto druida foi destruído:

Um terrível silêncio reinava, as colinas estavam desertas; à distância casas ardiam, e os nossos batedores não encontraram viv'alma. Eles haviam sido enviados em todas as direções e se asseguraram de que o inimigo fugira aleatoriamente e não estava se reunindo em nenhum ponto específico.[378]

O mentor de Agricola, Vespasiano, morreu no ano 79 d.C. para ser brevemente substituído por Tito, durante pouco mais de um ano antes de ser deposto pelo tirano Domiciano. Esse novo imperador não gostava de Agricola, e Tácito reporta que Domiciano o ignorou quando voltou para Roma e, em seguida, temendo que ele se tornasse popular demais, mandou que o envenenassem.

Resumindo, Agricola esteve muito envolvido nas constantes tentativas de eliminar judeus e druidas, os dois grupos de pessoas ligados pelo conhecimento de *O Livro de Enoch*. É de se suspeitar fortemente que ambos descendiam da mesma linhagem real de Davi e que fossem considerados uma ameaça ao "Divino domínio de Roma" – e, portanto, tinham de ser destruídos.

Agora sabíamos que Agricola havia expandido seus recursos até o limite para assegurar o controle de todos os sítios sagrados do Povo da Cerâmica Canelada: a planície de Salisbury, Anglesey, Vale do Boyne, Caithness e Sutherland e as Ilhas do Norte. Da mesma forma que Vespasiano destruíra os judeus de Jerusalém e Masada, assim também seu pupilo Agricola proporcionou a Roma a solução final para o caso dos druidas.

---

377. TACITUS. *The Agricola,* Penguin Classics, 1948.
378. TACITUS. *The Agricola,* Penguin Classics, 1948.

Entretanto, como dissemos anteriormente, a luta mágica de Columba com um druida em Inverness, no ano 564 d.C., sugere que Agrícola não teve sucesso total em sua tentativa de genocídio. Será que podemos descobrir alguma pista? A resposta a essa pergunta está nas charadas de um bardo galês do século VI.

A Primeira Cadeira de Eisteddfod

Segundo a tradição galesa, o rei Maelgwn Gwynedd foi um dos primeiros patronos das artes. Dizem que foi ele quem fundou o Eisteddfod, reuniões competitivas de poetas e de músicos, praticadas até hoje no País de Gales.[379]

Antigamente, o ganhador tornava-se trovador oficial da corte do rei de Gwynedd, com direito a uma cadeira à sua mesa.

De acordo com *The Oxford Book of Welsh Verse* [O Livro de Oxford do Verso Galês], o papel tradicional do bardo era expressar o tributo da tribo à habilidade e à bravura pessoal do líder do qual dependia seu futuro, e afirma que essa tradição da escolha de poetas para a corte já existia antes da chegada dos romanos.

Esses poemas são alguns dos mais antigos em linguagem galesa (y Cymraeg).

Compostos por um grupo conhecido como Cynferidd (os primeiros poetas), eles são associados ao reino de Gwynedd do século VI e sobreviveram em tradição oral até que foram escritos no *Red Book of Hergest* [O Livro Vermelho de Hergest] e no *Book of Taliesin* [Livro de Taliesin], no século XI. O Cynferidd (grupo de escritores do País de Gales) escreveu os primeiros poemas em linguagem que o povo galês atual pudesse compreender.[380]

Kenneth Jackson, historiador da linguagem galesa, comentou a respeito da data do início do galês moderno:

A linguagem galesa data de meados do século VI. Esse é um ponto de grande importância para a literatura porque dele depende a questão de saber se os poemas históricos atribuídos aos poetas Taliesin e Aneirin do século VI foram os primeiros a ser escritos no que hoje é a linguagem galesa.

O bardo Taliesin foi o primeiro ganhador dessa competição e conseguiu sua cadeira com um poema que pode ser lido ainda hoje, intitulado Hanes Taliesin *ou o* Conto de Taliesin*; Taliesin*

---

379. EDWARDS, H. T. *The Eisteddfod*, University of Wales Press, 1990.
380. PARRY, T. *The Oxford Book of Welsh Verse*, Clarendon Press, 1962.

é o pseudônimo assumido por um certo Gwion ap Gwreang quando competiu em Conwy Eisteddfod.[381]

Isso levanta uma importante questão: por que Gwion escolheu Taliesin como seu nome bárdico?

As lendas dizem que Taliesin roubou a herança da deusa Cerridwen ao beber de um caldeirão especial de conhecimento que ela preparara para o seu próprio filho.

Cerridwen o persegue, mas, com o novo conhecimento, Taliesin transforma-se, assumindo diferentes formas. Apesar disso, ele acaba sendo comido por Cerridwen na forma de galinha, quando ele se transforma em um grão de milho.

Quando Cerridwen volta à forma original, ela está grávida e dá à luz o novo Taliesin na forma de criança. Não querendo essa criança, mas também não desejando matá-la, Cerridwen joga-a ao mar em uma bolsa de pele. Ele flutua até um castelo onde é aprisionado por seu dono, o rei dos gigantes, Ysbaddaden.

Mabon (o nome que o gigante dá para Taliesin criança) é criado como prisioneiro por Ysbabbaden, mas ele se apaixona por sua filha Olwen. Quando o rei dos gigantes e seus familiares são feitos prisioneiros pelo tio do rei, o menino é libertado. Entretanto, ele volta à corte desse tio vitorioso e participa de uma competição poética, cujo prêmio é a libertação do rei dos gigantes. Sua poesia é tão boa que ele acaba ganhando a liberdade do rei que o aprisionara, Ysbaddaden – e a mão de sua filha Olwen em casamento. Em 25 de março, Taliesin (o nome significa Portador de Luz)[382] se casa com Olwen (o significado literal desse nome é Rastro Branco, o nome galês de Vênus)[383], filha do rei dos gigantes.

Robert Graves, que examinou a poesia de Gwion detalhadamente, comentou:

> *O pequeno Gwion, filho de Gwreang de Caereinion, era uma pessoa sem importância que, acidentalmente, descobriu alguns mistérios antigos e, tornando-se um adepto, começou a desprezar os bardos profissionais de sua época(...) ele era um clérigo paganista com ligações irlandesas. Proclamando-se mestre-poeta, Gwion assumiu o nome de Taliesin, tal como um ambicioso poeta helenista assumiria o nome de Homero.*[384]

---

381. JACKSON, K. "The Dawn of the Welsh Language", *Wales Through the Ages,* vol. 1, Christopher Davies, 1959.
382. SPENCE, L. *Mysteries of Celtic Britain,* Nelson & Sons, 1890.
383. SPENCE, L. *Mysteries of Celtic Britain,* Nelson & Sons, 1890.
384. GRAVES, R. *The White Goddess,* Faber & Faber, 1948.

A Pedra Branca e Sagrada

Havendo considerado a charada de Gwion, tínhamos pela frente outra. Quem era esse Maelgwn Gwynedd, fundador aparente do Eisteddfod, que buscava poetas para a sua corte?

O que hoje sabemos a respeito de Maelgwn nos chega dos escritos contemporâneos de Gildas, um monge da Bretanha Ocidental. O professor Gwyn Williams, da Universidade de Cardiff, disse a respeito de Gildas:

> *Na época em que Gildas escrevia, os bretões eram governados por reis. O próprio trabalho de Gildas é uma extensa denúncia desses reis por ter abandonado o latim, o romanita e o Cristianismo para afundar no que ele considerava barbarismo. Somente de passagem, menciona alguns deles: pelo menos dois governaram as terras que estavam se tornando o País de Gales. Havia Vortipor, "tirano" dos Demetae; a sudoeste havia Gwrthefyr, rei de Dyfed, colocado precisamente em meados do século VI sobre uma pedra comemorativa erigida no que hoje é Carmarthenshire, com inscrições em latim e em escrita ogham, dos irlandeses. E havia Maelgwn Gwynedd, governando Gwynedd em pródigo e magnífico estilo celta, a partir de uma corte em Deganwy, ao norte da costa do País de Gales, que havia sido treinado no monastério de Llanilltud Fawr (Llantwit Major), no Vale de Glamorgan ao sudeste; segundo bretões e saxões, ele foi o rei mais poderoso dos bretões.*[385]

Portanto, Maelgwn foi um ex-monge de um monastério da Igreja Celta ao sul do País de Gales.

Há uma velha tradição pela qual o Cristianismo foi levado para o Sul do País de Gales no ano 58 d.C. pelo rei Bran de Glamorgan. O rei Bran é descrito em documentos galeses, conhecidos como *Tríades da Ilha da Bretanha*, como o chefe de uma das três famílias santas da Bretanha:

> *A primeira* [família santa], *a família de Bran, o Abençoado, filho de Llyr Llediath, que primeiro trouxe de Roma a fé de Cristo para esta ilha, onde fora mantido prisioneiro(...)*[386]

O monastério onde Maelgwn foi treinado era dirigido por um descendente de Bran, conhecido como Santo Illtud, cuja mãe era uma princesa

---

385. WILLIAMS, G. A. *When Was Wales?*, Penguin, 1985.
386. BLACKETT, A. T. e WILSON, A. *Arthur and the Charters of the Kings*, M.T. Byrd and Co., 1980.

real da linhagem de Bran[387] e seu pai, um guerreiro chamado Bicanus. Quando Illtud estava sendo educado, demonstrou uma memória espantosa, e diziam que ele se lembrava de tudo o que era falado para ele.[388] Ao se estabelecer em Glamorgan, ele fez o retiro em uma caverna profunda que continha uma pedra importante, que se perdeu no tempo. Dizem que dormia com a cabeça apoiada nessa pedra: "Ele ficava deitado à noite sobre a pedra fria". Há uma lenda idêntica na Bretanha a seu respeito, de uma fonte completamente independente.[389]

Illtud também tinha fortes ligações com a Irlanda. Uma antiga tradição original da península de Gower, ao sul do País de Gales, diz que São Patrício era filho de um homem local chamado Mawon e que havia sido educado como um sacerdote no monastério de Santo Illtud. Quando foi ordenado, assumiu o nome de Padriag Maenwyn (Patrício da Pedra Branca), antes de ser raptado pelos irlandeses.[390] Essas duas tradições sugerem que Maenwyn (ou Maelgwn) era um título dado aos estudantes bem-sucedidos de Illtud, talvez aqueles que aprendessem a tradição das Pedras Brancas. Literalmente, água santa em "y Cymraeg" (a linguagem galesa) é "dwr swyn" e, portanto, o título significava Pedra Sagrada e não Pedra Branca.

Maelgwn ap Cadwallon nasceu em Anglesey, onde seu pai Cadwallon Lawhir, filho de Cunedda, chefe dos Gwyr yr Gogledd (Homens do Norte) e rei de Strath Clyd, havia rechaçado os invasores irlandeses da ilha na batalha de Cerrig y Gwyddwl, no início do século VI.[391] (Essa batalha ocorreu perto do velho forte de Agricola em Holyhead.) Antes do século VI, a Ilha de Anglesey tinha sido um destino popular para clérigos irlandeses e para colonos, e esses se estabeleceram no sítio de monumentos megalíticos anteriores.[392]

O pai de Maelgwn havia lutado muito para expulsar os invasores irlandeses e assegurar a seu povo, os cymru, os antigos sítios do Povo da Cerâmica Canelada.

Mais tarde, Maelgwn chamou o sítio de "Batalha de Cerrig y Gwyddwl", e dedicou o forte a São Cybi para ali construir uma igreja, que ainda existe no lugar.[393]

---

387. BOWEN, E. G. *The Settlements of the Celtic Saints of Wales,* University of Wales Press, 1956.
388. DOBLE, G. H. *Lives of the Welsh Saints,* University of Wales Press, 1971.
389. DOBLE, G. H. *Lives of the Welsh Saints,* University of Wales Press, 1971.
390. NEWELL, E. J. *A History of the Welsh Church,* Elliot Stock, 1895.
391. BROMWICH, R. *Trioedd Ynys Prydein,* University of Wales Press, 1961.
392. BOWEN, E. G. *The Settlements of the Celtic Saints of Wales,* University of Wales Press, 1956.
393. BOWEN, E. G. *The Settlements of the Celtic Saints of Wales,* University of Wales Press, 1956.

A lenda diz que Maelgwn foi escolhido por uma princesa picta para gerar seu filho, Brude MacMaelchon, alto rei dos pictos, que mantinha a corte em Inverness, por volta do ano 564 d.C. (Trata-se do mesmo Brude cujo druida perdeu a competição mágica para o irlandês Columba.) O território do reino picto, que naquela época se estendia de Orkney até Firth de Forth, era de descendência matriarcal, e as princesas pictas tinham o direito de escolher o homem mais nobre disponível para gerar seus filhos. Como naquela época, Maelgwn era um descendente direto de Cunedda e rei do mais rico e do mais culto território da Bretanha Oriental, certamente seria uma boa aliança política. Não conhecemos o nome da mãe de Brude, mas com certeza o nome Maelchon de seu pai pode muito bem ser uma forma picta do nome Maelgwn. O historiador R. B. Hale comenta a respeito de Brude:

> *É quase certo que a mãe de Brude MacMaelchon escolheu Maelgwn de Gwynedd, do norte do País de Gales, para ser o pai de seu filho. Um homem culto que encorajava a poesia e a arte em sua corte em Deganwy e que em sua juventude havia sido um monge, é um fato indicado por São Gildas. Entretanto, Brude MacMaelchon, filho dessa união, foi criado e educado junto ao povo de sua mãe na terra dos pictos e pode nunca ter conhecido o seu pai.*[394]

Portanto, será que as lutas para controlar áreas específicas e casamentos dinásticos ocorressem para assegurar às famílias governantes, descendentes de Cunedda, o controle do maior número possível de sítios do Povo da Cerâmica Canelada?

Esta, então, era a situação política quando Gwion levantou-se para recitar um poema para lisonjear e intrigar o poderoso Maelgwn na esperança de conseguir uma cadeira permanente à mesa do rei.

Sabemos que o ritual da moderna Maçonaria ensina certas formas de verbalização e uma série inusitada de conceitos que, durante uma conversação normal, são reconhecidas por qualquer outro maçom. Não há necessidade de um especial aperto de mãos ou de senhas. Qualquer maçom conhece o ritual o suficiente para reconhecer outro maçom, e como esse ritual baseia-se em uma pergunta e uma resposta, é impossível personificar um maçom sem aprender o ritual completo. Da mesma forma, é provável que Gwion conhecesse uma tradição secreta da qual Maelgwn estaria a par.

Certamente, Robert Graves estava convencido de que Gwion, que estudara na Irlanda, aprendera um segredo religioso ao qual fez alusão em seu poema:

---

394. HALE, R. B. *The Magnificent Gael*, MOM, Ottawa, 1976.

> *Gwion não era um autor irresponsável, mas um verdadeiro poeta; além de conhecer latim, francês, galês e inglês como os outros bardos, ele ainda possuía o conhecimento dos clássicos irlandeses e a literatura grega e hebraica. Eu achei que ele estivesse escondendo um antigo mistério religioso – um mistério blasfemo na opinião da Igreja.*[395]

De fato, na opinião de Graves, Gwion seguia a crença da deusa, mas nós acreditamos que Gwion conhecia os mitos do Judaísmo enochiano e decidiu divulgar esse fato a Maelgwn que, como discípulo de Illtud, era herdeiro da mesma tradição. Sua obra na competição apelava à linguagem comum e ao simbolismo que compartilhava com Maelgwn, e ele a compôs inserindo charadas que somente o rei conhecia as respostas.

Definitivamente o seu poema *Hanes Taliesin* apresenta várias charadas. Críticos eruditos das obras de Taliesin dizem que estão ligadas a uma doutrina secreta druida que diz respeito à transmigração da alma.[396] Entretanto, para nós as respostas a algumas charadas de Gwion estavam claras, por causa de nossos estudos do Povo da Cerâmica Canelada.

O poema inicia com a afirmação "Eu sou o bardo chefe de Elphin e o meu país original é a região das estrelas de verão". Em seguida, ele enumera uma série de charadas dizendo ter sido pessoas diferentes; mas sem identificar ninguém, ele somente descreve o que fizeram. Apesar de não poder responder a todas as charadas de Gwion Taliesin, algumas se destacam. Selecionamos aqui algumas delas, cujas respostas podem ser encontradas em *O Livro de Enoch*.

Charada: Eu fui o instrutor de Enoch.

Resposta: *O Livro de Enoch* diz: "E naqueles dias o anjo Uriel respondeu e disse-me: 'Eu lhe mostrei tudo, Enoch, e também revelei tudo para que você visse este Sol e esta Lua, e os líderes das estrelas do céu e todos aqueles que as controlam, suas tarefas e tempos e inícios'".

Charada: Eu sou capaz de instruir todo o Universo.

Resposta: *O Livro de Enoch* diz: 'Esta é a figura e o esquema de cada luminária que Uriel, o arcanjo que é seu líder, me mostrou'".

Charada: Eu estive na Ásia com Noé, em sua arca.

Resposta: *O Livro de Enoch* diz: "Então o Mais Alto, o Santo e o Maior falou e enviou Uriel ao filho de Lamech, e lhe disse: Vá até Noé e diga-lhe

---

395. GRAVES, R. *The White Goddess,* Faber and Faber, 1948.
396. GRAVES, R. *The White Goddess,* Faber and Faber, 1948.

em meu nome, 'Esconde-te!' e revela que o fim está próximo; que toda a Terra será destruída, e que um dilúvio sobrevirá em toda a Terra e destruirá tudo o que está nela. Dá-lhe instruções para que possa escapar e a sua semente possa ser preservada para todas as gerações do mundo".

Charada: Eu conheço os nomes das estrelas do Norte ao Sul.

Resposta: *O Livro de Enoch* diz: "E eu vi como as estrelas do céu nasciam e contei os portais a partir dos quais elas procediam e tomei nota de seus pontos de origem, de cada estrela individual, de acordo com seus números e seus nomes, seus cursos e suas posições, e seus horários e seus meses, assim como Uriel, o anjo santo, que estava comigo, me mostrou. Ele me mostrou todas as coisas e ele as escreveu para mim; ele também escreveu seus nomes e suas leis e suas companhias".

Charada: Eu estive com o meu Senhor na mais alta esfera.

Resposta: *O Livro de Enoch* diz: "E debaixo do trono jorravam feixes de fogo chamejante, de maneira que eu não podia fixar o meu olhar. E a Grande Glória ali estava sentada e a Sua irradiação brilhava mais brilhante que o Sol e era mais branca do que qualquer neve. Nenhum dos anjos podia entrar e olhar para a Sua face devido à Sua magnificência e glória, e nenhuma carne podia olhar para Ele. O fogo chamejante estava em toda a sua volta, e um grande fogo estava diante d'Ele, e ninguém podia chegar perto d'Ele(...) E até então eu ficara prostrado sobre o meu rosto, tremendo; e o Senhor chamou-me com a sua própria boca e disse: 'Aproxime-se Enoch e ouça a minha palavra'. E um dos santos aproximou-se de mim e me acordou, e Ele me levantou e me aproximou da porta; e eu curvei a minha cabeça para baixo".

Portanto, as respostas a cinco charadas de Gwion Taliesin estão contidas em *O Livro de Enoch* que, conforme mencionamos no Capítulo II, se acreditava ter sido perdido durante o primeiro século d.C.

Como o poema de Taliesin foi escrito em meados do século VI, será que *O Livro de Enoch* foi secretamente preservado? Gwion estava claramente demonstrando um conhecimento secreto, mas ele o fazia com a intenção de impressionar Maelgwn. Sem dúvida, as charadas impressionaram Maelgwn, pois Gwion ganhou a cadeira de bardo durante a competição de Eisteddfod e dali por diante sentou-se à mesa de Maelgwn para compor poemas em seu louvor.

Assim como um moderno maçom poderia perguntar, "Você está trazendo algo?", esperando uma resposta específica, Gwion estava colocando as perguntas que somente um iniciado saberia responder. Maelgwn havia sido iniciado na mesma tradição e respondeu a essas questões premiando Gwion com a devida cadeira e tornando-o Bardo da Corte.

Uma Charada Maçônica

Os estudos do Judaísmo enochiano ajudaram-nos a responder algumas das charadas de Gwion e, por meio dessa base de conhecimento maçônico, podíamos responder a outra charada.

Charada: Eu fui diretor-chefe da obra da torre de Nimrod.

A resposta a essa charada é Peleg e está contida no Ritual do Grau dos Noaquitas (ou Cavaleiros Prussianos) e também nos Antigos Encargos da Maçonaria que nos atraiu por causa de suas referências ao conteúdo do livro perdido de Enoch.

A história tradicional desse grau conta como Deus fez com que Peleg ficasse mudo por tentar construir uma torre até o céu quando trabalhava como arquiteto-chefe de Nimrod. Dizem que Peleg era um descendente de Noé.

Nimrod foi o personagem do Gênesis, descrito como "o primeiro potentado sobre a Terra", e como neto de Noé. Dizem que ele foi um edificador de impérios cujos domínios incluíam grandes áreas do Sul da Mesopotâmia. Alguns estudiosos identificam Nimrod como Gilgamesh.[397]

A história desse ritual é contada nesse grau por um oficial da Loja chamado Cavaleiro da Eloqüência:

> *Que todos os maçons saibam que, apesar da recente vingança da Divindade, devido às iniqüidades da humanidade, por meio de um dilúvio universal – apesar de a Divindade ter proporcionado o arco-íris em sinal de reconciliação, garantindo o favor declarado de que o mundo não seria novamente destruído pela água – os descendentes de Noé, por sua falta de fé na providência divina e apreensivos por um segundo dilúvio, disseram – Vamos construir uma cidade, cujo pico alcance os céus, e vamos dar-lhe um nome para que não sejamos espalhados em toda a face da Terra. Para realizar seus intentos, eles começaram a erigir uma alta torre na planície de Shinar; mas esse empreendimento não agradou o Criador, pois tendia a frustrar ou atrasar a execução de seu projeto e, para que a humanidade não se mantivesse sempre junta, Ele os obrigou a descontinuar o projeto confundindo sua linguagem, de forma que ninguém se compreendia. Dessa circunstância, a cidade assumiu o nome de Babel, que significa confusão; e assim iniciou-se a dispersão das pessoas e o estabelecimento de nações.*

---

397. Genesis, *Peake's Commentary on the Bible*.

> *Foi em uma noite de Lua Cheia que o Senhor realizou essa obra, em memória da qual os noaquitas guardam suas lojas nessa estação. O arquiteto chamava-se Peleg; pelo menos foi ele quem forneceu a idéia dessa construção. Como castigo dessa contumácia e a presunção de seus irmãos, ele foi privado da palavra; e para evitar os ultrajes de seus companheiros que o consideraram a causa do fracasso do projeto, ele viajou para terras bem distantes de Shinar, e isso durante a noite temendo um massacre, caso fosse reconhecido. Seu lugar de retiro foi a Prússia, onde erigiu uma morada triangular. Por sua humilhação e contrição pela parte que o envolveu na Planície de Shinar, obteve a remissão de seus pecados e a palavra lhe foi restaurada. Essa morada de Peleg foi descoberta a 15 côvados de profundidade da superfície da terra, no ano 553 a.C.*

A evidência arqueológica associa os celtas com a cultura Hallstatt (mencionada no Capítulo XII), que existiu na Alemanha Ocidental entre os anos 700 e 500 a.C. Esse período condiz com a origem celta, principalmente porque dizem que eles começaram a se assentar nas Ilhas Britânicas durante esse período.

> *Nela foi encontrada uma pedra de mármore branco na qual estavam inscritos os particulares que mencionei, em língua hebraica, além do seguinte epitáfio: Aqui descansam as cinzas do grande arquiteto da Torre de Babel, diretor de trabalhos do príncipe Nimrod. O Senhor teve piedade dele porque se tornou humilde.*[398]

Essa não somente foi a resposta à charada de "Peleg", mas a lenda à qual Gwion aludiu foi registrada em uma pedra branca – não é à toa que Maelgwn ficou lisonjeado!

O preâmbulo ao ritual desse grau conta que os seus membros são chamados Cavaleiros ou Maçons Prussianos. Ele segue dizendo que os mistérios da iniciação só podem ser celebrados durante a Lua Cheia, e que na época das Cruzadas os cavaleiros das várias nações eram confederados na Palestina, e mutuamente comunicavam seus segredos da Maçonaria. Dizem que os cavaleiros prussianos haviam iniciado os príncipes cristãos e seus atendentes que também se tornaram maçons.[399]

A introdução nesse livro ritualista também fornece uma breve apresentação à Maçonaria e faz a seguinte afirmação interessante:

---

398. *Ritual of the Degree of the Noahites or Prussian Knights,* Reeves and Turner, 1812.
399. *Ritual of the Degree of the Noahites or Prussian Knights,* Reeves and Turner, 1812.

> As atividades apropriadas de um maçom são as ciências astronômica, química, geológica e moral, e mais particularmente aquela dos antigos, com todos os mistérios e fábulas sobre os quais essa ciência se fundamenta.
>
> Podemos tentar inverter as coisas, indo do sacerdócio para a Ciência, do mistério para o conhecimento, da alegoria para a história real, mas para o movimento planetário não poderia haver nenhuma divisão de tempo. As relações do Sol com os planetas e com as estrelas fixas realizam todas as divisões naturais do tempo, tais como o dia, o mês, o ano e as correspondentes estações. O dia é marcado pelo movimento da Terra sobre o seu próprio eixo. O mês (lunar) pelas fases da Lua, e o solar ou calendário pelo agrupamento de estrelas em 12 divisões, chamado Zodíaco, figurativamente representado por signos e vistos em oposição ao lado solar da Terra, nos meses sucessivos. O ano é completado quando o Sol parece voltar em um ponto específico que dizem ser o começo. Não existe nenhuma verdade basicamente histórica, nenhuma revelação a respeito da existência de Deus, além das relações do Sol com os planetas e com as estrelas, da Física e do cultivo da moral pela mente humana. Todas as outras pretensões à história podem ser historicamente desmentidas. Os emblemas dos templos mais antigos dos quais temos tantas ruínas são sinais de tempo, de corpos planetários, seus movimentos e suas relações.

Depois, o ritual mostra como esse grau, e toda a Maçonaria, baseia-se no conhecimento astronômico que era tão importante para o antigo Povo da Cerâmica Canelada. É notável o fato de que a informação que resulta do uso de uma máquina de Uriel está ali descrito, inclusive o estudo da trajetória de cometas:

> Então o verdadeiro sentido da construção do Templo de Salomão e da prática do sistema de Lojas na Maçonaria, para o efeito de que o grande segredo de toda religião seja essa alegórica simbolização das relações solares e dos movimentos planetários com o cultivo mental e moral, é na verdade o grande segredo perdido da Maçonaria.
>
> Então, a chave para os mistérios da Maçonaria, bem como os mistérios das religiões cristã e hebraica, são os mistérios de Eleusis da religião pagã; e a outra chave para todos esses mistérios é a adoração do Sol como Deus, sob uma variedade de personificações em todos os seus trânsitos zodiacais, na personificação do ano, das estações, dos meses, do tempo em geral e de todas as divisões do tempo, e a fonte de todos os fenômenos

físicos e morais. A construção maçônica do Templo de Salomão é a aquisição do conhecimento do globo celeste, conhecendo os mistérios de todas as figuras e agrupamentos de estrelas nesse globo; sabendo ainda que esse globo é o fundamento de toda religião e de como calcular a precessão dos equinócios, o retorno dos cometas e os eclipses, e todos os movimentos planetários e relações astronômicas do tempo. Esse conhecimento não é adquirido nas Lojas maçônicas; eu darei ao leitor esse conhecimento, e assim deve ser o conhecimento, pois ele será o conhecimento real e útil. Os antigos sacerdotes pensavam que o conhecimento devia ser ocultado da multidão ou achavam mais conveniente que assim fosse; e assim também os nossos sagrados e misteriosos escritos [maçônicos]. *Mas agora pensamos que o conhecimento não deve ser mantido em segredo, daí a nossa infidelidade e as nossas revelações.*[400]

Aqui devemos mencionar a importância para o fato de esse grau maçônico ser chamado dos "Noaquitas". Ele se refere à secreta tradição de Noé, a tradição seguida por Honi, o construtor de círculos (comentado no Capítulo XII), e por seus descendentes que incluíam João Batista, Jesus e Tiago.

Para o primeiro Livro das Constituições, editado pela Grande Loja de Londres em 25 de março de 1722, de autoria do dr. Anderson, foi pedido que a seguinte expressão fosse impressa na capa:

O Maçom como membro da confraria tem por obrigação observar a Lei da Moral como verdadeiro Noaquita.

As edições de 1723 e 1738 declaravam:

O primeiro Nome dos Maçons foi Noaquita.

Curiosamente, no dia que precedia o equinócio da primavera de 1990, George Bush, presidente dos Estados Unidos da América (e um maçom sênior), promulgou a lei histórica da Resolução Combinada de ambas as Casas do Congresso, reconhecendo as sete leis noaquitas como o "fundamento da sociedade desde a aurora da civilização", e incitou o seu país ao "retorno do mundo aos valores morais e éticos contidos nas Sete Leis Noaquitas".[401]

Em resumo, as charadas de Gwion estavam certamente nos levando a acreditar que ele adotara uma antiga fonte de conhecimento que incluía os

---

400. *Ritual of the Degree of the Noahites or Prussian Knights,* Reeves and Turner, 1812.
401. House Joint Resolution 104, Public Law 102-4 (R. Bobowik: correspondência particular).

principais mitos do Judaísmo enochiano; mas ele também apresentou uma charada que sugeria que essa fonte não era a mesma daquela que encontramos em nossa busca da verdade a respeito da Maçonaria.

Entretanto, ele nos deu outra pista quanto à forma pela qual adquirira o conhecimento. Para entender essa charada é preciso ter uma boa base do mito celta e das genealogias dos Tuatha de Danann da Irlanda. A charada é a seguinte:

Charada: Eu estive na corte de Don antes do nascimento de Gwydion.

A resposta é: Eu fui Beli (nee Managan), pai de Gwydion, em Bru na Boinne, a corte de Dana (Don). Ora, sua referência inicial no poema *Hanes Taliesin* para o fato de seu país de origem estar localizado "na região das estrelas de verão" faz sentido. As estrelas de verão são as estrelas do Norte. Na realidade, ele está nos dizendo que conhece os movimentos das estrelas e que esse conhecimento foi adquirido no Norte. A pedra "Lia Fail" (a pedra que sagra os reis, mencionada anteriormente) foi levada para a Irlanda pelos Tuatha de Danann do Norte; assim como diz que conhece os segredos das pedras que relatam o movimento das estrelas, Gwydion é o mestre do conhecimento das estrelas e está enterrado no reino de Gwynedd, sob a Pedra dos Enigmas (mencionada no Capítulo IX), que contém todo o conhecimento das estrelas, tradicionalmente uma pedra branca ou sagrada.

Então, essencialmente, a resposta a essa charada sugere que Gwion estivera na Irlanda, onde aprendera as histórias de Bru na Boinne, mas ligando-as ao reino de Gwynedd e à corte de Maelgwn (a Pedra Branca).

Em outro de seus poemas, Gwion conta como obteve sabedoria. A canção é apresentada em inglês, prosa que de forma alguma cativa o charme e a elegância da linguagem original de Taliesin, mas procura manter a verdade de seu significado.

Eu fui muitas formas antes de obter uma forma apropriada. Eu fui o estreito fio prateado de uma lâmina de espada. Fui um ponto no ar. Fui uma estrela brilhante. Fui uma palavra escrita. Fui um primeiro livro. Fui a luz em uma lanterna de três quartos de ano. Fui uma ponte para cruzar 60 rios. Sou a águia. Cruzei os mares em barcos. Ordenei batalhas. Fui tanto espada quanto escudo. Fui a corda de uma harpa. Fui enfeitiçado por um ano embaixo das águas. Nada existe que eu não fui.[402]

O tema do poema representa todos os diversos aspectos dos sítios megalíticos. As idéias dos estreitos raios de luz prateada caracterizam a

---

402. WILLIAMS, I. *Canu Taliesin,* Caerdydd, 1960.

intensa fonte de luz de Vênus, que inunda a câmara de Newgrange a cada oito anos. Gwion Taliesin diz que foi o estreito fio prateado, um ponto no ar e uma estrela brilhante. A descrição não poderia ser mais evocativa da luz de Vênus que regularmente brilha dentro de Bryn Celli Ddu, um dos importantes sítios dos druidas em Gwynedd, reino de Maelgwn, de cujo misticismo Gwion Taliesin disse ser herdeiro. Será que ele também presenciou a "espada" de luz prateada subindo o pilar de Bryn Celli Ddu? Certamente, ele teve essa oportunidade. Teria sido ali que Gwion Taliesin casou-se com Olwen – o "rastro branco" – durante o equinócio de primavera?

Gwion está claramente demonstrando seu conhecimento dos mistérios da Irlanda, mas, ao fazê-lo, nos diz que os galeses e os irlandeses do século VI possuíam conhecimento de material do Judaísmo enochiano que havia sido perdido tanto pelos judeus quanto pelos cristãos romanos da época. (É significativo o fato de que, no entanto, ele ainda existisse na Maçonaria do século XVII.) Como mencionamos anteriormente, Gwion agrada Maelgwn atiçando seu conhecimento e o título de Pedra Branca, citando charadas que somente um iniciado de Illtud saberia as respostas. Examinar as fontes desse conhecimento secreto, proporcionou-nos pistas de sua sobrevivência, desde os sacerdotes-astrônomos do Povo da Cerâmica Canelada até os reis e os bardos do País de Gales do século VI.

Conclusão

A linhagem de Davi, que a lenda irlandesa conta ter-se casado com a linhagem dos altos reis de Tara, estabeleceu a tradição de uma pedra que sagrava os reis e que sobrevive até hoje. As lendas irlandesas também reportam crenças de ressurreição associadas a Newgrange. Os druidas coletavam e recontavam essas histórias, absorvendo as crenças do Judaísmo enochiano.

No primeiro século d.C., os romanos, apesar de serem tolerantes com as crenças religiosas das nações conquistadas, empenharam esforços consideráveis na destruição tanto dos judeus enochianos quanto dos druidas. Podemos concluir que isso ocorre porque eles representavam uma ameaça ao *status* divino dos imperadores romanos, em função do fato de que se tratava da linhagem real dos verdadeiros reis. Apesar de todos os esforços, os grandes senhores romanos não tiveram sucesso porque uma tradição enochiana sobreviveu e ressurgiu com o Cristianismo celta durante o século VI.

A evidência desse surgimento é encontrada nos poemas de Gwion, que assumira o nome bárdico de Taliesin quando apresentou as charadas de *O Livro de Enoch* ao rei Maelgwn de Gwynedd.

Capítulo XIV

A Religião Única

O Último Filho da Estrela

Os romanos sob o comando de Tito, filho de Vespasiano, até o ano 73 d.C., haviam praticamente destruído os últimos membros do sacerdócio judeu-enochiano-zadoquita, que lembramos como a Igreja de Jerusalém. Depois, o imperador Vespasiano enviou Agricola de volta para a Bretanha com instruções de capturar todos os sítios e matar os druidas.

Os dois ramos do Judaísmo enochiano deviam ser eliminados por ordem do Império Romano.

Entretanto, raramente um genocídio tem êxito total e houve sobreviventes em ambos esses grupos antigos. Em Israel, cerca de 62 anos depois que Tito havia deixado Jerusalém em ruínas, alguns descendentes dos sacerdotes vencidos fizeram uma audaciosa tentativa de recuperar o poder perdido. O líder dos judeus em seu levante contra os romanos muito provavelmente era da mesma família de João Batista, Jesus e Tiago. Disso podemos deduzir que João, Jesus e Tiago, membros da mesma família, lideraram o movimento conhecido como a Igreja de Jerusalém: primeiro João Batista, depois Jesus e, em seguida, Tiago. Com a morte de Tiago, a liderança foi transferida para um sobrinho de Jesus e Tiago, indicando a importância continuada dessa família. Como Jesus, Simão era um galileu conhecido como o messias e "a estrela que vinha de Jacó". O nome que lhe foi dado ao assumir a liderança foi Simão bar Kochba, que significa "filho da Estrela". Certamente, é pouco provável que essa "santa" posição fosse dada a um estranho.

A revolta liderada pelo "filho da Estrela" era a conseqüência direta de uma proclamação do imperador Adriano, pela qual os judeus deviam ser proibidos de entrar em Jerusalém, com exceção de um dia por ano, e que o ritual da circuncisão devia ser considerado ilegal. Bar Kochba organizou a guerra com o apoio de Akiba ben José, um dos mais influentes rabinos da época. Akiba proclamou bar Kochba messias, declarando: "Esse é o rei

Messias".[403] Imediatamente Akiba aplicou a Profecia da Estrela a esse líder, por meio do texto de autenticação: "Haverá de vir uma Estrela da linha de Jacó para governar o mundo".

Como aconteceu na guerra anterior, no ano 66 d.C., bar Kochba conseguiu várias vitórias iniciais, retomando Jerusalém e outras 50 cidades da Judéia. Então Adriano enviou outro exército que também foi derrotado. Inevitavelmente, ao final os romanos inverteram a situação e, finalmente, venceram o exército judeu em Bethar, perto de Jerusalém, em agosto de 135 d.C. Bar Kochba morreu ou conseguiu fugir.

Novamente, o preço foi alto. Dizem que meio milhão de judeus morreu e milhares de mulheres e crianças judias foram vendidas como escravos. Jerusalém foi quase totalmente destruída para ser reconstruída pelo imperador Adriano sob o novo nome de Aelia Capitolina.

O professor Robert Eisenman observou que durante a guerra de bar Kochba os seguidores desse "filho da Estrela" retornaram para as cavernas de Qumran e que a presença das forças de bar Kochba no sítio deveria ser explicada. Ele também menciona que os manuscritos encontrados na Caverna IV foram colocados ali por essas pessoas depois do ano 132 d.C., em vez de 68 d.C., quando outros manuscritos foram ali depositados.[404] Essa caverna continha muitos manuscritos, até O Livro dos Gigantes, a história de Enoch e os Guardiães e uma Visão do Filho de Deus.

A guerra de bar Kochba foi o fim da luta dos judeus para cumprir a Profecia da Estrela, e a idéia de um messias surgindo para liderar a nação dos judeus simplesmente foi desaparecendo. Mas os descendentes dos altos sacerdotes que fugiram no ano 70 d.C. estavam prosperando na Europa, tornando-se algumas das mais proeminentes famílias, principalmente no Norte da França.[405]

Os romanos esforçaram-se muito para destruir as antigas religiões que ameaçavam suas pretensões de regentes divinos. Ao final do século IV, o patriarca de Constantinopla, São João Crisóstomo, pensou que a batalha havia sido vencida, dizendo:

> Todos os vestígios da velha filosofia e da literatura do mundo antigo desapareceram da face da Terra.[406]

Ele estava errado, pois nessa mesma época a linhagem escocesa de Cunedda que governava a Escócia, o País de Gales e o Norte da Inglaterra, estava sendo convertida ao Cristianismo celta por São Ninian. E o Cristianismo celta era mais próximo ao Judaísmo enochiano do que o remarcado Mitraísmo que passou por Cristianismo em Roma.

---

403. EISENMAN, R. *The Dead Sea Scrolls and the First Christians,* Element, 1996.
404. EISENMAN, R. *The Dead Sea Scrolls and the First Christians,* Element, 1996.
405. KNIGHT, C. e LOMAS, R. *The Second Messiah,* Century, 1997.
406. DOANE, T. W. *Bible Myths and Their Parallels in Other Religions.*

O Cristianismo Celta

Os registros escritos mais antigos do País de Gales foram guardados pela Igreja do País de Gales a partir do século VI, aproximadamente, embora a maioria das cópias dos manuscritos que sobreviveram date do século XI. Esses relatos são conhecidos como as *Tríades da Ilha da Bretanha* e suas histórias abrangem períodos desde o ano 450 a.C., mas a informação nelas contida foi amplamente ignorada, pois se origina de tradições orais escritas muito tempo depois dos eventos que pretendiam descrever, bem como o fato de que foram originalmente escritas em "yr Cymraeg" (galês) em vez de latim.

Os relatos históricos contidos nesses contos estão em forma de vários ciclos de sagas, durante os quais a prosa era a forma de narrativa. Dizem que os contadores de histórias galeses não perdiam para ninguém em matéria de volume de material, mas como seus contos eram verbais, muitos séculos passaram antes de ser escritos.[407]

A Tríade nº 35 diz que o Cristianismo chegou ao Sul do País de Gales no ano 58 d.C., quando o rei Bran de Glamorgan trouxe a fé para essa terra:

> *No ano 51 d.C., o rei Caradoc foi derrotado em uma grande batalha contra os romanos... e Ostorius Scapula levou Caradoc para Roma junto com seu pai, o rei Bran, e demais membros da família [real]. Os romanos fizeram de Bran um cidadão e ali ficaram até o ano 58 d.C. Foi "Bran, o Abençoado", filho de Llyr Llediath, que levou a fé de Cristo para a ilha de Roma, onde ele permaneceu sete anos como refém(...) Como bardo que era, o rei Bran teria de submeter as novas idéias [religiosas] a uma convenção ou "Gorsedd de Bardos", pois no ano 57 d.C. enquanto a maioria dos bardos do norte do País de Gales, dos Ordovices, era massacrada em Anglesey por Suetonius Paulinus [a batalha de Castell Ior, veja o Capítulo XIII], esse tipo de massacre não ocorreu para os bardos do Sul do País de Gales]. No Sul, os druidas da Ordem dos Bardos simplesmente se tornaram ministros da nova religião, incorporando o Cristianismo em toda a sua função. Não houve massacre e nenhuma interrupção ocorreu nos costumes e na herança da nação.*[408]

Se a alegação de que o Cristianismo chegou ao País de Gales no ano 58 d.C. for verdade, isso revela muito da forma pela qual foi adotado. De acordo com a Bíblia, nessa época, Tiago, o irmão de Jesus, era o líder da

---

407. JONES, G. e JONES, T. *The Mabinogion,* Dent, 1949.
408. BLACKETT, A. T. e WILSON, A. *Arthur and the Charters of the Kings,* M. T. Byrd and Co., 1980.

Igreja de Jerusalém e portava uma mitra e um peitoral ornado de jóias como sinal de sua autoridade. Por outro lado, Paulo era um verdadeiro solitário, odiado pelos seguidores de Tiago e freqüentemente ridicularizado, atacado e até aprisionado quando começou a pregar aos judeus desde Éfeso até Jerusalém. A história que Paulo ensinava nada tinha com as crenças da Igreja de Jerusalém, segundo o que ele escreveu em sua carta aos Gálatas 1:15-16:

> *Deus, porém, escolheu-me antes de eu nascer e me chamou por sua graça(...) quando ele resolveu revelar em mim o seu Filho para que eu o anunciasse entre os pagãos(...)*

Esta é uma afirmação de que os ensinamentos que ele administrava aos não-judeus deviam ser distinguidos das crenças dos sacerdotes zadoquitas de Jerusalém e de Qumran. E esse desautorizado evangelismo levou Paulo a um conflito físico com judeus hostis que, segundo o Capítulo 21 de Atos dos Apóstolos, resultou no fato de que tropas romanas tiveram de interferir para que Paulo não fosse linchado.

Foi somente depois do assassinato de Tiago no ano 62 d.C. e da destruição da Igreja de Jerusalém, durante os dez anos seguintes, que as idéias de Paulo começaram a ser consideradas seriamente pelas pessoas que desconheciam a história original. Portanto, é possível deduzir que o Cristianismo levado ao País de Gales no ano 58 d.C. fosse aquele de Tiago (em hebraico Jacó e, por conseguinte, a expressão a Igreja jacobita para o Cristianismo praticado por Tiago, irmão de Jesus). Conseqüentemente, o Cristianismo galês deve ter seguido os ensinamentos da Igreja jacobita e não da paulina.

Em função da evidência de que os altos reis de Tara haviam adotado idéias judaicas 600 anos antes (conforme é demonstrado no Capítulo XIII) e que os sacerdotes druidas absorveram idéias enochianas, tanto da tradição dos judeus zadoquitas quanto das do Povo da Cerâmica Canelada da Bretanha, parece lógico que somente essas idéias "jacobitas" tivessem sido aceitas.

A partir do que já sabíamos a respeito das lendas acerca de pedras e de cavernas ligadas a Illtud – mestre de Maelgwn e de São Patrício, e filho de uma princesa da linha de Bran – parece que o Gorsedd (convenção) de Bardos decidiu manter o melhor das duas tradições. Eles mantiveram o interesse nas pedras megalíticas e nos calendários, e agregaram a isso o conceito de Jesus como o exemplo primordial de tudo o que era melhor no relacionamento druida com Deus. Nisso, eles adotaram uma versão de Cristianismo extremamente aceitável às nações celtas da Bretanha, que também aceitavam as idéias de que os druidas haviam herdado do Povo da Cerâmica Canelada e dos judeus enochianos.

Pelas charadas de Taliesin sabíamos que o conhecimento de Enoch havia sobrevivido nos ensinamentos de Illtud. Bran e os seus druidas não devem ter encontrado dificuldade em fundir a religião jacobita cristã com sua própria tradição, até o calendário e a tonsura druídica, sistema de raspar o cabelo frontal permitindo seu longo crescimento na nuca.

Dizem que São Patrício foi do Sul do País de Gales à Irlanda para levar o Cristianismo, reunindo-se com um Gorsedd de Bardos em Tara e convertendo-os à sua fé sem muita dificuldade.[409]

> *Ele obteve muito sucesso em converter os chefes irlandeses e assegurou a atenção do rei irlandês Laoghaire em Tara dominando milagrosamente os druidas.*[410]

Recentemente descobriu-se que os lugares que São Patrício visitou para pregar sua nova religião eram sítios druidas que haviam sido construídos sobre os próprios sítios do Povo da Cerâmica Canelada.

Por exemplo, um forte pré-cristão e um agrupamento de cabanas foram encontrados no topo de Croagh Patrick – a "sagrada montanha" da Irlanda, no Condado de Mayo, com uma vista espetacular sobre a Baía de Westport – que é o lugar onde dizem que São Patrício jejuou por 40 dias e 40 noites.

Em 1992, foram descobertos objetos de arte neolíticos nas cercanias da Cadeira de São Patrício, uma saliência rochosa natural no caminho de peregrinação para o topo da montanha. Antes do jejum de São Patrício, o povo de Mayo costumava reunir-se na montanha para honrar o deus celta Lug, durante o Festival de Lughnasa. São Patrício parece ter passado muito tempo com os druidas nos sítios neolíticos para conseguir sua conversão para o Cristianismo.[411]

Quem sabe estivesse argumentando o caso de que Jesus – o novo exemplo de perfeito Druidismo – devesse ser incorporado nos ensinamentos antigos.

Douglas Hyde registra que o *Colloquy of the Ancients* [Colóquio dos Antigos], um relato medieval, mostra quão bem versado era São Patrício e de seu interesse por registros da antiga tradição druida:

> *São Patrício começou a ficar um tanto desconfortável com o prazer que sentia pelas histórias dos antigos fenianos e, em sua santidade excessivamente escrupulosa, tinha medo que esse prazer por meras narrativas mundanas fosse errado. E, assim, ele consultou seus dois anjos da guarda sobre o assunto que lhe disseram nada haver de errado em ouvir as histórias, mas, ao contrário, o encorajaram a escrevê-las em estilo de poesia e*

---

409. HANSON, R. P. C. *Saint Patrick, His Origins and Career,* Oxford University Press, 1968.
410. JONES, A. *Chambers Encyclopaedic Guide to the Saints,* Chambers, 1992.
411. HANSON, R. P. C. *Saint Patrick, His Origins and Career,* Oxford University Press, 1968.

nas palavras dos Olluna, pois essas histórias alegrariam inúmeras e boas pessoas até o fim dos tempos.[412]

Essa interpretação fazia sentido quanto aos comentários de Rolleston sobre a rápida expansão do Cristianismo celta na Irlanda.

Logo após a conversão da Irlanda ao Cristianismo, encontramos o país repleto de monastérios cuja inteira organização parece indicar que fossem realmente colégios druidas transformados em grande escala.[413]

Em meados do século VI, São Finiano, abade de um desses convertidos colégios druidas do Vale do Boyne, assumiu um jovem estudante chamado Columba, filho do príncipe Fedilmith dos reis Ur-Neill de Tara.

Columba cresceu para ser um personagem extremamente influente na história do Cristianismo celta e da dinastia dos reis Stewart da Escócia. No ano 563 ele saiu da Irlanda e foi para a Escócia, onde se tornou uma importante influência política no estabelecimento de Dalriada, o reino que englobava grande parte da Irlanda e da Escócia Ocidental. Ele foi tão importante que foi capaz de mudar a linha de sucessão de um fraco rei chamado Eogan para um homem mais jovem e mais forte chamado Aidan. Ele apresentou sua justificativa para essa mudança como uma intervenção divina: Deus lhe transmitira que a fizesse, em um sonho. O historiador Ian Findley comenta:

Esse conto revela Columba como um inescrupuloso manipulador dos crédulos, tomando uma decisão impopular e culpando a intervenção divina.[414]

Todo o propósito de Columba nessa missão à Escócia parece estar ligado com a vontade por parte dos altos reis de Tara de expandir seus domínios nas terras que o Povo da Cerâmica Canelada havia ocupado. O historiador Ian Bradley comenta os motivos de Columba:

Como abade de Iona, Columba foi o instrumento da edificação do poder dos regentes desse novo reino escocês [de Dalriada] e de forjar uma íntima aliança entre eles e os seus próprios parentes Ur-Neill de Ulster. É muito provavel que ele inicialmente tenha ido para lá a pedido do rei Dalriada, dos

---

412. HYDE, D. *A Literary History of Ireland*, T. Fisher Unwin, 1899.
413. ROLLESTON, T. W. *Myths and Legends of the Celtic Race*, G. G. Harrap and Co., 1911.
414. FINDLEY, I. *Columba*, Victor Gollancz, 1979.

escoceses ou de seus próprios parentes, principalmente por motivos políticos.[415]

Assim como Bran e São Patrício (Maengwyn: "Pedra Branca") antes dele, Columba participou de um Gorsedd de Bardos onde apresentou o caso do novo exemplo primordial de Druidismo – Jesus Cristo. Ele manteve essa conferência com os druidas de Brude MacMaelchon em Teilte, na qual declarou: "Cristo é o meu druida, ele é o meu verdadeiro fazedor de milagres".[416]

Após essa declaração da nova fé aos druidas pictos, Columba enviou uma pedra branca (essa era uma nova pedra consagrada e não aquela da sagração de reis, a Lia Fail, discutida no Capítulo XIII) ao rei Brude com instruções de que água devia ser derramada sobre ela para santificá-la e proporcionar-lhe propriedades de cura. (Como também vimos no Capítulo XIII, Brude era conhecido como MacMaelchon, que é o nome picto para Filho de Maelgwn, que significa Filho da Pedra Branca). Certamente, Columba estava a par dessa ligação quando escolheu esse especial presente para o rei, como também saberia de como esse título ligava Brude aos Cymru (povo do pai de Maelgwn) do Sul da Escócia e do Norte do País de Gales. Sua habilidade política foi bem-sucedida e essa primeira aliança eventualmente levou ao estabelecimento da linha dos descendentes de sua família como reis dos escoceses.

Columba criou uma arca para guardar suas santas escrituras, conhecida como o Monymusk Reliquary (relicário), sem nenhum simbolismo cristão. (Ela ainda pode ser vista no Museu da Escócia em Edimburgo.) Nas batalhas, até a Batalha de Bannockburn de 1314, os guerreiros escoceses carregavam a Arca de Columba na frente de batalha, da mesma forma que os antigos israelitas haviam feito com a Arca de Moisés. O símbolo de sua religião não era a cruz cristã, mas a roda ou cruz celta que incorpora os símbolos megalíticos dos túneis e das câmaras alinhados com os marcadores dos solstícios. O historiador Derek Bryce, que realizou um estudo detalhado da cruz celta, comenta a respeito:

O simbolismo básico dessas cruzes, como os antigos pilares de pedra, é o eixo do mundo, a ligação entre o céu e a Terra, o ponto ao redor do qual os céus revolvem.[417]

Columba decidiu construir um monastério em Iona que, com o tempo, tornou-se o lugar de sepultamento dos altos reis de Tara e, mais tarde, dos seus sucessores escoceses, os reis MacAlpin da Escócia. (É interessante

---

415. BRADLEY, I. *Columba, Pilgrim and Penitent,* Wild Goose Publications, 1996.
416. SPENCE, I. *Mysteries of Celtic Britain,* Nelson and Sons, 1890.
417. BRYCE, D. *Symbolism of the Celtic Cross,* Llanerch, 1989.

Figura 46. *A cruz celta de Santo Illtud.*

notar que o último sepultamento famoso nesse monastério foi o do líder do Partido Trabalhista Britânico, John Smith.) O monastério de Iona tornou-se um regular retiro dos altos reis de Tara quando não tinham mais condições de liderar seus guerreiros em batalhas e ali se tornavam monges.[418]

Essa fusão do Druidismo com elementos enochianos de Cristianismo havia-se desenvolvido em uma religião forte, sem muitas das conotações sobrenaturais do Mitraísmo (um popular culto romano) que o conceito de Paulo, sobre o homem ser Deus, havia sido incorporado no Cristianismo romano. Como resultado, a Igreja Romana, sucessora do decadente Império Romano, ficou perturbada com os ensinamentos e as práticas dessa nova fé que não exigia que Jesus fosse um Deus.

Conseqüentemente, a Igreja Romana enviou Agostinho para Canterbury para que normalizasse as práticas da Igreja nessas incômodas ilhas a oeste da Europa. No ano 603, quando Agostinho convocou os líderes da Igreja Britânica das dioceses do País de Gales, os bispos celtas decidiram antecipadamente que cooperariam com o emissário romano desde que ele se levantasse e os cumprimentasse como um irmão o faria. Quando os líderes da Igreja Britânica entraram na sala de reunião em Aust, perto do Rio

---

418. MARSDEN, J. *The Tombs of the Kings, An Iona Book of the Dead*, Llanerch, 1994.

Severn, Agostinho permaneceu sentado. Então esses líderes o julgaram arrogante e voltaram para casa sem nenhuma discussão.[419]

Durante os 61 anos seguintes, a Igreja Romana tentou negociar uma unificação entre as duas Igrejas. Isso foi finalmente resolvido no Sínodo de Whitby no ano 664, quando o poder do papa finalmente se estendeu até as margens celtas. Foi então que o fraco abade Colman submeteu-se a Roma e, aparentemente, renunciou às crenças da Igreja Celta – seu calendário, o característico corte de cabelo druida e outras práticas. No início do século seguinte, Bede, o historiador da Igreja, registrou um conjunto de anotações dessa reunião, dizendo:

E quando as discussões começaram sobre as questões da Páscoa, o estilo do corte de cabelo e vários outros assuntos da Igreja, ficou decidido convocar um sínodo para acabar com a disputa.[420]

As próprias discussões são interessantes. Wilfred, o representante da opinião romana, começou atacando grosseiramente ao afirmar que quem discordasse com as formas de como as coisas eram feitas em Roma devia ser estúpido:

As únicas pessoas estúpidas o suficiente para discordar com todos são esses escoceses e seus obstinados seguidores, os pictos e os bretões, que ocupam somente uma parte dessas duas ilhas do remoto oceano.

A discussão enveredou por um caminho estranho quando o assunto da circuncisão foi levantado. O representante da Igreja Romana, Wilfred, argumentou:

Mas hoje não é necessário e é até indesejável que os fiéis sejam circuncidados e que sejam oferecidos animais em sacrifícios a Deus.

Essa era uma estranha digressão em um discurso a respeito da data da Páscoa. Será que podemos deduzir desse discurso que a Igreja Celta ainda seguia a lei hebraica tão de perto? Será que a Igreja de Columba ainda praticava a circuncisão e o sacrifício de animais? (Se eles continuaram seguindo os ensinamentos de Jeremias – provavelmente levados para a Irlanda, conforme mencionamos no Capítulo XIII – era bem possível que sim.)

Wilfred continuou com esse argumento dizendo que Colman estava seguindo uma prática hebraica fixando a data da Passagem (Páscoa hebrai-

---

419. EDWARD, H. T. *Wales and the Welsh Church*, Rivingtons, 1898.
420. BEDE. *A History of the English Church and People*, Penguin Classics.

ca) para celebrar a Páscoa, e que ele estava errado ao dizer que o Concílio de Nicéia tentara afastar a data da Páscoa da data da Passagem:

Esta é a única e verdadeira Páscoa a ser observada pelos fiéis. Não houve nenhum novo decreto por parte do Concílio de Nicéia, mas uma reafirmação dos registros históricos da Igreja [N.B. *História da Igreja Romana*].

Em contestação, Colman invocou Columba para dar apoio ao seu caso:

Devemos acreditar que o nosso reverenciado Padre Columba e seus sucessores agiram em oposição às Sagradas Escrituras quando adotaram esses costumes?

A Igreja Romana não estava acostumada a ser questionada e, agora, Wilfred começava a perder a paciência. Ele, então, introduziu a falsa prova paulina da autoridade papal que tentava afirmar que Pedro era o chefe da Igreja de Jerusalém depois de Jesus, e não Tiago:

E mesmo que Columba fosse um santo das mais potentes virtudes, poderia ele assumir precedência ao mais abençoado príncipe dos apóstolos para quem o Senhor disse: "Você é Pedro e sobre essa pedra construirei a minha Igreja e as portas do Inferno não prevalecerão contra ela, e a você darei as chaves do reino do céu"?

Com essa informação, o rei Oswy de Northumbria que presidia a reunião, ficou preocupado com o fato de São Pedro poder barrar sua entrada no céu, e perguntou a Colman:

É verdade, Colman, que essas palavras foram ditas a Pedro por Nosso Senhor?

Colman admitiu que essas palavras constavam do evangelho romanizado. Com isso, o rei Oswy declarou-se a favor de Roma, dando como motivo essa informação a respeito de São Pedro:

Então Pedro é o guardião das portas do céu e eu não vou contradizê-lo. Obedecerei seus mandamentos em tudo, no melhor do meu conhecimento e habilidade; do contrário, quando eu estiver às portas do céu, aquele que detém as chaves poderá não abri-las para mim.

A Igreja Celta havia perdido. Ian Findley lamenta o fato de Colman não ter herdado as habilidades políticas de Columba:

O próprio Columba deve ter previsto o inevitável confronto. Sua sabedoria e eloqüência teriam sido difíceis de serem igualadas nesse confronto e, mesmo que não tivessem prevalecido, seu temperamento orgulhoso não teria cedido menos do que os bispos galeses cederam a Agostinho.[421]

Entretanto, não acreditamos que o Cristianismo celta foi totalmente abarcado pela Igreja Romana. Por exemplo, existe uma confirmação escrita da percepção escocesa de Iona ser um lugar de tradição hebraica registrada no *Scottish Chronicle,* um documento do século IX que trata do início do reinado dos MacAlpin da Escócia. Há uma anotação do ano 806 que menciona:

A comunidade de Iona foi trucidada pelos gentios – um número de 68.[422]

A palavra "gentio" é tão-somente usada pelos judeus para os não-judeus, os não circuncidados.

Muitos escritores, até mesmo Findley, acreditam que os culdeus – um movimento religioso da Escócia – assumiram as tradições da Igreja Celta que deveriam emergir mais tarde no pensamento religioso e político da Escócia.

Como um estranho eco desse debate, ao verificar as origens do ritual hebraico de Brit Milah (circuncisão), encontramos esta afirmação no *site* da Web do rabino Malka Brit Milah:

É digno de nota mencionar que, segundo a tradição da Casa Real da Inglaterra, que exige a circuncisão de todos os filhos homens, foi chamado o Mohel Hebraico de Londres em vez do médico real para circuncidar o filho da princesa Elisabeth. O rabino Jacob Snowman, Mohel oficial da Comunidade Hebraica de Londres, circuncidou o príncipe Charles, herdeiro do trono, no Palácio de Buckingham.

Em outro lugar, o rabino comenta:

O momento do Brit Milah tem um grande efeito espiritual na criança. Portanto, a Lei Hebraica especifica que é preciso escolher um Mohel não somente por sua habilidade técnica, mas também por seu nível de piedade e de observância religiosa.

Temos certeza de que um Mohel (rabino especializado em circuncisões) do nível do rabino Snowman não teria comprometido as observâncias religiosas associadas ao Brit Milah.

---

421. FINDLEY, I. *Columba,* Victor Gollancz, 1979.
422. DONALDSON, G. *Scottish Historical Documents,* Ned Wilson Publishing, 1970.

Embora essa prática pareça ter desaparecido de maneira geral, é interessante saber que a linha de descendência da coroa inglesa, cuja origem pode ser encontrada desde os reis escoceses até Columba (mediante a linha dos Stewart, e não dos Hanover), ainda cumpre o ritual da pedra que sagra os reis, que o próprio Columba teria trazido da Irlanda, e observa costumes hebraicos com seus filhos homens.

A Ascensão dos Filhos da Luz

À medida que as tradições enochianas judaicas e druidas se fundiam com o Cristianismo celta, as famílias dos sobreviventes sacerdotes enochiano-zadoquitas prosperavam na Europa.

Já observamos que o Livro da Revelação (ou Apocalipse) parece ter sido escrito por alguém da tradição enochiana que provavelmente testemunhou a destruição de Jerusalém no ano 70 d.C. O autor seria um contemporâneo de Tiago que compartilhava da mesma crença, e pode até tê-lo conhecido, e com idade suficiente para lembrar-se de Jesus e de João Batista. O último livro do Novo Testamento contém visões apocalípticas de verdadeira natureza enochiana que se referem à próxima destruição da Terra por um impacto cometário, aparentemente baseado em uma antiga memória cultural dos sete impactos da colisão anterior.

O autor do Apocalipse afirma que os mártires que morreram defendendo Jerusalém contra os romanos ("a besta") ficariam com o Messias por mil anos e depois seriam ressuscitados. Ele menciona que, ao final do primeiro milênio, o reino do Messias será atacado por nações pagãs lideradas por "Gog e Magog".

De forma estranha, a profecia contida no Apocalipse realizou-se, porque mil anos e alguns meses depois da destruição de Jerusalém por Tito (no ano 1071), os turcos seljuques apareceram e devastaram a cidade.

As famílias dos sacerdotes zadoquitas que fugiram de Jerusalém haviam-se tornado altamente influentes até essa época e interpretaram o ataque dos turcos como confirmação da velha profecia. Como descrevemos em nosso livro *The Second Messiah*, essas famílias secretamente se identificaram com o título genérico de Rex Deus. Agora, acreditamos que esse título foi adotado para refletir as duas linhas de poder hereditário; aquela do rei (em latim, *Rex*) e aquela religiosa pela palavra latina *Deus*.

As principais famílias envolvidas foram: os condes de Champagne, os lordes de Gisors, os lordes de Payen, condes de Fontaine, os condes de Anjou, de Bouillon, Saint Clairs de Roslin, Brienne, Joinville, Chaumont, Saint Clair de Gisor, Saint Clair de Neg, os duques de Normandia e os Hapsburgos.

Havíamos recebido informação a respeito dessas famílias de um homem que alegava ser membro sobrevivente de uma delas – em seu entender – o único membro sobrevivente de Rex Deus. Embora achássemos o que ele nos disse ser totalmente compatível com nossas descobertas, teríamos ignorado sua evidência como sendo por demais insegura – com exceção do fato de termos encontrado mais tarde antigos rituais maçônicos que confirmaram suas palavras.

Entre outras coisas, ele nos disse que, na época de Cristo, os sacerdotes do Templo de Jerusalém eram conhecidos pelos nomes de anjos como Miguel, Gabriel e Melquisedeque. Na época, a inclusão de Melquisedeque com os outros dois anjos mencionados no Velho Testamento não nos pareceu estranho, mas agora sabemos de sua importância. Conforme explicamos no Capítulo XII, o pai de Salomão, Davi, adquiriu sua autoridade real e sacerdotal de Melquisedeque, o rei-sacerdote canaanita de Jerusalém.

Acreditamos que essas posteriores famílias de sacerdotes zadoquitas, agora denominadas "Rex Deus", cuidadosamente planejaram e plantaram a idéia de uma santa Cruzada ao papa Urbano II. Foi esse papa que eventualmente lançou um apelo para uma invasão da Terra Santa, na cidade francesa de Clermont-Ferrand, em 27 de novembro de 1095.

Um ano mais tarde, os exércitos reunidos da Europa chegaram em Constantinopla e, no mês seguinte, maio, atacaram o primeiro grande alvo: a Anatólica, capital turca de Nicéia – a própria cidade onde o Cristianismo havia sido formalizado. Os cruzados gozaram de um rápido sucesso e encontraram pouca resistência durante o resto de sua campanha na Ásia Menor. O seguinte obstáculo importante era a cidade de Antioquia, ao norte da Síria, que foi assediada durante quase oito meses até a queda em 3 de junho de 1098. Em maio de 1099, os cruzados haviam alcançado a fronteira norte da Palestina; na noite de 7 de junho, acamparam dentro do campo visual dos muros da Cidade Santa de Jerusalém. Na sexta-feira de 15 de julho de 1099, com a ajuda de máquinas de assédio recém-construídas, o exército dos cruzados capturou Jerusalém e, com uma eficiência nunca vista desde a época dos romanos, massacrou a população inteira de judeus e muçulmanos.

Uma semana depois, os cruzados elegeram Godfrey de Bouillon, duque da Baixa Lorena, para governar a cidade conquistada. De maneira estranha, Godfrey, com 39 anos de idade, parece ter morrido no momento exato em que seu irmão era coroado rei de Jerusalém sob o título de Balduíno I, no ano 1100. Conforme explicamos em nosso já mencionado livro *The Second Messiah*, as famílias Rex Deus somente assumiram o controle total da situação 18 anos mais tarde, quando Balduíno II subiu ao trono de Jerusalém, autorizando imediatamente nove cavaleiros a escavar embaixo das ruínas do Templo sagrado.

A Ordem dos Pobres Soldados de Cristo e do Templo de Salomão, conhecida como Ordem dos Cavaleiros Templários, foi organizada em 1128 depois que os nove membros fundadores passaram nove anos escavando embaixo das ruínas do Templo Herodiano. Descobrimos que outros pesquisadores haviam chegado à mesma conclusão a respeito do verdadeiro motivo dos Templários:

> A verdadeira tarefa dos nove cavaleiros era revirar a área a fim de encontrar certas relíquias e manuscritos que contêm a essência das tradições secretas do Judaísmo.[423]

Sabemos até que certos rituais maçônicos em desuso declaram que os descendentes dos altos sacerdotes de Jerusalém, que sobreviveram à destruição do ano 70 d.C., eram personagens proeminentes nas Cruzadas e que foram eles que organizaram a Ordem dos Cavaleiros Templários. Esses rituais seguem dizendo que os Templários retiraram documentos que se encontravam embaixo do Templo, levando-os para a Escócia em 1140.

O Conhecimento dos Bruce e dos Saint Clair

A invasão de Jerusalém pelos turcos seljuques pode ter sido fortuito para as famílias Rex Deus, pois, como "ressuscitados Filhos de Zadok", dava-lhes razão para declarar uma guerra cristã total para retomar a Terra Santa. Dizemos isso porque parece que seu interesse não era somente a retomada de Jerusalém, mas *todos* os antigos sítios megalíticos desde Orkney até a Terra Santa.

Durante mil anos depois da morte de Tiago, o irmão de Jesus, um estado de equilíbrio vinha sendo mantido, até o ano 1062 d.C., quando um grupo de cavaleiros normandos chegou à Escócia e à Irlanda. Entre eles estava William Saint Clair, cujo filho Henri se juntou à Cruzada como companheiro de combate de Hugh de Payen, fundador da Ordem dos Cavaleiros Templários. Henri também se tornou primeiro conde de Roslin e fundador da linhagem dos Saint Clair que construiu a Capela de Roslin (hoje conhecida como Rosslyn) e foi herdeiro Grão-Mestre Maçom da Escócia.

Em 1066, Guilherme, duque da Normandia e membro da família Rex Deus, invadiu a Inglaterra e, depois de derrotar Harold na batalha de Hastings, estabeleceu-se como rei Guilherme I da Inglaterra.

A conquista normanda da Inglaterra e da Irlanda quebrou a linhagem dos reis Ur Neill de Tara e desestabilizou os reis galeses. Batalhas foram travadas para conseguir o controle dos sítios megalíticos do Vale do Boyne, na Irlanda, e de Anglesey, ao norte do País de Gales. Os vikings lutaram

---
423. DELAFORGE, G. *The Templar Tradition in the Age of Aquarius.*

permanentemente pelo controle da costa oriental da Irlanda, perdendo duas vezes o controle de Dublin, em 1052 e em 1075. Em 1071, Guilherme I destruiu a catedral de Bangor, ao norte do País de Gales, que havia sido construída por Maelgwn, e Anglesey foi atacada na Batalha dos Estreitos de Menai, em 1095.

Anglesey parece ter sido um domínio desejado para controlar-se porque outra batalha foi ali travada alguns anos mais tarde. Conhecida como a Batalha de Aber Menia, ela ocorreu entre dois irmãos, Cadwaladr e Owain, netos de Cynan (um descendente de Maelgwn). Cadwaladr queria fazer de Anglesey um reino separado, mas seu irmão mais velho não permitia tal divisão. Essa batalha é interessante porque Cadwaladr contratou mercenários de Lothian supridos pelos Saint Clair que, naquela época, tinham a intenção de estender seus domínios para Orkney, Irlanda e Anglesey.

Ao final do século XIII, na época de Eduardo I, grande parte da Irlanda e do País de Gales havia sido anexada e seus reis legítimos foram reprimidos. Eduardo também tentara se apossar da Escócia, mas foi repelido. Robert de Bruce, que em 1306 se tornou rei da Escócia, percebeu a oportunidade e se propôs a reunir o antigo império de Dalriada enviando a seguinte carta para os subjugados reis da Irlanda:

> *O rei apresenta suas saudações para todos os reis da Irlanda, para os prelados e para o clero, e para os habitantes de toda a Irlanda, seus amigos.*
>
> *Devido ao fato de que nós, vocês e os nossos povos compartilharmos da mesma ancestralidade nacional pela qual somos obrigados a nos unirmos mais ansiosa e satisfatoriamente em amizade, por uma linguagem e costumes comuns, estamos enviando nosso querido parente, portador desta carta, para negociarem juntos, em nosso nome, uma força permanente para manter inviolada a especial amizade entre nós, a fim de que, com a vontade de Deus, sua nação possa recuperar sua antiga liberdade.*[424]

Os Ur Neill, da linhagem de Columba, responderam pedindo ajuda militar contra os ingleses e oferecendo o Alto Reinado da Irlanda a Edward Bruce, o irmão de Robert, que imediatamente enviou uma força expedicionária, sob o comando de Edward, que desembarcou em Carrickfergus, de onde marcharam para o Sul apossando-se logo da região do Vale do Boyne e de seus sítios megalíticos. Com uma base estabelecida na Irlanda, Robert enviou Thomas Dun para atacar o porto inglês de Holyhead do qual, em 12 de setembro de 1315, tomou posse. O historiador Ronald Scott comenta:

---

424. SCOTT, R. M. *Robert the Bruce, King of Scots,* Canongate, 1982.

Espalhou-se um boato de que Edward Bruce estava pronto para cruzar o Mar da Irlanda para restaurar as antigas liberdades do País do Gales e os galeses se levantaram sob o comando de Llewellyn Bran.

Eduardo II teve de contramandar as levas galesas que estavam sendo preparadas para se juntarem ao exército que devia atacar a Escócia.[425]

Essa tentativa de restabelecer um rei galês contra os ingleses fracassou e o rei Robert e seu irmão só conseguiram se apossar de Anglesey, apesar de ter conseguido o Progresso Real de um alto rei de Tara ao redor da Irlanda. Ronald Scott continua a história:

Havia um costume antigo pelo qual aquele que se tornasse alto rei da Irlanda devia realizar um progresso real por meio de todas as províncias de Ulster, Meath, Leinster, Munster e Connaught. Para confirmar esse costume e assim legitimar a coroação de Edward Bruce na mente dos chefes nativos irlandeses e conseguir sua adesão, foi decidido que os dois irmãos deveriam empreender essa marcha com todo o exército através da Irlanda, de uma extremidade a outra.[426]

Nessa época, Eduardo II promoveu um ataque a Dunfermline, mas foi repelido pelo bispo William Saint Clair de Dunkeld, irmão do então *sir* William Saint Clair Roslin.[427]

A partir de meados do século XI, a família Rex Deus de Saint Clair estivera edificando sua base de poder a ponto de tornar-se a mais poderosa da Escócia. No século XV, essa família chegou a possuir mais terras escocesas que a própria linhagem dos reis Bruce da Escócia, e quando William Saint Clair faleceu em 3 de julho de 1480, suas posses foram forçosamente divididas entre os seus 16 filhos por ordem do rei James III, que o havia obrigado a abandonar Orkney em 1471. Suas posses englobavam grande parte da Escócia, assim como de Dublin e de Orkney.[428]

Quando escrevemos o livro *The Hiram Key*, havíamos notado que Robert de Bruce parecia ter tomado a clara decisão política de adotar as práticas celtas para conseguir o apoio dos escoceses em sua batalha contra Eduardo I, e agora também sabíamos que ele fizera o mesmo na Irlanda, e usando táticas parecidas para encorajar a oposição contra a opressão de Eduardo, em Gwynedd.

---

425. SCOTT, R. M. *Robert the Bruce, King of Scots*, Canongate, 1982.
426. SCOTT, R. M. *Robert the Bruce, King of Scots*, Canongate, 1982.
427. SCOTT, R. M. *Robert the Bruce, King of Scots*, Canongate, 1982.
428. SAINT-CLAIR, R. W. *The Saint-Clairs of the Isles*, H. Brett, 1898.

Ele parecia ter percebido que certas crenças eram muito fortes nas tradições dos países celtas. Agora podemos perceber que os sistemas de crenças que tentava absorver eram druidas, com a tradição enochiana da Igreja Celta e de seus sucessores, os culdeus. Roberto I era membro de uma família Rex Deus da linhagem normanda dos "de Bruce", mas também era descendente direto da linhagem MacAlpin da Escócia, que chegou à realeza desde a época da decisão de Columba em alterar a linha de sucessão do reinado de Dalriada.

Isso fazia da família Bruce uma força monárquica duplamente poderosa, e Robert havia sido coroado rei da Escócia sagrado na "Pedra de Scoon" durante a semana do equinócio de primavera do ano 1306. Quando o rei Robert não conseguiu gerar um filho homem como herdeiro, seu sobrinho, por parte de irmã, acabou fundando a linhagem dos Stewart, que coroou nada menos que oito reis James, em honra da Igreja Jacobita. Não pode ser coincidência o fato de ter sido um Bruce (de fato James Bruce) que conseguiu recuperar *O Livro de Enoch*, perdido por mais de 1.500 anos (como vimos no Capítulo II). É possível que o seu treinamento maçônico o tenha alertado da importância desse livro perdido. Será que o conhecimento da família possibilitou esse achado?

Os Saint Clair chegaram da Normandia e durante muitos anos foram uma ameaça para a linhagem de Davi I, da Escócia. Desde a época em que os Cavaleiros Templários escavaram o Templo em Jerusalém, os Saint Clair haviam assumido o título de condes de Roslin. Esse nome em galês significa "Antigo Conhecimento transmitido ao longo das gerações".[429]

A primeira preceptoria dos Cavaleiros Templários fora da Terra Santa, que foi construída em terras de Saint Clair em um lugar chamado Temple, perto de Edimburgo, e quando os manuscritos da Igreja de Jerusalém foram recuperados debaixo do Templo de Jerusalém, foram levados para Killwinning, que também era uma cidade controlada pelos Saint Clair.

Em 1440, preocupado com a segurança dos antigos manuscritos hebraicos de sua responsabilidade, William Saint Clair decidiu construir uma réplica do Templo de Jerusalém para que fossem ali depositados, na vizinhança de seu castelo de Roslin, perto de Edimburgo.[430] O santuário dos manuscritos em Roslin atualmente é chamado de Capela de Rosslyn, apesar do fato de o edifício ser uma mistura de Celta e Judaísmo e nada tem de Cristianismo, segundo a confirmação de estudiosos da Bíblia.[431]

---

429. KNIGHT, C. e LOMAS, R. *The Second Messiah*, Century, 1997.
430. KNIGHT, C. e LOMAS, R. *The Hiram Key*, Century, 1996, e *The Second Messiah*, Century, 1997.
431. Diálogos particulares com o professor Philip Davies e com o reverendo professor James Charlesworth.

Tivemos a possibilidade de comprovar pelas gravuras no edifício que o primeiro grau da Maçonaria era conhecido dos construtores de Rosslyn há mais de 550 anos.[432]

William Saint Clair, o construtor da capela, foi o mais poderoso da dinastia dos Saint Clair e em uma posição de candidatar-se à coroa da Escócia. O edifício de Rosslyn pode até ter sido uma tentativa de estabelecer uma sede de autoridade espiritual para desafiar o direito de governar do velho rei James II.

Quando esse rei morreu em 1460, seu filho James III assumiu o desafio e despojou William de suas terras de Orkney e obrigou os sucessores a dividir as terras de Saint Clair para que nunca mais pudessem representar uma ameaça à linhagem real dos Stewart. Entretanto, os Saint Clair mantiveram sua lealdade à Ordem da Maçonaria que eles haviam criado e, quando James VI tentou tirar isso deles, no ano de 1600, as Lojas da Escócia se aliaram em apoio aos Saint Clair e rejeitaram a moção de tornar o rei um Grão-Mestre Maçom.[433]

Então, James VI levou a Maçonaria para a Inglaterra, quando se tornou James I da Inglaterra, em 1603. Os Saint Clair mantiveram a posição de Grão-Mestres Maçons até o ano de 1736, quando um outro William Saint Clair renunciou para que a Maçonaria na Escócia pudesse ser dirigida por um líder democraticamente eleito. Achamos que até hoje a pressão da Maçonaria na Inglaterra considera de forma negativa pedidos de maior democracia.

Em 1715, o exército jacobita escocês invadiu a Inglaterra e quase conseguiu derrubar o controle hanoveriano. Isso fez com que os maçons de Londres ficassem muito nervosos, pois eles também faziam parte de uma organização jacobita levada para a Inglaterra por um rei jacobita. Em 1717, eles quase desapareceram, mas finalmente foram salvos de extinção negando repentinamente qualquer conhecimento de sua própria história, formando a Grande Loja de Londres e jurando lealdade à coroa hanoveriana.

No começo, essa mudança aconteceu para que se dissociassem de suas raízes escocesas, mas eventualmente se voltaram para a reestruturação de seus próprios rituais para suprimir os elementos "ilógicos" enochianos e introduzir idéias paulinas cristãs.

Mas, como todas as censuras, eles não conseguiram suprimir o suficiente para ocultar suas verdadeiras origens.

---

432. KNIGHT, C. e LOMAS, R. *The Second Messiah,* Century, 1997.
433. STEVENSON, D. *The Origins of Freemasonry: Scotland's Century 1590-1710,* Cambridge University Press, 1988.

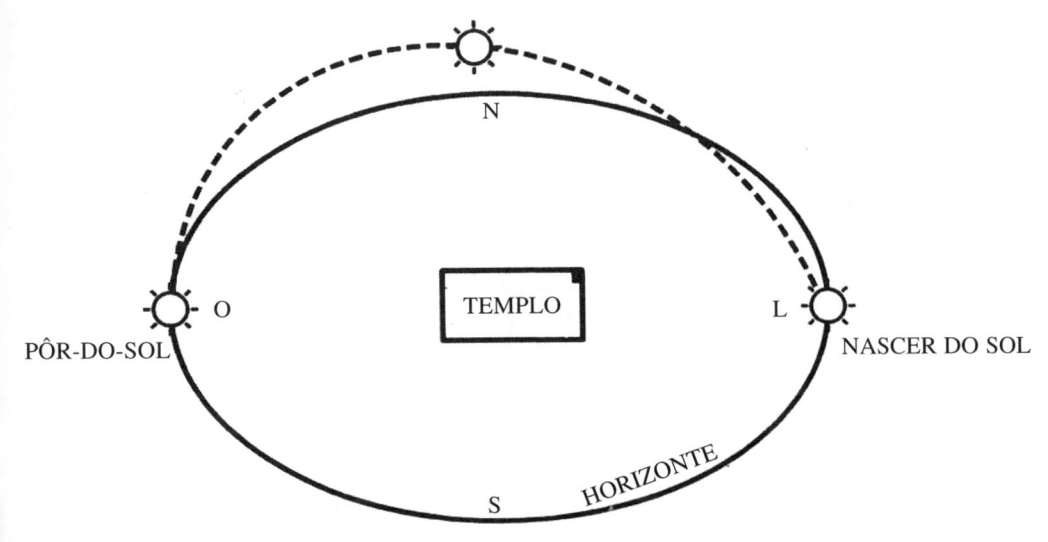

Figura 47. *O alinhamento astronômico do Templo de Salomão.*

O Templo Enochiano da Maçonaria

Dizem que o Templo Maçônico se baseia no Templo do Rei Salomão em Jerusalém e, portanto, possui as características de um templo enochiano.

A sala, que é o templo, está orientada para o leste com uma porta que normalmente está ao norte, sul ou oeste. No centro da extremidade leste senta-se o Venerável Mestre que representa o nascer do Sol no equinócio, e aos seus lados estão os dois pilares que dizem representar Boaz e Jachin, que se encontravam no portão do Templo do Rei Salomão.

Oposto ao Venerável Mestre, a oeste, senta-se o Primeiro Vigilante que representa o Sol, que se põe no equinócio, e ao sul senta-se o Segundo Vigilante, que representa a Lua.

No centro do teto de um Templo Maçônico Inglês há uma estrela brilhante com a letra "G" no centro. Dizem que ela representa o Sol ao meio-dia, que é Deus, o mais alto. Ao redor do Sol brilhante, há uma estrela de cinco pontas para a qual não há explicação na Maçonaria, mas certamente é uma representação dos movimentos de Vênus ao redor do Sol, como é vista da Terra. O Povo da Cerâmica Canelada sabia que o ciclo de 40 anos de Vênus, através das cinco pontas da estrela, formava um perfeito calendário-relógio. De fato, até a invenção dos relógios atômicos há alguns anos, não havia meios mais perfeitos para verificar a passagem do tempo do que o estudo da posição de Vênus contra o pano de fundo das estrelas.

Há outros dois personagens principais no Templo Maçônico, que são designados como Diáconos (palavra de origem grega, *diakonos,* que signi-

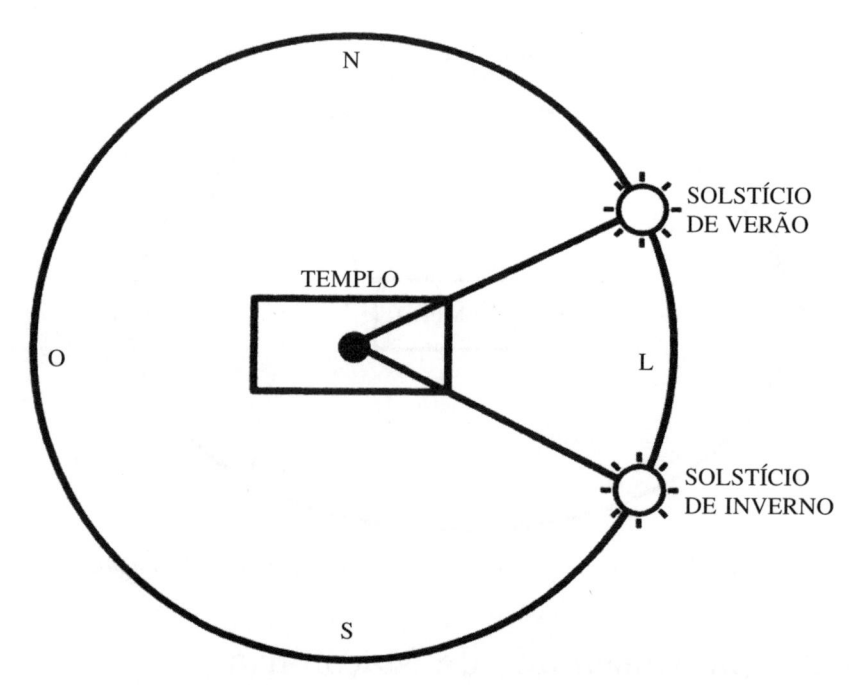

Figura 48. *O alinhamento astronômico do Templo de Salomão.*

fica "atendente"). O Primeiro Diácono é posicionado a nordeste e o Segundo Diácono, a sudoeste, e suas funções são de escoltar o candidato ao redor do Templo durante os vários rituais. Cada um deles carrega uma vara de cerca de 1,83 metro.

Essas são as varas de medição que os canaanitas e os primeiros judeus chamavam de *asherá*, identificadas com o nome da deusa-mãe do nascer e do pôr-do-sol. Da mesma forma que a escultura do gigante de Wilmington, em Sussex, o propósito desses *asherá* é determinar os ângulos do nascer e do pôr-do-sol pelas sombras projetadas nas varas posicionadas verticalmente.

Esses Diáconos eram essenciais para a orientação do Templo (a palavra oriente que significa "leste" procede do latim *oriens,* que por sua vez significa "levante"). É claro que isso era feito determinando os dois dias do ano em que a sombra do nascer do Sol é perfeitamente alinhada com a sombra do pôr-do-sol, que são os equinócios.

Jachin e Boaz são os pilares posicionados ao norte do leste e ao sul do leste, e representam as duas pedras verticais chamadas *messebhoth* pelos canaanitas, que Salomão havia erigido em frente ao portal de seu Templo. Jachin marcava a extremidade norte do nascer do Sol no solstício de verão, e Boaz a extremidade sul do nascer do Sol no solstício de inverno.

Os dias mais importantes do calendário maçônico são os dois dedicados a São João. Um é dedicado a João Batista, por volta do solstício de verão, e o outro a São João Evangelista, por volta do solstício de inverno. Portanto, esses dias representam a celebração dos dois solstícios indicados pelas linhas do nascer do Sol de Jachin e de Boaz no templo enochiano da Maçonaria.

Existem três graus pelos quais um homem deve passar até se tornar membro efetivo, conhecido como Mestre Maçom. No primeiro grau, o candidato deve passar por um ritual antes de ser admitido como Maçom "Aprendiz" aceito. Ele é então colocado no canto nordeste da Loja, e o Diácono segura o candidato com uma das mãos, e o seu *asherá* na outra. Nesse lugar, ele se encontra no solstício de verão, na linha marcada pela sombra do pilar de Jachin.

As ferramentas básicas de sua função emblemática são explicadas ao candidato enquanto ele está nessa posição.

Quando o Maçom Aprendiz está pronto para ser promovido ao segundo grau, o de Maçom "Artesão-Companheiro", é colocado no canto sudeste para "marcar seu progresso na ciência". O lugar onde ele agora se encontra é o solstício de inverno na linha marcada pela sombra do pilar de Boaz.

Em seguida, o Artesão-Companheiro é apresentado para o seu 3º grau da Maçonaria, que é realmente um ritual especial.

O candidato é avisado que o objetivo desse grau é a morte. E para essa importante parte é colocado na linha central do templo que designa a perfeita linha leste-oeste dos equinócios.

A primeira parte do ritual acontece em um lugar escuro e seu dramático apogeu é quando o candidato está sendo simbolicamente assassinado e colocado "sem vida" no chão envolto em uma mortalha.

O ritual continua na escuridão até a aplicação de um método que permite ao candidato ser levantado de sua "tumba" e ressuscitado para viver novamente. No momento da ressurreição, uma pequena estrela de cinco pontas é iluminada do lado leste e o venerável mestre chama a atenção do candidato para a luz da "brilhante estrela da manhã", que anuncia o seu retorno à vida.

No primeiro capítulo do nosso primeiro livro, no início da busca pelas origens da Maçonaria, ficamos surpresos com a descrição desse grau durante a cerimônia:

> *(...) aponta para a escuridão da morte e para a escuridão do túmulo como o anunciador de uma luz mais brilhante, que ocorrerá na ressurreição dos justos, quando esses corpos mortais, que durante muito tempo ficaram adormecidos no pó, serão despertados, reunidos aos seus aparentados espíritos e revestidos de imortalidade(...)*

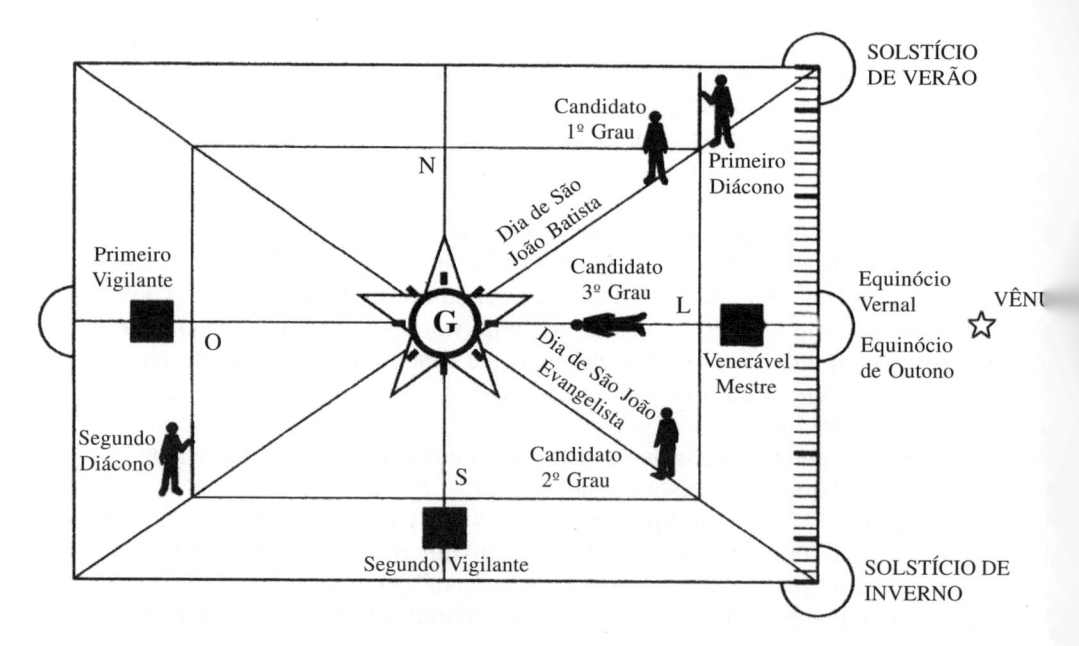

Figura 49. *A disposição astronômica de um Templo Maçônico.*

Naquele momento, isso não fazia sentido, mas depois de dez anos de buscas constantes das origens do ritual, agora sabemos que faz um sentido perfeito.

Podíamos agora imaginar o sítio de Newgrange de 5 mil anos atrás. Os restos do rei ou do sacerdote morto levado para a câmara escura, representando *a escuridão da morte*. Mas eles sabiam que essa escuridão era *o anunciador de uma luz mais brilhante*, que (como é descrito no ritual maçônico) nada mais é que a ascensão de Vênus. Em seguida, ocorre *a ressurreição dos justos* à medida que a luz da estrela da manhã penetra na câmara. Isso somente acontece em Newgrange uma vez a cada oito anos, e tanto tempo poderia passar antes do momento em que os *corpos mortais que ficaram adormecidos no pó serão despertados*. Esse despertar faz com que eles sejam *reunidos aos seus aparentados espíritos*. O espírito do falecido penetrou os aparentados, um relacionado recém-nascido. Esse processo então faz com que o indivíduo em questão seja *revestido de imortalidade*.

Segundo nossa opinião, trata-se de uma perfeita descrição da crença enochiana que emergiu do megalítico Povo da Cerâmica Canelada e sobreviveu por meio dos canaanitas, e dali para o Judaísmo zadoquita.

Essa passagem da morte para a vida pode não ser fácil para o falecido, pois o ritual maçônico continua com uma oração dirigida ao Grande Arquiteto do Universo:

(...) nós imploramos que derrameis a Vossa graça sobre esse Vosso servo que procura participar conosco dos mistérios secretos de um Mestre Maçom. Dotai-o de tal força que na hora do juízo ele não fracasse, mas passe seguro sob Vossa proteção através do vale escuro da sombra da morte para poder levantar-se finalmente do túmulo da transgressão e brilhar como as estrelas, para todo o sempre.

Originalmente, esses rituais eram realizados dentro de cavernas naturais ou construídas artesanalmente, e a comunidade de Qumran parece ter continuado essa tradição. É também possível que alguns maçons do século XVIII possam ter encenado o efeito total. Um certo lorde Dashwood, a oeste de Wycombe, no condado inglês de Buckinghamshire, era conhecido por realizar estranhos rituais em cavernas embaixo de uma velha igreja e que as pessoas locais acreditavam que fossem uma espécie de demonismo. Entretanto, é quase certo que tivesse uma conexão maçônica, porque entre os tantos visitantes que ele recebia incluía-se o homem de Estado, cientista e maçom, Benjamin Franklin.

Descobrimos que a habilidade dos maçons com o *asherá* era colocada em prática na época dos Templários e durante os primeiros anos da Maçonaria.

Acreditamos que, quando os Cavaleiros Templários construíram suas catedrais e igrejas na Europa, fizeram uso do *asherá* para medir o ângulo da primeira sombra do Sol a fim de colocar a pedra fundamental no canto nordeste. É claro que o ângulo resultante dependia do período do ano e da topologia do ambiente. Entretanto, isso definiria a linha das paredes norte e sul, fazendo com que a construção ficasse de frente para o nascer do Sol em um dos dois dias específicos do ano.

A igreja, então, seria dedicada a um santo cuja festa coincidisse com esse dia. Dessa forma, uma igreja do período templário dedicada a Santa Maria Madalena estaria de frente para o nascer do Sol naquele exato local, no dia 22 de julho (dia de Santa Maria Madalena).

Encontramos uma referência de que essa técnica havia sobrevivido ao desaparecimento dos Templários, associando-se às práticas iniciais da Maçonaria Escocesa. Em 1925, Alfred Watkins escreveu um livro intitulado *The Old Straight Track* [A Antiga Trilha Reta] no qual fala de uma conexão entre um alinhamento de velhas trilhas que ele chama *leys* e a orientação de antigas igrejas:

A Maçonaria proporciona uma conexão impressionante entre métodos de observação de trilhas e a orientação de construções, pois suas Lojas eram formalmente orientadas, e os anais de algumas Lojas escocesas descrevem o exato procedimento seguido para o alinhamento de igrejas.

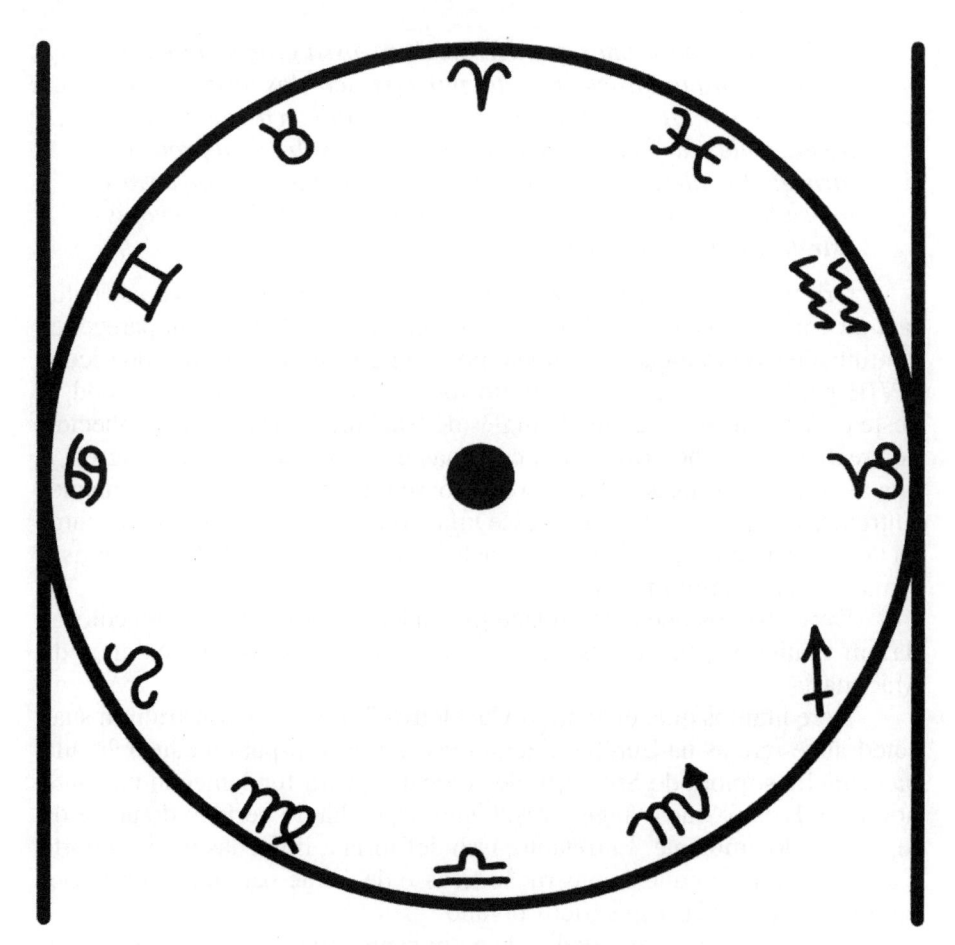

Figura 50. *O símbolo maçônico do zodíaco entre duas estacas de observação.*

    Tendo decidido o local do Altar, uma estaca foi plantada no solo, e um dia foi determinado para começar a construção. Na noite anterior, os benfeitores, os eclesiásticos e os maçons reuniram-se e passaram a noite realizando exercícios devocionais; um deles, designado para observar o nascer do Sol, deu o aviso de que os seus raios apareciam acima do horizonte. Com plena visão, o Mestre Maçom enviou um homem com uma vara que ele posicionou em linha entre o altar e o Sol, e dessa forma fixou a linha de orientação.[434]

---

434. WATKINS, A. *The Old Straight Track,* 1925 (reimpresso: Abacus, 1974).

Isso mostra que as antigas idéias enochianas haviam sobrevivido na Maçonaria, mas, ao se aproximar do final do livro, ele nos revelou outra fascinante confirmação das ligações entre o conhecimento dos céus e a Maçonaria. David Ovason, um pesquisador de assuntos arcanos, se interessara pela estranheza da alta proporção de simbolismo astronômico na cidade de Washington DC. Ele encontrou nada menos que 20 zodíacos expostos publicamente no centro da cidade e comentou: "Não conheço outra cidade no mundo com tantos zodíacos públicos expostos em um lugar tão pequeno".

Lendo o seu manuscrito, ficamos entusiasmados em verificar que ele confirmava o que suspeitávamos. Como vimos anteriormente, fomos informados por Fred Olsen, o magnata norueguês armador de navios, que George Washintgon havia comprado seu rancho porque havia nele uma antiga pirâmide que estava alinhada com os equinócios, e sabíamos que o Irmão Washington, que se tornara maçom em Fredericksburg no dia 4 de novembro de 1752, tinha idealizado a cidade.

Como maçom, Washington teria sido informado durante a cerimônia de que "a função básica de um maçom está relacionada com as ciências da Astronomia, da Química, da Geologia, da moral e mais particularmente da ciência dos antigos com todos os mistérios e lendas que nela se baseiam".

Essa é ainda a introdução ao Grau Noaquita que continua sendo tão importante na Legislação Americana, e na época em que Washington foi feito maçom era parte da introdução básica do Ofício da Maçonaria.

Ovason, que não era maçom, chegou à exata conclusão de que os maçons que construíram e desenvolveram a cidade de Washington eram obcecados com os céus. Ele descobriu que a disposição da cidade corresponde a alinhamentos solares que ainda eram usados no século XIX:

> *Quem, na cidade de Washington DC, na década de 1880, tinha o poder de organizar e disseminar esse simbolismo astrológico arcano, e assegurar que a estatuária devesse refletir o cosmos estrelado com tanta precisão?(...) A resposta extraordinária à minha questão leva-nos de volta ao próprio início da cidade federal, quando nada mais era que uma idéia na mente de George Washington. Sob sua persistente direção e grande visão, a cidade foi medida, planejada, projetada e construída em grande parte por maçons.*[435]

O conhecimento do povo de Uriel havia sobrevivido nos Templos da Maçonaria e foi até incorporado na capital da mais poderosa nação da Terra.

---

435. OVASON, D. *The Secret Zodiacs of Washington DC*, Century, 1999.

O Fim do Começo

Dez anos atrás, saímos a campo em busca de respostas a respeito dos excêntricos rituais praticados pela Maçonaria. Achamos muitas respostas, várias das quais imaginávamos poder encontrar.

Acreditamos que tivemos a oportunidade de entrever uma história da humanidade que ficou confusa e perdida no tempo – uma história que abrange um período de milhares de anos e inclui o maior desastre sofrido pelo planeta.

O desenvolvimento humano não deve ser considerado como uma implacável curva ascendente ao longo da qual progredimos da ignorância para o conhecimento, pois deve haver muita coisa que esquecemos. Houve um tempo quando sacerdotes eram cientistas que compreendiam por que Deus criou o Universo e edificavam sua teologia baseada no conhecimento. Mas durante os últimos 2 mil anos, a religião tornou-se um invólucro vazio de mantras e superstições sem fundamento. Houve tempos em que os sacerdotes orientavam a humanidade na busca dos mistérios ocultos da natureza e da Ciência, mas hoje se apegam a uma remota relevância procurando ser os guardiães de uma moralidade social em um mundo de constantes mudanças.

Então, o que a nossa busca conseguiu?

Bem, chegamos a compreender que o desenvolvimento humano é muito mais antigo do que é geralmente aceito. Há evidência de uma economia produtora na Europa de 26 mil anos atrás, e é prova clara de que as estruturas megalíticas da Europa sejam anteriores às cidades da Suméria e do Egito. Além disso, a civilização não foi gerada por uma progressão constante, mas parece ter sido sujeita a reveses catastróficos. A evidência geológica mostra que a causa desses reveses foi a colisão de dois cometas com a Terra: a primeira no ano 7640 a.C. e a segunda, em 3150 a.C.

A grande variedade de linguagens no mundo atual parece ter-se desenvolvido de um idioma global que possa ter existido há 15 mil anos.

O Livro de Enoch, que havia sido perdido até o século XVIII, contém a história de um homem que fora avisado a respeito dos efeitos dos impactos cometários e instruído nas habilidades de sobrevivência por um grupo adiantado de pessoas, conhecido como os Guardiães.

Os dados astronômicos de *O Livro de Enoch* revelam que ele foi escrito entre as latitudes 52° e 59° Norte, que é exatamente onde um grupo de pessoas astronomicamente adiantado, conhecido como o Povo da Cerâmica Canelada, viveu até o ano de 2600 a.C. Um povo anterior havia sido dizimado pelo impacto do cometa de 7640 a.C., mas os sobreviventes desenvolveram, então, a Astronomia como um meio de proteção.

Eles construíram um complexo de templos cuidadosamente projetado para permitir que a luz de Vênus brilhasse nas câmaras escuras um pouco antes do nascer do Sol, ou logo após o pôr-do-sol, uma vez a cada oito anos. Parece que eles acreditavam que isso permitia à alma de uma pessoa falecida transferir-se para o corpo de uma criança recém-nascida (que, dessa forma, se tornava um "Filho da Luz"), e com esse objetivo praticavam rituais de fertilidade durante o equinócio de primavera, para que seus filhos nascessem no solstício de inverno. Com a evolução de sua astronomia observacional, inventaram um sofisticado sistema de medição (a jarda megalítica) que se tornou padrão em seus domínios, e construíram centenas de enormes círculos de pedras que funcionavam como declinômetros de horizonte, proporcionando calendários precisos e sistemas de alarme cometários. A "arte" megalítica do Povo da Cerâmica Canelada, usada para decorar muitas de suas estruturas, era uma forma primitiva de escrita, e aprendemos a ler alguns de seus símbolos quando recriamos a máquina-calendário que Uriel descreveu a Enoch.

Em algum momento antes do ano 3150 a.C., o Povo da Cerâmica Canelada percebeu *outro* cometa em trajetória de colisão com a Terra e decidiu espalhar seu conhecimento de sobrevivência o máximo possível. Uma das pessoas que eles levaram do Oriente Médio para as Ilhas Britânicas a fim de aprender os segredos de sua astronomia foi Enoch. *O Livro de Enoch* descreve claramente visita a Newgrange com o seu Muro Branco de Cristal, centenas de anos antes da construção das pirâmides do Egito.

É provável que os construtores sumerianos tenham sido uma ramificação desse Povo da Cerâmica Canelada e que outro subgrupo possa ter-se dirigido para a China.

Vestígios das crenças desse Povo da Cerâmica Canelada sobreviveram em dois segmentos principais: nos ensinamentos do Judaísmo enochiano e nas lendas celtas dos druidas. Esses dois segmentos juntaram-se novamente por volta do ano 580 a.C., na época da queda do Templo de Salomão, quando uma princesa da linhagem de Davi foi levada para a Irlanda por motivos de segurança e estabeleceu a linhagem real dos altos reis de Tara, casando-se com um rei nativo. O Império Romano procurou, sem sucesso, destruir esses dois segmentos da crença enochiana durante o primeiro século depois de Cristo.

Logo que o Cristianismo jacobita apareceu no País de Gales e, mais tarde, na Irlanda e na Escócia, ele foi facilmente aceito. O que sobrara do Druidismo nativo foi prontamente absorvido pelo Cristianismo celta. Essa forma enochiana de Cristianismo sobreviveu até o século VI d.C., e pudemos rastreá-lo por meio dos ensinamentos dos primeiros santos celtas e dos poemas de Taliesin.

Os sítios do Povo da Cerâmica Canelada sempre foram considerados sagrados e durante os últimos 3 mil anos foram objeto de disputas por parte das várias linhagens das casas reais da Bretanha e dos descendentes dos sacerdotes do Templo de Jerusalém.

Por conseguinte, essa é a história que conseguimos desvelar. Mas o que aconteceu com nossa busca? No início deste livro, abordamos três perguntas fundamentais:

1. É fisicamente possível o mundo inteiro ter sido inundado? E se esse fosse o caso, que evidência existe na memória da raça humana de que esse terrível desastre ocorrera?
2. As tradições orais da Maçonaria alegam que existiu uma civilização adiantada antes da ocorrência do Dilúvio. Esses relatos são simples mitos ou registram a memória de um povo perdido?
3. É possível que tudo isso ajude a construir um novo paradigma da Pré-história?

Sim, o mundo foi quase totalmente destruído por uma inundação causada por um impacto de cometa há menos de 10 mil anos. Tais acontecimentos parecem ser freqüentes, com outro significativo impacto posterior, por volta do ano 3150 a.C.

Sim, as tradições orais da Maçonaria registram reais acontecimentos e existiu um grupo adiantado de pessoas nas Ilhas Britânicas que teve grande influência no Oriente Médio e até na China.

Sim, há um novo paradigma da Pré-história a ser construído. Nós somente começamos a trazer um pouco de luz em uma nova maneira de explicar como chegamos ao mundo em que vivemos atualmente.

Entretanto, achamos que as respostas que pudemos proporcionar sejam menos importantes do que as muitas perguntas que levantamos. Durante muito tempo, o mundo parece ter estabelecido patentes informações incorretas sobre o passado, e todas as vezes que uma nova idéia introduzida contradiz velhos dogmas, é ignorada ou ridicularizada. Mas hoje há esperança porque líderes intelectuais aprenderam que a heterodoxia de hoje é a ortodoxia de amanhã.

Encontramos a origem da jarda megalítica do professor Thom.

Fizemos incursões na tentativa da compreensão da arte megalítica como forma de escrita e esperamos que o bom trabalho nessa área continue.

Descobrimos o papel central de Vênus na Ciência e na Teologia do mundo antigo. Acima de tudo, esperamos ter desvelado o suficiente para convencer as pessoas de que os nossos distantes ancestrais merecem respeito.

Por meio da ciência de Uriel e das tradições orais de Enoch, temos evidência dos terríveis desastres causados ao mundo quando pequenos blocos de gelo do espaço sideral colidem com nossos oceanos.

A Arqueologia diz que a nossa espécie não mudou por cerca de 115 mil anos e, no entanto, aparentemente só desenvolvemos a civilização durante os últimos 10 mil anos, ou seja, a partir do Dilúvio.

Então o que aconteceu durante os 105 mil anos *antes* da colisão com o cometa? É possível que nossos ancestrais estagnaram ou pode ter havido uma civilização tecnologicamente desenvolvida que foi varrida da face da Terra?

Sim, temos de concluir que seja totalmente possível que a nossa espécie tenha evoluído e regredido mais do que uma vez. Levamos pouco mais de cem anos para passar de navios de madeira para naves espaciais na Lua. Portanto, por que a humanidade não pôde ter alcançado um rápido desenvolvimento anteriormente?

As inundações causadas por impactos de cometas são catastróficas além da imaginação. Os *tsunamis* que varreram a Terra teriam apagado toda e qualquer evidência de uma civilização precedente, tão certamente quanto castelos de areia destruídos na praia pela maré alta.

Acima de tudo, devemos nos lembrar de que a grande mensagem de Uriel não diz respeito à história, mas ao futuro.

Pensem no impensável, diz Uriel – a Terra será atingida novamente.

Podemos ter gozado de um feliz período com relativamente pequenos impactos durante um bom período de tempo. Mas que certeza temos de quanto tempo mais isso durará? Certamente, tivemos sorte durante muito tempo para não considerar o problema muito, mas muito seriamente.

Se não investirmos na busca de uma tecnologia que proteja o nosso planeta, quem sabe também não nos tornaremos uma memória, com mínimos vestígios de nossa civilização, assim como ocorreu com o Povo da Cerâmica Canelada.

Seremos uma tradição oral confusa de um antigo povo que podia voar como pássaros, que tinha construções que alcançavam o céu e que possuía o poder de comunicar-se com os quatro cantos do mundo. Dirão que esse povo existiu antes de as estrelas caírem na Terra e que Deus o castigou por suas maldades.

Talvez os sobreviventes cresçam e ouçam o antigo eco antes que seja tarde demais. Mas também é possível que eles ignorem a mensagem do passado.

Olhe! A destruição está chegando, uma grande inundação que destruirá todos os seres vivos.

O Livro de Enoch

Tabela Cronológica

           2600000 a.C.   Primeiras ferramentas produzidas.
180000 a 360000 a.C.   Era Mitocôndria.
             115000 a.C.   Existência de humanos modernos.
              26000 a.C.   A primeira fábrica conhecida.
              25000 a.C.   Desaparecimento dos últimos neandertais.
              16000 a.C.   A Escócia sob uma camada de gelo de uma milha de espessura.
              11000 a.C.   Orkney separada da Escócia pelo aumento do nível do mar.
              10000 a.C.   Escócia livre do gelo; existência de antílopes gigantes, alces e renas.
                9000 a.C.   Período de frio da última Era Glacial na Escócia denominado "Loch Lomond Stadial".
                8075 a.C.   Primeiros pilares de observação estabelecidos em Stonehenge.
                7640 a.C.   Impacto de sete fragmentos de cometa.
                7500 a.C.   Início da agricultura.
                7100 a.C.   Novos pilares de observação estabelecidos em Stonehenge.
                7000 a.C.   Assentamentos em Rum, nas Hébridas, e em Mount Sandal, na Irlanda.
                6500 a.C.   Aquecimento da Escócia, que se torna atrativa para a vida.
                6500 a.C.   Assentamento em Inverness.
                6000 a.C.   O Mar do Norte inunda as planícies do Norte.

6000 a.C. Assentamentos em Islay, Jura, Arran, Oban e Loch Doon.
5500 a.C. Inundação provocada pelo Mar Báltico.
4900 a.C. O Lago Skaill, de água doce, é inundado pelo mar e torna-se a Baía de Skaill.
3930 a.C. Estabelecimento do aterro de Maes Howe.
3600 a.C. Casa construída em Knap de Howar.
3500 a.C. Estabelecimento de comunidades produtoras de alimentos em Orkney.
3420 a.C. Primeiro sepultamento em Quanterness.
3250 a.C. Os sumerianos chegam à Suméria.
3215 a.C. Construção das primeiras casas em Skara Brae.
3215 a.C. Construção de "Isbister", Túmulo das Águias.
3200 a.C. Newgrange em uso.
3200 a.C. Construção da câmara de Bryn Celli Ddu.
3150 a.C. Impacto de cometa no Mediterrâneo.
3080 a.C. Gado doméstico pastou em Knowe de Ramsay.
3040 a.C. Fixação das Pedras de Stennes; fosso escavado em rocha.
3035 a.C. Gado doméstico pastou em Knowe de Rowiegar.
3020 a.C. Construção das casas 2, 7 e 8 em Skara Brae.
3020 a.C. Início da construção do sítio de Stonehenge.
2990 a.C. Sepultamento humano em Quoyness.
2895 a.C. Construção da acomodação central das Pedras de Stenness.
2830 a.C. Construção de estrutura em Peirowall Quarry com pedras espirais.
2820 a.C. Construção da estrutura de Maes Howe.
2700 a.C. Construção da colina de Silbury.
2700 a.C. Objetos de bronze em Wiltshire, mas não na Escócia.
2700 a.C. Primeiro zigurate construído no Iraque.
2700 a.C. Fim do Velho Reinado do Egito.
2670 a.C. Derrota de Agga por Mesanepada, rei de Ur.
2655 a.C. Abandono de Skara Brae.
2650 a.C. Construção da primeira pirâmide de Seqqara.
2650 a.C. Fim do reinado de Gilgamesh.

2650 a.C. Morte de Agga, último governante de Etana.
2638 a.C. Khufu torna-se rei dos dois reinos do Egito.
2600 a.C. Primeira construção de grandes templos no Peru.
2500 a.C. Fixação das pedras de Avebury.
2500 a.C. Fim das construções megalíticas em Orkney.
2000 a.C. Objetos de bronze aparecem na Escócia.
2000 a.C. Início da deterioração do clima no Norte da Escócia.
1200 a.C. Declínio da população na Escócia por possível praga.
1159 a.C. Erupção do Hekla, na Escócia, causando dez anos de verões medíocres.
1020 a.C. Saulo torna-se rei de Israel.
1002 a.C. Davi, rei de Israel.
972 a.C. Construção do Templo de Salomão.
586 a.C. Destruição do Templo de Salomão.
539 a.C. Início da construção do Templo de Zerubbabel.
155 a.C. Os sacerdotes zadoquitas mudam para Qumran
7 a.C. Nascimento de Jesus.

d.C

32 d.C. Execução de São João Batista.
33 d.C. Crucificação de Jesus.
58 d.C. Bran leva o Cristianismo para o País de Gales.
60 d.C. Saul torna-se Paulo e reorienta o Cristianismo.
60 d.C. Batalha de Castell Ior, massacre dos druidas em Anglesey.
62 d.C. Morte de Tiago, irmão de Jesus.
66 d.C. Início da revolta judaica.
70 d.C. Destruição de Jerusalém e do Templo.
78 d.C. Derrota final dos druidas de Anglesey.
79 d.C. Construção do forte por Agricola na Irlanda.
84 d.C. Derrota dos druidas escoceses por Agricola.
132 d.C. Início da revolta de bar Kochba.
432 d.C. Ida de São Patrício para a Irlanda.
525 d.C. Maelgwn Gwynedd estabelece a catedral de Bangor.

547 d.C.   Morte de Maelgwn Gwynedd.
563 d.C.   Columba viaja para a Escócia.
1095 d.C. Início da Primeira Cruzada.
1118 d.C. Nove cavaleiros escavam as ruínas do Templo.
1307 d.C. Destruição dos Templários na França.
1314 d.C. Batalha de Bannockburn.
1329 d.C. O papa aceita Robert I como rei da Escócia.
1601 d.C. James VI torna-se maçom na Loja de Perth e Scoon.
1603 d.C. Coroação de James VI, rei da Inglaterra.
1641 d.C. *sir* Robert Moray torna-se maçom em Newcastle.
1691 d.C. Derrota de James VII na Batalha do Boyne.
1715 d.C. Primeira Campanha Jacobita para restaurar a linhagem dos Stewart.
1717 d.C. Os maçons de Londres separam-se da tradição escocesa.
1725 d.C. Formação da Primeira Grande Loja Nacional na Irlanda.
1736 d.C. Formação da Grande Loja da Escócia.
1745 d.C. Segunda Campanha Jacobita para restaurar a linhagem dos Stewart.
1757 d.C. George Washington torna-se maçom.
1813 d.C. Formação da Grande Loja Unida da Inglaterra.

APÊNDICE 1

UMA MENSAGEM PARA A MAÇONARIA INGLESA

Um Novo Paradigma de Maçonaria

Acreditamos que os maçons que encontrarem falhas em nossas descobertas, provavelmente, será porque compararam o que dissemos com o que existe de opiniões a respeito da história da Maçonaria. Outros poderão apresentar pontos genuínos de detalhes mal interpretados de nossa parte, ou queiram entrar em um debate saudável a respeito. Entretanto, do nosso ponto de vista, existem aqueles que acreditam ter o direito de proteger dogmas há muito tempo estabelecidos e criados principalmente pelos maçons de Londres, no início do século XVIII. Quanto mais "conhecedores" eles se considerarem, menos preparada está a maioria para considerar uma nova maneira de visualizar todo o assunto.

O que apresentamos em nossos três livros é resultado de uma reavaliação tão radical das origens da Maçonaria, que é impossível descartar os elementos de nossos achados simplesmente porque são conflitantes com os conceitos estabelecidos. Nossa explicação para a existência da Maçonaria e de seus rituais correntes deve ser analisada quanto aos seus próprios méritos, para então ser comparada (como uma completa alternativa) com as teorias-padrão.

Nossos esforços durante os últimos dez anos diferem daqueles dos mais modernos pesquisadores maçônicos no sentido de que levamos em consideração um contexto global e não nos restringimos unicamente à Maçonaria. É nossa opinião que ninguém possa entender a natureza de um peixe sem estudar o mar.

Para efeito de outra analogia, podemos dizer que nos sentimos um pouco como Galileu quando tentou persuadir o *establishment* de que o mundo é uma esfera orbitando em volta do Sol. Existentes personagens de autoridade sempre tiveram grandes dificuldades para ajustar-se a novas idéias, apesar do fato de que atualmente os acadêmicos sérios freqüentemente tiram vantagens das mudanças rápidas e radicais que ocorrem na Ciência em geral. No início do século XVII, não havia evidência de que o Sol e outros corpos celestes orbitassem em volta de uma Terra plana e estacionária, assim como não há sinal para apoiar a improvável idéia de que os aristocratas da Maçonaria especulativa do século XVIII adotassem os rituais de simples pedreiros.

Consideramos que a explicação da Grande Loja da Inglaterra sobre a origem da Maçonaria seja totalmente insustentável, assim como suas pretensões de que todas as explicações sejam somente teorias, embora continue promovendo a explicação que se relaciona aos pedreiros.

Ao terminarmos este livro, tivemos a satisfação de receber, com os cumprimentos do Grande Secretário da Grande Loja Unida da Inglaterra (UGLE), dois livretos intitulados *Your Questions Answered* [Respostas às suas Perguntas] e *Freemasonry: An Approach to Life* [Maçonaria: Uma Abordagem à Vida].

Esses livretos são uma boa tentativa para começar a dissipar algumas idéias tolas que existem no mundo atual sobre a Maçonaria. De fato, pelo menos uma das idéias contidas neles foi sugerida por nós à Grande Loja.

Entretanto, esses pequenos documentos contêm algumas das mais antigas informações, entre as quais há as que achamos altamente discutíveis e demonstrativamente erradas.

Há um tópico que pergunta: "Como e quando se iniciou a Maçonaria?". Responde o livreto que não se conhece como e nem quando isso ocorreu, e que o registro mais antigo da "formação" de um maçom na Inglaterra é aquela de Elias Ashmole, em 1646. Até nesse detalhe eles estão errados!

Em um livro meticulosamente pesquisado, intitulado *The Origins of Freemasonry: Scotland's Century 1590-1710* [As Origens da Maçonaria: Escócia do Século 1590-1710], publicado pela Cambridge University Press em 1988, David Stevenson, então professor de História Escocesa da Universidade de St. Andrews, apresentou as minutas originais de uma Loja onde constavam os registros dos dois primeiros candidatos formados maçons em uma reunião da Loja Canongate de Edimburgo, realizada em Newcastle, em 1641. (Isso faz com que Ashmole tenha sido o terceiro registro da formação de um maçom na Inglaterra.) E mostra claramente que a Maçonaria começou na Escócia pelo menos 50 anos antes da iniciação do Irmão Ashmole, que só poderia ter acontecido em uma Loja escocesa.

Um dos maçons formado em Newcastle, em 1641, era *sir* Robert Moray, um membro fundador da Real Sociedade, junto com Ashmole. Uma das três principais Lojas escocesas de pesquisas é chamada Loja *sir* Robert Moray, em honra desse grande homem. Quando o professor Stevenson, não-maçom, se dirigiu a essas Lojas escocesas de pesquisas, foi tratado com respeito em função de sua posição acadêmica, e seus achados foram bem recebidos e discutidos amplamente. Posteriormente, quando se dirigiu à "principal" Loja inglesa de pesquisas, chamada "Quator Corinati", a apresentação do sábio professor foi recebida friamente. Recomendamos a todos os membros da Maçonaria a leitura da evidência do próprio Stevenson.

O livreto também afirma que a Grande Loja da Inglaterra foi a primeira Grande Loja do mundo, estabelecida em 1717, mas tratava-se de uma organização baseada em Londres que consistia de apenas quatro Lojas. Lojas nas cidades e bairros da Escócia haviam funcionado juntas durante séculos antes dessa data; elas simplesmente preferiram não adotar o presunçoso título de "Grande".

Apesar da prova que nós e outros pesquisadores apresentamos no sentido de que a Maçonaria Escocesa teve início com os Cavaleiros Templários, parece que a Grande Loja da Inglaterra continuou fazendo "ouvido de mercador". Essas minutas repetem a estranha idéia de que, repentinamente, os cavalheiros e os aristocratas ingleses do século XVII decidiram perguntar aos grêmios dos pedreiros se podiam adotar seus rituais para efeito de aprimoramento pessoal. Isso parece totalmente contraditório, pois os pedreiros da Europa foram aceitos nos níveis inferiores dos rituais templários, quando esses cavaleiros instigaram seu famoso programa de construção de catedrais medievais por todo o continente. Quando o poder dos templários foi de repente extinguido, no início do século XIV, esses pedreiros especializados mantiveram os rituais que os templários haviam estabelecido e formaram grêmios no continente europeu, mas não na Inglaterra, Irlanda, País de Gales e Escócia. No ano de 1440, aproximadamente, William Saint Clair de Roslin contratou esses mestres pedreiros continentais, em vez de usar a mão-de-obra local escocesa, para construir Rosslyn. A partir de então, ele e seus descendentes foram feitos Grão-Mestres Maçons da Escócia.

William Saint Clair convocou esses maçons porque a sua família era encarregada da custódia dos documentos e dos rituais templários e, a partir de 1440, os maçons (operativos) foram reunidos com os maçons espirituais ou especulativos.

O Nosso Ponto de Partida

A total falta de plausibilidade da velha teoria sobre a origem da Maçonaria foi o que nos levou à busca pelas origens dos rituais usados pelos maçons. De fato, nós dois aderimos à Maçonaria por curiosidade.

Ninguém conseguia responder à pergunta de onde ou de como surgira a Ordem. A maioria dos membros parecia simplesmente aceitar o fato de tratar-se de uma espécie de drama amador com nuances morais e ter a oportunidade de uma refeição e um drinque após o ritual; um clube-restaurante para cavalheiros com objetivos caridosos e uma oportunidade para vestir uma estranha indumentária que inclui um refinado avental, luvas brancas, colarinhos e punhos ornamentados.

Sabíamos que as pessoas que não eram membros da Ordem tinham uma visão diferente. Depois da Primeira Guerra Mundial, a Maçonaria passou a ignorar todos os comentários externos a respeito da Ordem e de sua finalidade. Os cristãos não-maçons opositores da Maçonaria, como o escritor Walton Hannah, chegaram à conclusão de que eles podiam dizer o que quisessem sem que ninguém os contestasse em suas afirmações e em suas más interpretações. Hannah descobriu essa falta de defesa quando escreveu um artigo na revista *Theology* (janeiro de 1951), publicada pelo grupo cristão Society for Promoting Christian Knowledge [Sociedade para Promover o Conhecimento Cristão], intitulado "Deveria um Cristão ser Maçom?". Hannah ficou agradavelmente surpreso pela considerável controvérsia que esse artigo gerou e pelo número de cartas que recebeu de maçons praticantes, que ele descreve como "cheios de cortesia e tolerância". Mas isso não mudou a sua opinião de que a Maçonaria seria uma organização do mal e que precisava ser destruída, citando como seu motivo pessoal "as respostas necessariamente evasivas dos maçons".[436] E dessa maneira foram plantadas as sementes da atual crença popular, apoiada até pelo atual governo, de que não se pode confiar nos maçons, até mesmo sob juramento.

Decidimos, então, descobrir as origens dos rituais praticados pela Maçonaria e que nos levaram para áreas totalmente inesperadas. O que encontramos era tão importante que escrevemos uma história de nossa busca e, sete anos depois desse início, publicamos o livro *The Hiram Key*. Nesse livro contamos como chegamos a considerar a Maçonaria como repositório de antigos ensinamentos que datavam da época da Igreja de Jerusalém, no tempo de Jesus e Tiago.

Dissemos que esses rituais haviam sido ressuscitados pela Ordem medieval dos Cavaleiros Templários e levados para a Escócia onde ela foi transformada na Maçonaria durante os séculos XIV e XV. Nossa motivação para publicar o primeiro livro tinha três intenções:

1. Compartilhar o estímulo que sentimos ao encontrar a fabulosa história que levou ao estabelecimento da Ordem;

2. Mostrar ao mundo, em geral, que a Maçonaria era uma fonte de conhecimento histórico injustamente ignorada;

---

436. HANNAH, W. *Darkness Visible, A Revelation and Interpretation of Freemasonry*, The Augustine Press, 1952.

3. Combater a invasão de livros mal informados que atacam a Maçonaria como se fosse uma conspiração maldosa contra a sociedade.

Percebíamos que os líderes da Maçonaria Inglesa não estavam preparados para se defender adequadamente contra autores como Stephen Knight e Martin Short, que retrataram a Maçonaria como uma grande rede de tentáculos indesejados em todas as áreas da vida pública.

Ignorando o fato de que a Maçonaria não é uma "sociedade secreta", Martin Short escreveu em 1989:

Que tipo de ação deve ser tomada [a respeito da Maçonaria]*? Eu sugiro que seja algo mais forte do que o primeiro ministro do partido dos Tory gostaria e que disse, "se as pessoas querem tomar parte de sociedades secretas, isso somente diz respeito a elas", mas provavelmente seja menos do que é exigido pela pessoa do Partido Trabalhista, que pensa que "deveria ser considerada ilegal".*

A única forma apropriada seria colocar a questão em um plebiscito que proporcionasse um total acesso público e a lista atualizada de todas as Lojas Maçônicas.[437]

Esse tipo de livros e a nossa percepção da falta de preparo por parte da liderança de Grande Loja Unida da Inglaterra para, adequadamente, responder a essas acusações prejudicou muito uma Ordem boa e caridosa, apesar de excêntrica.

O Futuro

O mundo está mudando e todos estamos penetrando em uma nova era da informação, uma era que questiona as práticas tradicionais e as formas de autoridade atuais. Hoje, grande parte do mundo ocidental tem uma visão democrática de autoridade, que é refletida em todos os níveis da sociedade. Até na Inglaterra, a autoridade hereditária não é mais simplesmente aceita; a monarquia é responsabilizada por suas extravagâncias morais; a Casa dos Lordes está para ser abolida, e até os inelegíveis e não responsáveis comissários da União Européia foram derrubados de seus altos tronos pela opinião pública. A visão tradicional de a autoridade ser transferida para sequiosos subalternos não é mais aceita por ninguém. A natureza da autoridade está mudando, mas a Maçonaria está apenas começando a mudar com ela.

---

437. SHORT, M. *Inside the Brotherhood,* Grafton Books, 1989.

Na era da informação o conhecimento é poder, e os únicos membros dignos de ser aceitos são aqueles que possuem várias opções para sua lealdade e fontes de entretenimento. As pessoas inteligentes e informadas se aborrecem facilmente, principalmente se não forem desafiadas. Ocasionalmente, a autoridade pode ordenar a aceitação, mas nunca poderá ordenar o empenho. A próxima geração de maçons que substituirá a atual não está convencida da autoridade assumida, como era em qualquer outra época da História. Sem a autoridade posicionada e hereditária para comandar, como poderão os dirigentes da Ordem legitimar suas decisões? Como incentivarão a adesão, se não puderem impor a obediência?

No futuro, o mais provável é que os maçons não se considerarão mais defensores leais, mas procurados unicamente para engrossar as fileiras de adeptos. Não é mais aceitável dizer "Torne-se um digno Mestre de Loja, mantenha-se reto e, em dez anos, aproximadamente, você conseguirá ser um grande oficial provincial, com alguma faixa dourada em seu peito". Esse falso objetivo de *status* conferido tem muito pouco valor para as pessoas que podem conseguir um verdadeiro *status* em suas profissões e passar o pouco tempo disponível fazendo alguma coisa útil e interessante. Como é possível motivar essas pessoas a se tornarem maçons e, no caso de aceitarem, como poderão ser mantidos?

De nada servem as ameaças, pois quais sanções poderiam ser aplicadas a profissionais que não estão dispostos a ser intimidados por qualquer pessoa, muito menos por um açougueiro local ou um gerente de banco aposentado em um extravagante avental? Como poderão os "dirigentes" da Ordem exercer autoridade sobre os mais inteligentes e melhores novos membros, na ausência de dependência? Certamente não poderão continuar com a mesma atitude e, se não mudarem, a Maçonaria morrerá com eles.

Quando as pessoas que atualmente controlam a Maçonaria Inglesa eram jovens, o controle era tudo. Os Irmãos Superiores eram alérgicos a surpresas. Todos pediam permissão para tudo e faziam exatamente o que lhes era dito. Isso levou a uma ilusão de poder por parte de alguns membros dessa Grande Loja da Inglaterra, mas esse sentido de controle não era real. Não é mais possível restringir o debate quando existem tantas fontes disponíveis de informação.

Gary Hamel, professor visitante de Estratégia e de Gerenciamento Internacional na London Business School, comentou sobre a mudança ambiental da autoridade em geral, dizendo:

> *Já foi o tempo em que se você não fosse flagrado com a mão na massa, ou publicamente falasse mal de seu chefe, ainda podia contar com um emprego vitalício em diversas grandes organizações. A lealdade de uma pessoa tinha mais valor do que a sua capacidade e sempre havia um cantinho para esconder a*

mediocridade. Os títulos produziram uma força de trabalho razoavelmente maleável e a dependência reforçava um tipo relutante de lealdade. Isso foi antes. Hoje é diferente.

Pode falar o quanto você quiser a respeito de criar uma organização altamente empenhada; mas o empenho não é recíproco? É por isso que a lealdade não é mais o que costumava ser.[438]

A experiência traz a autoridade e, no passado, a superioridade hierárquica baseava-se na suposição de que as pessoas "de cima" soubessem mais do que as dos níveis inferiores. Em um sistema que pareceu basear-se na promoção das pessoas pelo princípio de Buggins, que se refere à ordem de precedência, isso nunca pode ser verdadeiro. O perigo está na possibilidade de as pessoas que dirigem a Maçonaria virem a perder esse conhecimento. Não é preciso muito para um jovem inteligente perceber, ao aderir a uma Loja local, a falta de conhecimento de alguns membros superiores. Se a próxima geração não respeitar a Maçonaria, não poderá aderir nem apoiá-la.

A Maçonaria era um ambiente protegido. Ela era considerada pelas pessoas de fora como um clube de alta classe e, se o preço da preferência era o de não apresentar perguntas difíceis, então em uma época que aceitava a autoridade presumida, talvez fosse considerado um preço razoável pela condição social que o grau maçônico representava na sociedade. Mas o território mudou dramaticamente...

Gary Hamel também sugeriu uma solução para as organizações que tinham esse tipo de problema:

> *A autoridade não seria tanto uma função de antevisão quanto uma de retrovisão? Em um mundo de constantes mudanças, a autoridade não deveria basear-se na experiência como também na capacidade de aprender e de se adaptar?*[439]

Os computadores, as redes de informação e a internet estão criando uma democracia da informação. Os limites informativos que os Irmãos Superiores procuravam impor nos debates com Irmãos Subordinados podem ser facilmente superados. Se fatos relevantes são amplamente acessíveis, todas as decisões podem ser desafiadas. A autoridade não pode mais ser idiossincrática e caprichosa. Quando os maçons principiantes estiverem de posse de todos os fatos e com capacidade de tirar suas próprias

---

438. HAMEL, G. "Managing Out of Bounds", *FT Mastering Management Overview*, Oc92.html.
439. HAMEL, G. "Managing Out of Bounds", *FT Mastering Management Overview*, Oc92.html.

conclusões, estarão mais dispostos a desafiar o julgamento daquelas pessoas que eles pagam para administrar o que é aparentemente uma organização de entretenimento.

Uma organização que não pode imaginar o futuro não terá um lugar nele; mas John F. Kennedy também chamou a atenção para o fato de que "quem esquece a sua própria história também não terá nenhum futuro". Então, aqui estão três principais desafios que, em nossa opinião, a Maçonaria Inglesa está enfrentando atualmente:

1. Preservar os ensinamentos antigos e reinstituir os antigos rituais para que possamos aprender do passado;

2. Atrair a juventude inteligente e ponderada, tanto homens como mulheres, para que possa aprender o verdadeiro propósito da Ordem e compartilhar de suas crenças e de seus valores;

3. Passar para um sistema de autoridade que seja aceitável à sociedade moderna. Isso envolverá a mudança para o sistema de eleição em vez de nomeação.

É dessa forma que a Maçonaria inglesa terá um futuro.

APÊNDICE 2

REFLEXÕES A RESPEITO DE MAES HOWE

Maes Howe é o nome da estrutura com câmara perto de Stromness, em Orkney; esse nome nos intrigou durante muito tempo. Sabíamos que as linguagens irlandesa, manx e escocesa eram ramificações de duas línguas intimamente ligadas: a primeira é a Goidélica (Q-Celta) chamada geralmente de língua Gaélica; e a segunda, chamada de Britônica (P-Celta) que liga a linguagem galesa, ou cymric, com a cornuália e a bretanha. A linha padrão de todas essas linguagens está em suas formas mais antigas que começaram a ser usadas por volta do século VI d.C. Nossa idéia é de que uma linguagem simplesmente não aparece do nada, assim como uma nova religião não é repentinamente criada do nada; elas sempre são os melhoramentos de idéias mais antigas. Isso parece ter sido confirmado pelo dr. W. Nicolaison, que encontrou considerável evidência de palavras galesas usadas em nomes de lugares na Escócia:

> *O fato impressionante é que nomes P-Celtas foram encontrados não somente no País de Gales mas muito mais ao norte na Escócia(...) esses nomes de lugares só poderiam ter sido cunhados se uma linguagem britônica (divisão das linguagens celtas) relacionada ao moderno galês, fosse falada ao longo das baixas terras da Escócia Oriental, estendendo-se da fronteira escocesa até Moray Firth e além, onde esses nomes são encontrados. Como foram escoceses falando galês de Dalriada que colonizaram a Escócia ao norte do Forth a partir do século VIII, se não for antes, essa linguagem só pode ter sido falada pelos pictos. Esses nomes de lugares somente poderiam ter sido preservados se fossem adotados pelos migrantes que falavam o galês, usando-o mesmo com a gradativa substituição da velha*

linguagem e, dessa forma, passou-se um bom período em que foi usada uma bilinguagem entre os escoceses e os pictos.[440]

Portanto, é possível que a história de Maelgwn ter gerado o rei Brude não fosse tão fantástica, caso sua mãe falasse o galês. Mas essa informação fez com que reconsiderássemos o significado do nome Maes Howe.

Será que estaria relacionado com as palavras galesas, foneticamente quase idênticas, de *Maes Hwyr,* que significa "o campo da noite depois que o Sol se põe"?

Victor Reijs, o astrônomo holandês cujo trabalho mencionamos no Capítulo VII, havia mostrado que o Sol nasce e se põe atrás de Ward Hill 20 dias antes do solstício de inverno e 20 dias depois. Ele montou uma câmera de vídeo na câmara de Maes Howe e publicou os tempos exatos de cada ocasião em que o Sol penetrou na câmara. O resultado foi um padrão irregular de luz do Sol atingindo a parede do fundo, em um período de 60 dias. Por conseguinte, Reijs concluiu que Maes Howe era simplesmente uma construção com uma genérica indicação do solstício de inverno.[441]

Euan Mackie manifestou-se dizendo que estava na hora de pensar novamente em Maes Howe:

> *Há uma geração, as investigações feitas sobre o conhecimento astronômico e matemático das pessoas que erigiram as pedras foram dirigidas principalmente aos padrões estatísticos. Desde então, a grande passagem de Newgrange, na Irlanda Oriental, provou ter sido projetada para alinhar-se com o nascer do Sol em meados do inverno. Está na hora de novamente avaliar outra câmara de aterro, Maes Howe, ao extremo norte da Escócia, levando em consideração essas mesmas preocupações.*[442]

Sabíamos que em Bryn Celli Ddu havia o aparecimento de Vênus, como estrela da noite, e aplicamos a técnica da "abertura virtual" de Robert aliada aos tempos proporcionados por Victor Reijs. Existem duas aberturas virtuais que causaram o aparecimento da luz do pôr-do-sol e, aparentemente, nascendo de novo – portanto, é possível que, além do alinhamento solar, também haja um com Vênus?

Havia, sim! Um ano em cada oito anos, o cálculo mostra que Vênus irradia sua luz duas vezes na parede do fundo da câmara depois do pôr-do-sol, no solstício de inverno.

---

440. ROBERTS, J. L. *Lost Kingdoms, Celtic Scotland and the Middle Ages,* Edinburgh University Press, 1997.
441. REIJS, V. "Megalithic Month Alignment at Maes Howe", *Third Stone,* October-December 1998, pp. 18-20.
442. MACKIE, E. W. "Maes Howe and the Winter Solstice"; *Antiquity,* 71, junho de 1997, pp. 338-359.

No solstício de inverno, por volta de 14h35 o Sol brilha no fundo da câmara durante 17 minutos e então se põe às 15h20. Às 17h, a luz de Vênus entra pela primeira abertura iluminando a câmara e, depois, às 17h15 ele se põe atrás de Ward Hill. Mas 15 minutos após o seu ocaso, Vênus reaparece além de Ward Hill e sua luz ilumina a câmara novamente durante dois minutos, antes de se pôr pela segunda e última vez.

E assim, a cada oito anos, Vênus causa uma dupla iluminação da câmara de Maes Howe, "o campo da noite depois que o Sol se pôs" – um nome apropriado para uma estrutura alinhada com a estrela da noite. O último evento ocorreu em 1996 e deve ter acontecido novamente em 2004.

Mackie estava certo quando suspeitou que havia mais do que era aparente em Maes Howe. O alinhamento solar pode ter sido acidental, mas aqueles combinados do Sol e de Vênus não podem ser acidentais. Novamente descobrimos a extensão da engenhosidade desses sacerdotes cientistas do passado longínquo.

APÊNDICE 3

COMO O POVO DA CERÂMICA CANELADA DESENVOLVEU UMA CIVILIZAÇÃO AVANÇADA?

As Características da Comunidade do Vale do Boyne

Muitas pessoas que olham para o passado antigo sentem a necessidade de explicar a existência de certo conhecimento. O repentino surgimento de civilizações parece sugerir que alguns grupos sabiam exatamente o que estavam fazendo quando introduziram a agricultura e os animais domésticos. Algumas pessoas atribuem os repentinos desenvolvimentos à Atlântida e outras, a intervenções alienígenas; mas todas parecem esquecer que para tudo deve haver um início – quer seja em uma terra mitológica no oceano, em Marte ou em algum lugar de Dublin – e que essa localização possa ser a chave para a compreensão desses enigmas.

Newgrange e suas estruturas vizinhas envolveram um profundo empenho social durante um longo período de tempo, abrangendo muitas gerações. Isso representou um enorme investimento de recursos por parte do que foi presumido, até recentemente, ter sido uma simples população de caçadores que começava a desenvolver a agricultura. Para ter êxito, seria necessário o tipo de especialização da mão-de-obra anteriormente associada somente com culturas próprias de cidades.

Depois de completar suas escavações, o professor Michael O'Kelly sugeriu haver pelo menos seis diferentes equipes hábeis trabalhando em vários aspectos do trabalho de construção.[443] Essas pessoas experientes que construíram e decoraram Newgrange precisariam ser alimentadas e abrigadas durante anos de trabalho.

Quem foram esses construtores primitivos e que tipo de cultura megalítica eles possuíam?

Como já comentamos, as habilidades necessárias para produzir as estruturas construídas pelo Povo da Cerâmica Canelada, nas vizinhanças do Mar da Irlanda, demonstram um grau de maturidade no desenvolvimento econômico muito mais adiantada do que a costumeira imagem de grupos de selvagens. Eles tinham a capacidade de realizar planejamentos e implementar grandes projetos de engenharia civil que consumiam grande parte de sua força de trabalho disponível. Além disso, tratava-se de um povo com relativa curta expectativa de vida e um índice de mortalidade infantil extremamente alto, o que torna suas realizações ainda mais surpreendentes. Euan Mackie apresenta um ponto importante:

> *Devem ter existido sociedades especializadas, proto-urbanas ou urbanas, estratificadas, antes do aparecimento do mais primitivo povo megalítico.*[444]

O professor Eogan encontrou evidência de colônias em vários sítios que predatavam a construção das principais estruturas do Vale do Boyne.

> *Nenhum assentamento inequívoco do povo que construiu esses túmulos com passagem ficou evidente, mas a escavação de alguns túmulos revelou evidências de atividade doméstica abaixo deles. Um desses sítios é Townleyhall 2 [bem ao norte de Newgrange e de Knowth](...) a área era desprotegida e irregularmente oval, com aproximadamente 1.575 metros de comprimento e 11 metros de largura. Havia 142 buracos de estacas, mas era impossível definir o plano de uma estrutura a partir deles – apesar de as estacas sugerirem estruturas menores, como tendas.*[445]

Ele também encontrou evidência de um assentamento doméstico no sítio de Knowth, que predatava a construção do aterro.

> *Na parte oeste do fosso, existem vestígios que consistem de restos de uma estrutura retangular, sulcos de uma paliçada, poços, fogueiras e áreas de pedregulho. Nem todos esses restos*

---
443. O'KELLY, M. J. *Newgrange, Archaeology, Art and Legend,* Thames & Hudson, 1982.
444. MACKIE, E. *The Megalithic Builders,* Phaidon Press, 1977.
445 EOGAN, G. *Knowth and the Passage-Tombs of Ireland,* Thames & Hudson, 1986.

foram usados em uma mesma época. A estrutura retangular tinha uma trincheira escavada ao redor de todos os lados com 11 buracos de postes em um dos lados da base.[446]

Os estudos sobre a população foram discutidos no Capítulo XI e sugeriram que cerca de 1.200 pessoas viveram na Bacia do Vale do Boyne,[447] apresentando a estimativa de uma força de trabalho masculina de 240 pessoas com idades entre 15 e 30 anos. Esse número era suficiente para desenvolver a especialização da mão-de-obra que Eogan havia observado?

Como também discutimos no Capítulo XI, o professor Eogan (que escavou Knowth) disse a respeito do Povo da Cerâmica Canelada:

É possível que tenham desenvolvido um método de calcular e de medir, principalmente dimensões(...) essas pessoas conseguiram praticamente construir um verdadeiro arco(...) uma percepção dos efeitos da tensão e as formas de preveni-la devem ter sido adquiridas(...) sem dúvida, tratava-se de um povo consciente que raciocinava, motivado intelectual e espiritualmente, e estava desenvolvendo um corpo de conhecimento que teria preparado as bases do desenvolvimento científico(...) sua seleção deliberada de pedra dura, a grauvaca, como principal material de construção [demonstra] um sentido elementar de geologia(...) as estruturas do túmulo demonstram claramente habilidades de engenharia e arquitetura.[448]

Também tinham a habilidade de explorar recursos locais para se alimentar, pois grande parte da população não se preocupava com a produção de alimento.

E a nossa pergunta já foi colocada: "Como foi que eles desenvolveram essas habilidades que antes eram presumidas serem próprias das cidades da Suméria?"

Além disso, também mencionamos o relato do professor Eogan sobre quatro possíveis maneiras pelas quais esse povo possa ter adquirido suas habilidades;[449] mas precisamos repeti-las aqui:

1. A aquisição acidental do conhecimento de agricultura por meio de uma fonte e meios de transmissão desconhecidos;

2. Desenvolvimento nativo devido a processos de adaptação local pelo povo do período mesolítico;

---
446. EOGAN, G. *Knowth and the Passage-Tombs of Ireland*, Thames & Hudson, 1986.
447. MITCHELL, F. *The Irish Landscape*, Collins, 1976.
448. EOGAN, G. *Knowth and the Passage-Tombs of Ireland*, Thames & Hudson, 1986.
449. EOGAN, G. *Knowth and the Passage-Tombs of Ireland*, Thames & Hudson, 1986.

3. Pessoas do período mesolítico que por meio de viagens adquiriram conhecimentos de Agricultura, trazendo-os de volta para casa;

4. A chegada de pessoas estrangeiras com conhecimentos agrícolas seja por acaso, por exemplo, agricultores-pescadores que foram levados pelos ventos ou tempestades, seja por virtude de uma mais positiva e intencional imigração.

Em seguida, o professor Eogan continuou desenvolvendo essas possibilidades. Damos, a seguir, uma versão mais completa de suas deliberações antes de nos aprofundarmos mais no assunto:

> *A opinião já foi expressa de que essa sociedade possa não ter sido necessariamente uma origem local, mas surgira como parte de uma expansão – ainda não totalmente compreendida – da agricultura na Irlanda(...) há suficiente evidência indicando que a Irlanda era um lugar para a prática de rituais e possivelmente por pessoas da Bretanha e, particularmente, da região de Morbihan, como também da Ibéria e da região inferior do Tejo. Entretanto, um fato é claro a respeito desses aterros com passagem: não se tratava de uma idéia cativa herdada, mas de um organismo inovado que teve um papel-chave na formação da sociedade como um todo, no desenvolvimento do ambiente, na evolução da Irlanda Neolítica e na criação de conexões com a Bretanha e com a Europa Continental.*
>
> *Já foi apresentada a teoria de que esses construtores de aterros da Irlanda faziam parte de uma maior comunidade econômica e ritualista do Atlântico(...) Embora haja uma relação entre os túmulos de passagem escoceses e irlandeses, essa relação não era tão íntima quanto aquela com o Norte do País de Gales. Apesar disso, a contribuição irlandesa na série de aterros escoceses é importante.*[450]

Será que havia qualquer mecanismo que explicasse como suas habilidades se desenvolveram, sem presumir que tenham sido importadas das cidades do Leste? Como agora sabíamos que a cultura do Povo da Cerâmica Canelada predatava a da Suméria e a do Antigo Egito, a hipótese de habilidades importadas parece muito improvável.

Decidimos olhar mais de perto as economias de cidades primitivas e, particularmente, o trabalho da economista dra. Jane Jacobs. Ela havia argumentado que não era a nova riqueza da agricultura, na Era Neolítica, que permitiu a edificação de cidades, mas que as cidades criaram e fomentaram a

---

450. EOGAN, G. *Knowth and the Passage-Tombs of Ireland,* Thames & Hudson, 1986.

agricultura em seus arredores. Ficamos curiosos por saber se o seu trabalho podia ter implicações na compreensão do assentamento de cerca de 1.200 pessoas que construíram os aterros do Vale do Boyne. Ela baseou o seu argumento em um detalhado estudo da cidade de Catal Huyuk e decidimos considerar mais detalhadamente esse sítio.

A Economia da Agricultura

No sítio chamado Catal Huyuk, na província turca da Anatólia, o arqueólogo James Mellaart escavou uma cidade que abrangia uma área de mais de 400 mil metros quadrados. Mellaart estimou que sua população fosse mais de 7 mil habitantes. Era uma cidade sofisticada com casas quadradas com terraços, cujos telhados eram apoiados em estruturas de madeira com aberturas próprias para o acesso ao terraço usado como varanda. Na parede de um dos edifícios, ele encontrou um mapa detalhado da cidade em seu auge, mostrando as moradias com terraços e, além dos limites da cidade, um vulcão ativo de duplo pico, há muito tempo extinto. A importância desse vulcão era uma fonte de obsidiana, uma variedade de vidro vulcânico preto altamente apreciado para fazer ferramentas de pedra e espelhos.

Mellaart investigou a economia da cidade e descobriu que ela deve ter sido um importante centro comercial de obsidiana e objetos feitos com esse material. A cidade também possuía uma infra-estrutura agrícola baseada na cultura de cevada, trigo e gado. A partir do estudo detalhado do lixo, era claro que o povo de Catal Huyuk também se alimentava de carne de animais selvagens.

O nível de mão-de-obra demonstrado pelos objetos escavados – tecidos, joalheria, ferramentas, cerâmica e espelhos de obsidiana – era extremamente alto. Os artesãos da cidade eram evidentemente muito hábeis em suas profissões. Obviamente, eles passavam a maior parte do tempo na produção para desenvolver esse alto nível de mão-de-obra, o que implica a especialização das profissões. Esses trabalhadores também tinham de comer e, portanto, deviam negociar seus produtos por comida. Sua especialização também sugere que a sociedade da qual participavam fosse pacífica. As sociedades que têm de lutar para sobreviver não podem se dar ao luxo de ter artistas e artesãos trabalhando produtos não essenciais como joalheria e espelhos.

O que é surpreendente a respeito desse sítio é a data. Ele floresceu entre os anos 7000 e 6000 a.C. – uma diferença de tempo depois do impacto de cometa, igual à diferença entre a nossa época e o período da destruição dos Cavaleiros Templários. Isso significa tempo suficiente para uma provável civilização iniciar sua reconstrução depois do impacto devastador, desde que os construtores tivessem retido algum conhecimento. Mellaart ainda comentou a respeito do sítio:

> *A civilização neolítica revelada em Catal Huyuk brilha como uma supernova na galáxia sombria de uma contemporânea cultura camponesa...* [Ela representa] *uma ligação entre os caçadores remotos da Era Paleolítica Superior e a nova ordem da produção de alimentos que foi a base de toda a nossa civilização.*[451]

Pelo altar e as estátuas que encontrou, Mellaart concluiu que os habitantes da cidade adoravam uma Grande Deusa. Richard Rudgley, estudioso de Pré-história, disse de Catal Huyuk:

> *Nada se conhece a respeito das culturas primitivas que deram origem a essa notável civilização tampouco as razões de seu desaparecimento. O declínio e aqueda de Catal Huyuk estão velados de mistério.*[452]

Jane Jacobs estava abismada pelas implicações desse sítio e comentou:

> *O dogma da primazia agrícola declara: agricultura primeiro, cidades depois. A base do dogma está na noção de que no Período Pré-neolítico os caçadores viviam em pequenos e econômicos grupos auto-suficientes, buscando sua própria comida, fazendo as próprias armas, ferramentas e outros produtos manufaturados. Dizem que somente depois de aprender a cultivar grãos e a criar gado é que esses grupos primitivos se assentaram, fazendo surgir aldeias estáveis e só depois do estabelecimento dessas aldeias é que divisões complexas de mão-de-obra foram possíveis, assim como grandes projetos econômicos e a intricada organização social. Por intermédio desses avanços, combinados com o aumento de alimento agrícola, é que se supõe que cidades se tornaram possíveis.*[453]

Referindo-se ao Japão depois da Segunda Guerra Mundial, Jacobs disse que "a produtividade rural foi criada com base na produtividade da cidade". E comentou:

> *A agricultura produtiva moderna foi reinventada graças a centenas de inovações que foram exportadas das cidades para o campo, transplantadas para o campo ou iniciadas no campo(...)*

---

451. MELLAART, J. *Catal Huyuk: A Neolithic Town in Anatolia,* Thames & Hudson, 1967.
452. RUDGLEY, R. *Lost Civilisations of the Stone Age,* Century, 1998.
453. JACOBS, J. *The Economy of Cities,* Pelican, 1968.

A revolução agrícola ocorreu primeiro nas cidades e depois na agricultura(...) não há como incrementar a produtividade rural primeiro e a produtividade urbana mais tarde(...) Como estamos acostumados a pensar a agricultura como uma atividade rural, ignoramos o fato de que novos tipos de cultivo surgem das cidades.

Também em épocas muito antigas, as cidades empenhavam-se em desenvolver a agricultura e a criação de animais. Por exemplo, nas cidades egípcias do Antigo Império, muitas experiências com a domesticação de animais eram realizadas: registros dos empenhos foram deixados em figuras.

(...) durante a época do Antigo Império, hienas eram amarradas e alimentadas à força até ficarem gordas o suficiente para o abate; pelicanos eram criados para pôr ovos; mangustos eram domesticados para caçar ratos e existe a suposição de que havia rebanhos de gazelas dorcas. Figuras mostram que cabritos monteses e dois tipos de grandes antílopes, o addax e o orix, eram mantidos em estábulos, alguns com coleiras. O burro e o gato caseiro foram domesticados nas antigas cidades do Nilo; eles são animais de cidade e distribuídos no mundo rural.[454]

Para desenvolver seu argumento, Jane Jacobs considera a cidade de Catal Huyuk e apresenta um detalhado argumento econômico para mostrar como a cidade pôde evoluir pela necessidade de um produto especializado somente disponível naquele lugar – a obsidiana. Ela especula quanto à forma de como um campo é estabelecido para negociar obsidiana e, para se adequar à necessidade, os artesãos produzem um número cada vez maior de objetos que negociam por alimentos. Os mercadores levam produtos para serem negociados por objetos de obsidiana e, com o tempo, outros produtos são desenvolvidos, como sacolas de couro para carregar produtos. Quando as pessoas da cidade precisam de produtos especiais como cobre, conchas ou pigmentos que não sejam encontrados em seus territórios, eles despacham mercadores para trocar objetos de obsidiana por produtos de que precisam.

A economia da cidade divide-se, de um lado, por uma economia de exportação-importação, e do outro, em uma economia local ou interna. Com o passar do tempo, a aldeia aumenta a lista de seus produtos de exportação a partir de sua economia local. Por exemplo, as sacolas de couro, que servem para transportar a obsidiana de sua fonte, às vezes são negociadas com

---

454. JACOBS, J. *The Economy of Cities*, Pelican, 1968.

caçadores ou mercadores de outros assentamentos que foram comprar obsidiana. Facas finamente acabadas, pontas de flechas, pontas de lanças e espelhos são artigos produzidos na aldeia para uso local, mas apreciados também pelas pessoas que ali se dirigem para comprar obsidiana. A poderosa religião do próspero assentamento também se torna um objeto de comércio e os talismãs locais são comprados(...)

O alimento [da aldeia] *deriva de duas fontes. Uma parte procede do velho território de caça – onde a caça continua e é constantemente patrulhado(...) mas grande parte do alimento é importada de outros territórios de caça. Esse alimento importado é trocado por obsidiana e outros produtos de exportação da aldeia. O tipo certo de alimento selvagem resulta em uma boa troca(...) o tipo certo de alimento selvagem não é perecível.*[455]

Somente o alimento não-perecível é negociado porque, além de suportar melhor a viagem até a aldeia, ele ainda pode ser armazenado. Os principais tipos de alimento não-perecível seriam constituídos por animais vivos e sementes. Com um próspero assentamento-aldeia, grandes quantidades de animais vivos e de sementes são acumuladas no que agora se torna uma pequena cidade. O assentamento, então, deverá desenvolver indivíduos especializados com a função de cuidar dos estoques de alimentos. Aquelas pessoas encarregadas de cuidar dos animais selvagens deverão abater primeiro os mais perigosos e as espécies mais dóceis, aquelas que se alimentam de grama serão mantidas até serem necessárias para alimentar os habitantes; muito provavelmente acabarão se reproduzindo. É como disse Jacobs, "os administradores são homens inteligentes com capacidade de resolver problemas e aprender critérios por experiência. Eles não estão tentando domesticar animais, mas simplesmente administrando as importações de alimento selvagem de acordo com suas melhores habilidades".

O único motivo pelo qual as segundas e terceiras gerações de animais vive o suficiente para reproduzir uma outra geração é porque são os mais fáceis de manter em épocas abastadas.[456]

Dessa forma, ovelhas, cabras e gado ficam domesticados durante muitas gerações. Jacobs, então, segue investigando a economia do armazenamento de sementes.

Os administradores da aldeia não têm motivos para preferir um ou outro tipo de semente, e não o fazem. As sementes secas

---

455. JACOBS, J. *The Economy of Cities,* Pelican, 1968.
456. JACOBS, J. *The Economy of Cities,* Pelican, 1968.

são todas misturadas juntas no depósito e assim são comidas, como mistura. Sementes de várias espécies de gramíneas(...) vindas de áreas de uma série de tribos que somente invadem territórios alheios durante guerras ou incursões, quando então comem rapidamente o que saquearam. Mas, na cidade, as sementes são todas colocadas juntas para efeito de armazenagem. Essas sementes são colocadas em cestas; são descascadas, moídas e cozidas. Ainda são misturadas com ervilhas, lentilhas e nozes. Quando sobram sementes depois do inverno, elas são plantadas, uma prática que não resulta em muito alimento, mas torna a colheita de sementes selvagens mais conveniente.[457]

Não há problema em conseguir cruzamento de grãos ou até de feijão ou ervilha, nesse ambiente; de fato, eles não podem ser evitados. Os híbridos e cruzamentos serão notados à medida que a aldeia atraia especialistas para reconhecer as variedades e estimar o valor das sementes em negociação.

As mutações ocorrem tão normalmente quanto nas áreas selvagens, com a diferença de que nas áreas cultivadas elas são observadas. Mas cruzamentos e híbridos e as raras mutações não são deliberadamente colocados em uso com propósitos seletivos(...) A seleção ocorre porque alguns lotes de sementes plantadas são mais produtivos que outros. As famílias que possuem essas sementes são aquelas para quem sobram sementes para plantar.[458]

As pessoas do assentamento não sabem por que sua produção de sementes é melhor, mas sabem que esse é um fato. Com o tempo, o processo de seleção é implementado. Jacobs destaca três condições importantes necessárias para o desenvolvimento de safras de grãos sofisticamente cultivadas – como o tipo de trigo encontrado em Newgrange e Knowth.

1. Sementes que normalmente não são cultivadas juntas devem ser plantadas juntas consistentemente durante um considerável período de tempo;

2. Nesse mesmo lugar, as variações devem ser consistentemente informadas e observadas meticulosamente para que as pessoas possam corresponder e agir em resposta ao resultado conseguido;

3. Esse lugar deve ser bem conservado para as épocas de carência de alimento, de maneira que, com o tempo, esse grão se torne específi-

---
457. JACOBS, J. *The Economy of Cities*, Pelican, 1968.
458. JACOBS, J. *The Economy of Cities*, Pelican, 1968.

co; do contrário, todo o processo de produção seletiva será repetidamente abortado antes de produzir um bom resultado. Em resumo, o cuidado adequado é um pré-requisito. Apesar de o processo envolver tempo, o próprio tempo se encarrega de produzir grãos cultivados seletivamente para a aldeia.[459]

Aqui é sugerida a maneira incrementada pela qual o Povo da Cerâmica Canelada pode ter desenvolvido sua civilização "proto-urbana" ao estágio em que a economia chegou a ser produtiva o suficiente para permitir o luxo de especulações científicas. Não podíamos deixar de pensar na antiga cidade de Dolni Vestonice, perto de Mikulov, na República Tcheca, que, conforme mencionamos no Capítulo I, é o sítio de uma fábrica de 26 mil anos, e nos lembramos de que os símbolos vinca, tão similares à arte megalítica do Vale do Boyne, haviam sido encontrados perto de Turdas, na Transilvânia. Será possível que as artes da civilização foram primeiro desenvolvidas há 26 mil anos na Europa, antes do impacto do cometa de 7640 a.C., para renascer 5 mil anos atrás nas cercanias do Mar da Irlanda entre um povo que estava determinado a não ser surpreendido novamente por um impacto cometário?

Estaria o povo do Vale do Boyne vivendo uma economia de "cidade", mas sem os edifícios permanentes que esperamos ver em uma cidade moderna? Segundo Eogan, essas pessoas pareciam morar em tendas com estruturas de madeira recobertas por um tecido que, com o tempo, deteriorou completamente. Os estudos populacionais de Mitchell mostraram que havia suficientes pessoas (1.200) para dar suporte à gama de atividades econômicas que o trabalho de Jacobs mostrou terem surgido em áreas de uma razoável densidade populacional.

O dr. Julian Thomas, da Universidade de Southampton, notou que parece ter havido um rápido incremento no estabelecimento de sítios fechados, em meados da Idade do Bronze, que marcou uma mudança na forma de as pessoas viverem, e avisou que não deveríamos esperar que a maneira pela qual o povo neolítico fez uso da terra fosse, simplesmente, uma versão menos intensa do que o padrão da Idade do Bronze. O que ele disse fazia sentido no contexto do desenvolvimento do complexo do Vale do Boyne. Ele observou que não havia muita evidência de edifícios domésticos permanentes na Bretanha Neolítica e uma possível razão pela falta dessas estruturas seja talvez porque a maior parte da população vivia em moradias frágeis ou temporárias, do tipo que o professor Eogan havia notado em Knowth. Ele sugeriu que a opção de viver em casas é uma idéia relativamente moderna, enquanto os bretões neolíticos podem ter preferido estruturas de madeira ou do tipo de tendas que, em muitos casos, não

---

459. JACOBS, J. *The Economy of Cities,* Pelican, 1968.

sobreviveram.[460] Ele avisou para não aceitar impensadamente o fato de que todas as sociedades progridem gradativamente de um estado "simples" para um estado de "complexidade".

Na escavação de Skara Brae, o ponto de vista do professor Childe acompanhava essa mesma linha de pensamento quando disse que o único motivo pelo qual a aldeia fora construída em pedra era a falta de madeira, sugerindo que o Povo da Cerâmica Canelada de Skara Brae fez uso da pedra da mesma forma que os outros bretões neolíticos utilizaram a madeira, quando disponível.[461]

No entanto, é possível que o Povo da Cerâmica Canelada tivesse desenvolvido uma economia de cidade sem edifícios de cidade. As forças econômicas que Jacobs descreve precisam somente que suficientes pessoas se estabeleçam em uma área com muitos recursos para que os processos ocorram. Sua teoria não implica que as pessoas envolvidas vivam em qualquer tipo específico de moradias. Portanto, parece que Jane Jacobs proporciona o mecanismo dos meios pelos quais Bru na Boinne – o complexo do Vale do Boyne – foi estabelecido.

Havendo investigado extensivamente a cultura do Povo da Cerâmica Canelada também estamos inclinados a acreditar que esse povo considerava seus domínios como mares e rios e não como massas de terra cercadas pelo mar. Eram bons navegadores e utilizavam extensivamente o transporte por barcos. Todos os seus sítios são situados na costa ou com fácil acesso a rios navegáveis. Quando os celtas irlandeses fundaram o Império de Dalriada, abarcando o que hoje é Ulster e Argyll, ele se estendia pela costa do Mar da Irlanda e nada faziam de anormal, mas estavam simplesmente revertendo para uma forma de comunidade que o Povo da Cerâmica Canelada havia desenvolvido em um alto nível de sofisticação.

---

460. THOMAS, J. "Neolithic Houses in Mainland Britain and Ireland: a Sceptical View", em DARVILL, T. and THOMAS, J. (eds) *The Neolithic House in Britain and Beyond*, Oxford, Oxbow, 1996.
461. CHILDE, V. G. "Neolithic House-Types in Temperate Europe", *Proceedings of the Prehistoric Society* 15, 1949, pp. 77-86.

APÊNDICE 4

A CAPELA DE ROSSLYN

Em nossos livros *The Hiram Key* e *The Second Messiah* explicamos como o edifício chamado Capela de Rosslyn, no povoado de Roslin, parecia ser uma estrutura celto-judaica baseada na visão de Ezequiel da Nova Jerusalém e sobre as ruínas do Templo de Herodes.

Quando comparamos o plano de Rosslyn com aquele do Templo de Herodes pudemos verificar que eram idênticos, com os dois pilares de Boaz e Jachin perfeitamente em seus lugares e uma grande cruz Saint Clair decorando o teto e apontando exatamente para onde o "Santo dos Santos" era guardado no Templo de Jerusalém.

Argumentamos, particularmente, que a superdimensionada parede oeste era uma cópia dos restos desmoronados da estrutura herodiana e não, como a teoria padrão sugeria, uma tentativa de construir uma grande igreja colegial. Nossa contenção era, e ainda é, que os manuscritos retirados debaixo do Templo de Jerusalém, entre 1118 e 1128, estejam embaixo da Capela de Rosslyn.

O lançamento do livro *The Hiram Key*, aconteceu em Rosslyn e o barão de Saint Clair Bonde, descendente direto do construtor do século XV – William Saint Clair –, dirigiu-se à multidão reunida, em sua capacidade de um dos depositários de Rosslyn. Ele declarou que os depositários da capela também acreditavam que Rosslyn continha alguma coisa de muito especial e que apoiariam uma petição para uma investigação arqueológica por um grupo, apropriadamente, constituído por especialistas qualificados. Também fomos levados a acreditar que a "Escócia Histórica", o corpo regente de todos os monumentos nacionais, estaria favorável a essa petição.

Depois que completamos o livro *The Hiram Key* tivemos a grande satisfação de nos encontrar com o professor Philip Davies, famoso estudioso da Bíblia e dos Manuscritos do Mar Morto. Foi com Philip que visitamos Rosslyn e acabamos conhecendo seu grande amigo, professor Graham Auld, da Universidade de Edimburgo, e os dois concordaram que a arquitetura do muro oeste era de fato e, reconhecidamente, de estilo herodiano. Examinando a estrutura com maior profundidade, Philip Davies chegou à opinião de que ela nada tinha de cristã, com exceção dos agregados vitorianos. Sua imediata impressão era de que a capela havia sido construída para ocultar algum tipo de segredo medieval.

Alguns meses mais tarde, levamos o dr. Jack Miller, um dos encarregados de estudos geológicos da Universidade de Cambridge, para visitar o edifício. Jack observou que o muro oeste não poderia ter sido o início de uma igreja colegial porque as pedras não estavam presas ao edifício principal. Ele nos disse que era simplesmente "uma loucura". Até notou que as pedras das extremidades inacabadas haviam sido trabalhadas para fazer com que parecessem antigas, como se fossem restos de ruínas.

Jack Miller disse que gostaria de levar uma pequena equipe para efetuar uma análise não invasiva do terreno e, depois de discutir o assunto com o gerente do projeto de Rosslyn, organizou a seleção do melhor equipamento a ser fornecido e pediu a presença de um reconhecido especialista da Colorado School of Mines – os melhores investigadores de subsolo do mundo.

Infelizmente, pouco tempo antes do início do processo, a permissão para examinar Rosslyn foi retirada. Os depositários da capela nos informaram por escrito que a permissão somente seria concedida se as pessoas envolvidas assinassem um acordo de confidencialidade, o qual até lhes possibilitaria negar que uma investigação havia sido realizada.

Recusamos terminantemente qualquer envolvimento com esse procedimento antiacadêmico.

Em fevereiro de 1998, levamos outros dois especialistas para visitar Rosslyn: Joe Peeples, presidente da Sociedade Histórica de Jerusalém, e o reverendo professor James Charlesworth, chefe do Projeto dos Manuscritos do Mar Morto da Universidade de Princeton e professor de Arqueologia de Albright, em Jerusalém.

Os dois interromperam seus programas bastante apertados para viajar à Inglaterra, mas quando viram Rosslyn não ficaram desapontados. Apontando para a imitação das "pedras disfarçadas" em portas falsas, James Charlesworth logo percebeu as pistas que indicavam que o muro oeste era uma meticulosa cópia dos restos do templo de Herodes. Como religioso, ele pretendia assistir ao ofício de domingo, mas depois de comentar que claramente não se tratava de um edifício cristão, ele desistiu da idéia considerando-a totalmente inapropriada.

Na opinião de James, a construção estava se desgastando rapidamente e qualquer investigação do subsolo deveria ser realizada o quanto antes, porque ela se deterioraria com velocidade ainda maior.

Naquela noite jantamos com o barão Bonde e, depois de ouvirmos os comentários sobre a avaliação do professor Charlesworth, aconselhamos o barão a falar com Andrew Russell, outro depositário de Rosslyn, sem mais demora. Fomos informados de que essa reunião de fato ocorreu e que o professor Charlesworth havia sido convidado a apresentar a proposta de uma investigação da capela, que deveria incluir estudiosos escoceses.

Por uma feliz coincidência, o professor Charlesworth havia passado um bom tempo na Universidade de Edimburgo e conhecia vários de seus principais especialistas que seriam necessários para apresentar o caso de uma investigação arqueológica.

Havendo reunido as pessoas mais qualificadas para investigar Rosslyn, nos retiramos para deixar que os especialistas procedessem da maneira que achassem melhor. Foi realmente uma grande sorte encontrar o verdadeiro significado de Rosslyn. Entretanto, naquela época, não estávamos qualificados para chegar a nenhuma conclusão.

Alguns meses mais tarde, fomos informados de que uma proposta detalhada foi apresentada aos depositários da Capela Rosslyn. Mas, desde então, nada mais soubemos.

Existe evidência de construções mais antigas embaixo de Rosslyn e algumas pessoas dizem que no sítio havia um templo romano dedicado a Mitras. Isso pode muito bem ser verdade, mas agora temos uma boa razão para acreditar que Rosslyn foi construída sobre o sítio de uma câmara megalítica que envolve uma caverna natural bem abaixo da capela. Mediante o conhecimento de registros de antigas fontes maçônicas, achamos ser possível proporcionar uma boa orientação de onde procurar os manuscritos zadoquitas que estão depositados embaixo desse sítio medieval.

Nossa esperança é de que as pessoas ouçam o que estamos dizendo. Rosslyn está pronta para revelar o seu segredo.

APÊNDICE 5

A TRADIÇÃO MAÇÔNICA DE ENOCH

A mais antiga e geralmente aceita história tradicional das origens da Ordem da Maçonaria apareceu logo depois que ela foi levada para a Inglaterra por James e a sua corte escocesa.

Esses documentos, conhecidos como os Antigos Deveres, dão grande importância às realizações dos povos antediluvianos e alegam que as sete ciências do *quadrivium* – Gramática, Retórica, Lógica, Aritmética, Geometria, Música e Astronomia – eram altamente desenvolvidas antes do Dilúvio e que as pessoas que as desenvolveram previram sua vinda e preservaram os detalhes dessas ciências em dois pilares: um para resistir ao fogo e o outro, para resistir à água.

Além disso, esses documentos afirmam que os egípcios não desenvolveram a civilização sozinhos, mas encontraram esses dois pilares depois do Dilúvio e colocaram em prática o conhecimento que eles continham para realizar suas grandes obras.

O manuscrito de *Inigo Jones* apresenta os detalhes das medidas tomadas para preservar o conhecimento da Ciência mediante o esperado desastre:

> VOCÊ *me pergunta como essa Ciência foi Inventada e Minha Resposta é a seguinte: que antes do Grande Dilúvio, conhecido geralmente como o Dilúvio de NOÉ, havia um Homem chamado* LAMECH, *como você pode ler no Capítulo IV da Gênesis, que tinha duas Esposas, aquela chamada ADA, e a outra ZILLA; por meio de ADA, ele gerou dois FILHOS, JABAL e JUBAL, e por meio de ZILLA, um FILHO chamado TUBALL e uma Filha chamada Naamá: Essas quatro crianças encontraram o início de todas as profissões do mundo: JABAL descobriu a GEOMETRIA e dividiu Rebanhos de Ovelhas; Ele primeiro construiu uma Casa de Pedra e de Troncos.*

SEU *Irmão* JUBAL *descobriu a* ARTE *da* MÚSICA. *Ele é o Pai de todos aqueles que tocam Harpa e Órgão.*

TUBAL-CAIM *era o Instrutor de Todos os Artífices em Bronze e Ferro, e a Filha descobriu a* ARTE *de Tecer.*

Essas crianças sabiam muito bem que DEUS se vingaria do PECADO, *tanto por Fogo quanto por Água. Por conseguinte, elas Escreveram suas* CIÊNCIAS *que haviam descoberto, em Dois Pilares, para que fossem encontrados depois do Dilúvio de* NOÉ.

Um dos Pilares era de Mármore, pois este não Queimaria com qualquer Fogo, E a outra pedra era Laterite (pedra formada de barro), *que não é destruída pela Água.*

NOSSA *próxima intenção é Dizer-lhe Realmente como e de que forma essas* PEDRAS *que continham essas* CIÊNCIAS *escritas foram encontradas.*

O Grande HERMES (*denominado* TRISMEGISTO, *ou três vezes Grande*) *encontrou Uma delas e Viveu no Ano do Mundo Dois Mil e Setenta e Seis, no Reinado de* NINUS, *e alguns pensam que ele foi Neto de* NOÉ; *ele foi o primeiro que começou a Aprender Astrologia, Para Admirar as Outras Maravilhas da Natureza; Ele provou a existência de um Um só Deus, Criador de todas as Coisas; Ele Dividiu o Dia em 12 Horas; Também dizem que foi Ele quem Dividiu o* ZODÍACO *em 12 Signos; Ele era escriba de* OSÍRIS *rei do* EGITO; *E dizem que foi Ele quem inventou a Escrita Comum e os Hieróglifos; as primeiras* (Ano Mundi. MDCCCX) *Leis dos Egípcios; e Diversas Ciências, e as Ensinou aos outros Homens.*

O documento anterior, conhecido como o manuscrito *de madeira*, alega em seu preâmbulo que foi novamente traduzido de um documento mais antigo, por J. Whytestones para John Sargensonne em 1610. Ele conta uma história parecida com aquela do manuscrito de *Inigo Jones*.

Essas quatro crianças sabiam muito bem que Deus se vingaria do pecado, tanto por água quanto por fogo. Elas, então, escreveram as Ciências que haviam encontrado, em dois pilares de pedra para que elas pudessem ser encontradas depois do dilúvio de Noé.

Um dos pilares era de mármore que não queimaria com nenhum fogo e o outro pilar era de uma pedra chamada Laterite, que não dissolveria, afundaria ou pereceria com nenhuma água.

Nossa intenção é declarar-lhes realmente como e de que maneira esses pilares de pedra (anteriormente mencionados) foram antes encontrados, nos quais as Ciências (anteriormente mencionadas) estavam escritas.

O grande Hermerius era filho de Cush, que era filho de Sem, que era filho de Noé.
Esse Hermerius foi posteriormente chamado de Hermes, que era o pai dos homens sábios. Foi Hermes quem encontrou um dos Pilares de Pedra sobre o qual estavam escritas as Ciências. Esse Hermes ensinou as mencionadas Ciências para os homens durante a construção da Torre da Babilônia e foi assim que a ciência da construção foi fundada e muito apreciada.

Na parte da Maçonaria conhecida como os Antigos e Aceitos Rituais Escoceses há uma ordem conhecida como Arco Real de Enoch, que conta uma história parecida. Um historiador maçônico do início do século XX descobriu o antigo ritual e o comparou com o ritual atualmente em uso. Ele descreveu como o 13º Grau, chamado "O Arco Real de Enoch", relata como Enoch, prevendo que o mundo seria atingido por algum desastre, por inundação ou por fogo, determinou que se preservasse pelo menos algum do conhecimento que o homem possuía naquela época. Ele então gravou certos registros em duas colunas, uma de tijolos e a outra de pedra. Essas colunas foram preservadas durante o Dilúvio e, posteriormente, descobertas: uma pelos judeus e a outra pelos egípcios.

Ele segue então dizendo que o ritual se relaciona com a descoberta pelos judeus de fragmentos dessa coluna durante a construção do Templo do Rei Salomão, que ocorreu por volta de 3 mil anos atrás. No ritual, durante a limpeza do sítio (que já era o sítio de um templo mais antigo de Enoch), os operários descobrem a parte superior do arco de uma câmara. Uma pedra é removida e um operário é baixado por uma corda, vindo a descobrir certas relíquias.[462]

A história continua no grau seguinte (do ritual escocês) chamado Cavaleiro Escocês da Perfeição. Este descreve como o principal pedestal usado na sala da Loja representa o pilar de Enoch que, ao ser descoberto pelos pedreiros nas ruínas do Templo de Salomão, teve fragmentos juntados para tal propósito. Sobre uma mesa são colocados pão, vinho e um anel de ouro para o irmão recém-admitido. Sentados, os companheiros formam um triângulo e 24 luzes são colocadas, três e cinco a oeste, sete ao norte e nove ao sul. A lenda é recontada dizendo que o rei Salomão formou uma "Loja da Perfeição" constituída de Mestres merecedores e que, sempre que a Loja se reunia, nove Cavaleiros do Nono Arco, com as espadas em riste, guardavam os nove arcos que levavam à Câmara Sagrada. Ninguém poderia passar sem pronunciar a senha de cada arco.

De acordo com essa tradição maçônica, na época de Salomão, um número de antigos Mestres tinha inveja das honras conferidas aos membros do 13º e do 14º graus e pretendiam as mesmas honrarias. Isso lhes foi

---

462. WARD, J. S. M. *Freemasonry and the Ancient Gods,* Gresham & Co., 1921.

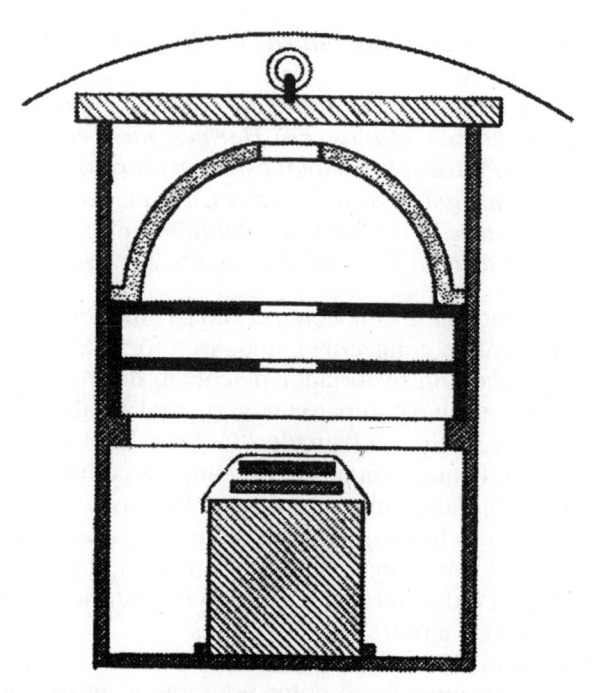

Figura 51. *A disposição maçônica estilizada da câmara de Enoch.*

negado e Salomão disse que aqueles que haviam sido promovidos ao Grau da Perfeição haviam trabalhado nas antigas e perigosas ruínas, penetrado nas profundezas da Terra e trazido à luz tesouros para ornamentar o Templo. Ele então disse aos solicitantes que fossem em paz e almejassem a perfeição por meio de boas obras. Então, os Mestres descontentes decidiram também descer nas entranhas da Terra e procurar nas antigas ruínas outros tesouros para poder novamente pedir ao rei que lhes concedesse as honras desejadas.

Na manhã seguinte, eles retiraram a "Pedra da Câmara" e desceram na caverna por uma escada de cordas à luz de tochas, mas assim que todos estavam no chão os nove arcos ruíram sobre eles. Quando Salomão soube do acidente, enviou três de seus oficiais, Jabulum, Johaben e Stolkin para investigar o que acontecera. Ao chegar ao lugar, eles não encontraram os restos dos arcos tampouco puderam saber o que havia acontecido com as pessoas que tinham descido na caverna. Meticulosamente, examinaram o local e somente encontraram alguns fragmentos de construção inscritos com hieróglifos que Salomão declarou serem fragmentos de um dos pilares de Enoch.

A história agora continua para explicar a sorte desse pilar antediluviano de conhecimento científico. Um grupo especial de pedreiros é criado para proteger o pilar e seus ensinamentos, e para se reconhecerem cada um carrega um anel de ouro com a representação do pilar.

Em nossos livros anteriores, já havíamos estabelecido que os rituais da Maçonaria tiveram início com as tradições secretas dos judeus que escreveram os Manuscritos do Mar Morto e os herdeiros dos altos sacerdotes de Jerusalém.[463] Portanto, as histórias de Enoch, que fazem parte da tradição oral da Maçonaria, certamente são muito antigas e, possivelmente, sejam os únicos resquícios que mantêm a tradição dos objetos de Enoch encontrados quando o primeiro templo dos judeus foi construído sobre o sítio de uma estrutura pré-histórica em ruínas.

A disposição das várias câmaras antediluvianas presumidamente encontradas sobre o monte Moriá, ainda está presente na Maçonaria. A apresentação a partir de descrições verbais foi retratada pela Maçonaria (Veja a Figura 51).

Embora a Bíblia não relacione Enoch com o Dilúvio (conforme mencionamos no Capítulo II), o historiador dos judeus, Josephus, o faz. Josephus, que dizem ter sido treinado pela comunidade de Qumran, afirma que Enoch registrou dados astronômicos em dois pilares.

Os velhos rituais do Antigo Ritual Escocês dizem que os altos sacerdotes de Jerusalém que sobreviveram à destruição do ano 70 d.C., primeiro se tornaram grandes famílias na Europa e, mil anos depois, criaram a Ordem dos Cavaleiros Templários.

---

463. KNIGHT, C. e LOMAS, R. *The Second Messiah*, Century, 1997.

APÊNDICE 6

UM ANTIGO TEXTO REDESCOBERTO

James Bruce nasceu em 14 de dezembro de 1730 em Kinnaird House, perto de Larbert em Falkirk. Sua família era descendente de Robert de Bruce e havia se envolvido com os Cavaleiros Templários no início da Maçonaria Escocesa do século XV. Em 1747, ele foi para a Universidade de Edimburgo para estudar Direito e acabou se tornando um maçom da Loja Cannongate Kilwinning. Aparentemente, ele se interessava mais pela Maçonaria do que pelos estudos, progredindo nos vários graus da Ordem onde aprendeu a respeito da contribuição de Enoch para a Maçonaria e para a civilização.

Bruce abandonou a Universidade e foi para Londres, onde conheceu e se apaixonou por Adriana Allan, a irmã de um próspero comerciante de vinho. Casou-se com ela em fevereiro de 1754 depois de um curto e intenso namoro. Infelizmente, sua esposa sofria de tuberculose e, em setembro, o jovem casal empreendeu uma viagem à Provença para passar o inverno, esperando que a saúde de Adriana se beneficiasse com o clima mais ameno do lugar. Eles só chegaram até Paris quando Adriana ficou seriamente doente e morreu em questão de dias.

James estava arrasado e voltou para a Escócia, onde se dedicou ao estudo da Maçonaria e os elos com a família. Em 1757, ele viaja para visitar alguns dos sítios da Europa que estavam relacionados com os Cavaleiros Templários.

No ano seguinte, seu pai faleceu e ele voltou para Falkirk, a fim de assumir a administração da propriedade da família, em Kinnaird. Na realidade, ele não estava interessado na vida pacata de um gentil homem rural e, em dois anos, assinou um acordo com a Companhia Carron para permitir que o carvão fosse explorado em sua propriedade. Já em 1761, ele estava recebendo uma receita anual de 250 libras esterlinas, além de 10% do valor de todo o carvão extraído, o que lhe garantia fundos suficientes para dedicar-se ao estudo dos Templários e às origens da Maçonaria. Obviamente, ele assumiu a boa vida e, sem modéstia, descreveu-se:

> Meus ancestrais fizeram parte dos reis desse país onde nasci, e foram considerados entre os maiores e mais gloriosos que jamais portaram a coroa e o título de rei. Essa é a verdade e nada mais que a verdade.[464]

Por intermédio da Maçonaria ele havia conhecido lorde Halifax, que lhe ofereceu a posição de cônsul-geral na Argélia, função que assumiu em 1762. Bruce considerou esta uma grande oportunidade para viajar extensamente no Norte da África, uma viagem que levaria 12 anos para completar. Havia muita coisa que ele queria estudar, até mesmo os falashas, os judeus pretos da Etiópia e seus elos com os Cavaleiros Templários – que muito construíram nessa terra quase esquecida.

Bruce não foi um grande cônsul e acabou desistindo da posição em agosto de 1765 para viajar pelo Mediterrâneo. Ele havia planejado visitar a Armênia (o suposto lugar onde a Arca de Noé aterrou) para observar o trânsito de Vênus, mas no caminho perdeu o telescópio e decidiu, então, subir o Nilo até a Etiópia.

As histórias das viagens de Bruce são cheias de aventuras e descobertas, mas existe uma particularmente interessante que demonstra o quanto ele ficara proficiente em Astronomia.

Havendo desenvolvido uma boa habilidade como médico, Bruce era convidado para tratar das mulheres da família do xeique Beyla. Entretanto, o xeique decidiu que não gostava que esse bonitão de dois metros de altura tratasse de suas mulheres e acusou Bruce de um comportamento inadequado. Bruce percebeu que estava em sério perigo, mas o conhecimento dos céus e a agilidade de pensamento salvaram seu pescoço. Ele disse ao xeique que era inocente e que, para provar, invocaria o poder do Todo-poderoso para que enviasse um sinal em confirmação de inocência. Então Bruce fez a previsão de que um terrível evento aconteceria na sexta-feira seguinte:

> Se aquela tarde passar como um dia comum da semana, eu poderei ser considerado um homem indigno e um impostor, mas se naquele dia depois das quatro horas da tarde aparecer um sinal importante e extraordinário no céu que poderá ser visto por todos, então deverei ser considerado um homem inocente.[465]

A sorte de Bruce foi grande, pois naquele dia era previsto um eclipse da Lua às 16h10 aproximadamente. Ele esperou que a Lua se adiantasse

---

464. BRUCE, J. *Travels to Discover the Source of the Nile*, vol. IV, EUP, 1804.
465. BRUCE, J. *Travels to Discover the Source of the Nile*, vol. VI, EUP, 1804.

para que a sombra da Terra aparecesse no disco antes de se voltar para seus acusadores, apontando o dedo para o céu. Mais tarde ele contou sua história:

> *"Agora vejam", eu disse, "em pouco tempo a Lua será tão completamente engolida que somente uma fresta poderá ser vista nas extremidades". Eles ficaram mais assustados com o que eu disse do que com aquilo que estavam observando, até pouco antes do eclipse total. Então uma violenta apreensão se apoderou deles e as mulheres de seus apartamentos começaram a gritar como sempre fazem nas ocasiões de tristeza ou de morte. "Agora", continuei, "eu mantive a minha promessa; logo estará claro novamente e ninguém sairá machucado, nem homem nem animal." Todos concordaram que eu não deveria ir para casa até a volta da claridade. E eu consenti.*[466]

Depois de ter escapado de uma situação desagradável, Bruce continuou sua jornada visitando uma área habitada por monges ascetas, perto da cidade de Axum. Seu diário descreve o lugar como insalubre, quente e perigoso, totalmente habitado por homens santos que voluntariamente passaram suas vidas em penitência, meditação e oração.

> *Eles primeiro raspam suas cabeças e vestem um xale, renunciando ao mundo, optando por solidão e assumindo votos. Esses monges são venerados e muitas pessoas acreditam que eles têm o dom da profecia e que alguns até fazem milagres; eles são instrumentos ativos para incitar o povo em momentos de conflitos.*[467]

Não podemos saber ao certo se Bruce estivera à procura de O Livro de Enoch ou se simplesmente veio a encontrá-lo por acaso como conseqüência de sua busca pelos Templários, mas foi ali que ele fez a maior descoberta da vida. Certamente, Bruce sabia da grande importância do livro e, como bom lingüista (falava vários idiomas inclusive tigre, amárico [etíope] e árabe), pôde traduzir seu achado para o francês e o inglês antes de voltar para a Europa.

Na França, ao presentear o rei com a sua tradução de O Livro de Enoch, recebeu muitas honrarias e, em sua volta a Londres, foi recebido como um grande viajante e eleito Membro da Real Sociedade.

---

466. BRUCE, J. *Travels to Discover the Source of the Nile*, vol. VI, EUP, 1804.
467. BRUCE, J. *Travels to Discover the Source of the Nile*, vol. VI, EUP, 1804.

APÊNDICE 7

O Livro dos Gigantes

Os Manuscritos do Mar Morto produziram o mais completo relato dos gigantes em uma seção de *O Livro de Enoch*, desconhecida antes de ser encontrada entre os manuscritos danificados de Qumran. Seu título é simplesmente "O Livro dos Gigantes". Aqui estão algumas das palavras encontradas nos fragmentos que começam com um trecho que conta a respeito de um certo conhecimento secreto que os gigantes possuíam e de sua brutalidade para com os homens:

1Q23 Frag. 9 + 14 + 15 2 [...] eles conheciam os segredos de [...] 3 [...peca]do era grande na Terra [...] 4 [...] e eles mataram muitos [...] 5 [... eles geraram] gigantes [...]

Os gigantes gozam dos frutos da Terra e observavam as pessoas comuns bem de perto:

4Q531 Frag. 3 2[... tudo que] a Terra produzia [...] [...] o grande peixe [...] 4 [...] o céu com tudo que crescia [...] 5 [... fruto da] Terra e todos os tipos de grãos e todas as árvores [...] 6 [...] animais e répteis... [tod]as coisas rastejantes da Terra e observavam tudo [...] 8 [...tod]o ato cruel e [...] expressão [...] 9 [...] macho e fêmea, e entre humanos [...]

Os 200 Guardiães escolhem animais para fazer experiências com cruzamentos anormais:

1Q23 Frag. 1 + 6 [... 200] burros, 200 jumentos, 200 [... carneiros do] rebanho, 200 bodes, 200 [...animal do] campo de cada animal, de cada [pássaro...] [...] para miscigenação [...]

Suas experiências com animais e com mulheres humanas resultam na criação de seres monstruosos:

4Q531 Frag. 2 [...] eles profanaram [...] [...eles geraram] gigantes e monstros [...] [...] eles geraram e eis que toda [a Terra foi corrompida...] [...] com seu sangue e pelas mãos dos [...] [gigantes] que não foi suficiente para eles e [...] [...] e eles procuravam devorar muitos [...] [...] os monstros o atacaram.

A corrupção resulta de seu terrível programa de reprodução:

4Q532 Col. 2 Frag. 1-6 [...] carne [...] tod[os...] os monstros [...] serão [...] [...] eles se levantariam [...] a Terra [tornou-se corrupta...] poderosos [...] [...] eles estavam considerando [...] [...] dos anjos sobre [...] [...] ao final perecerá e morrerá [...] [...] eles causaram uma grande corrupção na [Terra...] [...isso não] bastou para [...] "eles serão [...]

Os gigantes começam a ter uma série de pesadelos e visões. Mahway, o gigante filho de Baraquel, conta um desses sonhos a outros gigantes; no sonho, ele vê uma placa com uma lista de nomes, imersa na água. Quando ela emerge, somente três nomes ainda permanecem na placa. O sonho representa a aproximação da destruição pelo Dilúvio de todas as pessoas com exceção de Noé e de sua família:

2Q26 [...] eles imergiram a placa na á[gua..] [...] as águas cobriram a [placa...] [...] eles retiraram a placa da água de [...]

4Q530 Frag. 7 [... esta visão] é por insultar e por desgosto. Eu sou aquele que confessou [...] todo o grupo de réprobos para onde irei [...] [... os espíritos dos truci]dados reclamando de seus algozes e levantando suas vozes [...] que possamos morrer juntos e acabar com [...] muito e eu dormirei, e pão [...] para minha sobrevivência; a visão e também [...] entrou na reunião dos gigantes [...]

6Q8 [...] Ohya e ele disse a Mahway [...] [...] sem tremer. Quem te mostrou toda essa visão, [meu] irmão? [...] Baraquel, meu pai, estava comigo. [...] Antes que Mahway terminasse de contar o que [ele havia visto...] [...disse] a ele, Agora ouvi maravilhas! Se uma mulher infértil dá à luz [...]

4Q530 Frag. 4 [Então] Ohya disse para Há[hya...] [...para ser destruído] da face da Terra e [...] [... a Ter]ra. Quando [...] choraram diante [dos gigantes...]

4Q530 Frag. 7 [...] tua força [...] [...] Então Ohya [disse] para Hahya [...] E ele respondeu, Não é para nós, mas para Azaiel, porque ele [... os filhos dos] anjos são os gigantes, e eles não deixariam todos [os seus amados] serem negligenciados [... não] fomos destituídos; você tem força [...]

Os gigantes percebem que não podem superar as forças do céu. Curiosamente, dizem que as palavras seguintes foram pronunciadas por Gilgamesh:

4Q531 Frag. 1 [... Eu sou um] gigante e com a grande força de meu braço e minha própria grande força [... qual]quer mortal e eu guerreamos contra eles; mas eu não tenho [...] possibilidade de enfrentá-los, pois meus oponentes [...] estão no [céu] e residem em lugares santos. E não [...eles] são mais fortes do que eu. [...] das feras chegou, e o homem selvagem [me] chamam.

Gilgamesh é descrito como um dos gigantes e Ohya informa como foi "forçado" a sonhar:

[...] Então Ohya lhe disse, Eu fui forçado a ter um sonho [...] o sono de meus olhos [desapareceu], para que eu tivesse uma visão. Agora eu sei que em [...] Gilgamesh [...]

A visão que Ohya é forçado a ver é de uma árvore que é erradicada de quase todas suas raízes, com exceção de três.

6Q8 Frag. 2, três das suas raízes [...] [enquanto] eu estava [observando,] aconteceu [... eles levaram as raízes para] esse jardim, todos eles, e não [...]

Os detalhes desse outro sonho são duvidosos, mas é de mau presságio para os gigantes. Os que sonharam falam primeiro com os monstros e depois com os gigantes:

4Q530 Col. 2 diz respeito à morte de nossas almas [...] e todos os companheiros, [e Oh]ya lhes disse o que Gilgamesh lhe havia dito [...] e disseram [...] "com respeito [...] o líder insultou os potentados" e os gigantes ficaram satisfeitos com suas palavras. Depois, virou-se e saiu [...] Então dois deles tiveram sonhos e o sono de seu olho os abandonou, e levantaram-se e foram a [... e contaram] seus sonhos, e disseram à assembléia de [seus companheiros] os monstros [... Em] meu sonho eu estava observando essa mesma noite [e havia um jardim...] jardineiros e estavam regando [...200 árvores e] grandes ramos brotaram de suas raízes [...] toda água e o fogo queimou tudo [o jardim...] Eles encontraram os gigantes para contar-lhes [o sonho...]

Enoch tenta interpretar esses sonhos:

[... para Enoch] o famoso escriba, e ele interpretará para nós o sonho. Logo, seu companheiro Ohya declarou e disse aos gigantes, Eu também tive um sonho esta noite, Ó gigantes, e eis o Soberano do Céu veio à Terra [...] e este é o fim do sonho. [Logo] todos os gigantes e monstros ficaram com medo e chamaram Mahway. Ele veio a eles e os gigantes pediram e o enviaram para Enoch [o famoso escriba]. Eles lhe disseram, Vá [...] para você que [...] você ouviu a sua voz. E ele lhe disse, Ele [...] interpretará os sonhos [...] [...] quanto tempo ainda resta aos gigantes viverem. [...]

Então Mahway se dirige a Enoch e faz um pedido:

[... ele subiu no ar] como forte vento e voou com suas mãos como ág[uias... ele deixou para trás] o mundo habitado e passou por cima da Desolação, o grande deserto [...] e Enoch o viu e o chamou, e Mahway lhe disse [...] de uma forma e de outra uma segunda vez para Mahway [...] Os gigantes esperam suas palavras e todos os monstros da Terra. Se [...] foi levado [...] desde os dias de [...] seus [...] e serão agregados [...] [...] saberíamos de você o seu significado [...] [...200 árv]ores que do céu [desceram...]

Enoch envia de volta uma mensagem de juízo, esperando um arrependimento:

4Q530 Frag. 2 O escriba [Enoch...] [...] uma cópia da segunda placa que [Enoch] en[viou...] com a própria escritura de Enoch o famoso escriba [... Em nome de Deus o grande] e santo, para Shemihaza e todos [os seus companheiros...] que você saiba que não [...] e as coisas que você fez, e que suas mulheres [...] eles e seus filhos e as esposas de [seus filhos...] por sua licenciosidade na Terra, e tem havido sobre vocês [... e a terra está clamando] e reclamando de vocês e as ações de seus filhos [...] o dano que lhe fizeram. [...] até que Rafael chegue, observe, a destruição [está chegando, uma grande inundação, e destruirá todas as coisas vivas] e o que estiver nos desertos e nos mares. E o significado do assunto [...] sobre vocês pelo mal. Mas agora, soltem as amarras que pren[dem vocês ao mal...] e rezem.

ÍNDICE REMISSIVO

A

Aarão – 55-56, 314, 318
Aaronita – 314
Abadia de Arbroath – 335
Abegg, Martin – 319
Abel – 55, 88
Abias – 56
Ábidos – 296
Aborígines – 34, 126, 135-138, 145
Aborígines australianos – 34, 135, 145
Abraão – 34, 36, 61, 317
Absalão – 314
Abubu – 95
Academia Polonesa de Ciências – 297
Adamnan – 340
Adão – 34, 55-56, 61, 88
Adoração de Vênus – 310
Adoração do urso – 126
Adoradores do Sol – 162
Adriano – 178-179, 348, 365-366
Aelia Capitolina – 366

África – 31, 46, 58, 83, 126, 147, 191, 206, 298, 434
Afrodite – 312
Agh-hu-bua – 95
Agostinho – 372-373, 375
Agricola – 152, 325, 335, 344-351, 354, 365, 397, 477
Agricultura – 28, 48, 128, 186, 234, 266, 268, 275, 414-415
Águas da Morte – 175
Aheyya – 113
Ainu – 125, 473
Akiba – 365-366
Alasca – 118, 156
Albright, professor de Arqueologia – 424
Alemanha – 31, 122, 359
Alfabeto – 196-197, 199, 341
Algas marinhas – 170
Alienígena – 48
Allan, Adriana – 433
Almas reencarnadas – 288
Altáico – 45
Altitude – 115, 133, 225-226, 277, 279

Alto Sacerdócio Judaico – 50
Altos Reis da Irlanda – 235
Altos Reis de Tara – 330, 335
Alvarez, Walter – 67
Al Warka – 92
Amargura (Wormwood) – 107
Amárico – 58, 435
América – 28, 45-46, 79, 83, 85, 115-116, 118-123, 125-128, 130-133, 136, 142, 361
Amesbury – 157, 173
Amonitas – 98, 147-148
Anatólia – 197, 299, 302-303, 306, 415
Anderson, Dr. – 316, 361
Anderson, George – 309
Andes – 79, 131, 133
Andrews, H. T. – 145
Anglesey – 148, 160, 173, 217-220, 226, 237, 279, 297, 340, 344-346, 350, 354, 367, 378-380, 397, 472
Angus – 336-338
Angus de Newgrange – 336
Anjos – 24, 56, 60, 97, 101, 107-108, 113, 143-145, 157-158, 184, 243, 250, 260, 291, 300, 334, 339, 357, 369, 377, 438-439
Anjou – 376
Ano salteado (bissexto) – 257
Antigo Império – 417
Antigos Deveres – 56-57, 427
Antigos e Aceitos Rituais Escoceses – 429
Aorounga – 71-72
Apocalipse de Moisés – 144
Apocalipse de Semanas – 61

Apple Tree – 342
Aprendiz Aceito – 175
Aquitânia – 346
Arábia – 89, 324
Aram – 97
Araquiel – 101
Arca – 50, 89, 313, 371, 434
Arca de Moisés – 371
Arco-íris – 90, 135
Arco Real de Enoch – 429
Ard Ri a Tara – 330
Argélia – 434
Argentina – 153
Argyll – 203, 208, 219, 334, 421, 477
Áries – 247
Arizona – 68, 72, 115, 119, 127
Armaros – 101
Armênia – 88, 434
Arparchad – 97
Arran – 166, 181, 396
Ártico – 46, 165
Ascensão Direita – 247
Asherá – 310
Ashmolean Museum – 267
Ashtar – 95
Ashtaroth – 312
Ashur – 97
Ásia – 31, 39, 46, 120-121, 140, 142, 201, 302, 304, 324, 327, 356, 377
Ásia Menor – 324, 377
Astarte – 309-310, 312
Astronomia – 22, 29, 47, 57, 158, 163, 179, 186, 194, 214-216, 236, 249, 255, 293, 303, 324, 342, 389-390, 427, 434

Atenas – 200
Atlanta – 120
Atlântico – 73, 78, 116, 122, 170, 298, 414
Atlântida – 23, 411
Atrakhasis – 92
Augusto – 343
Auld, Graham – 423
Aust – 372
Austrália – 74, 127, 135-138
Avebury – 156-157, 160, 163-164, 173, 187, 397
Axum – 435
Azazel – 101, 113-114, 291

B

Baal – 308-309, 311-312, 315
Baal-Hadad – 308
Baal-Javé – 315
Baal-Sidon – 308
Baalim – 309
Bab-edh-Dhra – 133
Babel – 358-359
Babilônia – 87, 104, 236, 317-318, 331-332, 429
Bacia de Tarim – 302, 306
Baía de Hudson – 156
Baía de Westport – 369
Baía dos Anjos – 184
Baixa Lorena – 377
Balduíno I – 377
Ballingowan – 180
Bann – 166
Barach – 330-332

Baraquel – 99, 438
Baraquijal – 101
Barber, Elizabeth Wayland – 302
Barcelona – 153
Barclodiad y Gawres – 156
Bardos – 367-369, 371
Bar Kochba – 365-366
Barnhouse – 171, 177, 181, 186, 475
Barringer – 68
Bashan – 301
Batalha de Bannockburn – 371, 398
Bayeux – 65
Beaker – 186, 266-267
Beckensall, Stan – 203
Becker – 76, 473
Bede – 373, 469
Beerburrun – 137
Beerwah – 137-138
Beli – 234-235, 362
Beli ap Manogan – 234
Beltane – 209, 234
Ben Bulben – 338
Benton County – 124
Berekhat Ram – 43
Bering, Estreito de – 120
Berriman, A. E. – 210
Bersheba – 310
Bethel – 310
Beyla – 434
Bhagavata Purana – 141
Bíblia – 34, 51, 54, 57-59, 61-62, 87, 92, 95-99, 105, 114, 133, 143, 145, 158, 288, 308, 312-313, 315-316, 322, 325, 331-333, 367, 381, 423, 431
Bicanus – 354

Birmingham – 345
Bitenosh – 96
Black, Michael – 59
Blanchard – 191
Blitzkrieg – 127
Boann – 337
Boaz – 55, 316, 383-385, 423
Boccaccini, Gabriele – 105
Bolas de pedra – 175
Bonnet, Charles – 134
Bororó – 132
Boudicca – 345
Bouillon – 376-377
Boyne – 156, 160, 173, 192, 195, 203, 219, 234-235, 237, 263-264, 267-268, 270-272, 275, 279, 282, 293, 296, 329-330, 336-337, 348-350, 370, 378-379, 398, 411-413, 415, 420-421
Bradford – 226
Bran – 353, 367-368, 371, 380, 397
Brennan, Martin – 192, 199, 203, 284
Bretanha – 79, 198, 208, 219, 233, 241, 267, 325, 329, 335, 340-346, 348, 350, 353-355, 365, 367-368, 391, 414, 420
Brienne – 376
Brigid – 337
Bristlecone – 41
Bristol – 122
Britânicas – 25, 31, 78, 122, 126, 132, 148, 152, 156, 159, 161, 164, 170, 176, 177, 193, 198-199, 214, 217, 221, 245, 250, 258, 264, 270, 293, 298, 300, 306-307, 313, 339, 343, 359, 391-392

Brit Milah – 375
Brodgar – 156, 176-177, 186, 245, 298
Broichan – 340
bronze – 267, 342-343, 396-397
Brown, Wesley – 30
Bruce – 58-59, 62, 193, 378-381, 433-435, 470, 476
Bruce, James – 58, 62, 193, 381, 433
Brude MacMaelchon – 355, 371
Brug Oengus – 267
Bru na Boinne – 267, 273, 337-338, 362, 421
Brunt Hill – 183
Bruxelas – 155
Bryce, Derek – 371
Bryn Celli Ddu – 156, 217-220, 222-232, 237, 279, 297, 347, 363, 396, 408
Bryn Gwyddon – 344
Buckinghamshire – 387
Burwick – 164
Bush, George – 361
Butler, Alan – 212-214, 224, 239, 258-259

C

Cabot, John – 122
Cadeira – 351, 369
Cadeira de São Patrício – 369
Cadwallon Lawhir – 354
Caernarfon – 346
Caim – 50, 55-56, 88
Caithness – 164, 166, 170, 260, 350

Calendário – 318
Calendário de Qumran – 318
Calgacus – 349
Califórnia – 30, 35, 41, 69-70, 116, 124, 130
Callenish – 156
Câmara de Vênus – 263
Caminho de Hórus – 287
Charles Campbell – 267
Camp Century – 77
Canaã – 97, 293, 312-313, 315, 317, 327
Canaanitas – 198, 308-310, 313-316, 325, 327, 384, 386
Canadá – 122-123, 156
Canal da Mancha – 78
Canari – 132
Capela de Rosslyn – 121, 381, 423
Capricórnio – 104
Caradoc – 367
Cardiff – 218, 353
Carrowkeel – 219, 273, 474
Cartago – 106
Casa Real de Tara – 334
Cashel – 330
Castell Ior – 344-345, 367, 397
Castelo de Edimburgo – 335
Catal Huyuk – 415-417, 474
Cavaleiro Escocês da Perfeição – 429
Cavaleiros Prussianos – 358
Cavaleiros Templários – 23, 53, 58, 62, 120, 304, 326, 377-378, 381, 387, 401-402, 415, 431, 433-434
Cavernas – 31, 304
Celestial – 96, 246-249

Celta – 126, 189-190, 234, 263, 267, 305, 329-331, 333-334, 336, 340, 342, 344-345, 348, 353, 359, 362-363, 366, 369-372, 375-376, 391
Celtas – 407
Cemaes – 344-345, 471
Cerâmica – 158-159, 186-187, 189-195, 204-205, 215, 219, 237, 258-259, 263, 267, 272-274, 285, 289-290, 293, 296-302, 306-307, 310-311, 313, 315-316, 327, 329-330, 349-350, 354-356, 360, 363, 368-370, 383, 386, 390-391, 393, 411-414, 420-421
Cerridwen – 352
Cerrig y Gwyddwl – 354
Chadwick, Nora – 190, 329, 344
Charlesworth – 381, 424-425
Chatters, Jim – 124-125
Chaumont – 376
Cherchin – 303
Chester – 345
Chicago – 39, 115, 473
Childe, Gordon – 39, 42, 166
Chile – 119, 153
China – 21, 122, 126, 139, 179, 197, 302-303, 324, 327, 391-392
Chomsky, Noam – 43
Ciência Planetária Lunar – 71
Cinco pontas – 90, 110-112, 296, 342, 383, 385
Clacton – 156
Clarabóia – 276, 281
Cláudio – 340, 343-344
Clava – 285
Clayton, Peter – 295

Clermont-Ferrand – 377
Colchester – 345
Coleção Morrison – 316
Coligny – 342
Colina da Ciência – 344
Colina de Tara – 235-237, 263, 330
Colina dos Prepúcios – 312
Collingwood, R. G. – 344
Colman – 373-374
Colombo – 120-123, 125, 142
Colóquio dos Antigos – 369
Colorado – 116, 424
Columba – 236, 334-335, 340, 347, 351, 355, 370-371, 373-376, 379, 381, 398, 470-471, 474
Cometa – 65, 69-71, 77, 101
Cometa de Enoch – 77
Cometa de Halley – 65
Comissão de Energia Atômica Francesa – 34
Côncavo – 223
Concílio de Cartago – 106
Concílio de Nicéia – 374
Congênitos – 145
Constantinopla – 366, 377
Coochin – 137
Cook – 135, 319, 478
Cook, Edward – 319
Coonowrin – 137-138
Corpo de Engenheiros – 124
Crawford, David – 70-71
Creta – 199-200, 212, 214-215
Cristal Branco – 264
Cristianismo – 104, 106, 135, 190, 235, 285, 340, 353, 363, 366-370, 372, 375-377, 381, 391, 397

Cristianismo celta – 363, 366, 370, 375-376, 391
Cristianismo jacobita – 391
Cristianismo romano – 372
Critamala – 141
Croagh Patrick – 369
Cruz – 108, 110, 113
Cruzadas – 359, 378
Cruzados – 326
Cunedda – 354-355, 366
Cuneiforme – 47, 92, 196, 199
Cunliffe, Barry – 349
Cusack, Mary – 233, 330
Cush – 97, 429
Cymraeg – 234, 351, 354, 367
Cymru – 371
Cynferidd – 351

D

Dagda – 267, 336-337, 343
Daily Telegraph – 22-23, 50
Dalai Lama – 288
Dallas – 115
Dalriada – 333, 370, 379, 381, 407, 421
Dan – 310
Dana – 236, 362
Daniel – 105-106, 143-145, 469
Danu – 234, 333-337
Darwin, Charles – 49, 79
Dashwood – 387
Davi – 50, 55, 98, 158, 235-237, 314, 316, 323, 325, 331, 333, 335, 350, 363, 377, 381, 391, 397

Davidson, Iain – 42
Declinação – 209, 247
Deganwy – 353, 355
Dendrocronologia – 41
Deserto – 83, 116, 320
Deucalião – 95
Deusa – 139, 333, 416
Deusa Danu – 333
Deuteronômio – 99, 147, 315, 317
Diáconos – 383-384
Dia de Santa Brígida – 263
Diarmuid – 338
Dillehay, Thomas – 119
Dilmun – 299
Dilúvio – 50, 54-58, 60, 62, 75-76, 79-83, 85, 87-88, 90, 92, 95-102, 113-114, 118, 129, 131-135, 137-142, 145, 157-158, 161, 326, 392-393, 427-429, 431, 438
Dilúvio bíblico – 50, 54
Dinamarca – 206
Dinastia – 139, 211, 295
Dinastia Zero – 295
Disco de Faistos – 212, 214
Divino domínio de Roma – 350
Djunban – 137
DNA – 29-32, 100, 119, 124
DNA mitocondrial – 29, 31-32
Dolgopolsky, Aron – 46
Dolni Vestonice – 36-38, 42-43, 118, 125, 420
Domiciano – 350
Domingo de Páscoa – 227
Don – 233-235, 237, 362
Dordonha – 191
Dowth – 156, 268-270, 277

Drogas alucinógenas – 307
Drogheda – 263
Druidas – 179, 189-190, 217, 235, 288, 293, 329-331, 335, 339-350, 363, 365, 367-371, 376, 381, 391, 397
Druidas pictos – 371
Druidismo – 190
Drumanagh – 349
Duat – 33
Dublin – 189, 233, 235, 263, 271, 277, 330, 348-349, 379-380, 411, 471
Dunadd – 334
David Duncan – 342
Dundalk – 269
Dupla espiral – 230, 266, 286
Durrington Walls – 156
Düsseldorf – 31
Dwarfie Staine – 183-184
Dwr swyn – 354

E

Eclipse da Lua – 193, 434
Eclíptica – 249
Edimburgo – 58, 309, 316, 335, 371, 381, 400, 423, 425, 433
Eduardo I – 236, 333-335, 379-380
Efeito Vênus – 223
Éfeso – 104, 368
Egeu – 197
Egípcios – 146, 428
Egito – 25, 41, 51, 83, 146, 172, 174, 197, 206-207, 214, 246, 264, 286-287, 296-300, 304, 309,

312, 315, 317-318, 324, 327, 331-332, 390-391, 396-397, 414
Eisenman, Robert – 321-322, 325, 366
Eisteddfod – 351-353, 357, 471
Eisteddfod, Conwy – 352
El – 308, 310-311
Elam – 97, 197
Elamita – 199
Eletromagnética – 80, 82
Elias – 97, 313, 400
Elimbah – 137
Elizabeth – 273, 276, 302, 324
Elohim – 87
Eloqüência – 358
Elphin – 356
Emory – 120
Enac – 145
Enki – 94-95
Enkidu – 94
Enoch – 50, 51, 53-62, 74, 77, 79, 96-97, 99-111, 113-114, 135, 143-145, 148-159, 163, 179, 186-187, 189, 214, 218, 233, 236-237, 239-240, 242-243, 245, 249-250, 252-253, 255-256, 260-265, 282, 288, 290-293, 295, 298, 300-301, 309, 313-314, 319, 326, 333, 339, 350, 356-358, 363, 366, 368, 381, 390-393, 427, 429-431, 433, 435, 437, 440, 469-470, 474
Eochaid – 235, 330, 333
Eogan – 271-272, 274-275, 277-278, 287, 370, 412-414, 420, 471
Eogan, George – 271

Epístola de Enoch – 61
Epístola de Judas – 106
Epopéia de Gilgamesh – 92, 96, 150, 175
Equador – 81, 83, 96, 132, 151, 153, 178-179, 220, 247, 249, 298
Equinócio – 241, 249, 386
Equinócio de primavera – 220, 241, 247-248, 257, 263, 286, 288, 321, 363, 381, 391
Eridu – 94
Erin – 330, 332, 337
Escandinávia – 170
Escoceses – 429
Escócia – 25, 53, 57-58, 78-79, 113, 121-123, 155-156, 159, 165-166, 174, 178, 193, 206, 208, 236, 258, 260, 305, 316, 333-335, 346-348, 366, 370-371, 375, 378-382, 391, 395-398, 400-402, 407-408, 423, 433
Escola Groningen – 105
Escrita – 195, 199, 220, 283, 428
Esfera – 247
Esfinge – 83
Esgoto – 170
Eslováquia – 191
Espanha – 198, 206, 313
Especialistas – 24, 28-29, 32, 37, 43, 49, 69, 79, 118-120, 125, 128, 133-134, 145, 148, 162, 171, 180, 201, 298, 315, 419, 423-425
Essex – 156
Estado de Washington – 123, 142
Estados Unidos – 41, 53, 116, 118, 120, 129, 150, 361
Estocolmo – 155

Estreito de Bering – 120
Estreito de Clestrain – 182
Estreitos de Menai – 346, 379
Estrela da Manhã – 90, 223, 279-280, 287, 296, 310, 312, 324-325, 339, 385-386
Estrela da Noite – 223-225, 408-409
Estrela de Cinco Pontas – 90, 110-112, 296, 342, 383, 385
Estrela do Oeste – 94
Estrelas – 107
Estrelas de Verão – 356, 362
Estruturas megalíticas – 39, 51, 156, 206, 208, 217-218, 245, 286, 297, 315, 390
Estudos Maçônicos – 316
Etiópia – 28, 62, 434
Eufrates – 54, 299
Europa – 24-25, 31, 39, 41-43, 45-47, 51, 58, 78-79, 83, 118, 120-121, 125-126, 142, 157-158, 164, 166, 176, 181-182, 189-192, 195, 198-199, 201, 203, 206, 208, 211-212, 214-218, 235, 258, 286, 290, 298, 305-306, 310, 312, 315, 322, 326, 336, 340, 343, 349, 366, 372, 376-377, 387, 390, 401, 414, 420, 431, 433, 435
Eva – 30, 32, 55, 61, 88
Evangelho – 34, 55, 322
Excelente e Perfeito Primeiro General – 107
Êxodo – 147
Extraterrestres – 48, 60, 62, 64, 70, 80, 102
Ezequiel – 317, 423

F

Fairbridge, Rhodes W. – 84
Fálico – 277, 287
Falkirk – 58, 433
Faraós – 287
Fedilmith – 370
Feéricos – 237
Feldhofer – 31
Fertilidade – 277, 287, 311-312, 391
Festival de Lughnasa – 369
Fife – 78
Fiji – 139
Filho da Pedra Branca – 371
Filho de Deus – 366
Filho de Sirach – 99
Filho do Talentoso – 234
Filhos de Zadok – 321, 378
Findley, Ian – 370, 374
Flathead – 129
Flintstones – 167, 170
Flórida – 71, 116
Fontaine – 376
Formori – 339
Fort Worth – 115
Fosso (henge) – 169, 180
França – 23, 43, 58, 63, 191-192, 198, 206, 260, 298, 366, 398, 435
Franklin, Benjamin – 387
Fredericksburg – 389
Fuhhi – 139
Fussel – 164

G

Gabriel – 56, 101, 143, 144, 377
Gado – 396
Gael – 339, 355, 472
Gaio – 343
Galba – 346
Galês – 351
Galesa – 234, 351, 354, 407
Gália – 329, 340-342
Galileu – 63, 399
Gardener, Lawrence – 333
Gault, Donald – 72
Gênesis – 54-55, 87-88, 98-99, 333, 358, 427
Genética – 100, 120
Geometria – 57, 159, 180, 208, 214, 216, 427
Geraint – 224, 226
Gerber, Pat – 331, 334
Gestação humana – 289
Gigante de Wilmington – 310-311
Gigantes – 60, 98-99, 291, 301, 339, 366, 437
Gildas – 353, 355
Gilgal – 310, 312
Gilgamesh – 92, 94-96, 99, 114, 150, 175, 291, 301, 358, 396, 439
Giovanni – 121
Gippsland – 137
Gizé – 174, 287
Glaciação Weichseliana – 165
Glamorgan – 353-354, 367
Glasshouse – 137
Godfrey de Bouillon – 377
Gog – 376
Goidélica – 407
Golfo da Califórnia – 116
Golfo do México – 116
Golfo Pérsico – 88, 89, 133, 299
Golias – 98, 314
Gomer – 97
Gomorra – 133
Goodman, Howard – 30
Gorsedd – 367-369, 371
Goudge, H. L. – 61
Govannan – 234
Gower – 354
Grainne – 338
Grampian – 166
Grampius – 349
Grande Arquiteto do Universo – 60, 386
Grande Bacia Artesiana – 138
Grande Lago Salgado – 116
Grande Loja da Escócia – 316, 398
Grande Loja da Inglaterra – 400-401, 404
Grande Loja de Londres – 316, 342, 361, 382
Grande Loja Unida da Inglaterra – 398, 400, 403
Grande Mãe – 312
Grande Muralha da China – 179
Grande Pirâmide – 25, 174, 287
Grau dos Noaquitas – 358
Grau Noaquita – 389
Graves, Robert – 352, 355
Greenberg, Joseph – 45
Groenlândia – 77, 122-123, 156
Grün, Rainer – 34

Guardiães – 60, 62, 88, 96-99, 101-102, 114, 136, 143-147, 149, 157-158, 291-293, 296, 299-301, 303, 306, 315, 327, 339, 366, 390, 437
Guerra Fria – 41, 70
Gwion ap Gwreang – 352
Gwydden-Ganhebom – 233
Gwydion – 233-234, 237, 362
Gwydion ap Beli – 234
Gwydion ap Don – 233-234, 237
Gwynedd – 351, 353, 355, 362-363, 380, 397-398
Gwyr Gogledd – 344

H

Hackwell, John – 195
Hale, R. B. – 355
Hale-Bopp – 65, 71
Halifax – 434, 472
Halley, *sir* Edmond – 68
Hallstatt – 305, 359
Hamel, Gary – 404-405
Hanan – 321-322
Hancock, Graham – 146
Hanes Taliesin – 351, 356, 362
Hannah, Walton – 402
Hapsburgos – 376
Harborne, Edgar – 53
Harpa – 428
Harray – 176-177, 184
Harrison, John – 259
Hasmonianos – 318
Hastings – 65, 378

Hawkins, Gerald – 162, 185, 190, 270
Haynes, Vance – 119
Hébridas – 166, 187, 193, 349, 395
Hebron – 310, 314
Hedges, John – 185-186, 270, 273
Heggie, David – 276
Helel – 310
Heliópolis – 146
Henge – 219
Henshall, Audrey – 182
Heráclito de Éfeso – 104
Heredom – 107-108, 477
Hermes – 429
Herodes – 53, 56, 315, 322-325, 423-424
Hesy – 211
Heyerdahl, Thor – 121, 299
Heyya – 113
Hieróglifos egípcios – 111
Highlands – 164, 471
Hiija – 113
Hill of Many Staines – 260-261
Hiram Abiff – 315-316
Hiwwa – 113
Hokkaido – 125
Hollywood – 71
Holoceno – 74, 76
Holyhead – 347, 354, 379
Homem de Cherchin – 303
Homem de Kennewick – 124-125
Homem de Neandertal – 32
Homero – 54, 352
Homo erectus – 31
Homo sapiens – 28, 30, 45, 142, 198
Homo sapiens neanderthalis – 45

Honi, o desenhista de círculos – 321-322, 324-325, 361
Hood, Sinclair – 200
Hooke, S. H. – 145
Horizonte – 95, 152, 163-164, 177, 179, 181-183, 186, 212, 219, 223-225, 229, 240-244, 246, 248-250, 252, 256-257, 259, 261, 264, 276, 279, 285, 297, 318, 388, 391
Houston – 71
Hoy – 182-184
Hsia – 139
Hubble (telescópio espacial) – 69
Hughes, David – 64, 68
Humanos – 28, 30-35, 43-46, 48, 51, 98, 100, 113, 118, 128, 146, 218, 287, 339, 395, 437
Huram Abhif – 316
Husa – 98
Huwawa – 94
Hyakutake – 65
Hyde, Douglas – 369

I

Ibéria – 210, 414
Iceni – 345
Idade do Bronze – 198, 210, 305-306, 308, 420
Idaho – 117
Igreja Católica Romana – 263, 333
Igreja de Jerusalém – 106, 144, 287, 326-327, 365, 368, 374, 381, 402
Igreja jacobita – 368

Ilha Baffin – 122
Ilhas Britânicas – 25, 31, 78, 122, 126, 132, 148, 152, 156, 159, 161, 164, 170, 176-177, 193, 198-199, 214, 217, 221, 245, 250, 258, 264, 270, 293, 298, 300, 306-307, 313, 339, 343, 359, 391-392
Ilhas do Norte – 335, 350
Illich-Svtych, Vadislav – 46
Illtud – 353-354, 356, 363, 368, 372
Impacto de cometa – 396
Inca – 132
Índia – 140, 197, 201, 210
Indonésia – 31
Inglaterra – 25, 53-54, 56-58, 65, 78, 107, 117, 122, 145, 154-156, 159, 166, 173, 175, 178-179, 206-208, 210, 217, 236, 258, 260, 270, 287, 307, 310-311, 334-335, 343-344, 348, 366, 375, 378, 382, 398, 400-401, 403-404, 424, 427
Iniciação – 132, 137, 359, 400
Inigo Jones – 56-57, 427-428
Instituto de Dublin para Estudos Avançados – 277
Instituto de Tecnologia de Massachusetts – 43
Intel Teraflops – 70
Invasões – 330
Inverness – 78-79, 347, 349, 351, 355, 395
Iona – 370-372, 375, 471, 474
Ipurina – 132
Irã – 89, 196
Irad – 55
Iraque – 33, 89, 196, 396

Irlanda – 78, 156, 173, 175, 180, 189-191, 195, 199, 203-204, 206, 218, 234-237, 263, 272-273, 293, 301, 315, 330-336, 338-339, 348-349, 354-355, 362-363, 369-370, 373, 376, 378-380, 391, 395, 397-398, 401, 408, 412, 414, 420-421

Irlanda Neolítica – 414

Isaac – 68, 222, 317

Ishtar – 113, 312

Islândia – 122-123, 178

Islay – 166, 396

Israel – 34-35, 87, 106, 133, 147, 175, 196-197, 236, 290, 308-309, 312-313, 315, 317, 323, 332-334, 365, 397, 469, 472, 474, 476

Issh-baal – 314

Istambul – 153

Itália – 104, 178, 206

J

Jachin – 316, 383-385, 423

Jackson, Kenneth – 351

Jacó – 61, 236, 317, 333-335, 365-366, 368

Jane Jacobs – 414, 416-417, 421

Jacob Snowman – 375

Jair – 98

James – 30, 36, 56-58, 62, 145, 174, 193, 321, 380-382, 398, 415, 424, 427, 433, 471

James, rei – 57, 380, 382

James I – 56-57, 382

James III – 380, 382

James VI – 57, 382, 398

James VI da Escócia – 57

Janelas – 240

Jantz, Richard – 118

Japão – 125-126, 142, 304, 416

Jardim de Getsêmani – 316

Jared – 101

Javan – 97

Javé – 87, 143, 147, 290, 308, 314-317

Jeremias – 236, 331-332, 373

Jericó – 35, 42, 100, 312, 318

Jerusalém – 21, 35, 50, 53, 58, 61, 65, 98, 106, 133, 144, 154, 174, 198, 235-236, 287, 290, 310, 314, 317, 325-327, 331, 346, 350, 365-366, 368, 374, 376-378, 381, 383, 391, 397, 402, 423-424, 431, 475

Jesus – 21, 23, 33-34, 55-56, 97-99, 106, 113, 144, 159, 236, 263, 287-288, 290, 304, 311-312, 321-327, 361, 365, 367-369, 371-372, 374, 376, 378, 397, 402, 471

Jivaro – 132

João Batista – 106, 288, 321, 325, 327, 361, 365, 376, 385-386, 397

João Evangelista – 385-386

John o'Groats – 164

Joinville – 376

Jomon – 126

Jones, *sir* William – 45, 141

Jordão – 134, 147

José – 48, 55-56, 61, 317, 365

Josephus – 58, 65, 104, 321, 325, 431, 473

Josué – 99, 144, 317
Jubileu – 319
Jubileus – 105, 144, 319
Judá – 315, 333
Judaísmo – 54, 62, 104-106, 114, 309, 314, 317, 325-326, 356, 358, 362-363, 365-366, 378, 381, 386, 391
Judaísmo enochiano – 325, 356, 358, 362-363, 365-366, 391
Judaísmo rabínico – 326
Judaísmo zadoquita – 314, 386
Judas – 56, 59, 106, 322
Judéia – 56, 323, 325, 333, 366
Judeu – 34, 58, 65, 87, 143-144, 290, 313-314, 365-366
Judeus – 308, 331
Julio César – 340-344
Júpiter – 67, 69-71, 86
Jura – 166, 396

K

Karanovo – 201
Kenmare – 233
Kennewick – 123-125
Kepler, Johannes – 66
Khirbet Qumran – 318
Khufu – 174, 287, 397
Kilmartin – 203, 334
Kinnaird House – 58, 433
Kirkwall – 164
Knight, Stephen – 403
Knowth – 156, 192, 205, 268-272, 274-279, 285, 287, 316, 412-414, 419-420, 471

Knoxville – 118
Kofels – 75
Kokabel – 101
Krings, Matthias – 31
Kromer – 76, 473
Krupp, Edwin C. – 192
Kulna – 191
Kun – 140
Kuriles – 125
Kurnai – 137
Kwanyin – 139

L

Labrador – 122, 156
Lago de Bonneville – 117
Lago Titicaca – 133
Lamech – 55, 96-97, 102, 356
Laoghaire – 369
Laplace, Pierre – 68
Larbert – 58, 433
Larsa – 92
Latitude – 154, 164
Lawhir, Cadwallon – 354
Levy, David – 69-70
Lewin, Roger – 28
Lhwyd, Edward – 267
Lia Fail – 235, 264, 331, 333-334, 362, 371
Líbano – 147, 197
Libby, William – 39
Lintel de Uriel – 279
Lir – 234
Liritzis, Ioannis – 250, 295

Littrell, Craig – 124
Livermore – 70
Livro das Constituições – 361
Livro das Invasões – 330
Livro das Luminárias Celestes – 148-149, 151, 156, 239, 244, 248, 251-252, 261, 319
Livro de Baruch – 99
Livro de Enoch, O – 58-62, 99, 101, 104, 109, 111, 113-114, 145, 148, 150-151, 153, 156, 158-159, 187, 218, 236-237, 250, 252, 255, 260-262, 290-293, 300-301, 319, 326, 339, 350, 356-357, 363, 381, 390-391, 393, 435, 437
Livro de Gênesis – 87, 98
Livro de Judite – 99
Livro de Leinster – 336
Livro de Oxford do Verso Galês – 351
Livro de Tiago – 323
Livro dos Gigantes – 99, 291, 301, 366, 437
Livro dos Jubileus – 144
Livro Vermelho de Hergest – 235, 351
Lixo – 168, 415
Llanfechell – 344-345, 471
Llantwit Major – 353
Llugwy – 148
Llyr Llediath – 353, 367
Loch Doon – 166, 396
Lockyer, *sir* Norman – 162, 207
Logograma – 196
Loja Cannongate Kilwinning – 58, 433
Loja de Perth – 398

Londres – 136, 182, 287, 316, 342, 345, 348, 361, 375, 382, 398-399, 401, 433, 435, 469, 473
Longitude – 259, 476
Lon Hyd y Corffau – 345
Looney, Tim – 330
Los Angeles – 116
Loughcrew – 277
Loulan – 306-307
Lua – 47, 60, 62-64, 66, 90, 101, 107, 129, 132, 176-177, 187, 191-194, 204-205, 209, 220, 223, 227, 232, 239, 249-250, 252, 254-255, 258, 261, 288, 339, 356, 359-360, 383, 393, 434-435
Lucas – 55-56, 322
Lúcifer – 310
Lud – 97
Lug – 369
Lughnasa – 369
Luz de Vênus – 224-225, 280-281, 286-289, 310, 312, 342, 363, 390, 409
Lynch – 218, 222

M

Mabinogion – 234-235, 367, 473
Mabon – 352
MacAlpin, reis dos escoceses – 371, 375, 381
Macauley, James – 174
Mackie, Euan – 168, 173, 206, 210, 272, 408, 412
Macmillan, Catherine – 124

Maçom – 110, 223, 286, 361, 378, 382, 385, 387-388, 402

Maçonaria – 50-51, 53-55, 57-58, 62, 90, 107-108, 110, 113-114, 198, 223, 286, 300, 314-316, 341-342, 355, 358-360, 362-363, 382-383, 385, 387, 389-390, 392, 399-406, 427, 429, 431, 433-434

Maçons – 359, 361, 382, 401

Madai – 97

Maelgwn – 351, 353-357, 359, 362-363, 368, 371, 379, 397-398, 408

Maelgwn ap Cadwallon – 354

Maelgwn Gwynedd – 351, 353, 397-398

Maengwyn – 371

Maenwyn – 354

Maes Howe – 156, 160, 181-186, 246, 396, 407-409, 474-475

Maes Hwyr – 408

Magnetização – 80

Magneto-estratigráficos – 295

Mago – 234, 303-304

Magog – 97, 376

Magos – 304, 323-324

Mahabharata – 140

Mahway – 99-100, 291-292, 301, 438, 440

Maiorca – 198

Mair, Victor – 302

Mais Sábio Soberano – 107

Malka – 375

Malta – 206

Managan – 343, 362

Mandamentos – 98, 331, 374

Mansões do Boyne – 267

Mansos – 321

Manu – 140

Manuscritos do Mar Morto – 96, 99, 105, 114, 144, 318-319, 321-322, 325, 327, 336, 423-424, 431, 437

Máquina de Uriel – 21-23, 25, 239, 241, 245-246, 248-252, 255-257, 262, 283-286, 290, 296, 307, 310, 321, 360

Marabibi – 136

Mar Cáspio – 89, 133

Mar da Irlanda – 189, 191, 236, 263, 272, 301, 380, 412, 420-421

Mar da Morte – 96

Mar de Aral – 133

Mar do Norte – 78, 165-166, 395

Mare Nectaris – 63

Mare Tranquillitatis – 63

Margulis, Lynn – 29

Maria – 55-56, 144, 263, 288, 311, 322-323, 387

Maria Madalena – 387

Marlgaru – 137

Mármore branco – 359

Mar Morto – 35, 59, 61, 96-97, 99, 105, 114, 133, 144, 318-319, 321-322, 325, 327, 336, 423-424, 431, 437

Marshack, Alexander – 47, 191

Marte – 67, 411

Marudasht – 199

Matemática – 29, 47, 57, 211

Mateus – 34, 323

Math – 234

Mathonwy – 234

Matilda – 65
Mattingly, Harold – 343
Matusalém – 55, 61, 92, 96-97
Mawon – 354
May, Herbert – 312
May Day – 234
Mayo – 369
mDNA – 29-32, 119-120, 123
Mediterrâneo – 86, 104, 158, 197-198, 206, 250, 295, 298, 313, 327, 396, 434
Megafauna – 76, 127, 469, 471
Megalíticos – 25, 41, 125, 156, 160, 164, 167, 176, 179, 199, 203, 206-207, 213-215, 236, 239, 257-259, 263, 284-287, 297, 308, 310, 312, 315, 322, 327, 329, 340, 348-349, 354, 362, 371, 378-379
Mellaart, James – 415
Melquisedeque – 314, 323, 377
Memorização – 189
Mênfis – 296, 332
Merv – 307
Mesolítico – 275
Mesopotâmia – 36, 47, 88, 200, 210, 299, 358
Messias – 366, 376
Mestre Maçom – 223, 286, 378, 382, 385, 387-388
Mestres Maçons da Escócia – 401
México – 67, 115-116, 118, 210
Miguel – 101, 109, 143, 377
Miketeebumulgrai – 137
Mikulov – 36, 420
Mil Budas – 304
Miller, dr. Jack – 50, 53, 85, 424

Ministério da Defesa – 229
Minoanos – 122
Mississippi – 122
Mitchell, Frank – 272
Mitocondrial – 29-32
Mitraísmo – 366, 372
Mizrain – 97
Moel Tryfan – 79
Mohenjo-daro – 210
Moisés – 55, 61, 90, 106, 144, 147, 265, 309, 314, 317, 326, 331, 371
Mongólia – 302
Montanhas de Zagros – 33, 88
Montanhas Olímpicas – 130
Montanhas Preseli – 161
Montanhas Rochosas – 41, 116, 129
Monte Ararat – 88-89, 95, 97, 133
Monte Carmelo – 198
Monte Hermon – 101
Monte Sandal – 166
Monte Shasta – 130
Monte Sinai – 90, 144
Monte Tomaros – 95
Monte Verde – 119
Monymusk – 371
Moot Hill – 335
Morawydd – 344
Moray, *sir* Robert – 398, 400
Moray Firth – 349, 407
Moscou – 68
Moshok – 97
Moytura – 234, 336
Mura – 132
Muralha da China – 21, 179
Murato – 132

Muro Branco – 263-264, 296, 327, 391
Muro de Adriano – 348
Museu de Inverness – 79
Museu de Kilmartin – 334
Myron Eells – 129

N

Nabta – 246, 297-298
Nabucodonosor – 236, 317, 331-332
Nápoles – 153
Nasa – 47, 71-72
Nascimento – 287, 397
Nascimento megalítico – 322
Natal – 226, 288, 335
Natsushima – 126
Natureza – 428
Navegacionais – 166, 193
Nazaré – 34
Neander – 31
Neandertal – 31-32, 47, 51
Nefilim – 60, 145, 147
Neolítico – 126, 134, 330
Nero – 344, 346
Neteru – 146
Neugebauer, Otto – 60, 150
Nevada – 115, 117
Newfoundland – 122
Newgrange – 156, 160, 173, 218, 236, 264-274, 276-289, 293, 296, 298, 300-301, 307, 310-312, 315-316, 323-324, 327, 329-330, 336-338, 349, 363, 386, 391, 396, 408, 411-412, 419, 474

Newport – 120
Newton, *sir* Isaac – 68, 222
Newtoniano – 222
Ngun Ngun – 137
Nicolaison, dr. W. – 407
Nilo – 112, 146, 297-298, 417, 434
Nimrod – 358-359
Nisan – 309
Nítrico – 77, 86
Noaquita – 361, 389
Noble, William – 42
Noé – 50, 55, 61, 87-89, 94-97, 99, 102, 129-130, 133, 135, 139, 321, 356, 358, 361, 428-429, 434, 438
Normandia – 376, 378, 381
North, John – 163-164, 207, 285
Northumbria – 374
Noruega – 156
Nova Escócia – 122
Nova Jerusalém – 61, 423
Nova York – 32, 35
Novo México – 115, 118
Novo Testamento – 23-34, 55-56, 59, 106, 287, 322-323, 376
Números – 145, 147
Nurrumbunguttias – 136, 145

O

O'Kelly, Claire – 268-270
O'Kelly, Michael – 265, 267, 269, 411
Oannes – 94
Oban – 166, 396
Observatório Palomar – 69

Observatórios – 160
Ocampo, Adriana – 71
Oceano Índico – 75, 88
Oengus – 267, 338
Oengus an Broga – 338
Og – 98, 147-148, 301
Og, rei – 98, 147
Ogham – 221
Ogma – 337
Ohya – 99, 291, 438-440
Ollam Fodla – 236
Olsen, Fred – 121-123, 389
Olwen – 352, 363
Onias – 322
Oráculos – 104
Oram, Richard – 166, 193
Ordem dos Pobres Soldados de Cristo e do Templo de Salomão – 377
Ordoviciana – 346
Oregon – 130
Órion – 136, 145
Orkney – 22-23, 122-123, 152, 154, 156-157, 164-168, 170-171, 173, 175-176, 179, 181-187, 194, 198, 268, 270, 273, 285, 298, 349, 355, 378-380, 382, 395-397, 407, 470-472, 475
Oswy – 374
Outono – 85, 134, 224, 227, 242, 248, 256-257, 277, 286, 288, 321-322, 324, 336-337
Ovason, David – 389
Ovelhas – 35, 256, 287, 306, 418, 427
Overkill – 127
Owen, Ken – 234
Ozônio – 75-76

P

Pacífico – 73, 115-116, 118, 138
Padriag Maenwyn – 354
País de Gales – 79, 107, 148, 156, 161, 206, 208, 230, 234, 260, 346, 351, 353-355, 363, 366-369, 371-372, 378-379, 391, 397, 401, 407, 414
Palácio de Buckingham – 375
Paleolítico – 33, 126, 192
Paleontologia – 127
Palestina – 145, 147, 198, 308, 359, 377
Palinologia – 78
Papa João XXII – 122
Papke, Werner – 96
Paris – 154, 433
Páscoa – 226-227, 288, 309, 313, 335, 373-374
Páscoa hebraica – 309, 373
Patriarcas – 61, 317
Patrício – 354, 368-369, 371, 397
Patrício da Pedra Branca – 354
Patrick – 66, 369, 472, 474
Payen – 376, 378
Pedra da Câmara – 430
Pedra de Scoon – 333-335, 381
Pedra de verão – 301
Pedra do Destino – 235-236, 264, 331
Pedra dos Enigmas – 234, 362
Pedra Sagrada – 354
Pedras de Stenness – 177, 179, 181
Pedras verticais – 206
Peeples, Joe – 424

Peleg – 358-359
Pé Minoano – 213
Penardun – 234
Península de Jutland – 226
Península Ibérica – 173
Península Olímpica – 129
Pentateuco – 54, 87
Perfeito – 107, 110
Período Cambriano – 82
Período Cretáceo-Terciário – 74
Persépolis – 199
Pérsia – 303
Perth – 57, 335, 344, 398
Peru – 131, 210, 397
Petitot – 129
Petitto, Laura – 44
Pictográfica – 195-197
Pictos – 340
Pierowall – 285
Pilares – 428-429
Pinker, Steven – 43-45
Pirâmides – 178
Pirata, O – 184
Pitágoras – 208
Placa Gradesnica – 201
Planície de Salisbury – 163-164
Platão – 63, 104
Pleasant – 157, 173
Plêiades – 113
Pleistoceno – 76, 127
Plutarco – 104
Pobres – 321, 377
Pólen – 33, 78, 167
Pôncio Pilatos – 325
Portais – 240

Povo da Cerâmica Canelada – 158-159, 186-187, 189-195, 205, 215, 237, 258-259, 263, 267, 272-274, 285, 289-290, 293, 296-302, 306-307, 310-311, 313, 315-316, 327, 329-330, 349-350, 354-356, 360, 363, 368-370, 383, 386, 390-391, 393, 411-414, 420-421
Prêmio Nobel – 39
Prestwich – 79, 475
Primavera – 183, 220-221, 226-227, 234, 241, 247-248, 257, 263, 277, 286, 288, 290, 301, 307, 309-310, 317, 321-322, 325, 336, 347, 361, 363, 381, 391
Primeiro Tempo, O – 146
Primeiro Vigilante – 383, 386
Profecia – 287, 366
Projeto dos Manuscritos do Mar Morto – 424
Provença – 433
Prussianos – 358-359
Ptolomeu – 63
Purcell, N. – 198
Purdy, Rose – 129
Put – 97
Puzur-Amurri – 94, 96

Q

Qafzeh – 34, 476
Quartzo – 218, 220, 222, 229, 264-266, 269, 296, 337
Queensland – 137
Quito – 132
Qumran – 35, 58-59, 99, 104-106, 114, 144, 154, 252, 287-288,

290-291, 318-321, 324-325, 327, 366, 368, 387, 397, 431, 437

R

Radar Espacial – 71
Radiocarbono – 39-41, 47, 63, 75-76, 79, 85-86, 119, 124, 157, 164, 167, 173, 177, 182, 200-201, 207, 210, 219, 270, 297
Rafael – 101, 108-109, 440
Raguel – 250
Rastro Branco – 352
Ray, Tom – 277, 282
Real Sociedade – 25, 58, 400, 435
Redkirk Point – 166
Região de Enoch – 159, 163, 186-187, 263
Registro sumeriano – 196
Rei da Escócia – 379, 381, 398
Reijs, Victor – 183, 408
Reino Unido – 334
Reis de Tara – 330, 335
Renfrew, Colin – 42, 47, 176, 181, 185, 207, 209, 268, 272
Reno – 267
República Tcheca – 36, 125, 420
Ressonância de Spin Eletrônico – 34
Revelação – 326, 376
Revolta – 61
Revolução Industrial – 41
Rex Deus – 376-378, 380-381
Rhode Island – 120
Richards, Colin – 181

Rinyo – 156, 171
Rinyo-Clacton – 156
Rio Boyne – 264, 270, 293, 337, 349
Rio Colorado – 116
Rio Columbia – 123
Rio Gona – 28
Rio Grande – 116
Rio Tweed – 179
Robert de Bruce – 58, 379-380, 433
Robert I – 398
Rolleston, T. W. – 189, 234, 336
Roma – 170, 210, 325, 343-344, 346, 349-350, 353, 366-367, 373-374
Romano – 144, 326, 365, 372, 391
Roo – 138-139
Rosa Canina – 112-113
Rosa Mística – 110
Roslin Glen – 53
Ross, Charles – 230, 286
Rosslyn – 53, 113, 121, 378, 381-382, 401, 423-425
Rousay – 171
Ruahau – 138
Richard Rudgley – 46, 416
Ruhlen, Merrit – 46
Rum – 166, 395
Rupestres – 43, 191, 195
Rússia – 43, 66

S

Saara – 83, 298
Sabedoria de Jesus – 99
Sacerdócio – 50

Sacerdotes – 38, 55, 58, 62, 105-106, 132, 144, 172, 189, 194, 207, 227, 251, 277, 288, 290, 298, 312, 314, 316, 318, 320-321, 323, 324-326, 329, 336, 339-341, 346-347, 361, 363, 365-366, 368, 376-378, 390-391, 397, 409, 431
Sacerdotes de Enoch – 313
Sagração de reis – 332, 335, 371
Sagrada Ordem do Alto Sacerdote – 314
Saint Clair, William – 378, 380-382, 401, 423
Saint Clair Bonde – 423
Saint Clair de Gisor – 376
Saint Clair de Neg – 376
Sal – 78
Salomão, rei – 50, 57, 92, 95, 99, 143, 174, 198, 300, 313-317, 331, 360-361, 377, 383-384, 391, 397, 429-430
Salomé – 325
Saltair Na Rann – 232
Samuel – 98
Sandal – 166, 395
Sandia – 70
Sandia National Laboratories – 70
San Diego – 116
San Francisco – 97-98, 115, 291-292, 301, 319-320, 478
Santa Brígida – 263
São Cybi – 354
São Finiano – 370
São João – 325, 366, 385-386, 397
São João Crisóstomo – 366
São Ninian – 366

São Patrício (Patrick) – 354, 368-369, 371, 397
São Paulo – 106
São Pedro – 374
Sara – 61
Sariel – 101
Satapata Brakmana – 140
Satyavrata – 141
Saul – 397
Schild, Romauld – 297
Schmandt-Besserat, Denise – 196
Schwarcz, Henry – 34
Scott, *sir* Walter – 184
Scottish Chronicle – 375
Second Messiah, The – 144, 366, 376-377, 381-382, 423, 431, 473
Segontium – 346-347
Segunda Guerra Mundial – 416
Segundo Vigilante – 383, 386
Sem – 97, 104, 113, 252, 269, 325, 334, 357, 404, 429
Semjaza – 101
Senhora do Mar – 310
Senhores da Luz – 336, 339
Seqenenre Tao II – 315
Serpente do Arco-íris – 135
Set – 55, 243, 320
Sete Leis Noaquitas – 361
Sete Sábios – 94
Shachar – 310
Shalim – 310, 314
Shamsiel – 101
Sharon – 113
Shasta – 130
Shechem – 310

Shemhazai – 113
Shemihaza – 440
Shetland – 122-123, 165
Shiloh – 310
Shinar – 358-359
Shoemaker – 69-71
Shoemaker, Carolyn – 69
Shoemaker, Eugene – 69
Short, Martin – 403
Shreeve, James – 30, 36
Shuruppak – 94
Sibéria – 67, 86, 118, 126, 156
Sibilas – 104
Sidon – 308, 312
Siduri – 96
Silbury Hill – 156, 164, 270
Sílex – 177, 239, 312
Simão bar Kochba – 365
Símbolos – 199, 202
Simon Brett – 331
Sinai – 90, 144, 287
Sinais vinca – 201-202
Sínodo de Whitby – 373
Síria – 196, 377
Sitchin, Zecharia – 146
Sítios – 41, 119, 233
Skaill Bay – 166
Skara Brae – 157, 160, 166-176, 181, 183, 187, 191, 194, 266, 285, 298, 300, 318, 396, 421
Skokomish – 130
Sligo – 273-474
Smithsonian Institute – 38, 119
Sobocai – 98
Sociedade Histórica de Jerusalém – 424

Sodoma – 133
Soffer, Olga – 37-38
Solstício – 154, 162, 209, 226, 229, 244, 249
Solstício de inverno – 163, 182-184, 218, 226, 231, 237, 242, 247, 257, 263, 265, 268, 276, 278-280, 284-285, 288, 290, 307, 312, 316, 322, 324, 347, 384-385, 391, 408-409
Solstício de verão – 161-163, 221, 229-230, 237, 247, 257, 284, 286, 288, 297-298, 316, 322, 342, 384-385
Sonett, Charles – 72
Sonho – 99, 103, 113, 175, 291, 334, 370, 438-440
Southern Methodist – 297
Spaceborne Imaging Radar (Radar Espacial) – 71
Stanford, Dennis – 119
Steiner, Rudolf – 226-227, 229, 476
Stendahl, Krister – 324
Stenness – 156, 176-177, 179, 181, 184, 186, 396, 475
Stevenson, David – 400
Stewart – 333, 370, 376, 381-382, 398, 476
Stolkin – 430
Stonehenge – 21, 23, 154, 156-157, 159-160, 162-164, 167, 173, 186-187, 190, 207, 240, 246, 270, 277, 284-285, 298, 307, 310, 329, 395-396, 469, 472, 474
Stoneking, Mark – 32
Stromness – 407
Suécia – 156
Suess, Hans – 41

Suetonius Paulinus – 340, 344-345, 367

Suméria – 36, 41, 51, 87-89, 194-195, 197, 200-201, 214, 275, 299-300, 313, 327, 390, 396, 413-414

Sumeriana – 92, 94, 195-197, 201, 210, 215, 236, 299, 301, 313

Sunday Times – 21, 198-199, 302-304, 348-349, 473

Sussex – 310, 384

Sutherland – 350

Svante Pääbo – 31

Swyn – 354

Syme, *sir* Ronald – 344

T

Ta-Ur – 146

Tácito – 152, 227, 229, 290, 335, 343, 345-350

Tahoroa – 138-139

Taiti – 138

Taliesin – 333, 351-352, 356-357, 362-363, 368, 391, 478

Tara – 235-237, 263, 271, 330-331, 333-335, 337-338, 340, 363, 368-372, 378, 380, 391

Tasmânia – 138, 153

Tay – 174, 348

Ta Yü – 139-140

Teamhair – 235-236

Tebas – 315

Teilte – 371

Tejo – 414

Tempe – 132

Temple Wood – 203, 219

Templo de Herodes – 53, 423

Templo de Jerusalém – 53, 58, 290, 325, 346, 377, 381, 391, 423

Teologia – 189, 392

Teoria de Controle do Sistema – 191, 193

Terra – 25, 27, 29-30, 33, 35, 48-50, 54, 59, 61, 63-72, 74, 76, 78, 80-86, 88, 90, 97-99, 101-108, 110-115, 128-132, 134-137, 141, 143-146, 152-154, 157-158, 165, 194, 211-214, 216, 224, 226, 234, 246-247, 249-251, 255, 257, 259, 261, 280, 292-293, 295, 297, 300, 302, 311-312, 326, 334, 336, 341, 350, 357-358, 360, 366, 371, 376-378, 381, 383, 389-391, 393, 400, 430, 435, 437-438, 440, 477

Terra do Fogo – 49, 132

Terra Santa – 334, 377-378, 381

Teto abobadado – 267, 270-271, 274, 276, 315

Texas – 64, 115, 196, 476

Thom, Alexander – 176, 207, 219, 274

Thomas, Julian – 219, 420

Thorofinn – 175

Tiago (James) – 106, 321-323, 325, 327, 361, 365, 367-368, 374, 376, 378, 397, 402

Tibberoowuccum – 137

Tibério – 343

Tibet – 288, 302

Tibrogargan – 137-138

Tigre – 54, 299

Tigre-Eufrates – 54

Tiras – 97

Tiro – 313, 315

Tiro, rei de – 315
Tirol austríaco – 75, 210
Tito – 325, 350, 365, 376
Tollmann, Alexander – 74
Torá – 54, 87, 90, 308
Torre de Babel – 359
Touro – 104
Townleyhall – 412
Trácia – 66
Tradição – 314, 427
Tralee – 180
Transilvânia – 199, 201, 215, 420
Tríades da Ilha da Bretanha – 353, 367
Tribo de Dana – 236
Trópico de Câncer – 298
Tsunami – 71, 73, 78-79, 88, 115, 116, 128, 131, 135, 138, 165, 185, 250-251
Tuatha de Danann – 234-237, 267, 333, 336-339, 343, 362
Tubal – 50, 97
Tubal-Caim – 50
Tully Allen – 269
Tumbubadla – 137
Tunguska – 67-68, 75
Tupinambá – 132
Turdas – 199, 420
Turquia – 88, 196, 306
Tweed – 179

U

Ulster – 331, 370, 380, 421
Universidade da Califórnia – 30, 35, 41, 124
Universidade de Beijing – 306
Universidade de Boston – 29
Universidade de Cambridge – 27, 34, 50, 53, 424
Universidade de Cardiff – 353
Universidade de Edimburgo – 309, 423, 425, 433
Universidade de Glasgow – 166, 331
Universidade de Groningen – 163
Universidade de Harvard – 324
Universidade de Kentucky – 119
Universidade de Munique – 31
Universidade de Nanjing – 306
Universidade de New England – 42
Universidade de Oxford – 24, 176, 198, 349
Universidade de Princeton – 424
Universidade de Rhodes – 250, 295
Universidade de Sheffield – 64, 68, 316
Universidade de Southampton – 219, 420
Universidade de Tennessee – 118
Universidade de Viena – 74
Universidade de Washington – 124
Universidade do Arizona – 72, 119, 127
Universidade do Estado da Pensilvânia – 32
Universidade McGill – 44
Universidade McMaster – 34
University College de Dublin – 271
Ur – 36, 136, 146, 300, 370, 378-379, 396, 478
Ur-Neill – 370
Urartu – 88

Uriel – 21-23, 25, 50, 62, 101-102, 146, 148-149, 179, 186, 233, 239, 240-241, 245-246, 248-252, 255-257, 262, 279, 282-286, 290, 292-293, 296, 307, 310, 321, 339, 356-357, 360, 389, 391-393
Urmia – 133
Urshanabi – 96, 175
Urshu – 146
Uruk – 92, 196, 199-200
Urumchi – 302-307, 469
Utah – 115-117
Útero – 286
Utnapishtim – 92, 94
Uzbequistão – 133

V

Vaca – 100, 168, 227
Vacas – 227, 256, 347
Vale de Otz – 75
Vale do Boyne – 173, 192, 195, 203, 219, 234-235, 237, 263, 268, 271-272, 275, 279, 282, 293, 296, 329-330, 336, 348, 350, 370, 378-379, 411-413, 415, 420-421
Vale do Indo – 201, 210
Van – 89, 133
Vandiver, Pamela – 38
Vara – 210-211, 256, 384, 388
Velho Testamento – 34, 50, 54-56, 61, 87, 98, 104, 145, 147, 150, 288, 309, 313, 317, 325, 377
Vendados – 300
Venerável Mestre – 383

Vênus – 25, 43, 90-91, 94-95, 110-112, 114, 125, 191, 217, 223-226, 228, 231-232, 237, 263, 279-282, 284, 286-289, 293, 296, 310, 312, 323-324, 338, 342, 352, 363, 383, 386, 390, 392, 408-409, 434
Verulamium – 345
Vespasiano – 325, 344, 346, 350, 365
Via Láctea – 66
Victoria – 136
Vietnã – 75
Vikings – 182, 378
Vinca – 202, 478
visco – 339
Vishnu – 141
Voyager – 69
Vratsa – 201

W

Waldren, William – 198
Wallace, Douglas – 120
Ward, J. S. M. – 59
Ward Hill – 182-184, 408-409
Washington, George – 389, 398
Washington DC – 389, 475
Watkins, Alfred – 387
Weber – 116
Wendorf, Fred – 297
West Kennett – 164
West Riding – 316
West Yorkshire – 255, 262
White, Tim – 35
Whytestones, J. – 57, 428
Wickham-Jones, Caroline – 78, 193

Wicklow – 269
Wilfred – 373, 374
Williams, Gwyn – 353
William Saint Clair – 378, 380-382, 401, 423
Wilmington – 310-311, 384
Wilson, Allen – 30
Wiltshire – 157, 159, 164, 307, 396
Winn, Shan – 202
Wise, Michael – 319
Witoto – 132
Woodhenge – 157, 163, 173
Woolley, *sir* Leonard – 36
Wylfa Bay – 344

X

Xadrez – 305
Xia – 139
Xinjiang Uigur (região autônoma) – 302

Y

Yaghan – 132
Yagua – 132
Yakima – 129-130
Yaruro – 132
Yaul – 137
Yihking – 139
Ynis Mon – 148, 217, 340, 344, 347
Yokosuka – 126
Yorkshire – 212, 255, 262, 316
Ysbaddaden – 352
Yucatán – 67

Z

Zacarias – 55-56, 322
Zadok – 105, 314, 321, 378
Zadoquita – 105, 314, 318, 322, 326, 331, 365, 386
Zagros – 33, 88
Zedequias – 236-237, 331-333, 335
Zelote – 322
Zep Tepi – 146
Zerubbabel – 315, 397
Ziguezague – 150-151, 204, 253
Ziusudra – 94-96, 175
Zodíaco – 110, 360
Zoroastro – 303

BIBLIOGRAFIA

AGENDROAD, L. D. Ed: *Megafauna and Man,* Flagstaff University, Hot Springs, 1990.
AITKEN, M. J. *Science-based Dating in Archaeology,* Longman, 1990.
ALLEN, J. R. *Celtic Crosses of Wales,* Archaeologia Cambiensis, 1899.
ANDERSON, G. W. "The Religion of Israel", *Peake's Commentary on the Bible.*
ANDREWS, H. T. "Daniel", *Peake's Commentary on the Bible* (edição de 1920).
BAIGENT, M. *Ancient Traces,* Viking, 1998.
BAILEY, C. *The Legacy of Rome,* Oxford University Press.
BAILEY, H. *The Lost Language of Symbolism,* 1998.
BALFOUR, M. *Stonehenge and its Mysteries,* Macdonald e Jane's, 1979.
BANCROFT, citado em HOWARTH, H. H. *The Mammoth and the Flood,* Sampson Low, Marston, Searle and Rivington, Londres, 1887.
BARBER, E. W. *The Mummies of Urumchi,* Macmillan, 1999.
BARR, J. "Daniel". *Peake's Commentary on the Bible* (edição de 1962).
BEDE. *A History of English Church and People,* Penguin Classics.
BELLAMY, H. S. *Before the Flood: The Problem of the Tiahuanaco Ruins,* Faber & Faber, 1943.
BENNETT, W. H. *Symbols of Our Celto-Saxon Heritage,* Covenant Books, 1976.
BERNDT AND BERNDT. *The Speaking Land,* Penguin, 1989.
BLACK, M. *The Book of Enoch or I Enoch, A New English Edition,* E. J. Brill, 1985.
BLACKETT, A. T. e WILSON, A.: *Arthur and the Charters of the Kings,* M. T. Byrd and Co., 1980.

BOCCACCINI, G. *Beyond the Essenes,* Eerdmans, Grand Rapids, 1998.

BODGE, T. J. *The Tradition of the Old York TJ Lodge of Mark Master Masons,* Bronte Lodge Haworth, 1912.

BOOBYER, G. H. "Jude", *Peake's Commentary on the Bible.*

Book of the Year: Anthropology and Archaeology, *Britannica Online,* http://www.eb.com/, 1998.

BOWEN, E. G. *The Settlements of the Celtic Saints of Wales,* University of Wales Press, 1956.

BRADLEY, I. *Columba, Pilgrim and Penitent,* Wild Goose Publications, 1996.

BRENNAN, M. *The Stones of Time,* Inner Traditions International, 1994.

Britannica Online, www.eb.com.

BROMWICH, R. *Trioedd Ynys Prydein,* University of Wales Press, 1961.

———. *The Triads of the Island of Britain,* University of Wales Press, 1978.

BRUCE, J. *Travels to Discover the Source of the Nile,* vol. IV, Edinburgh University Press, 1804.

BRYCE, D. *Symbolism of the Celtic Cross,* Llanerch, 1989.

BUTLER, A. *The Bronze Age Computer Disc,* W. Foulsham and Co., 1999.

CAESAR, J. *The Conquest of Gaul,* traduzido por Handford, S.A., Penguin, 1951.

———. *The Conquest of Gaul,* Penguin Classics, 1964.

CAMPBELL, J. Y. "The Origin and Meaning of the Term Son of Man", J*Th*S XL VIII, 1947, p. 148.

Ceremonial of the Red Cross of Babylon, Grand Council of the Allied Masonic Degrees, Ritual nº 2.

Ceremony of Installation, Order of the Royal and Select Masters, Ritual nº 2, The Grand Council.

CHADWICK, N. K. *The Celts,* Penguin, 1971.

———. *The Druids,* University of Wales Press, 1966.

CHARLES, R. H. *The Book of Enoch,* Oxford University Press, 1912.

CHILDE, V. G. "The Orient and Europe", *American Journal of Archaeology,* vol. 43, 1939, p. 10.

CLARK, E. E. *Indian Legends of the Pacific Northwest,* Berkeley, University of California Press, 1963.

CLARKE, D. V. e SHARPLES, N. "Settlements and Subsistence in the 3rd Millennium BC", em *The Prehistory of Orkney,* ed. Renfrew, C., Edinburgh University Press.

CLAYTON, P. *Chronicle of the Pharaohs,* Thames & Hudson, 1994.

COHEN, A. *The Soncino Chumash,* The Soncino Press, London, 1962.

CONNELLY, M. e CONDIT, T. "Ritual Enclosures in the Lee Valley, Co. Kerry", *Archaeology Ireland*, vol. 12, nº 6, edição 46, inverno 1998.

CUNLIFFE, B. *Prehistoric Europe*, Oxford University Press, 1965.

CUSACK, M. E. *An Illustrated History of Ireland*, Dublin, 1869.

DAVIDSON, D. A. e JONES, R.L. "The Environment of Orkney", em *The Prehistory of Orkney*, ed. Renfrew, C., Edinburgh University Press, 1985.

DAVIES, P. *New Scientist*, 12 de setembro de 1998.

DELAFORGE, G. *The Templar Tradition in the Age of Aquarius*.

DOBLE, G. H. *Lives of the Welsh Saints*, University of Wales Press, 1971.

DOLGOPOLSKY, D. "Linguistic Prehistory", *Cambridge Archaeological Journal*, 5/2, 1995, pp. 268-71.

DONALDSON, G. *Scottish Historical Documents*, Neil Wilson, 1970.

DRUMMOND, J. *Sculptured Monuments in Iona and the West Highlands*, Society of Antiquaries of Scotland, 1831.

DUBROVO, I. "The Pleistocene Elephants of Siberia", em *Megafauna and Man*, Agenbrod, L.D., ed., University of Flagstaff, 1990, pp. 1-8.

DUNCAN, D. E. *The Calendar*, Fourth Estate, 1998.

EDMUNDS, M. e CLARKE, E. *Voices of the Winds*, Facts on File Inc., 1989.

EDWARD, H. T. *Wales and the Welsh Church*, Rivingtons, 1898.

EDWARDS, G. T. *A Short History of the Churches and Neighbourhood of Llanbadrig, Llanfechell, Llanfflewin and Bodewryd*, Oriel Cemaes, 1997.

EDWARDS, H. T. *The Eisteddfod*, University of Wales Press, 1990.

EISENMAN, R. *James the Brother of Jesus*, Faber & Faber, 1997.

———. *The Dead Sea Scrolls and the First Christians*, Element, 1996.

EISENMAN, R. e WISE, M. *The Dead Sea Scrolls Uncovered*, Element, 1992.

EOGAN, G. *Knowth and the Passage-Tombs of Ireland*, Thames & Hudson, 1986.

FELLOWS, J. *Mysteries of Freemasonry*, W. M. Reeves.

FINLAY, I. *Columba*, Victor Gollancz, 1979.

FÖHRER, G. *The History of Israelite Religion*, SPCK, 1973.

GARDENER, L. *Bloodline of the Holy Grail*, Element, 1996.

GASTER, M. *The Chronicles of Jarahmeel*, 1899.

GAULT, D. E. e SONETT, C. P. "Laboratory Simulation of Pelagic Asteroidal Impact", *Spec, Papers Geol. Soc. A.*, 190, pp. 69-92.

GEIKIE, A. *Text-book of Geology*, citado em FILBY, F. A. *The Flood Reconsidered* Zondervan, 1971.

GERBER, P. *Stone of Destiny*, Canongate Books, 1997.

GLASS, B. P. "Australasian Microtektites and the Stratigraphic Age of the Australites", *Bull. Geol. Soc. Am.* 89, 1978, pp. 1455-58.

GLAZEBROOK, M. F. *Anglesey and the North Wales Coast*, Brookland and Co., 1962.

GOULD e ELDRIDGE. *Punctuated Equilibria: an Alternative to Phyletic Graduation, Models in Paleobiology*, 1990, p. 42.

GRADY, M. *Astronomy Now*, novembro, 1997, pp. 45-49.

GRAVES, R. *The White Goddess*, Faber & Faber, 1948.

GRIBBIN, J. e PLAGEMANN, S. *The Jupiter Effect*, New English Library, 1980.

GRIMAL, N. *History of Ancient Egypt*, Blackwell, Cambridge, 1992.

Grolier Encyclopaedia – CD-Rom.

GUTZLAFF, A. *Journal of the Asiatic Society*, vol. XVI, nº 79.

HACKWELL, W. J. *Signs, Letters, Words: Archaeology Discovers Writing*, Macmillan, 1987.

HADINGHAM, E. *Circles and Standing Stones*, Heinemann, 1975.

HALE, R. B. *The Magnificent Gael*, MOM, Ottawa, 1976.

HALLO, W. W. *Journal of Cuneiform Studies*, vol. 23, nº 3, 1971, pp. 57-67.

HAMEL, G. "Managing Out of Bounds", *FT Mastering Management Overview*, Oc92.html.

HANCOCK, G. e BAUVAL, R. *Keepers of Genesis*, Heinemann, 1996.

HANCOCK, G. *Fingerprints of the Gods*, Heinemann, 1995.

HANNAH, W. *Darkness Visible, A Revelation and Interpretation of Freemasonry*, The Augustine Press, 1952.

HANSON, R. P. C. *Saint Patrick, His Origins and Career*, Oxford University Press, 1968.

HAWKINS, G. S. *Stonehenge Decoded*, Souvenir Press, 1966.

HEDGES, J. W. *Tomb of the Eagles*, Tempvs Reparatvm, 1992.

HEGGIE, D. C. *Megalithic Science*, Thames & Hudson, 1981.

HENSHALL, A. S. The "Chambered Cairns", em *The Prehistory of Orkney*, Edinburgh University Press, 1993.

HEYERDAHL, T. *The Tigris Expedition*, George Allen & Unwin, 1980.

HIGHAM, M. *Letter to the Halifax Courier*, abril de 1996.

HODDER, E. *On Holy Ground*, William P. Nimmo, 1876.

HOLMES, A. *Principles of Physical Geology*, Thomas Nelson & Sons, 1978.

HOOKE, S. H. "The Religious Institutions of Israel", *Peake's Commentary on the Bible*.

―――. "Genesis", *Peake's Commentary on the Bible* (edição de 1962).

HOWARTH, H. H. *The Mammoth and the Flood,* Sampson Low, Marston, Searle and Rivington, London, 1887.

HUGHES, D. "Focus: Visitors from Space", *Astronomy Now,* novembro de 1997, pp. 41-44.

HYDE, D. *A Literary History of Ireland,* T. Fisher Unwin, 1899.

IMBRIE, J. e IMBRIE, K. P. *Ice Ages,* Harvard University Press, 1986.

———. "Modeling the Climate Response to Orbital Variations", *Science,* 207, 1980, pp. 943-953.

ISBELL, D. e HARDING, M. *Chain of Impact Craters Suggested by Spaceborne Radar Images,* http:/www.jpl.nasa.gov/sl19/news80.html.

IZOKH, E. P. "Age-paradox and the Origin of Tektites", *Sec. Int. Conf. Nat. Glasses,* Charles University, Prague, 1987, pp. 379-384.

JACKSON, K. "The Dawn of the Welsh Language", *Wales Through the Ages,* vol. 1, Christopher Davies, 1959.

JACOBS, J. *The Economy of Cities,* Pelican, 1968.

JONES, A. *Chambers Encyclopaedic Guide to the Saints,* Chambers, 1992.

JONES, G. e JONES, T. *The Mabinogion,* Dent, 1949.

JOSEPHUS, Flavius. *The Jewish Wars,* Folio Society, 1971.

KING, L. C. *The Morphology of the Earth.*

KLEE, K. *La Déluge,* citado em *The Words of sir Wm Jones,* Londres, 1880.

KNEZ, Eugene I. "Ainu", *Microsoft® Encarta, 1997.*

KNIGHT, C. e LOMAS, R. *The Second Messiah,* Century, 1997.

———. *The Hiram Key,* Century, 1996.

KROMER, B. e BECKER, B. "Tree Ring Carbon 14 Calibration at 10,000 BP", *Proc. NATO Advanced Research Workshop,* Erice, 1990.

KRUPP, E. C. *Echoes of the Ancient Skies,* Oxford University Press, 1983.

LAMY, L. *Egyptian Mysteries,* Thames & Hudson, 1981.

LANG, A. *Custom and Myth,* London, 1860.

LAPLACE, P. S. *Exposition du Système du Monde,* 1796.

Larousse Encyclopaedia of Astronomy, edição de 1959.

LEAKE, J. e HOWARD, S. "Bronze-Age Script?", *The Sunday Times,* 16 de junho de 1996, p. 17.

LENORMANT, L. citado em HOWARTH, H. H. *The Mammoth and the Flood,* SAMPSON LOW, Marston, Searle and Rivington, London, 1887.

LIBBY, W. R. *Radiocarbon Dating,* University of Chicago Press, 1955.

LOCKYER, N. "Some questions for Archaeologists", *Nature,* vol. 73, 1906, p. 280.

———. *Stonehenge and other British Stone Monuments Astronomically Considered*, Macmillan, 1909.

LONG, D., WICKHAM-JONES, C. e RUCKLEY, N. A. *Studies in the Upper Palaeothic of Britain and Northwest Europe*, S296, 1986, pp. 55-62.

MACALISTER, R. A. S., ARMSTRONG, E. C. R. e PRAEGER, R. L. "Bronze Age Cairns on Carrowkeel Mountain Co. Sligo", *PRIA*, 29C, 1912, pp. 311-347.

MACKIE, E. W. "Maes Howe and the Winter Solstice", *Antiquity*, 71, junho de 1997, pp. 338-359.

———. *The Megalith Builders*, Phaidon Press, 1977.

Manual of Freemasonry, Reeves and Turner.

MARGARY, I. D. *Roman Roads in Britain*, John Barker, 1973.

MARSDEN, J. *The Illustrated Life of Columba*, Macmillan, 1991.

———. *The Tombs of the Kings, An Iona Book of the Dead*, Llanerch, 1994.

MARSHACK, A. *The Roots of Civilization*, McGraw Hill, 1972.

MATTHEWS, J. e C. *British and Irish Mythology*, The Aquarian Press, 1988.

MATTINGLY, H. *Roman Imperial Civilization*, Oxford University Press, 1956.

MAY, H. G. "Joshua", *Peake's Commentary on the Bible*.

———. "History of Israel – 1", *Peake's Commentary on the Bible*.

MELLAART, J. *Catal Huyuk: A Neolithic Town in Anatolid*, Thames & Hudson, 1967.

MELOSH, H. J., SCHNEIDER, N. M., ZAHNLE, K. J. e LATHAM, D. "Ignition of Global Wildfires at the Cretaceous/Tertiary Boundary", *Nature*, 348, 1990.

Microsoft® Encarta® Encyclopaedia, CD-Rom.

MILANKOVITCH, M. M. *Canon of Insolation and the Ice-Age Problem*, Koniglish Serbisch Akademie, Beograd, 1941.

MITCHELL, F. *The Irish Landscape*, Collins, 1976.

MOORE, P. e MASON, J. *The Return of Halley's Comet*, Patrick Stephens, 1984.

NEUGEBAUER, O. Appendix A, BLACK, M. *The Book of Enoch or I Enoch, A New English Edition*, Leiden, E. J. Brill, 1985.

———. *Ethiopic Astronomy and Computus*, Akad d Wiss, 1979.

NEWELL, E. J. *A History of the Welsh Church*, Elliot Stock, 1895.

NORTH, J. *Stonehenge, Neolithic Man and the Cosmos*, HarperCollins, 1996.

NYLAND, Edo. http://www.islandnet.com/~edonon.

O'KELLY, C. *Concise Guide to Newgrange*, C. O'Kelly, Cork, 1984.

O'KELLY, M. *Newgrange, Archaeology, Art and Legend*, Thames & Hudson, 1982.

OLIPHANT, M. *Atlas of the Ancient World,* Ebury Press, 1992.

ORAM, R. *Scottish Prehistory,* Birlinn, 1997.

OSBORNE, H. *South American Mythology,* Hamlyn Press, 1968.

OVASON, D. *The Secret Zodiacs of Washington DC,* Century, 1999.

Oxford Companion to the Bible, Oxford University Press.

PAPKE, W. *Die Sterne von Babylon.*

PARRY, T. *The Oxford Book of Welsh Verse,* Clarendon Press, 1962.

Peake's Commentary on the Bible, edição de 1962.

PICARD, L. *Structure and Evolution of Palestine,* Bull Geological Department, Hebrew University, Jerusalém, 1943.

PINKER, S. *The Language Instinct,* Harper Perennial Library, 1993.

POHL, E. J. *Prince Henry Sinclair,* Nimbus, 1967.

PRASAD, N. S. e RAO, P. S. "Tektites Far and Wide", *Nature,* 347, 1990, p. 340.

PRESTON, W. *Illustrations of Masonry,* G. e T. Wilkie, 1746.

PRESTWICH, J. *On Certain Phenomena of the Last Geological Period,* citado em FILBY, F. A.: *The Flood Reconsidered,* Zondervan, 1971.

RAY, T. P. *Nature,* vol. 337, nº 26, janeiro de 1989, pp. 345-346.

REED, A. W. *Myths and Legends of Australia,* London, 1889.

REIJS, V. M. M. "Maes Howe's Megalithic Month Alignment", *Third Stone,* outubro-dezembro de 1998.

RENFREW, C. *Before Civilization,* Jonathan Cape, 1973.

———. *Investigations in Orkney,* Penguin, 1979.

———. "Investigations in Orkney", *Report Research Comm, Soc. Antiq. London,* nº 38, 1979.

RICHARDS, C. "The Later Neolithic Settlement Complex at Barnhouse Farm, Stenness", em *The Prehistory of Orkney,* Edinburgh University Press, 1993.

RITCHIE, A. *The First Setlers in the Prehistory of Orkney,* ed. Renfrew, c. Edinburgh University Press, 1985.

———. *Prehistoric Orkney,* Historic Scotland, 1995.

———. *Ritual of Freemasonry,* Reeves and Turner.

———. *Ritual of St. Lawrence the Martyr,* Knight of Constantinople, Grand Tilers of Solomon, The Order of Allied Masonic Degrees.

———. *Ritual of the Degree of the Noahites or Prussian Knights,* Reeves and Turner, 1812.

———. *Rituals of the Supreme Grand Royal Arch Chapter of Scotland,* Dunedin, Chapter nº 703.

ROBERTS, J. L. *Lost Kingdoms, Celtic Scotland and the Middle Ages*, Edinburgh University Press, 1997.

ROLLESTON, T. W. *Myths and Legends of the Celtic Race*, G. G. Harrap and Co., 1911.

ROSE, A. *The Director of Ceremonies His Duties and Responsabilities*, Kenning and Son, 1932.

ROSS, A. *Druids, Gods and Heroes from Celtic Mythology*, Peter Lowe, 1986.

RUDGLEY, R. *Lost Civilizations of the Stone Age*, Century, 1998.

RUHLEN, M. "Linguistic Evidence for Human Prehistory", *Cambridge Archaeological Journal*, 5/2, 1995, pp. 265-8.

SAINT-CLAIR, R. W. *The Saint Clairs of the Isles*, H. Brett, 1898.

SCHMANDT-BESSERAT, D. *Before Writing, Volume One: From Counting to Cuneiform*, University of Texas Press, 1992.

SCHULTZ, J. *Movements and Rhythms of the Stars*, Floris, 1986.

SCHWARCZ, H. P. "ESR Dates for the Hominid Burial Site of Qafzeh in Israel", *Journal of Human Evolution*, 17, 1988.

SCOTT, R. M. *Robert the Bruce*, Canongate, 1993.

SCOTT, W. *The Pirate*, T. Nelson & Sons Ltd.

SENIOR, M. *Gods and Heroes in North Wales*, Gwasg Carreg Gwalch, 1993.

SHORT, M. *Inside the Brotherhood*, Grafton Books, 1989.

SHREEVE, J. *The Neanderthal Enigma*, William Morrow & Co., 1995.

SITCHIN, Z. *The Wars of God and Men.*

SLYMAN, A. L. "A Battle of Bones", *Archaeology*, vol. 40, nº 1, janeiro-fevereiro de 1997.

SNAITH, N. H. "Numbers", *Peake's Commentary on the Bible* (edição de 1962).

SOBEL, D. *Longitude*, Fourth Estate, 1996.

SPENCE, L. *Mysteries of Celtic Britain*, Nelson & Sons, 1890.

SPRINGETT, B. H. *The Mark Degree: In Early History, Its Variations in Ritual, Its Symbolism and Teaching*, A. Lewis, 1931.

SQUIRE, C. *Celtic Myth and Legend, Poetry and Romance*, Gresham Publishing Co., 1890.

STEINER, R. *The Festivals and Their Meaning*, Rudolf Steiner Press, 1981.

STENDAHL, K. "Matthew", *Peake's Commentary on the Bible.*

STEVENSON, D. *The Origins of Freemasonry: Scotland's Century 1590-1710*, Cambridge University Press, 1988.

STEWART, R. J. *Celtic Gods, Celtic Goddesses*, Blandford, 1990.

STOKER, J. J. *Water Waves, The Mathematical Theory with Applications*, John Wiley & Sons, 1992.

STRAUSS, W. L. e CAVGE, A. J. E. "Pathology and Posture of Neanderthal Man", *Quarterly Review of Biology*, 32, 1957, pp. 348-363.

SUESS, H. E. e BERGER, R. *Radiocarbon Dating*, University of California Press, 1970.

TACITUS. *The Agricola* e *The Germania*, Penguin Classics, 1948.

———. *The Histories*, Penguin Classics, 1962.

TEMPLE, R. *He Who Saw Everything*, Century, 1991.

The Ceremonies of a Chapter of Princes Rose Croix of Heredom of the Ancient and Accepted Rite for England and Wales, The Supreme Council.

The Ceremonies of the Degrees of Selected Master, Royal Master, Most Excellent Master and Super-Excellent Master, Ritual nº 1, The Grand Council.

The Ceremonies of the Masonic and Military Order of the Red Cross of Constantine, Ritual nº 2, The Grand Imperial Conclave.

The Degrees of the Captivity, edição de 1920, Scottish Workings.

The Freemason's Vade Mecum, A. Lewis.

The Holy Order of the Grand High Priest, Ritual nº 3, Executive Committee of the Order of Allied Masonic Degrees.

The Masonic and Military Order of the Red Cross of Constantine and the Appendant Orders of the Holy Sepulchre and of St. John the Evangelist.

The Perfect Ceremonies of the Supreme Order of the Holy Royal Arch, A. Lewis.

The Ritual of the Three Degrees of Craft Freemasonry, Imperial Printing Co.

The Scottish Ritual of Craft Freemasonry, John Bethune, Edimburgh.

The Universal Book of Craft Freemasonry, Toye and Co., 1912.

The Universal Book of Craft Freemasonry, Toye, Kenning and Spencer, 1968.

THOM, A. *Megalithic Sites in Britain*, Oxford University Press, 1968.

THOM, A. S. *Walking in All of the Squares*, Argyll Publishing, 1995.

THOM, A. e A. S. *Megalithic Rings*, *BAR* British Series 81, 1980.

THOMPSON, S. *Tales of the North American Indians*, Bloomington, Indiana University Press, 1966.

TOLLMANN, E. e A. *Terra Nova*, 6, 1994, pp. 209-217.

Tri-City Herald, 9 de setembro de 1996.

TURCO, R. P. Toon, O. B, *et al.*: "Nuclear Winter: Global Consequences of Multiple Nuclear Explosions", *Science*, 222, 1983.

TWOHIG, E. S. *Irish Megalithic Tombs,* Shire Archaeology, 1990.

WALK, L. "Das Flut-Geschwisterpaar als Ur und Stammel-ternpaar der Menschheit", *Mitt osterr Gesz, Anthropol Ethon, Prahist,* v. 78-79, 1941.

WALKER, A. e SHIPMAN, P. *The Wisdom of the Bones,* Alfred A. Knopf, Inc., 1996.

WARD, J. S. M. *Freemasonry and the Ancient Gods,* Gresham and Co., 1921.

WATKINS, A. *The Old Straight Tack,* 1925, reimpresso Abacus, 1974.

WICKHAM-JONES, C. R. *Scotland's First Settlers,* Historic Scotland, 1994.

WILKINSON, R. J. L. *The Cryptic Rite, An Historical Treatise,* Grand Council of the Royal and Select Masters of England and Wales.

WILLIAMS, G. A. *When Was Wales?,* Penguin, 1985.

WILLIAMS, I. *Canu Taliesin,* Caerdydd, 1960.

WILLS, C. *The Runaway Brain,* Flamingo, 1994.

WILSON, H. *Understanding Hieroglyphics,* Michael O'Mara Books, 1993.

WINN, S. M. M. *Pre-writing in Southeastern Europe: The Sign System of the Vinca Culture circa 4000 BC,* Western Publishers, 1981.

WISE, M., ABEGG, M. e COOK, E. *The Dead Sea Scrolls, a New Translation,* Harper San Francisco, 1996.

WOOLLEY, L. *Ur of the Chaldees, Seven Years of Excavation,* Pelican, 1929.

MADRAS® Editora

CADASTRO/MALA DIRETA

Envie este cadastro preenchido e passará a receber informações dos nossos lançamentos, nas áreas que determinar.

Nome _____
RG _____ CPF _____
Endereço Residencial _____
Bairro _____ Cidade _____ Estado _____
CEP _____ Fone _____
E-mail _____
Sexo ❏ Fem. ❏ Masc.   Nascimento _____
Profissão _____ Escolaridade (Nível/Curso) _____
Você compra livros:
❏ livrarias   ❏ feiras   ❏ telefone   ❏ Sedex livro (reembolso postal mais rápido)
❏ outros: _____
Quais os tipos de literatura que você lê:
❏ Jurídicos   ❏ Pedagogia   ❏ Business   ❏ Romances/espíritas
❏ Esoterismo ❏ Psicologia ❏ Saúde   ❏ Espíritas/doutrinas
❏ Bruxaria   ❏ Auto-ajuda ❏ Maçonaria ❏ Outros:
Qual a sua opinião a respeito dessa obra? _____
_____

Indique amigos que gostariam de receber MALA DIRETA:
Nome _____
Endereço Residencial _____
Bairro _____ Cidade _____ CEP _____

Nome do livro adquirido:
A Máquina de Uriel

Para receber catálogos, lista de preços e outras informações, escreva para:

MADRAS EDITORA LTDA.
Rua Paulo Gonçalves, 88 – Santana
CEP: 02403-020 – São Paulo/SP
Caixa Postal: 12299 – CEP: 02013-970 – SP
Tel.: (11) 6281-5555/6959-1127 – Fax: (11) 6959-3090
www.madras.com.br

30,00

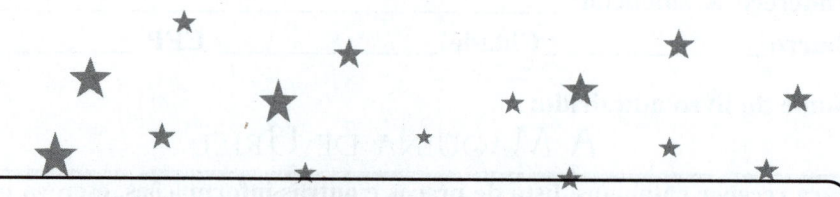

Este livro foi composto em Times New Roman, corpo 11/12.
Papel Offset 75g – Bahia Sul
Impressão e Acabamento
Prol Editora Gráfica – Av. Papaiz, 581 – Jd. das Nações – Diadema/SP
CEP: 09931-610 – Tel.: (11) 4091-6199 – e-mail: prol@prolgrafica.com.br